国家社会科学基金重大项目（批准号:10&ZD130）
国　家　出　版　基　金　项　目
国家"双一流"建设学科"南京大学中国语言文学"资助项目
江苏省2011协同创新中心"中国文学与东亚文明"资助项目

中国古代文献文化史

第六卷

清代的书籍流转与社会文化

程章灿 主编

徐雁平 著

南京大学出版社

图书在版编目(CIP)数据

清代的书籍流转与社会文化 / 徐雁平著. —南京：
南京大学出版社，2021.12(2023.9 重印)
（中国古代文献文化史 / 程章灿主编）
ISBN 978-7-305-23826-0

Ⅰ.①清… Ⅱ.①徐… Ⅲ.①古文献学-研究-中国-清代 Ⅳ.①G256.1

中国版本图书馆 CIP 数据核字(2020)第 197723 号

出版发行	南京大学出版社		
社　　址	南京市汉口路 22 号	邮　编	210093
出 版 人	王文军		

丛 书 名　中国古代文献文化史
主　　编　程章灿
书　　名　清代的书籍流转与社会文化
著　　者　徐雁平
责任编辑　李晨远
出版统筹　胡　豪　李　亭
装帧设计　赵　秦
封底篆印　徐兴无
责任监制　郭　欣

照　　排　南京紫藤制版印务中心
印　　刷　南京爱德印刷有限公司
开　　本　718×1000　1/16　印张 46　字数 640 千
版　　次　2021 年 12 月第 1 版　2023 年 9 月第 2 次印刷
ISBN　978-7-305-23826-0
定　　价　160.00 元

网　　址：http://www.njupco.com
官方微博：http://weibo.com/njupco
官方微信：njupress
销售咨询热线：(025)83594756

* 版权所有，侵权必究
* 凡购买南大版图书，如有印装质量问题，请与所购
　图书销售部门联系调换

总　序

程章灿

中华民族有着五千年悠久而灿烂的文明,绵延至今,从未断绝。浩如烟海、形式多样的中国古代文献,在中华文明传承过程中发挥了重要的作用。中国古代文献不仅是文化的载体,也承载着历史的记忆,生生不息,成为中华文明一大特色。"中国古代文献文化史"这一研究课题,就是以文献为切入点来研究文化,从文化的视角来研究文献,前者强调文化研究的实证基础,后者突出文献研究的宏观视野。对于认识中华文化的形成过程及其特点,认识中国古代文献的发展变化及其文化价值,这一研究的意义是显而易见的。

纵观五千年中华文明史,造纸术与印刷术的发明,早已被公认是推动人类文明重大跨越的不朽贡献。实际上,早在造纸术和印刷术发明之前,中国古代就有了甲骨契刻、简帛书写、金石镌刻等文献生产方式,开创了源远流长的文字书写传统,也确立了坚实深厚的文献历史传统。《尚书·多士》最早用文字记载确认了这一传统:"惟殷先人,有册有典。"这个传统一方面体现在中国古代文献数量极夥,以现存1911年以前的古籍文献(不包括出土文献)而言,即不下二十万种。另一方面,这个传统体现在中国古代文献类型十分丰富,除书本外,文书、卷子、档案、信札、石刻、契约、账册、书画等不一而足。中国古代文献在书写、制作、印刷与流通等方面取得了很高的成就,为中国乃至世界文化发展做出了巨大的贡献,它吸引后人展开全面而深入的文化研究,同时也为这种研究奠定了坚实的文献基础。

从文化史的角度来看,文献既是文化的重要载体,也是突出的文化现象,具有重要的文化史研究价值。狭义的文献一般指书籍或有文字、图像的载体,广义的文献外延较广,包括一切人类符号载体。文献是思想知识的载体,其根本属性是"精神"与"物质"的结合。文献的这一属性决定了它本身也是一种重要的文化现象,不仅以自身的内容记载传承文化,而且以自身的物质形式嵌入广义的文化史架构之中。据《论语·八佾》记载,孔子最早使用"文献"一词,他说:"夏礼吾能言之,杞不足征也;殷礼吾能言之,宋不足征也。文献不足故也,足则吾能征之矣。"宋代大儒朱熹在《论语集注》中解释"文献"这个词,明确指出:"文,典籍也。献,贤也。言二代之礼我能言之,而二国不足取以为证,以其文献不足故也。文献若足,则我能取之以证吾言矣。"这是"文献"一词的经典解释。在这个话语体系中,"文献"包括典籍与贤人两个方面。典籍是载录文化的载体,贤人是传承文化的主体,典籍与贤人亦即物与人的深刻交集,恰好揭示了文献的物质文化与精神文化本质。环绕着文献的制作、生产、衍生、阅读、聚散、流通、使用等过程,各种社会群体与历史力量参与其间,纵横交错,在文化与文献之间形成无数交叉联结之点。经由这些联结点,既可以看到被文化史所塑造的文献现象,也可以看到文献史所凸显的文化特性。这正是中国古代文献文化史研究首要着力的方向。

中西学术传统都很重视对于文献本身的研究,由此产生了目录学、版本学、校勘学、书志学、典藏学等文献学相关学科,图书馆学、金石学、历史文献学等学科也涉及对古代文献的研究。涵盖校勘学、目录学、版本学和典藏学等学科的中国古典文献学,历来以整理图书为己任,尤重考镜源流、辨章学术,为往圣继绝学,表现出强烈的延续文化学术的历史使命感。具体而言,校勘学揭示了古代书写与传播的方式与特点;目录学揭示了文献的历史状况、分类源流和学术思想轨迹;版本学揭示了文献的物质文化形态;典藏学揭示了文献聚散传承的轨迹及其社会文化因缘。它们都为中国古代文献文化史研究提供了宝贵的学术文献资源,其中所蕴含的文化自觉和历史意识,更为中国古代文献文化史研究提供了重要的文化思想资源。

随着20世纪初中国学术现代化的发轫,中国古典文献研究中的文化自觉更加明显,其代表作有王国维《简牍检署考》、孙德谦《汉书艺文志举例》《刘向校雠学纂微》、陈登原《古今典籍聚散考》、余嘉锡《古书通例》等。其后又有刘国钧《中国书史简编》、张秀民《中国印刷术的发明及其影响》等,它们带动了一大批关于书史、印刷史的研究,但此类研究仍然偏重于书籍物质形态本身,对文献的文化史意义的抉发不够深广,还谈不上是系统的中国古代文献文化史研究。

自20世纪西方新史学诞生以来,特别是社会史、文化史观照视角兴起以后,开始出现以社会、经济、文化取代传统历史编纂学叙事关注的倾向。文献,特别是印刷书籍成为被关注的热点之一,书籍史研究于是应运而生。1958年,法国年鉴学派史学家费夫贺(Lucien Febvre)与马尔坦(Henri-Jean Martin)出版了《印刷书的诞生》,从宏观角度解答印刷术发明对整个欧洲历史的深远影响,为书籍史研究导夫先路。20世纪中期以后,广义历史研究的"文化转向"进一步明显,图书的阅读史、接受传播史、商品贸易史,特别是图书对社会文化影响的研究成为一种重要的学术思潮,其代表作为美国史学家达恩顿(Robert Darnton)所著《启蒙运动的生意:〈百科全书〉出版史(1775—1800)》,以18世纪狄德罗《百科全书》为个案,从其出版过程及流通的角度,探讨图书出版与启蒙运动的互动历史。其突出贡献在于提出了"书的历史"的重要价值,将书籍的传播过程视为理解思想、社会以及历史的最佳途径及策略。

简而言之,西方学者的这些"书籍史"(histoire de livre)研究,不同于图书馆学、目录学和版本学意义上的"图书史"(history of the book),它是一种文化史的观照,其核心是将书籍理解为文化历史中的一股力量。书的制作情形如何?由谁制作?为谁制作?撰著者与出版商之间的关系为何?国家意识形态如何影响书籍的出版?思想理念又如何通过书籍而传播?书的价格与书的贸易情况如何?书籍的传播与接受的社会效果如何?读者的阅读能力与参与性怎样?国家文化当局的权威及其影响力如何?等等。这些问题的产生,使二十世纪六七十年代以来的当代书籍史研究开始超越传统的文献学研究,成为一个专门学科。这一学科的内涵是:在文献书籍存在的长久时段内,用最广泛、最完整的视角来看待它,探究其社会功用、经济和政治利益、文化实践与影响等等。

西方学者运用西方书籍史的视角,研究中国古代文献与社会文化历史的关系,产生了一系列富有价值的成果,也在一定程度上推动了中国本土学者在书籍史方面的探索。但西方学者主要关注近世以来的书籍与印刷,对其他时代、其他形态的文献关注不足,亦较少利用中国传统文献学中的学术资源。因而,结合中西学术积累进行中国古代文献文化史研究,是一个极富意义并具有广阔发展前景的学科方向。

2010年底,以程章灿教授为首席专家的南京大学文学院古典文献研究所团队成功申请国家社科基金重大项目"中国古代文献文化史"(批准号:10&ZD130),项目分为十个子课题,子课题负责人依次为:赵益教授、徐兴无教授、于溯副教授、巩本栋教授、俞士玲教授、徐雁平教授、张宗友教授、程章灿教授、金程宇教授等九位。其预期成果为十卷本《中国古代文献文化史》。这个研究团队及其依托的学科群体,在古典文献学、域外汉籍研究、古代文化史研究等领域已有较为丰厚的学术积累,也较早开始了中国古代文献文化史的研究探索。

立项以来,研究团队多次对十卷本《中国古代文献文化史》的架构进行系统规划,深入研讨这一课题的内涵、意义、价值及研究方法,凝聚共识。研究团队多次主办学术讨论会、专题暑期学校、学术论坛、工作坊、系列报告会等,深化对文献文化史概念及其研究思路的思考。研究团队还在《文献》《南京大学学报》《学术研究》《古典文献研究》等重要学术刊物上组织专栏,发布文献文化史研究的阶段性成果。2013年1月23日,《中国社会科学报》A1版以《古代文献文化史:超越"书籍史"的本土化尝试》为题,发表该报记者霍文琦对程章灿教授的访谈;同年赵益教授在《南京大学学报》第3期发表《从文献史、书籍史到文献文化史》一文,系统阐述文献文化史的研究思路,扩大了本项目的社会影响和学术影响。从2010年至2020年,研究团队邀请来自美、欧、日、韩的国外学者来校交流、讲学,通过多种形式的国际学术交流,以更好地借鉴外来的学术方法与观念,开阔视野。在研究团队成员的指导下,南京大学中国古典文献学和中国古代文学专业的研究生们围绕中国古代文献文化史进行专题研究,进一步开拓了中国古代文献文化史这一新的学科领域。

"十年磨一剑,霜刃未曾试。"经过十年的辛勤耕耘,十卷本《中国古代文献文化史》终告完成。2020年,十卷本《中国古代文献文化史》荣获国家出版基金资助,标志着这一成果获得了学界同行的认可。十卷本《中国古代文献文化史》包括:

第一卷　中国古代文献:历史、社会与文化(赵益著)
第二卷　早期经典的形成与文化自觉(徐兴无著)
第三卷　中古时期的历史文献与知识传播(于溯著)
第四卷　宋代文献编纂与文化变革(巩本栋著)
第五卷　明代书籍生产与文化生活(俞士玲著)
第六卷　清代的书籍流转与社会文化(徐雁平著)
第七卷　治乱交替中的文献传承(张宗友著)
第八卷　作为物质文化的石刻文献(程章灿著)
第九卷　汉籍东传与东亚汉文化圈(金程宇著)
第十卷　中国古代文献文化史史料辑要(程章灿、许勇编著)

第一卷《中国古代文献:历史、社会与文化》是全书之绪论。本卷开宗明义,就中国古代文献文化史之研究内容与撰述方针提出自己的见解。全卷除"绪论"之外共设五章,分别从中国古代文献之历史、社会与文化三个方面,拈出具有宏观性的问题进行系统论述,对其中悬而未决或有待探索的重要问题,辨证前说,阐述新见,也为深入的思考和未来的研究提示方向。

第二卷《早期经典的形成与文化自觉》是专论之一,专论先秦两汉时代早期经典形成的历史语境和形成条件。本卷既注重从文明史的角度讨论中国"前轴心时代"和"轴心时代"的经典文化,又重视从经典文化的角度讨论早期中国经典的意义、体系及其文化转变。从早期经典的发生,到诸子文献的形成,从先秦两汉经学文献体系的形成,到西汉末年谶纬的兴起,本卷系统论述了经典的宇宙化、历史化和神秘化过程。

第三卷《中古时期的历史文献与知识传播》是专论之二,专论中古史部文献之形成与传播。本卷第一章抓住中古时期历史编纂和历史知识传播的新特点进行讨论。以下四章围绕这些特点,以史书、史志、史注、史部形成以及具体史传文本为中心,讨论中古时期不同历史文献的书写策略,进而论述中古文献收藏以及史部文献在收藏活动中的优势和劣势,呈现中古史部文献的存佚与当时文化环境之间的关系。

第四卷《宋代文献编纂与文化变革》是专论之三,专论宋代文献编纂及其对文化变革之影响。宋代正式从钞本时代进入刻本时代,文献数量浩如烟海,其编纂方式、阅读方式与传播方式都发生了显著改变。本卷选取宋初四大书、经部文献、北宋私家藏书与文献编纂、南渡之际文献传承以及集部文献的新变等个案,通过对具体文献之编纂、整理、刊刻、流传的研究,挖掘和揭示其蕴含的思想文化意义,确立其在宋代思想文化史上的作用和地位,勾勒有宋一代思想文化发展的轨迹。

第五卷《明代书籍生产与文化生活》是专论之四,专论明代书籍生产及其文化环境。本卷挑战传统文献学中所谓"明人刻书而书亡"的观念,从新的角度思考明代图书生产现象。明代图书生产者身份多样,官刻、坊刻与家刻长期互动,时常联手,造成嘉靖、万历以降图书生产的兴盛,其征稿、编书、写书方式以及图书文化功能发生不变,足以体现明代图书生产的灵活性和复杂性。本卷十分重视商业出版,但不是在商业出版的框架内讨论书籍的社会史和文化史,而是在书籍的社会史和文化史中发现商业因素,从而确认在图书生产中政府、社会群体、作者、赞助者、出版者、评论者、接受者各自的位置、角色及身份的变化。

第六卷《清代的书籍流转与社会文化》是专论之五,专论清代之文献文化,其基本思路是关注社会中层与底层,尤其是区域社会的"书群",以体现清代文献的时代特色和本土特色。本卷强调,文献文化史要研究"动态的文献"或者有"社会情缘的文献",具体而言,是既要关注文献的内容与物质形态呈现(如家集、新学书籍、日记等新文献形态),关注文献之著述、编辑、刊印、流通、阅读等环节以及每一环节所牵涉的行为动机,又要关注所关联的环节与人群之间的互动,如关注抄书、藏书题跋、石印等环节以及书估、女性读者等人群，通过对零散材料的搜集与整合，提炼问题，展开深入而有新意的探讨。

第七卷《治乱交替中的文献传承》是专论之六，专论治乱交替与文献传承之关系。本卷以治乱交替之背景为切入点，研讨中国古代文献传承的内在理路。文献作为文化载体，具有强大的文化内驱力，在历代研习、注解、新纂中不断实现文本衍生与代际传承，以刘向、刘歆父子与朱熹等人为代表的历代知识阶层是推动文献传承的主体力量。历代帝王从维护巩固其统治地位、加强思想控制出发，也往往重视文化建设，建构同本朝政治体制相适应的文献体系，从而成为文献恢复、整理、编纂与传承的有力推动者。

第八卷《作为物质文化的石刻文献》是专论之七，专论石刻文献，弥补了以往文献研究及书籍史研究之不足。中国古代石刻源远流长，类型繁多，影响深远。本卷超越以往石刻研究偏重史料研究和史学研究的格局，从物质文化角度深入石刻的生产、使用、阅读、传播全过程，特别关注刻工与拓工这两个以往被忽视或遗忘的人群，透过刻工、拓工与文士的交往，突显其社会文化存在。各章论述中提炼的"尤物""礼物""景物""方物""文物""读物"等主题词语，概括并凸显了作为物质文化的石刻在中国文化史上的功能与意义。

第九卷《汉籍东传与东亚汉文化圈》是专论之八，专论汉籍东传与汉文化之东亚传播。汉籍不只是文化交流的媒介和途径，也是东亚汉文化的重要组成部分；不只是中国与东亚其他国家之间的文化桥梁，也是日本、韩国等国吸收世界其他文明的媒介。可以说，汉籍东传是促使东亚汉文化圈形成、东亚文明格局发生变化的动力之一。从东亚汉文化圈的视野研究汉籍东传，意义重大。本卷从汉籍东传之途径、特点以及汉籍回流等角度切入论题，详细论述汉籍东传对东亚各国广泛与深远之文化影响。

第十卷《中国古代文献文化史史料辑要》分为两个部分：第一部分是从古典文献中辑录有关古代文献文化史研究之资料，分门别类，首次建构了中国古代文献文化史的传统论述框架；第二部分选取海内外有关书籍史、印刷史、阅读史、藏书史等方面的研究著作四十馀种,各撰提要,加以评述,为中国古代文献文化史研究融合中外、开拓创新提供思考和参证的基础。

　　从总体架构上看,十卷本《中国古代文献文化史》舍弃传统的线性叙事和面面俱到的论述结构,而以绪论、专论与史料辑要来建构全书论述。绪论一卷(第一卷)以中国古代文献的总体状况为基础,以历史发展为线索,以若干具有全局性问题的论述作为发端,对中国古代文献文化史进行宏观观照。专论八卷(第二卷至第九卷),由各项专门研究组成,包括不同时期及不同类型文献的作用与影响,各种文献现象的社会文化内涵,不同的文献制作、传播、阅读、授受方式与社会文化的互动关系等众多的专门问题。史料辑要一卷(第十卷)汇辑有关中国古代文献文化的史料以及海内外重要研究成果提要,通过资料汇编和研究文献评述来总结学术历史,为未来研究奠定基础。

　　从总体思路上看,《中国古代文献文化史》有如下三个重点:第一,从文化的视角阐释文献,突出新视角与开阔视野,以文献为依据叙述文化,强调实证求是,勾勒文献发展的历史线索,突出中国古代文献的民族文化特色;第二,注重文献的生产、阐释、传播与接受的历史传统,在动态过程中把握文献的社会文化意义,重视中国古代文献的域外传播及其对东亚文化圈形成的影响;第三,既强调对中国古代文献历史的整体把握,也注重文献形态的复杂性与多样性,特别是书籍以外的其他文献形态,如石刻等。总而言之,本书始终把文献理解为中国文化史中的一股重要力量,探寻这股力量如何发生作用,具有怎样的意义,以及如何形塑了中国文化的传统。

　　本丛书采取多维视角,运用多学科研究方法,主要包括而不限于如下三个层面:第一,在文献层面上,采取包括传统校雠学、目录学、版本学、典藏学、编纂学等多学科相结合的方法,以期更好地分析与解决问题。本书第四卷较多采用编纂学的研究视角,而第七卷较多采用了目录学的视角。第二,在文化层面上,结合当代文化研究的理论与方法,如新文化史、物质文化研究、接受学、传播学等,更好地揭示了古代文献的文化内涵。本丛书第八卷较为集中运用物质文化研究的视角,而第九卷则结合了目录学与传播学的方法。第三,在历史层面上,既以技术史,也以经济史、社会史、学术史、思想史、文化史的视野进行多方面的观照。本丛书第六卷第十章使用技术史的视角,第一卷和第二卷则较多使用学术史和思想史的视角,而在第三卷和第五卷中,社会史视角比较突出。

  本丛书的总体特色主要体现在如下三个方面:第一,结构体系上,以问题为中心,以历史发展为线索,对文献文化史进行全面而系统的观照。丛书的总体框架大致以绪论与专论相结合,既重视各卷之间的连续性和整体性,也突出各自的专题性和独特性。每个子课题都设立核心焦点,从各自不同的角度切入,追求论述的深度和视角的创新。第二,具体操作上,简牍时代、写本时代与印本时代并重,在继续深入进行明清书籍史研究的同时,显著填补宋以前文献文化史的空白;在突出其历史阶段性的同时,重视中国古代文献的形态多样性,动态把握其历史进程,特别重视中国古代文献外传对东亚汉文化圈形成的意义。第三,理论方法上,从原始文献出发,传世文献与出土文献兼收,文字材料与图像资料互相参证,考据与义理并重,旨在总结中国古代文献的民族特色,彰显其对人类文化的贡献。

  本丛书确立了中国古代文献文化史这一新的研究方向与领域,在文献发掘、研究方法及学术思路上都力求创新。本丛书重视发掘以往未受重视的文献类型,在传统的书籍文献之外,重视日记、书札、石刻与出土文献;在传统的古文献学资料之外,重视国外的书籍史、印刷史、新文化史等研究文献。此其一。本丛书由多位在古典文献学领域素有研究的学者承担,注重"长时段"的时间观念,弱化单纯的线性进程,各以一个较大问题为中心,如古代文献的核心问题、早期经典的形成与文化自觉、中古时期的历史文献与知识传播、治乱交替中的文献传承、宋代文献编纂与文化变革、明代书籍生产与文化生活、清代的书籍流转与社会文化、汉籍东传的文化意义以及古代石刻文献的内涵与意义等,进行深入细致的探讨,多维度阐释中国古代文献文化的丰富内涵。此其二。本丛书的学术思路是将文献与文化相互融合,从文献的实证角度阐释文化,从文化的宏观视角审视文献,突破了已有研究成果将文献史研究与文化史研究割裂的格局。换句话说,本丛书的研究突破了传统文献史研究的旧有框架,借鉴"书籍史"此一新文化史研究视野并力求超越,研究对象从"书籍"扩展至"文献",时间范围从"宋元明清"扩展至整个中华文明史,深入挖掘中国古代文献的文化历史内涵,特别注重发掘古代文献的文化建构意义。此其三。

本丛书虽然已有十卷之多,字数也多达 400 万,但是,相对于浩瀚的中国古代文献文化史研究领域,这只是扬帆初航而已。我们深知,已经完成的工作尚有诸多不足,还有大量的领域有待继续深化拓展。

"路漫漫其修远兮,吾将上下而求索。"

2021 年 6 月 26 日初稿
8 月 3 日定稿

目　次

绪论 ·· 001
　一、清代文献文化史的"社会情缘"、特色问题及驱动力 ········ 001
　二、"群"的突出与"眼光向下"的梳理整合 ···················· 006
　三、各章概要及思路 ·· 009

第一章　书估与清帝国书籍的流转 ···································· 026
　一、南北书籍交流背景中的慈仁寺与琉璃厂 ···················· 028
　二、两个风雅意象：慈仁寺中的王士禛与典衣买书 ············ 044
　三、黄丕烈的吴门书坊及其延展 ··································· 052
　四、环太湖地区的湖贾与书船 ······································ 060

第二章　抄书与书籍生产及流动 ······································ 092
　一、清代抄本书籍数量的推测与抄写宋金元人著述的风气
　　 ·· 093
　二、私家传抄内府书籍与书籍的回流 ····························· 103
　三、文化象征与实际效用：文澜阁《四库全书》的阅读、抄录
　　 ·· 112
　四、作为职业或爱好的抄书 ··· 125
　五、抄读与日课及书籍生产 ··· 142

六、抄写中的书籍流通与互抄群体的形成 …………… 152

第三章　荛圃藏书题识与嘉道时期苏州书籍社会 …………… 162
　　一、吴中文士群体与书籍交流网络 …………… 163
　　二、关于书卷、山水、花木之吟咏与文士活动空间 …………… 176
　　三、绘图纪雅集与清代吴门画派 …………… 191
　　四、地方人文传统的营建与传衍 …………… 201

第四章　两位普通文人的日记及其读书生活 …………… 208
　　一、黄金台的购书清单和书价 …………… 211
　　二、作为礼物的书籍及其流转 …………… 220
　　三、黄金台及其周边的爱书人群体 …………… 233
　　四、趣味、地域特征与"中层书籍世界" …………… 240
　　五、管庭芬、黄金台日记中的书籍借还记录 …………… 258

第五章　《读书分年日程》与读书风气 …………… 273
　　一、《读书分年日程》与"朱子读书法" …………… 273
　　二、《读书分年日程》作为清代读书人进学的准则 …………… 283
　　三、《读书分年日程》与清代举业 …………… 300
　　四、《读书分年日程》的晚清民初仿效之作 …………… 313

第六章　《说文》著述与测定学术风气的指标 …………… 321
　　一、批点、过录作为一种知识传衍方式：以《惠氏读说文记》为例 …………… 325
　　二、王筠及其群体间的书籍往还 …………… 334
　　三、作为启蒙的《说文》著述 …………… 344

第七章　家集编刊与文化传承 …………… 364
　　一、家集的涌现及其在目录中的位置 …………… 364

二、家集编纂中的家族、地域观念与时间意识 ……………… 367
　　三、家集的编纂及家集的特质 …………………………………… 380
　　四、家集总序的书写与地域文学传统的叙说 …………………… 406

第八章　女性与书籍 ……………………………………………… 430
　　一、从吕思勉的回忆看被遮掩的女性阅读 ……………………… 430
　　二、古书中女性的印迹 …………………………………………… 435
　　三、从闺秀集推测女性的阅读世界 ……………………………… 442
　　四、闺秀集的女性阅读群体 ……………………………………… 452
　　五、《牡丹亭》与"闺阁中多有解人" ……………………………… 459

第九章　三教之外又多一教：清代的小说戏曲阅读 ………… 469
　　一、私家藏书目录中的小说 ……………………………………… 471
　　二、看小说作为日常生活一部分 ………………………………… 478
　　三、《红楼梦》进入日常生活 ……………………………………… 510
　　四、《红楼梦》的群体阅读 ………………………………………… 522

第十章　石印出版与晚清的科举、文化 ………………………… 532
　　一、点石斋的石印图书 …………………………………………… 534
　　二、石印与书籍的再生 …………………………………………… 541
　　三、石印的技术优势与科举用书的扩张 ………………………… 549
　　四、石印书籍与晚清社会文化 …………………………………… 562
　　五、技术、制度转变与石印书籍的衰落 ………………………… 569

第十一章　新学书籍的涌入与"脑界不能复闭" ……………… 583
　　一、生殖医学、卫生学的阅读与"强种"之路 …………………… 584
　　二、颜李之学的复苏 ……………………………………………… 592
　　三、"脑界不能复闭"与学问被不断分类 ………………………… 601
　　四、新学、中学的交汇与富强民主国家的想象 ………………… 607

五、与孙宝瑄同时代的读者 …………………………………… 618

结语 ……………………………………………………………………… 632

附录 ……………………………………………………………………… 639
　　一、黄丕烈藏书题跋中所见陶氏五柳居事迹辑录 …………… 639
　　二、湖贾活动辑录 ……………………………………………… 645
　　三、四库馆私家录副史实 ……………………………………… 650
　　四、阅读、抄写文澜阁《四库全书》史实 …………………… 653
　　五、《竹汀先生日记抄》卷一所见钱大昕借读、经眼古书情况表
　　　　……………………………………………………………… 655
　　六、《黄丕烈先生年谱》和《年谱补编》所见黄丕烈交游、雅集唱和、
　　　　作诗情况表 ………………………………………………… 658
　　七、为黄丕烈绘图的文士或画家 ……………………………… 660
　　八、《管庭芬日记》中所见浙江文献借阅表 ………………… 662
　　九、《清代闺秀集丛刊》《清代闺秀集丛刊续编》等丛书所见女性
　　　　阅读群体 …………………………………………………… 665
　　十、梁德绳《古春轩诗抄》可能被阅读的网络 ……………… 670
　　十一、《申报》重要石印科举用书广告提要表 ……………… 673
　　十二、孙宝瑄所读汉译西学书表 ……………………………… 676
　　十三、贺氏父子、姚永概、江瀚西学书阅读表(1893—1908)
　　　　……………………………………………………………… 685

引用文献 ……………………………………………………………… 687

后记 ……………………………………………………………………… 714

插图目次

图 1　禹之鼎绘王士禛《载书图》 …………………………………… 047
图 2　"归安卖书人" ……………………………………………………… 063
图 3　黄宗羲致郑梁函 …………………………………………………… 097
图 4　"文汇读书"图 ……………………………………………………… 117
图 5　文澜阁图 …………………………………………………………… 117
图 6　《芳林秋思图》（局部） …………………………………………… 197
图 7　黄金台《鹂声馆日志》嘉庆二十一年(1816)十一月日记(局部) …… 219
图 8　沈筠《守经堂补亡书目》（局部） …………………………………… 237
图 9　沈筠《守经堂补亡书目》中著录的小说、戏曲 …………………… 254
图 10　程端礼《程氏家塾读书分年日程》同治八年(1869)江苏书局重刊本 ……………………………………………………………… 282
图 11　程端礼《程氏家塾读书分年日程》同治十年(1871)重刊本 …… 282
图 12　《蔡氏闺秀集》道光二十四年(1844)刻本 ………………………… 399
图 13　《范氏三女史同怀诗抄》咸丰刻本 ………………………………… 399
图 14　《湘乡曾氏藏书目录》抄本 ………………………………………… 488
图 15　王诒寿《缦雅堂日记》同治十一年(1872)五月日记(局部) …… 497
图 16　《节本泰西新史揽要》光绪二十七年(1901)铅印本 ……………… 626
图 17　佚名《密斋读书图轴》（局部） …………………………………… 633

绪　论

一、清代文献文化史的"社会情缘"、特色问题及驱动力

"清代文献文化史"何以成为一个问题？假如眼睛真能发出"光芒"，探求者的目光所及，要"照亮"哪些内容？

清代文献文化史内涵丰富，大致而言，包括两方面内容：其一，文献的内容与物质形态呈现；其二，文献的著述、编辑、刊印、流通、阅读等环节，以及每一环节所牵涉的行为动机，还有所关联的人群之间的互动。前一内容是基础，但不是本研究的重点；后一内容着眼点在文献与社会的关系。文献文化史要研究"动态的文献"或者有"社会情缘的文献"[①]。文献的物质形态及其所蕴涵的信息及意义，是重要的研究内容，而本书着重探讨：文献在流转中如何发生作用？哪些书在市场中、在读者手中流转？为何是这些书？流转的书如何影响读者的知识结构、生活方式、情感体验乃至牵引社会习俗、学术风气的变动？简言之，从第一章作为媒介的书信，到第十一章新学书籍的涌入，试图通过流转的文献看流转的社会文化。

[①] 此概念改自彼得·伯克（Peter Burke）所说"知识具有社会情缘"，见[英]彼得·伯克著，陈志宏、王婉旎译《知识社会史（上卷）：从古登堡到狄德罗》，浙江大学出版社，2016年，第9页。

清代文献文化史也可以通过若干专史来揭示,如从出版印刷、藏书、版本、目录、阅读、流通等角度来呈现总体史的种种面向与发展状况①;然即使是专史也不能在专题范围内全面覆盖,专史的汇合也不能拼出整体史。清代文献如何发展、如何对社会文化产生作用,要整体把握,几乎不可能,因此本书的策略,就是"知难而退",放弃时空连续性叙事,同时尝试避熟就新,眼光向下,官方、大藏书家、知名大书、珍本、大学者只是作为讨论内容的一部分甚至不是重要部分,试图在更广的范围内以若干有内在关联或者彼此能整合的专题研究建立一种论说框架。这一框架不敢贸然称史,只是说略具史的意味或史的轮廓。

保罗·韦纳(Paul Veyne)在讨论历史的整体性与连续性时,引述哈耶克(F. von Hayek)之论,提示"研究的对象从来都不是某一特定时间

---

① 就藏书史而言,通过范凤书著《中国私家藏书史》修订版(大象出版社,2009年)、傅璇琮、谢灼华主编《中国藏书通史》(宁波出版社,2003年),以及各地藏书史,可了解清代公私藏书概况。就流通研究而言,孙文杰的《清代图书市场》(武汉大学博士学位论文,2010年)对清代图书流通渠道、营销、书价、书业中心等问题有较系统研究。徐雁的《中国旧书业百年》(科学出版社,2005年)集中梳理了近百年古旧书业兴衰史。就出版史、印刷史而言,朱赛虹等《中国出版通史·清代卷(上)》、汪家熔《中国出版通史·清代卷(下)》(中国书籍出版社,2008年)、叶再生《中国近代现代出版通史》第一卷"清朝末年"(华文出版社,2002年)、魏隐儒《中国古籍印刷史》(印刷工业出版社,1988年)等专史皆有详略不同的清代出版印刷史介绍。此外,还有江曦的《清代版本学史》(中国社会科学出版社,2013年)试图从文献学的角度,建立起版本学、目录学、校勘学的通史框架体系。这些史著有助于呈现"清代文献文化史"的某些面向和脉络,然不是笔者探寻的路径。以缪咏禾著《中国出版通史·明代卷》(中国书籍出版社,2008年)为例,该书以官府、私家、书坊的结构重点介绍明代的出版机构,依次叙说明代的出版机构分为政府、藩王府、坊肆、私家、寺观和教堂等。此外,是介绍出版家、海外交流、装帧设计和印刷、印刷技术的改进和革新、图书的经营、流通和收藏。其中第十一章"明代出版和明代社会"所设三节所及政治事件、思想新潮及通俗读物与本书所着力追求的"文献文化"密切相关,然所论稍显简略。《中国出版通史·清代卷(上)》一书结构与明代卷大致相同,对民间的图书编纂与著述、出版更重视,然少明代卷中类似第十一章的论述。《清代卷(下)》结构有变化,重要组成部分有:太平天国、同光间地方官刻、宗教与出版、近代印刷技术和新出版等等。要言之,这类出版史关注的是机构、人物、重要文献;而本书重点在场景、过程以及有代表性的问题。

和地点一切可观察现象的全部,而永远仅是其中被选择的某些方面"①,所面对的历史事件,是"由我们的'情境'决定",同一个事件"可能分布在好几个情节之间",大多数的事件属于马塞尔·莫斯(Marcel Mauss)意义上的"总体性社会事实"。而这一"总体性社会事实",人们无法从总体上把握:

> 描述整个是不可能的,一切描述都是选择性的;历史学家从未测绘出叙述重要事件的地图,他能够做的顶多是增加几条穿越它的路线。②

虽然不能整体描述,但要尽力"前后左右"观看,力图扩展视野。考察清代文献文化史的进程,首先当然要注意这一时段与前一时段或者至少与宋元时期的关系,注重文献对社会文化影响的连续性,特别是要看到在耕读传家成为宋以后理想社会生活模式之后,受科举考试的强力牵引,文献著述、编辑、刊印、流传、阅读、保存等的大格局已基本稳定,文献已逐渐进入日常生活,改变人们对世界的感知方式或者交往方式。影响的范围和程度远逾此前各代,单就人群而言,与文献有密切关联的不再局限于精英阶层,而是出现一个"中间阶层",这一阶层介于精英阶层和不识字的大众之间。"中间阶层"的出现与扩大,强化了明清文献文化史的社会底蕴。

在强调清代文献文化史与前代的连续或一致的同时,自然也要追问其本身特色何在:是否有某些新内容出现,或者此前不太引人注目者出现了比较大的变化?这些不同或变化是否有助于建立清代文献文化史的框架?这些问题是否凸显出"清代",而不是"宋元"以及"明代"?

依循此思路,本书在拟定结构时,突出代表性问题,并以问题的探究

---

① [法]保罗·韦纳著,韩一宇译《人如何书写历史》,华东师范大学出版社,2018年,第56页。

② [法]保罗·韦纳著,韩一宇译《人如何书写历史》,第55页。

大致呈现史的脉络。

本书包括十一章,若以主题略作提要,可列举出:书籍的流动,书商的作用,雕版印刷之外还有抄书,《读书分年日程》与《说文解字》可测出读书风气与学术风尚,与家族有关的文献迅速增长,女性与书籍的关系更加清晰,阅读小说戏曲是读书人的重要休闲方式,石印出版对晚清科举文化作用明显,西学书籍的涌入改变了国人的知识结构和思想方式。

如何进一步揭示这些特色主题之间的关联或者将其串连,而不致成为一盘散珠,则必须重视文献在流动与传播中的粘合作用。简言之,文献的流动与粘合是本书的"气"或"驱动力"。

研究清代文献的流动与因流动建立的关联,是将看似静止的文献情境化、过程化,以重现文献的活力。循此视角,则可见:清帝国版图上水陆交通中有书籍之流;书籍在借还中促进人群的聚合与文学、学术风气的变化;在人际交往中书籍作为礼物有助于建立亲密关系;在雕印之外,抄写成为一种未被充分注意但有实效的传播方式;《读书分年日程》被纳入读书规划并制约、规整读书风气;《说文解字》在嘉庆初年的流传不是偶然事件;书在家族中流动,家族与地方经由文献的流动建立互动关系;清代女性作家的崛起是一大特色,女性与书籍的世界被重建,可见书籍作为媒介激发了女性意识;在研究如何写小说戏曲之外,如何阅读、谁在读等问题有特别的文化涵意;印刷技术的改变推拓文献的流动速度与传播范围;新学书籍的涌入被寄予厚望,并被转化为新知或内化为思维方式。

明清社会书籍的流动,其波及的空间范围,可藉举业书这一"开路先锋"略作推想。顾炎武尝引杨彝之语:"至一科房稿之刻有数百部,皆出于苏杭,而中原北方之贾人市买以去。"[①]这是书籍从东南往北方流动,而徐霞客称其家乡江阴"所刻村塾中物及时文数种"[②]见于云南的市集,

---

[①] 顾炎武著,黄汝成集释《日知录集释》,岳麓书社,1994年,第584页。
[②] 《徐霞客游记》,上海古籍出版社,1993年,第932页。此两条材料据沈俊平《举业津梁》(台湾学生书局,2009年,第311页),第一条材料已核对。

则是书籍流播到西南。举业书的流动,其驱动力主要是对科名与利益的追求。那么小说戏曲流动的驱动力是什么?是娱乐与利益?在求知求名之外,明清社会有较广泛的以小说戏曲为主导的娱乐性阅读,这说明什么问题?继续追问:小众书《说文解字》流动的驱动力是什么?更为特别的是,推助清代女性诗文集流动的动力又是什么?诸如此类,对驱动力的探求,可逐渐看清整个清代社会书籍流动的方向、路径、区域以及相关的风习。

或者还可在以上所列内容基础之上,再提出一些问题:从杜泽逊《清人著述总目》所录 22 万种著述来看,清代人可能更重视著述或有更强的文献意识;清人对文献的重视或喜爱似不完全是科举制度、文化传统牵引,可能还有其他原因;清代文人重视读书,除促进学问外,更弥漫至诗文创作,以学问、书卷为诗文题目或融入文字,成为一代文学风气;文献的影响之大,甚至波及庭堂书房内部摆设,书架书橱在众多关于房舍的绘画作品中出现,更细致的是,清代文人手持书卷或以书堆、书架作为背景的画像,也是一种时尚,而宋元明则少见这种现象。① 文献是知识、学问的载体,也是谈资、掌故的来源,还是可供赏鉴娱心之物;同时,在文人的生活中也逐渐成为一种"精致的装饰配件",作为文化象征符号成为"读书人"的组成部分,书籍作为装饰可视之为普遍的"社会诗学"(social poetic)行为。

---

① 据华人德主编《中国历代人物图像集》统计,清代人物图像有手持书等细节描绘者 64 人,明代仅有 6 人;据叶衍兰、叶恭绰编《清代学者像传合集》,全书共收 369 位学者画像,其中与书卷有关者近 140 人。华人德主编《中国历代人物图像集》,上海古籍出版社,2004 年。叶衍兰、叶恭绰编《清代学者像传合集》,上海古籍出版社,1989 年。[美]安·布莱尔(Ann Blair)在一篇论文中引述乔斯林·佩妮·斯莫尔(Jocelyn Penny Small)的研究结果,指出"在中世纪早期的图像上,典型的画面是一位学者读一个文本。……在公元 1200 年以前,描绘学者的图画上看不到有多本书同时打开;而多个文本同时打开的画面直到 1400 年才变得常见"。图画中是否有书,书有多少,书的状态,皆有丰富的社会文化涵意。安·布莱尔《1550—1700 年间应对信息过剩的阅读策略》,见[德]薛凤(Dagmar Schäfer)、[美]柯安哲(Angela Creager)主编,吴秀杰译《科学史新论:范式更新与视角转换》,浙江大学出版社,2019 年,第 289 页。

二、"群"的突出与"眼光向下"的梳理整合

在文献的流动中,个人、家族、地方、国家的某些关联得以显现,在这一关联或脉络中,有文献的整合与人的集合。所谓人的集合,就是文献促进了各种"群"的涌现。

书籍的传播及其对社会文化的影响,在区域或社会结构视域中,群体(即"圈子")的作用不可忽视。清帝国的文化进程虽有科举考试作为主要动力推进,然在此考试制度之外的诸多方面,全国并不是整齐迈进,而是有多种差异。在地方差异产生的过程中,家族、群体、地方文化传统皆在发生作用。对于一些较具潮流性的书籍、学问或其他文化风尚,小群体的作用可能更为突出。这一小群体并不一定是精英群体,很可能是中下层读书人中志趣投合的一群。群体之中,结社是重要的一类,此外,书院、书局、幕府中文人学者的集结,以及各地种种雅集,多与书籍或艺文有关。

群体对于文献文化的贡献,除幕府对方志等地方文献及正经正史的筹划编刊外,幕府的其他作为,并无统一的规划组织,多由兴趣或者自觉的文献保存意识推动。群体的类型,在本书中可见学人群体、女性作家群体、抄书人群体、一般读书人群体、书贾群体等等。落实到群体,既不是用含糊笼统的"大众"来论说,也不是以单独的"我"作为"作用单元",如此则更可揭示书籍在社会文化中发生作用的过程,或者沿用彼得·伯克的说法,这里更关注小群体、小圈子、关系网或"认识共同体"的"日常知识生活"[①]。群体是人与人的关联,在关联中书籍的生产、流动及影响的细节有更完整的呈现。当然,在文献与社会的关联中,讨论"群"的作用,并不是将群作为封闭的小圈子,身处一个群中的个体,可能同时处于另外一个群中,只有充分注意到群的叠合与牵连时,才能看清

---

① [英]彼得·伯克著,陈志宏、王婉旎译《知识社会史(上卷):从古登堡到狄德罗》,第9页。

"群集"的作用。① 群体这一视角的引入,可使地方上各种文学艺术流派及地域文化传统的形成与延续得一考察路径;同时学人群体有职业化倾向,如助人编辑书籍、管理藏书等。职业化学人的存在,是中国近现代学术兴起的铺垫。在西方启蒙时代,书籍传播培育了阅读公众,进而形成公众意识与社会思潮。对照之下,清代的文献传播作用何在?如何分辨其作用?是否有时空之分以及文献类型之分?这些问题仍有待探求。

"眼光向下"看清代文献文化史,如何向下,主要是更多关注社会中下层以及日常生活。清代文献文化史中必须面对的重大主题,如《四库全书》及其他官方大型书籍的编修,清代的文字狱及文化政策,晚清官书局,等等,本书所在丛书已有专门研究,学界也有丰厚积累,在此就不再重复,而是用力探求那些已经融入日常生活的文献文化活动,如本书也关注贮存《四库全书》的文澜阁,不过是从读书人如何阅读、抄写这一"半开放性"的公藏入手。在此类重要事件或重要人物之外,更广大的社会中文献如何流动并发挥作用?要探讨这一问题,就有必要将文献"返回"或"置入"丰富的生活中,研究清代文人如何读小说戏曲,喜欢读哪些小说戏曲,他们是否收藏,清代女性读哪些书籍,晚清文人如何读新学书籍,诸如此类,已不单是阅读史研究所能包涵的。

若以社会阶层区分,用郑伟章著《文献家通考》查检,卷一至卷二十六共录1358人,其中无科名者(不含举人、拔贡,或捐纳做县令以上官者,含生平无考者)690人。② 有如此群体存在,则可知传统社会中普通

---

① 大卫·沃伦·萨比恩(David Warren Sabean)在讨论共同体时认为:"在个人层面上,共同体中的个体可能身处完全不同的社会网络,与外界保持关联,没有一个人的社会关系局限于一个共同体中,以界限(boundedness)来描述共同体实属徒劳无益。构成共同体的是话语。"见[美]布鲁斯·马兹利什(Bruce Marzlish)著,汪辉译《文明及其内涵》,商务印书馆,2017年,第24页。

② 郑伟章《文献家通考》,中华书局,1999年。清代典型的"以书籍为业"或"以书籍为志业"的底层文人是朱文藻,朱氏生平及文献贡献,可见陈鸿森著《朱文藻年谱》,见《古典文献研究》第19辑下卷,2017年。

读书人对文字、对文献的敬重意识及其自觉的著述与传承责任,这或是文献文化史所应当揭示与推扬的"文献意识"或"文献精神"。他们的文献意识和实践活动,可能以一己一家延伸到一地以至天下。

如何再现日常生活中的人与文献的密切关联,本书在利用材料方面略有追求:其一,整合散布在包括诗文集、笔记、书目及晚近研究成果在内各类史料中的细碎记录,梳理出脉络并试图勾勒稍具全景性的画面,如关于清代书贾史料的梳理,既有整合全貌的效果,又有更新对书贾功劳认识的作用。其二,对日记、藏书题识、序跋等"边缘文献"进行成规模的运用,①这一运用几乎贯穿全书各章,从而凸显本书所追求的"眼光向下"的文献文化史叙写。

本书的时间范围虽标明为清代,然社会文化发展具有连续性,尤其是在关注清代的问题时,有时会涉及近似"近世社会"或"前近代"诸概念或思路,或上探宋代,如对家集背景的溯源,以及印刷出版的兴盛对读书风气的影响,与此同时,有些问题的思考或延至民国初年。因而本书隐约有"宋代以来"的时间背景,在此背景中,更强调明清的紧密联系。以出版业而言,出版业及所带动、所关联的诸多社会层面,是明清社会文化中的重要问题,有学者称此出版业的繁荣为"技术革命",此种命名,当然有欧洲出版史作为参照的印迹,即使不作比照,单从明清社会内部来看,这一推论也应是切合实情的。高彦颐说:

> 除了"革命",没有其它词能够形容嘉靖时期(1522—1566)中国出版业出现的转折。它不是一种技术革命——所有的雕版技术在9世纪已经形成——而是一种出版经济和学习文化的革命。②

---

① 文献文化史研究中使用日记这一类文献,一方面是强调其为自传性文献(autobiographical documents);另一方面看重其兼具摘录簿(commonplace book)、杂记簿(miscellanies of texts)、批校(marginlia)的功能。

② [美]高彦颐著,李志生译《闺塾师:明末清初江南的才女文化》,江苏人民出版社,2005年,第36页。

本书涵盖的地域，虽期望通过水陆交通网络、书籍贸易之路、文人流动、姻亲谱系等来拓展关联，然实际关注的是以京城、江浙皖为中心，其他地区如山东、福建、广东、河南、江西、山西、贵州等，皆只是不同程度涉及。这一无意的失衡当然可找到较多解释原因，其中主要一点，就是被重点关注的区域本身是文化发达区域，相关记录丰富；此外，本书选取的视角或使用材料可能也会对地域大致匀称呈现有限制。整体的空间期望与实际上几乎是清帝国东部区域的叙写，其间落差，再次证明一人之视角与兴趣之局限，以及一本书只能部分解决问题，而更多的是以不足的局面，显示新探索的可能。

三、各章概要及思路

全书共十一章：第一章和第二章主要从宏观的角度论述清代书籍的两种流通模式，关注书籍的流动、买卖与抄录，以"书籍的流转"为全书论说定下基调；第三章和第四章通过黄丕烈、黄金台、管廷芬三个个案，从微观的角度去认识清代的书籍社会，揭示作为媒介的书籍如何关联个人与群体，并进而对社会风气产生影响；第五章和第六章探讨《读书分年日程》《说文》两种书籍与清代学术的关系，时间跨度稍大；第七章至第十一章分别从家集、女性阅读、小说戏曲、石印出版和新学书籍五个角度研究清代文献文化史的特色问题。全书重专题研究，然专题的选择与安排中，也尽力注意到专题的时代因素，试图以多种"专题式的小史"指向"可能的整体史"。

第一章"书估与清帝国书籍的流转"。清代学术文化具有集成性质，著作繁富，学者众多，这些都与书籍的流转有关。书估对于书籍的流动与传播而言，是重要的媒介，尤其是在依据学术、文学等社会文化动向以及特定的需求而潜在运作的文献资源"调配"方面，机动灵活，作用突出。王冶秋《琉璃厂史话》与孙殿起《琉璃厂小志》二书涉及众多书肆信息，特别是记录了京城慈仁寺与琉璃厂书籍流散以及书估活动情形，由此可略窥南北书籍交流态势。围绕慈仁寺书市的书籍交流，王士禛购书事件不断被润饰、重写,演变成为一个充满文学意味的诗意行为,与典衣买书一同被凝结成两个风雅意象。稍后,黄丕烈之于吴门书肆,亦具类似性质,这在黄氏的藏书题跋记中有详细记录。苏州城区或周边地区相对固定的书肆和处于流动状态的书船、书估,构成了黄丕烈书籍交流网络的一个层面。在此书籍交流过程中,环太湖地区的湖估活跃于书市,助推南北文献资源的配置,其中五柳居陶氏、白堤钱氏谙悉书业风气,与其他湖估一起,推动全国书籍的流转。书籍的流转,不同程度地为京城、东南及其他地区学术文化的发展提供资源。

在书籍史研究中,书商的作用多被认真看待。罗伯特·达恩顿(Robert Darnton)指出:"书商在供求之间所起的中介角色,以及他们起到的文化催化剂作用,还需要进一步的研究。"[1]艾尔曼(Benjamin A. Elman)在研究清代江南学术共同体时,强调文献的数量与交流的重要性,其中也提及书商:"一个学术共同体要形成公认的话语就要求相关学科具有用途广泛的文献积累。知识系统必须积累有关文献,才能加快新的学术著作发表、出版的速度。除……书院制度和各种形式的赞助外,考据学者还需一个由藏书家、出版家、书商组成的交流网络,以促进学术研究的发展。"[2]而中国对于书商、书肆的研究,视角上往往局限于个案,方法上也多停留在史实的钩沉上,如王冶秋、孙殿起二人对琉璃厂书业的梳理[3],李文藻对琉璃厂书肆的记录[4]等;在涉及书商与藏书家的关系层面,也仅仅是个人对个人,并没有将书商放在整个书籍的环流中去。环太湖地区书估众多,书船往来频繁。书估依托水路的便利,贸易范围广阔,流动性较大。通过题跋、日记、笔记等史料的排比,大致能勾勒出一个书籍贸易的网络,再现清代江南"学术共同体"下的书籍世界。

---

[1] [美]罗伯特·达恩顿著,肖知纬译《拉莫莱特之吻:有关文化史的思考》,华东师范大学出版社,2011年,第105—106页。

[2] [美]艾尔曼著,赵刚译《从理学到朴学:中华帝国晚期思想与社会变化面面观》,江苏人民出版社,1995年,第99页。

[3] 王冶秋《琉璃厂史话》,三联书店,1963年。

[4] 李文藻《琉璃厂书肆记》,见《南涧文集》卷上,《续修四库全书》第1449册,第76页。

第二章"清代的抄书与书籍生产及流动"。抄书是书籍生产的重要方式,书籍的录副促进了书籍的内部流通。明清两代抄书风气盛行,清代在前代基础上,有了更为突出的表现。从善本的角度来看清代书籍抄写,可以清晰地呈现以宋金元刊本为主的层级。乾嘉时期文化学术风尚的演变,内府书籍的开放及四库馆的开馆,使抄书从民间到官方再到民间,形成了书籍之间的"回流";清廷为加强对文化与知识的管控,《四库全书》分驻七阁馆藏,"北四阁"与"南三阁"分别发挥文化象征与实际效用两种作用。杭州文澜阁在书籍借阅中具有一定限度的开放性,并在读书人群中逐渐形成颇有内涵的"文澜阁抄书"风气,与欣赏西湖山水之举相映照。清代的抄书行为内涵丰富,一部分抄写者以"佣书"为业,另一部分抄书者则视抄书为日常生活的一部分,同时有意将其雅化,其中"呵冻抄写"为清贫文士的写照,"雅赚""美贬"等则为书林韵事。在抄书过程中,文士与藏书家目的不尽相同,但抄写方式大致近似,自抄、借抄、互抄等多种方式交错进行,甚至在约定下能形成互抄群体。如果以藏书家为节点,大致能编织出书籍的互抄网络。这种在特定时期内出现的抄书行为,一定程度上能反映学术风气的变化,更能验证江南地区存在学术共同体的事实。

明清两代抄书风气盛行,"每爱奇书手自抄""犹秃千兔写万纸"等,是对抄书现象的形象述说,更暗示学人对抄书的热情与执着。关于清代抄书的专门研究,目前论著不多。曹之对清代抄书进行有过考述,重点在论述《四库全书》的抄写,兼及顾炎武、周亮工、钱曾、朱彝尊、黄丕烈、鲍廷博、吴骞、马曰璐、丁丙等五十余位民间抄书者,并对清代抄书特点进行相关总结,如借抄成风,以善本为主,内容涉及戏曲、小说、弹词等。[①] 董火民对中国古代抄书现象进行较为全面考察,梳理了汉代至明清的抄书活动,旨在发掘抄书在保护、延续以及传播知识和文化方面的重要作用。然因该文是宏观上论述,明清两代只是在相应论题中顺带论

---

① 曹之《清代抄书考》,见《图书馆》,1990年第1期。

及,篇幅有限,所用新材料不多。① 此外,关于前代抄书或书手研究,蔡丹君、周侃、宋莉华等学者也有一定关注。② 然潜隐在各种书目书中的抄本记录及历代关于抄本的序言、题跋等,则暗含更为丰富的抄书信息,能进一步扩容清代抄书的真实内涵。《中国古籍善本书目》中著录的清抄本数量与种类繁多,与前代能形成相关对照,能呈现清代抄书的类别与比重。鲍廷博、翁方纲、黄丕烈、傅增湘等藏书家及学者的题跋札记等,著录众多抄书的内容,能较为全面还原清代抄书的文化生态。③ 近来对日记这种私密性文献的关注与发掘,能进一步拓展对清代抄书的研究视野,钱大昕、潘道根、叶昌炽、张佩纶、管庭芬、皮锡瑞等日记的整理,④推进这一研究进程,从书籍史与阅读史等方面,对清代抄书有新的审视,应该会涌现一批更为精致的研究。

第三章"荛圃藏书题识与嘉道时期苏州书籍社会"。在黄丕烈的藏书题识中,除版本、校勘、授受源流等学术性文字外,还有大量由此引发的关于得书经过、校读时的心情、由藏书家兴衰引起的感慨、友朋往来、天气、家事等个人色彩浓、情感意味强的叙述,并嵌入了不少"题书纪事诗"。同时,这些题识大多有撰写年月记录,具有日记特征。书籍作为材料和媒介营造了黄丕烈的世界和交游网络,钱大昕等学者的研究便得益于这份集体事业。黄丕烈还继承了本地人文传统,选取汉学路径,通过组织观书题咏、游赏倡和等活动主动营造风气,这些行为也被人模仿、沿用。加上师承、姻亲等关系,与他交往的文士群体通过便捷的交通等向

---

① 董火民《中国古代抄书研究》,山东大学博士学位论文,2011年。

② 参见蔡丹君《南北朝"抄撰学士"考》,《中国典籍与文化论丛》第16辑,2014年;周侃《唐代书手研究》,首都师范大学博士学位论文,2007年;宋莉华《明清时期的小说传播》,中国社会科学出版社,2004年,第65—72页。

③ 鲍廷博撰、周生杰、季秋华辑《鲍廷博题跋集》,浙江古籍出版社,2012年;翁方纲撰,沈津辑《翁方纲题跋手札集录》,广西师范大学出版社,2002年;傅增湘《藏园群书经眼录》,中华书局,1983年。

④ 参见潘道根著,罗瑛整理《潘道根日记》,凤凰出版社,2016年;叶昌炽《缘督庐日记》,广陵书社,2014年;张佩纶著,谢海林整理《张佩纶日记》,凤凰出版社,2015年;管庭芬著,张廷银整理《管庭芬日记》,中华书局,2013年。

周边辐射,也使吴中学术保持一定开放性。将题跋文字作为考察地域群体及交游网络生成的一种特殊史料,在过去的研究中并不多见。如周少川仅指出了黄丕烈题跋在记叙作者生平、反映授受源流与记载书林史话、反映社会风貌等方面的价值,①姚伯岳则有意强调题跋写作作为黄丕烈表现自己一生活动的文体意义,②严佐之则就黄丕烈藏书活动中"佞宋""读未见书""书籍贵有源流"等问题作出分析与评价,为其在当时学术背景中找到"信古好古""经世致用""实事求是"的本源。③ 其实,若抛开这种就事论事的研究方式,将相关物质性载体因素纳入考虑范围,并将诸家题识与保留撰写年月的题识性诗、词、文相结合,这在考索当时文人的活动轨迹、重构他们的活动空间方面,当大有开拓的余地。

  第四章"两位普通文人的日记及其读书生活"。本章选择记录时段较长且具连续性的黄金台、管庭芬二人的日记,来探究嘉道咸三朝浙江中下层文人的书籍世界。就与书籍史的关系而言,二人日记的突出之处是关于书籍记载的文字特别多,其中多与书籍撰著、编辑、刊印、借还、赠送、买卖有关。通过梳理黄金台日记中有关书籍买卖的信息,可见在清代书籍市场中,集部的价格差别很大,当下未成名或知名度不高的文人集子,若进入市场,书价很可能远低于成本价。清人刊印自己或家人的集子,其主要目的不在于销售牟利,而在于用作礼物赠给师友亲朋。由此可再作推衍,传统社会书籍的流动大致有两种方式,一种是按照市场需求作为商品流动,另外一种是依循人情网络作为礼物流动。在书籍与人情交织的世界中,书籍从来不是单一地被阅读与流动,而是作为文化、精神的载体,作为流动的社会性的载体。根据黄金台、管庭芬等人日记中有关书籍借还、赠送的记录,大约可见在中下层文人群体中存在一个"中层书籍世界"。书籍可共享、借还有定期等潜在"规约"的存在,是书籍共享群体建立的根基。书籍或文本是文字的编织,而黄金台等人似乎

---

① 周少川《士礼居藏书题跋记的学术贡献》,见《文献》,1989 年第 1 期。
② 姚伯岳《对黄丕烈及其题跋的认识和评价》,《天一阁文丛》第 11 辑,宁波出版社,2013 年。
③ 严佐之《黄丕烈版本学思想辨析》,见《图书馆杂志》,1985 年第 1、2 两期。

在一种结构或网络中主动利用书籍在编织一个更大的"社会文本"。或者说,他们在利用书籍建立一种"叙事"或者促成一种"书写"。

日记是考察书籍史的绝佳史料。前人在这方面的研究主要针对一些名人日记,比如对李慈铭、莫友芝、叶昌炽、缪荃孙、张佩纶等人的日记进行研究时,多依循以往研究私家藏书的路径,考察其藏书数量、读书生活,勾勒书籍的递藏等。① 学界以往对于黄金台、管庭芬日记的观照,则大多为从中发掘某一门类的相关史实,作文学史、生活史、气候史诸方面的考察。② 本章则试图由上述"中层书籍世界"、参照性规约以及书籍叙事的连续性、叙事建立的认同感,进一步思考"江南学术/文化共同体"存在的可能性。通过这一概念工具,可从一个侧面解释清代江南学术为何整体性繁荣,及其形成脉理与作用的机制;更便于考察书籍作为流动资源如何促进文学学术多样性的生成,如何培育中下层文人,并形成近似专职性的"以书谋生者"。

第五章"《读书分年日程》与读书风气"。程端礼《程氏家塾读书分年日程》承接朱子读书法而来,将其变成条理清晰的规章和程式。这是一次具体、精细的转化。《读书分年日程》所指定的读书范围以四书五经为基础,与科举考试相辅相成,在读书的次第、具体方法和时间分配方面,有自己的特色。《读书分年日程》的被接受,始终伴随对程朱理学的传承。《读书分年日程》目前见于著录的版本有三十五种,其中三十三种刻于清代。"日程"在指导读书之外,也着力救举业之弊。"日程"在清代书院学规章程中也有印迹,并被当作课表使用,成为一套行之有效的管理

---

① 相关成果如:刘孝文等《晚清名士李慈铭的藏书、读书与著述》,见《山东图书馆学刊》,2014年第4期;何建菊《从莫友芝日记看晚清咸、同时期图书的编纂与流布》,见《黔南民族师范学院学报》,2016年第3期;谢海林《〈张佩纶日记〉与丰润张氏藏书考论》,见《文献》,2017年第2期等。

② 相关成果如:郑志良《清人黄金台〈听鹂馆日识〉中小说、戏曲资料探释》,见《中国古代、近代文学研究》,2016年第11期;李细珠《乡村士绅在"近代"边缘的生活世界:嘉道咸同时期管庭芬日记解读》,见《社会科学研究》,2016年第3期;周勇军《日常生活史视野下的太平天国运动与江南乡村绅士——以浙江海宁管庭芬为例》,见《嘉兴学院学报》,2016年第4期。

规条和评价体系。《读书分年日程》对清代以来的读书风气影响较大,成为读书人进学的准则。清人读经典计算字数的习惯,即与该书提倡的读书法相关。在《读书分年日程》之后,出现许多效仿之作,该书成为晚清以来推荐书目的先导。

第六章"《说文》著述与测定清代学术风气的指标"。本章主要通过考察《说文解字》一书在清代的流传、阅读及其著述繁衍,以试图测定或者呈现清代学术,特别是清代考据学的兴衰起落。罗伯特·达恩顿以一部《百科全书》的出版流传勾勒出启蒙运动时期书商与社会思想文化的影响和互动①,李畅然试图以清代《孟子》学著述来探讨乾嘉考据兴起的原因与历程②;然皆局限于书籍的语言内容,而没有将书籍作为一种"生命体",考察其生产、接受、阅读、流传的生动过程,更没有将书籍纳入到当时的读书人群体中去。梁启超在《清代学术概论》中曾将乾嘉考据学与西方的文艺复兴相比附,而在这场"文艺复兴"中,最足以反应其"生、住、异、灭"这一历程的,则非《说文解字》一书莫属。对于许慎《说文解字》一书的研究,至清代,特别是乾嘉以降,可谓臻于极盛。参与其事的学者达四百余人,研究著述不下九百种。③ 其地域不限于以江浙为中心的江南学术圈(包括江苏、浙江、安徽),辐射所及,勿论山东、广东、福建、湖南、湖北,甚至是四川、贵州、广西、甘肃、陕西、山西等偏离学术重心的地域,亦不乏其人。问题是,这一庞大的知识群体是如何由点到面而逐渐形成与展开的呢?本章以惠栋《惠氏读说文记》一书在群体间的传抄与过录,及其在此典范下产生的累积性成果,来探究清代《说文》类著述的衍生机制;以王筠、许瀚、翟云升等在群体间对《说文》及相关著述的借阅、传抄与批校,一窥许学风气的地域展开及其群体性力量;以道咸以还

---

① [美]罗伯特·达恩顿《启蒙运动的生意:〈百科全书〉出版史(1775—1800)》,三联书店,2005年。
② 李畅然《清代〈孟子〉学史大纲》,第三章"清代《孟子》学著作的年代分布和分期",中国人民大学出版社,2016年,第71—125页。
③ 据初步统计,清代《说文》著述达883种(另成书年代不详者有36种),尚不包括各图书馆所藏批校本、过录本。

《说文》课蒙类书籍的衍生与繁荣、传播与阅读为中心,对学者早期的《说文》启蒙予以文化解读。当然,这一问题并非是单凭几个特例即能完全解决的,但不可否认,这三个个案在时间点上却也恰好对应乾嘉考据学初兴、转折与新变的三个阶段,它们的产生与流传模式,虽不足以呈现清代《说文》学形成与展开的完整图景,但未尝不可作为以书籍史反观学术史的一种尝试。

过去对清代"说文学"的研究,大体集中在文献的编目、辑考、汇刊①,语言文字的疏证②,学术史的线性梳理③等几个方面。此类研究,对于语言文字这一专门领域知识体系的梳理,自然大有裨益,但往往也由于视点的过分纯粹而缺乏思想意义的阐发。"因此当它越来越集中于专题性的历史描述时,局限性就必然凸显出来。这种天生的缺陷使此类研究不可能具备真正意义上的社会、文化视野。"④文献(书籍)作为知识、思想的物质载体,其生产、编刻、流播、阅读、接受的每一个阶段无不含有丰富的社会文化意味。因此对其价值的考量,不应该仅仅局限在对其文本所承载的知识进行"专门性"的解读,而完全忽视其所产生的学术、思

---

① 这项工作自道咸以来即已展开,晚清民国间更是从者如流,其中最具代表性的成果有:丛刻方面有李祖望刻《小学类编》,许颂鼎、许溎祥辑《许学丛刻》,张炳翔刊《许学丛书》等;编目、辑考方面,则有尹彭寿《国朝治说文家书目》及《未刻书目》,叶铭辑《说文书目》,王时润《研究说文书目》(一名《许学考目》),张炳翔、黎经诰之《许学考》,丁福保《说文目录》及《存目》,马叙伦《清人所著说文之部书目初编草稿》,李克弘《说文书目辑略》等;集释、汇纂方面,则包括许楷《说文解字统笺》,严曾铨、孙礼煜《说文解字汇纂》,于邕、沈毓庆《说文集释》等,至丁福保《说文解字诂林》而集其大成。建国后,又有林明波《清代许学考》(台湾师范大学国学研究所硕士学位论文,1960年)、刘新民《清代"说文学"专著之书目研究》(中国科学院硕士学位论文,2002年);耿素丽主编《说文解字研究资料汇编》(11册,国家图书馆出版社,2012年)、董连池主编《说文解字研究文献集成》(作家出版社,2007年)等。

② 此部分的研究由于涉及面太广,且与本文所论在视角与方法上均关涉不大,故不作具体的梳理。

③ 主要有钱基博《近五十年许慎"说文学"流别考论》(见《清华周刊》24卷第11期,1925年)、赵丽明《清代"说文学"史略》(华中师范大学博士学位论文,1987年),以及张其昀《"说文学"源流考略》(贵州人民出版社,1998年)一书。

④ 赵益《从文献史、书籍史到文献文化史》,见《南京大学学报》,2013年第3期。

想、社会、文化背景,以及它们彼此之间的互动。① 本章以通考有清一代《说文》著述及其相关文献为基础,对其作学术史、文化史的整体观照,即有意于打破以往"专门化"的视阈局限,重新审视有清一代《说文》文献。

第七章"清代家集编刊与文化传承"。家集是汇合或编选的家族著述,可以是一家族某一代成员的作品,也可包含两三代乃至数十代成员的作品。作为清代层级文献体系中重要一环,清代家集数量庞大,目前存世可考者即达 1244 种。② 而清代以前的家集,仅存 255 种。清代家族大量编刊本朝家集,且回溯性编辑前代家集,体现了清人自觉的历史感及文化意识。清代社会形成了编刊"家文献"的文化氛围,家集被置于国家文献体系中,其重要的社会功能也为清代家族认识并加以利用。家集编纂过程中,隐涵敬宗收族、联络族人的意图;编纂完成后,邀约名人撰序题词的举动,又使家集成为家族进行社交的媒介。

清代家集为清代文学研究提供了重要的文献基础。家集是家族文学和文化活动的产物,有助于从家族角度重新审视"文学"这一概念,进而认识清代文学的"家族性"。此外,地域文学也与家集紧密呼应。如桐城方氏、马氏、姚氏、周氏等几大文学家族各自编刊家集,彰显家学渊源,彼此交流,进而通过《桐城耆旧传》《桐旧集》等文献影响桐城地域文学书写,显现家族文学和地域文学交互的真实轨迹。

连续不断的家集编刊,参与者往往不是一人或一代人。家族成员对家族文献共时性和历时性的抄录、保存、编辑和刊印等行为,使"数百年以上祖宗之性情謦欬与数百年以下之子孙相接"③。清代家集的编刊,揭示了传统的不断"自我复制"与"再生产",显示出中国古代文化传承中稳定的一面。

从《四库全书总目》起,传统目录学著作对"家集"的渊源已有较为清晰的论述。此后,"家集"在目录学著作中位置日益凸显。随着家族文学

---

① 赵益《从文献史、书籍史到文献文化史》,见《南京大学学报》,2013 年第 3 期。
② 徐雁平《清代家集叙录》,安徽教育出版社,2017 年,第 3 页。
③ 赵基《吴江赵氏诗存后序》,见赵作舟编《吴江赵氏诗存》卷首,道光四年刻本。

与地域文学的兴起,家集成为近年文学研究的一个值得关注的命题。对单一家集的研究,加深了对一地文学风貌的认识。[1] 此外,家集的编刊与传播、家集与女性文学、家集和特定地域的研究,[2]使家集研究在各个方向取得新进展。近年在学界的努力下,家集研究的文献基础大体架构成型。《清代家集叙录》《清代家集丛刊》《清代家集丛刊续编》的陆续推出,使家集研究有望迎来兴盛的新局面。

第八章"女性与书籍"。明清以来,特别是清代,女性与书籍的关系无疑是特别的文化现象。清代女性阅读研究论著中,[3]关于女性与《红楼梦》的研究成果最多。王力坚、詹颂等对此予以系统总结,故本书在讨论小说戏曲阅读、女性与书籍时,这一问题就不再重复。[4] 本章以引言式的"从吕思勉的回忆看被遮掩的女性阅读",将女性阅读置于家庭环境之中,以见家庭对于阅读的培育之功。然女性与书籍关系的证据,诸如题识、藏书印等"印迹"的数量,却远远不如预想。稍梳理明清两代藏书

---

[1] 参见潘猛补《〈鹤阳谢氏家集〉版本述略》,见《温州师范学院学报》,1995年第5期;孟鑫《明代安福周氏家集〈存存稿〉研究》,东北师范大学硕士论文,2018年。

[2] 李正春、路海洋《论清代吴地文化家族的家集编纂》,见《苏州大学学报(哲学社会科学版)》,2010年第1期。

[3] 凌冬梅有《清代女性阅读途径考》(见《四川图书馆学报》,2017年第1期)、《清代江南女性阅读与家族书香传承》(见《山东图书馆学刊》,2017年第3期);韩淑举有《清代女性阅读活动探析》(见《图书馆工作与研究》,2009年第1期)。韩文对明清女性阅读的地域分布、阅读内容以及阅读对明清女性文化生活的影响有较细致的研究。

[4] 王力坚有系列论文对这一专题研究予以梳理论说,其中《清代才媛红楼接受研究的思考》(见《中外文化与文论》,2010年第1期)指出清代女性对于《红楼梦》的接受主要体现在题咏、绘画、戏曲、续书四个方面,其中题咏为主要表现方式;《清代才媛红楼题咏的型态分类及其文化意涵》(见《江西师范大学学报》,2012年第5期)一文从同性互动、异性互动角度研究题咏,以为这类题咏是文学与生活交织的型态,蕴涵生活体验与性别意识;《清代才媛红楼人物题咏论析》(见《长江学术》,2012年第1期)主要研究《红楼梦》中人物受女性题咏者关注的程度。王力坚这些论文后收入所著《清代文学跨域研究》(文津出版社,2013年)下编和外编中。此外,还有研究综述《近20年海峡两岸清代女性红楼接受研究述评》(见《长江学术》,2009年第8期)。詹颂《论清代女性的〈红楼梦〉评论》(见《红楼梦学刊》,2006年第6辑),讨论家庭成员、戚友间的互动评论,评论中关注的焦点小说人物,评论的手法、主旨及价值,等等。

家、古书的批注者、题跋者、鉴藏印的主人,就可知书林基本被男性"把控";在这密集的题写者中,还有稀如星凤的女性,从印迹层面来看,她们是一批可以"看得见"的读者。在女性题跋者之外,还有更多喜爱阅读、著述的女性。她们读何书,她们从何处获得这些精神资源,在最近几年影印的闺秀集中,可以从略具自传性质的作品中推测她们的阅读世界如何构成。这些闺秀集中还记录或隐涵较多女性阅读群体,这些女性有时相隔较远,但以书籍或创作等作为媒介,也能建立亲密的关系。由书籍助推而形成阅读群体的例子,前有《牡丹亭》,后有《红楼梦》。①

清代女性著述明显增加,《历代妇女著作考》收录的有著述的人数,经统计,"汉魏六朝共33人,唐五代22人,宋辽46人,元代16人,明代近250人,清代3660余人"②。女性著述数量的增加,在地方志也留有印迹。从总体上看,清初的方志中,对女性的诗集或诗才关注较少,相反,愈加强大的传统节烈观则得到显明的映证。地方志中的列女传一般都在人物传记的末尾部分,而在艺文志之前。卷首一般有弁言以说明该部分的编纂意图和体例。大致从嘉道年间起,方志开始有意识地记录有诗才的女性。这一变化不仅是清代中后期女性文学蔚为大观的体现,更以权威的地方文献的形式保留了关于女性诗文交流、阅读及创作的丰富材料,对女性诗名的确立和传播有较为明显的作用。③

或许是清代社会对女性才学观念的逐渐转变,或者才女部分得到认可,激发了更多女性对书籍世界的向往。清代女性(或古代女性)在柴米油盐、纺织等家务中的劳作形象已毫无疑问地牢固树立,但作为人,作为女性,作为文学女性,还有另外一面,或者另外一个世界,而通往另一层面或另一世界的媒介无疑是"似故人"的书卷。多角度多主题梳理、探讨

---

① 关于女性阅读《牡丹亭》,可见刘淑丽《〈牡丹亭〉接受史研究》,齐鲁书社,2013年;谢雍君《〈牡丹亭〉与明清女性情感教育》,北京时代华文书局,2015年;谭帆《论〈牡丹亭〉的女性批评》,见张宏生编《明清文学与性别研究》,江苏教育出版社,2002年。

② 张宏生、石旻《古代妇女文学研究的现代起点及其拓展:胡文楷〈历代妇女著作考〉的价值和意义》,见《历代妇女著作考》(增订本)"附录",上海古籍出版社,2008年,第1206页。

③ 张聆雨《清代闺秀诗人才名的确立和传播》,南京大学硕士学位论文,2013年。

女性与阅读或者女性与书籍,只是碎片的串连与拂拭。这些碎片以不完整的方式呈现了书籍在女性日常生活(甚或情感世界)、不朽观念中的各种样态,显示书籍阅读或流动如何助力完成文化传递、子女培育、女性群体集结等有意义的活动。她们与书籍的关系,无关治平,或与修齐有关;因为与功名无关,没有"学而优则仕"等利索的羁绊,故能呈现出男性书籍世界缺少的自在氛围。

第九章"三教之外又多一教:清代的小说戏曲阅读"。本章主要探讨四方面问题:其一,私家藏书目录中的小说与未展开的小说阅读;其二,看小说作为日常生活一部分,分别论述理学家日记中的看小说记载,清代文人喜欢看《红楼梦》之外还喜欢《儒林外史》《品花宝鉴》,清代耕读之家可能有以"讲说"小说为娱乐的风习;其三,《红楼梦》进入日常生活的途径;其四,《红楼梦》传播过程中,群体阅读是一种重要的方式,这一方式对于思考清代文学、学术的展开有一定启发意义。

关于小说的阅读与传播研究,最为方便使用的文献就是朱一玄等编辑的"资料汇编"系列①,王利器辑《元明清三代禁毁小说戏曲史料》②,以及王利器史料集的补充赵维国辑《〈申报〉所载晚清戏曲小说禁毁史料》(起同治十一年[1872]讫宣统三年[1911])③。研究论著方面,宋莉华《明清时期的小说传播》对通俗小说与文言小说的传播予以区别对待,以显示传播方式及途径的差别,在研究传播途径方面,已经建立完整的论说模式。④ 小说专书的接受史研究或研究史中,对于阅读部分,也有篇幅涉及。⑤ 从藏书目录考察小说的收藏与阅读,潘建国已有多个细密的

---

① 这些文献集包括:朱一玄编《金瓶梅资料汇编》,朱一玄、刘毓忱编《水浒传资料汇编》,朱一玄、刘毓忱编《三国演义资料汇编》,朱一玄编《聊斋志异资料汇编》,朱一玄编《红楼梦资料汇编》,朱一玄编《明清小说资料选编》,南开大学出版社,2012年。
② 王利器辑录《元明清三代禁毁小说戏曲史料》(增订本),上海古籍出版社,1981年。
③ 赵维国《教化与惩戒:中国古代戏曲禁毁问题研究》"附录",上海古籍出版社,2014年,第338—527页。
④ 宋莉华《明清时期的小说传播》,中国社会科学出版社,2004年。
⑤ 如周汝昌《红楼梦新证》(增订本),中华书局,2016年;李广柏《红学史》,广东教育出版社,2010年;王人恩《红学史谫论》,高等教育出版社,2017年。

专题研究。① 然文献还可拓展,如清人日记的利用这一方面,黄一农、李根亮等皆有论文;② 文献的拓展,有助于提供新的研究问题与研究思路,譬如小说的阅读群体、阅读心态研究,等等。③ 本章尽力拓展小说(兼及戏曲)阅读方面的文献,尤其是注重日记史料的辑录与细读;此外,对于一些清代私家藏书目录也进一步探究,试图揭示一个应该普遍存在然文献记载不多的小说戏曲阅读世界。

小说戏曲(本章重点讨论小说)作为闲书、无益之书、荡情佚志的有害之书,在清代的社会文化中以逼人的态势生长,"侵入"正经书的领地,愈来愈成为难以控制的社会文化问题;它的异军突起,虽然不能被贸然称为"文化革命",但确实影响了明清人的生活方式,牵涉娱乐活动、情感世界甚至文化制度,钱大昕称"小说演义"之书在三教之外又添加一教,已看出其力量渗透到整体生活方式之中。王利器、赵维国等辑史料以及小说戏曲研究论著所显示的时代愈到晚近,禁毁小说戏曲行为愈密集,不能过多强调是因为晚近时代相关史料保存更为完备因而对这类事情有完整揭示,而应充分考虑小说戏曲自明中叶以来,尤其是清代以来对社会文化日益增长的影响。少数私家藏书目录中有小说戏曲著录,较为隐私的文人日记中有相关阅读记录,这些反映了读书人日常生活的一个侧面或片断:在追求功名或苦读的过程中,也有松懈下来追求逸乐的一

---

① 潘建国《古代小说文献丛考》,中华书局,2006 年。

② 黄一农《清代传禁〈红楼梦〉之人际网络:从赵烈文日记谈起》,见《红楼梦学刊》,2013 年第 4 期。李根亮论文指出:清代社会对《红楼梦》的关注和喜爱是一个普遍现象。这在乾隆以后的管庭芬、王韬、曾国藩、李慈铭、赵烈文、方玉润、翁同龢、郑孝胥、贺葆真、孙宝瑄、宋教仁等人的日记中都有或多或少的反映。《清人日记与〈红楼梦〉》,见《红楼梦学刊》,2017 年第 1 辑。关于清人日记中的小说阅读记录,笔者一直关注,先后研究过管庭芬、黄金台日记。李文中提出的设想与一些材料的使用,对笔者有所启发。

③ 李汉秋指出晚清上海、松江有评点《儒林外史》的"文化沙龙",《〈儒林外史〉的评点及其衍递》,见李汉秋辑校《儒林外史汇校汇评》,上海古籍出版社,2010 年,第 239—240 页。关于《红楼梦》阅读群体研究,除红学史论著以及黄一农、李根亮论文外,还可参看詹松《族群身份与作品解读:论清代八旗人士的〈红楼梦〉评论》,见《曹雪芹研究》,2016 年第 1 期;毛晓阳《新发现清代福州进士咏红诗述录》,见《南都学坛》,2007 年第 3 期;王若《新发现〈红楼梦分咏〉初探》,见《红楼梦学刊》,1998 年第1 辑。

面。文化制度上的限定与观念的是非判断,是事情的一个方面,但这些并不能完全规定、约束日常生活,读书人的购买、借阅、浏览以及向家人讲读小说的事实,皆呈显日常生活的丰富性及世俗意味。

小说进入社会生活并产生影响,《红楼梦》无疑是独一无二的个案;它与社会多层面的关联及多种作用方式,也为从外围考察一部小说如何成为伟大的经典提供路径。当然,在充分认识《红楼梦》的影响时,也要对其影响作时间与空间以及接受者等方面的区分,这也为小说戏曲或其他书籍的传播研究作有益的提示:分期研究之外,有必要重视分区域研究,而在区域研究中,群体研究可能更为贴近清代社会文化及读书人生活的现实。

第十章"石印出版与晚清的科举、文化"。石印术大约在十九世纪初期传入中国,最初为宣传宗教之用,而自美查等创办《申报》并添设点石斋始,各地相继开设石印局,使石印术为非宗教文献的印刷开拓全新天地。江南称文献渊薮,而咸同之际却惨罹兵燹。此时石印术便发挥重要作用,有再生古籍之功,巨作如《古今图书集成》等,以接近原貌的形式重生,广播四方,甚至作为文化交流的礼物传至海外,被赋予外交意义。此外,石印出版还凭其缩印技术等,进入科举用书的出版市场,改变以往科举用书的编纂出版观念。同时又因其便利,渗透进科举考场,进而影响到当时的考试风气,更改变了读者对书籍的感受等。印刷技术与科举、文化的互动,由此可见一斑。伴随铅印技术的发展与科举制度的废止,石印出版也显露颓势。纵览其发展,石印出版兴于晚清东南沿海一带,迅速兴起却又转瞬衰落,而紧随其后的铅印术,则带来现代文明之声。

晚清《申报》及相关的出版史料,保留有大量石印出版的文献资料,近年来得到一定的整理与整体研究。① 同时学界还从印刷史、出版史乃

---

① 《申报》今有数据库。出版史材料的整理,有张静庐辑注《中国近代出版史料初编》《二编》等(中华书局,1957年)。对于近代出版史的研究有王建明、王晓霞《中国近代出版史稿》(南开大学出版社,2011年)等。石印术的研究则有张秀民《石印术道光时即已传入我国说》(见《文献》,1983年第4期),韩琦、王扬宗《石印术的传入与兴衰》(宋原放主编《中国出版史料·近代部分》第三卷,湖北教育出版社,2004年)等。材料较为丰富,故不一一列出。

至书籍文化史等不同角度,对石印出版问题进行多维度考察。具体论之,有的是对某部石印书的考察,如李善强、何玲等对石印本《古今图书集成》的研究,或考察石印本的流布,或关注其与铜活字本的文本差异;①有的对书局与石印技术关系进行探究,如陈琳等对二者的兴衰及其相互影响予以关注;②有的从地域视角展开论述,如杨丽莹等关注石印术对某地区出版事业发展的推动;③有的则将重点放在石印举业用书的营销与流通问题上,如蔡杰等分析石印业、造纸业和民营书店的相互关联;④有的从更为宏观的视角,如谢欣、程美宝等由石印技术的本土化,见证近代中国的社会文化变迁。⑤ 近期有徐世博论文,从制度性动力、市场特点、生产组织模式、产销关系等方面重新考察上海书局的产生及石印书局的"黄金时代",将此专题研究推进一大步。⑥ 以上种种,视角不一,成果纷纭,成为进一步研究石印出版与晚清科举、文化的铺垫。

第十一章"新学书籍的涌入与'脑界不能复闭'"。清末民初,西潮涌起,新学书籍随之步入清末文士的阅读视野。这些新学书籍,不仅带来在当时较为先进的西方科学知识,还冲击中国传统文人的思想方式。孙宝瑄在《忘山庐日记》中记录自己对新学书目的阅读与体悟,他根据自己的阅读体会,认为这些新学书籍足以"换凡骨",使人"脑界不能复闭"。新学书籍的阅读对孙宝瑄确有启发,如在阅读生殖医学等书后,他想出"强种"之法;通过比较西方的政治理念,他挖掘出颜李之学所蕴含的"异质"资源。新学书籍的阅读,使孙氏不仅有知识的增加,更有观念的更新

---

① 李善强《〈古今图书集成〉石印本与铜活字本考异》,见《图书馆界》,2014年第1期;何玲《光绪朝石印〈古今图书集成〉的流传与分布》,见《中国典籍与文化》,2015年第4期。

② 陈琳《同文书局的历史兴衰与石印古籍出版》,见《成都师范学院学报》,2018年第6期。

③ 杨丽莹《浅析石印术与传统文化出版事业的发展:以上海地区为例》,见《中国出版史研究》,2018年第1期。

④ 蔡杰《晚清石印举业用书的营销与流通》,见《江汉论坛》,2014年第9期。

⑤ 谢欣、程美宝《画外有音:近代中国石印技术的本土化(1876—1945)》,见《近代史研究》,2018年第4期。

⑥ 徐世博《清末科举停罢前的上海"书局"考论》,见《文史》,2019年第2期。

与知识结构的更替;新学与中学的交汇,有助于他在脑海中构建出理想化的富强民主国家,等等。晚清民国之际西学东渐的进程由此可见,新文明的轮廓亦在其日记中得以描绘。孙宝瑄的日记今已成为晚清知识史、阅读史等研究领域中的重要文献材料,结合与他同时代的读者如江瀚、姚永概、贺葆真等人的日记,更能以小见大,管窥大变革时代背景下,每一份子的内心波澜及思考印迹。中国近代的变化,已从"头脑"开始。

晚清涌现的新学书籍早已为人关注,如熊月之曾对新学书籍作有提要,介绍当时传入的西方医疗、卫生学等书籍。① 在书籍本体外,张仲民、张寿安等又对新学书籍加以阅读史、接受史角度的考察,在读者层面,研究新学书籍对当时中国社会思想产生的影响,以关注这一时期士人的知识转型与知识传播。② 就孙宝瑄日记而言,近年来亦不乏研究,重点涉及其与晚清阅读史发展及社会知识结构变迁的关系等,出现不少论文成果。如刘雅军、秦利国、李振武等关注《孙宝瑄日记》中的阅读实践与当时的多重社会图景③;雷中行、秦国伟等以《孙宝瑄日记》为中心,探究晚清士人对进化论等西方先进思想的接受问题④;姜晨等将孙宝瑄日记与同时其他人的日记相对比,进而研究晚清的报刊阅读情况等⑤。

以书籍的流转作为脉络,探求清代文献文化史的诸多面向及其特色,主要强调的是流动的书籍与人及社会的关系。夏蒂埃(Roger

---

① 熊月之主编《晚清新学书目提要》,上海书店出版社,2014 年。
② 张仲民《种瓜得豆:清末民初的阅读文化与接受政治》,社会科学文献出版社,2016 年;张寿安《晚清民初的知识转型与知识传播》,北京师范大学出版社,2018 年。
③ 刘雅军《从〈忘山庐日记〉看孙宝瑄世界历史认识与变革观的转变》,见《史学月刊》,2011 年第 2 期;秦利国,李振武《孙宝瑄的阅读实践与社会变迁:以〈孙宝瑄日记〉为中心》,见《山西大同大学学报(社会科学版)》,2017 年第 6 期;秦利国《近代中国社会的多重图景——以孙宝瑄与刘大鹏的阅读实践比较为视角》,见《晋图学刊》,2017 年第 6 期。
④ 雷中行《晚清士人对〈天演论〉自然知识的理解:以吴汝纶与孙宝瑄为例》,见《清华大学学报(哲学社会科学版)》,2012 年第 3 期;秦国伟《戊戌变法前后进化论思想如何揳入中国:以孙宝瑄日记为中心》,见《北方论丛》,2017 年第 1 期。
⑤ 姜晨《晚清士人的报刊阅读:以孙宝瑄〈忘山庐日记〉和皮锡瑞〈师伏堂日记〉为例》,山东大学博士学位论文,2015 年。

Chartier)曾提出西方阅读史的基本问题:"在16—18世纪的旧体制社会中,印刷品的流通大增是否改变了社交形式,带来了新思想?它是否改变了人与权力的关系?"①人与权力的关系这一问题,本书未直接面对;而文献与社交形式以及知识的传递、新思想的带入等问题,在本书中应得到充分重视,或者说有超出夏蒂埃所讨论的范围。清代文献文化史研究的是"动态的文献"、有"社会情缘的文献",本书所展示的十一章,几乎不是宏大叙事,而是回到人间、回到日常生活。似乎不便将这一"回到"的过程以微观史研究、"地方史转向"的名义来概括,但也无法置身其外。"回到"的过程就是看书籍如何助人"卷舒",如何建立个人感觉、家族认同或地方文化传统。"建立"是一动态过程,其动态特征不仅表现在内部内涵丰富与充满活力,而且表现在承先(宋元明)启后(民国)过程中的因时而变。书籍的流动能缓解或模糊一些来自观念或阶层之间的阻隔,精英文化与平民文化、大传统与小传统、上层精英与底层读书人、官方与民间之间并不是紧张或界限分明的对立关系。因书籍的流动和融入造就的不固定、未完成的关系意味文化涵有更多活力和发展空间。此外,从动态这一角度而言,"清代文献文化史"的界定、"清代的书籍流转与社会文化"的命名,或只是一个暂时的做法,或者是一种"构建进行时"的探索。

---

① [法]夏蒂埃著,吴泓缈、张璐译《书籍的秩序》,商务印书馆,2013年,第88页。

第一章
书估与清帝国书籍的流转

关于清代书估与书籍的买卖与传播,在小说中就有不少记载。如《儒林外史》第十八回"约诗会名士携匡二,访朋友书店会潘三"写杭州文瀚楼主人请匡超人帮忙编选批注考卷,"好发与山东、河南客人带去卖"①;《老残游记》第七回"借箸代筹一县策,纳楹闲访百城书"写老残到东昌府书店访书,小书店的掌柜自我广告云:"所有这十县用的书,皆是向小号来贩。小号店在这里,后边还有栈房,还有作坊。许多书都是本店里自雕板,不用到外路去贩买的。""济南省城,那是大地方,不用说,若要说黄河以北,就要算我们小号是第一家大书店了。别的城池里都没有专门的书店,大半在杂货铺里带卖书。所有方圆二三百里,学堂里用的《三》《百》《千》《千》都是在小号里贩得去的,一年要销上万本呢。"②虽为小说家的叙写,然并非完全虚造,有较多的历史真实作为基础。两个片段的记载,都指出书籍流播的范围,杭州文瀚楼的书,发到山东、河南;东昌府小书店的书,遍及本府十县,方圆二三百里。③ 再探究杭州与东昌

---

① 吴敬梓《儒林外史》,人民文学出版社,2002年,第193页。
② 刘鹗《老残游记》,上海古籍出版社,1991年,第41—42页。
③ 关于聊城在清代图书出版与传播方面的史实,吴云涛《聊城刻书出版业简史》多有记录,此书难见,又因本文结构限制,不便立专节讨论,故在此略录其中重要片段。聊城的书肆既刻书,又售书。重要的书肆有书业德、有益堂、善成堂、宝兴堂、敬文堂、文英堂、聚锦堂、聚和堂、聚盛堂、三合堂等十余家,所售书,除本省外,又流向北京、东北三省、包头、山西等地。在"各家出版物概述"一节中介绍"府书"与"南书"。所谓"府书"乃东昌府雕版印书;所谓(见下页)

府(府治聊城)的位置,都在运河沿线。两家书店的生意,当得近水楼台之便。从杭州到聊城再到北京,以运河为主脉,再连接众多的河渠与湖泊,似可大致设想出清帝国东部或中部的书籍流转路线。

从小说叙写转向更近实录的材料,还可见更为细致、广大的书籍流转图。道光十年(1830)十一月,汪喜孙致函王念孙,劝其用精良细墨刊印著述传世,其中有语云:

> 宣城纸,江南价贱,可附粮船北来,云南纸,亦可购之,附贡车到京,江南亦有之。若刷印廿本,一付陈石甫,交吴门书市与日本书坊,易《群经治要》诸书。一付琉璃厂书坊,听其易高丽书史。一上之阮督部,藏之匡庐、西湖、焦山三书藏,督部所置也。一贻衍圣公府。一藏徽州(托胡竹邨)、苏州(托陈石甫)紫阳书院,江宁钟山书院(托温太史葆淳)。一藏天一阁。一藏家庙。仿《欧阳文忠集》之例,版留数百年。其余寄广东洋舶,江浙书肆,定以善价,易书数十百种,此千万世之长策也。①

汪氏此札内涵丰富,除可见以立言不朽或刻书寿世观念外,更可藉此考察道光朝书籍的交易市场以及书籍可能的归宿。琉璃厂可与高丽交易图书,吴门书市可与日本书坊往来,而"广东洋舶"已有书籍贸易。汪氏期望王念孙能在京刊印著述,一部分藏之名山,一部分与日本、高丽交换海外难得之书,还有一部分"定以善价",以家刻书在江浙书肆交换其他书。汪喜孙此札似无意中勾勒出当时略具国际性的两大书籍交流区域,即以琉璃厂为中心的京城,以苏州为中心包括扬州、杭州在内的江浙地区。艾尔曼在《从理学到朴学》中有专门一节论及"江南及北京的图书市

(接上页)"南书",是"从江、浙、川、闽等省□来现成的书页子,到聊城后,再加工成部,盖上自己图记,叫做南书"。这段文字,一可见书籍流转中的半成品交易处;二可见书页子的来源地较广,且主要靠水路运输。吴云涛《聊城刻书出版业简史》,"聊城文化史料集刊之三",中共聊城县委员会办公室档案组编印,1977年,第14页。此书为油印本,由曲阜师范大学丁延峰教授提供。

① 汪喜孙《汪喜孙著作集》(上),台北"中央研究院"中国文哲研究所,2003年,第185页。

场",在分析清代中、朝、日三国间学术界的图书及学术的交流的基础上,指出"这种交流在某种意义表明,在西方势力东侵之前,东亚国际性的朴学共同体已经出现。"①朴学共同体的形成,图书交流是一重要推助因素。或许是限于篇幅,艾尔曼没有进一步考察南北两个重要图书市场之间的联系;而在汪氏信札中,宣城纸张"可附粮船北来"一语,则暗示了南北两大区域之间书籍交流的路径主要是靠水路,由运河及长江、江浙水路网构成了清帝国最重要的书籍流动网络。②

一、南北书籍交流背景中的慈仁寺与琉璃厂

关于琉璃厂的史实与历史的梳理,以王冶秋的《琉璃厂史话》和孙殿起的《琉璃厂小志》最佳,前书清通简明,后书则史料丰富。琉璃厂的诸多问题,二书皆有涉及,此处以王、孙二书为基础,选取特定问题与视角,结合其他史料,对作为书籍交流中心的琉璃厂再作研究。

王冶秋指出:"明代的北京书铺及流动书摊,即在大明门左右,以及考场前面,灯市,城隍庙的一些地方。到了清代初年,类似这种'市',改在现在宣武门下斜街的慈仁寺。"③戴璐《藤荫杂记》云,慈仁寺至乾隆间,"荒凉已极";王冶秋认为大约至康熙后期,琉璃厂的书业逐渐发展起来,"卖书的大约也由书摊逐步发展成为书肆,而至乾隆时极盛"。④ 慈仁寺和琉璃厂之间彼伏此起的关系还可以进一步明晰,它们的关系,并不是慈仁寺衰落接续琉璃厂的兴起,而是有一段共存发展时期,琉璃厂书市的兴起还可从康熙后期推至康熙朝更早的时候。孔尚任题陈洪绶

---

① [美]艾尔曼著,赵刚译《从理学到朴学:中华帝国晚期思想与社会变化面面观》,第111页。
② 关于清代内河水运的研究,可见[日]松浦章《清代内河水运史研究》,江苏人民出版社,2010年。该著第2篇"清代大运河的水运"、第3篇"清代长江水系的航运"对于理解清代书籍的流动,颇有助益。
③ 王冶秋《琉璃厂史话》,三联书店,1963年,第9—10页。
④ 王冶秋《琉璃厂史话》,第16页。

《痛饮读骚》图云:"庚午还都,步上琉璃窑,稍应登高故事,解杖头钱,买得老莲此画。"①则康熙二十九年(1690,庚午)琉璃厂已有书市。琉璃厂的兴起,主要是因为年初集市改集于此,同时汉官大多住在宣武门外,有些文官就住在琉璃厂一带;各地会馆自明以后开始兴建,大都集中在宣武门外到前门一带,会馆接待各地来往的官员和进京赶考的举子,这样一批文士,对书籍字画有一定的需求,直接促进琉璃厂书业的发展。

从慈仁寺到琉璃厂,京城书业中心转移的同时,其实还伴随另一变化,即乾隆朝书业的规模远胜于康熙、雍正朝,这一变化可从文献中推测,康熙、雍正朝关于文人在京城买书的记载远不如乾隆朝多。熊赐履(1635—1709),顺治十五年(1658)进士,康熙初疏斥鳌拜专权,主张整顿朝政,为康熙所赏识,后以事罢职,寄居江宁,康熙二十七年夏起授礼部尚书。这一时段,熊氏用力购书,孔继涵撰《熊文端公年谱》云:

> 自通籍后,居京师,坊间无书。既有,且价昂,不易得,十余年间仅二万余卷。及去职,留寓金陵,金陵藏书甲天下,多人未见者,遂肆力购求,或就人家假归手录之。七年之中,积有八万余卷。合前共十万卷有奇。②

十余年间买二万余卷和七年积八万余卷的差异,应是顺治末年至康熙二十年间京城书坊和金陵书坊的差距,京城书坊此时还未形成气候,远不及江南书坊书源丰富。③

---

① 故宫博物院、上海博物院《南陈北崔》,上海书画出版社,2008年,第84—85页。此条材料据潘建国《孔尚任艺术鉴藏与文学创作之关系考论》(《文学遗产》,2011年第6期)提示。

② 孔继涵《熊文端公年谱》,《北京图书馆藏珍本年谱丛刊》第83册,第524—525页。清初江南书籍之丰富,朱彝尊也有近似的表述:"今则操一囊金,入江浙之市,万卷可立致。"见朱彝尊撰,王利民等校点《曝书亭全集》卷六十六,吉林文史出版社,2009年,第650页。

③ 江南书源之富,众多文献中有记录,然其中有一点值得注意,即在短时间内可搜集大量书籍的叙写,如严可均《书葛香士林屋藏书图后》:"幸生右文之世,道一风同之会。挟数囊金购书苏、杭市,不半年可致累万卷。"见严可均著,孙宝点校《严可均集》,浙江古籍出版社,2013年,第283页。

乾隆三十四年(1769)五月,李文藻以谒选入京,前后住京师五月余。"惟日借书抄之,暇则步入琉璃厂观书。虽所买不多,而书肆之不到者寡矣。"①故出都后作追忆性的《琉璃厂书肆记》,现将其所见书肆列陈如下:

1. 声遥堂
2. 嵩秀堂唐氏
3. 名盛堂李氏
4. 带草堂郑氏
5. 同陞阁李氏
6. 宗圣堂曾氏
7. 圣经堂李氏
8. 聚秀堂曾氏
9. 二酉堂(李氏云"或曰二酉堂,自前明即有之,谓之老二酉")
10. 文锦堂
11. 文绘堂
12. 宝田堂
13. 京兆堂
14. 荣锦堂
15. 经腴堂(9—15皆李氏)
16. 宏文堂郑氏
17. 英华堂徐氏
18. 文茂堂傅氏
19. 聚星堂曾氏
20. 瑞云堂周氏
21. 积秀堂
22. 文萃堂金氏
23. 文华堂徐氏
24. 先月楼李氏

---

① 李文藻《琉璃厂书肆记》,见《南涧文集》卷上,《续修四库全书》第1449册,第76页。

25. 宝名堂周氏
26. 瑞锦堂周氏
27. 鉴古堂韦氏（其中有董姓同卖法帖）
28. 焕文堂周氏
29. 五柳居陶氏
30. 延庆堂刘氏
31. 博古堂李氏①

乾隆三十八年"四库馆"开，琉璃厂自此进入兴盛时代。翁方纲在诗自注中记录当时盛况：

> 乾隆癸巳开四库馆，即于翰林院署藏书，分三处：凡内府秘书发出到院为一处，院中旧藏《永乐大典》内有摘抄成卷、汇编成部之书为一处，各省采进民间藏书为一处。分员校勘，每日清晨诸臣入院，设大厨供给茶饭，午后归寓，各以所校阅某书应考某典，详列书目，至琉璃厂书肆访查之。是时，江浙书贾，亦奔凑辇下，邮书海内，遍征善本。书坊以五柳居、文粹堂为最。②

---

① 此处梳理排列，采用王冶秋的成果。其中嵩秀堂中的"秀"字刻本缺，王冶秋据王献唐考证补正。见王冶秋《琉璃厂史话》，第 20—21 页。王冶秋梳理排列，笔者已据原文核对。李文藻所记博古堂似延续到道光二十五年，此年山东潍县陈介祺于厂肆博古斋（堂）购得徐天池泼墨写生卷。见孙殿起《琉璃厂小志》，北京古籍出版社，1982 年，第 449 页。

② 陈康祺《郎潜纪闻初笔》卷三，中华书局，1984 年，第 50 页。据翁方纲《苏斋纂校四库全书纪略》所存致程晋芳手札初稿，可见琉璃厂对于《四库全书》纂修所起的作用："……然即以吾辈五人者所蓄前史诸志并前贤读书诸记，未必能一家兼有之。假如兄处有可查之书十许种，而次日集弟斋，弟所蓄只一二种，则兄必将所有之十许种者皆携来乎？抑何由知彼三君者之所携不有复乎？且又焉知吾五人者此时所蓄之件合之，即皆足乎？假若明日到馆商之，而一日又过，则万一后日集兄处，而人皆恃兄处之各种皆全，竟不携来，未可知也；携而复，又未可知也；复而仍不足，又未可知也。细思此事，如庀室材，竹头木屑，皆须预计。莫若于明日即写一知单，列五人者之名，而各疏所必携之书目等，毋使复出，其有不足而实想不出者，则亦已矣；其不足而五人稍能忆及者，即乘明日午后于厂肆索之。"《苏斋纂校四库全书纪略》，南京图书馆藏稿本。此札识读，利用陈鸿森先生笔记。

自乾隆三十四年李文藻目睹,至乾隆三十八年及其后,琉璃厂书坊已有变化。朝鲜使者李德懋于乾隆四十三年多次逛琉璃厂,其中有一天光顾十多家书肆,抄录书名136种。这些有店名的书肆是:嵩秀堂、文粹堂、圣经堂、名盛堂、文盛堂、经腴堂、聚星堂、带草堂、郁文堂、文茂堂、英华堂、文焕斋,①将这些书肆与李文藻所记比较,除文盛堂、郁文堂、文焕斋未见李氏文外,其他都在营业。② 朝鲜朴趾源(1737—1805)作为贺乾隆七十寿诞的使者,于乾隆四十五年记录下琉璃厂书肆情况:"书册铺最大者曰文粹堂、五柳居、先月楼、鸣盛堂,天下举人,海内知名之士,多寓是中。"③李文藻所记文粹(萃)堂、五柳居、先月楼依旧存在,而鸣盛堂则是李氏所未记录的,此店或许为新立者。至乾隆五十五年,高丽柳得恭在《燕台再游录》中所记聚瀛堂亦为李文藻所未记。

> 崔琦,琉璃厂之聚瀛堂主人;陶生,五柳居主人也。崔是钱塘人,陶生亦南边人也。……聚瀛堂特潇洒,书籍又广,庭起箪棚,随景开阖,置椅三四张,床桌笔砚,楚楚略备,月季花数盆烂开。初夏天气甚热,余日雇车至聚瀛堂散闷。卸笠据椅而坐,随意抽书看之,甚乐也。时或往五柳居与陶生话。……余问曰:君何故离乡在此贩书乎?答:父母命也。余曰:命甚事?答:为功名,如今五六年矣。但此时非功名之时,欲卷归,而书本若是浩大,一时亦难区处,所以

---

① 李德懋《人燕记》,《燕行录全集》第57册,韩国东国大学校出版社,2001年,第278—282页。

② 朴现圭对李德懋所记书肆与李文藻所记书肆对照时出现小误,他在论文中称嵩秀堂、文盛堂、郁文堂、文焕斋,是李文藻文没有提及的。朴现圭《朝鲜使臣与北京琉璃厂》,见《文献》,2003年第1期,第273页。而此错误,又被杨雨蕾沿袭。杨文为《朝鲜燕行录所记的北京琉璃厂》,见《中国典籍与文化》,2004年第4期,第60页。朴、杨二文在梳理朝鲜使臣与琉璃厂文献方面的成果,笔者多有吸收,并在此基础上核对原始出处。在核对过程中,使用南京大学域外汉籍研究所藏书,相关信息皆经张伯伟教授用笔标出,省翻检之劳。特此说明,不敢掠先行者之功。

③ 朴趾源《热河日记》,上海书店出版社,1997年,第334页。

踌躇也。①

至此,似可对琉璃厂书坊主人的来源地作初步梳理:

> 崔琦,琉璃厂之聚瀛堂主人;陶生,五柳居主人也。崔是钱塘人,陶生亦南边人也。

> 文粹堂金氏,肆贾谢姓,苏州人。②

> 书肆中之晓事者,惟五柳之陶,文粹之谢及韦也。韦,湖州人;陶、谢皆苏州人。其余不著何许人者,皆江西金溪人也。③

> 又次则于旧家中落者,贱售其所藏,富室嗜书者,要求其善价,眼别真赝,心知古今,闽本蜀本,一不得欺;宋椠元椠,见而即识,是谓掠贩家,如吴门之钱景开、陶五柳、湖州之施汉英诸书估是也。④

其实钱景开、陶五柳皆湖州人。而寄寓吴门者,韦、施亦湖州人,谢为苏州人,崔为钱塘人,则李文藻所见或其他有名声的六名书估皆是江浙人,这也是翁方纲所云"江浙书贾,奔凑辇下"的注解。⑤ 六人中四人是湖州人,即湖估,也有特别的意义(详见下文)。这批书估来自江浙,意味江浙丰富的图籍经其操办运作,随之汇入京城。

---

① 柳得恭《燕台再游录》,《燕行录》第60册,第235—237页。
② 李文藻《琉璃厂书肆记》,第76页。
③ 李文藻《琉璃厂书肆记》,第77页。
④ 洪亮吉《北江诗话》卷三,人民文学出版社,1983年,第46页。
⑤ 朝鲜使者金景善在《琉璃厂记》中也约略道出厂肆书估的来源:"其坐贾者,间有南州秀才应第求官者,故游于市者,往往有知名之士。"金景善《燕辕直指》,《燕行录》第71册,第253页。

> （五柳居）与文粹堂每年购书于苏州，载船而来。五柳多璜川吴氏藏书，嘉定钱先生云，即吴企晋舍人家物也。①

> 又西为延庆堂刘氏……其肆贾即老韦，前开鉴古堂者也，近来不能购书于江南矣。②

五柳居从江南搜集书籍北运至京城的情形，还记录在李德懋的燕行录中：

> 陶氏所藏，尤为大家，揭额曰"五柳居"。自言书船从江南来，泊于通州张家湾，再明日当输来凡四千余卷云。因借其书目而来，不惟吾之一生所求者尽在于此，凡天下奇异之籍甚多，始知江浙为书籍之渊薮。来此后，先得《浙江书目》近日所刊者，见之已是瑰观。陶氏书船之目，亦有《浙江书目》所未有者，故誊其目。③

李德懋稍后的日记中，有他与朝鲜同行者到五柳居"阅南船奇书"的记录。④ 由李德懋记录，可见江浙书籍北上的路径、运载工具、书籍数量。包括五柳居陶氏、文粹堂谢氏、鉴古堂韦氏等在内的江浙六名书估，只是将江南书籍至京城的代表性书估，其他没有留下姓名的可能还有一批。他们能在李文藻以及其他人的文章中留下姓名，是因为经其手贩卖过难得之书；而李文藻说"其余不著何许人者，皆江西金溪人也"，可能是因为他没有在金溪人的书店中买到称心之书，"正阳门东打磨厂，亦有书肆数家，尽金溪人卖新书者也"⑤。或可推知琉璃厂内金溪人的书店也是卖新书，故在崇尚宋元旧刻或名校名抄的乾嘉时代，他们难以引起文人学

---

① 李文藻《琉璃厂书肆记》，第77页。
② 李文藻《琉璃厂书肆记》，第77页。
③ 李德懋《入燕记》，《青庄馆全书》卷六十七，《燕行录》第57册，第293—294页。
④ 李德懋《入燕记》，《青庄馆全书》卷六十七，第298页。
⑤ 李文藻《琉璃厂书肆记》，第77页。

者的注意。

　　金溪出书估的重要原因,可能是因为金溪是刻书中心,又与福建著名的刻书之地建阳邻近,建阳所刻之书经金溪水路至洞庭湖,然后扩散天下。江西人在琉璃厂业书者中居多数,又有一说:"厂甸书业,乾嘉以来,多系江西人经营;相传最初有某姓者,来京会试未中,在此设肆,自撰八股文试帖诗,镌版刷印出售,恃以生活。后来者以同乡关系,颇有仿此而行者,遂成一集团;直至清末科举废后,此种集团始无形取销。代江西帮而继起者,多河北南宫冀州等处人,彼此引荐子侄,由乡间入城谋生。偶有他县人插足其间,不若南宫冀州人之多;若外省人,则更寥寥无几矣。"①由此可推知乾嘉时有两大书籍来源地:一是江浙,一是闽赣。但从文献记录情况来看,江浙才是文献渊薮。

　　稍扩大范围考察,这两大书籍来源地还向其他区域运送书籍:

　　　　(皖省)吴下书贾所不至,所行皆江西坊本,学者每以得佳椠为难。②

　　　　闻山西一省,皆无刻板大书坊,其坊间所卖经史书籍,内则贩自京师,外则贩自江、浙、江西、湖广等处。③

　　以安徽、山西为考察对象,则两大书籍来源地的传播路线大略可见,在北方,京城无疑已经成为书籍交易网络的重要中心。

　　在李文藻的"书肆记"中所记书肆,至道咸之际,存者寥寥。叶名澧《上巳日独游厂肆》诗有句云:"辇下盛书贾,益都记厥因。"自注云:"益都李南涧先生文藻集中有《琉璃厂书肆记》,载乾隆年间书肆凡数十家,今

---

① 孙殿起《琉璃厂小志》,第16页。
② 查揆《论安徽吏治四》,见《筼谷诗文抄》卷九,《续修四库全书》第1494册,第617页。
③ 鲁九皋《禀覆抚宪夏县无删减经文板片由》,见《翠岩杂稿》卷二,《四库未收书辑刊》第10辑第26册,第95页。

无一存者。"① 缪荃孙约于1912年作《琉璃厂书肆后记》,记同治丁卯年(1867)入京后四十余年所见书肆情况,经一百四十多年的变化,李氏所记书肆绝大多数已不存于世,缪氏所记下的书肆有:

1. 文光楼石氏
2. 文宝堂曹氏
3. 宝文斋,徐苍崖
4. 善成堂饶氏(江西人)
5. 大文堂刘氏(江西人)
6. 二酉堂
7. 聚星堂
8. 宝华堂张氏
9. 修文堂张氏
10. 翰文斋,韩心源
11. 正文斋谭氏
12. 宝名斋,李衷山
13. 勤有堂,杨维舟
14. 书业堂崔氏
15. 肄雅堂,丁子固
16. 萃文堂常氏
17. 文琳堂马氏
18. 益文堂魏氏
19. 酉山堂李氏
20. 会经堂刘氏
21. 文贵堂魏氏
22. 宝森堂,李雨亭

---

① 叶名澧《敦夙好斋诗全集》续编卷一,《续修四库全书》第1536册,第95页。

23. 李氏

24. 文华堂

25. 宝珍斋吴氏

26. 宝经堂魏氏

27. 同雅堂乔氏

28. 同好堂阎氏

29. 宝森堂（以下在火神庙）

30. 同立堂

31. 三槐堂

32. 善成堂①

对照缪荃孙与李文藻所记，一百四十年前的书肆至少能在铺名上延续下来的有二酉堂、聚星堂、文华堂。其中文华堂似乎是连续营业的老字号书坊，道光二十四年，何绍基从文华堂购得苏州艺海堂寄到的沈小宛注《汉书》。②道光二十九年邵懿辰曾于此店购得沈廷芳藏本《王荆公诗注》。③孙殿起《贩书传薪记》所记各肆贩书人名单中，同陛阁贩书人朝代不详者有1人，五柳居有道光朝1人，老二酉堂有同治朝1人，光绪朝1人。这三家书肆在李文藻的文章中皆出现过。山东诸城王锡棨（1833—1870）咸丰间在京购买碑帖，有《都中收买装潢法帖清册》，其中记录光顾过的24家帖铺，④然仅有文贵堂见于缪氏"后记"。统计孙殿起撰《琉璃厂书肆三记》中所记书肆创办时间，道光朝有1家，咸丰朝8家，同治朝9家，光绪朝88家，宣统朝7家，民国时期88家，创办时间不

---

① 王冶秋《琉璃厂史话》，第31页。所列书肆，已据缪文核对。

② 钱松《何绍基年谱长编及书法研究》，南京艺术学院博士学位论文，2008年，第82页。

③ 孙殿起《琉璃厂小志》，第380页。据董岑仕研究，《琉璃厂小志》所记有误，该书所录相关题跋不是吴庆坻之作，而是邵懿辰撰写。

④ 王绍曾、沙嘉孙《山东藏书家史略》，山东大学出版社，1992年，第262页。24家帖铺是：尊汉阁、德古斋、古香堂、友石斋、富华阁、盛古堂、文林阁、润鉴斋、古华斗室、广文斋、德宝斋、松竹斋、隶古斋、尊古斋、拟秀阁、述古阁、松茂斋、文贵堂、宝墨斋、筠青阁、鸿古堂、恒丰堂。

详者8家；隆福寺及其他地方书肆创办时间统计结果是，道光朝有3家，咸丰朝1家，光绪朝8家，宣统朝2家，民国61家，时间不详者3家。总之，无论是以李、缪所记对照，还是据孙殿起所记比较，李文藻所记乾隆时代的书肆能维持至同光朝者，寥寥无几；而从孙殿起所记录的情况来看，更多的是伴随市场起落的旋生旋灭。

江浙两省藏书家众多，吴晗《江浙藏书史略》已大致呈现这一区域的藏书传统以及所拥有的丰富图书资源。朱彝尊《池北书库记》云："古之拥万卷者，自诩比南面百城；今则操一囊金，入江浙之市，万卷可立致。"①江南藏书是京城最重要的书源，以袁芳瑛卧雪庐藏书为例，袁氏为道光二十五年进士，后官松江知府，时江南旧家藏书，因乱多流散，袁氏锐意收购，庋藏之多，"为二百年所未有"②。其书得之于兰陵孙氏祠堂者十之三，得之于杭州故家者十之二。袁氏殁后，藏书由江南运回湖南老家湘潭，但不能自保，李盛铎得袁氏藏书最多，后又运至汉口售卖，光绪十四年、十五年剩余藏书尽运京散售，为藏书家郭人漳、曾纪纲、叶德辉、王礼培、缪荃孙、易寅村诸人分得。③从江南到湘潭，再到北京，袁氏卧雪庐藏书的聚散与流动，正是清代众多私家藏书命运的一个缩影。

书市在藏家书籍的聚散之间，已经成为中转站。李保恂《海王村所见书画》收录光绪十五年红螺山人《洛神图》题识："余自夏六月到都，日游厂肆，所见皆下驷，至十月有论古斋萧姓，自粤东得吴荷屋、叶云谷、冯展云暨海山仙馆各家收藏名迹数百件，始得纵观；于是梁蕉林、高江村两家著录，所谓稀世之迹，并得寓目。"④京城既汇聚南北各地图籍，进京赶考或在京任官者，或多或少有购书之举。如安徽望江倪模，嘉庆四年进士，据王引之撰《倪教授行状》，"（倪氏）居京师，日游书肆，不惜以重价购旧本，至于质衣以偿。尝应礼部试不第，载古书五千余卷以归"⑤。浙江

---

① 朱彝尊《池北书库记》，《曝书亭集》卷六十六，见王利民等校点《曝书亭全集》，第650页。
② 李盛铎著，张玉范整理《木樨轩藏书题记及书录》，北京大学出版社，1985年，第432页。
③ 范凤书《中国私家藏书史》（修订本），大象出版社，2009年，第389页。
④ 孙殿起《琉璃厂小志》，第468页。
⑤ 王引之《倪教授行状》，见《王文简公文集》卷四，《续修四库全书》第1490册，第404页。

瑞安项传霖，为道光二年(1822)举人，十上春官不第，每至京会试归，则多购古书，与其兄项霁辨证校阅。温州之有藏书自项氏兄弟始，瑞安孙氏继之。① 广西临桂龙启瑞，为道光二十年状元，二十七年任湖北学政，在京师日与邵懿辰相从，觅购古今碑刻及书籍，"求之于肆，或乞其副于师友之家，盖迄今四年，而得书四千余卷"②。安徽望江、浙江瑞安、广西临桂只是京城书肆书籍扩散传播的见于记录的部分区域，在这一"载书以归"的过程中文人学者接续书估的交易，开始了书籍的新旅行。

　　清代书估对于书籍流动与传播，发挥了不小的作用，尤其是在依据学术、文学等社会文化动向以及特定的需求而促进作为资源书籍不断进行"调配"方面，其灵活程度与效果，是官方的文化政策之力所不能达到的。作为媒介，书估在推动清代的书籍抄写中也自有功劳，一方面，他们能让更多稀见书籍重新进入流通领域，另一方面，稀见书必然价格昂贵，对于求书者而言，若不能购买，有时还有从书估手中借抄的机会。鲍廷博《蜀梼杌》题识云："乾隆戊戌端午后一日，从金元宰书客借得抄本，补录前后序文六篇，并校勘一过。"③汪苏潭《河南穆先生文集》抄本题识云："嘉庆辛酉于吴山书肆见东啸轩藏抄本，借归传写。汪苏潭吏部为余假赵宽夫家宋本细校一过，苏潭自云精审，可写定。"④鲍、汪二人所抄写或抄补之书，皆为难得的宋人著述，抄写中有补录、抄写后再借宋本校勘，清代名家抄本之可贵，在于能通过抄写等手段产生出一种精良的版本。因所抄之书稀见，书估自然要从中牟利。管庆祺道光二十六年跋《经典释文》云：

　　　　丙午三月，坊人以批本《释文》求售，而索直甚昂，余未之应也，乃未几而竟为有力者购去，方深惜之，犹幸因装订之故，原书

---

① 郑伟章《文献家通考》，第806页。
② 龙启瑞《经德堂藏书录自叙》，见《经德堂文集》卷二，《续修四库全书》第1541册，第577页。
③ 鲍廷博撰，周生杰、季秋华辑《鲍廷博题跋集》，第127页。
④ 李盛铎著，张玉范整理《木犀轩藏书题记及书录》，北京大学出版社，1985年，第277页。

尚存贾人处,爰以番饼三枚赂贾人,属其迟十日付去,乃得穷八昼夜之力照录一通。今录毕矣。快何如之。爰书数语,亦以见贫士读书之难也。①

以银洋(番饼)三元,换得一抄录机会,价格亦不菲,因价昂而从书估处抄得书籍副本之举,在清代或是较常见之事,然黄丕烈对此举有异见。元代陈孚《陈刚中诗集》有崇祯十年郁从之抄本,明人某氏手跋云:"此余旧友郁从之所惠也。时有贾人持是集售者,以抄本索重价,书留家塾,从之慨然,遂疾誊二帙,余爱之甚,因以其一见遗。"黄丕烈嘉庆十九年跋是抄本云:

> 今贾人亦复如此,而余则力有所不能,故遇抄本悉以重价购之。才固不逮,德实胜之。盖昔人遇秘本,或留之传录,或留以校勘,余则断不出此。生平志愿,苟力能勉购,无不易以重价,爱书之心与疾誊者异焉。②

从"才固不逮,德实胜之""爱书之心与疾誊者异",可见其主张。黄丕烈爱书之心,固然值得推赏,然其经济稍宽裕,且经营书肆有方,故能时出重价购求欲得之书,然对于手头拮据的爱书人而言,舍抄录则无他法。黄丕烈所说"昔人遇秘本,或留之传录,或留以校勘",据其上下文推测,此秘本很有可能来自书估,则在书估手中"短暂停留"的书籍,还在以较特别的借阅方式发挥作用。

书市与学术研究文学风气密切相关,书估能捕捉到文化方面的细微

---

① 傅增湘《藏园群书经眼录》,第110页。值得特别指出的是,若向交情不深的藏家借抄书籍,也可能要略付酬金,吴焯借抄花山马氏道古楼藏《咸淳临安志》即如此。"康熙辛卯,从马氏乞抄,予钱二十千。凡三年,仅得半部,更请于书主,付绣谷亭,别令楷书生录完,并假前半部手自校定,先后历十年余,至雍正元年癸卯始得装订。"见吴寿旸《拜经楼藏书题跋记》,上海古籍出版社,2007年,第76页。

② 李盛铎著,张玉范整理《木犀轩藏书题记及书录》,第315页。

变化,并推波助澜。文化与商业互相促进,形成一种良好的氛围。书估是这一大环境中颇为活跃的角色:

> 朝游金阊门,暮走长安市。航头科斗经,壶中石渠史。汉家下令求遗书,声价顿增洛阳纸。魏王之冢孔公壁,吉光片羽皆珍惜。①

> 白发庞眉老书客,贩鬻古书谋粟帛。相逢向余长太息,为言售书今异昔。昔人取精不取多,口诵心维共琢磨。五经四子得要领,已能下笔如悬河。昔人好常不好异,理学文章及经济。三才万象见端倪,不肯搜奇斗靡丽。当时学术何雄哉,经义昌明至道该。程朱集注无新说,贾马篇中有异才。三十年来风气变,厌故喜新无定见。《说文》传写作字妖,注疏搜罗入文战。库书空贮文渊阁,经训谁师武英殿。琐屑丛残考据多,灾梨祸枣流传遍。坐使天人性道微,关闽濂洛群书贱。拄腹撑肠糟粕积,从兹经义无高格。饾饤难夸至宝丹,轧茁应遭红勒帛。千年汉学畅宗风,康成骨朽势偏崇。庭畔已无书带草,卷中还有应声虫。腻颜著帕随车步,稽古同天辨不穷。饰智惊愚因作伪,离经非圣将无忌。我为书估负书游,不贩新书求射利。劝君莫把异书求,述圣遵王学最优。六艺折衷原不昧,群言淆乱转堪愁。君不见,秦灰一炬淫词绝,孔孟微言万古留。②

以上二诗题名皆为《书贾行》,作者分别是浙江姚光晋、江苏徐梫,皆出生于乾隆四十年以后。姚诗近似实写,再现书贾的忙碌身影;徐诗则借书贾之口吻,发满腹牢骚,感叹"三十年来风气变"。这一变化两诗皆涉及,而诗作者来自江浙,正可见这一地区乾隆年间读书、著书风气之变化。宗室昭梿(乾隆四十一年生,道光九年卒)与姚、叶是同时代人,他记录了

---

① 姚光晋《书估行》,见潘衍桐辑《两浙輶轩续录》卷三十一,《续修四库全书》第1686册,第189页。

② 徐梫《书贾行》,见王相辑《友声集》之《肩风斋存稿》卷上,《续修四库全书》第1627册,第66页。

当时的"书贾语":

> 自于、和当权后,朝士习为奔竞,弃置正道。黠者诟詈正人,以文己过,迂者株守考订,訾议宋儒,遂将濂洛关闽之书,束之高阁,无读之者。余尝购求薛文清《读书记》及胡居仁《居业录》诸书于书坊中,贾者云:"近二十余年坊中久不贮此种书,恐其无人市易,徒伤赀本耳!"伤哉是言,主文衡者可不省欤?①

薛瑄、胡居仁是明代理学大家,薛氏的《读书记》与胡氏的《居业录》是阐扬程朱性理之学的名作。二书在书坊的消歇,正是学术思想转变的迹象。昭梿上文中的"于"当指于敏中,任四库全书馆正总裁,故昭梿文意亦指乾隆二十年(1755)至三十年所产生的学术风气变化对书坊买卖的影响。作为清代考据学的重要发源地,江南的书业与京城风气桴鼓相应。

> 萧山毛西河、德清胡朏明所著书,初时鲜过问者,自阮文达来督浙学,为作序推重之,坊间遂多流传。时苏州书贾语人,许氏《说文》贩脱,皆向浙江去矣。文达闻之,谓幕中友人曰:此好消息也。②

阮元自乾隆五十九年至嘉庆三年任浙江学政,以上所述,大约发生在此期间。乾隆五十五年至五十六年朝鲜朴齐家与纪昀的谈话,还可将书坊风气变化往前追溯。朴齐家问:"大约语类、类编等帙,外此如《读书纪》载在《简明书目》,此来见过否?"纪昀答曰:"此皆通行之书,而迩来风气趋《尔雅》《说文》一派,此等书遂为坊间所无。四处托人购之,略有着落矣。"③许慎、郑玄之学的兴隆,是乾嘉学术崇尚汉代学术的重要标志,阮

---

① 昭梿《啸亭杂录》卷十,中华书局,1980年,第317—318页。
② 陈康祺《郎潜纪闻二笔》卷十六,中华书局,1984年,第633页。
③ 朴齐家《缟纻集》卷二,见《楚亭全书》下册,韩国亚细亚文化社,1990年,第59—60页。此条材料由张伯伟教授提供。

元是复兴"汉学"的有力推动者,《说文解字》由苏州书坊流向浙江,正是他在京城复兴汉学计划在江南延续的序曲。

这一风气延续到光绪朝,以至有"重开四库馆之请",厂肆仍在此风气笼罩之中:

> 光绪初元,京师士大夫以文史书画、金石古器相尚,竞扬榷翁大兴、阮仪征之余绪。当时以潘文勤公、翁常熟为一代龙门,而以盛、王二君为之厨顾。四方豪俊,上计春明,无不首诣之,即京师人士谈艺,下逮贾竖平准,亦无不以诸君为归宿。厂肆所售金石、书画、古铜、瓷玉、古钱、古陶器,下至零星砖甓,无不腾价蜚声,而士大夫学业亦不出考据、赏鉴二家外。未几,盛司成有太学重刊石鼓文之举;未几,王司成有重开四库馆之请,盖骎骎乎承平盛事矣。孰知庚子之变,一败莫挽,王君以身殉之,而诸家收藏散失几尽,一时学术亦遂大变。是岂诸君所及料哉?①

引导书坊经营方向的还有其他因素,譬如光绪初年问世的张之洞撰《书目答问》,此书在分类选书、版本方面颇能为初学指示治学门径,一些读书人即按此目至书坊购书,如张佩纶《复朱子涵内弟》书云:"游厂肆,如有东坡七集,代购一部,板须好,价随意酌之,便中告知安侄,同留意。安侄处有《三苏全集》,但板不佳耳。其书可查看香涛《答问》便知。"②《书目答问》于读书人而言是治学、购书指南,对于书坊而言,自然也就成为选书、搜书指南。云间颠公《纪京城书肆之沿革》记录同光京师书坊售书动向:

> 清自咸丰庚申以后,人家旧书,多散出市上,人无买者,故直极贱,宋椠亦多。同治初元以后乃渐贵,然收者终少。至光绪初,承平

---

① 震钧《天咫偶闻》卷三,《续修四库全书》第 730 册,第 620—621 页。
② 张佩纶《涧于集》卷四,《续修四库全书》第 1566 册,515 页。

已久,士夫以风雅相尚,书乃大贵。于时南皮张文襄方任四川学政,有《书目答问》之作,学者按图索骥,贾人饰椟卖珠,于是纸贵洛阳,声蜚日下,士夫踪迹半在海王村矣。其时宋椠本计叶酬直,每页三五钱;殿板以册计,每册一二两;康乾旧板,每册五六钱,然如孙、钱、黄、顾所刊诸丛书,价亦不下殿板也。此外新刻诸书,则视板纸之精粗、道途之远近以索直:大抵真字板较宋字赢十之三,连泗纸较竹纸亦赢十之三,道途之远较近者又赢十之三。故有同一新板,而价值相差倍蓰者。①

二、两个风雅意象:慈仁寺中的王士禛与典衣买书

论清代京城书肆,多先述城南慈仁寺,然后述及琉璃厂等处。慈仁寺在宣武门下斜街,康熙七年顾炎武与李因笃寓居于此,但慈仁寺书市的闻名,从文献记载来梳理,恐与王士禛有密切关系。王士禛在清代文人当中是一典范性人物,甚至包括他在慈仁寺购书的日常行为也不断被润饰、重写,演变成为一个充满文学意味的诗意行为。此举对后人阅肆觅书并以诗纪事有示范意义。王士禛云:"每月朔望及下浣五日,百货集慈仁寺,书摊止五六,往间有秘本,二十年来绝无之。"②王氏逛慈仁寺购书事,见于《池北偶谈》《居易录》《带经堂诗话》《香祖笔记》《古夫于亭杂录》中,现据《王渔洋事迹征略》将相关事迹略作梳理:

顺治十五年,进士及第,未得与馆选,滞留京师。移居慈仁寺,与汪琬、程可则、邹祗谟往还,以诗相唱和。是年买得明代乡贤边华泉集。(见《阮亭诗选》卷六《边公集济南乱后板毁予家藏本亦失寻访数年来都门始购得之喜赋》)。八月归里。

顺治十六年四月,抵京师后,寓斜街。五月,与朱克生逛慈仁寺市。
康熙二十年六月,在慈仁寺见赵松雪手书杜诗一部。

---

① 孙殿起《琉璃厂小志》,第37—38页。
② 王士禛《香祖笔记》卷三,《景印文渊阁四库全书》第870册,第416页。

康熙二十七年二月二十五日,过慈仁寺,买得旧刻《山海经》《交泰录》二书。春,于慈仁寺得十卷本《弘正诗抄》。

康熙二十九年三月十五日,在慈仁寺买得《毛诗郑笺》屠本畯摹注刊本二十卷。

康熙三十一年六月,偶过慈仁寺,得金陵旧刻唐《孙樵文集》。七月十五日,于慈仁寺市得鹄鸣馆旧刻宋姚宽《西溪丛语》。

康熙三十九年十二月,于慈仁寺购得《中州名贤文表》。

康熙四十二年,进京。夏间于慈仁寺书摊购得《陈子昂文集》十卷。十一月,于慈仁寺购得《三补验方》。①

王士禛购书故事成为一种风雅,有两件事在建构中作用显著。这两事的记录或留存,皆与王士禛本人有关。

其一,见于《古夫于亭杂录》:

> 昔在京师,士人有数谒余而不获一见者,以告昆山徐尚书健庵(乾学),徐笑谓之曰:"此易耳,但值每月三五于慈仁寺书摊候之,必相见矣。"如其言果然。庙市赁僧廊地鬻故书,小肆皆曰摊也。又书贾欲昂其直,必曰"此书经新城王先生鉴赏者。"鬻铜玉窑器则曰:"此经商丘宋先生鉴赏者。"谓今冢宰牧仲(荦)也。士大夫言之,辄为绝倒。②

在王士禛自我叙述之外,其风雅还得益于旁人有力的推扬。孔尚任《燕台杂兴四十首》其一云:"弹铗归来抱膝吟,侯门今比海门深。御车扫径皆多事,只向慈仁寺里寻。"孔氏自注:"王阮亭司农,龙门高峻,寒士不易登造,每过慈仁寺廊下购书,乃得一望颜色。"③孔尚任与王士禛后有交

---

① 蒋寅《王渔洋事迹征略》,人民文学出版社,2001年,第32—516页。引用时,文字有变动,内容略有增补。

② 王士禛《古夫于亭杂录》卷三,《景印文渊阁四库全书》第870册,第631页。

③ 孔尚任《长留集》,见徐振贵主编《孔尚任全集辑校注评》,齐鲁书社,2004年,第1770页。

往,数次应邀至王宅参加雅集,大约在康熙三十三年,王士禛过访孔宅,"司农喝道来,不嫌屋低小。搴帷抽架书,展读意缥缈。画轴为横陈,鉴别出物表"①。与王士禛自记的故事一样,孔尚任在诗中推扬的仍是王士禛在书画上精到的鉴别功夫。王士禛离开京城后,他在慈仁寺的种种活动,还在同时人及后来人的诗作中留下余响,陈廷敬的诗作中有《雨中怀贻上慈仁寺》《晚登慈仁寺阁怀阮亭司寇》②;钱载为翁方纲购得施顾注苏诗题诗中有"天地间元惜残本,慈仁寺复购良因"句,自注云:"王文简每购书于慈仁寺摊。"③斌良《冬日游慈仁寺》诗注中提及王士禛于康熙年间常游慈仁寺。④

其二,是《载书图诗》的集体塑造。康熙四十年四月,王士禛请假回乡迁葬,皇帝准其五月回乡,"前旬日治装,命柴车兼两载书,以时先发。于是都人士大夫咸知公之有意乞身,而自此将求遂其悬车之志也"⑤。王士禛弟子及后学禹之鼎绘《载书图》纪其行,图成,各人有诗纪其事。"题图诗八十六首,皆其门人所作","赠行二十四首,皆朝臣之作,而附侍讲尤侗寄怀诗一首"⑥。王士禛宗侄王源所说的"……书十余乘,古今字画册卷二三乘。公篮舆服单袷,萧然怃然"⑦,是题图诗、送行诗的表达重点:

但携书满载,宁问橐无金?(孙致弥)

行李何所有,落落十乘书。(陈奕禧)

---

① 孔尚任《长留集》,见徐振贵主编《孔尚任全集辑校注评》,第1370页。
② 陈廷敬《午亭文编》卷九、卷十七,《景印文渊阁四库全书》第1316册,第126页,第242页。
③ 钱载《翁编修方纲购得吴兴施元之吴郡顾景蕃注东坡先生诗宋椠本即宋中丞得之常熟毛氏者属题二首》,《萚石斋诗集》卷三十四,《续修四库全书》第1443册,第280—281页。
④ 斌良《抱冲斋诗集》卷二十八,《续修四库全书》第1508册,第381页。
⑤ 张起麟《大司寇新城王公载书图序》,见王士禛编《载书图诗》,《四库全书存目丛书》集部第394册,第452页。
⑥ 王士禛编《载书图诗》"四库提要",第469页。
⑦ 王源《送大司寇公请假东归序》,见《载书图诗》,第453页。

压轸三万轴,过此不顾余。清风谁当传,图绘禹鸿胪。(汤右曾)

谁似趋朝三十载,归装只载五车书。(吴廙)

检点随身只佩鱼,俸钱都在十车书。(曹日瑛)①

图 1　禹之鼎绘王士禛《载书图》,见《四库全书存目丛书》集部第 394 册《载书图诗》

随身行李与十车书的比较,以及十车书乃三十载的累积,在对照中凸显王士禛清简雅致的形象,以及爱书人的本色。《载书图》后为翁方纲、叶

---

① 王士禛编《载书图诗》,第 454—461 页。

名澧收藏,该图仍有余韵,如翁方纲有《题王文简载书图八首》,其中有"记从三五招邀夕,每到慈仁寺里来"①,将《载书图》的故事追溯到王士禛在《古夫于亭杂录》中所记载的那一著名片段。叶名澧曾访此《载书图》,在一首名为《过琉璃厂书肆》的诗中提及该图,并因此延续前人题图诗诗意:"曾访渔洋绘载书,十年前事渺愁予。补亡未许酬三箧,积富今难说五车。"②

王士禛在琉璃厂火神庙南夹道有宅园,院中有藤萝,相传为王氏手植,花开之际,招客吟诗,有《古藤诗思图卷》纪其事,后人逛厂肆,亦多有寻访渔洋故居及手植古藤之事,吴玉纶乾隆三十五年迁于王氏故居,作《燕巢记》,并"制小照,题曰古藤诗思,示不忘也。藤为渔洋山人手植"③。王拯在"厂肆本吾居"的诗句注释中,亦称自己于咸丰元年(1851)寓居渔洋故屋。④ 从慈仁寺到琉璃厂,王士禛以其风雅活动,将两处联系在一起,而对于后来进京阅肆觅书者而言,王士禛在慈仁寺琉璃厂买书孰多孰少等问题已经不很重要,在想象中最重要的是在京城的书肆中,曾经有王士禛的身影。王士禛已经成为文人在书肆购书的典型风雅形象。

据潘荣陛乾隆二十三年所写《帝京岁时纪胜》,琉璃厂至乾隆年间已成为略有可观的景点。"琉璃厂在正阳门外之西,厂制:东三门,西一门,街长里许,中有石桥。桥西北为公廨,东北楼门上为瞻云阁,即窑厂之正门也。厂内官署、作房、神祠之外,地基宏敞,树林茂密,浓阴万态,烟水一泓。度石梁而西,有土阜高数十仞,可以登临眺远。"⑤然琉璃厂吸引人的地方不在于其林泉,而在于其书市。而书市能形成规模并且声名远

---

① 翁方纲《复初斋诗集》卷二十七,《续修四库全书》第1454册,第604页。
② 叶名澧《敦夙好斋诗全集》续编卷五,《续修四库全书》第1536册,第498页。
③ 吴玉纶《香亭文稿》卷五,《续修四库全书》第1451册,第513页。
④ 王拯《东坡移居八章意仿陶公遗山学之窃亦效颦并次原韵》,见《龙壁山房诗草》卷五,《续修四库全书》第1545册,第38页。
⑤ 潘荣陛《帝京岁时记胜》,《续修四库全书》第885册,第596—597页。此处据王冶秋《琉璃厂史话》提示。

第一章 书估与清帝国书籍的流转

扬,在于其满足了多种需要。

  琉璃厂之为骨董、书籍、字画、南纸各肆所萃,盖始于乾隆间。书肆中有卖《缙绅》及《同年录》者,则凡仕宦者无不趋之;纸店中有卖小楷笔、铜墨盒、墨汁者,则应试者无不趋之;朝士大夫退食余闲,欲怡情翰墨,则亦巾车野服,于此恣一日之游。至于积学之士,欲读异书而力不能购,则坐书肆中亦得恣眼福焉。故肆主多工应对,通书史,以便与名人往还。①

汪启淑《水曹清暇录》云:"(琉璃厂)街长里许,百货毕集,玩器书肆尤多。元旦至十六日,游者极盛,奇景异观,车马辐凑。"②则琉璃厂已成为满足读书人文化需求的文化性街市,又在特定的时节成为繁闹的市井,其货品的流动、接纳光顾者的多样,使之成为一个包容性强、具有活力的街市。王冶秋指出琉璃厂有一百多年的正常发展时期,"清代的'朴学'家、考据家,以及其他文人学士,几乎无一不同琉璃厂、隆福寺等书肆发生联系,关系中国学术很大"③。此论公允,尤其是在公共图书馆没有建立、或公共图书馆刚建立而功能不健全的时期,琉璃厂差不多成为全国读书人向往的书店街或公共图书馆。朴思浩在道光八年至九年间所见到的书肆盛况是:"其蓄书之法,设堂数三十间,每间四壁设间架,层层井井,排列积峙。每套付签曰某册,故充栋益宇,不可计量。而前阁置一大桌,桌上置十余卷册匣,乃册名目录也。人坐椅上,欲买某册,则一举手抽给抽插,甚便易也。阅其目录,则其大帙有……而其外经史、诸子、百家、医药、卜筮、种树之流……其数亦不亿,多有不知其名目者。"④所述书肆之形制与营业状况,近似现代图书馆与书店的混合体。

孙殿起《琉璃厂小志》辑录众多逛京城书肆的诗作,其中潘际云、许

---

① 瞿兑之《杶庐所闻录·养和室随笔》,辽宁教育出版社,1997年,第35页。
② 汪启淑《水曹清暇录》卷六,《续修四库全书》第1138册,第205页。
③ 王冶秋《琉璃厂史话》,第41页。
④ 朴思浩《燕行杂著》,见《燕行录》第85册,第496—497页。

韵兰二诗最有韵致：

> 琉璃厂
> 细雨无尘驾小车，厂桥东畔晚行徐。
> 奚童私向舆夫语，莫典春衣又买书。①

> 外子琉璃厂买书归
> 厂桥游趁上春初，囊有余钱尽买书。
> 归压轻舟应胜石（时将还黔），伴郎披读快何如？②

潘际云，江苏溧阳人，乾隆二十八年生；许韵兰，浙江海昌人，贵州铜江徐桀妻。据胡文楷《历代妇女著作考》推测，许氏应是乾嘉时人。并观二诗，皆为外省人在琉璃厂极盛期买书时的写照，其中"典春衣买书""余钱尽买书"是最尽意亦最醒目的诗句，在后来书肆买书诗中亦时时出现。又有相关诗作，分别出自劳之辨、龚鼎孳、陆奎勋、商盘、鲍鉁、周大枢、方元鹍、吴肃、梅曾亮、方濬颐、陈文瑞、李彦彬、林士传、沈丙莹、丁立诚、徐嘉等之手。陈文瑞《光厂词》其五有句云"百钱时购异书归"③，徐嘉《纪游杂诗》其二有句云"巾箱时检异书归"④，"阅肆"几乎是在京城生活的文人学者日常生活重要组成部分，"时检异书归"自然是日常生活最为快意的片段。谢章铤在京城搜集词籍，云："予官京师虽日浅，有暇必周行厂肆，辄于烂摊堆上极力寻检，积久，遂得若干种。"⑤何绍基自道光二十三年至咸丰二年几乎每年都至厂肆购书籍字画，其中正月去厂肆次数最多，如道光二十四年，正月初八日，"至厂买得船山诗幅归"；初十日，"至

---

① 潘际云《清芬堂集》卷十二，转引自《琉璃厂小志》，第338—339页。
② 许韵兰《听春楼稿》卷三，转引自孙殿起《琉璃厂小志》，第333页。
③ 孙殿起《琉璃厂小志》，第85页。
④ 孙殿起《琉璃厂小志》，第87页。
⑤ 谢章铤《赌棋山庄词话续编》，卷三，见陈庆元主编《谢章铤集》，吉林文史出版社，2009年，第633页。

火神庙,买得董字二件";十四日,"至厂肆,携字画几件归,有新罗山画《举杯邀月图》,佳"①。咸丰二年七、八、九月间更频繁出入厂肆:

> 七月十三日,上国史馆,出城至厂肆博古斋,携归孙退谷所藏《孟法师碑》。
> 八月五日,至厂肆同文堂,携《书法赞》归。
> 八月十五日,过厂肆,携《唐会要》归。
> 八月廿五日,……文琳书坊携《两京会要》《唐会要》归。
> 八月廿七日,……文英堂携回《石渠宝笈》单本、《方舆胜览》抄本。
> 八月廿八日,至厂肆,携得《东都事略》。
> 九月初八日,至厂肆,携《金石苑》及青主楷书《药师经册归》。②

在厂肆购书的读书人,有时形成一个可观的群体,他们有近似的爱好,彼此之间有书籍交流。赵绍祖《古墨斋笔记》记载了倪模所在群体的读书活动:

> (倪模)年三十一入都,每见宋元善本,不惜重价购之。教习官学时,与同乡汪德钺、方体、王灼、王宗诚往来,力觅古籍,曾假朱文正师、翁覃溪师及纪晓岚、彭云楣、吴铭荼诸公藏书。又与同年江德量、石韫玉、孙星衍、洪亮吉、冯敏昌诸人交,得秘本,必假雠校。琉璃厂载籍甫到,辄购之。教习期满,载归,总计已赢六万余卷矣。③

倪模与其往来同乡是一个群体,朱珪、翁方纲等是一群体,同年又是一群体。倪模与这三个群体的关联皆以书为媒介,而这些归属于诸群体的图

---

① 钱松《何绍基年谱长编及书法研究》,第80页。
② 钱松《何绍基年谱长编及书法研究》,第136—137页。
③ 赵绍祖《古墨斋笔记》,转引自郑伟章《文献家通考》,第469页。

书大多来自琉璃厂,琉璃厂以其源源不断的图书参与建构了多种读书人群体。

除在京城任职的文人学者逛厂肆外,进京赴会试者,往往是一出闱即入肆。道光二十七年,贵州莫友芝"公车报罢,与曾文正公国藩邂逅于琉璃厂书肆。始未相知也,偶举论汉学门户,文正大惊,叩姓名,曰:'黔中固有此宿学耶!'即过语国子监学正刘椒云传莹,为置酒虎坊桥,造榻订交而去"①。谭献的日记中记录他参加考试后入厂肆买书之事,同治七年二月廿八日:"黎明,诣保和殿覆试。午正,交卷出。"三十日,同春荪游厂肆,购得《古文辞类纂》《七十家赋抄》。三月二十日,同子左、仲吹游厂肆,买得陈沆《诗比兴笺》。②琉璃厂书肆不但可以买卖图书,一些文人学者甚至还可从书肆借阅图书。元人林之奇《尚书全解》原阙第三十四卷,乾隆四十二年归安丁杰从琉璃厂五柳居书肆借得《永乐大典本》抄补;乾隆四十三年宝应刘台拱借丁杰抄补本抄录。③《庚子销夏记》有何焯批本,乾隆四十五年吴省兰从书肆借得,过录何焯批语。吴氏过录本后亦流入厂肆,程文荣云:"……求之数年弗获。去秋在都门见琉璃厂有吴稷堂学士过本,亟购归之。顷携南来,适金山钱内兄鼎卿方辑《艺海珠尘续集》,因即录以寄。"④琉璃厂似乎成为一些难觅书的汇聚处,而借抄事例的存在,又说明它并不全然是商业气息。

三、黄丕烈的吴门书坊及其延展

叶德辉以黄丕烈藏书题跋为依据,论"吴门书坊之盛衰",指出"黄氏时收时卖,见于《士礼居藏书题跋记》者,必一一注明其源流。当时久居

---

① 张剑《莫友芝年谱长编》,第 96 页。
② 谭献《复堂日记》,第 7 册《计谐行录》,稿本,南京图书馆藏。
③ 吴寿旸《拜经楼藏书题跋记》卷一,上海古籍出版社,2007 年,第 4 页。
④ 缪荃孙《艺风藏书续记》卷五,《宋元明清书目题跋丛刊》清代卷第 8 册,中华书局,2006 年,第 305 页。

苏城,又值承平无事,书肆之盛,比于京师"①。叶氏从黄跋中梳理出吴门书坊,因其所见题跋有限,故辑录有遗漏,现重理如下:

1. 五柳居,陶蕴辉。详情见下文。
2. 萃古斋。详情见下文。
3. 学余书肆,或学余堂、学余书林。《前汉纪》《文温州集》《温国文正司马公文集》《孟子注疏解经》《菰中随笔》诸书题跋中提及。
4. 经义斋,胡立群。《蔡中郎文集》《史载之方》《长安志》《春秋繁露》《安雅堂集》《西京杂记》《归潜志》《葬书释注》《洛阳伽蓝记》《竹斋诗集》《歌诗编》诸书题跋中提及。
5. 酉山堂,或酉山堂书坊、酉山书肆。②《前汉纪》《晦庵先生五言诗抄》《石屏诗集》《碧云集》《孟浩然诗集》《孙真人千金方》诸书题跋中提及。
6. 师德堂。《尹河南集》《九贤秘典》《绍兴十八年同年小录》《国朝名臣事略》诸书题跋中提及。
7. 芸芬堂。《剡源戴先生文集》《姚牧庵集》《剡源逸稿》《书经补遗》诸书题跋中提及。
8. 文瑞堂书肆,或文瑞书肆。《国语》《吴都文粹》《中州集》诸书题跋中提及。
9. 山渊堂,吴有堂。《纬略》《刘随州集》题跋中提及。
10. 留耕堂书坊。《衍极》《录异记》题跋中提及。
11. 崇善堂书肆。《元统元年进士题名录》《盐铁论》题跋中提及。
12. 紫阳阁书坊,朱秀成。《文苑英华纂要》题跋中提及。
13. 严二酉斋,严二酉家。《纬略》《伊川击壤集》题跋中提及。

---

① 叶德辉著,李庆西标校《书林清话》卷九,复旦大学出版社,2008年,第221页。
② 黄丕烈乾隆五十六年题跋中提及酉山书肆,疑与酉山堂不是同一书坊,然无证据,故先列在此处。黄丕烈《黄丕烈书目题跋》,中华书局,1993年,第358页。

14. 城南卫前书坊。《救民急务录》题跋中提及。
15. 墨古堂,周氏。《说苑》题跋中提及。
16. 竹香书肆。《读书敏求记》题跋中提及。
17. 敏求堂。《芦浦笔记》《杨公笔录》题跋中提及。
18. 学山堂。《汉书》题跋中提及。
19. 墨林居。《芦浦笔记》题跋中提及。
20. 南仓桥书坊。《孙可之文集》题跋中提及。
21. 环经阁。《西溪丛语》题跋中提及。
22. 文秀堂书坊。《抱朴子内篇》题跋中提及。
23. 带经堂。《钓矶立志》题跋中提及。
24. 中有堂书坊。《水经注》题跋中提及。
25. 敬业堂,闵联奎。《六朝声律集》题跋中提及。
26. 道经堂。《语溪诗文集》题跋中提及。
27. 汗筠斋书籍铺。《江月松风集》题跋中提及。
28. 玉照堂。《新刊河间刘守真伤寒直格》题跋中提及。
29. 三益堂书坊。《槎轩集》题跋中提及。
30. 修绠山房。《碧云集》题跋中提及。
31. 扬州艺古堂。《鼓枻稿》题跋中提及。(以下为苏州之外书坊)
32. 琴川遵古堂。《东皋子集》题跋中提及。
33. 武林遇赏楼书肆。《阳春白雪》题跋中提及。
34. 武林宝书堂。《鹤林玉露》题跋中提及。
35. 武林集古斋。《宣和遗事》《南峰乐府》题跋中提及。
36. 嘉禾本立堂书坊。《古逸民先生集》题跋中提及。

黄氏题跋中还记录了一大批书友,现将其中有完整姓名者录列如下:

1. 施锦章。《新定续志》题跋中提及。
2. 陶士秀。《新定续志》题跋中提及。
3. 邵钟琳,或邵钟麐。《孙真人千金方》《文苑英华纂要》《吴都文粹》题跋中提及。

4. 邵宝墉。《普济方》题跋中提及。

5. 郑辅义。《冲虚至德真经》《柳待制文集》《苏平仲文集》题跋中提及。

6. 吴东白。《陶靖节先生诗注》题跋中提及。

7. 吴立方。《王子安集》题跋中提及。

8. 胡苇洲。《山窗余稿》《王右丞诗集》题跋中提及。

9. 郑益偕。《歌诗编》题跋中提及。

10. 沈鸿绍。《西湖林和靖先生诗集》题跋中提及。

11. 胡益谦。《北山小集》题跋中提及。

12. 吕邦惟。《汪水云诗》《三谢诗》题跋中提及。

13. 王征麟。《知非堂稿》题跋中提及。

14. 沈斐云。《吴都文粹》题跋中提及。

15. 吴步云。《中州集》题跋中提及。

16. 邵品立。《浯溪诗文集》题跋中提及。

17. 刘希声。《新刊丽则遗音·古赋程式》题跋中提及。

18. 曹锦荣。《铁崖赋稿》题跋中提及。

上列有姓名的书估中，有多人是以书船贩书，如邵宝墉、郑辅义、吴步云；有一部分有自己的书坊，只是书坊名称不能考明，如"胡苇洲书肆""骨董铺刘希声"①。就书估记录或图书交易而言，在黄丕烈之前没有如此丰富的记录，这些在苏州城区或周边地区相对固定的书坊和处于流动状态的书船、书估，构成了黄丕烈书籍交流网络的一个层面，同时也是乾嘉道时期苏州书坊的缩影。他们交往的对象不是黄丕烈一人，与黄氏同时在苏州、杭州有一个较大的藏书家群体，还有一大批不专门致力于收藏的本地文人学者，或路经此地的过客，都或多或少与这一书籍交流网络发生关联。

---

① 黄丕烈《黄丕烈书目题跋》，第215页、第382页。

黄丕烈对待书估有一种十分难得的友好,故而他的题跋几乎用"破例"的方式留下了书估的描述性文字,如上文所列与他有多年交往的经义斋胡立群,黄丕烈在题跋中多有称赏之语:"(乾隆六十年)道经胥门,憩经义斋书坊,坊中小主人胡立群颇习目录之学,持明刻本《蔡中郎集》示余。"①又云:"坊友胡立群,年幼多识,为余言薛氏有毛斧季手抄《洛阳伽蓝记》一本。"②又于《水经注》题跋中评中有堂主人:"主人郑姓,余数十年友也。既朴实,无时下叫嚣习气,遇有古书,必携以相质,为余言之,不相诳也。"③黄丕烈似有意在题跋中留下一些在当时已是十分难得的书林掌故,这其中就有无锡浦起龙(字二田)的后人。"闻有无锡浦姓书贾,即浦二田之后,持残宋本《孟东野集》,索值每叶元银二两,故余戏以叶论价,此书犹贱之至者也。此书亦即出浦姓手,书有锡山浦氏珍藏印,又有浦氏草萪菽赏鉴印,当亦二田家藏者。二田故多宋本书,后人不知,尽皆散失。余向年曾得杨倞注《荀子》、钱佃本《二程遗书》,俱由浦姓贱售于某坊,某坊以之归余者。此书浦姓贱售于某家,某家又售于书船,获此厚直,幸余次第得之,俾宋刻勿致失坠。"④黄丕烈从书估处得到书林掌故或关于版本目录之学方面的点点滴滴(见下文),同时,他亦将自己所知告诉相交书估:

　　　　余每得一书,遇书友来必告以余近所得某书,其书之何本何刻,亦必曲为解释,以冀其见闻之广。盖业书者未必知书,且遇罕见之本,亦往往不识,故示以所得之书,知其中之委曲也。⑤

在书籍的交易之外,在黄丕烈与书估之间还有如此一种关于书籍知识的交流经,在此交流中,双方得益,从而促进一流藏书家和"掠贩家"的

---

① 黄丕烈《黄丕烈书目题跋》,第143页。
② 黄丕烈《黄丕烈书目题跋》,第52页。
③ 黄丕烈《黄丕烈书目题跋》,第294页。
④ 黄丕烈《黄丕烈书目题跋》,第77页。
⑤ 黄丕烈《黄丕烈书目题跋》,第242—243页。

出现。

　　因时值承平,这些书坊一般能营业多年,且多有业书世家(如下文论及的钱听默、陶正祥两家),如上文提及的中有堂主人郑氏与黄丕烈有数十年交往;又如西山堂书坊,按最为可靠的交流往来记录,从嘉庆四年至道光三年,与黄丕烈的交往也有二十五年。西山堂在黄丕烈道光五年卒后,在其他文献中还有记录,钱天树道光十八年提到"吴门西山堂书坊邵枕泉来言,有不全一部(徐秉义《识经识余》)"[①]。则西山堂至少有四十年的营业历史。又据黄丕烈跋:"嘉庆四年三月二十九日……遇书友邵钟琳,谓余曰吾兄西山堂中有元板《千金方》。"[②]则钱天树所述邵枕泉很可能就是邵钟琳之兄。贩书业的家族特征于此可约略推测。

　　书坊与书估数十年的经营,所经手的书籍累积数量定有可观之处,其中的书籍流动亦纷繁。黄丕烈得一书,多述其来源,故据其题跋可见在书籍市场上,前前后后大约有何种书籍从藏书楼中散出。以下仅标出黄丕烈购买或经眼书籍的来源:

　　　　镇江蒋春农家(18),宋商丘家(20),乍浦韩氏(47),朱文游滋兰堂(68),无锡浦氏(77),汪秀峰家(84),曹楝亭(96),程念鞠(122),开万楼(133,151,260),吴稷堂(135),陈贞白(159),江阴杨文定(182),金陵严长明(184),蒋氏赐书楼(186,196,217),嘉兴曹氏倦圃(201),太仓宋蔚如(213),扬州蒋西圃(217),昆山孔氏(223),光福徐氏(222),邢佺山(232),金星轺(241、259),海宁许氏(243),江藩(247),王莲泾(249),吴氏绣谷亭、瓶花斋(250、366),濂溪坊顾氏(258),钱功甫(294),海昌许士杰(295),濮院沈姓(312),西庄王氏(327,372),柱国王氏(331),扬州马氏小玲珑山馆(378)。[③]

---

① 钱泰吉《曝书杂记》卷下,辽宁教育出版社,1998年,第58页。
② 黄丕烈《黄丕烈书目题跋》,第75页。
③ 括号中数字,是该藏书家在《黄丕烈书目题跋》中出现的页码。

在上列之外，其他仅标明书出自何地而未明何家藏者，浙江有11次，北京3次，江苏本省内扬州10次，无锡、太仓各2次，南京、常熟、嘉定各1次，还有出自湖广汉口镇1次。上列34家藏书，以及其他从各地汇聚苏州的书籍，表明既使在乾嘉这样的安定盛世，私家藏书也在不断的流散，特别是当私家藏书的主人辞世而后继者又无足够的能力与学识保护与传承时，书籍的流散几乎成为定局。黄丕烈题跋中所记录的三十余家私家藏书以及他在题跋中说到的"太仓故家"(100)、"松江故家"(178)、"海虞故家"(213)、"桐乡故家"(242)、"锡山故家"(259)等泛指的诸故家藏书的散失，或即是和平年代典籍聚散的真实状态，旧的藏书楼逐渐解体，新的藏书楼不断形成，解体与构成之间，书估的运载之功不可忽略。在以黄丕烈为中心的书籍交流网络中，所汇聚的书籍主要来自周边地区，也就是在太湖流域或运河等水路到达的附近地区。

黄丕烈是藏书家，收录各方精善之本，同时又贩卖书籍，道光四年设立滂喜园书坊，"为长孙美鋆习业"，所谓"习业"，即学贩书，"所收在于易为脱手，非储藏可比"①。黄氏藏书、卖书，必须自己要有书源，而书源的获得，一是收购，二是自己刻书，然后售卖，三是以自己所刻书或部分藏书与书估交换所需书。黄丕烈自嘉庆四年至道光四年所刻书共25种，有《国语》《战国策》《博物志》《汲古阁珍藏本书目》等，收录在《士礼居黄氏丛书》中，这些书所依据底本均为善本，校勘极为精审，刻印亦讲究，以刻书字体而论，其中影刻10种，写刻本12种。② 这些质量上乘之书自然受到书估重视，故与黄氏"易书"之事时有之。

《契丹国志》旧抄本："以家刻书易得。"③

《洛阳伽蓝记》毛斧季校本："以家刻《国语》易得。"④

---

① 黄丕烈《黄丕烈书目题跋》，第17页。
② 姚伯岳《黄丕烈评传》，第215—218页。
③ 黄丕烈《黄丕烈书目题跋》，第29页。
④ 黄丕烈《黄丕烈书目题跋》，第52页。

《游志续编》抄本："今春始以家刻《国策》十部相易。"①

《珩璜新论》旧抄本："于坊间见插架有寄卖之书，偶检三四种，与易家刻。"②

《对客燕谈》旧抄本："余以家刻书易之。"③

《席上辅谈》抄本："怜余无钱买书之病，许余以重出书相易，卒留案头。""越日书估来，议直估五饼金，以家刻书易之。"④

《孟浩然诗集》宋本："卒以京板《佩文韵府》相易，帖银十四两，方得成此交易。"⑤

《李文饶文集》抄本："以家刻易之。"

《知非堂稿》抄本："余独以家刻易之，此亦不得已之苦心也。并附载同易之书于后，以见予书髓之故智。……洪武刻《元史节要》，张美和编二册，十三洋；钱东涧抄陶九成《草莽私乘》一册，十三洋；朱竹垞抄《美合集》一册，六洋四角。此何太虚《知非堂稿》一册，二洋，计换家刻书二十四洋有零。"⑥

---

① 黄丕烈《黄丕烈书目题跋》，第 58 页。
② 黄丕烈《黄丕烈书目题跋》，第 110 页。
③ 黄丕烈《黄丕烈书目题跋》，第 131 页。
④ 黄丕烈《黄丕烈书目题跋》，第 141—142 页。
⑤ 黄丕烈《黄丕烈书目题跋》，第 149 页。
⑥ 黄丕烈《黄丕烈书目题跋》，第 205 页。

《鼓枻稿》旧抄本:"扬州艺古堂主人以旧抄元人集数种与余易书。"①

　　《陶杜诗选》查药师抄本:"余因以家刻书易得几种,此抄录《陶靖节诗选》《杜文贞律诗选》其一也。"②

11例易书中,有9例是黄氏以家刻书易,一例是以藏书的重出书交换,一例情况不明。书估用抄本换黄丕烈的家刻书,可证明黄氏家刻书的质量,而《知非堂稿》抄本的交换,包涵了较多的书价信息。总之,以书易书,是一种不多见或未被较多关注的书籍流通方式。

四、环太湖地区的湖贾与书船

　　关于书估的论说,当推洪亮吉《北江诗话》中的表述最引人注目。洪氏大意云:藏书家有数等,钱大昕、戴震为考订家;卢文弨、翁方纲为校雠家;鄞县范氏天一阁、钱塘吴氏瓶花斋、昆山徐氏传是楼为收藏家;吴门黄丕烈、乌镇鲍廷博为赏鉴家;吴门书估钱景开、陶五柳,湖州书估施汉英,为掠贩家。③掠贩家在洪亮吉的排列中位置最后,这应是传统社会中的普遍排列,书估很少被重视,文献中有姓有名的书估寥寥无几,这一群体的绝大部分隐藏在"书估""客"之类的称呼之下。洪亮吉所述,在分别"藏书家有数等"之外,更列出三名颇有声名的书估,不过所谓"吴门书估钱景开、陶五柳",实际上是湖州的钱、陶二人寓居吴门而已,故三名书估都是"湖估",这也是一件很特别的事情。

　　书估既染铜臭,也有书香,在清帝国的版图中,尤其是在京城以及东南地区,他们凭借灵敏的嗅觉,主要以舟船配置作为文化资源的书籍与

---

① 黄丕烈《黄丕烈书目题跋》,第219页。
② 黄丕烈《黄丕烈书目题跋》,第243页。
③ 洪亮吉《北江诗话》卷三,第46页。

字画,并且使这种文化资源在整体上保持一种流动状态。晚清翁心存《新乐府四章》有一诗写书贾的生存境况,录如下:

> 书贾行(购求异书也)
> 生不能立致秘书赐万卷,亦当坐拥异书列百城。不然远从鸡林贾,不然学作童子鸣。书香可疗饥,书味可救渴。摊书书床塞书屋,书估一生书里活。不愿借书换酒券,不愿献书拜高官。愿向嫏嬛福地住,尽发宝笈瑶编看。壁中简,帐中本,壶卢中《汉书》,宝之莫蠹损。春江三月书船开,《离骚》一篇酒一杯。旁人错把孝廉认,书台高等黄金台。书估乐复乐,书田岁播获。邢家小儿强解事,杨家老子空投阁。笑杀偷书祖孝征,只须一部《华林略》。於嗟乎,绛云楼瓦飞云烟,汲古阁址成闲田。不如岁诵二十二万言,孝先经笥书便便,撑肠拄腹卷五千。浓香薰,微露盎,国家方开崇文馆。①

翁心存诗中描写的书估生活,有洒脱的气息,其中"尽发宝笈瑶编看""春江三月书船开"则是真实写照;"国家方开崇文馆"一句,则表示朝廷重文政策对书籍流动与交易的深远影响。与书估的周旋往来,是清代文人学者生活中颇有意义的一部分,书籍的供求特点和流向于此可见,同时亦可见文人的生活情趣。赵翼《赠贩书施汉英》一诗以谐谑的笔调道出他与施汉英之间的关系:

> 我昔初归有余俸,欲消永日借吟诵。汝从何处闻信来,满载古书压船重。我时有钱欲得书,汝时有书欲得钱。一见那愁两乖角,乘我所急高价悬。虽然宦橐为汝罄,插架亦满一万编。孜今老懒罢书课,囊中钱亦无几个。愧汝犹认收藏家,捆载来时但空坐。②

---

① 翁心存《知止斋诗集》卷二,《续修四库全书》本,第1819页。
② 赵翼《瓯北集》卷二十八,《续修四库全书》本,第582页。

赵翼诗中的施汉英，嗅觉敏感，掌握各人阅读或搜求动向，网罗之力也非同一般，故有"满载古书压船重"之句；而赵、施的关系，又不能简单以买卖双方视之，其中多少有些许近似友朋的亲密意味。书估与文人之间的这种关系，从清人日记或少数诗文的记录来看，也较具典型性。

湖贾

作为一个业书者群体而言，在琉璃厂书贾之外，最有影响、见诸文献记录最多的无疑是湖贾。

归有光《送童子鸣序》指出明代浙江人业书状况，其中有语云："越中人多往来吾吴中，以鬻书为业。"①童子鸣就是书贾，而且还是湖州人。归氏此文为童子鸣扬名，杨宾（1650—1720）作《为书贾邵孔贤醵金引》是对归文以及童子鸣的回应，而且指出童子鸣来自湖州。杨宾云：

> 苕溪邵孔贤，以鬻书为业。今老矣，而日益穷困，无书可鬻，孔贤索余为引，欲告其常所识者，醵金购书，以振其业。余闻之，往昔苕有鬻书者童子鸣，旅泊萧然，无以自振。归太仆悯其愈穷也，作序赠之，且属友人周维岳相与振之。今孔贤为子鸣乡人，与子鸣同业；而旅泊萧然之况，亦复与子鸣无异。余虽不敢望太仆项背，然悯其穷而思所以振之之意，则未敢多让也。岂无同志，如周维岳者，出而共助之耶？②

杨宾此文，既揭示湖贾自明至清初的活动情况，又呈现以鬻书为业非收入稳定行业；此外，可见书贾与文人间一种特别的交往方式。

湖贾的形象，清人有诗句描绘："苕溪白舫短而阔，湖贾一生书里活。船头腹尾皆装书，仅容一身如蠹鱼。"③此中已道出湖贾的活动范围、忙

---

① 归有光《震川先生集》卷九，上海古籍出版社，2007年，第208页。
② 杨宾著，柯愈春主编《杨宾集》，浙江古籍出版社，2012年，第178页。
③ 孙原湘《书贾行（购求异书也）》，见《天真阁集》卷二十一，《续修四库全书》第1488册，第119页。

碌勤苦的品性,及书船的形制与容量。湖贾出自浙江湖州,因为湖州的地理位置及山水等原因,湖贾还有另外几种常见名称,因为湖州是三吴中的西吴,故有西吴书贾之称;又因境内有苕溪,则又被称为苕贾;因古有吴兴郡,苕溪下有吴兴县,又有吴兴书贾之名。湖贾人数众多,且在书林中有得大名者,如钱听默、陶正祥、陶蕴辉等,皆为湖贾之翘楚。张鉴《眠琴山馆藏书目序》云:"吾湖固多贾客,织里一乡,居者皆以佣书为业。上至都门,下逮海舶,苟得一善本,蛛丝马迹,缘沿而购取之。"①此语道出湖贾的集中地、活动范围和搜求善本能力,然犹可以缪荃孙所记充实。缪氏所记,一段出自前人文献,一段为自己见闻。

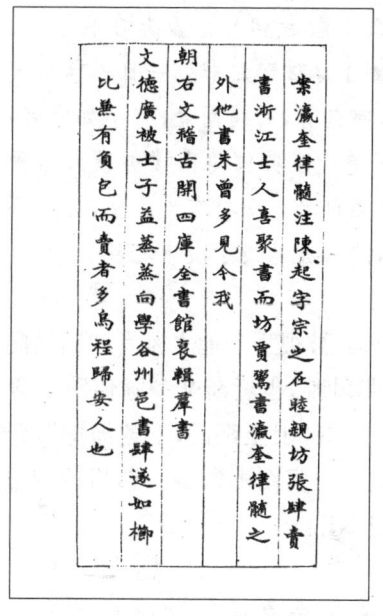

图 2 "归安卖书人",见董棨绘,许志浩编《太平欢乐图》,学林出版社,2003 年②

① 张鉴《冬青馆甲集》卷四,《续修四库全书》第 1492 册,第 51 页。
② 据该书序言,《太平欢乐图》是浙江画家方薰(1736—1799)在乾隆第五次南巡到杭州时,通过金德舆进呈。金氏曾留此图副本,嘉道年间,画家董棨(1772—1844)据此副本临摹。故此本所绘一百图反映乾隆后期"杭嘉湖地区百业俱兴、经济繁荣、百姓安康的市井生活场景"。

书船出织里及郑港、谈港诸村落。吾湖藏书之富,起于宋南渡后。《直斋书录解题》所蓄书,至五万二千余卷。弁阳周氏书种、志雅二堂藏书,亦称极富。明中叶,如花林茅氏,晟舍凌氏、闵氏,汇沮潘氏,雉城臧氏,皆广储篇帙。旧家子弟好事,往往以秘册镂刻流传。于是织里诸村民以此网利,购书于船,南至钱唐,东抵松江,北达京口。走士大夫之门,出书目袖中,低昂其价。所至每以礼接之,号为书客。二十年来,间有奇僻之书,收藏之家往往资其搜访。今则旧本日稀,书目所列,但有传奇演义、制举时文而已。(见郑蕊畦《湖录》。)余幼时在申港,时有书客负一大包闯入书塾。包内湖笔、徽墨、纸本、四书、经书,村塾所需,要无不备。议价后,问家有旧书、残破书否,见村童临帖稍旧者,均欲以新者相易。盖志在收书也。十岁时,在澄怀堂读书,书室有阁,阁上尽破碎之书。一日书估尽搜括之,顾数夫担而去。但见有抄本,有刻者,有绢面者,有小如掌者,有大盈尺者,不知何名也。易得者《道光字典》《角山楼类腋》《雅雨韩集》《三国演义》《左传》等书,皆新装订者。一村有十余塾,无处不到。乱后则无,村中亦有一二学塾,藏书亦尽毁于庚申之乱矣。①

"书船出织里",这在汪尚仁的《吴兴竹枝词》被视为一地之风尚,"制笔闻名出善琏,咿哑织里卖书船。莫嫌人物非风雅,也近斯文一脉传"②。湖贾在此地兴起,并向东、南、北三面拓展,以及"上至都门,下逮海舶",皆因湖州所处优越的地理位置以及所蕴藏的丰富图书资源。湖州地理位置的优越,得益于太湖和苕溪,《湖州府志》云:

湖(太湖)长五百里,周三万六千顷,而乌程、长兴独有二万顷,则属湖州者尤多。……(太湖)东通长洲、松江,南通乌程、霅溪,西

---

① 缪荃孙《云自在龛随笔》卷四,山西古籍出版社,1996年,第213—214页。缪氏约略提及明代书贾情况,归有光则有亲历者的叙说:"越中人多往来于吾吴中,以鬻书为业。"归有光《送童子鸣序》,见《震川先生集》,上海古籍出版社,2007年,第208页。

② 阮元、杨秉初等辑《两浙輶轩录补遗》卷七,《续修四库全书》第1684册,第673页。

通义兴、荆溪,北通晋陵、涡湖,东连嘉兴韭溪。

苕溪有二源:一曰东苕,出天目山之阳,东流经杭州府、临安、余杭、钱塘县,又东北经湖州府德清县,为余不溪,北至湖州府城中,谓之霅溪。一曰西苕,出天目山之阴,东北流经孝丰县,又北经安吉州,又东经长兴县,至湖州府城中两溪合流,由小梅、大钱两湖口入于太湖。①

环太湖地区应是湖州书贾活动的中心地区,他们可通过交织的水路经太湖在更大的范围交易图籍。关于太湖水路的便利,松浦章于《清代内河水运史研究》中有不少论述,他摘录了清代里程书《天下路程·示我周行》中较有代表性的水路路程,以苏州府为出发点的有:自苏州府,经双塔至松江府水路程;自苏州府,经太仓州至南翔镇水路程;自苏州府,经东霸至芜湖县水路程;自苏州府,经常熟县至太仓州水路程;又有自扬州府,经泰州至通州水路程。② 冯贤亮据明代黄汴编《天下水陆路程》和憺漪子编《天下路程图引》,理出涉及太湖流域的水路,或者以江南为起点与终点的水路,从而大致勾勒出以苏、松为中心的太湖流域水运网。③这些路程,应为湖贾屡屡经行的书籍之路。因为书籍之路依托水运网络,故其中必有船只。书船的样式及销售方式,沈俊平综述前人研究,有如此叙述:"书船置船棚,棚下两侧置书架,陈设各种书籍,中间设书桌和木椅,供选书者翻阅时享用。书船是方便文人求知识购书的所在,船一到河埠系好缆绳后,就任人上船选择书籍。同时将预备好的书目传单放在衣袖筒内,随时出入官宦、生员、举子之家。"④

湖贾世代业书传统,前引张鉴《眠琴山馆藏书目序》称织里一乡业书

---

① 杨荣绪等纂,周学濬等修《湖州府志》卷二十一"舆地略",《中国地方志集成》第24册,第394—395页。
② [日]松浦章《清代内河水运史研究》,第108页。
③ 冯贤亮《舟船交通:明清太湖平原的环境与人生》,见《传统中国研究集刊》第5辑,上海人民出版社,2008年,第343—344页。
④ 沈俊平《举业津梁:明中叶以后坊刻制举用书的生产与流通》,第310页。

事业绵延四百载,在此种环境中,很可能出现贩书世家,如下文要讨论的钱听默与陶正祥两家即是。此外,文献记载湖贾中的邵姓,可能出自同一家族,或同一村落。在前引杨宾所提及邵孔贤之外,再按邵姓书贾活动的时间顺序列举数条记录如下:

  崇祯己卯清明后一日,湖贾邵姓者持来。①(《贞白先生陶隐居文集》题跋)

  康熙己丑,吴兴鬻书人邵良臣持旧抄残书五册来售。②(《后山集》何焯题跋)

  (嘉庆戊辰)书船友姓邵名宝墉,云其书得诸江阴。③(《普济方》黄丕烈跋)

  咸丰五年七月,余得湖客邵姓朱笔校勘《周易集解》。④(《李氏易传》韩应陛题跋)

世代相传的贩书技艺和经验,才有可能造就出十分在行的业书者。

  从前引缪荃孙所述,可知湖贾的搜求书籍已至细致深入的境地,即便江浙诸藏书家所藏之书散佚转落者,"苏湖间书贾书船,皆能知其底里"⑤。程晋芳在《桂宧藏书序》指出湖贾的一种极端得书方法:"扬州马氏,余之族姻也。以数万金购得传是楼、曝书亭藏书。……然窃闻有湖州书贾设小肆于其宅旁,以利啗司书者,潜获异书去。主人年笃老,防察

---

① 王重民《中国善本书提要》,上海古籍出版社,1983年,第494页。
② 吴寿旸《拜经楼藏书题跋记》,上海古籍出版社,2007年,第162页。
③ 黄丕烈《黄丕烈书目题跋》,第77页。此外,《咸淳重修毗陵县志》《豫章黄先生外集》二书题跋所及"书船友邵姓",很可能是邵宝墉。
④ 王文进著,柳向春标点《文禄堂访书记》,上海古籍出版社,2007年,第9页。
⑤ 素尔讷等撰《钦定学政全书》卷三,《续修四库全书》第828册,第562页。

疏,可叹也。"①因为湖贾受利益驱动,不停息地搬运贩卖,藏家书籍聚散的速度随之加快,在一些描述性的文字中,常有一种转瞬盛衰的意味。

(毛晋)性嗜卷轴,榜于门曰:有以宋椠本至者,门内主人计叶酬钱,每叶出二百;有以旧抄本至者,每叶出四十;有以时下善本至者,别家出一千,主人出一千二百。于是湖州书舶云集于七星桥毛氏之门矣。②

(关于常熟陈揆稽瑞楼)嘉湖书贾往往捆载而来,阅之如入龙宫宝藏,璀璨陆离,目眩五色。君与金吾各择其尤者,互相夸示,而要必以书贾先至其家为快。五六年中,两家所得,盖不下三四万卷。③

(关于乌程刘桐眠琴山馆)武林、金阊诸贾与织里贸书家争先求售,溪上舣舟恒满。④

(关于海盐马玉堂笏斋)身亡未周,尽为苕估取去,散失殆尽。⑤

书籍聚散速度的加快,传播范围的加深与拓展,为新一代藏书家的形成创造了条件;同时,因为作为学术资源的文献每隔一段时间,就进入流通领域,为正在成长过程的文人学者提供了新资源。汪辉祖称自己"馆苕霅间,与书贾习者七八年,聚书数十百种"⑥。武进蒋敦淳"生平喜购书,

---

① 程晋芳《勉行堂文集》卷二,《续修四库全书》第1433册,第306页。
② 荥阳悔道人《汲古阁主人小传》,见毛晋撰《汲古阁书跋》,上海古籍出版社,2005年,第3页。
③ 张金吾《陈子准别传》,见《爱日精庐文稿》卷六,《清代诗文集汇编》第554册,第216页。
④ 施国祁《汲古阁写本滏水集说》,见《藏书纪事诗附补正》,第607页。
⑤ 郑伟章《文献家通考》,第793页。
⑥ 汪辉祖《病榻梦痕录》,《北京图书馆藏珍本年谱丛刊》第107册,第284页。

有田十顷,半以租所入与湖州书贾易书。今映玉堂中所藏数千卷是也"①。黄丕烈能成为十分出色的藏书家,湖估有助推之功。在钱听默、陶蕴辉之外,黄丕烈至少在二十二篇题跋中记录了他与湖估围绕书籍的诸多交往。② 若将黄丕烈藏书题跋与明代李日华日记中所记录的书贾对照,似可推断以贩书为业的湖贾作为一个群体,在清代更为活跃。现将李日华日记中记录与书估交往的次数,逐年统计③,就可靠的书估来源地而言,徽人、杭人、苏人要比湖人出现的次数多,或许这时湖人作为贩书群体,还没有较为突出的优势。而至清代,湖估则频频在各类文献中出现,不但在藏书家的藏书题跋中见其身影,而且出现在不少知名文人的诗作中。这种比较中的差异,或许是地域文化资源制约,抑或是一

---

① 洪亮吉《外家纪闻》,光绪三年重刊本。
② 可见《黄丕烈书目题跋》中《咸淳重修毗陵县志》《草莽私乘》《新定续志》《得月楼书目》《何博士备论》《刑统赋解》《齐民要术》《普济方》《书苑菁华》《西溪丛语》《陆延枝说听》《江淮异人录》《碧云集》《类编增广黄先生大全文集》《豫章黄先生外集》《侍郎葛公归愚集》《湖山类稿》《知非堂稿》《张光弼诗集》《韩山人诗集》《美合集》《优古堂诗话》诸书题跋。
③ 统计结果是:

万历三十七年(1609):共记载书贾32次,其中夏贾10次,徐贾2次,徽人3次,湖人1次,苏人1次,其他15次;

万历三十八年:共记载29次,其中夏贾6次,徽人1次,其他22次;

万历三十九年:共记载15次,其中夏贾4次,杭人1次,其他10次;

万历四十年:共记载14次,其中夏贾2次,徽人3次,杭人2次,苏人1次,锡人1次,湖人1次,其他4次;

万历四十一年:共记载24次,其中夏贾11次,徽人4次,湖人1次,苏人2次,其他7次;

万历四十二年:共记载32次,其中夏贾5次,徽人20次,苏人1次,其他6次;

万历四十三年:共记载28次,其中夏贾1次,徽人17次,湖人1次,太仓人2次,其他7次;

万历四十四年:共记载31次,其中夏贾2次,徽人12次,无锡人1次,松陵人2次,其他14次。

此统计据《味水轩日记校注》,李日华所记多为书画,书籍较少。"夏贾"为一夏姓商人,另有"茅贾""钟贾"等,与"徽贾""歙贾""苏贾"等群体性商帮有别。其中"夏贾""徐贾",原书中即如此称呼,不能考出其籍贯;徽人来自徽州府,杭人指杭州人,湖人指湖州人,"其他"主要指日记中标明"客"者及其他不明籍贯者。此处文献处理安排,采纳研究生张莉、博士生吴钦根的建议。

地经商风气转变所导致。

湖贾执着的奔波与搜求,促使很多处于秘藏状态或被遗忘在角落里的图籍进入流动的市场中,对于读书人或藏书家而言,"偶然发现"的概率也随之增加。

  (朱彝尊《续题溪州铜柱记后》)……求之三十年不得。岁在己丑七月,忽获之西吴书估舟中。文字完好,出于意表。①

  (吴骞《字鉴》题跋)此亡友钱广伯处士遗书也。……予偶见苕贾携示数种,皆手泽宛然,亟以善值购而藏之。②

  (王鸣盛《通鉴史氏释文》题跋)此书非无足取,乃元明以来数百年收藏家号极博者,皆未见此书,予偶从吴兴书估见一秘抄本,为之喜,剧用重赀购得之。③

书贾造伪书,在交易中作弊,文献中时有记录,就吴骞而言,他既记录了湖贾的欺诈性交易,也表彰了他们的义气与信用,其所得《海宁县志》是乾隆四十七年湖贾吴良辅所赠。

  蔡古亭明府《海宁县志》,在谈孺木先生辑《海昌外志》时云其板尚在藏库中,迄今百数十年,即印本且不多见。予访购有年,昨岁闻梅里李氏有是书,属苕上吴良辅物色之,今夏始得,卷帙完整,洵足珍也。方良辅之得也,中途有人欲邀之,良甫曰:"息壤在彼。"卒以遗予,竟不持一钱而去,是亦估而有士行者欤!④

---

① 朱彝尊《曝书亭集》卷四十六,《四部丛刊初编》本。
② 吴寿旸《拜经楼藏书题跋记》,第31页。
③ 王鸣盛《十七史商榷》卷一百,《续修四库全书》第453册,第181页。
④ 吴寿旸《拜经楼藏书题跋记》,第87页。

湖贾义举,还可于江藩《国朝汉学师承记》见之。江藩记载吴县余萧客年十五即通五经,然家贫无书。"有苕溪书棚徐姓识先生。一日诣书棚,借《左传注疏》,匝月读毕,归其书。徐姓讶其速,曰:'子读之熟矣乎?'曰:'然。'徐手翻一帙,使先生背诵,终卷无误。徐大骇曰:'子奇人也!'赠以《十三经注疏》《十七史》《说文解字》《玉篇》《广韵》。"①在贩书之外,湖贾亦有资助图书出版之举。《南疆绎史勘本》三十卷《摭遗》十八卷为道光十年泥活字本,"道光九年秋借吴山庙开局,暨阳程文炳排版"。该书引用书目"后记"云:"助我借书考镜者,苕上坊友吴寿昌;助我贷泉初事于梓者,磐石九品官周剑堂。既而我子辛生来自芜湖,命之校字。楮本不足,则罄我行装,投诸质库;又不足,则乞贷市侩,耐尽诽嘲。……是书初印计八十部,……糜用平泉三十万有奇。"②

因为乾隆三十八年上谕提及钱听默等,湖州书贾声名远扬。德清俞樾有诗述乾隆此举影响:"山塘书贾推金(疑为钱)氏,古籍源流能偻指。吾湖书客各乘舟,一棹烟波贩图史。不知何路达宸聪,都在朝廷清问中。星火文书下疆吏,江湖物色到书佣。穷陬僻壤开风气,何况之江名胜地。"③不但穷陬僻壤开贩书风气,湖估因为频频与文人学者交往,业书逐渐成为一种诗材,乘舟贩书似乎也成为一种诗意的生活方式。陈鳣(仲鱼)有《赠苕上书估》叙写渲染,其一、其三云:

　　万卷图书一叶舟,相逢小市且邀留。几回展读空搔首,废我行囊典敝裘。

　　海内贫儒陈仲鱼,春风旅馆转愁余。卖文近日无生意,但欲从

---

① 江藩《国朝汉学师承记》卷二,见漆永祥《汉学师承记笺释》,上海古籍出版社,2006年,第222页。江藩《国朝汉学师承记》卷七还记载了汪中在书贾处借书故事:"君生七岁而孤,家夙贫……及长,鬻书于市,与书贾处得借阅经史百家。于是博综典籍,谙究儒墨,经耳无遗,触目成诵,遂为通人焉。"见《汉学师承记笺释》,第711页。

② 温睿临撰,李瑶勘定《南疆绎史》卷首《引用书目》,道光十年泥活字印本。

③ 俞樾《书丁竹舟〈武林藏书录〉后》,见《春在堂诗编》卷十八,《续修四库全书》第1551册,第575页。

君去买书。①

门前新至卖书船

据傅申的研究,传统对"书画船"的观念,源自"米家书画船",主要是指宋代米芾以其书画收藏随舟旅行,不时取出鉴赏的故事;针对晚明董其昌的研究,傅申以为书画船是"指乘者携有书画作品以供旅途中鉴赏,或乘者可以在其上作书画甚至兼有书画交易性的船只"。②书画船在晚明具有书画交易的性质,在傅申所录董其昌文献中还不太明显,而在李日华的日记中确有记载,分别见于万历三十八年、万历四十年、万历四十二年、万历四十三年和万历四十四年,录其中五则如下:

(万历四十年七月十五日)无锡孙姓者一舫,泊余门首。余与马吃漫登其舫,客喜,出观诸种。

(万历四十年十二月二十二日)吴江马玄洲、常熟叶少源移书画舫就余。出观倪云林小幅山水,楮系元时云粉笺,画笔粗疏,似学董源。

(万历四十二年十二月七日)近日苏人书画舫,满载悉伪恶物。然晴窗无事,不论真赝,一一卷舒指摘,尽可消日忘年。

(万历四十三年五月二十六日)歙友吴心旸讳思齐者持卷轴来。

(万历四十三年五月二十七日)余与儿子泛小舟,抵狮子汇吴心

---

① 陈鳣《河庄诗抄》,《续修四库全书》第1487册,第303页。
② 傅申《董其昌书画船:水上行旅与鉴赏、创作关系研究》,见台湾大学《美术史研究集刊》第15期(2003年),第205—206页。

旸舫中。心旸又出观卷轴。①

李日华所记的书画舫所载书画或古董数量小有可观，且能沿水路寻觅收藏之家，而且能泊舟买家门口。因为书画舫有一定空间，较之行囊所携为多，且能展观，供买家欣赏、挑选。从万历四十三年两则日记可见如无五月二十七日记参照，仅凭五月二十六日日记，则不知歙县书贾吴心旸是乘书画舫来，由此可推知李日华日记中大量的书画交易很可能有一部分以依靠书画舫的运载而完成的；而这两则日记，也显示了书画欣赏交易的两种方式，一是书贾持书画到买主家中，一是买主登书画舫选购。

书画舫虽是交易依赖的工具，但其形制似乎比书船讲究，可能多为文化水准较高者拥有。关于"书船出乌程织里"，前引《湖录》中的一段文字已经述及。织里书船或书贾，到光绪年间还十分活跃。张钧衡（1872—1927）自述藏书缘起："比及弱冠，遂有收书之愿。织里估客，载书而来者，各如其意而去。"②张钧衡的弱冠之年，在光绪十七年（1891）。织里在太湖边缘，书船由太湖进入其他水路网络，由东苕溪、西苕溪可入湖州府大部分地区，书船在湖州出现，自有其得天独厚的交通优势，故书船贸易，推助形成一个以江浙为中心的书籍交流网络。

最初的"书客"，为"织里诸村民"，但后来知书的业书者渐渐增多。同时书船在文人学者的诗文中留下的印迹，也有增多的趋势，查检所得，如顺治九年吕留良买旧本《朱子语类》，"为书船所欺"，所得乃不全之

---

① 李日华著，屠友祥校注《味水轩日记校注》，上海远东出版社，2011年，第265、318、467、508、509页。

② 张钧衡《适园藏书志·自叙》，见《适园藏书志》卷首，民国五年刻本。湖州织里以贩书为业的传统可能延续到晚近。苏州古旧书店江澄波的曾祖父江椿山祖籍湖州织里镇，咸同年间离开湖州到苏州谋生，进入位于阊门城门口的扫叶山房当伙计，从此定居苏州。江椿山此后一直从事古旧书业，光绪二十年送其子江杏溪往嘉兴大同书局当学徒。江氏一家三代选择，或并非偶然，可能受湖州地方风气及江家世业影响。江家史事，见小辉《民国以来的嘉兴旧书业》，见《味书轩》，2019年第2期，第34—35页。

本;①宋荦康熙三十五年在姑苏书船上购得元刻本《宋史续通鉴长编》;②黄丕烈在其藏书题跋中有 18 则提及书船或书船友。以"书船友"名义多次出现的是郑辅义、邵宝埔、曹锦荣、吴步云等。

(乾隆六十年)八月十日,书船友郑辅义携是本来,系太仓谢星躔抄本。③(《柳待制文集》题跋)

(嘉庆二十年)六月六日,前月来过之书船友曹锦荣复来,盖为有别种交易介余关白也。云从吴江附夜船而来,包中携有文瑞楼墨格抄本《杨铁崖文集》一册。④(《铁崖赋稿》题跋)

两则题跋,尤其是后一则中曹锦荣"附夜船"携书而行的记录,约略显现江浙纵横交错的水路上忙碌的身影。水网上流动的书船,促进了不少书籍的"合璧"或者造就了爱书人与书籍的奇遇;⑤同时,"书船友"及书船也形成了一种富有诗意的文化景观,此一景观在明代只出现少数几次,如在董说的诗集中出现过几次,而至清代则频频出现,"门前新到卖书船"逐渐成为江南水乡的一个新起意象。

---

① 吕留良《书旧本朱子语类》,见《吕晚村文集》卷六,《续修四库全书》第 1411 册,第 179 页。

② 宋荦《跋宋本续通鉴长编》,见《西陂类稿》卷二十八,《清代诗文集汇编》第 135 册,第 317 页。

③ 黄丕烈《黄丕烈书目题跋》,第 208 页。

④ 黄丕烈《黄丕烈书目题跋》,第 218 页。

⑤ 浙江秀水王相辑录地方诗选《十家诗抄》,搜集所得,皆抄本,其中《采山堂诗集》求之数十年而不能得,今年辑得此抄,尚以不得见先生集为恨。时坊贾载旧书一船来售余,余急举先生里居姓名而询其《采山堂集》,茫然不知所对,及编搜所载残篇。既数日,忽于丛杂中见有《梅会诗人集》,急检视,而《采山堂诗》裒然列其中,不觉惊喜曰:'吾事济矣。'既自诧其心诚求之,而书贾之来,不先不后,若有默诱其衷以成吾事者,殆亦先生笔墨精神与余相感召云"。王相《十家诗抄跋》,见《无止境续存稿》卷十二,道光八年刻本。

朱庄泾畔见人烟,近水雕胡虾菜鲜。隔岸便通汲古阁,夜来闻到卖书船。①(陈瑚《湖村晚兴》十首其八)

草堂地僻近湖干,南北坨连夕照寒。……卖书船到添新帙,问字人来整旧冠。如此敝庐归亦得,残年真合伴渔竿。②(邵长蘅《冬日寓斋杂兴戏学放翁体十首末章专呈漫堂先生》其六)

消磨长日仗丹铅,常苦巾箱少逸篇。解事童奴传好语,门前新到卖书船。③(赵翼《消夏绝句》十首其四)

竹床冰簟恣安眠,一雨凉生九夏天。侵晓奚童报奇事,门前新到卖书船。④(孙原湘《消夏杂诗》二首其一)

阿侬家近状元台,小阁疏窗面面开。昨夜河头新水长,书船多是霅溪来。(无垢书台在真如寺,五世祖腹贞公读书于此,有句云:"处士山中花更好,状元台上月空明"。邑中无书肆,惟有苕贾书船。)(陈鳣《新坂土风》百首之八十六)⑤

冯贤亮曾撰文,通过对明清时期多种史料的钩稽,复原太湖平原舟船交通的生活环境,其中详细论及舟船的主要分类及其功能,然未及书船贩书这一水乡文化景观。⑥ 卖书船成为诗料、成为新颖的意象背后,自有其丰富的文化内蕴。正因为书船的贩运,使得偏僻的草堂、难以消磨的

---

① 陈瑚《确庵文稿》卷二,《四库禁毁书丛刊》第184册,第221页。
② 邵长蘅《邵子湘全集·青门剩稿》卷二,《四库全书存目丛书》集部第248册,第156页。
③ 赵翼《瓯北集》卷二十一,《续修四库全书》第1446册,第516页。
④ 孙原湘《天真阁集》卷八,《续修四库全书》第1487册,第605页。
⑤ 陈鳣《新坂土风》不分卷,光绪壬辰羊复礼刻本。
⑥ 冯贤亮《舟船交通:明清太湖平原的环境与人生》,见《传统中国研究集刊》第5辑,上海人民出版社,2008年,第345—359页。

长夏不再难以忍受,反而有难得的惬意。"江南书客卖书船"①,书船使得江南的时间与空间有一种自足,不必在鞍马尘埃中寻求。

南北书籍交流的媒介之一:五柳居陶氏

清代书贾卒后有一碑传而一生行事得以留传后世的,似乎只有陶正祥(1723—1797)。而陶正祥的传记出自一流学人孙星衍之手,自然是荣幸之事,从中也可见乾嘉时代业书者与学人之间的密切关系。孙星衍为陶正祥写的"墓碣铭"中有以下重要叙说:

> 陶君名正祥,字庭学,号瑞庵。祖父某,自浙之乌程县移家吴门。……少聪慧,就傅读书……家贫无以为养,遂以儥书为业,与吴中名下士交接,闻见日广。久之,于书能知何书为宋元佳本,有谁氏刊本,版贮何所,谁氏本善且备,谁氏本删除本文若注,或舛误不可从。都中巨公宿学欲购异书者皆诣君,车辙满户外。会开四库全书馆,安徽提学朱君筠言于当道,属以搜访秘书,能称事焉。子珠琳由内廷三馆供事叙用,得两浙钱清场盐课大使,貤赠君,如其官。君在官署逾年,教子廉俭,旋属引退,曰:"汝多疾而素餐,不如归儥书也。"君既家吴门,侨寓都下。贤士大夫往来辐凑,广求故家书籍秘本,历数十年。……与人贸易书,不沾沾计利。所得书若值百金者,自以十金得之,止售十余金。自得之若十金者,售亦取余。……以是售书甚获利。朝之公卿、四方好学之士,无不知有五柳居主人者。……故君子珠琳独能承父业,与当代士夫交,不复出奉檄矣。君年高,坐市肆,傲倪俗人。来售书者问欲得何书,言不当则令他人应接,曰:"是欲为科举业,若新入词馆,欲得学堂书耳。"……予官都门,退食游书肆,与君日相见。君见予藏《孙子魏武注》,以为世无此本,刊入《汉魏丛书》中。……今君子以予侨居金陵,寄《至元金陵

---

① 张埙《题王文简公载书图五首》其二,见《竹叶庵文集》卷二十一,《续修四库全书》第1449册,第249页。

志》为润笔,属作君墓碣。予念世之称事者少,虽书贾,无复如君之知书也,为文且铭曰……①

孙星衍为陶正祥撰写的"墓碣铭"中有以下重要信息:

其一,陶正祥原籍浙江乌程,属湖州府。陶氏与另一有名书贾钱景开(听默)皆为湖贾。黄丕烈在《韩山人诗集》题跋中指出:"吾吴中之鬻书者,皆由湖州而业于苏州,后遂占籍为苏人,其间最著者两家,曰钱,曰陶。"②钱、陶两家应是湖贾中的代表,关于他们的记载也较为丰富。

其二,四库开馆对清代书业有极大的推进,书贾更为活跃。翁方纲《翁氏家事略记》云:"自癸巳(乾隆三十八年)春入院修书,时于翰林院署开《四库全书》馆,以内府所藏书发出到院,及各省所进民间藏书……合三处书籍,分员校勘。……对案详举所知,各开应考证之书目,是午携至琉璃厂书肆访查之。是时江浙书贾,亦皆踊跃,遍征善本资考订者,悉聚于五柳居、文粹堂诸坊舍,每日检有应用者,辄载满车以归。"③陶氏五柳居在苏州郡庙前有总店,在胥门开设分店,以此语推之,则陶氏五柳居至少在乾隆三十八年开设琉璃厂店。从黄丕烈的藏书题跋中,到嘉庆二十五年还有五柳居书坊的记录;又顾广圻《道藏目录》题跋云:"道光丁亥(七年)闰月,同吴有堂游城隍庙,至陶五柳家,见架上有抄本。"④故确切可靠的五柳居业书史有五十五年的历史。倘据孙星衍撰写的传记推测陶正祥二十岁从业,则五柳居或许有七十余年的历史。几十年的经营,"贤士大夫往来辐凑",可见五柳居的影响。

其三,陶氏父子对业书的认可态度。墓碣铭述及陶正祥在官署逾年,以"汝多疾而素餐,不如归贾书也"之语属子引退,应可视为当时士人对业书者态度的一种普遍表现。如黄丕烈是乾隆五十三年举人,在藏书

---

① 孙星衍《清故封修职郎两浙盐课大使陶君正祥墓碣铭》,见《孙渊如先生全集·五松园文稿》卷一,《续修四库全书》第1477册,第495页。
② 黄丕烈《黄丕烈书目题跋》,第222页。
③ 叶昌炽《藏书纪事诗附补正》,上海古籍出版社,1999年,第741—742页。
④ 顾广圻《思适斋题跋》,见《顾广圻书跋》,中华书局1993年,第646页。

之外，亦售书。道光五年他在玄妙观前开设滂喜书铺，目的是为长孙黄美鎏习业；而黄丕烈在《近事会元》题跋中又记录了一去官业书事，"萧山李柯溪侨居吴市，颇收古书，余友吴枚庵与之往还。……柯溪去官业贾，人本粗豪。余虽于枚庵座中一识其面，未敢与订交矣"①。

其四，五柳居陶正祥将所售书分为科举书与入词馆后的"学堂书"，自是其具有指向性经营意识的表现，此语可与五柳居在胥门设分店并观，黄丕烈称此"店中皆时书，以供马头生意者"②。五柳居在琉璃厂开店经营，以及其在苏州的图书经营，主要是面向学人和文人，但也以"时书"建立与一般读者的联系。

陶正祥嘉庆二年卒，享年六十六，其声名虽大，然留在文献中的记载，除孙星衍碑传及翁方纲的杂记外，似乎远不能与其子陶珠琳相比。陶珠琳，字蕴辉，生卒年未详。就贩书而言，陶蕴辉实能传其父业，黄丕烈对陶氏称赏有加：

> 钱景开、陶廷学皆能识古书，余皆及与之交。景开之后虽业书而毫无所知；廷学之后，则不专于业书，而书中之门径视廷学有过之无不及焉。此吾所以比诸陈道人也。岁甲子春，余友陶君蕴辉以父忧服阕，将就官赴都铨选，而廷学旧业有肆在琉璃厂，仍至彼做买卖，遇旧书时邮寄我。我之嗜好，有佞宋癖，蕴辉颇知之。然吾不奇其遇宋刻而寄我，奇其非宋刻而亦寄我也。即如此《韩山人诗集》四册，无识者视之直平平无奇耳，惟蕴辉以为去年所寄《陶情集》及此《韩集》两人皆是乡人，尤可宝重，不远三千里而寄我，是其学识不可以书估视之矣。否则公望姓名，虽我家乡读书人亦问诸而不知者，何论书估耶？至于此书之善，尤余所独知，余向藏抄本出于钱景开手，已为甚秘，今复得此旧刻，且多续集与词，真明初人集之至善者也。③

---

① 黄丕烈《黄丕烈书目题跋》，第102页。
② 黄丕烈《避暑录话》题跋，见《黄丕烈书目题跋》，第112页。
③ 黄丕士《韩山人诗集》题跋，见《黄丕烈书目题跋》，第222页。

黄丕烈开始藏书的时间，据研究者考证，最早可上溯到乾隆五十三年。①从黄丕烈的藏书题跋中可考出黄氏与陶蕴辉的交往，自乾隆五十六年至嘉庆二十五年，此外还有上文引述的道光七年顾广圻在五柳居购书事，以及浙江海盐张氏涉园藏书。"当嘉庆时为苏州书估陶氏五柳居捆载而去"②，但比较而言，皆不如黄丕烈题跋所记录的陶氏五柳居完整。因为有黄跋，故而可以约略重构陶氏五柳居三十年的历史，可见"黄丕烈藏书题跋中所见陶氏五柳居事迹辑录"（见附录一）；而在这段历史中，活动的主角是陶蕴辉，甚至在乾隆五十六年至嘉庆二年间，也未见陶正祥的身影。

附录一所辑录的史实，虽多围绕购书一事，但诸事展开的方式又各有不同，展开方式的多样，正是五柳居主人在书业界活跃程度的表现。陶蕴辉与黄丕烈的关系，在所列文献中，或直接买卖，或提供书籍信息，或促成交易，或共同商榷。在《王右丞集》题跋中，陶、黄之间的紧密联系表现得最为充分。

> 此宋刻《王右丞文集》十卷二册，顷余友陶蕴辉从都中寄来而得之者也。先是，蕴辉在苏时，余与商榷古书，谓《读书敏求记》中物，须为我购之。今兹八月中旬有人自北来者，寄我三种书，此本而外，尚有元刻《许丁卯集》及宋刻小字本《说文》。来札云：《右丞文集》即所谓山中一半雨本，《许丁卯集》即所谓校宋板，多诗几大半。可见留心搜访，竟熟读也。是翁书以为左券，而不负余托。昔以物主居奇，必与《说文》并售，索值白金百二。而余又以《说文》已置一部，不复重出，作书复之，许以二十六金得此两书。往返再三，竟能如愿。不特幸余得书之福，亦重感余友购书之力也。③

---

① 姚伯岳《黄丕烈评传》，南京大学出版社，1998年，第14页。
② 张元济《清绮斋书目跋》，见《涉园序跋集录》，上海古典文学出版社，1957年，第149页。
③ 黄丕烈《黄丕烈书目题跋》，第148页。

陶蕴辉知书,亦知黄丕烈所求。故黄氏云:"余友陶君蕴辉雅善识古,并稔知余之所好在古刻,昔余所收者,大半出其手。"①黄丕烈对业书者有一种很难得一见的友好感情,如他多以"书友"称呼这些人物,即使是面对书贾的某些谋利,也有一种特别的宽容与理解。他与陶的关系,在书籍买卖之外,还融注了一种温暖的情谊。如陶蕴辉嘉庆十三年以残宋本《五百家注音辨唐柳先生文集》赠黄丕烈,黄在书上撰有一段题识:

> 有客冲寒急远征,一身端为得名轻。陜南成养虚真乐,蓟北驰声恋俗情。漫说持家妻共子,空劳相事弟兼兄。束装早办归装计,莫负良朋劝勉情。嘉庆戊辰十一月五日五柳主人以京师书肆须急料理,冒寒北行,余意谓家有老母,侍奉事大,早作归计为安。濒行谆谆劝勉,去后适检是书,因追赋一律以赠。②

上引文中陶蕴辉为黄丕烈在京城觅《王右丞集》《许丁卯集》,不但表现陶氏用心细密,还呈现了书籍流动中的一个重要现象。前文提及四库开馆,钱氏萃古斋、陶氏五柳居运载江浙图书北上,而从陶、黄交往中,还可见京城书流向江南的轨迹。在六十余则史实中,有八则是陶蕴辉从京城携带或寄送珍本秘籍给黄丕烈,还有一则是向黄氏提供在京城所见抄本《历代纪年》的信息。在北上南回的旅途中,陶蕴辉已经成为南北书籍交流的媒介人物。

南北书籍交流的媒介之二:白堤钱氏

> 不须刮目用金鎞,根脚题签望不迷。此调书林今绝响,空烦重访白公隄。③

---

① 黄丕烈《参寥子诗集》题跋,见《黄丕烈书目题跋》,第182页。
② 黄丕烈《黄丕烈书目题跋》,第151页。
③ 叶昌炽《藏书纪事诗附补正》,上海古籍出版社,1999年,第742页。

钱时霁,字景凯,一作景开,号听默,乾隆间最著名的书贾之一。叶昌炽写钱听默这首诗的依据,当是从顾广圻《清河书画舫》题跋中来。顾跋云:"乾隆年间,滋兰堂主人朱文游三丈、白堤老贾钱听默,皆甚重常熟派,能视装订签题根脚上字,便晓属某家某人之物矣。"①此语指出乾隆年间藏书风气以及一种发端于常熟的藏书流派,钱听默似是常熟派的代表人物之一,他在版本目录之学方面如此精通,自是其多年业书经验的累积,亦有家学的传承。李斗《扬州画舫录》中有一段文字示钱氏家学源流:

> 钱苍佩,湖州乌程人,精别宋椠元板,寄业书贾,丛书楼中人也。子时霁,字景开,一字听默,世其业,工诗。诏开四库馆,采访江南遗书,皆赖其选择。②

钱听默得享大名,据上文,应在四库开馆之前。乾隆三十八年高宗谕示可由苏湖间书贾物色书籍,两江总督高晋闰三月二十日奏折云:"并查山塘书贾钱姓名金开,又城内书贾陶廷学,均系世业收买旧书。臣萨载传唤到署,率同两司面询。据称铺内现有之书,俱属通行书籍,其向曾板行而流传已少及无板行之抄本,从前间有收得,随时卖去。"③乾隆三十八年既有此声响,可推钱听默在此前已露出头角,而其父钱苍佩在乾隆初年应是书贾中的知名人物。据蒋重光宋本《续资治通鉴长编》跋:"甲寅(雍正十二年)又于虎丘萃古斋购得二十册,为玉峰徐司寇藏本。"④则萃古斋至少在雍正四年(1726)已经营业,其主人很可能就是钱苍佩。与陶正祥相比,钱听默的名声更为显著,然惜无传记文字,无从详考其生平行事,卒年亦只能据黄丕烈题跋中的记录作推断:

---

① 叶昌炽《藏书纪事诗附补正》,第 742 页。
② 李斗《扬州画舫录》卷四,中华书局,1960 年,第 94 页。
③ 郑伟章《文献家通考》,第 584 页。
④ 潘祖荫《滂喜斋藏书记》卷一,上海古籍出版社,2007 年,第 22 页。

第一章　书估与清帝国书籍的流转

　　白堤钱听默，今之陈思也，年七十，犹讲求古籍不辍，往年游金陵，为余购宋本《颜氏家训》以归。顷往禾中得明刻黑口本书数百种，内有抄本《括异志》一册，识是曹倦圃藏书，听翁告余曰：此册颇旧，故以示君。乌程刘疏雨思得之，未许也。然欲传录一本以广流传，缓日仍当归君。余取对正德元年江表黄氏抄本，间有异同，未可定谁优劣，当并储之。奈听翁欲取归传录，任其携去，议价而未及予银。岂知不及一月，听翁竟作古人，余一闻信，即从伊族侄探听此书，惧其家之抛掷也。九月十有四日，余赴洞庭，钮匪石招观剧《旗亭路》，出金阊，过萃古斋，适听翁子在，问其书，依然无恙，急携以归，仍许给前索二两银以践宿诺云尔。①

　　嘉庆癸亥九月七日，友人招饮旗亭，至晚始归。大儿玉堂以书友所携书二种首册呈览，曰：此山塘萃古斋之伙送来者。余问之，一为《吴志》，一为《史记》，皆宋椠本。……犹忆白堤钱听默开萃古斋，此老素称识古，所见书多异本，故数年前常一再访之。今老且死矣，书肆又不在山塘，余足迹亦弗之及。乃其子因旧业，未可废。此地又无他书肆，于春间始设此小摊，主人既未识书，伙伴亦属盲目，而异书之得，仍由萃古斋来，余故特著之，以纪其事。②

钱听默卒年，当在嘉庆八年（癸亥）之前，黄丕烈在题跋中最后一次提及钱听默的活动在嘉庆六年，③故钱氏之卒年应在嘉庆六年至八年之间。就目前所能见到的已刊刻的黄丕烈题跋（如《黄丕烈书目题跋》），关于著名书估钱听默的卒年只能如此考定，近得新材料，即黄丕烈壬戌（嘉庆七年）十月十日撰写的《虎丘山志》题跋，钱氏之卒年可以完全确定：

----

① 黄丕烈《括异志》题跋，见《黄丕烈书目题跋》，第371页。
② 黄丕烈《吴志》题跋，见《黄丕烈书目题跋》，第25—26页。
③ 黄丕烈《黄丕烈书目题跋》，第170页。

081

>今秋以老病终,其子乞余又祭之。余与听默交最善,故不敢以不文辞。念听默交游最广,近如兰陵孙伯渊,其一也。因借名于孙公,其中有云"肖然灵光,摧颓何速。衰飒白堤,萧疏黄菊",不胜室迩人遐之感。今日为其吊奠之期,怆然于怀,复检箧中所藏是书,聊志数语,以存梗概。①

黄丕烈在嘉庆九年撰写的《韩山人诗集》题跋中谈及钱听默、陶正祥之后皆承家业,其中有一句"景开之后,虽业书而毫无所知"②,其意殆即自钱听默之外,他与钱氏后人少有交往,但仍有在萃古斋的购书记载。萃古斋的生意尽管声光不再,但文献中仍有钱听默孙子业书的记录,胡尔荣《破铁网》云:

>吴门书估钱姓者来,云是听默老人之孙。携示旧刻《白虎通德记》一匣、宋版《文苑英华辨证》八册、元刻《方舆胜览》残本(内缺者三册),皆妙品也。闻近皆归于越中。③

《破铁网》成文年代不可考,书末第一跋为管庭芬道光元年作,暂以此作为一个界限,则可知包括钱苍佩在内乌程钱氏四代于乾嘉年间皆以贩书为业。以下是文献中所见钱氏萃古斋贩书类活动的一个辑录,约略可见钱氏贩书所牵涉的人与书交织而成的世界。

乾隆三十七年

仲冬,鲍廷博于吴门钱景开书肆借《南宋群贤小集》二十四卷作校勘之用。④

乾隆五十四年

十月初十日,吴骞日记:"过虎丘钱氏书肆,观各书:宋板《夷坚志》足

---

① 黄丕烈《虎丘山志》题跋,南京图书馆沈燮元先生2012年8月2日提供。
② 黄丕烈《黄丕烈书目题跋》,第222页。
③ 胡尔荣《破铁网》卷上,辽宁教育出版社,1998年,第3页。
④ 鲍廷博撰,周生杰、季秋华辑《鲍廷博题跋集》,浙江古籍出版社,2012年,第257页。

本、《二陆集》《周此山集》《青江碧嶂集》《石林燕语》。"①

乾隆五十五年

黄丕烈"从萃古斋主人钱君景开借得手校《说文》善本,与余所储汲古阁相对,其间颇有异同"②。(黄丕烈《说文》题跋)

乾隆五十六年

黄丕烈请钱景开、陶蕴辉至家鉴定《续世说》。③

钮树玉"会书贾钱听默,云传是楼书,书大半归于明珠,而其家人安乐村所藏者亦多善本。又云金朝所刊之书皆不避宋讳,见过《范文正公集》及《龙龛手鉴》"④。

乾隆五十八年

严元照于萃古斋购得宋刊残本《分门纂类唐歌诗》,赋诗一首纪事,其中有"虎丘山边放棹迟,殷勤搜访古歌诗。古香入手何掩蔼,牙签锦嘽精装池"之句。

乾隆末年

和珅刊《礼记注疏》六十三卷,底本得自钱听默。⑤

嘉庆元年

八月十五日、二十三日,叶钧见钱听默、钮匪石、顾千里等。(《壶中日记》)

九月二十二日,焦循在杭州,"以《宫室图》九部交艾堂,以一本送钱景开,其八本换《四书典林》《左传事纬》《广事类赋》"⑥。

嘉庆二年

---

① 吴骞著,张昊苏、杨洪升整理《吴兔床日记》,凤凰出版社,2015年,第63页。
② 黄丕烈《黄丕烈书目题跋》,第21页。
③ 黄丕烈《黄丕烈书目题跋》,第310页。
④ 钮树玉撰,罗济平校点《钮非石日记》,辽宁教育出版社,1998年,第4页。
⑤ 秦更年著,秦蓁整理《婴闇题跋》,中华书局,2019年,第20页。
⑥ 焦循《理堂日记》,见刘建臻《焦循著述新证》,社会科学文献出版社,2005年,第78页。

正月十二日,叶钧到钱听默书店。(《壶中日记》)①

嘉庆三年

黄丕烈购得《孙尚书内简尺牍》后,持示钱听默,得知此书原价。②

嘉庆五年

黄丕烈购得《新定续志》,持示钱听默等鉴定版本。③

钱听默自金陵归,携宋刻《颜氏家训》示黄丕烈。④

嘉庆六年

钱听默为席氏扫叶山房书贾李氏所得《甲乙集》定价。⑤

嘉庆八年

山塘萃古斋伙计送黄丕烈宋版《吴志》和《史记》。⑥

嘉庆十年

吴骞《皇祐新乐图纪》题跋云:"予购之吴门钱听默书林,虽近手抄,亦尚不恶。"⑦

就书籍的流通交易或书林掌故而言,黄丕烈在《陈众仲文集》《夷坚志》《刘子新论》《宝晋英光集》《括异志》《玉峰志》《陶渊明文集》《韩山人诗集》《周职方诗文集》诸书题跋中提到钱听默或萃古斋,只是具体活动时间不能断定。这些记载中,有多条显示钱听默对古书或相关人事的独到见解,正是因为这些看家本领,与其交往的文人学者也常获益。黄丕烈称:"白堤钱听默,书友中巨擘也,其遗闻逸事,有关于书籍者所得最多。"⑧此外,如顾广圻,亦"喜从两人(朱文游、钱听默)问各家遗事颇悉"⑨。

---

① 叶钧撰,肖刚整理《壶中日记》,见《国际汉学研究通讯》第13、14期合刊,北京大学出版社,2017年,第196—206页。

② 黄丕烈《黄丕烈书目题跋》,第188页。

③ 黄丕烈《黄丕烈书目题跋》,第47页。

④ 黄丕烈《黄丕烈书目题跋》,第99页。

⑤ 黄丕烈《黄丕烈书目题跋》,第107页。

⑥ 黄丕烈《黄丕烈书目题跋》,第25页。

⑦ 吴寿旸《拜经楼藏书题跋记》,第87页。

⑧ 黄丕烈《渭南文集》题跋,见《黄丕烈书目题跋》,第188页。

⑨ 顾广圻《清河书画舫》题跋,见《思适斋书跋》卷三,第64页。

吴骞云:"余至吴门,恒与书林钱景开相周旋。景开往来维扬,游于玲珑山馆马氏,多识古今书籍,余尝拟之宋之陈起。"①类似钱听默、陶正祥、陶蕴辉的业书者,应被当作一种文化群体来考察。这一群体出现在江南地区,是因为此地有极为丰富的处于流动状态的古书和字画资源,更是因为此地有一批有眼光的藏书家,有众多需要古书和书画的文人学者。专业化或高水准的需求造就了非同一般的业书者。

钱听默声名要高于陶氏父子,或许与钱氏的某些文人特性有关。钱氏卒,黄丕烈挽以诗,有句云:"《天禄琳琅》传姓氏,虎丘风月孰平章?"前句是指乾隆四十年编清宫所藏善本书目《天禄琳琅书目》所收善本中有钱氏所钤印"白堤钱听默经眼",缪荃孙称"其捺'经眼印'者书必佳"②。钱听默亦有校书、刻书之举,确实可称为"书贾中识古之人也"③。黄丕烈诗次句,指钱氏好狭邪游,此事钱泳述之较详:"有吴兴书客钱景开者,尝在虎丘半塘开书铺,能诗,尤好狭邪。花街柳巷,莫不经其品题甲乙,多有赠句,三十年来编为一集,名《梦云小稿》。尝曰:'苟有余资,必为付刻,可以纪吴中风俗之盛衰也。'袁简斋先生每至虎丘,辄邀景开为密友,命之曰'小姐班头'。"④见于记录的袁枚与钱听默游虎丘有两次,一次是乾隆二十五年,另一次是乾隆五十三年,这次还有钱氏诗作《虎丘送简斋先生还武林》。⑤袁钱交往,在显示文人的风流品性外,亦可见钱听默在乾隆二十五年时已有名气,故到乾隆三十八年传到皇帝耳中。

且江浙诸大省,著名藏书之家,指不胜屈,即或其家散佚,仍不过转落人手。闻之苏湖间书贾书船,皆能知其底里,更无难于物

---

① 叶昌炽《藏书纪事诗附补正》,第743页。
② 叶昌炽《藏书纪事诗附补正》,第743页。
③ 叶昌炽《藏书纪事诗附补正》,第743页。
④ 钱泳《履园丛话》卷二一,中华书局,1979年,第559—560页。
⑤ 郑幸《袁枚年谱新编》,上海古籍出版社,2011年,第303页,第540页。

色。①（乾隆三十八年三月二十八日《谕内阁传令各督抚予限半年迅速购访遗书》）

又闻苏州有一种贾客，惟事收卖旧书，如山塘开铺之金姓者，乃专门世业，于古书存佚原委，颇能谙悉。又湖州向多贾客书船，平时在各处州县兑卖书籍，与藏书家往来最熟。其于某氏旧有某书，曾购某本，问之无不深知。如能向此等人善为咨询，详加物色，因而四处借抄，仍将原书迅速发还，谅无不踊跃从事。②（乾隆三十八年三月二十九日《寄谕两江总督高晋等于江浙迅速购访遗书》）

臣高晋又遴常州府学训导孙凤鸣，给与银两，令其前往苏州山塘书店兼向湖州书贾船只内，细心探访，重价购买。③（乾隆三十八年闰三月十五日《两江总督高晋等奏查无〈永乐大典〉佚本及访得马裕袁枚家书籍折》）

其湖州书船，则专委湖州知府樊濬生留心物色，俾令四散搜觅，总期办理迅速，又无遗漏，仰副皇上念典旁求至意。④（乾隆三十八年闰三月二十六日《浙江巡抚三宝查访范氏天一阁等藏书情形折》）

以上所引四条材料，前两条为乾隆的谕示，后两条为江浙高官的奏折。皇帝指示苏湖间贾客书船是"迅速购访遗书"的良法；地方长官遵命遣派下属向湖州书船内搜访。据王欣夫考证，乾隆三十八年三月二十九日中"金"疑"钱"之讹传。谕示中"有一种贾客"用语较为特别，其意应是指这些业书者的非同寻常、非同往昔。乾隆三十八年，大约是清代考据之学

---

① 中国第一历史档案馆编《纂修四库全书档案》，上海古籍出版社，1997年，第68页。这四条材料为研究生侯印国提示。
② 中国第一历史档案馆编《纂修四库全书档案》，第70页。
③ 中国第一历史档案馆编《纂修四库全书档案》，第81页。
④ 中国第一历史档案馆编《纂修四库全书档案》，第90页。

新时代的开始,而此前钱、陶这些人已经营了多年,"专门世业"意味江南地区已经有相当成熟的交易市场。钱、陶北上,谙悉"古书存佚原委"的书业风气亦随之入京城,并因为四库修书事业得到强化和扩散,造就一种与江南地区相呼应的京师书籍流动中心。如同陶正祥五柳居是南方书籍流入京城的中转站一样,钱听默似乎也是这样的媒介人物。黄丕烈在《虎丘山志》题跋中指出:"《四库》搜访遗书时,(钱氏)曾为巨公某延入书局,故《天禄琳琅》中亦载其姓字,亦可为荣矣。"①此"书局"不能考其性质,难断是官办,还是私营,但钱氏进入京城,可推知或者任书籍鉴别之职,或从江南搜购书籍。总之,在当时藏书家或读书人中,当是一件显眼之事。乾隆能知"此等人"的才干,自然是有知情者的奏闻;而这一书业界的行情,融入君主的强力指示,并经地方官的落实,湖贾因此特殊机缘,声誉大增,这无疑促进了湖贾日后的兴盛。具有"专门世业"的湖贾的整体性崛起,不断推进江南地区书籍的流转,还直接影响到琉璃厂作为北方书籍流转中心的形成。

在钱、陶两位知名的湖贾之后,有名有姓且有见识的似是世经堂主人侯念椿。江标光绪十一年、光绪十四年日记中有侯氏不少记载,光绪十一年日记有语云:"侯老,书贾也,乃钱听默、陶五柳之流。"②而光绪十四年日记中关于书贾有少见的大篇幅记载:

> 侯,湖州人,少时即在苏,能知旧籍,能广搜罗,能说藏书人姓名佚事,庚申以后苏州书贾中一人而已。又有蒋书斋老于侯,能看旧书,能装旧书,可与侯敌,惜已死矣。其余如观西绿润堂主人徐姓,又郁书贾,又道前街述古堂主人胡姓,剑光阁主人华姓,皆知旧籍,惜或老或病或贫,又无人知而重之,是可慨也。
>
> 拟以一巨册付侯书贾,属以取四十年中所见所闻藏书流转佚事,及版本价值、装潢卷帙等,杂记一册,此亦藏书之大观也。侯贾

---

① 此题跋由南京图书馆沈燮元先生提供。
② 江标著,黄政整理《江标日记》,凤凰出版社,2019年,第133页。

自言年已六十,学徒无一能知此事者,此业将废绝矣。余亦以此事有关吾郡一脉,能得传此一册,当绝而不绝矣。归里后当与言之。

乾嘉道咸同五朝各藏书家姓名住址;

某家书转归某家,某家又转归某家,详记某流转之时及何人经手;

某家多宋元刻,某家多抄本,某家多集部,某家多史类,须一一详记之;

一书流转系秘本不可得见之书,须记其价值;

某家装潢系何人经手,装法若何,须一一详记之;

宋元明刻本,能忆其行款、字样、纸色、抄补者,须一一详记之;

未经楮寇以前人家多抄本书,书坊中亦多能抄,白以何家藏抄本最多,何书坊抄本最好,明抄款式若何,国初抄款式若何,乾嘉年间抄款式若何,道咸间抄款式若何,须一一详记之;

故家藏书有书室、有书架、有书橱、有书箱、有书匣,各各不同,且多出新意,精美绝伦,亦宜一一详记某家若何,某家若何;

抄本书纸色之黄白,版格之红蓝,及何人最工影宋,何人专能手抄,须一一记之;

江浙藏书多能校勘,以何家校本为多,何人善校,何人善过临,何人校本写楷书,何人校本写行书,须一一记之;

嘉道咸同四朝书坊主人能知旧书者,须一一记其姓名;

以前向有书船专售旧书,当日何书船之主人为最能识古书,今何以不行此船;

假如同一《史记》也,某本行款若何,某本字形若何,及其有几本,所见共几种,经史子集各本皆须记;

黄荛圃、顾千里、胡心耘、劳季言、顾湘舟、汪阆源、叶菉生各家事,须琐屑详记;

同治以前卖旧书捐客何人,须一一记之。

以上各说,拟写示侯贾,属渠依类记出。①

---

① 江标著,黄政整理《江标日记》,第337—338页。

江标是有心人,他所想"挖掘"或请侯念椿记录下的诸多内容,是他感兴趣的,也可能是他们二人闲谈时提及的掌故。从上列清单看,所录是古籍的综合性学问,包括本书关注的抄书、书船、书坊等,江标皆有意搜求。侯念椿是钱、陶一系的后期代表人物①,从地域上来看,他是湖贾,从职业而言,他与厂贾或其他书贾组成一个更大的业书人群体。这一群体的存在,标示书籍的流转状态,而贩书技巧的隐性知识和其他可记诵学习的显性知识的存在,更显示书籍的流动不同于一般货物的流动。

在西方书籍史研究领域,比较重视书商的研究。罗伯特·达恩顿指出:"书商在供求之间所起的中介角色,以及他们起到的文化催化剂作用,还需要进一步的研究。"②文化和学术的发展,往往有文化与学术之外的因素在发生作用。艾尔曼研究清代江南学术共同体时,特别强调了文献的数量与交流的重要性:"一个学术共同体要形成公认的话语就要求相关学科具有用途广泛的文献积累。知识系必须积累有关文献,才能加快新的学术著作发表、出版的速度。除……书院制度和各种形式的赞助外,考据学者还需要一个由藏书家、出版家、书商组成的交流网络,以促进学术研究的发展。"③学界在研究清代学术史时,往往注意到师承、讲学、交游、论学、藏书等多方面因素的影响,但或许限于材料的零碎,或视野的局限,未能注意到不登大雅之堂的书估的功劳。书估的研究,可将学术风气的形成与嬗变过程物质化,即从"物流"中探查其起落变化。书估的文化贡献,尤其是对于活跃在环太湖地区的湖贾而言,在于促使东南地区的书籍的充分流动;同时将南方的图书资源转运北方,促使文化资源的均衡配置,从而在京城形成一个书籍交流中心,为政治

---

① 莫楚生尝记侯念椿之语:"业书六十年,前见黄荛圃,近见袁漱六。"可见侯氏在贩书行业的影响。莫氏所记,见秦更年著,秦蓁整理《婴闇题跋》,第37页。

② [美]罗伯特·达恩顿著,肖知纬译《拉莫莱特之吻:有关文化史的思考》,华东师范大学出版社,2011年,第105—106页。

③ 艾尔曼《从理学到朴学》,第99页。

中心与文化中心的形成注入丰富的内涵。

此章首引道光十年十一月汪喜孙致王念孙函,其中已经暗示一个书籍流动的地图,这一地图,还可用另外一种表述强化:

> 天下有五大都会,为士大夫必游地:曰燕台,曰金陵,曰维扬,曰吴门,曰武林。其地之名山大川,人物遗迹,各甲于天下,而士大夫过其地者,登临凭吊,交其人士,莫不有抒写赠答之言。凡其言为其地之所传诵者,即为天下所传诵。故士大夫游其地,非但侈情观览,盖如缙绅之通籍焉。①

五大都会,正是五个书籍聚散中心,而且都在运河或与运河联通的水网系统中,"士大夫过其地者",登临凭吊之外,很可能也与书籍结缘。士大夫与包括书贾在内的各行各业,为五大都会的文化增添了丰富的内涵与活力。五大都会的列举,似不是随意的组合,其中可能是明清经济文化格局的一种表现,而书籍在这"京杭动脉"中的流转,正揭示了一种观察的视角。在主脉之外,还有众多"书籍之路",如长江及其支流,如前文指出的从徽州到杭州的新安江,皆负载书籍的流转。福建的书籍,如何流到浙江、江西或更广大的地区,其路线已有较充分研究②;而江浙的书籍,如何到福建、广东,有零星记载与研究,如明代福建侯官书贩林志尹,在徐𤊹的诗《送林志尹吴越贩书》、谢肇淛《林志尹墓志铭》留下贩书记录。③ 自宋代以来,福建与东南及内地的书籍交流,颇为兴盛,书商在其中定发挥大作用,只是诸如林志尹这样有名有姓有传记的例子较少而已。

---

① 孔尚任《郭匡山广陵赠言序》,见徐振贵主编《孔尚任全集辑校注释》,第1156页。
② 福建所刻书如何进入内地或传至日本,几条路线已有较清晰梳理。见[美]贾晋珠著,邱葵等译《谋利而印:11至17世纪福建建阳的商业出版者》,福建人民出版社,2019年,第25—28页。
③ 马泰来《明季书贩林志尹事略》,见《采铜于山:马泰来文史论集》,国家图书馆出版社,2017年,第330—333页。

贩书不是一项简单的手艺,它要求从业者具备一定的书籍知识、把握文化教育的动向,还要耳目灵通,捕捉藏书家兴衰信息。故而在书籍的配置过程中,书估的搬运之功,有利于学术文化保持一定的变动,或者造就一种新生的可能。清代学术文化有集成性质,著作繁富,学者众多,都与书籍处于流转的状态有关。书籍的贩卖又不是简单的商业交易,每部书易主、流播的过程之中皆有故事,有盛衰起落的感喟,还融合知书者、爱书者的情味,这是清人藏书题跋中近乎寻常的情感流露。关于书籍转瞬易手以及奇遇的诸多故事中,书估无意之中也参与创造一种关于书籍聚散的文化。

第二章
抄书与书籍生产及流动

鲁迅小说人物孔乙己最为人熟知的细节,当是"站着喝酒而穿长衫""排出九文大钱""窃书不能算偷"等。作为科举制度废止后没落的下层文人,他暗淡的一生似由书铸定,他心中自有所认定的"读书人的事","窃书"只是困境中的偶发事件。他的日常工作是替人抄书,在小说中,这一抄书工作因其平淡或常见,往往被其他闪光的笔墨所遮掩。小说中有如此叙写:

> 听人家背地里谈论,孔乙己原来也读书,但终于没有进学,又不会营生;于是愈过愈穷,弄到将要讨饭了。幸而写得一笔好字,便替人家抄抄书,换一碗饭吃。可惜他又有一样坏脾气,便是好喝懒做。坐不到几天,便连人和书籍纸墨笔砚,一齐失踪。如是几次,叫他抄书的人也没有了。孔乙己没有办法,便免不了偶然做些偷窃的事。①

据鲁迅言,孔乙己的塑造有现实生活原型。结合现存当时相关史料来看:在清末民初,文化发达的绍兴地区依然还存在一种谋生行当,就是为人抄书。但抄书职业已经趋于没落,仅供勉强糊口。

---

① 鲁迅《孔乙己》,见《鲁迅全集》第1册,人民文学出版社,1981年,第435页。鲁迅写《孔乙己》,动笔在1918年冬,发表于1919年4月《新青年》第六卷第四号。

由此,可以提出一些问题:

其一,当时的雕版印刷技术无疑已十分成熟,据翁同文研究,一部流传较广的雕版印刷书籍的成本仅是抄录本的十分之一。① 因此,无论考虑经济因素还是技术条件,雕版印刷皆是这一时代的主流。而且,其时石印、铅印等新印刷术方兴未艾,为何抄书的职业还有生存空间?

其二,请孔乙己这些人抄书的是哪些类型的人家?所抄何书?被抄之书来自何处?抄成的书籍又去往何处?

其三,除孔乙己这类书手之外,还有哪些人会抄书,是否还有其他形式?抄写的书籍在清代书籍中大致占多少比重?

其四,在抄书没落的孔乙己时代之前,在石印、铅印还没有传入而大行其道之时,在清帝国的文化体制中,抄书是否还有另外一种生存样态?其文化意义何在?或许,可从对个体抄书人孔乙己的思考扩展到有清一代的抄书群体,进而考察抄书在文化传承中的作用。

一、清代抄本书籍数量的推测与抄写宋金元人著述的风气

《中国古籍善本书目》中著录的清抄本数量与种类

在清代的书籍生产中,相较于印刷生产的书籍,抄写而成的书籍在数量上处于何种地位,目前可利用《中国古籍善本书目》(以下简称《善本书目》)和《中国古籍总目》(以下简称《古籍总目》)来探究。② 《古籍总目》虽显粗疏且有缺漏,但其收录十一家大图书馆馆藏,且著录书目信息弘富,目前尚未有其他古籍总目可以取代,故暂作为依据。以《善本书目》和《古籍总目》作为数据依据来考察抄本数量及其地位,隐含两种有差异的标准:前者强调文献史料性、文物性、艺术性,有"精品意识";后者

---

① 翁同文《印刷术对于书籍成本的影响》,《清华学报》,第 6 卷第 1—2 期,1967 年,第 36—37 页。

② 更为理想的途径是利用杜泽逊已经编纂完毕的《清人著述总目》考察清人著述中抄本、刻本、活字印本等的比率。

只是较客观地著录反映,不分等级。①《善本书目》中在丛书部之外的四部中收录善本 80178 种,其中清代抄本 15648 种,占 19.5%,若合明抄本 2409 种,则明清两代抄本占善本总数的 22.5%。

《善本总目》中明抄本的总数只有清抄本总数的六分之一,这一现象不尽是客观历史的反映,最重要的原因就是更早抄本较晚近抄本亡佚的可能性更大;然数据的悬殊也能看出清人抄写书籍较为普遍。清抄本数量在《善本书目》中如此突出,在其文献价值之外,当特别留意这些书籍多为知名文人学者或书手所抄;或在此基础上,又有累积性的批校形成的附加价值。从抄写者群体判断,可知清代的抄书大概是群体性的行为。

在《善本书目》四部中,各类目所呈现的抄本数比率参差不齐,其中较为突出的有以下 19 个类目(占各类总数 20% 以上):

易类:242/743(32.5%);②

乐类:49/126(38.8%);

群经总义类:68/254(26.7%);

纪事本末类:46/126(36.5%);

杂史类:842/1484(56.7%);

诏令奏议类:267/780(34.2%);

传记类:713/3344(21.3%);

地理类:1071/4237(25.2%);

职官类:84/228(36.8%);

政书类:517/1208(42.8%);

---

① 据《中国古籍善本书目》"编例"第十、十一条所定,基本做到一种书(含不同版本)一个编号。("编例"第 3 页)《中国古籍总目》"立目原则"第一条:"一书经传抄刊刻,内容卷数沿袭原貌,即作为相同品种,依次著录其不同版本。"(《中国古籍总目》"编纂说明",第 6 页。)查看著录,一个编号下面往往统合同一种书的不同版本,则多于一号。故比较而言,《善本书目》中抄本在某类书籍中的比率可以算出;《古籍总目》则几乎不可能,可以利用的是各类目书籍抄本的总数,作为对《善本书目》中相关资料的拓展性思考。

② 即《善本书目》中所收易类清抄本 242 种,善本总数 743 种。下同。

目录类：407/650(62.6%)；

金石类：339/1010(33.5%)；

天文算法类：345/971(35.5%)；

艺术类：287/938(30.6%)；

谱录类：107/311(34.4%)；

杂家类：838/3061(27.3%)；

唐五代别集类：336/1206(27.8%)；

宋别集类：1473/2804(52.5%)；

金元别集类：919/1208(76%)。

上列类目所涉及的具体种类书籍的抄写，固然受书籍的卷帙篇幅、稀见程度制约，更受社会现实需求以及学术文化趋势的影响，如史部清抄本中所显示的清代史学之兴盛，如杂史类、地理类、职官类所示；而此中目录类与金石类抄本数量比率之大，除足以显现目录之学与金石之学是清代发展最为迅速的专门之学外，也反映了两门学问自身特点与书籍数量增长之间的关系。两种学问毕竟是"小众之学"，主要在某些学人群体中流传，刊刻的可能性较常用典籍大为减少，故更可能以抄写的方式传播。金石学书稿，受字体、字形、图像等内在因素限制，不易刊刻，若想求得副本，最便捷之法就是摹写抄录；目录之书，特别是私家藏书目录，有不少是财产登记性的簿录，藏书家或其后人，为避免因为藏目流通而可能招致的麻烦或灾难，一般不会将此类私密性的财产记录刊刻流传。然"小众之学"面临特殊的群体的狂热追求。对稀见之书，对不同版本的搜罗比照，对金石的孜孜访求，若要有的放矢、事半功倍，必得收藏目录作为访求指南，故一种目录书有多家抄录或抄录基础之上的批校，也就成为一种较特别的风气。

在众多抄本中标出面向"小众之学"的抄本类型，主要是强调抄本有层级之分，有实用型的，也有"作为工艺的文本"，即精致、赏心悦目一类。作为"工艺的文本"，在金石学中多有，在似乎面向大众的小说戏曲中也有。何谷理(Robert E. Hegel)从明代小说四大奇书和《红楼梦》等著名长篇小说早期多以手抄本传播推论，"一些小说是文人为了富于品味、经历丰富的读者所作,这些作品通常与那些娱乐各种阶层和毫不挑剔的大众所创作的小说不同。……它们故意以手稿形式流传,正是因为它们是一种只针对精英阶层少数人的艺术形式"①。如此看抄本,则将抄本放回作者、抄写者、读者、流通者以及背后的社会阶层、文化管控等多重因素交织的社会中。

抄写宋金元著述之风

在抄写前代书籍的风气中,清人对宋、金、元别集的投入引人注目。在《善本书目》中,抄本占善本总数比率超过二分之一。这似不是纯粹的好古之风所致,可能有其他机缘的推合。蒋寅曾指出一个特别的问题,即宋集在清初流传较少:

> 宋荦《漫堂说诗》云:"明自嘉、隆以后,称诗家皆讳言宋,至举以相訾謷,故宋人诗集庋阁不行。"予阅清初人藏书目录、题跋、笔记不一,皆见当时宋集流传极罕,朱彝尊、黄俞邰、曹溶诸家外,世人得见之宋诗总集、别集与选本殊有限。以治杜诗著名之卢世㴶,以而立之年而不知有黄山谷,觅其集亦难得,他可知矣。②

清初宋元人集刻本难求,还可通过朱彝尊在康熙年间所经之事说明。康熙十年《词综》告成,凡三十卷,共收一百六十余家,据《词综发凡》,"是编所录,半属抄本"③;王士禛云,"康熙己巳、庚午在京师,每从朱锡鬯、黄

---

① 何谷理著,刘诗秋译《明清插图本小说阅读》,三联书店,2019 年,第 190 页。"工艺的文本"亦出自此书。此外,戏曲的脚本多以抄本流传,臧懋循编订《元曲选》,尝于麻城刘承禧家得抄本杂剧三百余种(马泰来《麻城刘家和〈金瓶梅〉》,见《采铜于山:马泰来文史论集》,国家图书馆出版社,2017 年,第 114 页);新近出版的杜步云藏戏曲 46 种,亦为抄本(《北京大学图书馆珍藏瑞鹤山房抄本戏曲集》12 册,中华书局,2018 年),诸如此类,皆是牵涉众多因素的有特别意义的书籍史问题。
② 蒋寅《金陵生小言》,广西师范大学出版社,2004 年,第 136 页。
③ 张宗友《朱彝尊年谱》,凤凰出版社,2014 年,第 225 页。

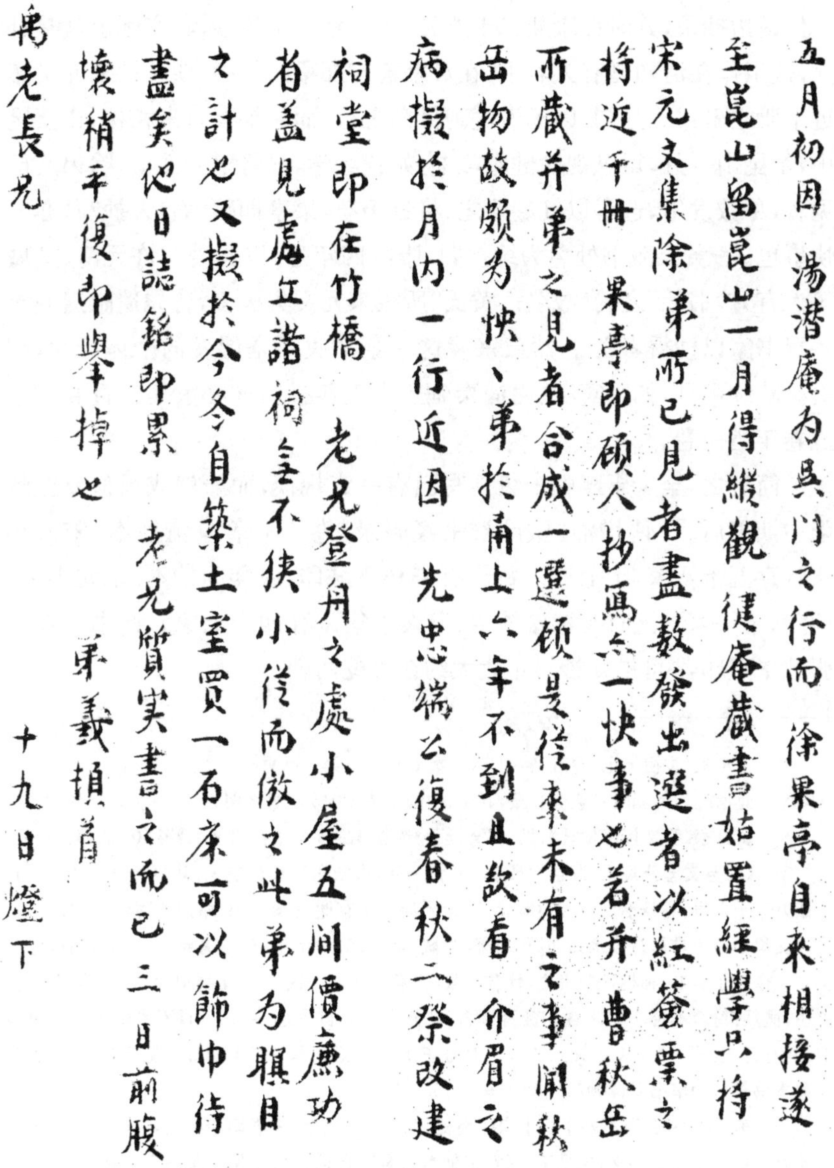

五月初因湯潛庵为吴门之行而徐果亭自来相接遂至崑山留崑山一月得縱觀健庵藏書始置經學只将宋元文集除弟所已見者盡數發出選者以紅籤票之将近千冊果亭即頗人抄寫一快事也并曹秋岳所藏并弟之見者合成一選頗是倦来未有之事闻秋岳物故頗为快、弟扵甬上六年不到且欲看介眉之病擬扵月内一行近因先忠端公復春秋二祭改建祠堂即在竹橋 老兄登舟之處小屋五间價廉功者盖見處立諸祠舍不狭小徑而傲之此弟为膌目之計也又擬扵今冬自築土室買一石床可以飾巾待盡矣他日誌銘即槀 老兄賢实書之而已三日前腹懷猶平復即擧掉也 弟羲撗首
十九日燈下
禹老長兄

图 3　黄宗羲致郑梁函，何创时基金会藏。据《中国书法》2015 年第 2 期复制

俞邰借书,得宋元人诗集数十家"①,既然是借,则书肆已难求刻本;所谓"得"是指抄录,其时在康熙二十八、二十九年。宋集抄写,实际上就是补阙,这工作在清初已有人着手,在黄宗羲与郑梁的信中,谈及抄宋元文集近千册之事:"五月初,因汤潜庵为吴门之行,而徐果亭自来相接,遂至昆山,留昆山一月,得纵观徐健庵藏书,姑置经学,只将宋元文集,除弟所已见者,尽数发出,选者以红签票之,将近千册,果亭即顾(雇)人抄写,亦一快事也。"②黄氏藏书处名为续抄阁,康熙四年建,以其曾与许元溥、刘城等人有"抄书社"之约,故名。黄氏"所藏宋元文集极多,皆先遗献遍假于各藏书家以抄得者"③。然黄宗羲这一豪举决不是偶发的个体行为,相类事陆续可见,如宋宾王、谢浦泰雍正十一年抄写周必大集二百卷附录五卷年谱一卷。④

简言之,至少康熙朝宋集抄写已有一定规模,而蔚然成风似要至乾隆中期以后。⑤傅增湘《藏园群书经眼录》卷十七著录清抄本《宋人小集》(存五十八家,十七册),每册有朱彝尊藏印,康熙间抄本《宋元小集》(存八十一家),又有观稼楼抄本《宋人小集》(存四十七家),此书每卷有张载华藏印,⑥可推知抄写年代大约在雍乾两朝。

---

① 王士禛《香祖笔记》卷五,转引自《朱彝尊年谱》,第380页。
② 此信札为何创时基金会收藏,刊于《中国书法》2015年第2期。
③ 黄百家《明文授读发凡》,见《明文授读》卷首,《四库全书存目丛书》第400册,第29页。
④ 《周益文忠公集》二百卷附录五卷年谱一卷,有宋宾王长篇题识,其中有语云:"九百五十四万五千余言,卷帙浩繁。宋椠既湮,世无嗣刻。"又有谢浦泰题识,略述抄写经过:"此书在宋人文集中最为难得。娄水如太原、琅琊、彭城、延陵、清河诸世家,素有藏书,亦未曾有,何况其余。今宋子蔚如,独构(购)得之,什袭而藏,非素心友,不轻示焉。予癸丑岁与宋子同在衰绖之中,慨然借抄,不啻十朋之锡。焚膏继晷,矻矻穷年。自春迄冬,无一日不事笔砚也。印抄时,间有订正,不下百余处。书成志此。时雍正十一年癸丑季冬二十四日。"见严绍璗《日藏汉籍善本书录》,中华书局,2007年,第1568—1569页。
⑤ 鲍廷博手写、黄丕烈手识本宋汪炎昶《古逸民先生集》一卷附录一卷,有鲍廷博嘉庆十九年题识:"古逸先生诗文,仅见于《新安文献志》,寥寥数篇而已。是集藏书家未有蓄之者,吾友钱塘姚君古香得之亲串乱帙中。予首借抄之,好事者因争传录,杭城遂有数本。未几,古香以暴卒,使先一年,此书无从踪迹矣。"见严绍璗《日藏汉籍善本书录》,第1597页。
⑥ 傅增湘《藏园群书经眼录》卷十七,中华书局,1983年,第1459—1462页。

金侃是金俊明次子，生于崇祯年间，是清初知名的藏书家，"杜门抄书，校雠精审，宋元人名集秘本插架甚富"，"矮屋数椽，藏书满楼，皆父子手抄本也"。①《持静斋书目》著录金侃手抄元人诗19种，《藏园群书经眼录》著录金侃手抄《元人小集十六种》。金檀（1660—1730）的藏书活动主要在康熙四十八年之后，晚年徙居苏州，其藏书楼名为文瑞楼，除刊印的藏书目录外，另有《文瑞楼藏书志》，集部中收录宋金元别集549种，其中抄本206种，②这些抄本未标注抄写年代，然据一般情况推测，清抄本应是主要部分。

乾隆年间，抄录宋元人集收获最丰者，当为法式善，其《宋元人集抄存序》述抄录事云：

> 宋元人集，明初所流传盖多，至今日不可得见。乾隆三十七年，诏开《四库》书馆，各省疆吏所搜采，江浙藏书家所献纳，以及绅士词臣所进，殊寥寥焉。继以故朱学士筠奏请，就《永乐大典》各韵采缀成书，而宋元人集见录于当时者，次第复出。虽中间不无佚阙，而订讹阐误，凡经御定，光辉灿然，芟芜萃精，较原书更称美善焉。
> 法式善备员编纂，十年中三役其事，因得借本广付抄胥，其书有关系而世罕传本，又篇叶较少、易于蒇功者，先录之。网罗收葺，积渐而成，阅十五年，得宋人集八十九家七百七十七卷，元人集四十一家三百二十八卷，装潢为一百七十七册。③

张升以为《宋元人集抄存》是合并两种文献而成：其一，据翰林院所藏《四库》大典本稿本抄录的集子；其二，法式善购买的大典辑本稿本。④ 此一颇具规模的专题性抄写，可视为一种有意识的文化行为。明人对唐集的刊刻多用心力，成绩斐然。清人似在另辟蹊径，在流布宋元著述，尤其是

---

① 叶昌炽《藏书纪事诗》"金侃"条语，转引自郑伟章《文献家通考》，第53页。
② 金檀《文瑞楼藏书志》不分卷，南京图书馆藏抄本。书目数据由吴钦根提供。
③ 法式善《存素堂文集》卷二，见《法式善诗文集》，人民文学出版社，2015年，第1049页。
④ 张升《法式善藏大典本宋元人集的流传》，见《文献》，2014年第5期，第184—186页。

集部方面,多有作为。

《鲍廷博题跋集》附录的"知不足斋宋元文集书目"所收书目抄本情况是:

唐集 15 种,其中抄本 3 种。

宋集 199 种,其中抄本 123 种。

"南宋文人小集"65 种,未标版本。

金元集 138 种,其中抄本 88 种。

宋元总集 7 种,其中抄本 2 种。①

鲍廷博生于雍正六年,卒于嘉庆十九年,上列抄本有较早的旧抄本,但更多的是乾嘉时期形成的抄本。就收藏而言,抄本已经成为藏家的珍藏之品;就流布而言,抄写走在刊刻之前,即先传抄后整理刊刻。在善本的范围中,此举毫无疑问是文人学者的群体性作为。

梁启超撰写《清代学术概论》,已简要论及清代学者在经史考证、水地、天算、金石学、校勘学、辑佚学方面的成就,②后来写《清代学者整理旧学之总成绩》,分专题论及"经学、小学及音韵学""校注古籍、辨伪书、辑佚书""史学、方志学、地理学及谱牒学""历算学及其他科学、乐曲学"。③ 其中于"辑佚书"中论及清人在总集上的部分辑佚成就,或限于史学家的眼光,梁启超并未论评清人在集部方面的整理成绩。事实上,现存众多金元以前集部书籍,清人皆已着手整理且形成代表性的注本。清人藏书、校书,皆十分注重宋元旧本,④在崇古氛围中,抄写、批校,再以各自手眼汇录各家批注,在未刊之前,同一书籍的各种抄本在内容上已经有较多差异。唐五代至金元别集经清人抄写、批校而再现,是清人在传承保存文献上的一大功绩;他们采用的主要保存传播方式,是最本

---

① 鲍廷博撰,周生杰、季秋华辑《鲍廷博题跋集》,浙江古籍出版社,2012 年,第 263—290 页。

② 梁启超《清代学术概论》,上海古籍出版社,1998 年,第 49—60 页。

③ 梁启超《中国近三百年学术史》,东方出版社,1996 年,第 220—440 页。

④ 同是抄写,清人抄录明人及本朝人集部的热情就要大为逊色,比率分别是 736/7176(10.2%)、1148/20576(5.5%)。

色的抄写。抄写连同校勘、批点、辑佚,迅速将集部之学推向新的高度。

抄本的层级

《善本书目》类目所收书籍数量的多与少,皆包涵可以探究的问题,其中部分类目清抄本数量出乎意料地少,如:

医家类:69/990(6.9%);
明别集类:736/7176(10.2%);
清别集类:1148/20567(5.5%);
总集类:637/3794(16.8%);
词类:209/2410(8.6%);
曲类:436/6133(7.1%)。

如上文所强调,这些数字受《善本书目》收录标准影响,然从中也可略推论:词类、曲类抄本数量不突出,或因词曲为边缘文体。然这类推衍可能有潜在的危险,如医家类,在《善本书目》中只录 69 种抄本,则不能断定文人不重视医书,事实上,这是《善本书目》的"精品意识"所造成,故有必要引入《古籍总目》中所录医家类清抄本 3035 种、稿本 319 种、明抄本 70 种这组数据来纠偏。文人学者中有不少懂医术的,其中有儒医,故有可能抄写医书;然更多的或出自行医者之手或为家庭日常备用而抄写。抄录或许不讲求书艺、纸墨,而求准确、经济实用。3035 种肯定不是医书清抄本的全部,但这数字及其在《善本书目》中"被掩抑"的比率,可见这一领域的抄写行为具有大众性、日常性,与目录类、金石类所关联的抄写有不同的文化意义。

杨绳信编著《增订中国版刻综录》所收乃"中国古代刻书家资料的综录",重点反映"何时何地刻印、抄何书若干卷"[①],其中包涵抄写书籍的信息。该书所收清代雕版印刷书籍 17225 种,清代活字与套版 4069 种,

---

① 杨绳信《增订中国版刻综录》"凡例",陕西人民出版社,2014 年。此书 187 万字,然所采用书目及相关著述只有 36 种,亦不足以反映整体情况,只能作为一种参考性资料。

抄本共3448种,清代书籍共计24742种。抄本中清代抄本3003种。①清代抄本中可进一步分析,抄录宋金元及以前著述有614种,抄明人著述312种,抄清人著述1708种,其他时代不明者有64种。这一从刻印、抄写角度搜集的书目数据,一方面可见清代抄本总数在所选清代书籍中的比率仍有12.1%;另一方面,仍有数据可旁证清人重视抄写宋金元及此前人著述,然清人著述抄本的数据更可以调整《善本书目》中所呈现的清人不热心抄录本朝人著述的误判。

与刻本近似,抄本亦有其代表与层级。孙从添(1692—1767)《藏书记要》,乃古代私家藏书指南,包括购求、鉴别、抄录、校雠、装订、编目、收藏、曝书。孙氏在"抄录"一则中论书贵抄录,以其便于诵读。书籍中之秘本,非抄录则不可得;并历论宋以至本朝之抄本,其中重点在明清,明人以抄书名世的有40人,而"新抄"则为入清后的抄书名家,列出7家。又论及抄本用纸、字体、装帧诸事,并对抄本有一大略判断:"大凡新抄书籍,已属平常,又弗校正,难言善也。凡书之无处寻觅者,其书少,必当另抄底本,因无刻本故也。"②叶德辉也有类似列举,《书林清话》卷十"明以来之抄本"条,先列出吴抄、文抄等22名抄书之家,然后列举所知见各家抄本。孙氏、叶氏所记,乃抄本中之精华。眼光略向下调整,在私家藏书目录中,抄本在整体私家藏书中的地位也有显现,汪宪《振绮堂藏书总目》藏书凡三千三百余种,共四十三橱,其中第七至十三橱皆为抄本。③丁日昌《持静斋藏书记要》卷上列宋刊本(金刊附)、元刊本、明刊本,卷下专列抄本,共436种。此外还有专门的抄本书目,如《佳趣堂书目》《竹崦盫传抄书目》等。据《木樨轩藏书书录》书末书名索引统计,该书录所收书共1470种,其中标为"旧抄本"的有47种,明抄本69种,清抄本489种。据《八千卷楼书目》影印出版说明指出,收书17000多种,"不重宋元本,多为

---

① 笔者据此书统计,清代抄本只有近2700种。
② 孙从添《藏书纪要》,上海古籍出版社,2005年,第39—40页。
③ 沈津《书韵悠悠一脉香:沈津书目文献论集》,广西师范大学出版社,2006年,第116页。

抄本、明清刊本",经统计,共收抄本 2862 种,其中集部就有 1285 种。

以上多种参考数据和史实,可从多个角度证实在清代以雕版印刷为主导的书籍世界中,抄本所占的分量。作为一个有力的存在,抄本可能是刻本的前身,可能是刻本的后身,也可能是以"抄配"的形式存在于刻本之中,还有可能是稿本的化身。而在各种书目中静态呈现的抄本条目,背后也许有颇为曲折的形成过程,其中牵涉到众多人事,折射出其时或隐或显的社会力量、文化风气。

二、私家传抄内府书籍与书籍的回流

内府及四库馆中的书籍抄录

私家传抄内府书籍,①清初已开始。顾嗣立康熙四十四年应召入京,分纂宋金元明四代诗选及《皇舆全览》诸书,议叙内阁中书。康熙五十一年中进士,入武英殿纂辑《鸟兽虫鱼广义》。据《闾邱先生自订年谱》:"乙酉应诏入都,分编四朝诗选,因得尽窥内府秘本,抄存行箧。乙未假还。"②故抄录内府之书自康熙四十四年至康熙五十四年。朱彝尊的抄书记录较多,如《宋本舆地广记跋》云:"徐尚书总裁《一统志》,请权发文渊阁故书以次考验。是编首二卷存焉,予亟传写,遂成完书。"③又《跋典雅词》云:"后予分纂《一统志》,昆山徐尚书请于朝,权发文渊阁书,用资考证。大学士令中书舍人六员编所存书目,中亦有《典雅词》一册。予亟借抄其副,以原书还库,始知是编为中秘所储也。"④

---

① 此节主体部分"四库馆私家录副"由南开大学文学院杨洪升撰写,笔者略有添补。
② 顾嗣立《闾邱先生自订年谱》,《北京图书馆藏珍本年谱丛刊》第 89 册,第 100 页。
③ 郑伟章《文献家通考》,第 159 页。
④ 郑伟章《文献家通考》,第 146—147 页。张升指出,秘阁一般指内阁,清朝内阁所附设的内阁大库是在明文渊阁基址上建立,而明文渊阁在明清之际已毁。清朝另有一文渊阁,是乾隆时为入藏《四库全书》而建。此处所说文渊阁,指内阁大库。(张升《〈永乐大典〉流传与辑佚研究》,第 61 页。)

清代私家抄内库之书的兴起，由《永乐大典》辑佚的激发。① 全祖望《抄永乐大典记》云：

> 是其书（《永乐大典》）在有明二百余年以来，赖世庙得如卿云之一见，而总未尝入著述家之目。暨我世祖章皇帝万机之余，尝以是书充览，乃知其正本尚在乾清宫中，顾莫能得见者。及《圣祖仁皇帝实录》成，词臣屏当皇史宬书架，则副本在焉，因移贮翰林院，然终无过而问之者。前侍郎临川李公（绂）在书局，始借观之，于是予亦得寓目焉。②

全祖望根据顺治帝阅读过《永乐大典》，推测《大典》正本在乾清宫，副本在皇史宬，又指出乾隆帝纂修《三礼》，方苞抄录《大典》副本中不传的《三礼》文献。③ 全氏得李绂之助，自雍正八年至乾隆二年借翰林院所藏《永乐大典》，辑抄经、史、志乘、氏族、艺文五大类文献，抄录工作繁重，全氏云："夫求储藏于秘府，更番迭易，往复维艰，而吾辈力不能多畜写官，自从事于是书，每日夜漏三下而寝，可尽二十卷。而以所签分令四人抄之，或至浃旬未毕。则欲卒业于此，非易事也。"④ 全氏、李氏从《永乐大典》中辑出佚书14种，⑤其中所辑《考工记》，在全氏卒后，流入全氏弟子卢

---

① 关于《永乐大典》的研究，近年以史广超《〈永乐大典〉辑佚述稿》（中州古籍出版社，2009年）、张升《〈永乐大典〉流传与辑佚研究》（北京师范大学出版社，2010年）最有代表性。史著考证出四库馆《大典》辑本纂修官41人。
② 全祖望《抄永乐大典记》，见《鲒埼亭集外编》卷十七，见全祖望撰，朱铸禹汇校集注《全祖望集汇校集注》，上海古籍出版社，2000年，第1071页。
③ 张升以为此说无依据，见所著《〈永乐大典〉流传与辑佚研究》，第27页。
④ 全祖望《抄〈永乐大典〉记》，见《鲒埼亭集外编》卷十七，见《全祖望集汇校集注》，第1072页。
⑤ 张升引曹书杰《中国古籍辑佚学论稿》（东北师范大学出版社，1998年）附录，14种书是:《学易蹊径》《易疑拟题》《尚书讲义》《曹放斋诗说》《周官新义》（附《考工记》两卷）《古礼》《古礼释文》《古礼识误》《春秋义宗》《春秋鲁十二公年谱》《明永乐宁波府志》《公是先生文抄》《唐说斋文抄》《二先生文抄》。见张升《〈永乐大典〉流传与辑佚研究》，第121页。

第二章　抄书与书籍生产及流动

镐抱经楼,乾隆三十八年卢址遵旨献此书,四库馆臣没有再次辑佚,将全氏所辑《考工记》编入《四库全书》。① 《永乐大典》的辑佚抄本之一,完成了一次曲折的"回流"。

在抄录《永乐大典》的过程中,全祖望还帮人代抄,乾隆元年抄得《春秋鲁十二公年谱》后,"别寄一本予江都马四征士曰璐"②。全氏为马氏所抄之书当不止此一种,所撰《丛书楼记》中有语云:

> 曰璐即来问,写人当得多少?其值若干?怂勇予甚锐。予甫为抄宋《周礼》诸种,而遽罢官,归途过之,则属予抄天一阁所藏遗籍。③

《抄永乐大典记》作于乾隆元年,此事与纂修《三礼》有关。因修《三礼》而开始从《永乐大典》辑佚,李绂《答方阁学问三礼书目》《纂修三礼事宜》皆论及该事,全氏大致从乾隆元年十一月陆续借出《永乐大典》。

自乾隆三十七年十一月二十五日《安徽学政朱筠奏陈购访遗书及校核〈永乐大典〉意见折》开始,前代书籍的大规模汇集、编辑、抄写及流转的黄金时代来临。

> 臣在翰林,常翻阅前明《永乐大典》。其书编次少伦,或分割诸书以从其类。然古书之全而世不恒觏者,辄具在焉。臣请勅择取其中古书完者若干部,分别缮写,各自为书,以备著录。书亡复存,艺林幸甚!④

乾隆三十七年,乾隆皇帝下诏征集天下藏书,后又接受朱筠建议,从《永乐大典》中搜辑遗书,最终发展为开馆纂修《四库全书》。天下藏书辐

---

① 张升《〈永乐大典〉流传与辑佚研究》,第121—123页。
② 严绍璗《日藏汉籍善本书录》,第161页。
③ 郑伟章《文献家通考》,第267页。
④ 中国第一历史档案馆编《纂修四库全书档案》,上海古籍出版社,1997年,第50页。

辏于翰林院与武英殿，许多埋没已久的遗籍展现于学人面前。尽管《四库》纂修工程巨大，日程紧迫，但在公务之余，馆臣中的一些嗜古绩学之士乘职务之便，纷纷私下据馆书录副、校勘，乃至利用馆书私为撰著。现将目前见于文献记录的在四库馆抄录书籍的史实略作编列（见附录三）。这些史实除法式善所抄录不易准确统计外，馆臣及其友朋凡从四库馆录副五十九种七十部，校书六种附录一种。馆臣及其友朋等在四库馆实际抄校书数目当远大于此数。之所以所见记录有限，主要原因可能是：其一，馆臣所撰跋多不言明系从四库馆抄校，书跋辑入别集时又往往删去撰写时间，如其抄校之书今不传世，便不可确考，如彭元瑞《知圣道斋读书跋尾》与沈叔埏《颐綵堂文集》中所载多如此；其二，有些馆臣不喜留文字，其书即使存世也难以考知，如其亡佚，更不可考。

四库馆和私家抄书的时间从乾隆三十七年延至五十四年，然从上列史实来看，较为密集的时段在乾隆四十一年至四十九年。自此以后，无论是关于抄录《永乐大典》《四库》底本，还是抄录北四阁《四库全书》之事明显减少，或者可说是寥寥无几。① 在四库馆抄书的文人学者，除总裁、总纂、《总目》协勘官、校办各省送到遗书纂修官、《永乐大典》纂修兼分校官、武英殿分校官、提调之外，还有誊录、入馆佐校人员、馆臣友朋。如四库馆前后所用誊录在两千人以上，由于官小位低，从四库馆录副、借校事迹多湮灭无闻。

《四库全书》规模宏大，纂修日程紧迫，馆臣及其友朋从四库馆私自抄校书，是在不影响馆务的情况下乘职务之便进行的。总纂以下的馆臣，《总目》协勘官协助总纂官编定《总目》，其借查考之便，短时间借阅编纂中的馆书，尚称便利。而《永乐大典》纂修兼分校官负责从《大典》中辑出并编定学术价值较高的佚籍；校办各省送到遗书纂修官负责甄选、校

---

① 少见的抄录《永乐大典》之事，见阮元《仪征县志序》："嘉庆己巳冬，余在翰林院检《永乐大典》，见其中有绍熙《仪征志》、嘉定《真州志》，命小史抄一副本，藏诸箧笥。"见郑伟章《文献家通考》，第 603 页。胡珽为撰《石林燕语集辨》，尝"诣清秘堂亲检《大典》一万四千八百卷，抄得汪氏辨目二百有二条，归与叶氏（叶廷琯）撰《集辨》一书"。见郑伟章《文献家通考》，第 939 页。

勘各省送到遗书,编定稿本,并撰写提要初稿;武英殿分校官负责查校誊录各员缮写之书,他们借阅馆书均受到一定的限制。校办各省送到遗书纂修官借阅书的权限,从翁方纲与尹嘉铨一札中可以看出:

> 前日在馆中,见浙江进献书目内有国朝嘉善叶钤所著《小学续编》……乃昨日到馆,取此书观之,系刊本,一函六卷,内、外篇皆有续编,甚可以裨补于先生之书。便欲借来观之,而供事云"此书是励老爷所纂,非其本纂之人,则借不能多时"云云……昨已问该供事,据云此书早晚要交武英殿抄,如本纂者要看,则尚可借留旬时云云。与其从弟处需一转手,不如直由先生商之自牧更为便耳。①

此札云"非其本纂之人,则借不能多时",当系四库馆之规定。盖因办理某书需查考相关之书,故允馆臣短时间借阅非本纂之书。又云"据云此书早晚要交武英殿抄,本纂者要看,则尚可借留旬时",此言该书纂毕准备交武英殿发抄之时,本纂"尚可借留旬时",可知四库馆规定某书本纂人员可较长时间地借阅其书。由此可推论校勘、辑佚、分校等办理环节也无不如此。这些环节的馆臣抄校书,多是乘办书之便抄校自己所辑、纂、校等经办之书。覈之以附录所考,可以得到印证。戴震与邹炳泰是《永乐大典》纂修兼分校官,戴氏录有其从《大典》中辑出的《海岛算经》《九章算术》,而邹氏录副书四种,除了《慧山记》是从浙江进呈遗书中录出外,余三种均出自其从《大典》中辑出之本。冯敏昌曾被派校《明儒言行录》,乃录副此书。赵怀玉分校《旧五代史》,录而藏之。周广业佐校《绀珠集》,得以顺利录副。

四库馆开馆之初,馆务管理较为松弛,馆臣抄校书往往能够较便利地携归抄写。然至乾隆三十九年六月十三日,发生了黄寿龄私携六册

---

① 翁方纲撰,沈津辑《翁方纲题跋手札集录》,广西师范大学出版社,2002年,第501—502页。

《永乐大典》出馆返寓而于途中为贼人所窃之事,乾隆皇帝要求彻底追究、严厉处罚相关人员,并于当月二十五日下诏禁止馆臣将各省所进书籍携往私家,随后,又于七月十八日下诏强调此事,制定了纂修领办书之法:

> 所有翰林院存贮各书,着总裁等交该提调照各省进到书单,造成档册。纂修等领办之书,即于册内填注,仍每日稽查,毋许私携出外。如查该纂修仍有违禁私带之事,即回明总裁参劾。若该提调代为徇隐,经总裁等查出,将该提调一并查参。①

此一办法颇为谨严。不允借归,馆臣个人在翰林院、武英殿等办书地点抄校书,显然要受到书手、空间、时间的限制,对馆臣私自抄校书造成了不小的影响。周永年欲借馆书属桂馥为《四部考》,"会禁借官书遂罢",殆即此时之事。

但是,这种严格的管理半年后即被打破。前所考孔继涵所借抄各书,有多种是在乾隆四十年所为,如《续宋编年资治通鉴》十八卷系"乙未三月从周书昌许借鲍士恭家抄本付栻儿校一过,补缺叶七";《舆地广记》系"乙未冬,农部假抄两浙进本,出以属校";《咸淳临安志》系"乾隆乙未之冬自周书昌编修许得见浙江省经进遗书,寿松堂孙仰曾家抄本,云缺七卷,即从秀水朱氏本录出,假归写之",等等。这几种均系孔继涵借归抄校,其中借校《续宋编年资治通鉴》距乾隆最后一次发布禁令才半年时间。到了《四库全书》办理的后期,馆内管理更加宽松,故有前文所述法式善以提调之便得以大量借抄宋元人别集之事。

四库馆私家录副与书籍重回民间

观以上所考馆臣私家录副书及据以校勘之本,可以发现它们多系善

---

① 《寄谕四库全书处总裁各省进到遗书及翰林院贮书不许私携出外》,见中国第一历史档案馆编《纂修四库全书档案》,第227页。

本及罕见之书,具有较高的文献价值与版本价值。其中最为典型的是《永乐大典》辑本。① 所考各书,除法式善录副本外,《永乐大典》辑本占了三十四种,包括《三山拙斋林先生尚书全解多方》《周官新义》《春秋会义》《诗传注疏》《旧五代史》《东南纪闻》《唐才子传》《江淮异人录》《庆元党禁》《九国志》《宝刻类编》《燕丹子》《九章算术》《海岛算经》《苏氏演义》《大隐集》《南湖集》《斜川集》《溪堂集》《东堂集》《都官集》《老圃集》《蓝山集》《夏文庄公集》《丹阳集》《金楼子》《元宪集》《宋景文集》《日涉园集》《阆风集》《南湖集》《平庵悔稿》《双溪醉隐集》《雪山集》。法式善录副者也多有出于《大典》辑本者。盖因明代典籍亡佚甚多,至四库馆开之时,这些《大典》辑本绝大多数不见传本,故馆臣竞相传写。《大典》本在编入《四库》与《武英殿聚珍版丛书》时,出于避讳等原因,馆臣往往加以删改,失去初辑原貌,学术价值受到影响。而这些《大典》辑本录副本多出于四库馆初辑本,未经删改。彭元瑞手跋录副本《旧五代史》云:"《永乐大典》散篇辑成之书,以此为最。以其注明《大典》卷数及采补书名卷数,具知存阙章句,不没其实也。《四库全书》本如此,后武英殿镌本遂尽删之。曾屡争之,总裁不见听,于是薛氏真面目不可寻究,后人引用,多致误矣。幸抄存此本,不可废也。"②彭氏云"《四库全书》本如此"实有误,今检文渊阁《四库》本亦已删除出处。傅增湘谈校勘心得时曾说:"余尝谓宋元人集,凡辑自《永乐大典》者,多苦无旧本可校,然若得当时四库馆抄本,于文字必多所补正。盖馆中初辑出时,犹是《大典》原文,指斥之语不及芟除,忌讳之词未加修改,及经馆臣辑编,则有移易卷第、删落文字(如青词之类删至全卷,防御、边夷之属删及全篇及数百字者)及修饰词句之弊,已非本来面目矣。十余年前,曾见法梧门家抄录宋元人集数十家,余

---

① 四库馆辑《永乐大典》佚书之数量,有多家之说,此处依据清人孙冯翼依《〈四库全书〉辑〈永乐大典〉本书目》所得统计数据,定为516种。相关讨论,见史广超《〈永乐大典〉辑佚述稿》,第152—157页。

② 见上海图书馆藏知圣道斋抄本《旧五代史》卷末。

曾校十数种，所获佳胜至多。嗣得孔筭谷、李南涧家抄本亦然。"①其中也有未收入《四库》与《武英殿聚珍本丛书》之书，因有馆臣的录副本才得以广泛流传的，如《斜川集》《诗传注疏》《春秋会义》等。嘉道以后，《永乐大典》逐渐亡佚，这些录副本更加珍贵，乃至有从录副本中辑出佚书者，如孔继涵录副本《春秋会义》，孤本流传，后传至光绪间为李邦黼偶然借得，从中辑出唐卢仝《春秋摘微》一卷，刊入《南菁书院丛书》第一集，遂使亡佚数百年之书，重现人间。

除了《大典》辑本外，馆臣录副本中颇有一些当时罕见流传之书。这些罕见典籍除了《慧山记》《敏求机要》《归闲述梦》存目外，其他皆为《四库》著录书，其学术价值，自不待言。各书据以录副之本，也多系善本，有的是宋刊，如《东家杂记》；有的系影宋抄，如《春秋分记》《盘洲文集》《字通》；有的是地方所进精校善本，如《建炎以来朝野杂记》②；有的是四库馆校勘精善之本，为外间传本所不及，如《绀珠集》。最令人惊喜的是，其中竟有尚未流通仍在修改之中的四库馆稿本《四库简明目录》，赵怀玉在乾隆四十九年据录副之本刊版，该书始得广泛流传。终乾隆之世，朝廷亦未刊此书，后同治间曾有广州经韵楼、广东书局两刻，亦均系从赵刻本出。

四库馆私家抄校书的盛行与乾嘉学风有密切的关系。四库馆的开设，对于乾嘉学风有很大的推动，章学诚曾云："于是四方才略之士，挟策来京师者，莫不斐然有天禄石渠、勾坟抉索之思。而投卷于公卿间者，多易其诗赋举子艺业，而为名物考订，与夫声音文字之标，盖骎骎乎移风俗矣。"③而乘其便出现的私家抄校书对推动乾嘉学术养成与发展也有积

---

① 傅增湘《藏园群书题记》卷十三，上海古籍出版社，1989年，第657—658页。
② 王国维《传书堂藏善本书志》史部载孔继涵录副本《建炎以来朝野杂记》，录孔氏手跋云："右甲乙二集四十卷，乾隆三十八年浙江巡抚三宝进鲍士恭家抄本，校勘精审，因俱誊抄。内有明万历间赵琦美清常校，康熙辛丑蒋绣谷深字树存校，乾隆丁亥鲍廷博倚文校。乾隆四十一年丙申九月廿六日甲午莆孟孔继涵记。"
③ 章学诚《周书昌别传》，见《章学诚遗书》，文物出版社，1985年，第181页。

极意义。

从文献流传的角度来看,四库馆私家抄校本广泛流传,对推动乾嘉学术发展颇有助益。一些抄本很快就进入学者的视野,作为研讨的参考。附录中提及《九国志》有孔继涵、邵晋涵从四库馆抄录的副本,邵氏所抄,在钱大昕的日记中已出现:"读路振《九国志》,此书久不传。邵二云于《永乐大典》中抄得,传百三十六篇。周有香(梦棠)排次,为卷十二。其书称荆南曰北楚。王伯厚云《九国志》凡四十九卷,其孙绋增入荆南高氏,治平元年六月上之,实十国也。陈振孙则云末二卷张唐英补撰,合五十一卷。"①由于四库馆私家抄校本具有较高的文献价值,往往迅速被辗转录副流传。如丁杰从琉璃厂五柳居录副并用四库馆本校勘的《三山拙斋林先生尚书全解多方》,友朋争相传抄,至次年春已被传抄数十本。馆臣自行刊刻流传录副本的,以赵怀玉刊刻《四库简明目录》最为典型。此外,他还刊刻《斜川集》。孔继涵则刊刻戴震的录副本《九章算术》《海岛算经》。汪启淑刊刻《说文系传》。而纪昀赠与孙星衍的《燕丹子》,孙氏藏之十数年,先是交给其族侄孙冯翼刊入《问经堂丛书》,后自己又刻入《平津馆丛书》,遂广为流传。民间学者在流传四库馆私家抄校本方面贡献最大的当推鲍廷博,其所刊刻《知不足斋丛书》收录可确考出于四库馆抄校本者达十三种②:《诗传注疏》《字通》《金楼子》《江南余载》《岭外代答》《南湖集》《东堂集》《溪堂集》《蒙隐集》《彝斋文编》《百正集》《灊山集》《逍遥集》。另尚有据四库馆抄本校勘的《芦浦笔记》一种。鲍廷博在刊刻这些书时往往详加校勘,增辑补遗、附录,在版本选择方面又有新的提高,《知不足斋丛书》也因此以收录罕见善本而闻名。具有较高学术价值的秘笈,一旦化身百千,为学者提供文献参考,促进乾嘉学术的发展。

---

① 钱大昕《竹汀先生日记抄》,第 18 页。
② 此统计数字包括鲍廷博从四库馆抄校本辗转录副或据以校刊之本、馆臣代录副本及四库馆佐校人员录副交与其刊刻之本。

三、文化象征与实际效用：文澜阁《四库全书》的阅读、抄录

七阁《四库全书》的不同效用

《四库全书》编修完成之后，分藏"北四阁""南三阁"。① 这一超迈前代的文献工程是作为象征展示性存在，还是在清代的文化、学术建设中发挥过切实作用，可以探究。所谓切实作用，就是《四库全书》能被读书人查阅抄录。如被利用，应区分是七阁之书都面向读书人，还是只有南三阁；更进一步，还可追问：南三阁之书开放程度是否存在区别，何种层级的读书人可以查看《四库全书》，南三阁的书籍借阅如何运作等问题。

如七阁之书主要目的不是为当世人提供可以利用的庞大文献资源库，而是建立一个让人仰望惊叹的文化工程，则可将其视为"文化纪念碑"，纸质载体的《四库全书》便有一种"纪念碑性"（monumentality）。"一座有功能的纪念碑，不管它的形状和质地如何，总要承担保存记忆、构造历史的功能。总力图使某位人物、某个事件或某种制度不朽，总要巩固某种社会关系或某个共同体的纽带。"② 乾隆修《四库全书》，"寓禁于征"不是主要目的，其用意还有两个重要方面：其一，当在显示文治之盛，远在汉唐之上；同时也在暗中以实力证明自己与康熙、雍正的不同。《四库全书》是塑造博大、煊赫、独立身份的大手笔。其二，以集大成的策略性编辑，强化自己对文化正统继承的合法性，既"保存记忆"，又"构造历史"。正因为《四库全书》的"纪念碑性"，其主要目的自然不在于被人利用，而在于展示、指向、昭示。北四阁《四库全书》几乎未见利用记录，

---

① 王魁伟指出《四库全书》成书的特殊性与复杂性：乾隆四十一年谕旨抄一部藏文渊阁，乾隆四十二年有抄四部分藏谕，然"北四阁"的文溯阁到乾隆四十七年建成。"江南三阁"本为藏《古今图书集成》而建，乾隆四十七年乾隆下令续缮三部分藏，而文澜阁到乾隆四十八年底完工。王魁伟《关于〈四库全书〉成书及其"副本"》，见《中国典籍与文化》，2018 年第 1 期，第 37—39 页。

② 巫鸿《中国古代艺术与建筑中的"纪念碑性"》，上海人民出版社，2009 年，第 5 页。

南三阁《四库全书》在利用中的不同境况，可见《四库全书》这一文化工程在历史语境中的复杂意义。

乾隆对七阁之书区别对待。乾隆四十七年七月第一部《四库全书》抄成后，于七月初八连下三道上谕，其中有"因思江浙为人文渊薮"，故下令再分抄三部，贮藏于扬州文汇阁、镇江文宗阁、杭州文澜阁。乾隆五十五年六月上谕云：

> 从前曾经降旨，准其赴阁检视抄录，俾资搜讨。但地方有司，恐士子翻阅污损，或至过有珍秘，以阻争先快睹之忱，则所颁三分全书，亦仅束之高阁，转非朕搜辑群书、津逮誊髦之意。……该督抚等谆饬所属，俟贮阁全书排架齐集后，谕令该省士子有愿读中秘书者，许其呈明到阁抄阅，但不得任其私自携归，以致稍有遗失。至文渊阁等，禁地森严，士子等固不便进内抄阅，但翰林院现有存贮底本，如有情殷诵习者，亦许其就近抄录，掌院不得勒阻留难。如此广为传播，俾茹古者得睹生平未见之书，互为抄录，传之日久，使石渠天禄之藏，无不家弦户诵，益昭右文稽古、加惠士子盛事，不亦善乎。①

乾隆力促江南三阁贮藏四库全书，用意在昭示文治之盛，并期望江浙士子能"就近观摩誊录"。然从目前所见诸文献留存的记录，江南三阁的《四库全书》所发挥的作用有小大之分。江南三阁《四库全书》新到时，文宗阁、文汇阁似有较热烈的反响，如李斗《扬州画舫录》所记：

> 御书楼在御花园中，园之正殿名大观堂，楼在大观堂之旁，恭贮颁定《图书集成》全部，赐名文汇阁，并"东壁流辉"扁……文宗阁江都汪容甫管之，文汇阁仪征谢士松管之。汪容甫尝欲以书之无刻本或有刻本而难获者，以渐梓刻，未果行而死。今容甫所管改为申嘉

---

① 永瑢等纂《四库全书简明目录》"附录"，上海古籍出版社，1985年，第929—930页。

祐、吴载庭管之。申为笏山副宪之子,工诗。①

三阁皆有知名文人学者主管,文士对《四库全书》的利用,或阅读,或抄录。汪中有刊刻文宗阁《四库全书》中稀见书之设想,而刊刻之先,应是先抄录副本。关于文汇阁、文宗阁《四库全书》利用的记录,所见主要与汪中关联,然亦寥寥无几。就抄书而言,陈鳣《中庵诗》题识所包涵的信息较重要:

> 己丑九月,寓吴门顾涧蘋家,案头适有残本《中庵集》,为容夫先生家抄本。鳣昔见先生家藏宋、元别集,多人间未见之书,皆从掌理阁书时所抄藏,此其一也。既属涧蘋为我录副,复志于后,以征奇遇。②

汪中以拔贡典三阁事,乾隆五十九年,因校勘文宗阁书,往浙江借书雠对,卒于杭州。据此,则汪中所抄宋元别集当在此前几年。此外,利用文汇阁、文宗阁《四库全书》的记录,所见仅五条:其一,道光三年完颜麟庆至文汇阁抄书数种;其二,抄本李廌撰《济南集》八卷,乃"顾湘舟(沅)从扬州文汇阁抄出"③;其三,抄本李上交撰《近事会元》书帙有徐松题记:"姚石甫(莹)自扬州御书楼抄寄。戊戌二月星伯记。"④此戊戌是道光十八年,御书楼或即指文汇阁;其四,道光十七年,李兆洛至扬州访姚莹,至文汇阁抄《异域录》等书;⑤其五,江苏太仓诸生赵兆熊道光年间登文宗、文汇二阁观书,其兄赵兆熙序兆熊撰《古诗评林》云:"比年同来邗上,得纵观广陵、金山两阁所贮《四库全书》,摘录六朝以来暨宋明诸贤论说,集

---

① 李斗《扬州画舫录》卷四,中华书局,1960年,第103—104页。
② 黄丕烈《荛圃藏书题识》卷九,第205—206页。
③ 王国维撰《传书堂藏书志》,上海古籍出版社,2014年,第966页。
④ 王国维撰《传书堂藏书志》,第577页。
⑤ 张慧剑《明清江苏文人年表》,上海古籍出版社,1986年,第1458页。

成《唐诗评林》二十余卷。"①太平天国战争之后,文宗阁、文汇阁之书尽毁,自此之后,便无利用二阁《四库全书》的记录。②

上列五事,以完颜麟庆到文汇阁抄书的记载最有史料价值,不仅有"文汇读书图"可见文汇阁形制,更有文字述访抄经过:

> (文宗、文汇)典司出入,掌自盐臣,寻又恐徒供插架,无裨观摩,诏许愿读中秘书者,就阁传抄。嘉惠艺林,旷古未有。庚子三月朔,偕沈莲叔都转、宋敬斋大使(名佩弦,河南贡生)同诣阁下。亭榭半就倾落,阁尚完好,规制全仿京师文渊阁。回忆当年充检阅时,不胜今昔之感。爰命董事谢奎(仪征,职员)启阁而入,见中供《图书集成》,书面绢黄色。左右列橱贮经部,书面绢绿色。阁上列史部,书面绢红色。左子右集,子面绢玉色,集面绢藕合色。书帙多者,函用香楠。其一二本者,用版片夹开,束之以带,而积贮为函,计共函六千七百四十有三。谢奎以书目呈,随坐楼下详阅,得抄本《满洲祭天祭神典礼》《救荒书》《熬波图》《伐蛟捕蝗考》《字孳》等书,嘱觅书手代抄。所惜余先百计购求五世存斋公所著《琴谱》十六卷,曾奉旨采入《四库全书》者,满拟此行如愿,讵亦未经颁发。岂以满汉合璧之故耶,姑志以俟考。③

完颜麟庆所记,有四点值得注意:其一,南三阁的管理由"盐臣"负责,杭州文澜阁由盐商捐建(见下文);其二,从"启阁"及官员陪同(或为礼节)

---

① 蒋寅《清诗话考》,中华书局,2005年,第550页。
② 莫友芝《钦定天禄琳琅书目》题识云:"同治乙丑(四年)春,友芝奉湘乡公委访镇江文宗、扬州文汇两阁《四库全书》,经燹后如有散存千一,宜购归恭贮,以待重缮。"可见其时荒芜境况。见莫友芝《宋元旧本书经眼录》"附录"第一,上海古籍出版社,2009年,第128页。
③ 完颜麟庆著,汪春泉等绘《鸿雪因缘图记》第2集,浙江人民美术出版社,2011年,第638—639页。

来看,文汇阁对外开放阅读似有限度;①其三,阁上层藏书,阁下层阅览,确实有阅读的空间;其四,"百计购求五世存斋公所著《琴谱》",或是指《四库全书》子部所收明杨抡撰、清和素译《琴谱合璧》十八卷。"百计购求"而未得,或是北四阁书亦不易查阅,故转而他求。然文汇阁《四库全书》竟然未见,也就无法抄录。

总之,相较而言,北四阁《四库全书》极少见读者利用记录;②江南三阁则稍多。而江南三阁中,以文澜阁所藏《四库全书》对读书人影响较大。《四库全书》自乾隆五十五年陆续运抵杭州,而此前,乾隆四十八年由两淮浙江盐商捐建的文澜阁已落成。

> 阁在孤山之阳,左为白堤,右为西泠桥,地势高敞,揽西湖全胜。外为垂花门,门内为大厅,厅后为大池。池中一峰独耸,名仙人峰,东为御碑亭,西为游廊,中为文澜阁。③

自此文澜阁成为文人心目中的文化景观,陈文述《湖上杂诗》中有句云:"牙签玉轴今谁管?最忆文澜阁上书(文澜阁新修落成)。"④刘开列举平生游历,文澜阁观书亦在其中:"二十有八由江淮历齐鲁,蹑岱宗……三十游吴越,谒禹陵,居休西湖,观书于文澜阁。三十有一,东窥沧海,履落伽,眺大洋,极水天之胜。"⑤抄本《石林居士建康集》诸藏印中有一印曰

---

① 文汇阁对外开放的限制,在姚椿的日记中也有记载。姚椿道光四年五月二十六日日记云:"叶雨坨明府赴郡城,作张云集都转信,询以请读文澜阁藏书事。"六月初八日日记云:"雨坨自邗上回,遣人送云巢复书来,订秋间文汇阁观书之约。"此次访书,是否成行,姚氏日记未记载。见《樗寮日记》,复旦大学图书馆藏稿本。这条材料由博士生张知强提供。
② 仅见浙江台州杨晨光绪年间查阅乾隆朝《四库全书》底本。杨晨,光绪三年进士,入翰林院修国史。杨绍翰《台州艺文金石略》题识:"生平淡泊宁静,不慕荣利,喜聚书,无他嗜好。官翰林时,于院内瀛洲亭检乾隆朝进呈四库底本,得乡先哲遗书数十种,率外间所未见,录副以归,各家展转抄贩,稍获流传。"郑伟章《文献家通考》,第1283页。
③ 延丰等纂《钦定重修两浙盐法志》卷二,《续修四库全书》本,第685页。
④ 陈文述《颐道堂诗选》卷二十八,《清代诗文集汇编》第504册,第514页。
⑤ 刘开《刘氏支谱序》,见《孟涂文集》卷八,《清代诗文集汇编》第543册,第557—558页。

图4 "文汇读书"图,据完颜麟庆《鸿雪因缘图记》第二集复制

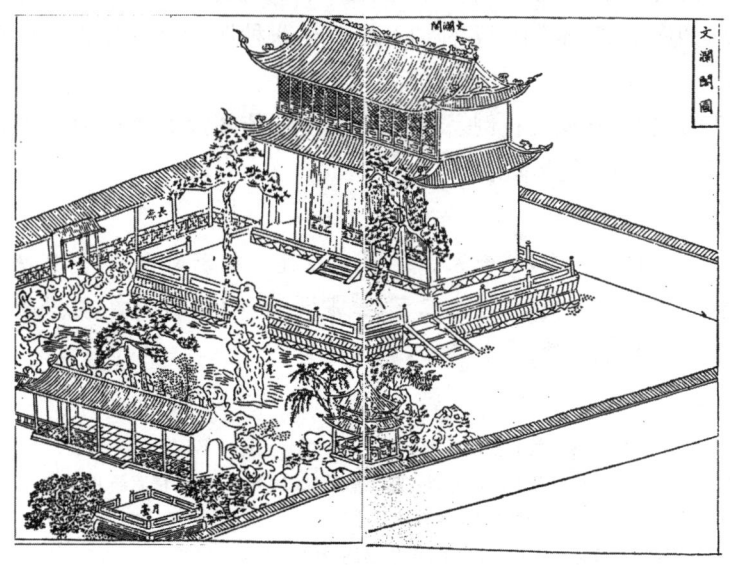

图5 文澜阁图,据《钦定重修两浙盐法志》卷二拼合复制

"幸读文澜中秘书"①,或是胡珽藏印。在杭州西湖孤山之阳的文澜阁,对于文人的吸引自是所藏"中秘之书"。

文澜阁《四库全书》与书籍的传抄

文澜阁《四库全书》作为一个巨大的文献库,与丰富积累的江浙私家藏书、学者著述之间产生众多交流。就书籍的生产而言,因传抄而形成的"文澜阁《四库全书》抄本"(或名"阁抄本")就是交流的硕果之一。张金吾《爱日精庐藏书志》(含《续志》)所著录书籍中抄本较多,而每部之中,文澜阁抄本数量也有不少,现将四部书籍数、抄本数、文澜阁传抄本数依次列出:

经部:143/88/37;

史部:206/115/22;

子部:138/73/6;

集部:294/192/18。②

丁日昌《持静斋藏书记要》所录 436 种抄本中标为"依阁抄本"的有 97 种。《郑堂读书记》《铁琴铜剑楼书目录》《八千卷楼书目》所录书中皆有文澜阁传抄本。《木樨轩藏书题记及书录》著录清抄本 489 种,其中"传抄《四库全书》本"有 17 种,17 种中有 3 种明确标为依据文澜阁书传抄。

丁日昌在《春秋五礼例宗》(宋张大亨撰,依阁抄本)的识语中指明文澜阁《四库全书》传抄本的价值:

> 凡世无刊本,藏书家皆据阁本抄存。今东南三阁,仅文澜阁旧储得杭人丁丙掇拾,存十二三,残脱无绪。扬、镇两阁,竟燹毁无一纸。凡曩昔传抄,弥加珍秘,此类是也。③

---

① 王国维撰《传书堂藏书志》,第 966 页。
② 张金吾《爱日精庐藏书志》,上海古籍出版社,2014 年。《爱日精庐藏书简目》中对抄本的区分亦明晰,抄自文澜阁者标为"文澜阁传抄本"。
③ 丁日昌《持静斋藏书记要》卷下,中华书局,2012 年,第 577 页。

查阅文澜阁《四库全书》的文士应该数量较多,然见于文献记载且有年代可考的事例则有限,现将所辑史实排比(见附录四)。在这些较具体的校阅、抄写文澜阁《四库全书》之外,还有不少类似的文士入阁读书之举,现仅列举数例抄写之事:孙星衍"先后从翰林院存贮底本及浙江文汇〔澜〕阁写录难得之书"①,李兆洛属友人抄录《墙东类稿》;②《续名医类案》六十卷,世无刊本,陆以湉从文澜阁借四库本录一部,凡六十六万余言;③朱绪曾官浙时,"抄文澜阁本宋元人集,已得十之七八"④,在抄写宋元人集外,朱绪曾还抄录了《毛诗类释》《至大金陵新志》等书。与朱绪曾相近,抄录《四库全书》数量较多的还有广东南海孔广陶。孔广陶为孔炽庭之子,以盐业致富,居广州南关太平沙,藏书楼名岳雪楼,藏书中殿本颇富,自抄之书亦多,所抄文澜阁《四库全书》有 365 种。⑤

在诸多校阅、抄写活动中,江苏金山县钱熙祚为编辑《守山阁丛书》,于道光十五年、十九年、二十三年至文澜阁访书,此举因为张文虎的妙笔叙写,最显风雅。张氏《孤麓校书图记》云:

> 浙江文澜阁在西湖孤山下,功令愿读中秘书者,许领出传写。道光乙未冬,钱锡之通守辑《守山阁丛书》,苦民间无善本,约同人往侨寓湖上之杨柳湾,去孤山二里许,面湖环山,上有楼,楼下集群胥。间日扁舟诣阁领书,命抄,毕则易之,往返数刻耳。同人居楼中校雠,湖光山色,滉漾几席间。铅椠稍倦,凝睇四望,或行湖滨数十步,意豁如也。朝日夕月,晦冥雨雪,湖之变态不穷,而皆得之伸纸舐笔之际。奇文疑义,互相探索,旁征博引,驳诘辨难,或达昏旦。游西湖率以春夏秋,无至冬者。至,又群日夜读书一楼,若未始知有西湖者,邻人相笑传说以为痴,而不知湖之奇,吾曹尽之矣。文澜阁书多

---

① 孙星衍《平津馆鉴藏记书籍》,上海古籍出版社,2008年,第3页。
② 李兆洛《墙东类稿序》,见《养一斋文集》卷二,《清代诗文集汇编》本,第8页。
③ 陆以湉《冷庐杂识》卷六,上海古籍出版社,1984年,第296页。
④ 钱泰吉《曝书杂记》卷下,辽宁教育出版社,1998年,第77页。
⑤ 郑伟章《文献家通考》,第1028页。

胜俗本,然篇目卷次与提要时有同异,或绝不类,有有目无书者,亦有名在存目者,不尽《四库全书》原本也。是役也,以十月初至西湖,居两月,校书八十余种,抄书四百三十二卷。同游六人:金山钱熙祚、熙泰、顾观光,平湖钱熙咸,嘉兴李长龄,南汇张文虎。越六年,而《守山阁丛书》竣,通守乞吴兴费丹旭补图识昔游,而属文虎记之。①

钱熙祚道光十五年文澜阁之行,有校书者五人,绘图者一人,计字、收发各一人,抄书手四十人。除张文虎上文之外,另有所撰《湖楼校书记》记此行。道光十九年、二十年之行,张文虎有《十三间楼校书图记》《西泠续记》《莲龛寻梦记》诸文记事。② 钱氏道光十五年之行,抄书手四十人,抄书四百三十二卷,是引人注目的集体行为,然尤可注意的是,可以将书从文澜阁领出抄写,抄写完毕再换书。《文澜阁抄书章程》现尚存莫友芝摘录七条,③其中并未提及文澜阁《四库全书》是否能借出,据赵怀玉《钦定四库简明目录恭跋》,"(乾隆)四十九年三月复诏,愿读中秘书者,许陆续领出,广为传写"④,"许领出传写",或为乾隆帝的设想,然在江南三阁藏书的实际典藏与管理工作中,出于安全保管之虑,借出抄写可能不严格限制,或者因人而异。钱泰吉校勘《史记》时,提及一事:

> 道光二十年七月朔至八月三日,依文澜阁本校《正义》一过。时海盐陈琴斋其泰司阁事,为请于盐运使,领阁书至海昌逾月,例所不

---

① 张文虎《舒艺室杂著》乙编卷下,《续修四库全书》第1535册,第264页。
② 郑伟章《文献家通考》,第817—818页。
③ 《邵亭杂记》稿本附"文澜阁抄书章程"(摘录)共七条,主要包括顶格、空格、双行夹注抄录、避讳缺末笔等书写规则,如"旧存阁书,每叶八行,每行二十一字,首行顶格写'钦定四库全书',次行低一格写某书某卷若干,其有钦定御制等,则出格,或照旧恭配";"书中有前朝抬写字,今一概接抄。国朝避讳字,敬缺末笔";"提要》《简明目录》间有参差,仍须随时参考"。莫友芝此稿现藏台北"国家图书馆",张剑兄赴台湾访书时拍摄此章程,特此说明。
④ 赵怀玉《亦有生斋集》卷七,《清代诗文集汇编》第419册,第597页。

许也,琴斋徇余意求得之。①

钱泰吉可以凭其人缘或长官通融,将文澜阁四库全书借至浙江海宁,借期超过一月,由此可推想尽管有"例所不许",但还是可以设法借出书籍抄写。

文澜阁有限度的开放

从多则史料来看,文澜阁的开放是有限度的,真实的情形是:文澜阁是一种官办、官管机构,文人并不能轻易进入阁中访书。附录所列校阅、抄写的文士,多为在浙任官者,有些非在任官员,但也名气较大,且入阁看书,多有杭州地方官员事先疏通联系;而一般文士,则很可能临其门而不得入。王魏胜尝于《湖山集跋》述其遭遇:

《湖山集》,吾邑宋龙图谥康肃吴公著,公为邑西呈贡桥之折桂里人,吾乡人类知之,而绝不知公有集。吾辈稍读书,从《钦定简明目录》中知公有斯集,藏西湖文澜阁,例许士人抄读,然有司过事谨藏,非官府通声气者,无由假抄。胜伏处茅庐,屡欲一读其集,尝三至文澜阁,而管钥谨严,徒倚门外而已。

癸卯之春,学使罗萝村先生遴十一郡经术词章之士,檄赴肄业诂经精舍,胜猥备斯选,馆前邑侯缪南卿师处。金陵朱述之先生过访,谈次慨出是书携抄,而后想慕十数年不获觏面之书,才得饱读,快何如矣!述之以名孝廉作令吾省,喜聚书,汇辑金陵人历朝诗不下百余卷,志犹未已,各家诗文集之未行世者,即非金陵人,亦莫不手录之。曾邀至读书处恣观所藏,半皆未见本也。台人陈耆卿先生《筼窗集》十卷,胜亦假抄焉。陈仁玉侍郎所著《菌谱》,吾邑亦无其书,蒙其雇抄见惠,虽寥寥数卷,亦吾乡之文献也。②

---

① 钱泰吉《校史记杂识》,见《甘泉乡人类稿》卷五,《清代诗文集汇编》本,第53页。
② 王魏胜《湖山集跋》,见祝尚书辑《宋集序跋汇编》,中华书局,2010年,第1350页。

王魏胜跋中所及"官府通声气"之事,应是实情。这或许是文澜阁访书之事,在文献记载中并不是层出不穷的原由之一。而王氏最终能抄写到《湖山集》,是因为被选入诂经精舍肄业(道光二十三年之前)并因此机缘得朱绪曾(述之)之助,得以抄录《湖山集》。现存《湖山集》诸版本,在《四库全书》本之外,皆与王魏胜道光二十三年木活字印本有关。① 如前所言,朱绪曾官浙江时,尝多抄文澜阁《四库全书》中宋元人集,《湖山集》极有可能在抄写之列。② 如此,则《四库全书》本《湖山集》经朱氏抄录,王魏胜向朱氏商借,携与诂经精舍同人分录,③终于以新的面目重现于世。

能较顺利入文澜阁读书的诸文士中,诂经精舍师生有近水楼台之便。陈寿祺《西湖讲舍校经图记》述嘉庆八年事:

> 师(阮元)为假馆于孤山之椒、西湖之滣所谓诂经精舍者,于月课精舍生,宜西百余步为文澜阁,得借读所未见书。其夏,师选校官及高才生十有六人,采唐以前说经文字,亲授义例,篹为《经郛》数百卷。④

《经郛》即《十三经经郛》。⑤ 此书之编纂,当充分利用了文澜阁《四库全书》。另有两则史料,亦可佐证。钱仪吉《周官新义识后》有语云:"仪征相国抚浙时,许诸生就杭州文澜阁写书,余录得经说十数种。"⑥胡琮《湖滨消夏词》中有句云:"山围杰阁峙千寻,近许翻书惠士林。"诗有注:"中

---

① 《中国古籍总目·集部》,第305—306页。
② 朱绪曾(1805—?),字述之,号北山,江苏上元人,任浙江孝丰、秀水知县,台州府同知,官至浙江知府,咸丰十年,太平军破杭州,客死山阴,藏书毁于兵乱;然所著《开有益斋读书志》之中,未见《湖山集》《筼窗集》题记。
③ 王文茇《光绪本湖山集跋》,见祝尚书辑《宋集序跋汇编》,第1351页。
④ 陈寿祺《左海文集》卷八,《清代诗文集汇编》499册,第342页。王章涛《阮元年谱》将此事定为嘉庆八年。见《阮元年谱》,黄山书社,2003年,第512页。
⑤ 陈东辉《阮元与小学》,中国文联出版社,1999年,第101页。《经郛》似未编成,然其凡例与经验对稍后的《皇清经解》有影响。
⑥ 钱仪吉《衎石斋记事稿》续稿卷六,《清代诗文集汇编》第541册,第567页。

丞许诂经精舍士子至文澜阁读秘书。"①

　　清中期的不少重要学术活动或书籍编纂，阮元有发动、推进之功。就利用在文澜阁抄录书籍的小事而言，也激发了学人群体的兴趣。这则史料隐含在钱大昕的日记中。《竹汀先生日记抄》卷一"所见古书"多记宋元刻本，亦有抄本记载，前列《九国志》，以及《数学九章》，皆自四库馆抄录；抄自文澜阁的至少有二种：

　　　　李尚之来谈，借得《测圆海镜》十二卷，有戊申岁自序，及至元二十四年王德渊后序。②

李锐（尚之）书从何处得来，可见焦循《衡斋算学序》：

　　　　岁乙卯（乾隆六十年）冬，予在浙，始得《益古演段》《测圆海镜》两书，急寄尚之。尚之喜甚，为之疏通证明，复推其术于弧矢，著书以明郭太史《授时草》所用天元一之术也。③

焦循其时客阮元浙江学政署，二书是从文澜阁抄出。阮元云：

　　　　而《海镜》者，中土数学之宝书也。惜流传之本不可多得。元视学浙江，从文澜阁《四库全书》中抄得一本，宁波教授丁君小雅杰又以所藏旧本见赠，但通之者鲜。《细草》多讹，因属元和李君尚之锐算校一过，其文字隐奥难晓及立术于率不通者，李君又杂记数十条于书之上下方，盖敬斋（李冶）此书为数百年绝学，元知学友中，惟尚之独能明之，其精通妙语，即今之敬斋也。④

----
① 潘衍桐辑《两浙輶轩续录》卷三十五，《续修四库全书》第 1686 册，第 330 页。
② 钱大昕《竹汀先生日记抄》，第 17 页。
③ 焦循《雕菰集》卷十五，《清代诗文集汇编》第 472 册，第 169 页。据《阮元年谱》第 83 页提示。
④ 阮元《重刻测圆海镜细草序》，转引自王章涛《阮元年谱》，黄山书社，2003 年，第 83 页。

嘉庆元年,焦循有两通书札似与《测圆海镜》、李锐相关,在《答钱竹汀先生》中有语云:"接读手谕,又接李君尚之札。李君之学,精深了晰,实足为循之师,已作札答之矣。"答李锐札,作于三月二十九日,有语云:"就一家之说,以明算理,此论精当,立开茅塞。"①

《测圆海镜》经阮元、焦循之手从文澜阁抄录寄出,请李锐校勘证明,钱大昕又从李锐处借阅,最后由阮元作序刊刻再行于世。《测圆海镜》作为元代杰出数学家李冶的代表作,在乾嘉之际得到杭州、苏州数位学人的关注,通过抄录、寄递、借阅、赠送、校算、撰序、刊刻等举动,乾嘉学术兴起与展开的脉络清晰可见,尤其是"急寄尚之""尚之甚喜",更显现得奇书之后的情状,而学人活动的苏州、杭州,似乎就是所谓的乾嘉学术大本营。李冶《益古演段》是四库馆臣的《永乐大典》辑佚本,焦循所谓得此书,也极有可能是从文澜阁《四库全书》中抄出的。钱大昕日记中也有读此书的记录,并有"盖从四库书抄出者"之语。钱大昕与李锐之间有数次书籍往来,联系上文焦循所述,钱大昕所见必是焦循寄出的抄本。

从乾隆六十年至嘉庆八年,阮元对浙江学风有较大影响,无论是创办诂经精舍,提拔文士,还是编纂大型书籍,都应有文献作为基础,而文澜阁《四库全书》自乾隆后期可以为文士利用,特别是官方有"优先使用权"的机缘,无疑对嘉道学术有助推之功。对于不能就近利用的文士而言,文澜阁《四库全书》是向往的宝藏,几乎是清帝国学术文化进步的一种象征。②

目前所见记载文士利用文澜阁《四库全书》之事,大致在乾隆六十年以后;此后到民国,除太平军占领杭州时期,阅读、校勘、抄写之事时有,文澜阁因此也成为江南的文献中心,其辐射作用远在文宗阁、文汇阁之

---

① 焦循《里堂札记》,见刘建臻点校《焦循诗文集》,广陵书社,2009年,都615页。
② 凌廷堪《与阮伯元阁学论画舫录书》云:"……适在浙江,应用诸书皆易借,文澜阁亦在咫尺,他处安则可得哉?"《校礼堂文集》卷二十三,中华书局,1998年,第211页。胡承珙《答陈硕甫明经书》云:"……《四库》所著录者,尚有《诗稗疏》《诗疑辨证》《读诗质疑》数种未见,其书足下曾有此本否?近日安研武林,文澜阁上倘可借观乎?"《求是堂文集》卷三,《清代诗文集汇编》第518册,第255页。

上。除吸引江浙文士之外，福建的文士也慕名而来。抄写使得《四库全书》中的稀见之书重现民间，并通过刊印进一步扩大传播范围。在文澜阁《四库全书》的传抄以及据此重刊的诸多书籍中，宋金元人著述获得"再生产"的机会。

四、作为职业或爱好的抄书

抄书人群体

无论是官方，还是藏书家或文人学者，对抄本书籍都有一定的需求，这就意味在社会中存在不少擅长抄写书籍的文士。以毛氏汲古阁抄本为例，这些著名的抄本牵涉一批抄写者。历史上毛抄本约有数百部，目前存世数量比其他各家抄本多。据樊长远考证，汲古阁抄本的抄手有毛晋，毛晋的第五子毛扆，毛扆外甥王为玉、外甥冯武等，包括刘臣在内的一批门僮，毛晋的师友王咸、钱嘏、周荣起、何道林等，还有不少未留名的职业抄手。① 抄手的批量存在，例证较多，如顾祖禹《读史方舆纪要》一百余卷，未付梓之前，"四方购求者至无锡，出二十金左右，倩能书者分手抄录，候以月余，可得一部"②；如上文提及钱熙祚带四十名抄书手到文澜阁抄书；又如乾隆三十四年，李文藻从刚入京的钱大昕处借抄《隶续》十一卷事。李氏称"予近所佣抄《归潜志》《元和郡县图志》《古韵标准》《四声切韵表》及手抄《大金国志》《古文尚书考》《舆地碑记目》诸书，皆次第藏事，亦可喜也"③。能在短时间内抄数种书籍，抄手当不止一人。孔继涵是乾隆三十六年进士，"官京师七年，所抄校者数千百帙"④。沈叔埏《书天一阁书目后》云："（范大澈）亦酷嗜抄书，每见人有写本未传，必

---

① 樊长远《毛氏汲古阁抄工考》，见《文津学志》，2018年第11期。
② 瞿兑之《人物风俗制度丛谈》，山西古籍出版社，1997年，第263页。
③ 徐乃昌《积学斋藏书记》，上海古籍出版社，2014年，第348页。
④ 王绍曾、沙嘉孙《山东藏书家史略》，山东大学出版社，1992年，第171页。

苦借之，在长安邸中所养书佣多至二三十人，接几而食。"①能在京城雇佣二三十人抄书，既表明有大量的书可抄，亦隐约可见有以抄书为业的群体。据此及相关清代藏书史研究成果可知，不少藏书家有"馆师"。馆师所做之事或者有教授子弟、收购、管理藏书，或者抄写书籍也是其平日之事。缪荃孙《云自在龛随笔》"黄荛圃藏书雅事"条略记僮仆抄书之事：

> 黄荛圃藏书，甲于海内。门仆张泰，善于抄书，有"入门僮仆尽抄书"一印。吴枚庵书有馆生陶绪翰（亦作翰绪），抄讫署名。荛圃属陆拙生（奎）写《近事会元》，则西席也。又有侍史邹鸣皋。友人叶鞠裳尝兴叹曰："安得沈虹屏、张秋月耶！"荃窃笑，我辈寒儒，焉得有此艳福，但想得一张泰耳。为荛圃装书者钱瑞正，号半岩，谓之良工，观荛圃原装可见。然荃延饶心舫三年，丁少裘五年，工于摹写。又雇夏炳泉十年，所乐不下于荛圃。近均荐之刘翰怡。②

缪荃孙所列张泰、陶翰绪、陆奎、邹鸣皋、饶心舫、丁少裘、夏炳泉诸人，当

---

① 沈叔埏《颐绤堂文集》卷八，《清代诗文集汇编》第390册，第100页。
② 缪荃孙《云自在龛随笔》，山西古籍出版社，1996年，第208页。叶昌炽光绪十二年四月初五日记载所见《惠松厓日记》为黄丕烈与张泰合抄。《缘督庐日记》第1册，吉林文史出版社，2011年，第480页。缪氏所记吴翌凤"馆生"陶绪翰抄书，其《春明退朝录》三卷题识："吴枚庵藏书，《退朝录》卷末有乾隆辛丑日短至馆生陶绪翰抄讫。《挥麈录》上卷末有乾隆辛丑冬至后一日馆生陶绪翰写竟。下卷末有腊月初五日馆生陶绪翰写竟。"缪荃孙《艺风藏书记》卷三，中华书局，1993年，第178—179页。此外，吴翌凤《昆山郡志》抄本六卷题识称该书为乾隆戊戌春借自朱奂，"是岁冬至后四日，督门徒写完"。其中"门徒"或亦为馆生。见瞿良士辑《铁琴铜剑楼藏书题跋集录》卷二，上海古籍出版社，1985年，第98页。缪氏所记两抄书女性，即沈彩（字虹屏，陆烜妾）、张秋月（严元照妾）。女性抄书，叶德辉《书林清话》卷十有一则"女子抄书"，沈津据此条及沈彩、张秋月事写成《书中自有颜如玉：说女子抄书》一文。在此之外，王昶妾许玉珍（一作许玉晨，字云清）亦可增补"女子抄书"："乾隆二十二年九月归于王昶，最勤抄书，手书《般若经》达数十本，刘义庆《世说新语》、郦道元《水经注》、陆游《入蜀记》皆经手书一过。为王昶抄书，每日能十余纸。"见徐侹撰《清代松江府文学世家述考》，上海三联书店，2013年，第653页。女子抄书现象的关注，既可见文人趣味，又可见明清以来女子的文化程度提升与文学女性增加的态势。抄书有别于女红，成为另一种风雅。

皆擅长抄书。饶、丁、夏的雇佣期分别有三、五、十年,则可见抄书是一种职业。《云间韩氏藏书题识汇录》所收数种书籍题识中,提及多种抄书人的不同称呼:

> 崇祯庚子岁,得秦季公抄本,因命家伻录之,时秋尽日也。(《绍兴内府古器评》二卷,冯彦渊题识)

> ……昆山叶文庄公家所藏秘本也。……因倩工抄录之,装潢成帙。(《吴下冢墓遗文》三卷续一卷续编一卷,王闻远题识)

> 戊寅初夏,借得汲古阁毛氏抄本,因令胥抄录一过,虽字迹绘工远逊毛本,然大意不失,尚可见庐山面目。(《理法器撮要》三卷,求是楼主人题识)

> 戊午夏,于苏州胡心耘处见抄本《韩文举正》,纸墨精好……秋中与胡信,属招写手影抄一部。既竣,又从借原本手校一过,见其点画及一切缺笔避讳处悉照原本,方知胡之真能爱书,而其所雇书手亦可谓不负所托者也。记此俾人知此书之源流,兼以劝世之为人抄书者。①(《韩文举正》十卷外集附录,韩应陛题识)

"家伻"能抄录,说明仆人中有写字可观者,而其他"倩工抄录""令胥抄录""属写手影抄",极有可能是就近雇佣抄书人,最后一则题识还点明抄书人有高下之分。

清代抄书手的最大规模汇集,应是在修《四库全书》及誊写七阁书时。据张升的研究,四库馆大约于乾隆三十八年三月开始征召誊录。誊录选取主要有馆臣推荐、投考、从顺天乡试落榜生中选取、通过朝考从贡

---

① 邹百耐纂《云间韩氏藏书题识汇录》,上海古籍出版社,2013年,第39页、48页、112页、123页。

生考选、从召试中选取等途径。四库馆日常在馆誊录大约有716人,其中翰林院四库馆大典处额定为60人,聚珍处誊录额定为10人,缮书处誊录额定为400人,荟要处誊录额定为200人,篆隶及绘图誊录额定为16人,总目处、考证处誊录额定为30人。四库馆前后在馆誊录总数为3000余人。四库馆中誊录人数多,管理中存在的问题也多,其中较严重的是将誊录之名额卖与他人以及请人代抄。① 请人代抄或许造就了当时京城颇有规模的抄书群体。抄书人为官方誊录,也为私家抄写。山东历城周永年入四库馆修《四库全书》,有借官藏书籍之便,"佣书工十人,日抄数十纸,盛夏烧灯校治。会禁借官书,遂罢"②。

明人谢肇淛手抄《谢幼槃文集》时,"京师佣书甚贵,需铨旋邸,资用不赡,乃自为抄写"③。然京师佣书也偶有便宜之时,其事亦与《四库全书》誊写有关:

> 借抄官书,不得过多时日,携归又恐污损。是年因誊写七阁书甫毕,书手闲居京师者甚多,取值特廉。余以提调院事,小史亦有工书之人,拣《永乐大典》中世所罕见而卷帙较略者,分日抄缮。受业生徒十余人亦欣然相助,阅三月而功蒇,巨集则不暇及矣。粗校一过,底本即归大库,其中缺略讹舛极多,卷数与原书亦有不符处,则小史之所为。何日得同志排纂勘阅,补缺删复,勒为成书,亦学士大夫所乐观厥成者也。④

从周永年传记中所及"禁借官书",可见在禁借之前,当有允许借出,《陶庐杂录》中所记,当是借出"大库"中书请众人抄写,然后归还。此外,尚有馆吏利用便利抄书求售之事。丁丙《善本书室藏书志》著录邵晋涵藏旧抄本《东南纪闻》三卷,"'辛丑夏馆吏录副本求售,因留之。癸丑五月,

---

① 张升《四库全书馆研究》第六章"四库馆誊录",第256—257页。
② 桂馥《周先生传》,见《晚学集》卷七,《续修四库全书》第1458册,第703页。
③ 严绍璗《日藏汉籍善本书录》,第1555页。
④ 法式善《陶庐杂录》卷三,中华书局,1959年,第68—69页。

病起,初校阅一过,讹字不可尽乙矣,俟求别本证之'。有'文渊阁校理''邵氏二云''道甫借阅'诸印。阅是跋,可见当时馆吏佣书觅食,所录匪止一书一部也"①。就京城而言,抄书人或有相对固定的聚居区,其情形如同书贾。

抄书作为一种职业

抄书作为一种职业,出现较早。明清两代抄书人更多。清代文人传记中,多有佣书自给或佣书养亲的记录:

> (毕贵生,江苏仪征人)故多隐忧,昼夜佣书给衣食。尝正日作正书二万字而不得废酬酢。②

> (赵魏)家贫无以为食,尝以手抄书数千百卷,以之换米,困苦终身。③

> 吴诞文,字寿昌。……少孤贫,为县吏佣书,日得三十四钱,度可供母便辍笔。④

> (杨世安)行贾三年不返,姚太安人虑其漂泊,屡书促归,乃于郡城佣书,腕力敏捷,又刻自勤苦,昼夜可得数万字,节衣缩食,蓄有微资。⑤

---

① 丁丙《善本书室藏书志》卷二十一,中华书局,1990年,第654页。
② 包世臣《毕成之墓志》,《小倦游阁集》卷二十四,《续修四库全书》第1500册,第586页。
③ 钱泳《履园丛话》卷六,中华书局,1979年,第170页。
④ 李铭皖、谭钧培修,冯桂芬纂《(同治)苏州府志》卷一百六"人物",《中国地方志集成》本,第708页。
⑤ 纪昀《承德郎中书科中书岘亭杨公家传》,见《纪文达公遗集》文集卷十五,《清代诗文集汇编》第354册,第396页。

（毛一诚，字云程，海宁诸生）友于兄弟，以佣书赡其家，数十年不析爨。亲串无力葬亲者，常资助之。①

上引诸人抄书事中涉及抄书效率，"日作正书二万字""昼夜可得数万字"，这是奋笔疾书的记录。据全祖望《抄永乐大典记》记明嘉靖四十一年(1562)重抄《永乐大典》："当时书手一百八十，每人日抄三纸。一纸三十行，一行二十八字。"②则每人每天抄写 2520 字，这是明代官方机构的抄书速度；四库馆誊录的每日抄录字数，据乾隆三十八年的规定，每天一千字，一年扣去三十天，每年共 33 万字；③何绍基擅长书法，"何氏写书，日五千言"④，是明代官方雇佣抄书手的两倍，是四库馆誊录的五倍，自然是又快又好；然若以毕贵生日抄字数比照，则何绍基的抄写或许是"从容不迫"了。对于寒士而言，"佣书授徒"是用其长的选择。若专以抄书为生，每日抄两三千字似难以糊口；而每日二三万字，不是常态。每日抄书八千至一万字很可能是日抄录字数的较高记录。⑤

然佣书的实质，可稍作区分，一部分是泛指随人作雇佣性质的文字工作，包括代撰、校勘、抄书、教书，还包括处理文书之类的杂事。洪亮吉乾隆四十四年、四十五年在京任四库全书馆校雠事，其时诗集即名为《佣

---

① 潘衍桐辑《两浙輶轩续录补遗》卷三，《续修四库全书》第 1685 册，第 299 页。
② 全祖望《抄永乐大典记》，见《全祖望集汇校集注》，第 1071 页。
③ 张升《四库全书馆研究》，第 239—240 页。
④ 郑伟章《文献家通考》，第 810 页。要进一步说明的是，抄写要分一般性抄写、精抄。每日精抄字数自然更少，譬如一书写样雕刻，平均每日或在 700—900 字。具体推算，可参乾隆四十五年(1780)鲍廷博刊刻《南湖集》卷三、卷四、卷五、卷六、卷九后仁和方溥关于抄录字数与时日的题记。见刘尚恒《鲍廷博年谱》，黄山书社，2010 年，第 111 页。
⑤ 宣城李宣范，"五岁孤，奉母走京师，供事内阁，日养母以佣书八千字，冬夜手指僵"。李氏供事内阁，或为清贫的小吏，故要靠抄书来补充。李氏抄书，似为兼职；若专抄书，则字数当过一万。梅曾亮《李尊村墓表》，见《柏枧山房文集》卷十四，上海古籍出版社，2005 年，第 311 页。若不是为谋生抄书，每天大约一千五百字上下。以柳树芳嘉庆二十一年七月连续 9 天抄书的字数来算每天抄书平均字数，所得结果是每天 1216 字；八月二十三日至九月初七有 13 天有抄书字数记录，平均每天抄 1439 字。《柳树芳日记》，苏州博物馆藏稿本。这两条材料皆由博士生张知强提供。

书东观集》。集中有《佣书》一首有句云:"佣书生计尚淹留,并迭吟怀事校雠。"①这类工作,往往是文人游幕无奈下的选择。汪士铎《南北史补志后序》云:"余佣书毕生,数更府主,流离转徙,百无一存。"②其中提及"数更府主",可见不同"府主"都需要像汪氏这样的人来做辅助性工作。为糊口而鬻文,随人俯仰,为人作嫁,与代人抄书之迫于生计正似。

另外一部分则偏向专门抄书,是诸多职业中的一种。袁宏道《珊瑚林》中对此有明确区分:

> 担土人每日担几回土亦获升斗,岂谓无功。若善书写人,为人佣书则力逸而所获倍矣。至于秀才教书,则所获又倍矣。再进而岁贡举人做官,则所获什百倍矣。又上而甲第游宦,则相去不啻万倍矣。③

因为是穷愁境况下的选择,佣书与授徒往往连带叙说。有研究者指出清代江南乡村塾师普遍较为贫困,兼有耕田、出卖书画、业医、说媒、算命、看风水等副业,作为收入补充。④ 其实,为人抄写书籍也是一种副业。方苞为戴名世集撰序有语云:

> 吾闻古之著书者必以穷愁,然其所谓穷愁者,或嘉遁不出,仕宦而中跌,名尊身泰,一无所累其心,故得从容著书以自适也。自科举之法行,年二十而不得与于诸生之列,则里正得而役之,乡里之吏鞭笞行焉。又非贵游素封之家,则所以养父母蓄妻子者,常取足于佣书授经,窘若囚拘,终身而不息,尚何暇学古人之学而冀其成耶?故士穷愁则必不能著书,其事若与古异,而以理推之,则固无足

---

① 洪亮吉撰,刘德权点校《洪亮吉集》,中华书局,2001年,第471页。
② 二十五史刊行委员会原编《二十五史补编》,中华书局,1956年,第6175页。
③ 袁宏道《珊瑚林》卷下,《续修四库全书》第1131册,第35页。
④ 蒋威《清代江南乡村塾师与地方社会》,中国社会科学出版社,2019年,第68页。

怪也。①

在清人的表述中,佣书不尽指抄书,有时或包含授徒一事,然结合上下文判断,前文所列毕贵生、杨世安事,自是抄书。张永铨在《赠王生序》中对佣书、授徒二业有明晰区分。王允泰读书于书院中,然至书院讲期与试期,或至或不至,故被张永铨责问:

> 曰:"子既刻苦以为学,而时作焉,时辍焉,毋乃不可乎?"王生曰:"匪敢然也。生之家有八口矣,日营其麦菜以给之,始能出就塾,故或辍也。"曰:"子何所入以给之?"曰:"为佣书。"余曰:"士也而佣书为乎?"王生曰:"不得已也。生本幼孤,少时曾读书,授室后,儿女日多,家无立锥,因弃举业,佣书以糊口,而心未尝不慕读书也。去年秋应童子试,学使陈公拔生名第五,游于庠,生既为诸生,不欲佣书于人,则家之八口遂饥,故不得已,又为之。"余曰:"子曷不就馆谷以资生?"王生曰:"曾有聘生为塾师者,生自揣吾学未至,何敢悮人子弟? 故辞之也。"余闻言,正襟起曰:"有是哉,子处万不得已之境,而能不自欺其心乎哉? 夫塾师之与佣书孰贵孰贱,孰劳孰逸,虽愚者亦能辨之,乃子则宁居乎贱,宁就乎劳,不敢慕贵而耽逸,以误人子弟也。"②

授徒与佣书为两种职业,在张永铨眼中有贵贱、劳逸之别。然二业亦可兼为之,授徒之暇可佣书,王命岳《家训》中谈到他"教读之余,并日夜佣书,日可得七八分,糴米供亲"③,洪亮吉《生计篇》论及士农工商生计:"农工自食其力者也,商贾各以其赢以易食者也,士亦挟其长佣书授徒以

---

① 戴名世撰,王树民编《戴名世集》"附录",中华书局,1986年,第451页。
② 张永铨《闲存堂文集》卷一,《四库未收书辑刊》第8辑第21册,第407页。张永铨(1639—?),江南华亭人。
③ 王命岳《家训》,见贺长龄、魏源等编《清经世文编》卷六十"礼政七·家教",中华书局,1992年,中册,第1517页。此据光绪十二年思补楼重校本影印。

易食者也。……士佣书授徒所入,日亦可得百钱。"①对于寒士而言,为人抄书或者抄书出售,或许是维持生计的最后选择,"学道无方能辟谷,谋生何计且佣书"②,这一选择多少能保持"君子固穷"的本色,故有终身以抄书为业者:"谋生徒手只拈毫,少小佣书到二毛。辛苦百年谁是证,成凹铁砚示儿曹。"③

如前所述,抄书在清代是一种常见的谋生职业,而其报酬如何,书手与雇主间如何交易,所抄书籍来自何处?目前所见,以光绪年间的记录较多,此前记录稍少。咸丰年间的一例是胡珽请人抄录《释氏稽古略》四卷续集三卷,"两阅月而竣事,计字七万一千八百有奇,每千易杖头之数,共易青蚨七贯有奇"④。叶昌炽光绪年间的日记记录了许多他与抄书人书籍、银钱往来的信息,藉此可更生动地还原其中委曲:

(光绪二年五月廿九日)小苏丈来缴所抄吴邑志,亦借自罟里瞿氏。⑤

(同年七月初六日)陆康伯来缴所抄《稽瑞》。此书极鲜传本,今泖生、苾卿各录一副,流布渐广矣。⑥

(同年十二月十八日)康伯来缴所抄吴邑志,继以《续复古编》。⑦

---

① 洪亮吉《生计篇》,见《卷施阁集》文甲集卷一,《清代诗文集汇编》第 413 册,第 380—381 页。
② 严元照《寓楼书怀》,见《柯家山馆遗诗》卷二,《清代诗文集汇编》第 508 册,第 578 页。
③ 朱颖《临池示椿儿》,《秋蝉吟草》卷四,《四库未收书辑刊》第 10 辑第 27 册,第 568 页。
④ 陈先行,郭立暄编著《上海图书馆善本题跋辑录》,第 482 页。
⑤ 叶昌炽《缘督庐日记》第 1 册,第 148 页。
⑥ 叶昌炽《缘督庐日记》第 1 册,第 153 页。
⑦ 叶昌炽《缘督庐日记》第 1 册,第 165 页。

(光绪四年十二月廿七日)柬心斋,归书目抄费(洋两元钱八百七十二文)。①

(光绪五年十月十八日)心吾来缴沈君所抄《澹生堂书目》,全部润笔计不逮五元。②(补:本年七月日记有《澹生堂书目》借还记录,从"硕庭"处借,先借前三册,后借另四册。第256页。)

(同年十一月十一日)得于皋柬,《左传补注》抄竣,合洋陆元。③(补:此书从"翼甫"处借。第273页。)

(同年十二月廿七日)得心吾柬,《张忠烈公集》抄竣,润洋两元零。④(补:此书有十二册。)

(光绪六年正月十五日)柬胡心斋,托抄《归愚集》。⑤(补:此书从"绂卿"处借。)

(光绪八年二月十五日)致心吾书,属抄王子雍《易注》等书。⑥

(同年二月十八日)袁仰云来,《方言疏证》抄竣,计洋六元钱一百文。⑦(补:此书从"郎亭"借,二册。)

(同年四月三十日)新吾来交节抄《玉函丛书》二种,复付《春秋》

---

① 叶昌炽《缘督庐日记》第1册,第236页。
② 叶昌炽《缘督庐日记》第1册,第267页。
③ 叶昌炽《缘督庐日记》第1册,第269页。
④ 叶昌炽《缘督庐日记》第1册,第272页。
⑤ 叶昌炽《缘督庐日记》第1册,第273页。
⑥ 叶昌炽《缘督庐日记》第1册,第330页。
⑦ 叶昌炽《缘督庐日记》第1册,第330页。

《礼记》《论语》《孝经》,子部儒家计五本(从苇卿处共借九本,余四本皆抄竣)。润笔四百廿文,属新吾垫付。①

(同年七月初四日)新吾前日来,《方言疏证》抄好一册,计五卷,六万二千二百七十一字,先付洋两元。(另有余款百余文。)②

(光绪九年四月初四日)新吾经手抄《秘书志》两本,合五万六千一百四十八字,又纸费一百廿一文。③

(同年五月十七日)新吾来,携去笔蚨三元。④

(同年六月初一)新吾处抄件计竣,《天禄琳琅》五册,《徐兴公书目》一册,《秘书监志》两册。先后付洋五元余钱一百九十文。⑤

(光绪十年十二月初七日)新吾抄《乾象新书》一册,洋五元。印若经手八册,四元。⑥

综合以上零碎记录,大致可作以下总结:

其一,作为藏书家、学者的叶昌炽在自己抄书之外,还出钱请人抄书。所请抄书人有"小苏丈"、陆康伯、"于皋"、胡新吾等多人,合作时间较长的是胡新吾。

其二,从往来记录来看,叶昌炽时与抄书人书信往来,可见所居之地,不在一处。抄书人领书回家抄写,抄竣之后送交。抄书作为职业,并

---

① 叶昌炽《缘督庐日记》第1册,第337页。
② 叶昌炽《缘督庐日记》第1册,第342页。
③ 叶昌炽《缘督庐日记》第1册,第364页。
④ 叶昌炽《缘督庐日记》第1册,第367页。
⑤ 叶昌炽《缘督庐日记》第1册,第368页。
⑥ 叶昌炽《缘督庐日记》第1册,第424页。

未有开店设铺的固定性。这或许是抄书的一种职业特征。

其三,叶昌炽请抄书人抄写之书,多从其他藏家处借得。从日记中其他记录来看,抄完之后,叶还要校对,然后归还原书。

其四,从"吴邑志"、《澹生堂书目》《方言疏证》的抄写记录来看,叶昌炽请人抄书,不是一次将书全部交付,尤其是册数较多且珍稀之书。藏书家之间相互借抄书籍亦往往如此。①

其五,抄书人交所抄之书,雇主结算抄书报酬。按字数计酬,纸钱另算。

其六,至少从叶氏所记来看,抄写本的价格比较贵,若一抄书人有叶昌炽之类的主顾,且能持续,抄书作为一种职业,酬金似在塾师之上。

其七,叶昌炽请人抄录的书籍,除自己收藏、利用外,还将其中部分刊刻(附录未列出),如光绪三年托缪荃孙将《续复古编》带四川刊刻,光绪八年将所抄《左传补注》在苏州写样,在福建刻板印刷。

皮锡瑞日记中亦有不少与抄书人打交道的记录,所抄书性质与叶昌炽日记中所记不同。如光绪十九年日记有:

(二月初五)杨绍陆有志著书、刻书,甚善,予以抄书人荐之。②

(八月廿一日)清理诗稿,拟删定,顾人抄一本,一儿誊录。蔡姓携骈文一卷,使归抄。③

---

① 前文曾提及抄写周必大集之事,金檀《文瑞楼藏书志》中著录周必大《益国公全集》二百卷抄本三十三册,有题识云:"余友宋子蔚如酷嗜益国公集,遍阅娄东旧家,有未全之本,辄自借抄。闻吴门王莲泾先生藏有善本,遂同钱子方蔚往谒,并携残本就校,莲泾始有难色,盖初见也。追恳之再四,先生念其诚笃,遂付二册,订期早还。宋子寓于郡邸,悉心亟校,连复数次,不违时刻。莲泾始知其为好学之人,就假数种,仍约时日,宋子携归抄就,复亲往缴还,又易下半部抄竟,往返六阅月也。"见《文瑞楼藏书志》,南京图书馆藏抄本。三十三册的抄本乃数次借还、累积抄写而成。这则史料由吴钦根提供。
② 皮锡瑞《皮锡瑞日记》,见《皮锡瑞全集》,中华书局,2015年,第135页。
③ 皮锡瑞《皮锡瑞日记》,第212页。

(八月廿七日)校所抄书数十纸。所抄者皆不佳,不如前唐姓远甚。①

(十月廿五日)君华送来族人所抄书,甚佳,此书可包彼抄矣。②

(十一月十日)谭介林寄到所抄《尚书》三卷,覆校一过。③

又光绪二十年日记:

(三月十七)(周氏)带一抄书人袁姓同来,予以《大传疏证》使抄一过,未知何月蒇事。④

(四月廿九)袁小村以所抄《大传疏证》来取钱,计十五万字有零,共钱九千。以《孝经疏》使其接抄。⑤

(八月十五日)校《孝经疏》四纸,及袁小村所抄各种。⑥

据以上摘录,可略作总结:

其一,皮锡瑞周边的抄书人有唐姓、蔡姓、谭介林、袁小村及"君华族人"⑦。抄书人虽不多,但有一个松散的群体。

其二,抄书似是一种不稳定的职业,他们帮皮氏抄书,多有人介绍;皮氏某书抄毕,暂时无他书可抄,则又向他人推荐,如推荐唐姓及袁

---

① 皮锡瑞《皮锡瑞日记》,第213页。
② 皮锡瑞《皮锡瑞日记》,第220页。
③ 皮锡瑞《皮锡瑞日记》,第224页。
④ 皮锡瑞《皮锡瑞日记》,第394页。
⑤ 皮锡瑞《皮锡瑞日记》,第407页。
⑥ 皮锡瑞《皮锡瑞日记》,第457页。
⑦ "君华族人"不知是否就有前列中某一位。

小村。

其三，皮氏请人抄书，主要是自己的诗稿、骈文集及经学著作，应是据皮氏手稿抄录。抄手边抄边送，皮氏又校订这些抄录稿，为刊刻作准备。皮氏此举，与藏书家得一珍本雇人抄写略有不同，但无疑在版本形态上或书籍生产中产生出一种手校抄本。

抄书人以及抄书现象的存在，表明作为主流书籍生产方式的雕版印刷并不能满足社会多样化的书籍需求。首先，雕版印刷，印数有限；其次，一种书籍即使有印本，也没有可能保证潜在的读者都能得到；再次，对较多需求而言，雕印书籍的成本毕竟比抄写的成本要高出许多；最后，清帝国有庞大的读书人群体，且下层文士众多，科举不断储备了读书人才，也训练了正楷书写的能力（抄书人又有"楷书生"之称），[①]关键的是，他们是便宜的劳动力。鲁迅笔下的孔乙己便是其中一员。清代抄本书籍是一种文化商品，欲探求其内涵，必须看到这类书籍赖以存在的脉络，尤其是社会中的抄书人以及推动抄书的人。

职业之外的抄书

在职业的抄书人之外，还有一些抄书参与者。在藏书题识中，时有提及某人抄书、众友人助抄之事。

> 时康熙六十年岁次辛丑仲秋，同钱枚、方蔚、周诵芬、顾夏珍抄阅。[②]（宋宾王《秋崖先生小稿》八十三卷题识）

[①] 科举考试中乡试的誊录，也培育了一大批抄书人。陆以湉有一则笔记："浙人乡试，每以金贻誊录手之善书者，潜递关节，属其誊录，朱色鲜明，字画光整，易动阅卷者之目。……此风始自绍兴人，沿及诸郡。道光丙午秋试，士子一万一千余人，其不购誊录者只三千余卷，仅得售三人。"一万多名考生的试卷，意味有相应的大量抄书人。这些人，在考试誊录结束后，或有转入抄书行业。陆以湉《冷庐杂识》，中华书局，2007年，第418页。

[②] 瞿良士辑《铁琴铜剑楼藏书题跋集录》卷四，第277页。

> 乾隆乙酉九月十四日，传瓶花斋本，分手抄录，一日而毕，为之大快。①（鲍廷博《宁极斋稿》一卷《慎独斋稿》一卷题识）

> 予抄是书，在乾隆辛巳之春，维时丞于成书，友人二严昆季、姚君竹似、潘君德园（庭筠）、郁君潜亭（礼），俱踊跃助予，手抄录成。②（鲍廷博《南宋群贤小集》二十四卷题识，此书借抄于汪氏振绮堂主人）

合力抄书的背后，当然有一个小的趣味相投的爱书人群体。抄书促进了彼此的粘合，也为即将诞生的抄本铺垫了进一步传播的网络。抄书之事，有时亦可请所授生徒协助。《古文苑》影抄宋本九卷，有孙岷题识："辛巳夏，同陆敕先假归，分诸童子，三日夜抄成。"③《宾退录》影宋抄本十卷，有何焯康熙癸丑年题识，称从汲古阁借得孙研北传抄本，"属学徒金生俨深补抄"④。

作为一种职业的抄书，就其劳作本质而言，近似于男耕女织；然抄写因其文化内涵，毕竟有异于耕织之处，笔耕本来便与佣书相联系，⑤这种"耕砚田"的抄写，出现在清代诗歌中，在回顾时被文化传统润泽外，也被赋予一种山林气。

> 同学凋零尽，惟君七十余。白头仍健饭，清夜亦抄书。老友长

---

① 鲍廷博撰，周生杰、季秋华辑《鲍廷博题跋集》，第166页。
② 鲍廷博撰，周生杰、季秋华辑《鲍廷博题跋集》，第258页。
③ 瞿良士辑《铁琴铜剑楼藏书题跋集录》卷四，第307页。
④ 严绍璗《日藏汉籍善本书录》，第1137页。
⑤ 笔耕与佣书的文化积淀，可见《文选》卷三十八任昉《为萧扬州荐士表》中所说王僧孺"既笔耕为养，亦佣书成学"，李善《注》："《东观汉记》曰：班超家贫，为官佣写书，投笔叹曰：丈夫独不效傅介子，立功绝域之地以封侯，安久笔耕乎？《东观汉记》：耕或为研。范晔《汉书》曰：班超为官佣书以供养。《吴志》曰：阚泽，字德润，会稽人。家世农夫，至泽好学，无以资，常为人佣书，以供纸笔。所写既毕，诵读亦徧。"见萧统编，李善注《文选》，上海古籍出版社，1986年，第1744—1745页。此处强化叙说，由许佩铃提示。

> 相忆,荒江无定居。劝予归隐好,何处有田庐。①(方文《枞川访圣羽兄》)

> 长贫废学两如初,敢比柴门挽鹿车。只有斯人知我意,不关生计日抄书。②(翁方纲《自题竹泉图四首》其二)

宋以后诗歌中关于读书之事的叙写明显增多,至明清,进一步分化为各种具体意境,"清夜抄书"似成为与尘俗保持距离的生活方式;而"呵冻抄写",又是文士清贫风貌的写照。

> (谢肇淛抄《谢幼槃文集》)……时方沍寒,京师佣书甚贵……乃自为抄写。每清霜呵冻,十指如槌。几二十日,始克竣帙。藏之于家,亦足诧一段奇事也。③

> 余念昔吾乡冯巳苍昆仲闻寒山赵氏藏有宋椠本《玉台新咏》,未肯假人,尝于冬月挈其友,舣舟支硎山下,于朔风飞雪中,挟纸笔,袖炊饼数枚入山,径造其庐,乃许出书传录。堕指呵冻,穷四昼夕之力,抄副本以归。④

"呵冻抄写"之事屡在诗文中出现,所显现的抄写热衷,或与明中叶以后的好古之风有密切关系。

清代盛传的书林韵事,除了王士禛的"慈仁寺购书"和"还乡载书"外,

---

① 方文《嵞山续集》卷三,《清代诗文集汇编》第38册,第613页。
② 翁方纲《复初斋诗集》卷四十九,《清代诗文集汇编》第381册,第450页。
③ 严绍璗《日藏汉籍善本书录》,第1555页。
④ 黄廷鉴《读不知足斋赐书图记》,见《第六弦溪文抄》卷二,《清代诗文集汇编》第475册,第294页。李文藻乾隆十七年二十三岁时,获知书贾刘雪友有《海岱会集》抄本而不肯外借,李氏为买一裘始许录副。时值深冬严寒,李氏呵冻抄录,并作《海岱会集跋》。见李国宣《李文藻编年事辑》,《中国典籍与文化论丛》第18辑,凤凰出版社,2017年,第246页。

还有朱彝尊的"雅赚"和"美贬"的抄书故事。陈康祺《郎潜纪闻初笔》云：

> 竹垞先生嗜书若命，典试江左时，绛云已烬。闻牧斋族子（孙）钱遵王撰《读书敏求记》，载宋板元抄次第完阙甚备。撇棘，求一见之，秘不肯出。乃置酒召诸名士高谦，遵王与焉。私以黄金及青鼠裘赂其侍史，启篋得之，招藩署廊吏数十人于密室，夜半写毕，并录得《绝妙好词》。时人谓之"雅赚"。又先生直史馆日，私以楷书手王纶自随，录四方经进书。掌院牛钮，劾其漏泄，吏议镌一级，时人谓之"美贬"。噫！翰林官以是左迁，视今之废书不观，滥跻华要者，荣辱何如！①

> （予）中年好抄书，通籍以后，集史馆所储，京师学士大夫所藏弆，必借录之。有小史，能识四体书，间作小诗慢词，日课其传写。坐是为院长所弹去官，而私心不悔也。②

> 予入史馆，以楷书手王纶自随，录四方经进书。……夺侬七品官，写我万卷书。或默或语，孰智孰愚？③

> （抄钱曾《读书敏求记》事）绛云未烬之先，藏书至三千九百余部。而钱遵王此《记》凡六百有一种，皆纪宋版元抄及书之次第完阙古今不同，手披目览，类而载之。牧翁毕生之菁华萃于斯矣。书既成，扃置枕中，出入每以自携。灵踪微露，竹垞谋之甚力，终不可见。竹垞既应召，后二年，典试江左，遵王会于白下。竹垞故令客置酒高谦，约遵王与偕。私以黄金、翠裘予侍书小史，启镭，预置楷书生数十于密室，半宵写成而仍返之。当时所录，并《绝妙好词》在焉。词

---

① 陈康祺《郎潜纪闻初笔》卷十二，中华书局，1984年，第259—260页。
② 朱彝尊《鹊华山人诗序》，见《曝书亭集》卷三十九，《曝书亭全集》，第448页。
③ 朱彝尊《书椟铭并序》，见《曝书亭集》卷六十一，《曝书亭全集》，第615页。

既刻,函致遵王,渐知竹垞诡得,且恐其流传于外也。竹垞乃设誓以谢之。竹垞既重违故人之命,而又惧此书之将灭没也,莫年始一授族子寒中。①

朱氏的两则抄书故事,前一超然洒脱,后一略有传奇性质,或有虚构成分。② 两则故事中皆有抄书人,后一则中"预置楷书生数十于密室",戏剧性表述中也可见其时有抄书人群体。抄书的氛围是书籍皆处于较封闭的收藏之中,或是史馆所藏,常人不得寓目;或是"扃置枕中",秘不示人。抄写使得这些少见或稀见之书脱离封闭状态,以抄本或进而以刻本形式重现,就《读书敏求记》而言,自朱氏抄出之后,就有石门吕氏抄本等多种抄本,以及赵氏新刊本,故吴焯在雍正二年撰《读书敏求记》题识中指出:"晚年稍稍传出,江南旧家间有之。"③

抄书在融入读书人的日常生活之后,发挥诸多切实功用之外,还有另外一种发展趋向,被赋予些许风雅内涵,渐出现象征意义或审美意味。这一趋向如同前文提及的"门前新到卖书船"一样,说明与书相关的实践活动正在为文化景观添加丰富而有韵致的细节。

五、抄读与日课及书籍生产

抄读与读书

读书之法,有诵读、默读,亦有抄读。孙德谦尝论抄读为读书良法:

---

① 康熙五十六年吴焯《读书敏求记》题识,见钱曾原著,管庭芬、章钰校证,傅增湘批注《藏园批注读书敏求记校证》,中华书局,2012年,第472页。

② 藏书家宋顾乐(1695—1723)乾隆五十一年撰《梦晓楼随笔》序云:"抄书可以解忧,可以乐饥,此物此志也。家人以客来告,则急俯首摇笔疾书,若弗闻,至加诟詈而去。余益喜,反以为消遣之法,莫妙于此矣。"这段有自传性质的文字,颇有自我刻画与塑造的意思。见蒋寅《清诗话考》,中华书局,2005年,第312页。

③ 钱曾原著,管庭芬、章钰校证,傅增湘批注《藏园批注读书敏求记校证》,第473页。

"盖人当抄书时,心神凝聚,字字不轻放过,而加以思索,入之既深,此书烂熟于胸中,其于书之义理,必能融会而贯通,此抄书之所以大有裨于读书也。"①抄读是一种特别的体会方式。清代江苏太仓金兰(字友芬)训子弟语与此说近似:"凡人多作文,不如多读书,而多读书更不如抄也。盖多抄则事迹熟而义明。无他,心静故耳。"②孙氏举《南齐书》沈驎士年过八十犹抄书,以及《颜氏家训》中臧逢世年二十余抄《汉书》,以示抄读之法,古已有之。然孙德谦似未留意元代程端礼对抄读之法与经典的学习以及日课已有安排布置:

> 《大学章句或问》毕。
> 次读《论语集注》。
> 次读《孟子集注》。
> 次读《中庸章句或问》。
> 次抄读《论语或问》之合于《集注》者。
> 次抄读《孟子或问》之合于《集注》者。
> 次读本经。③

"读"与"抄读"已有区分。"读本经"之下,依次列出"治《周易》抄法""治《尚书》抄法""治《诗》抄法""治《礼记》抄法""治《春秋》抄法",其中抄读《诗经》之法是:

> 治《诗》抄法:先手抄《诗》全篇正文,读之,别用纸抄诗正文一章,音义、协音并依朱子。次低正文一字,抄所主朱子《传》。次低正

---

① 孙德谦《古书读法略例》,广西师范大学出版社,2006年,第146页。
② 转引自叶瑞宝《苏州藏书史》,江苏古籍出版社,2001年,第394页。张佩纶在光绪十八年五月十一日日记记录抄黄景仁诗事:"余十八游海陵,从载之得两当轩诗,爱不忍释手,抄全集,半月而成,诗笔顿进,其后抄本为八弟取去。"张佩纶著,谢海林整理《张佩纶日记》,凤凰出版社,2015年,第469页。
③ 程端礼《程氏家塾读书分年日程》卷一,《四部丛刊》本,第10—11页。

文一字,节抄所兼用古注疏。次低正文二字,附节抄陆氏《音义》。次低正文二字,节抄《朱子语录》《文集》之及此章者。次低正文三字,节抄辅氏《童子问》,及鲁斋王氏《诗疑辩》,及诸说精确而有裨朱子《传》者。每段正文既抄诸说,仍空余纸,使可续抄,其诗小序,及朱子所辩,附抄每篇之末。其读诗纲领,及先儒诸图,抄首卷。读法:其朱子《传》及所节古注疏,并依读四书例,尽填读经空眼簿,如前法,其所附抄,亦玩读其所当读者,余止熟看参考,须令先读朱子《传》毕,然后读古注疏,其古注疏及朱子《传》训诂指义同异,以玩索精熟为度,异者以异色笔批抹,每篇作一册。①

程端礼将"抄法""读法"与"填读经空眼簿"结合,从而使得日常的抄读形成一种较有计划的日课。《读书分年日程》所倡导学习之法,因其切实可行,故在清代一些书院被用作"学习指南",钱仪吉主讲广东学海堂时,"课诸生为专经之业,定季课章程,分句读、评校、著述、抄录四式,粤士多所成就"②。抄录是与其他方式相配合的有效学习方式。

顾炎武《抄书自序》中言及先祖以抄古书数纸为日课之事:

> 自炎武之先人,皆通经学古,亦往往为诗文,本生祖赞善公文集至数百篇,而未有著书以传于世者。昔时尝以问诸先祖,先祖曰:"著书不如抄书。凡今人之学,必不及古人。今人所见之书之博,必不及古人也。小子勉之,惟读书而已。"……(先祖)自言少时日课抄古书数纸,今散亡之余,犹数十帙,他学士家所未有也。③

将读书、校书、抄书作为日课,是文士锻炼自己毅力、培育恒心的一种进修方式,就抄书而言,如此日积月累,必有可观。吴翌凤"无力购书,往往

---

① 程端礼《程氏家塾读书分年日程》卷一,第12页。
② 钱泰吉《曝书杂记》卷下,第69页。
③ 顾炎武《亭林文集》卷三,见《顾炎武全集》第21卷,第79页。

从人借得,露抄雪纂","平日以抄书为课程"①。浙江钱塘瞿世瑛,"手抄罕见古书以为日课,积数十年几得千册",咸丰六年手订《清吟阁书目》四卷,有名人抄本792种,批校刊本、抄本475种,影宋元抄本30种。②王闿运自定"每日抄书之课",据《湘绮府君年谱》:"始叹先辈精专,虽遭滇沛犹不辍业,乃定每日抄书之课。适得宋版《玉台新咏》,因影印之。……自是日必抄书,道途寒暑不少辍。五十年中,书字以万万计,盖自两千年以来学人抄录之勤,未有盛于府君者也。"③有自定的"课例",包括读书、整书、抄书、为文。叶昌炽在同治九年十一月的日记中自定"课例","单日理经史百家,双日攻帖括,晨临篆隶,夜作抄胥"④。光绪二年五月廿四日日记云:"近午前自抄《石湖志略》两叶,灯下抄《寒山志》一叶,以为日课。"⑤此一抄书日课稍早已开始,五月初三日日记中已有开始抄《石湖志略》的记录,五月二十日开始抄赵宧光《寒山志》,"其书虽山志,而所记皆一人一家之事,以世无传本且卷帙不多,故录而存之"⑥。坚持抄写,至闰五月初九,日记有"抄《石湖志略》毕,续抄《文略》"⑦。至五月二十日,《寒山志》抄毕,至七月初八日,抄《石湖文略》毕。从叶氏日记所记,知其同时抄两种书,作为日课,或许为了调节,两书交替抄写。这种形式的抄书日课,目前仅见此一例。

清人读书、校书,时会在卷册中留下日记性质的题识,近似"日课"。

---

① 叶德辉《书林清话》卷十,第245页。
② 郑伟章《文献家通考》,第925页。
③ 王代功编《湘绮府君年谱》,《北京图书馆藏珍本年谱丛刊》第178册,第123—124页。张舜徽评曰:"王氏一生治学虽勤,要其归不外以抄书为注书,以翻史为读史。如抄《尔雅》即为《尔雅集解》,抄《墨子》即为《墨子注》。推之为群经作注笺,莫不如此。……若《墨子注》但录正文,不见注语。谓之抄《墨子》,可也。"抄书与著述的关系,于此可见。见张舜徽《清人笔记条辨》,辽宁教育出版社,2001年,第337页。
④ 叶昌炽《缘督庐日记》第1册,第6页。
⑤ 叶昌炽《缘督庐日记》第1册,第148页。
⑥ 叶昌炽《缘督庐日记》第1册,第148页。
⑦ 叶昌炽《缘督庐日记》第1册,第149页。

抄录所成之书中亦有此类记录,《金石录》三十卷有吕留良子吕葆中(无党)①抄写本,吕氏有多则题识:

> 壬午八月诸弟及儿子入场,余于寓所抄得《金石录》二卷。因思闱中万三千手,使皆为余抄未见之书,岂非快事。无党记。(卷三)
> 壬午八月十二日,雨窗。(卷五)
> 八月二十六日夜。南阳吕公(白文)。(卷七)
> 壬午十月望日录,连日苦雨。(卷九)
> 壬午十月借抄《金石录》,时方北行,止抄此十卷,南还当续笔,即望雨中记。无党手抄。(卷十朱文)
> 腊月廿一日霰,涸池捕鱼而雨水复满,无功。(卷十三)
> 癸未十二月廿二日抄。观稼(白文椭圆)。(卷十五)
> 腊月廿三日黄昏。(卷十六)
> 二十五日抄,是日捕鱼颇多。(卷十七)
> 癸未十二月廿七日灯下录毕。是日雨。吾研斋(朱文)。(卷十八)
> 癸未腊月四日往清溪,六日从清溪还,录毕此卷,小舟觥觥,字画倾敧。(卷二十)
> 十二月十日。吾研斋藏书记(朱)。(卷二十一)
> 癸未十二月十三日命工吕建侯造日离海砚成,试笔书此,甚乐。无党手抄(朱)。(卷二十二)
> 癸未冬甚暖,十二月十九日乍作风霰,颇栗烈,抄毕是卷。(卷二十三)②

吕葆中自康熙四十一年八月至康熙四十二年岁尾抄《金石录》,题识中在时序更替中纳入了日常生活琐细,使得抄书的日课不再单调枯燥,灯下、

---

① 吕葆中,字无党,藏书室名吾研斋。葆中弟甫中,字无咎。吕氏家族藏书印有"吕氏藏书""御儿吕氏明农草堂""南阳讲习堂印""无堂手抄"等。
② 傅增湘《藏园群书经眼录》,第489—490页。

雨窗、舟中、旅舍,皆有诗意,尤其是"闱中万三千手",应是浙江乡试应试人数有一万三千之众,幻想以如此人数抄未见书,以及"小舟觥觥"中抄写"字画倾欹",乃诗人之语,似有其父吕留良"金陵半载坐抄书,户外峰峦画不如"之遗韵。① 今所见吕葆中抄本有数十种之多。②

当然,这种日课是否能坚持较长时间,能否严格实行,因人而异;然在家庭之中,时见其执行落实的片断记录。上文曾提及老师嘱生徒协助抄书,其中或许也有藉此锻炼其读写能力的考虑,而课读子孙的抄书安排更能显出日课中原本就有抄书之法。宋本《圣宋名贤四六丛珠》一百卷有明写本,明人王宠跋云:

> 书内分种类十六,宏博富丽,颇堪浏览……因从吴从明宗丞家借得,命儿女辈抄之,以作每日字课。余偶得暇,亦间为书写,斯亦家庭中之一乐事与!③

王宠命儿子女辈抄百卷大书作"每日字课",亦可兼习音韵、典故、造句、结构等。此法莫友芝在《初白庵诗评》题识中亦提及:

> 近日子弟为诗文,苦不得门径者,或取老辈点勘过大家集子及子、史,令其迻抄,每有悟入处。此等事不关根柢,通人所嗤,然以启发中材,为益不细。④

---

① 吕留良《得孟举书志怀》,见《吕晚村诗》。
② 吕葆中所抄书有《金石录》三十卷、《小畜集》三十卷、《小畜外集》七卷、《清江三孔集》三十卷、《栟榈集》二十卷、《圭塘小稿》十七卷、《藏春诗集》六卷、《楚国文宪公雪楼程先生文集》三十一卷等。
③ 傅增湘《藏园群书经眼录》,第1527页。
④ 莫友芝撰,张剑整理《宋元善本书经眼录》附录卷一"书衣笔识",中华书局,2008年,第150页。卢文弨亦有类似之举。乾隆三十一年,卢文弨借得惠栋《春秋补注》,"课两儿分抄,不解文义,舛讹者半。儿子师江阴朱与持(黼)略为正之"。韦力《芷兰斋书跋初集》,国家图书馆出版社,2012年,第258页。

文人命晚辈抄书的风气，明代已有不少记载，清代则更多，如董熜从姚薏田得何焯手批本《石刻铺叙》二卷，然"苦目昏不能书，因命从子兆元录其正文，自加磨对，并写何先生批点"①，朱文藻从鲍廷博借得影抄宋本《李侍郎经进六朝通鉴博议》十卷，"属儿子运复影抄后半册，而自为抄其前半册"②。翁栻康熙二十九年从徐乾学处借得《绍陶录》二卷，"命炳、棪两儿录得一本"③，《玉山草堂雅集》有翁栻康熙五十年题识："从郡城顾维岳先生借得，命孙绍增全之，前后计历数年矣。"④协助翁栻的抄书人已从子辈到孙辈，世代绵衍中，有书香传续。钱仪吉撰《南朝会要》，今存其精楷手录本，"其非自录者，为其长子妇李介祉、仲女远芩、侍人姚靓分抄，亦经先生校定"⑤。从姓名推测，姚靓似为女性，则有三位女性协助抄录著作。家族性抄书行为往往寓有特别意义，似乎不是单纯的练习性质的日课。

抄读与著述

《程氏家塾读书分年日程》所指示的抄读法，如前引《诗经》抄读法，其中已包涵一种掂量轻重、分别先后的编辑"凡例"，可视为著述方式之一，丛书中多有此类书籍，《四库全书》史部"史抄类"汇集了"博取约存、亦资循览"的书籍。张佩纶光绪十五年二月二十九日日记所录，述及辑录成书、抄胥抄录、凡例拟定等问题，可见从抄录到著述的运作轨迹。

  余在塞上欲辑旧《晋书》，恐已有辑之者（马竹吾有目无书），略具体例而未果。昨与晦若商之，晦若为考近人书目，均无之，因拟改辑旧书为新《晋书》作注，搜罗稍博，暇取唐宋类书及《三国志》《宋书》《水经注》《世说新语注》《文选注》之类，命抄胥集为长编，再议其

---

① 瞿良士编《铁琴铜剑楼题跋集录》卷二，第115页。
② 汪璐辑《藏书题识》卷一，上海古籍出版社，2009年，第24页。
③ 瞿良士编《铁琴铜剑楼题跋集录》卷二，第73页。
④ 李盛铎注，张玉范整理《木樨轩藏书题记及书录》，第363页。
⑤ 陈立行、郭立暄编著《上海图书馆善本题跋辑录》，第265页。

详例焉。①

无论从目录著录,还是诸如张佩纶等人的个人记录来看,抄撮而成的书籍在古代文献中占有不小的比例。章学诚曾指出书抄的"史抄"在宋代以后书籍中占一席之地的缘由:

> 嗣后学术,日趋苟简,无论治经业史,皆有简约抄撮之工;其始不过便一时之记忆,初非有意留青;后乃父子授受,师弟传习,流别既广,巧法滋多;其书既不能悉畀丙丁,惟有强编甲乙;……其书有经有史,其文或墨或儒,若还其部次,则篇目不全;若自为一书,则义类难附。凡若此者,当自立书抄名目,附之史抄之后,可矣。②

章氏所涉及的以抄撮为主的书籍,既包括各种选本、汇注本,也包括诗话。查检蒋寅《清诗话考》中"清诗话经眼录"所录464种诗话中,以抄撮为主、略以己意贯串引申的诗话至少有27种。这些书籍,正如章氏所言,"初非有意留青",之所以抄写,只是保持一种阅读习惯,或备遗忘,或纯为消遣时日的手段。如张昶《说诗诗话》道光九年自序:"己丑徂暑,于养疴之余翻阅书籍,见人说诗之话与典故之可入诗者,随意抄录。"③这类较随意的书籍,并非严格意义上的"著"或"述",而是清代文士读书生活的留存与印迹。这类书籍的大量存在,是清人好读书风气的表征。

在这类抄撮为主的单种书之外,清代还有不少以抄录(包括整书抄写、摘抄)形成的丛书,查检《中国古籍总目·丛书部》,以抄本形式存世的较有规模的抄录性丛书有:《鸠坞随手录九种》(张祥河编)、《拜经楼丛

---

① 张佩纶著,谢海林整理《张佩伦日记》,第205页。
② 章学诚《校雠通义》,见叶瑛《文史通义校注》,中华书局,1994年,第958页。
③ 蒋寅《清诗话考》,第503页。又杨霈序其所辑《筠石山房诗话抄》:"余少喜泛览群书,遇有惬意,即以片纸随手抄之,积之既多,则易以真书,遂成《愈愚杂录》《续录》各十余册,比守端郡,公余检视,其间有涉于论诗而足资触发性灵者,复别录之,以备遗忘,目曰《筠石山房诗话抄》。"蒋寅《清诗话考》,第535页。

抄二十一种》(吴骞编)、《仲轩群书杂著九十一种》(焦廷琥编)、《生花盦二十八种》(顾沅编)、《艺苑丛抄一百六十三种》(王耤编)、《边舆纪略汇抄十三种》(何秋涛编)、《霞房丛抄十六种》(张紫琳编)、《花近楼丛书七十七种补遗十九种附存八种》(管庭芬编)、《销夏录旧五种》(管庭芬编)、《一瓻笔存一百十三种》(管庭芬编)、《管庭芬丛抄十九种》(管庭芬编)、《待清书屋杂抄四百九十三种》(管庭芬编)、《惜寸阴斋丛抄八集一百二十五种》(佚名编)、《小品丛抄三十四种》(佚名编)、《素心书屋丛抄二十一种》(佚名编)、《冠悔堂丛书》(存一百二种,杨浚编)、《养素轩丛录二十六种》(佚名编)、《群书抄录二十种》(佚名编)、《蒲圻张学诚手抄九种》(张学诚编)等。这类丛书,无论是从现存的抄本,还是从已经面世的刻本,有一突出特征,就是丛书中所录各种书,绝大多数为一卷或二三卷。卷帙少,或是由于所抄书本身就是小书,或是由于选录摘抄的缘故,如《待清书屋杂抄四百九十三种》中,管庭芬就抄录了59种方志,每种皆一卷。抄录小书,可以保存这类边缘文献;还可能是抄书人的兴趣所致,不断累积某一主题的书籍,最后形成规模。此外,这类丛书还有一特征,就是有不少丛书不知出自何人之手。要解释此现象,要考虑抄写的随意、兴趣以及消遣时日等因素,抄写人并不是以"著述"或形成一种丛书为目的,故对所抄写的文字,并未着意经营。当抄写人辞世后,这些抄录的丛书很可能就落入"佚名编"的行列。

在上所列诸抄本丛书中,清代海宁管庭芬的书籍抄写数量,格外引人注目。管氏抄写之勤,如何将抄书作为日常生活的一部分或重要内容,在他的日记中有较详细的记录。管庭芬可以说是一个抄书群体的代表。有清一代,在知名的学者文人抄书之外,还有一些在社会底层、没有科名、知名度不高的文士热衷抄书。如果将前一群体视为可见的水面冰山,后一群体则是规模更大的"小儒"[①],是水下冰山,这一群体的存在,更能体现清代社会文化中重视书籍的普遍特征。

---

① 明清"小儒"研究的必要性,林丽月已特别提及。见林丽月《奢俭·本末·出处:明清社会的秩序心态》"绪论",新文丰出版公司,2014年,第5页。

第二章 抄书与书籍生产及流动

潘道根与管庭芬属于同一社会阶层,他抄写书籍,也在日记中有记录。潘道根,生于乾隆五十三年,卒于咸丰八年,是江苏新阳诸生,精岐黄之术,以教私塾与行医为业,作诗之外,喜读书、藏书,编纂之作有多种。潘氏日记始于道光四年,其中多有抄书记录,咸丰五年二月十八日日记他列出"手写书籍存目",计73种126本(册)。① 其中所录书籍,大多能在日记中找到相应的抄写记录,如书目中《培林堂集》四本,可在道光二十八年十二月日记中找到相应文字:十二月初二,"抄《培林堂文集》起";十八日,"灯下写《培林堂文集》第四本毕,计三万三千字有奇";十九日,"还《培林堂文集》"。② 而目录中所列《盛青嵝诗》(一本)的抄录,有较曲折的记录,之所以抄写,则有保存文献的用意。道光二十八年四月廿二日日记云:

> 录盛青嵝(盛锦)诗。青嵝诗经归愚老人点定为《遗稿》二卷,余藏于家。有宦淮阴者,与先生有旧,欲刻其诗,携之去,以移调不果,稿遂遗失。嘉庆辛卯,黄止观丈馆洞庭,晤先生门下士李昌阳,得一编,凡若干首。止观稍汰之,录为一卷,流落东黄泥泾李白夫家。白夫,止观弟子也。白夫已卒,其家不读书矣,而是编与白夫诗二卷同藏弆焉,根搜采邑人诗,并得之。忆昔年游渎川,曾登先生堂,晤其曾孙守安,殷勤留酌,实有因缘。念是稿之几亡,因再录为副本。③

潘道根在随后三天日记中,先后有"晨起,录青嵝诗""写青嵝诗毕""点定青嵝诗稿"之语。④ 潘氏抄录多种书籍,是为其著述、编书作准备,其中诗集的抄录,与《昆山诗征》《国朝昆山诗存》等总集编纂相关。

著述是难事,抄录或编纂相较而言,易着手且能在日积月累中见功夫。对于近似潘道根或较其状况稍逊一筹的文士而言,立德、立功遥不

---

① 潘道根著,罗瑛整理《潘道根日记》,凤凰出版社,2016年,第458—459页。
② 潘道根著,罗瑛整理《潘道根日记》,第323页。
③ 潘道根著,罗瑛整理《潘道根日记》,第312—313页。
④ 潘道根著,罗瑛整理《潘道根日记》,第313页。

可及,而读书、著述、编辑则是可以把握的眼前之事。工整地抄录前代典籍、近代文献,或是"斯文在兹"、不失读书人本色的一种选择。

六、抄写中的书籍流通与互抄群体的形成

抄书与藏书

抄写书籍,对于文士或藏书家而言,目的或略有不同;然对于各自已有藏书而言,皆可藉抄写以增益补阙,逐渐形成自己的藏书特色。多数人最初非刻意以藏书名家,只是因为不断的购求、抄录,日积月累,所聚斐然可观,后人视之,自可入藏书家之列。

稀见之书的抄写使该书开始或重启传播之路,全祖望称其在天一阁抄写《四明文献志》之后,"扬之小玲珑山馆马氏、杭之小山堂赵氏,皆来借抄"[1]。又如《圣宋文选全集》三十二卷,朱彝尊于京师借得,请柯崇朴抄录。柯氏"初为竹垞影写一部,后又写此本,书法妍雅,与写官之但求精巧者不同。康乾以后江南藏书家抄本,皆自此本出"[2]。

抄写作为藏书扩充增长的重要途径,在山东藏书家群体中有较充分体现,检今人所编著《山东藏书家史略》,可列出 20 家。[3] 王献唐尝以

---

[1] 汪辟辑《藏书题识》卷一,第 35 页。
[2] 王国维《传书堂藏书志》,第 1297—1298 页。
[3] 这 20 位重视抄书的藏书家:卢世㴶(1588—1653),德州人,太学生;孙承泽(1592—1672),益都人,崇祯四年进士;王士禛(1634—1711),新城人,顺治十二年进士;李文藻(1730—1778),益都人,乾隆二十五年进士;孔继涵(1739—1783),曲阜人,乾隆三十六年进士;周永年(1730—1791),历城人,乾隆三十六年进士;庄履中(?—1796 前),莒州人,廪生;桂馥(1736—1805),曲阜人,乾隆五十五年进士;张振东(?—1825 后),齐东人,道光乙酉岁贡;王侬人(1819—?),商河人;焦建中(?—1835 后),乐安人,廪生;阎清澜(?—1837 前),昌乐人,增广生;阎湘蕙(?—1837 前),昌乐人,附贡生;韩世林(?—1850 后),曹县人,道光间岸生;刘喜海(1793—1852),诸城人,嘉庆二十一年举人;吴守基(?—1868 后),沾化人,贡生;裴怀珠(?—约 1874),泰安人;成龙泉(1792—1875),齐东人;李毓恒(1841—1900),济宁人;张毓澄,桓台人,廪贡生。见王绍曾、沙嘉孙《山东藏书家史略》。

第二章 抄书与书籍生产及流动

"山东之抄书家"推扬卢世㴋,有语云:"(卢氏)一生精力尤在抄书,因读而抄,因抄而读,其用力之勤,卷帙之富,恐历来抄书者罕有其比。所抄书籍现已无存,就集中抄书序文可以窥见崖略,共得七十一种,自谓抄书近百种。"①在文人传记或诸如序跋之类的文字中,在家贫的境况下抄书的经历,似乎承袭了前代文章中已经出现的"单元"结构:

> (余萧客)家甚窭贫,而书卷不啻千计,皆奔走数十里,或扁舟,或柴车,闻一异书必假抄写,或得观乃已,故其家率多善本。②

> (曹言纯)家苦无书,借人书籍,即节取精华,蝇头细书。三十余年,无虑千百册。③

> (马国翰)家贫好学,自为秀才时,每见异书,手自抄录。及成进士为县令,廉俸所入,悉以购书。④

> (黄廷鉴)又馆于爱日精庐……君益得肆其浏览,其中尤惬心者,不惜雪抄露纂。家虽贫,入其室,缃素烂然,大半皆手校本也。⑤

> 余(金侃)赋性最淡,一切世人所热中奔竞者,举无所好,顾独好书。然家贫授徒以糊其口,安得有余资买书,势不得不从友人借抄,所谓少好抄书、老而弥笃者矣。然亦用以耗壮心送余年耳,非徒以

---

① 王献唐《山东之抄书家:卢德水先生》,转引自郑伟章《文献家通考》,第 12 页。
② 任兆麟《余仲林墓志铭》,见《有竹居集》卷十,《清代诗文集汇编》第 484 册,第 452 页。
③ 钱泰吉《曝书杂记》卷中,第 51 页。
④ 毛承霖纂修《(民国)续修历城县志》卷四十一,《中国地方志集成》山东府县志辑第 5 册,第 642 页。
⑤ 孙原湘《黄琴六诗稿序》,见《天真阁集》卷四十一,《清代诗文集汇编》第 464 册,第 446 页。

矜博览,夸收藏也。①

能借书抄写,尤其是在家贫的境况中有书可抄,说明书籍至少在一定范围内能借阅,可以流通。以《爱日精庐藏书志》及《续志》统计,目录中标明"从子谦侄藏旧抄本传录"的有9种,"从吴门黄氏藏本影写"的有10种,"从陈君子准藏旧抄本传录"的有15种,"从钱塘何氏藏本抄录"的有5种,"从外舅言耐偲藏本影写"的有1种,"从天一阁抄"的有2种,"从旷照阁传抄"的有3种,"从韵溪兄藏书抄本传录"1种。张金吾藏书中抄本多,购求之外,必亲手抄写或请抄手传录,抄写的前提是周边有可借并可抄的书籍存在。全祖望父全书,叔父全馥年少均以抄书方式练字,全祖望受家风影响,"性好聚书,弱冠时,登范氏天一阁、谢氏天赐阁、陈氏云在楼,遇希有之本辄借抄。入都,抄书不辍。……及放归,重登天一阁,借抄不辍"②。私家藏书一般而言,对外开放有限,然对于熟识亲友、知名文士或官员,则当别论,即使是以管理严格而出名的天一阁,也有不少登阁查书乃至抄录的记录。

  余(彭元瑞)捐俸购书,又借抄范氏天一阁、吴氏小山堂、马氏丛书楼、鲍氏知不足斋诸旧本。虽未能略备,然颇费心力。③

  嘉庆元年,托天一阁主人范肖有传觅佣书抄此部。(《宝刻丛编》二十卷)计六册,约七百叶,内多讹字脱字,应细校。松门客甬上记。④

  (《新编古今姓氏遥华韵十集》九十八卷存八十一卷)道光戊申

---

① 傅增湘《藏园群书经眼录》,第1303页。
② 严可均《全绍衣传》,见《铁桥漫稿》卷七,《清代诗文集汇编》第470册,第663页。
③ 彭元瑞《知圣道斋书目自序》,见《恩余堂辑稿》卷一,《清代诗文集汇编》第374册,第675页。
④ "松门"乃戴光曾。此题跋见王国维《传书堂藏书志》,第459页。

> 夏日属徐信轩太守从四明天一阁范氏藏旧抄本录出者……①

阮元是天一阁的重要读者,从中抄录的书应不止三五种,抄本《历代编年释氏通鉴》十二卷、《释氏源流》二卷,皆钤有"扬州阮氏录天一阁秘本"楷书朱记。②

约定下的互抄群体

借抄之事常见,可见私家藏书在一定限度或一定范围内流通。追溯私家藏书的这种"开放意识",通常会提及曹溶(1613—1685),曹溶为改变私家藏书"封己守株"之弊,订立《流通古书约》,其中抄写便是流通良法:

> 彼此藏书家,各就观目录,标出所缺者,先经注,次史逸,次文集,次杂说,视所著门类同,卷帙多寡同,时代先后同,约定有无相易,则主人自命门下之役精工缮写,校对无误,一两月间,各赍所抄互换。此法有数善:好书不出户庭也,有功于古人也,已所藏日以富也,楚南燕北皆可行也。③

曹氏所倡导,是较稳妥的私家藏书开放方式,审慎的约定中划定了书籍流通的边界。曹溶此约,以文字留存;更多的约定,或许是口头,或许是彼此默认。在这种氛围中,一些重要的藏书家与文人学者,在借抄他家稀见之书时,自己的书也被其他人借出抄写。在借抄与被借抄中,他们逐渐成为书籍流通网络的中心人物。如朱彝尊,据《朱彝尊年谱》④,他借抄书籍的时间在康熙十八年至康熙四十七年之间,除在明史馆、内府

---

① 刘喜海此跋见傅增湘《藏园群书经眼录》,第842页。
② 李盛铎注,张玉范整理《木樨轩藏书题记及书录》,第237—238页。
③ 曹溶《流通古书约》,上海古籍出版社,2005年,第35—36页。
④ 张宗友《朱彝尊年谱》,凤凰出版社,2015年。

借抄书籍外,还向钱曾、无锡钱氏、王士禛、徐乾学、商丘李氏、吕葆中、章丘李氏、琴川毛氏、长洲何氏、陆次友、杭州姚氏、上元焦氏、曹子清、曹溶、范氏天一阁、宋荦借抄书籍;同时王士禛、查慎行等也向朱彝尊借抄书籍。又如鲍廷博,据刘尚恒《鲍廷博年谱》及年谱补编①统计,自乾隆二十年至嘉庆十九年,他向汪氏振绮堂、赵氏小山堂、吴氏绣谷亭与瓶花斋、汪氏飞鸿堂、郁礼、吴翌凤、赵起杲、沈叔挺、石门吴氏、姚瑚、留耕堂书肆、浙江书局、江宾如及其他未标明的故家借抄书籍;自乾隆三十四年至嘉庆十九年朱文藻、卢文弨、陈鳣、吴骞等向鲍氏借抄次数较多。具体而言,鲍氏向他人借抄之书有:姚瑚藏《古逸民先生集》,振绮堂藏《巴西邓先生文集》《拱和诗集》《居竹轩诗集》《金奁集》《龟峰词》,赵箖抄赠《郭天锡日记》,吴氏绣谷亭藏《圭塘欸乃集》《侨吴集》,吴氏瓶花斋藏《敏求机要》;其他人向鲍氏借抄之书则有:陈鳣抄《东坡先生物类相感志》,杨复吉抄《困学斋杂录》,赵魏抄《江湖后集》,黄星桥抄《钱塘遗事》,朱文藻抄《昆仑河源考》《李侍郎经进六朝通鉴博议》,吴骞得鲍氏赠送抄本《霏雪录》,吴翌凤抄《燕石集》。吴翌凤多藏秘笈,其中大抵皆手抄、手校之书,鲍廷博云:"枚庵书法秀逸,手书秘册几及千卷。"②吴氏家贫,"凡收藏家珍秘善本,罔不宛转借抄,且手自校勘"③;而吴翌凤所藏之书,亦向友好开放,吴骞云:"伊仲本休宁商山人,侨居吴郡。……予至金阊,必为留连日夕,得佳本辄互相传录。"④同吴翌凤一样,吴骞也是藏书家网络

---

① 刘尚恒《鲍廷博年谱》,黄山书社,2010 年;刘尚恒《〈鲍廷博年谱〉补遗》,《历史文献》,第 16 辑,2012 年,第 480—525 页。
② 鲍廷博《游志续编》题识,见《鲍廷博题跋集》,第 187 页。据叶瑞宝《苏州藏书史》梳理,吴翌凤手抄之书有《宋遗民录》十五卷、《剡录》十二卷、《真腊风土记》一卷、《宋景文笔记》三卷、《疑砭录》二卷、《冀越集》二卷、《桐宅管说》一卷、《沈下贤文集》十二卷、《燕石集》十五卷附录一卷、《吴越备史》、《周易本义通释》十卷、《云峰易义》一卷、《建炎复辟记》一卷、《乾道临安志》三卷、《咸淳毗陵志》三十卷、《续名贤小记》二卷、《续板桥杂记》、《双峰舒先生文集》九卷、《刘彦昺集》九卷、《长安图志》二十三卷、《北郭诗集》六卷补遗一卷等。叶瑞宝《苏州藏书史》,第 383—385 页。
③ 吴骞《桐阴日省编》,见《愚谷文存》卷十二,《清代诗文集汇编》第 380 册,第 297 页。
④ 吴骞《拜经楼藏书题跋记》卷一,第 27 页。

中的一员,吴骞的书也常被同道借抄或抄录赠送,乾隆四十一年,吴骞得《遗老高风》,"不敢自秘,别录一本,以赠吾友陈君仲鱼"①。陈鳣《东城杂记》题识云:"嘉庆十四年冬日,陈鳣借录于吴门寓舍,并校一过。时方得樊榭征君所著《玉台书史》,因与拜经楼主人交易而观,各抄副本云。"②各家藏书适度地开放,在互相借抄中便会形成若干抄书群体,这一群体有利于稀见书籍新抄本的产生,同时促进了版本、校勘之学及以此为基础的学问的进步。以下数则史料,可见自发性抄书形成的关联。

(王闻远,江苏吴县人)"名不显于通人,然同时好书如朱竹垞,每得秘籍必互相借抄。"(叶启崟《孝慈堂书目》跋)……又与娄东宋定国(字宾王,号蔚如)相友善,互借互抄。③

(赵昱,浙江仁和人)与吴焯相友善,"每得一异书,彼此必抄存,互为校勘数过,识其卷首"④。

(鲍廷博主要在浙江杭州活动)浙东西藏书家若赵氏小山堂、卢氏抱经堂、汪氏振绮堂、吴氏瓶花斋、孙氏寿松堂、郁氏东啸轩、吴氏拜经楼、郑氏二老阁、金氏桐华馆,参合有无,互为借抄。(朱文藻《知不足斋丛书序》)戴光曾云:"余与鲍丈渌饮交二十余年矣……每得异书,彼此借抄,相与传观订正以为乐。"⑤

(吴骞,浙江海宁人)迨后搜讨益勤,兼于吴门、武林诸藏书家,

---

① 吴寿旸《拜经楼藏书题跋记》卷五,第190页。
② 吴寿旸《拜经楼藏书题跋记》卷四,第125页。
③ 郑伟章《文献家通考》,第168页。
④ 郑伟章《文献家通考》,第203页。
⑤ 郑伟章《文献家通考》,第333页,第338页。戴光曾题识见《藏园群书经眼录》,第1534页。

互相抄校。① (管庭芬跋《拜经楼藏书题跋记》)

(钱塘汪氏振绮堂)朱文藻《前汉书》题识云:"余馆武林汪氏者垂三十年,汪氏有振绮堂,为藏书之所,与同郡诸藏书家若小山堂赵氏、飞鸿堂汪氏、知不足斋鲍氏、瓶花斋吴氏、寿松堂孙氏、欣托山房汪氏皆相往来,彼此互易,借抄借校,因得见宋椠元抄不下数百十种。"②

(叶林宗,江苏吴县人)吾友叶林宗,笃好奇书古帖,搜访不遗余力。每见友朋案头一帙,必假归躬自缮写,篝灯命笔,夜分不休。我两人购得秘册,即互相传录。③ (钱曾《经典释文》跋)

(龚自珍)辛巳(道光元年)之京师,则有程大理同文、秦编修恩复两君,皆与予约,每得一异书,互相借抄无虚旬。④

(丁宝书,浙江归安人)予家去唐栖百里,自是邮筒往复,一月数至。季言(劳格)嗜收书,与予同癖,遂互相借录,率以为常。⑤

以上的互借互抄群体,还可利用藏书题识、书目及相关传记文献梳理整合出多组。⑥ 这类群体在清初就正式出现,如黄宗羲与许元溥、刘城等

---

① 郑伟章《文献家通考》,第372—373页。
② 吴寿旸《拜经楼藏书题跋记》卷三,第43页。
③ 郑伟章《文献家通考》,第18页。
④ 龚自珍《述怀呈姚侍讲(元之)并序》之序,见郑伟章《文献家通考》,第760页。
⑤ 郑伟章《文献家通考》,第918页。
⑥ 如钱曾同太仓吴伟业、顾湄,苏州金俊明,昆山叶奕苞,嘉兴冯文昌,秀水曹溶,洞庭叶奕、叶树廉,同邑陆贻典、冯舒、冯班、毛扆等藏书家之间,相约互相抄校。见叶瑞宝《苏州藏书史》第三章"苏州藏书家"。

人有"抄书社"之约,①而在文人学者、藏书家之间频频出现,可以推断和总结如下四点:

其一,所借抄之书,自然是稀少且价格不菲的书籍,能互借互抄,说明这一群体之间已建立信任及友好关系。同时,必须考虑到抄书不同于看书,一般耗时较长,故借期之变长,三五个月乃到一年左右的借期是常有之事。能借出稀少之书,且借期长,足以考验诚信。这也是学术共同体或书籍共享群体形成的必备条件。

其二,互借互抄,直接催生了稀少书籍的更多抄本。抄写之后,再借他本校勘,又增加批注,于是形成了书籍中有特色的品种,即抄校本。这不但在清代版本学上有特别的光彩,也是中国乃至世界书籍史上光辉的一笔。抄校本是综合的文化遗存,无论印记、抄写用纸、用墨、抄手字体,还是校勘、题识,皆凝聚于卷册之中。

其三,抄本或抄校本存在于丰富的脉络之中。在互抄之中产生的抄本书籍,是较为开放(或半开放)环境中的产物,每一抄本后似皆有一故事,而故事牵涉不少人与事。若梳理各种抄本的产生过程,或许能够以藏家为节点,编织出书籍的互抄网络。上列史料中展现的互抄群体中已经初步可见彼此的关联。

其四,上列互抄群体,除一例在京城之外,其他皆在江浙地区。从书籍流动而言,江浙没有地域界限。抄本的大量产生,只是江浙地区文化生产能力的一种表现。同时也要注意,后世所谓的善本级别的抄本也多出此地,这些抄本差不多就是一种精致文化的代表。

从善本的视角来看书籍的抄写,可以更清晰地看出中国传统社会中书籍生产的独特性,精心抄写似是新版本产生的第一步,接续的还有校对、圈点、批注、题识、钤印,在流传的过程中附加性的文字与印记也在累积,最后形成一种"缤纷"的、充满多种"声音"的文本。层累性地赋予一个抄写本丰富的内涵,应是中国书史上有光辉、自具特色的部分。与这

---

① 郑伟章《文献家通考》,第28页。

类精致的抄写相对应的是，大量的日常性抄写，这类抄写纸墨及书艺皆平常，所抄之书仅仅是为日用，或作为一种快速生产的商品出售，它们可能多出自孔乙己所属的抄书群体。这些抄写书籍量大，但文本所留下的"附加文字"比较少，似乎是沉默的被忽视的大多数。

在书籍生产方面，抄写与雕版印刷之间并不存在竞争。抄写主要作为一种辅助性的书籍生产方式存在，它规模小、周期短、针对性强，尤其适合"小众书籍"或稀见书籍的再生产。清代抄写书籍的兴盛，是受社会上对这类书籍的大量需求推动的，无论是"四库馆私家录副"，还是抄杭州文澜阁"中秘之书"，皆可见书籍需求背后的文化学术风尚的演变，在从民间到官方再到民间的书籍流动中，众多书籍因抄写而复现，或因抄写进入雕版印刷的流程。[1] 在这一过程中宋元人的著述或以宋元刻本存留于世的著述得到抄写者的更多关注。

清代有大规模的抄书活动，如四库馆的抄写以及《四库全书》的产生。七阁的《四库全书》在清帝国所发挥的实际效用要区别看待，南三阁中也应再作分析，真正较多地被读书人查阅抄写的，是文澜阁《四库全书》。乾隆帝修《四库全书》之举，以及允许南三阁《四库全书》对读书人开放，这一大举措的筹划与展开，渗透了政府对"知识之掌控"[2]。这一宏大的文化工程，意在编选"洁本"的、规范的、有导向性的知识；而其传播，包括阅读与抄写，以及《四库全书总目》的指导，皆可见运作的策略。

文澜阁是被抄写书籍的重要来源之一，而更广泛的抄写，存在于读书人之间，文人学者、藏书家之间的借抄，以及彼此之间隐约存在的借抄约定，可见私家藏书在一定程度上、一定范围内具有开放性。互相借抄，

---

[1] 抄本与印刷本之间的关系，欧洲的情况可作为参照："印刷书也取代了手抄本，成为复制和传播文本的最广泛形式，但就是在印刷时代，不少种类文本的传播还依靠手抄形式：比如说隐私文字，美其名曰'绅士作家'的贵族文学实践，特殊团体的需求。"见［法］夏蒂埃（Roger Chartier）著，吴泓渺、张璐译《书籍的秩序》，商务印书馆，2013年，第26页。

[2] "知识之掌控"之说，参照彼得·伯克《知识社会史（上卷）：从古登堡到狄德罗》第六章"知识之掌控：教会与国家"。该章首引福柯之说："运用权力会源源不断地创造知识，反之，知识也经常诱导权力发挥效应。"此论对思考《四库全书》的形成与作用，也有助益。

促进了书籍的流动与再生。借抄所用时间比借阅时间长,更能见证双方在书籍利用方面建立的信任,这也是清代尤其是江南地区存在学术共同体的佐证。

在清代,抄书是与雕版印刷并存的书籍生产方式。对于书籍生产而言,谋生牟利自是题中之义,抄写与雕版俱莫能外。清代社会中始终存在一个以抄书为生的底层文人群体,开篇提到的孔乙己便是其中一员。但与雕版印刷相比,抄书又不仅仅是谋生的行当,对于读书人,它还有谋生之外的意蕴。既可以是闲暇时消磨时光的爱好,也可为一种帮助记忆与理解的学习方式。因此,"笔耕砚田"中,或是高蹈世外、自得其乐的逸兴,或是集腋成裘、进德修业的日课。鸡窗雪案,纸墨笔砚,当其展卷挥毫之际,古代的读书人无论穷达,都会心生"斯文在兹"之感,而中国的传统文化也正是在此中绵延传承。

从较长时段来考察抄写与雕版印刷的关系,它们之间并不存在明显的有你无我的激烈竞争;同时,也不能仅从经济技术等因素来分析书籍抄写存在的空间,①还应该考虑人的习惯与感觉,考虑人与纸墨笔砚的亲切关系,以及抄写作为日常生活的有机组成部分等问题。如果将这种眼光投到今日纸本书籍与电子书籍,看看它们的关系,似乎很紧张,但实际上还是各自有各自的领地,而且彼此间还有互动性质的联系。

---

① "经济技术因素",何谷理(Robert E. Hegel)在《章回小说发展中涉及到的经济技术因素》一文中首先提及,见《汉学研究》,第6卷第1期(1988年6月),第191页。

第三章
荛圃藏书题识与嘉道时期苏州书籍社会

在书贾手中流动的书籍走向何方？书籍如何被读书人或藏书家购买成为新藏书中"累积性的砖瓦"？黄丕烈当是一典型个案或者有丰富纹理的"时代断面"。在书籍之流中，他是藏家、学者、诗人，同时又是众多读书人的媒介，此外，他还有书贾的一面。要言之，黄丕烈"为书籍的一生"中又夹杂一些"以业书为生"的成分。

综观黄丕烈的藏书题识，对黄丕烈的性情与作为会有更全面深入的理解。目录，尤其是提要目录，自有其体制，它通过目录各著录项目的适当组合，最终达到"辨章学术、考镜源流"的目的，[①]其标准的样式当推乾隆朝晚期刊刻流行的《四库全书总目》。黄丕烈的藏书活动基本上是在嘉庆至道光初年展开，《四库全书总目》为其撰写题识正好提供了一个权威的文本；但是黄丕烈落笔似无定式，他的题识中当然有谈版本、校勘、授受源流等学术性很强的文字，但由此而引发的关于得书之经过、校读之心情、由藏书家兴衰而引起之感慨、与朋友之往来，以及天气、家事、身边事之变化，点点滴滴，或长或短地出现在不同的篇什中。这些记录都是个人色彩浓、情感意味强的叙述，然而它们都融入了客观、简约的学术性提要中。正由于这一个性化撰写趋向，导致"荛圃藏书题识"具有日记特征，而黄丕烈的绝大多数题识有撰写年月记录，更强化了日记体的特

---

① 徐雁平《〈惜抱轩书录〉与〈四库全书总目〉之比较》对目录的"体制"有初步的探讨。见《文献》，2006年第1期，第131—138页。

性。"荛圃藏书题识"作为文士习性流露的明显迹象,便是黄丕烈自称的"题书纪事诗"。之所以要题诗,是因为题跋文不能尽意,如嘉庆十三年"跋新得《普济本事方》后,尚有余意,诗以尽之",因而此篇题跋是以四绝句作收结。统计黄丕烈题识中的"题书纪事诗",共有一百三十余首,持《四库全书总目》的提要体式衡量,似有"破律坏度"的嫌疑。因此,在面对"荛圃藏书题识"(包括"续录""再续录"在内)时,不能仅仅将黄丕烈作为一个藏书家。藏书家之"藏",往往有每得珍藏,便秘不示人的涵意,会引发一些关涉人物气度的误解;如果考虑一个人角色的多面性,并注意到乾嘉道时期吴中地区文化之兴盛,将黄丕烈作为一个有特别爱好的文人来看,而不局限于一种视角,所得或许更多。

由此出发,"荛圃藏书题识"亦可视为嘉道时期一个文士三十余年的日记,这种记录是以书籍的购求、阅读、交流为基础,书籍作为一种材料或一种媒介,构建了黄丕烈的世界,营造了他的交流网络。黄氏的世界和交流网络,出现在"近三百年"中极盛的"乾嘉盛世"时期下人文自然条件最理想的吴中地区。

一、吴中文士群体与书籍交流网络

清代江标撰写黄丕烈的年谱,取材基本上是依据黄丕烈的藏书题识;近人王大隆有年谱补编之作,取材在题识之外,兼及黄氏师友诗文集。江、王二家年谱所示黄丕烈的藏书活动始于乾隆五十四年,年谱中记录黄氏于张秋塘处见《天下郡国利病书》稿本,于朱秋崖滋兰堂借抄沈宝砚校本《扬子法言》李注。这一年黄丕烈二十七岁。六十二岁的钱大昕在这一年应聘主讲苏州紫阳书院,自此年(何元锡以为自乾隆五十三年)[①]至嘉庆九年辞世,钱大昕有十六年的时间在此度过。黄、钱二人交往的开始,目前仅能从藏书题识的记录作一考察,上文提及的《天下郡国

---

① 何元锡《竹汀先生日记抄跋》,见陈文和主编《嘉定钱大昕全集》第 8 册,江苏古籍出版社,1997 年,第 57 页。

利病书》稿本有钱大昕的两段题识,现录如下:

> 唯《天下郡国利病书》未有刊本,外间传写,有意分析,失其元第,然犹珍为枕中之秘。顷荛圃孝廉购得传是楼旧藏本三十四册,识是先生手迹,蝇头小楷,密比行间,想见昔贤用心专勤,不肯假手抄胥,故能卓然成一家言也,荛圃其善藏之。壬子十月廿四日竹汀居士钱大昕题。

> 乙卯春再阅于读未见书斋,其中仍不无出自抄胥手者,而朱笔校改,皆先生手定,余向所题识,未免粗疏,更题年月,兼以自讼。大昕又记。①

乾隆壬子(五十七)年之事,很可能是黄丕烈持书求钱大昕品鉴,乾隆乙卯(六十)年之事则是钱大昕到黄丕烈读未见书斋中观书。一往一来,皆以书作媒介。黄丕烈的藏书题识中,记录他与钱大昕交往的共有十六则,时间延续到嘉庆八年。对于黄丕烈而言,钱大昕无疑是学术上的良师。元刻本《元统元年进士题名录》是黄丕烈乾隆六十年从苏州东城醋坊桥书肆购得,"久知钱竹汀先生熟于元代事,且有《元史稿》,必能悉其详,遂携示先生,并乞其跋。既而先生来,欣喜殊甚,谓余曰:此录于元史大有裨益,勿轻视之,余已详跋之"②。钱大昕之跋,指出此书可补《元史》选举志之阙,并驳正数处人名记载之误,后收入《潜研堂文集》。又如嘉庆二年到紫阳书院谒见钱大昕,请教元末明初徐松云(即徐达左)其人其事,亦是一好例证。黄丕烈对钱大昕之为人为学,颇为敬重,除持书求钱大昕题跋或代为校正(如《五代会要》)外,黄丕烈在撰写题识之中,亦引用其说,如《刘后村集》《易学启蒙》《皇朝编年备要》诸书题识,即吸纳钱大昕的论断。对于钱大昕而言,他可以通过与黄丕烈的往来得见多种

---

① 黄丕烈《荛圃藏书题识再续录》卷一,见黄丕烈《黄丕烈书目题跋》,中华书局,1993年,第360—361页。

② 黄丕烈《荛圃藏书题识》卷二,见黄丕烈《黄丕烈书目题跋》,第37页。

异书和珍稀之本,除黄丕烈持书来求教外,钱大昕亦至黄丕烈的藏书楼看书,在十六则相关提要中,宋刊本《颜氏家训》、宋刊本《温国文正司马公文集》、宋刊本《魏鹤山集》钱大昕皆曾借读。《魏鹤山集》有钱大昕三则短跋,其一为"庚申四月十九日钱大昕假读,闰月廿日读毕,时年七十有三"①。钱大昕好学不倦,于此可见。此类借阅无疑有助于钱大昕的学术研究,黄丕烈《北山小集》题识云:

> 《北山小集》为宋人集中罕有之本,且其中多与吾郡典实有涉,故钱潜研老人取其集中文字入《养新录》中,谓他日修志可资考证。②

循此线索,查检《十驾斋养新录》卷二十,其中"松江""富严墓""蒋彝墓""郑绛墓""朱耜墓""杨懿孺墓"六条明确标明引用程俱《北山小集》,而"程氏蜗庐"一条虽未标明引用文献,但其中引用程俱诗赋,亦可断定是源自《北山小集》。而上文提及黄丕烈所藏《元统元年进士题名录》在《十驾斋养新录》中出现两次,钱大昕在题跋中指出元统元年进士增至百人,"是榜蒙古色目五十人,汉人、南人五十人。有两丑闻、两脱颖"③。而至《养新录》中,此一文献已作为立论的重要依据。钱大昕两次引用,皆针对明人朱国桢《涌幢小品》,分别见于卷十"状元榜眼"和卷十四"《涌幢小品》",两则札记内容近似,现录卷十中文字:

> 朱国桢《涌幢小品》云:"元时及第第二者亦称状元。盖其时第一必蒙古人,以中国人居第二,故中国自以状元称之。其余进士系中国人者亦曰"某人榜进士",皆第二也。诸公多致疑,或曰从俗,或曰讹,殆未之究耳。如李黼榜进士,黼亦第二也。"予谓朱说非是。

---

① 黄丕烈《荛圃藏书题识》卷八,第 192 页。
② 黄丕烈《荛圃藏书题识》卷八,第 185 页。
③ 黄丕烈《荛圃藏书题识》卷二,第 37 页。此处引文以张金吾《爱日精庐藏书志》所录最为完整。《荛圃藏书题识》引文残缺,《潜研堂文集》所录有删节。

> 元时乡会及廷试皆分左右二榜。蒙古色目人为右榜，汉人南人为左榜，各有状元，未尝并而为一，如泰定四年赐阿察赤、李黼等及第，阿察赤左榜第一，李黼右榜第一，故杨廉夫自称"李黼榜进士"，黼右榜状元，非第二也。今国子监有元《至正十一年进士题名碑》，又尝见《元统元年题名录》，皆分左右榜，国桢臆说不可信。①

续检《十驾斋养新录》，札记中还有数条直接标明所用书来自黄丕烈，如卷十三"《仪礼注》小字宋本"，卷十四"《三历撮要》""《鹤山大全集》"；其他如卷十三"《东家杂记》""《孔氏祖庭广记》"，卷十四"《新定续志》""《颜氏家训》"诸篇，虽未明示所用文献来源，但亦可断定出自黄丕烈藏书，对照钱大昕《东家杂记》题跋(见《荛圃藏书题识》卷二)和卷十三中的札记，题跋文字在札记中得以完整保留，只是在后面加上了一段论说避讳与宋版鉴别、介绍作者的文字。

黄丕烈与钱大昕以书籍为媒介的交流，如果从《竹汀先生日记抄》来看，则有另一种图景。现将钱大昕与黄丕烈、钱大昕与其他藏书家或文士往来借读、谈论古书的情况编制成表(见附录五)。从表中至少可大略总结出两点：

其一，钱大昕与黄丕烈的交往记录有三十三条，其中多有"过谈"一词，说明黄丕烈登门请益，虽言辞简略，犹可想见观书论学之景。

其二，黄丕烈是钱大昕交往中最重要的藏书家，但并不是唯一的；"藏书四友"中的其他三位周锡瓒、袁廷梼、顾之逵皆与钱大昕有或多或少的交往。表中苏州本地的藏书家还有顾广圻、严蔚、戈宙襄(戈载之父)，浙江的藏书家有吴骞、何元锡。

由此可见钱大昕的学术研究是建立在一个出色的藏书网络基础之上，古书源源不断地汇入和充实，为钱大昕的实证史学提供了坚实的文献支援。此处以钱大昕主讲苏州紫阳书院的第二年即乾隆五十五年为

---

① 钱大昕《十驾斋养新录》卷十，见陈文和主编《嘉定钱大昕全集》第7册，第282页。关于《元统元年进士题名录》左右榜的情况，在《竹汀先生日记抄》卷一中有精简的记录。

例，这一年他借读袁廷梼所藏旧抄本《安南志略》，其"时在任城舟次"，此中故事，则凭黄丕烈题记得见原委：

> 余姻家袁寿阶藏此，少詹借以读过，卷中硃墨两笔校改，皆其手迹，末附跋语二行。盖是年庚戌为高宗纯皇帝八旬万寿，少詹虽致仕，例得入都祝嘏。万寿节在八月，故七月已就道，其必携带《安南志略》者，是时外藩入觐，安南国王阮光平新立，亦与盛典，一时在京臣僚以备顾问，故少詹先生先读此，于以见留心掌故。①

钱大昕的精深造诣和作为人文繁盛之区的苏州，使得他成为学术研究的中心人物。文士的往来和书籍的流通，也使得吴中学术能在日积月累中不断长进，并保持一定的开放性。元刻本《安南志略》进入钱大昕的视野，一方面能表明他识见之通达，另一方面也能显现吴中人文环境之优越。何元锡《竹汀先生日记抄跋》云："嘉定钱竹汀先生主讲吴郡之紫阳书院，四方贤士大夫及诸弟子过从者殆无虚日。所见古本书籍、金石文字皆随手记录，究源究委，反复考证。"②《竹汀先生日记抄》正是乾嘉学术展开的写照。钱东壁、钱东塾在所撰其父之行述中指出其讲学树人之功，涉及文士颇多：

> 四方贤士大夫，下逮受业生徒，咸就讲席，折中辨论文史。如卢学士文弨、袁太史枚、赵观察翼、孙观察星衍、段大令玉裁、周明经锡瓒、张征君燕昌、梁孝廉玉绳、陈进士诗庭、黄主政丕烈、何主簿元锡、钮君树玉、夏君文焘、费君士玑、徐君颋、张君彦曾、袁君廷梼、戈君宙襄、李君向、顾君广圻、吴君嘉泰、沈君宇、李君福、王君兆辰、孙君延辈，或叩问疑义，或商论诗文，或持示古本书籍，或鉴别旧拓碑帖、钟鼎款识，以及法书名画，府君无不穷源竟委，相与上下其论议，

---

① 黄丕烈《荛圃藏书题识续录》卷一，见黄丕烈《黄丕烈书目题跋》，第292页。
② 何元锡《竹汀先生日记抄跋》，见陈文和主编《嘉定钱大昕全集》第8册，第57页。

至人各得意以去。①

钱大昕继美前修,振兴文教,"三吴士人,益駸駸向化"②。上列诸文士,有多人见诸《竹汀先生日记抄》;而这一文士群的相互关系,如果淡化钱大昕与黄丕烈交往的主线,还能有新发现。以钮树玉《钮非石日记》为例(此日记体例略同《竹汀先生日记抄》),选取乾隆五十六年、五十八年、六十年和嘉庆元年、三年、十二年统计,以观钮树玉与其他文士的交往情况,结果是黄丕烈出现二十一次,顾之逵十三次,顾广圻五次,周锡瓒四次,钱大昕、袁绶阶、臧在东各三次。这一统计可能受到"日记抄"的体例以及钮树玉作为藏书家的兴趣的影响,故而有一定的偏向。尽管统计数字不一定十分准确反映彼此交往的真实状况,但至少表明他们志趣相投的趋向,此即所谓"类聚"。钮树玉常在同一天访见两位同好,乾隆五十九年四月十六日,拜谒钱大昕,见抄本《天禄琳琅》,又到黄丕烈处观《说文五音韵谱》;同年七月廿二日,往袁廷梼家观小字宋本《九经》,又至黄丕烈家看抄本《广雅》《方言》、合刻《李杜集》;同年九月二十一日,访顾之逵,看宋本《东都事略》《列女传》,袁廷梼来,携其所藏宋本《九朝编年》、元本陈旸《乐书》;同年十月十三日,于黄丕烈处见元板大字本《黄氏日抄》、澹生堂抄本《隆平集》等;又见钱大昕,顾之逵折简邀赏菊,酒罢出宋本《昆山杂咏》共观。③从这一小文士群体扩散开来,以黄丕烈的日记体"荛圃藏书题识"及相关诗文集为基础,可梳理出与黄丕烈交往的更大的

---

① 钱东壁、钱东塾《皇清诰授中宪大夫上书房行走日讲起居注官詹事府少詹事兼翰林院侍讲学士提督广东全省学政显考竹汀府君行述》,见陈文和主编《嘉定钱大昕全集》第1册,第16页。

② 钱东壁、钱东塾《皇清诰授中宪大夫上书房行走日讲起居注官詹事府少詹事兼翰林院侍讲学士提督广东全省学政显考竹汀府君行述》,见陈文和主编《嘉定钱大昕全集》第1册,第10页。

③ 钮树玉撰,罗济平校点《钮非石日记》,第3—6页。嘉庆时期黄丕烈等文人活动情况,还可参看李锐《观妙居日记》(存乾隆六十年至嘉庆元年、嘉庆九年至嘉庆十六年、嘉庆十八年至嘉庆二十一年),其中多有文人雅集、书籍借还、讨论学问诸事记录。《观妙居日记》有上海图书馆藏稿本,此据尧育飞未刊整理本。

文士群，共八十九人：

吴县：周锡瓒、袁廷梼、钮树玉、张吉安、石韫玉、王芑孙、潘奕隽、潘世璜、吴廷琛、沈钦韩、潘世恩、贝镛、朱奂、朱邦衡、顾莼、管鼎、李福、毛榕坪、范来宗、董国琛、吴信忠、吴嘉淦、张冲之、陆损之、陈彬华、尤崧镇、戴延介（安徽休宁人，居吴县）、方燮（侨居吴县）、孙延、夏文焘、陆鼎、陶庚

元和：顾之逵、顾广圻、朱绶、戈宙襄

长洲：吴翌凤、陶樑、汪士钟、吴云、彭希郑、彭蕴章、顾玉台、陈塼、褚逢椿

昆山：王学浩、徐云路、张庚

昭文：孙原湘、张金吾、张燮

常熟：邵树德、邵阆仙、蒋因培、陈揆

吴江：翁广平

江苏其他地区：孙星衍、洪亮吉、段玉裁、钱大昕、王引之、瞿中溶、蒲忭、陈廷庆、改琦、沈恕、沈慈、钱泳、赵怀玉

浙江：张燕昌、吴骞、鲍廷博、陈文述、张廷济、陈鸿寿、余集、何元锡、陈鳣、黄锡蕃、金廷爵、钱天枝、戴光曾

安徽：程瑶田、朱琦、汪瀚云、陈廷桂

广东：张青选

不可查考者：陆奎、沈书山

上列文士中，属于苏州府的七县（吴县、元和、长洲、昆山、昭文、常熟、吴江）共有五十五人，从此可看出这一文士群体的地域色彩。钱大昕、段玉裁虽不是苏州人，但晚年基本上是在苏州度过。与苏州府相邻的常州府、太仓州、嘉兴府和不远的杭州府文士也经常过往或暂住苏州。总之，这一文士群是以吴县为中心向周边府县的辐射，黄丕烈与这一文士群建立关联的方式，在上文论及的建立在书籍、问学层面上的交流方式之外，还有其他的方式在起作用。

其一，因钱大昕主讲紫阳书院而结识的书院弟子或其他文士。钱大昕主紫阳讲席，"凡十有六年，一时贤士受业于门下者，不下二千人。悉

皆精研古学,实事求是"①。为实事求是之古学,必求诸文献之比较与证明,故书院弟子极有可能与黄丕烈建立联系。钮树玉三十岁时(乾隆五十四年),至紫阳书院谒见钱大昕,而后才有与黄丕烈的交往;黄锡蕃、张冲之与黄丕烈之结识,亦类此。

> 海盐黄椒升(锡蕃),余二十年前友也。……尝往来吴门,从潜研老人游,故余得订交焉。每一至郡,必携古书相质证。(《魏鹤山渠阳诗》题识)②

> (张)冲之名怀荣,与乃翁(张青芝)共喜抄书,故多秘本,向与竹汀为友,后竹汀主讲紫阳,犹以一衿肄业院中,故又师弟。竹汀尝为余言冲之家书籍多善本,余往往借读。(《义门小稿》题识)③

黄丕烈识程瑶田,亦以书为媒介,由钱大昕介绍,其事记录在黄氏嘉庆二年二月所作抄本《吴都文粹》题识中:

> 今兹二月十日钱竹汀先生过舍,谈及欲拜远客。问何人,则曰易畴(程瑶田)先生也。余欣喜欲狂,遂恳竹汀为之先容,而余即偕涧薲往谒,拜求椽笔。先生允吾请,迅速挥之,并蒙下访,以自制墨二梃为赠,余因即取案头《吴都文粹》四册报之。④

其二,在诸多藏书家中,因为书籍的借抄和讨论而形成读书人群体。为更清晰地考察黄丕烈在其师友网络中的作用,现选取二十余位重要文士编列成表(见附录六),时间从乾隆五十七年到黄丕烈辞世的道光五年。表中所示与黄丕烈交往次数最多的是周锡瓒,有三十七次,其他依

---

① 钱庆曾《竹汀居士年谱续编》,见陈文和主编《嘉定钱大昕全集》第1册,第39页。
② 黄丕烈《荛圃藏书题识》卷八,第193页。
③ 黄丕烈《荛圃藏书题识》卷九,第225页。
④ 黄丕烈《荛圃藏书题识》卷十,第234页。

次是顾广圻、石韫玉、潘奕隽、钮树玉、陈鳣、张绍仁、瞿中溶、张吉安等。他们之中,石韫玉、潘奕隽、张吉安与黄丕烈的交往主要是以雅集唱和形式,其他文士则多以书籍交流为基础。他们皆是黄丕烈友朋群体中的重要文士。

考虑到年岁与生命代谢的问题,如钱大昕长黄丕烈三十五岁,卒于嘉庆九年;吴骞长三十岁,卒于嘉庆十九年;周锡瓒长二十一岁,卒于嘉庆二十四年;吴翌凤长十八岁,卒于嘉庆二十四年;顾之逵长九岁,卒于嘉庆二年。黄丕烈的友朋群体可大略以嘉庆十三年为界分为前后两批。前面一批中钱大昕、顾广圻、顾之逵、袁廷梼、钮树玉、瞿中溶、周锡瓒等交往次数比较突出。书友的更替,屡屡引发黄丕烈的感喟。《芦浦笔记》《杨公笔录》题识云:"忆余于二十年前,彼(顾之逵)此同好,有得辄复相示,今不见其人,并不得见其书,而余之所谓赏奇析疑者,又大半换一番人,时光之速,人事之变,何可胜慨耶!"①嘉庆二十年五月黄丕烈于《韩诗外传》题记中述及新交张切庵(绍仁)、吴枚庵(翌凤)各借此书临校,又于题识后附诗一首,以抒感怀,其中有句云:

　　旧友云烟散,新交旦暮来。②

人寿有终,未若书籍生命之无穷,"旧友""新交"的对照,可见感伤与喜悦。"爱书者,万不可不爱友也。"③在旧友中,黄丕烈与"藏书四友"中除己之外的三友周锡瓒、顾之逵、袁廷梼情谊深厚。《杜东原集》题识云:"二十年来,抱冲(顾之逵)没于丁巳,寿阶(袁廷梼)没于己巳,今己卯春香岩(周锡瓒)又没矣。余以一身而兼三君之哭,又且历见其书之聚散,可不慨欤?"④周、顾、袁、黄能成"藏书四友",在于彼此间多有书籍之流通。

---

① 黄丕烈《荛圃藏书题识》卷五,第 105 页。
② 黄丕烈《荛圃藏书题识再续录》卷一,第 352 页。
③ 黄丕烈《荛圃藏书题识》卷六,第 138 页。
④ 黄丕烈《荛圃藏书题识续录》卷四,第 329 页。

> 古人藏书,最重通假,非特利人,抑且利己。如予与香岩居士为忘年交,所藏书必通假。通假之妙,人知利人,我为利己。(《孟东野集》题识)①

> (周锡瓒)今年已七十外矣,知余有同嗜,故踪迹甚密。余每购得一书,携以相质,有须参考者,必往借所藏秘本证之。二十年来,可谓同志之友矣。(《姚少监文集》题识)②

长洲张绍仁(号䚡庵)喜藏书,精校勘,其藏书处名绿筠庐、执经堂、读异斋,黄丕烈与其相识订交在苏州东城书坊间。张氏尝邀黄丕烈观其新收之书(见《庆源遗老诗集》题识)。张绍仁是黄丕烈"新交"中屡屡被提及者,黄丕烈称其为故交零落后,几为"硕果之存"(见《小畜集》题识)。

> 昔人不轻借书与人,恐其秘本流传之广也,此鄙陋之见,何足语于藏书之道。余平生爱书如护头目,却不轻借人,非恐秘本流传之广也,人心难测,有借而不还者,有借去轻视之而或致损污遗失者,故不轻假也。同好如张君䚡庵,虽交不过十年,而爱书之专,校书之勤,余自愧不及,故敝藏多有借去手校者。③

此外,黄丕烈于嘉庆二十四年《洛阳伽蓝记》题识中提到三位书友:"中秋后五日,钱塘何君梦华(元锡)邀余陪琴川陈、张二君。陈字子准(揆)、张字月霄(金吾),皆近日好购古书之友,谈及顾氏(之逵)小读书堆书,渠两家所收颇夥。"④附录六"交往次数"的统计有相当一部分是以书籍有关,其中以周锡瓒与黄丕烈交往时间最长,交往次数也最具代表性。这些统计数字虽不全面(如《竹汀先生日记抄》中统计得出钱大昕与黄丕烈、周

---

① 黄丕烈《荛圃藏书题识》卷七,第155页。
② 黄丕烈《荛圃藏书题识》卷七,第161页。
③ 黄丕烈《荛圃藏书题识》卷十,第250—251页。
④ 黄丕烈《荛圃藏书题识》卷三,第52页。

第三章 荛圃藏书题识与嘉道时期苏州书籍社会

锡瓒的交往次数就可补充此表),但它足可表现以黄丕烈为中心的书籍交流网络,这些交流绝不是单纯的赏鉴,而重在抄补、校勘、考证,甚至涉及古书的刊刻流布。举二例以示书籍的交流对黄丕烈考定工作的影响。

《汪本隶释刊误序》所引文献及来源:

1. 今行世者仅钱塘汪氏新刻本;
2. 乾隆五十九年得昆山叶文庄六世孙叶九来所藏旧抄本;
3. 嘉庆二年秋借得袁廷梼贞节堂所有抄本补全叶氏藏本;
4. 复借周锡瓒藏隆庆四年钱氏抄本,勘正叶氏藏本;
5. 偕顾广圻订诸本之异同,据叶氏藏本订汪氏新刻本之误。①

《说苑》题识所引文献及来源:

1. 嘉庆元年用周锡瓒藏钱遵王校本补顾之逵藏咸淳乙丑重刊本所缺八至十二卷;
2. 嘉庆十二年复以海宁吴骞藏咸淳本校;
3. 道光元年复以顾之逵旧藏咸淳本续校,又得误字几处。②

一本书的校勘和刊刻,往往需要借助多个藏书家的藏本才得以完成,使之接近一种众人参与的集体事业。黄丕烈校书如此,其他藏书家亦类似。再回头来看,主讲紫阳书院时期的钱大昕,因其在文化氛围浓厚的苏州,因书籍之充裕和四方文士之往来,促进了他学术的进步。学术的进步,并不是单凭一己之苦心孤诣所能达到,它往往是多种力量合和促进而成的。

其三,在书籍交流之外的其他社会关联。以上所述黄丕烈与其他文士的关系,多从兴趣方面考虑;而黄丕烈作为社会中的一员,与他人还有另外的关联。譬如,黄丕烈与彭希郑、吴云、蒋寅、张吉安为乡试同年;石韫玉为黄丕烈表兄;黄丕烈次女嫁袁廷梼次子袁兆篯,三女嫁王芑孙幼子王嘉禄;李福之女李慧生嫁黄丕烈次孙黄美镠。由此稍作扩散,李慧

---

① 黄丕烈《荛圃刻书题识》,第263—264页。
② 黄丕烈《荛圃藏书题识再续录》卷二,第363页。

生为潘奕隽之外侄孙女,贝镛为袁廷梼之婿,瞿中溶为钱大昕之婿,张吉安与王学浩为儿女亲家,顾之逵是顾广圻的堂兄。在此之外,黄丕烈聘请的馆师(或称西席)不可忽略,可查考的有顾广圻、夏文焘、陆奎、顾梧生、邵阆仙五人。多种多样、或直接或间接的关系,形成了黄丕烈的一个人际交流网络。此中文士与黄丕烈的交往,不少是以诗倡和与雅集方式进行,在石韫玉、潘奕隽、李福、彭希郑、张吉安等人的诗集中,时可见黄丕烈的身影,由此亦可见其性情的另一面(下文将展开论述);这里仍以书籍之交流为线索,略作延展,探察黄丕烈与馆师之间的关系。

从附录六的排列与统计中,可看出顾广圻与黄丕烈交往之起始时间和次数,远在其他文士之上;黄丕烈的另两位馆师夏文焘(方米)与黄氏交往次数可考者有七次,陆奎(拙生)有五次。顾广圻早孤家贫,靠为人校书维持生计,乾隆五十八年应邀为黄丕烈校勘宋刊单疏本《仪礼》,乾隆六十年又为黄丕烈校《国语》《列子》。嘉庆元年,黄丕烈聘请顾广圻为馆师。有学者对顾广圻在黄丕烈处的学术工作进行统计:在校书方面,为黄丕烈校勘《韩非子》《战国策》《国语》《玉篇》《虚斋乐府》《老学庵笔记》《隶释》《隶续》《抱朴子》《管子》《汉书》《金石录》《耕学斋集》;在抄补图书方面,影抄残宋本《西湖林和靖先生诗集》,影写毛斧季、陆敕先校本《松陵集》,影补抄写明弘治本《侨吴集》,描画补缀宋刻本《图画见闻志》,影摹抄本《剡录》何焯校语,抄补《咸淳临安志》,补写影宋抄本《鲍氏集》。① 校勘、影写、抄补,皆细密之事,非得平静之心态与安定之环境不可,由此可推想黄、顾相处之情景。

> 余性喜读未见书,而朋友中与余赏奇析疑者,惟顾子千里为最相得。岁丙辰,千里借窗读书,兼任雠校,故余所好之书,亦惟千里知之为最深。每遇奇秘本为余所未见者,千里必代购以归,余四五年来插架中可备甲编之物正不乏也。岁辛酉(嘉庆六年),余四赴计偕,宾主之欢遂散,然翰墨因缘,我两人无一日去怀。千里就浙抚阮

---

① 姚伯岳《黄丕烈评传》,南京大学出版社,1998年,第112—114页。

芸台聘，入校经之局。每归，为余言曰："近日喜讲古书者竟无其人，苏杭两处古书之多与讲古书人之多，杭远不如苏。"此种话可为知者道，难与俗人言也。(《韩非子》题识)①

黄、顾虽有主宾之分，但在存古、校勘方面实为"同志之友"，黄丕烈藏校抄本《金石录》三十卷题识中不但引述顾广圻"《金石录》之妙无过此本"②之语，而且在借顾之逯小读书堆藏本对勘因事中辍时，属顾广圻续校完毕。此类合作，《百宋一廛赋》亦可列入，此赋出自顾广圻之手，凡二千六百四十字，铺排弘富，遍咏百宋一廛中珍本，非熟知相关故事和近闻，不能落笔；赋有黄丕烈一万三千二百五十字之注。西宾作赋，主人注释，可称佳话。又《北山小集》题识记士礼居曝书之事："嘉庆二年，岁在丁巳，闰六月八日，天晴曝书，展玩一过，时与西席顾涧蘋、夏方米同观。"③《图画见闻志》题识云："壬申立冬前一夕，坐雨百宋一廛中，烧烛检此，与西宾陆拙生（奎）同观。"④亦令人神往。顾广圻明刊本《汉蔡中郎集》题识云："嘉庆甲子（九年）九月荛翁出示此书，曰述古堂旧物也。予曰：诚然，但非佳本。何以言之？忆卢抱经氏曾言蔡集以天圣年间欧阳静所辑本为最古。"黄丕烈嘉庆十年得欧阳静辑十卷本，跋云："此书自抱经论及，千里守是说，以勷搜访欧本，不半年而果得，亦忻幸之至矣。惜千里远客未归，未获共为赏析耳。……千里之言真笃论也。"⑤黄、顾二人之交往，据附录六所示，延至嘉庆十三年。交往之中绝，因段玉裁、顾广圻为刊刻《仪礼》《礼记》诸书之争而致，黄丕烈以为顾千里有"唐突老辈"之举，卷入二人之争，最后反目绝交。⑥

顾梧生于道光初年作黄丕烈家的馆师，同顾广圻一样，他也充分利

---

① 黄丕烈《荛圃藏书题识》卷四，第71页。
② 黄丕烈《荛圃藏书题识》卷三，第61—62页。
③ 黄丕烈《荛圃藏书题识》卷八，第185页。
④ 黄丕烈《荛圃藏书题识》卷五，第87页。
⑤ 黄丕烈《荛圃藏书题识》卷七，第142页。
⑥ 姚伯岳《黄丕烈评传》，第117—119页。

用黄氏的藏书。黄丕烈《袁本傅崧卿本夏小正校录》题识云：

> 余姻家袁君寿阶重其(《夏小正戴氏传》)为先世旧物,意欲重雕,故辍赠之。会因病殁,此志不果。后顾梧生孝廉馆余家,究心《夏小正》一书,广搜各本,余复从五砚楼乞得袁本原书,其时同郡江君铁君亦以惠松崖先生手抄本见赠,因取《经解》本与惠抄本并校袁本异同,录得若干条以备参考。越岁辛巳,梧生怂恿开雕,遂用袁本影写付梓。①

夏文焘、陆奎、顾梧生之事迹不可详考,收录人物颇多的《江苏艺文志·苏州卷》未见记载,似是未得科名的读书人,②或如顾广圻一样不屑举业。从前引钱东壁、钱东塾撰写的钱大昕"行述"可知,夏文焘、顾广圻尝问学于钱大昕,他们或许是钱大昕主讲紫阳书院时的弟子。他们在黄丕烈家作馆师,是其维持生计也能兼顾学术兴趣的一种手段,这似是当时底层文士的普遍状况。

二、关于书卷、山水、花木之吟咏与文士活动空间

黄丕烈编纂了《所见古书录》《百宋一廛书录》等多部书目,撰写了八百多篇题跋,而诗文集仅一册,即收入《士礼居黄氏丛书》的《荛言》二卷。《荛言》分为《述德继声》和《省余游草》二卷,黄氏跋云："此余省墓并记游草也。舟中半月余,矢口成吟,积六十余首。归来删存,厘为二卷,缮写付梓。一时兴到,所成者皆属草草,故卷中一首或复至几字。"③就诗作而言,六十余首只是黄丕烈所作诗中的一小部分。其诗作未能结集,是因为他一生精力全集中于古书之收藏校勘,诗作只是兴到之物,成后亦

---

① 黄丕烈《荛圃刻书题识》,第263页。
② 从李福《夏方米落第后留寓西山书此代柬即和其留别原韵三首之一》一诗,可约略推测夏文焘的科名状况。见《花屿读书堂诗抄》卷一,道光二十六年刻本。
③ 黄丕烈《荛言》,《士礼居黄氏丛书》本。

无暇顾及,此意可见《笛渔小稿》题识中言:"余又老大无成,自著诗稿,随作随弃。"①

黄丕烈有文学之才,其好友石韫玉撰《秋清居士家传》述黄氏"少岁读书,务为精纯,发为文章,必以六经为根柢,尝仿宋人春秋类对之法,摘经语集为骈四俪六之文,以类相从,裒然成编"②。黄氏之文学情思,还时时从其题跋中流露,也就是说题跋中不少篇什具有文学性。所谓文学性,简言之,文字中寓有情感、文字具有美感,而整个文本在脱离实用功能后还有审美意味。黄氏题跋中的部分篇什,即使是脱离提要目录这一体系,仍有其文学价值。这也是《荛圃藏书题识》的特色。下录二例:

> 嘉庆丁卯夏四月二十有八日,偶检及此,其去抄书之日已历十载矣。回忆抱冲(顾之逵)之殁在丁巳四月,近因其弟东京徙居,往贺焉。抱冲之长子阿和出见,崭然头角,已成人。问其遗书,尚扃闭橱中。今其子年渐长,庶几能读父书乎? 而余以父执老友,或可藉目,亦未可知,书此志喜。(《和靖先生诗集》题识)③

> 嘉庆乙亥重阅此,已越廿年矣。计跋此尚在昭明巷老屋,今一再迁徙,家中人唯老妻犹是旧有者,长妇及幼儿、幼女、三孙皆后添矣。长儿已亡,长女、次女已嫁,时事变迁,可感也夫。(《老学庵笔记》题识)④

由书里到书外,由书林之故事到人事之变迁,因为聚散流转之故,总能让人在掩卷之后有超越文字世界的感想,此时最容易借诗抒发情感。而事实上,查检现存黄丕烈题跋,其中诗作有一百三十余首,黄丕烈自称此类诗为"题书纪事诗"。"题书诗"与"题画诗"性质近似,此种形式,此前或

---

① 黄丕烈《荛圃藏书题识》卷九,第 225 页。
② 石韫玉《独学庐四稿》卷四,《续修四库全书》第 1467 册,第 1 页。
③ 黄丕烈《荛圃藏书题识》卷八,第 176 页。
④ 黄丕烈《荛圃藏书题识》卷五,第 115 页。

许有人偶为之,而至黄丕烈则成规模,几可称空前绝后。"题书纪事诗"的大量嵌入,已改变提要的通行体式,从而使撰写题跋这种学术性工作,具备文学色彩。题识中多次道及校书之乐,常是情语景语交融。《李长吉诗集》题识后有诗二首:

> 风雨廉纤向晚晴,悄然独坐一灯明。忽惊寒信今年早,雁叫天边三两声。(《重阳前五日》)
> 重阳才过喜天晴,寒月宵来分外明。一种清闲谁领得,满阶梧叶尽秋声。(《重阳后三日叠前韵》)①

可与此类诗并观的是一些题识收结处的三两行"兴到之语",它们其实也可当作诗来品味。如《山海经图赞》题识后有"甲戌人日记,瑞雪未消,新月欲下,一种清景,闲窗静夜,人独领之"②;《注解章泉涧泉二先生选唐诗》题识后有:"道光纪元八月下弦日,晨起见残月半规,疏星几点,掬水盥洗,磨墨书此,一种清兴,又旬中不多遇之日矣。"③因为对古书的挚爱,和"同志之友"的频繁往来,黄丕烈将其读书之清趣扩散到友朋中,使独得之乐成为共享之乐。黄丕烈组织的观书题咏之会,引人注目的至少有四次。嘉庆三年冬鲍廷博至苏州,将宋本《新雕重校战国策》介绍给袁廷梼,并约请黄丕烈于钮树玉寓楼同观,黄丕烈以高价得此楮墨精好之本。嘉庆四年二月黄丕烈重检此书,"回忆去冬得书之时,在腊月望日,雨雪载途,肩舆出金阊门,与渌饮(鲍廷博)、绶阶(袁廷梼)、非石(钮树玉)盘桓茶话以为消寒计者,已两阅月矣。非石有诗赠余,当倩渠录于此册,以志一时韵事"。钮树玉诗云:

> 雨雪廉纤至,同心聚一楼。不嫌疏食薄,忘却旅人愁。宋本今

---

① 黄丕烈《荛圃藏书题识》卷七,第157页。
② 黄丕烈《荛圃藏书题识》卷六,第132页。
③ 黄丕烈《荛圃藏书题识续录》卷四,第331—332页。

才见,牙签昔已收。延津欣会合,岁暮足优游。

黄丕烈和诗有"勿睹奇书至,来从五砚楼"之句,诗后有语云:"余复用此诗(钮氏诗)韵,续补前跋所未尽之意,率成一首,适绶阶亦来,在书塾与方米(夏文焘)聚谈,遂录于后,仍请非石、绶阶、方米诸君正之。"袁廷梼就此士礼居重观宋本《战国策》之事,亦用钮诗韵成诗一首,其中有"良朋多作合,卒岁亦无愁""今来观跋尾,题句胜清游"之句。夏文焘和顾广圻亦有继和之作。① 此次观书题咏之会在嘉庆四年二月二十六日。同一日在士礼居还有题宋刊残本《孙真人千金方》,此书得于二月十九日。

  二月廿六洞庭钮非石、枫桥袁绶阶访余,予以书出示,相约以诗纪事,用孙字,禁押本事。时同观者有西宾夏方米,谓余宜用杜老明妃诗例,遂遵之,率成五律四首,并不重韵。②

因为诗是"题书纪事",述及版本优劣、避讳字、授受源流及价值,故诗风较为质实。这一组诗的价值主要不在所表现的内容,而在其形式,或者说由此形式而形成的观书题咏之例。嘉庆四年四月有题元刻本《丁鹤年集》之韵事,此次题咏唱和者有两次,参与者是顾广圻、黄丕烈、夏文焘。两次题咏皆有黄丕烈跋:

  右"三益联吟册"中题元本《丁鹤年诗》也,此集为涧蘋岁试玉峰时所收,而后以归余者。故仿校宋本《建康实录》例,涧蘋为首唱,而余次之,方米最后者。因余两人唱和时,方米挈徒小试玉峰,归后继和也。即限年字而禁用本事者,亦册中例也。
  中春月,余得宋刻《千金方》,同人相约题诗纪事,限孙字而禁用其人本姓,自后因书而赋者,悉用是例矣。初,涧蘋得此书,重为元

---

① 黄丕烈《荛圃藏书题识》卷二,第 31—32 页。
② 黄丕烈《荛圃藏书题识》卷四,第 75 页。

刻,诗以纪事,拟用丁字,畏其难而改用年字,卷端三首是也。昨涧蘉自家到书塾,袖出一诗,谓向所为难者,今反见巧矣。所押丁字果称巧绝,遂偕方米次和。①

第一跋中所提"三益联吟"中的"三益",或许是源自《论语·季氏》中的"益者三友";而联吟之事,在此前校宋本《建康实录》似有之,然在黄丕烈的藏书题识中未检得该篇。题诗纪事,本已风雅,更进一步,求限某字而禁押本事,推敲讲求,如锦上添花,则又入新境界。

嘉庆四年是"观书题咏"最盛的一年,后来黄丕烈在撰写题识中几次忆及联吟之乐。嘉庆八年《梁公九谏》题识中有语云:"题书纪事诗久绝响矣,即欲为'三益联吟'之续,而良友弗聚,异书不来,意兴殊索然也。闲窗检点藏书,此《梁公九谏》一卷,仍用旧例,独吟新诗,亦聊为破寂之助云尔。"②明抄本《录异记》卷尾记载明代柳大中、俞弁志抄书唱和之事,黄丕烈嘉庆十年作题识对二老风流颇为神往:"卷尾缀柳俞二公诗,想见昔人留心书籍,往往寄情吟咏,与吾侪'三益联吟'时所为题书纪事诗,先后同揆也。兴之所至,继赋一律。"③至嘉庆十四年、十五年间,"三益联吟"中的"三益"又有新的组合,旧抄本《淳祐临安志》的纪事诗是陈鳣倡作,吴骞与黄丕烈和之。黄丕烈《庚午春日寄怀槎客次前韵》诗中有句:"我为嗜奇荒产业,君因勤学耗年华。良朋隔世忘双璧(谓顾抱冲、袁绶皆),异地同心有几家。"④

前文提及黄丕烈不惜自作诗稿,他在《李校书集》题识中亦有"余非诗人"⑤之语,然黄丕烈颇好吟咏,以江标作"年谱"及王大隆"补编"统计(见附录六),黄丕烈所作诗近两百首,而参与的雅集或唱和近九十余次,诗作数量的增多,大致可以嘉庆十年为一分界。他在《金子有集·金子

---

① 黄丕烈《荛圃藏书题识》卷九,第 214 页。
② 黄丕烈《荛圃藏书题识》卷二,第 33 页。
③ 黄丕烈《荛圃藏书题识》卷六,第 137 页。
④ 黄丕烈《荛圃藏书题识》卷三,第 48 页。
⑤ 黄丕烈《荛圃藏书题识》卷七,第 157 页。

坤集》中指出:"余近年喜吟咏,无可师,凡友皆师也。若者是吾师而效之,若者否吾师而戒之,学问之道,岂不在朋友讲习哉。"①此跋作于道光三年,当可作黄丕烈晚年性情的写照。嘉庆五年,黄丕烈得一诗友,其人乃黄氏故交邵树德(荻香)②之子邵阆仙,"遂招集读未见书斋,即席赋诗,吴太史玉松亦在座,有云:'种树有心培子弟,看山无梦列公卿。'荻香子盖已邀青盼矣。是岁即游泮宫,越二年为余课孙,朝夕与余唱和,方知荻香之诗学有传人"③。附录六所列与黄丕烈交往较为密切的二十八位文士中,书籍是一个重要的交流媒介,诗的重要性稍次之,但亦不可小视。他们当中如石韫玉、潘奕隽、尤兴诗、张吉安、沈钦韩、李福、彭希郑等可视为黄丕烈的诗友。黄丕烈所参与的雅集与诗唱和活动,自嘉庆三年后,基本上能连成一线,这是他自称"好吟咏"在时间上的呈现。雅集或唱和,自然要讲求场所。下面将黄丕烈参与的重要雅集场所按年作简要列举:

1. 嘉庆三年,钮树玉寓楼;
2. 嘉庆四年,黄丕烈之士礼居,袁廷梼之渔隐小圃;
3. 嘉庆六年,黄丕烈之荛圃、红椒山馆、读未见书斋;
4. 嘉庆八年,黄丕烈之百宋一廛,周锡瓒之水月亭;
5. 嘉庆九年,乐圃(毕沅故宅);
6. 嘉庆十年,吾与庵之见山阁;
7. 嘉庆十一年,瞿中溶之古泉山馆;
8. 嘉庆十三年,孙星衍之一榭园;
9. 嘉庆十六年,吾与庵,天平观,黄丕烈之求古堂;
10. 嘉庆十八年,西山;
11. 嘉庆十九年,黄丕烈之陶陶室,五柳园舫斋;

---

① 黄丕烈《荛圃藏书题识》卷九,第224页。
② 邵树德,字敬舆,一字荻香,常熟人,乾隆五十三年举人,文采博赡,长于律赋,有《小安乐窝诗抄》,黄丕烈作序。见南京师范大学古文献整理研究所编《江苏艺文志·苏州卷》,江苏人民出版社,1996年,第3138页。
③ 黄丕烈《荛圃杂著》,见黄丕烈《黄丕烈书目题跋》,第339页。

12. 嘉庆二十年,吴翌凤之归云舫,吾与庵;

13. 嘉庆二十一年,潘奕隽之撷芳亭,张青选之听潮吟馆;

14. 嘉庆二十二年,吾与庵,潘奕隽之撷芳亭、三松堂,学耕堂;

15. 嘉庆二十三年,五柳园之鹤寿堂;

16. 道光元年,吾与庵之见山阁;

17. 道光二年,鹤寿堂,吾与庵;

18. 道光三年,尤兴诗之延月舫,积善西院,彭希郑之静怡书室,花间草堂,石韫玉之凌波阁,吴云之知鱼乐轩,潘奕隽之撷芳亭;

19. 道光四年,黄丕烈之百宋一廛,尤兴诗之延月舫,葑门外荷塘;

20. 道光五年,黄丕烈之学耕堂,仪宋堂,百宋一廛,彭希郑之汲雅山馆。

上列场所,可分为三类,其一是黄丕烈及其友朋之楼舍,它们是诗歌唱和交流网络的基本场所;其二是苏州市内的园林或景点,如五柳园、花间草堂、葑门外之荷塘;其三是苏州近郊的景点,如吾与庵、西山、天平观、积善西院。由内及外,众多文士的楼舍和其他园林、山水,便形成了文士群活动的空间,而这一空间容纳于人文自然并美的苏州。杜荀鹤《送人游吴》中有诗句云:"君到姑苏见,人家尽枕河。古宫闲地少,水港小桥多。"①桥、水及其相关的船,为这一城市增添灵性,也使文人活动融入诗意。黄丕烈《却扫编》题识所附六绝句中有写"书船"者:"忽尔夜航来远道,开函古艳使人惊。"②又《笠泽丛书》题识云:"海宁吴槎客(骞)老而嗜书,今春偕陈简庄(鳣)泛舟访余于悬桥,尽出行箧所携书相质。"③更具诗意者当数《事类赋》题识:

> 癸酉(嘉庆十八年)春三月初七日,校钱遵王藏旧抄本,时冒雨泛舟,挚次孙美铭往亡儿墓,俾修祭扫兼欲葺治颓垣,故冒雨行也。

---

① 此诗可证之于宋如林、罗琦修,石韫玉纂《苏州府志》卷五"水"、卷二十九至三十"津梁",道光四年刻本。
② 黄丕烈《荛圃藏书题识》卷五,第113页。
③ 黄丕烈《荛圃藏书题识续录》卷三,第317页。

舟中无事,从荫溪至横塘,适毕此卷(卷七)。春帆细雨,新燕掠波,颇饶野趣。

校未终卷,已抵西跨塘。乘雨豋登岸,使美铭祭墓毕,归舟午饭,又毕此卷(卷八)。时远山模糊,微雨蒙茏,蓬窗笔砚都润。①

水路的便利,也使得与黄丕烈交往的文士群具备某种扩散性,前文所列八十九位文士中,大致可以看出是以吴县为中心,扩散到苏州府其他县,再到邻近的其他府,直到浙江省的相邻地区。扩散的线路,可通过黄丕烈的行踪略作考察。"余向年买舟泛琴川,访同年张君子和(燮)于东言子巷,煮春芹,暖酒欢聚。"②(《九灵山房集》题识)"辛未三月初游嘉禾,遇渌饮鲍丈(廷博)于双溪桥下,昼则同席,夜则联舫,纵谈书林旧闻,亹亹不倦,真快事也。"③(《古逸民先生集》题识)从八十九人的名单、附录六以及上文所列重要雅集场所来看,黄丕烈是书、诗交流网络的重要参与者,甚至是发起者。就雅集与诗唱和而言,嘉庆五年春,黄丕烈招同吴云、汪瀚云、蒋寅、夏文焘、沈书山、周锡瓒、李福、顾广圻、袁廷梼、潘奕隽,共饮牡丹花下,出示家藏多种宋本,客亦携古物古书共观,分韵赋诗。又如嘉庆十年黄丕烈举中吴诗课十四集;道光四年同宋镕(悦研)、尤兴诗、彭希郑举问梅诗社,又有百宋一廛消寒第一集;道光五年,举问梅诗社第廿二集、廿六集,等等;黄丕烈多种不同名称的楼舍,在雅集中也是多次出现,王芑孙撰《黄荛圃陶陶室记》云:

(黄丕烈)家虽不丰,力能致酒,春秋佳日,招其二三同好,盘桓乎是室,胪列宋元,校量完阙,厘正舛错,标举湮沉,当其得意,流为篇什。④

---

① 黄丕烈《荛圃藏书题识再续录》卷二,第368页。
② 黄丕烈《荛圃藏书题识》卷九,第216页。
③ 黄丕烈《荛圃藏书题识》卷八,第199页。
④ 王芑孙《惕甫未定稿》卷七,《续修四库全书》第1481册,第56页。

李福的诗作《陶陶室宴集》《陶陶室宴集以主人西山看枫诗折将红叶去端的为诗媒分韵拈得红字》①，可作为王芑孙文字的注解。就嘉道时期整个苏州文士群的活动而言，黄丕烈只是网络中的一个重要节点，而不是中心；而具体到黄丕烈周边的文士群，其中也有多个相互呼应的人物，其好友袁廷梼可为一例稍作考察。袁氏尝作《渔隐小圃十六咏》，王昶有《袁又恺渔隐小圃记》之作：

> 枫桥之水，从梁溪来，过桥分支，西南流别为西塘，又有桥名江村，其南则袁子又恺渔隐小圃在焉。……于是春秋佳日，吴中胜流名士，复命俦啸侣无虚日，而远方贤士大夫过吴者，挐舟造访，填咽于江村桥南北，樽酒飞腾，诗卷参互。②

正是黄丕烈、袁廷梼，还有潘奕隽、尤兴诗、彭希郑的楼舍，才使得文士之交流呈现的不是一枝独秀，而是众花竞放的繁盛图景。

而众文士参与营造的风雅，"东坡生日会"的盛行，似可作为一个标志。黄氏参加的"东坡生日会"，通过张吉安的诗集中《延月舫苏会莪圃和坡公之维州诗韵》③一诗，可知其事大约在道光四年；然在黄丕烈的藏书题识，有三则提及"东坡生日"，即嘉庆十六年《注东坡先生诗》题识、嘉庆十八年《笛渔小稿》题识、嘉庆二十五年《山窗余稿》题识。三则之中，以嘉庆十六年一则最有情致。

> 东坡生日是今朝，愧未焚香与奠椒。却羡苏斋翁学士，年年设

---

① 李福《花屿读书堂诗抄》卷四、卷五，道光二十六年刻本。
② 袁廷梼《红蕙山房吟稿》，"附录"，《丛书集成初编》本，第 15 页。钱大昕《五砚楼记》称袁廷梼之五砚楼："四面洞达，迥出埃壒，灵岩、天平之紫翠，望之如可摘也；支硎、法螺之钟磬，招之若相答也。前俯澄碧，旁植花竹，挹风土之清嘉，屏丝管之嘈杂。……斯楼主宾，文酒唱酬之盛，不减于曩时。此吴中世族所难得者，予所以乐为记也。"见陈文和主编《嘉定钱大昕全集》第 9 册，第 338 页。
③ 张吉安《大涤山房诗录》卷七，道光十四年刻本。

宴话通宵。

东坡生日是今朝，一老冲寒赴友招。闻道春风来杖履，凌云意气正飘飘。

东坡生日是今朝，我独闲居苦寂寥。但把和陶诗熟诵，樽无浊酒也愁消。

东坡生日是今朝，助我清吟兴转饶。谁复景苏同此意，悬桥人又忆花桥。

十二月十九日，往访潘丈榕皋（奕隽），知赴友人之招，为东坡生日修瓣香之祝。晚归，意欲同修此典。独居寡欢，不复为此。因出此和陶诗讽诵一过，并题四绝句于后。苏斋翁学士岁例出宋刻注东坡诗，于今日开筵宴客，致祝髯苏，故诗及之。①

同年十二月二十六日，潘奕隽有四首次韵之作回复黄丕烈。黄、潘唱和之作中，均提到翁方纲倡办的东坡生日会。检《复初斋诗集》，翁方纲至迟在乾隆四十七年有东坡生日会之举，此年诗作中有《十二月十九日东坡生日诸公雪中集苏斋同用生字题邢房悟前生图二首》②，以后类似之诗渐多，衍变成一种时尚。黄丕烈对东坡生日的留意，或作"东坡生日是今朝"，正是承续此风尚；而此种风尚的盛行，还可从潘奕隽的六个关于东坡生日的诗题中看出，③这六个诗题中的另一个重要人物是尤兴诗，也是黄丕烈的诗友。

东坡生日会，通常或悬挂东坡像，或共阅东坡诗集，或用东坡诗韵作

---

① 黄丕烈《荛圃藏书题识》卷八，第180页。
② 翁方纲《复初斋诗集》卷二十五，《续修四库全书》第1454册，第588页。
③ 这六个诗题是：1. 嘉庆十六年，《十二月十九日东坡生朝尤春樊（兴诗）舍人悬像设祭招饮斋中用东坡和陶诗韵邀余和作》；2. 嘉庆十七年，《东坡生辰集延月舫》；3. 嘉庆十九年，《甲戌腊月十九东坡生辰复集延月舫春樊舍人出示唱和卷题后》；4. 嘉庆二十一年，《丙子十二月立春日东坡生辰春樊悬像设祭招饮斋中得诗一首》；5. 嘉庆二十二年，《丁丑十二月东坡生朝春樊招同吴槐江石琢堂集延月舫得诗一首》；6. 嘉庆二十四年，《己卯嘉平春樊舍人复举东坡生辰之集诸君子皆有作余心衰笔不能继声吟诵佳什复此效颦》。见潘奕隽《三松堂续集》卷二、卷三、卷四、卷五，《续修四库全书》第1461册。

诗唱和，①或许还有其他细节，它们共同构成一个充满意味的仪式，黄丕烈及与其交往的文士因为与会而完成这一仪式，仪式使他们联系成为一个风雅的群体；又因为这个仪式，他们可与在不同时空的翁方纲或其他后来诗人处于同一个想象的大群体之中，他们是与苏轼有"亲密关系"的风雅之士。这种通过想像或记忆产生出的亲切情感，在石韫玉《六月十二日复翁招集同人为山谷先生寿走笔述事》诗中流露，此诗作于道光五年，黄丕烈（复翁）于此年八月去世。诗中有句云："春樊舍人（尤兴诗）好儒术，岁与东坡作生日。黄君今亦寿涪翁，重模画像悬虚室。宝书翠墨几上陈，坐设尊俎延嘉宾。文人因缘在香火，相隔百世犹相亲。"②黄山谷、苏东坡生日会大致程式应该相近，此诗有重现现场气氛之笔，"画像""宝书翠墨""尊俎"，以仪式性的香火，建立隔世的因缘。

　　类似东坡生日会的风雅之举，还有上巳雅集，"嘉庆四年三月三日，值曲水觞咏之辰，为八音遏密之岁。砸东朱子、寿阶袁子招集渔隐小圃。乃屏嘉肴，瀹苦茗。是日也，微雨初晴，六合生润。有乐不设，虚觞停流。谈艺论古，列坐移晷。阔踪既接，郁情以宣。虽狂狷殊怀，而俯仰俱适，言志有作，继声并陈。同集者范来宗、方燮、钮树玉、黄丕烈、瞿中溶、顾广圻、夏文焘、孙延、许鉴，暨主人朱成、袁廷梼、兆荪与奕隽。期而未至者，李福也"③。潘奕隽此序某些语句及情致，承《兰亭集序》而来。"可使林亭虚故事，直将弦管换新词"④，此次曲水觞咏，可视为嘉庆初年吴中文士集体延续风雅传统的举措。其他如道光四年六月二十四日，吴云招同黄丕烈、张吉安至葑门外荷塘观荷，黄丕烈以"荷花生日是今朝"，用

---

①　潘奕隽《己卯嘉平春樊舍人复举东坡生辰之集诸君子皆有作余心衰笔秃不能继声吟诵佳什复此效颦》中有句云："坡公生辰例有诗"。见潘奕隽《三松堂续集》卷五，《续修四库全书》第1461册，第185页。

②　石韫玉《独学庐四稿》，诗稿卷四，第660—661页。烘托气氛方面，潘奕隽《十二月十九日东坡生朝尤春樊舍人悬像设祭招饮斋中用东坡和陶诗韵邀余和作》中有句云："虚斋香篆袅，觌此鸾皇姿。再拜莫芳尊，侑以寒梅枝。"见潘奕隽《三松堂续集》卷二，第160页。

③　潘奕隽《三松堂诗集》卷十二，《续修四库全书》第1460册，第675页。

④　潘奕隽《三松堂诗集》卷十二，第675页。

辘轳体首唱四绝句,同人咸和之。① 此句又近似"东坡生日是今朝"唱和。

雅集与唱和的风雅,还表现在参与者所选韵字方面,检黄丕烈年谱及相关诗集,可得如下数条:

1. 嘉庆十年十二月望日,黄丕烈、洪亮吉、陈鳣、钮树玉集澄谷上人之见山阁,以"把酒问青天"分韵赋诗。②

2. 嘉庆二十二年十月十四日,张青选邀同黄丕烈、石韫玉、王学浩、张吉安等夜集听潮吟馆餐菊,以"夕餐秋菊之落英"分韵赋诗。③

3. 道光三年四月初八日,黄丕烈、石韫玉、尤兴诗等有入山访僧之约,至期遇雨,改集花间草堂,以"赏雨茅屋"四字分韵赋诗。④

4. 沈钦韩作《中秋后一日与尧夫坐雨山斋题澄谷大师话雨旧图以杜诗十字分韵得巳公茅屋下五首》。⑤

"餐菊""入山访僧"等,本已是很有诗意的事;而这些事又通过指向性很强的"把酒问青天""夕餐秋菊之落英""赏雨茅屋"和杜诗等引向相关文本,在关联中建立风雅谱系,此一谱系使黄丕烈等文士的活动受浓厚的历史文化熏染而意蕴丰盈。

吴中风雅的流衍,还表现在空间方面的扩展。黄丕烈《注东坡先生诗》题识云:"辛未(嘉庆十六年)立冬日,榕皋潘丈拉游天平观红叶,道出来凤桥,顺访香岩主人(周锡瓒)……既见,谈及是书,并与议直,竟许可,遂携之舟中,与榕丈欣赏者累日。……是晚宿吾与庵,向庵僧澄谷借商邱新刻《施注苏诗》勘之。"⑥《李校书集》题识亦与吾与庵有关:

---

① 江标《黄荛圃先生年谱》,第91页。
② 王大隆《黄荛圃先生年谱补》,见《黄丕烈年谱》,中华书局,1988年,第122页。
③ 王大隆《黄荛圃先生年谱补》,第140页。
④ 石韫玉《独学庐四稿》诗卷三,《续修四库全书》第1466册,第650页。
⑤ 沈钦韩《幼学堂诗稿》卷十六,《续修四库全书》第1499册,第115页。
⑥ 黄丕烈《荛圃藏书题识》卷八,第178—179页。

  日来枯坐一室,校雠都绝。今晨唤一小舟往吾与庵,与琢堂(石韫玉)相期在彼一宿。舟中无聊,自悬桥出平江路,由西而东,阊门一路,漕艘濡滞,兼之顺道过访段茂堂(玉裁)、周香岩二老。抵西津桥始毕。舟小无置笔砚地,倾侧几不成字,观此集多与方外人作友,故诸诗人因游而得方外友,又因方外友而得诗。余非诗人也,然每至僧庵必得诗,其亦事理之所有而性情之所近乎?校毕记,时乙亥二月花朝日适逢春社,跋于支硎道中。

  余至吾与庵,琢堂亦从邓尉返棹来,遂同宿庵中。花朝月夕,亲戚情话,因用此集中《同苗员外宿荐福寺》韵赋诗纪事,并邀琢堂同作。

  为爱联床话,禅房作客房。竹清疏漏月,梅白浅经霜。听梵依虚牖,寻诗绕曲廊。归鸿哀未减,警枕转神伤。①

据《苏州府志》卷四"山"记载,苏州府西南六十里有穹窿山;府西二十五里有支硎山,晋高士支遁尝游憩其上,支硎山南五里有天平山,寒山乃天平山支山;府西三十里有灵岩山;府西北有虎丘山。② 明代文士对虎丘情有独钟,而清嘉庆时文士似喜支硎山,尤其偏爱支硎山下的吾与庵。石韫玉《吾与庵后记》云:

  由苏州府治西行一舍,有山曰支硎,晋林公之道场所在也。其旁有静室曰吾与庵,澄谷大师自天台来,卓锡于此。其地在平陆,四山环之,东望灵岩,西接天平、寒山诸峰。③

又据林衍原《吾与庵记》:"澄谷上人本浙江天台人,主持吾苏鲟门外之天宁禅寺有年矣。乾隆五十九年付其徒某而自徙居于支硎山之善英庵,上

---

① 黄丕烈《荛圃藏书题识》卷七,第156—157页。
② 宋如林、罗琦修,石韫玉纂《苏州府志》卷四,道光四年刻本。
③ 见石韫玉《独学庐四稿》文卷一,《续修四库全书》第1466册,第677页。

人易去善英而名之曰吾与。"①黄丕烈与澄谷上人初结识在乾隆六十年，自此黄丕烈游访吾与庵见诸文献的记载不下十次，其中有五次与友朋夜宿吾与庵。上文所举二次是其中较有代表性的，如再加上黄丕烈其他的访僧（还有寒石上人）、探寺（如理安寺、积善庵等）活动，文献记载中的有二十次。黄丕烈游兴颇浓，检《黄荛圃先生年谱补》，知其游访郊外诸名胜，多有主动发起之意，如嘉庆十年十二月偕洪亮吉、陈鳣、钮树玉集澄谷上人之见山阁，嘉庆十五年偕蒲忻访寒石上人不遇，因探西山诸胜，潘奕隽嘉庆二十三年作《荛圃订游吾与庵因雪不及赴约吟此寄怀并柬心诚上人》等。沈钦韩有诗《中秋黄荛夫(丕烈)宿吾与庵折简见招次日赴约集见山阁得山字》，其中有句云：

> 玩月头筹让，留诗旧例颁。半瓶倾浊酒，一阁献群山。肩肩钟鱼歇，戎戎竹树环。②

从"留诗旧例"可见宿山寺必有诗出。观沈钦韩诗集，在此诗之后又有《过中峰南来堂次荛夫韵》《吾与庵十咏》《中秋后一日与荛夫坐雨山斋题澄谷大师话雨旧图以杜诗十字分韵得已公茅屋下五首》，游山玩水激发诗兴。"黄子清兴发，奋笔导我前。新诗若韦孟，澹泊追前贤"；"山泉涤尘襟，松风清俗耳。"③吴中清丽的山水，如此诗中所提及的"山泉""松风"，毓育文士的性情，或许亦有助于韦孟式澹泊诗风的形成。

黄丕烈访僧探寺，也有回应山僧之邀约者。石韫玉《和复翁除夕之作》有句云："僧来预订明正约，欲看梅花早入山。"④在黄丕烈的藏书题识中，有嘉庆十四年澄谷上人招其赏桂、道光五年招其看梅的记录。嘉庆十四年事夹记于道光四年所作《增广圣宋高僧诗选》题识中，现录其

---

① 宋如林、罗琦修，石韫玉纂《苏州府志》卷四十一。
② 沈钦韩《幼学堂诗稿》卷十六，《续修四库全书》第1466册，第105页。
③ 见石韫玉《秋日游西山和黄荛圃韵八首》其一、其四，见《独学庐三稿》诗卷四，《续修四库全书》第1466册，第518页。
④ 石韫玉《独学庐四稿》诗卷三，《续修四库全书》第1499册，第644页。

片断：

> 读此书一过，有怀澄公：秋风生桂树，招我有山僧。（昨澄公徒孙辛成师过访。）白露兼旬到，清吟独学曾。（犹忆辛未秋澄公招独学老人与余华山看老桂。）遗文珍旧扇，（澄公为余写扇头梵崈老木因风时自号一首）秘笈访同朋。（澄公为余求吕峰所藏唐宋僧诗一册。）展卷添愁思，何心策瘦藤。（澄公作古后，山中更无吟侣。）①

黄丕烈这首诗包涵的故事颇多，澄谷上人对他来说是书友也是吟侣。黄丕烈于嘉庆十五年为澄谷上人刻《和法雨大师山居诗》一卷，次年又为其刻诗稿四卷。嘉庆十六年，澄谷上人携其徒孙无逸访黄丕烈于求古堂，相与读诗半日。黄丕烈以明刻《贯休诗》《清塞诗》两种以及破山老师"净如莲花"印赠澄谷上人。

在黄丕烈与诸文士游宿吾与庵外，还有不少黄丕烈未参加的游观山寺或与山僧往来的活动，如石韫玉有诗《寒石上人归吴中吾与庵赋此奉寄》《和寒石和尚七十自寿诗》等九题；沈钦韩有诗《题吾与庵钟楼》等四题；潘奕隽有《三月初六日朱涧东与袁绥阶同游天平山夜宿白云精舍子世璜侍》等九题；陆鼎有《春尽日雨留吾与庵即事》《大雪中杨蓉裳安涛石远梅过西山访澄谷上人作诗携归示余并订探梅之约作此简上人》《庚辰春重过吾与庵探梅无逸僧以澄公遗物编成巨册乞题》等十题，②王芑孙、袁廷梼、钮树玉等也有相关题材的诗作。吴中文士喜游吾与庵之原因，除其境致惬意外，还与澄谷上人能诗好客有关。"凡春秋佳日，名流逸士游支硎者，必款关访之，无论识与不识，上人悉与之晋接，招登见山阁，瀹茗清谈，极宾主之欢而散。"③方内与方外的沟通交流，是吴中文士群活动空间扩大、蕴涵充实的一种表现。

---

① 黄丕烈《荛圃藏书题识》卷十，第237页。
② 陆鼎《梅叶阁诗抄》卷一、卷三、卷五、卷七，民国年间《吴中两布衣集》本。
③ 黄丕烈《荛圃刻书题识》，第272页。

三、绘图纪雅集与清代吴门画派

明清文士有一种偏爱,他们对雅集、游赏山水、访碑觅书、读书、撰述、作诗、填词等风雅之事的品味,除以诗词文予以记录外,往往绘图记其事。画图能补文字之不足,记当时之情景;亦能再添风味:图成之后,览者又可题诗文其上。于是片刻之欢娱,虽历时空之变,而有如在目前之感。吴中多风雅之士,嘉道之际,黄丕烈可视为代表。清末石渠《荛圃雅集诗画册》题跋云:"荛圃先生耽于诗,兴会所至,辄成图画。百宋一廛中累累数十册,此其一也。予向见《陶诗摘句图》,先生自记一生事迹,工细白描人物,数日画一幅,累月而成,惜不记作者之名。"[①]以绘图纪事而言,自嘉庆四年至道光五年,与黄丕烈相关之事可考出者集中在十三年间,其中绘图之事有四十一次之多。

1. 嘉庆四年,陈鸿寿作《荛圃赏雨图》,又为黄氏作《得书十二图》《藏书四友图》。又,瞿中溶为黄丕烈作《牡丹诗卷图》。(《古泉山馆诗集》卷二)

2. 嘉庆五年,潘奕隽为题《移居担书图》。陈鸿寿约于此年为黄丕烈作《红椒》《古朴》二图。(《古泉山馆诗集》卷二)

3. 嘉庆六年,瞿中溶、顾莼为黄氏绘《梅花字字香图》。[②] 潘奕隽为题《祭书图》,此图为秀水吴竹虚作。又有《荛圃雅观集诗画册》,其中有汪梅鼎画《老仆卧柏图》,万承纪画《红椒秋菊》,瞿中溶画《芙蓉鸡冠》,黄丕烈、袁廷梼、李福及汪、万、瞿皆有题画诗。[③] 又有《续得书图》。孙星衍入都,同人饯别,吴竹虚作《小楼话别图》。又,瞿中溶为作梅花图,并题二十八字。(《古泉山馆诗集》卷三)黄丕烈又召集钱大昕、段玉裁、陈

---

① 转引自姚伯岳《黄丕烈评传》,第62页。
② 姚伯岳《黄丕烈评传》,第63页。绘图诸事,笔者先阅读相关文献搜辑排比,再以姚著核对。此条为笔者所未注意,特此说明。
③ 三人绘画之事,见姚伯岳《黄丕烈评传》,第64页。

鸿寿、顾莼于红椒山馆,分韵赋诗,嘱钱大昕之子钱东塾绘《红椒绝凡艳图》。①

4. 嘉庆七年,潘奕隽为题《移居载书图》,汪梅鼎为作《再续得书十二图》。

5. 嘉庆八年,钱大昕为题《除夕祭书图》,吴翌凤为作《祭书第二图》,余集为作《玄机诗思图》,此图有改琦临本。

6. 嘉庆十三年,李福为题《雪中蕙卷》。

7. 嘉庆十五年,陈鸿寿为黄丕烈题记《玄机诗思图册》,图为周笠(云岩)所摹。

8. 嘉庆二十一年,王学浩为作《吾与庵图》《松颠阁图》,改琦为作《芳林秋思图》。又,钮树玉为黄丕烈题《梅花吟卷》。(《匪石山人诗》)

9. 嘉庆二十二年,王学浩为作《修川雅集图》《小桐溪馆图》;改琦为《芳林秋思图》卷中添画三松堂秋色。

10. 嘉庆二十四年,有《月明秋思图》。

11. 道光元年,陆鼎为作《梦诗前后二图》。

12. 道光二年,有《西泠春泛图》《传柑图》。

13. 道光三年,有《读未见书斋雅集画册》,陶赓为作《兰征图》,陆鼎为作《问梅诗社图册》《归云五朵图》,有《五同年钱春图册》,胡芑香为作《梅社七贤图》。又,张吉安约于此年为黄丕烈题《闻木犀香图》,次潘奕隽韵。

14. 道光四年,李慧生为作《红豆花册》,有《梦境图》。又,梁章钜为黄丕烈题《悬桥小隐册》。(《退庵诗存》卷十一)

15. 道光五年,有《咸宜女郎分册汇编》,张吉安为题《问梅公案册》。

在上列绘图诸事中,与书相关者最为突出,得书、移居担书、祭书及

---

① 姚伯岳《黄丕烈评传》,第64页。此年钱东塾作《胥江送别图》,亦与黄丕烈相关。事见叶昌炽《题顾南雅通政〈胥江送别图〉》一诗,诗有序云:"通政与陈仲鱼、黄荛圃、夏方米三先生同上公车,所作画者钱东塾石桥也。铜井方伯藏此图,归道山后六载,哲嗣聪生同客沪上,携示属题,蒿隐同年先有七绝四首,追次其韵。"《奇觚庼诗集》卷下,《续修四库全书》第1575册,第229页。

书友皆有图。嘉庆四年,陈鸿寿为黄丕烈作《得书十二图》,此后汪梅鼎为其绘《续得书图》和《再续得书十二图》。黄丕烈题《改玉壶山人(琦)藏龚御云山无尽图卷》云:"余素不识画,而却喜画,余倩诸友人画得书图已有三十六幅矣。"①三十六图所记乃黄丕烈所得三十六部珍善之书。叶昌炽云:

> 先生得一奇书,往往绘图征诗,有《得书图》《续得书图》《再续得书图》,今皆散逸。其名之可考者,曰《襄阳月夜图》,得宋刻《孟浩然诗》作也;曰《三径就荒图》,得蒋篁亭所藏《三谢诗》作也;曰《蜗庐松竹图》,得《北山小集》作也。余所见《玄机诗思图》,为得《咸宜女郎诗》而作。②

得书绘图和上文述及的"题书纪事诗"体裁虽异,表现对书的挚爱则同。就对书的挚爱而言,不能不提黄丕烈的祭书之典和祭书图。瞿中溶云:"昔唐贾浪先(仙)除夕祭诗,近代周栎园侍郎嗜墨,效其事于除夕祭墨,予友吴县黄荛圃主政丕烈嗜宋元旧板书,不惜重赀购藏,亦仿其例于除夕祭书。"③从贾岛祭诗到周亮工祭墨,再到黄丕烈祭书,可略见风雅的谱系。黄丕烈祭书,缘自他在搜访典藏活动中对书的一种深刻认识:

> 余生平喜购书,于片纸只字皆为之收藏,非好奇也,盖惜字耳。往谓古人慧命,全在文字,如遇不全本而弃之,从此无完日矣。④(《阳春白雪》题识)

> 凡有一物必有一物之精神贯乎其中。此书之精神,昔年藏书家

---

① 黄丕烈《荛圃杂著》,第 344 页。
② 叶昌炽《藏书纪事诗》卷五,上海古籍出版社,1989 年,第 576 页。
③ 瞿中溶《瞿木夫先生自订年谱》,《北京图书馆藏珍本年谱丛刊》第 131 册,第 247 页。
④ 黄丕烈《荛圃藏书题识》卷十,第 255 页。

之精神贯于此者不知凡几矣,安能烟消灰灭乎?① (《杨太后宫词》题识)

在黄丕烈眼中,古书乃古人慧命之凝聚与精神之贯注,因而具有一种生命特质;而此一生命又能经历时间之淘洗与水火兵虫诸厄难,如有神物护持;又因各种机缘的凑合,此书最终又为我所得。古书如此流转,而犹存于世,于收藏阅读者看来,便有一种让人惊叹的神秘感,祭拜之礼,便是敬仰之情的流露。更何况宋元善本及名家抄校之本,本身就是一件艺术品,邀召朋友祭拜品鉴,也是颇具内涵的雅集。嘉庆六年除夕,黄丕烈于其读未见书斋中,"布列家藏宋本经史子集,以花果名酒酬之"②,是为黄丕烈第一次祭书,钱塘吴增(号竹虚)为黄氏绘《祭书图》。自此至嘉庆十六年,黄丕烈每年值除夕皆有此仪式,且邀友朋,品书唱和,雅集毕,照例绘图纪事。③ 查检黄丕烈师友诗集,钱大昕有《题黄荛圃除夕祭书图》诗,其中有句云:"斗室纷罗列,今朝倍肃将。礼行祠灶后,心为拜经忙。"④顾广圻有《士礼居祭书分赋得书字》,有句云:"归家倏忽岁将除,折简频邀共祭书。君作主人真不忝,我称同志幸非虚。"⑤潘奕隽《题祭书图为黄荛圃》中有句云:

  礼缘义起即祭法,一任下士嘲书痴。新图长篇妙摹写,苦茶庵画贞蕤诗。(图为秀水吴竹虚写,竹虚自号苦茶庵僧,卷中有朝鲜国奎章阁检书朴齐家古诗一首,极典雅。朴自号贞蕤居士。)⑥

从所列题《祭书图》诗可见祭书大致情形,题咏者似比较多,其中还有朝

---

① 黄丕烈《荛圃藏书题识》卷八,第199页。
② 徐康著,窦水勇校点《前尘梦影录》卷上,辽宁教育出版社,1998年,第23页。
③ 姚伯岳《黄丕烈评传》,第59页。
④ 钱大昕《潜研堂诗续集》卷十,见陈文和主编《嘉定钱大昕全集》第10册,第170页。
⑤ 顾广圻《思适斋集》卷三,《续修四库全书》第1491册,第475页。
⑥ 潘奕隽《三松堂集》卷十四,《续修四库全书》第1460册,第696页。

鲜文士朴齐家的古诗,题咏者已超出吴中地区。至嘉庆二十一年,黄丕烈重举祭书之礼,吴翌凤为其作《祭书第二图》,石韫玉、瞿中溶、张吉安、李福、潘曾沂等皆题诗其上,题咏延续至道光五年,此年褚逢春有题《祭书图》之作。诸诗之中,瞿中溶道光四年诗《题黄荛夫主政丕烈祭书第二图》内容较为丰富:

祭书图作后先论,妙绘同逢道子孙。(前图吴竹虚作,此图吴枚庵作。)叹我风尘沦落久,奇书空向箧中存。

浪仙嘉话古来无,周墨黄书接步趋。(周栎园先生亮工嗜古墨有祭墨图。)我有痴情同是癖,也思补画祭钱图。(予夙嗜古钱,嘉庆丙寅十二月曾仿贾浪仙故事祭钱,因未得名手,其图尚缺。)①

瞿中溶此诗提及"祭"的故事,自己祭钱(在其年谱中记录嘉庆十一年和道光四年两次)是受黄丕烈祭书的影响,而绘图之事未成,向往之意则显然。黄丕烈之风雅,在友朋中被仿效者还有一例,吴骞慕黄丕烈"百宋一廛"而颜其居曰"千元十驾",其事见吴骞《千元十驾诗》序中。

在四十一次绘图之事中,关于黄丕烈与友朋往来以及其他雅集者亦多。道光元年石韫玉作《余偶得佛手柑十枚致之复翁(黄丕烈)复翁又致之三松老人(潘奕隽)复翁绘为〈传柑图〉因系一诗》,道光四年瞿中溶作《非石(钮树玉)自山中得红蕙一盆赠寿阶(袁廷梼)又移牡丹数本赠荛圃各有诗纪事予既为寿阶写红蕙照交别写一幅赠花主人矣比荛圃又以牡丹诗卷属予补图因用前例别写牡丹一幅再赠非石并题二绝句》,两个较长的诗题所述说的赠物、绘图、作诗,足以见吴中文士之闲情,亦能见人情之美。同祭书图相似,这类画图亦有友朋之题咏,如张吉安就有《荛翁复出传柑图属题》《黄荛翁闻木犀香图次榕皋韵》《黄荛圃主政琴川诗梦图》(六首)诸作。② 在黄丕烈的诸多雅集图卷中,以嘉庆二十一年改琦

---

① 瞿中溶《古泉山馆诗集·梦游吟》卷二,清刻本。
② 张吉安《大涤山房诗录》卷六,道光十四年刻本。

所作《芳林秋思图》最为著称。此年七月二十九日,黄丕烈与吴翌凤走访潘奕隽,时适他出,其子潘世璜揖客,登潘家撷芳亭看桂,颇饶清兴,归而赋诗寄示潘、吴,诗中有"偶来撷芳亭,桂花香满树。主翁出未归,庭鲤肯我顾。杂坐凭曲栏,闲行窥老圃"之句。嘉庆二十二年花朝后五日,黄丕烈题此图卷,吴翌凤题识随之。望春前二日,黄丕烈再题图卷:

> 枚翁(吴翌凤)既和余撷芳亭看桂之作,而又留题二绝句,以寄冈怀。时适芳茂山人(孙星衍)来虎阜之一榭园,招同人小叙。枚翁以足疡不至,三松老人(潘奕隽)在座,酒半出示此卷,并为欣赏。席散,即移棹入支硎,借宿吾与庵。翼日,同萍庵、退叟遍游来鹤、何亭、普贤诸静室。……种种离合聚散,无能一而同之,岂不可叹!昨宿宵联床话旧,萍庵有"既伤逝者会当及时引乐"之语。遂举此语入于诗中。展卷书此,以纪斯游。时丁丑暮春望前二日,老红辞枝,新绿映户,僧寮清寂,人世奔驰,令人可喜可惧。宋麈一翁书于云外堂。①

黄丕烈题诗二首,其一有"惋惜春光倍黯然"之句,其二有"转因凋谢恋芳华",其时,黄丕烈五十五岁,已有伤春嗟老之意。此年黄丕烈又有三题、四题、五题《芳林秋思图》,其间又嘱改琦(七芗)再画三松堂庭中秋色于《芳林秋思图》卷中,此所谓"一年一度记清游,妙景都从画里收"②。嘉庆二十四年九月黄丕烈访潘奕隽,六题图卷;二十五年又有七题、八题之作;道光二年九题《芳林秋思图卷》,其中有语云:"此图之成及此诗之作,已历七年之久。而看花人同之者,二主一宾,依然无恙,可云乐矣。庚辰(嘉庆二十五年)秋,败兴之至,故未看花。去秋今秋,兴又重来,故有斯作也。"③至道光三年中秋前七日,黄丕烈第十次题咏,有诗四首,其三有

---

① 王大隆编《黄荛圃先生年谱补》,见北京图书馆编《北京图书馆藏珍本年谱丛刊》第127册,第141—142页。
② 王大隆编《黄荛圃先生年谱补》,第143页。
③ 王大隆编《黄荛圃先生年谱补》,第153页。

第三章　荛圃藏书题识与嘉道时期苏州书籍社会

图 6　《芳林秋思图》（局部），苏州博物馆编《清代苏州潘氏的收藏》，译林出版社，2019 年，第 218 页，第 220 页

句云"芳林秋思几经年,独我重游竟宛然"①。《芳林秋思图》卷中的题咏,在撷芳亭唱和之外,还录入部分其他诗作,其中有嘉庆二十四年陪慕园老人支硎看桂的唱和诗,有黄丕烈的律诗《重九日游天庆观》律诗三首等等。

无论是题书纪事诗、祭书、雅集还是绘图纪事,黄丕烈皆在有意发起并使之沿续,这种努力推动,为吴中文士的雅集提供多种机缘,或者累积渐变成一种风气。《芳林秋思图》及题咏,如果不是黄丕烈持续的雅兴,不会绵延十余年。道光元年的《梦诗前后二图》及题咏,在黄丕烈晚年重要的友朋间建立了有意味的关联。此年夏有修《苏州府志》之举,石韫玉、潘奕隽主其事,黄丕烈亦与纂修之列,因赴常熟访书,于八月二十一日泊舟西门之仓前。天未明时,梦见一空旷之所,石、潘二人凭一石几对坐,作谈诗状,黄丕烈得七字句云"不使闲情管落花"。醒后足成七绝一首,及归,再用句中平韵衍诗二首,属陆鼎画《梦诗前后二图》,又书三诗于其上,属同人题咏。陶赓后为图题首云"镜花水月"。检《同人唱和诗集》,和者有石韫玉、潘世恩、吴云、陈廷桂、吴廷琛、吴信中、蒋寅、张吉安、尤兴诗、彭希郑、汤达。黄丕烈的第一首诗是:"一叶扁舟滞水涯,忽然有梦已还家。梦中记得良朋话,不使闲情管落花。"就诗思与玄趣而言,扁舟、水涯、梦、落花,最易引发诗兴,黄丕烈的"梦诗",无疑为同仁提供一个激发性的诗题,石韫玉诗有句"飘茵坠溷原无定,一种人心护落花",潘世恩有"无端拾得清新句,知是江郎梦笔花",吴廷琛有句"二士共谈谁悟得,诗情禅意笈拈花"②。和诗共二十九首,皆可当作清新诗句"不使闲情管落花"而引起的"文字因缘"。

"写照性质"的绘图题咏,据笔者阅读清人别集的印象,自乾隆朝后期开始兴盛,一直延续至清末。以比黄丕烈小六岁的李兆洛为例,在其《养一斋诗集》卷四中,诸如《彭柳东太史修书图》《钱冷斋泰吉勘书图》之

---

① 王大隆编《黄荛圃先生年谱补》,第 156 页。
② 黄丕烈编《同人唱和诗集》,《士礼居黄氏丛书》本,道光四年刻本。

类的诗作有三十四首之多。① 而在吴中地区，以黄丕烈的师友诗集为例，钱大昕有《题何梦华涤碑图》《题顾秀才抱冲小读书堆图二首》，顾广圻有《题袁绶阶味书图小像》《题袁绶阶竹柏楼居图》，沈钦韩有《吴枚庵借书图》《陈古华太守五十学书图》，石韫玉有《李子仙紫薇花下填词图》《李子仙秋窗课读图》《吴枚庵借书第二图》，袁廷梼有《庚申闰四月既望雨中泛舟至海会庵赠竹炉于杲堂上人陆铁箫绘图同人赋诗以志》《题贝婿简香味书图小影》等；而在黄丕烈嘉庆四年请人作《赏雨茅屋图》《得书十二图》之前，其好友瞿中溶已有绘图纪事之举，嘉庆二年十月瞿中溶于苏州玄妙观得五铢铁如砚山，遂颜其所居之室曰古泉山馆，索同人绘图和诗。十一月随钱大昕游洞庭东西二山，有诗并绘图，嘉庆三年于苏州得宋元石井栏，因以九井名斋；又与钮树玉乘小舟遍访苏州城中桥梁得宋元石刻二十余种，有诗唱和，并绘图纪事。② 陆鼎所记"渔隐小圃雅集"，或许是此一时期吴中文士雅集之极致。"岁丁巳秋，丛桂盛开，主人张筵饮客者三日，人各有诗，诸体悉备，以巨册连书之，属余为图，以冠其首。闻者谓亭林之胜，觞咏之豪，东南罕觏。"③ 述以上诸事，意在表明黄丕烈热衷的与书籍关联的雅集与绘图纪事，是在本地的一种风气中展开，他不是这种风气的开创者，而是积极主动的推助者，或者说是一个有意识的营造者。

为黄丕烈绘图的文域画家，可考出有改琦、陶赓、陆鼎、王学浩、陈鸿寿、汪潮生、徐云路、吴翌凤、汪梅鼎、吴增、瞿中溶、李慧生、周笠、顾莼、万承纪、钱东塾十六人，现将其小传辑出，作为附录（见附录七）。这批画家中苏州府八人，其他八人是暂居或任职吴中。近人徐澂编纂的近似"丹青志"的《吴门画史》收录十六人中的陶、陆、王、周、顾及二徐。④ 这

---

① 李兆洛《养一斋诗集》卷四，光绪刻本。
② 瞿中溶《瞿木夫先生自订年谱》，见《北京图书馆藏珍本年谱丛刊》第131册，第231—232页。
③ 陆鼎《渔隐小圃雅集图序》，见《梅叶阁文抄》卷一，民国印《吴中两布衣集》本。
④ 徐澂编《吴门画史》，民国二十八年版，有陈石遗1935年序，邓邦述1937年序。此书承卞孝萱先生惠借，在此谨申谢忱。

是黄丕烈交往的文士群体中较为特别的一类,他们作画多学宋元,追求淡远之致。苏州府的陶赓画兰宗文征明;陆鼎山水宗董、巨及元四家,花鸟似沈周、陈道复;周笠的花卉山水均摹沈周;家住苏州的吴增兼得沈周、董其昌两家神似;瞿中溶画花卉在沈周、徐渭之间。沈周、文征明皆苏州人,文征明画学沈周,沈周取法董源、巨然。从此简略的梳理中可见这批嘉道时活跃在吴中地区的画家,宗法宋元,而又重视绘画上的地域传统。有学者在论说清代中后期的绘画时,以为代表吴门派传统的画家有钱杜和刘泳之,"他们虽然一个活动在杭州,一个寓居在苏州,但在传统的承继上,都不约而同地选择了文征明甚或赵孟頫的画风,表现出比较注重个人化的艺术品味"①。而与黄丕烈交游的画家,正在这种吴门画派的统系之中。值得特别一提的是李慧生,乃李福之女、黄丕烈之孙媳,亦工花卉。李慧生擅绘事,乃承其家学。李福亦工花卉,善写墨兰,且多藏古今妙迹,深明画理。这些诗书画兼工的文士,除与黄丕烈有交往外,彼此间亦有往来。其实,在黄丕烈交往的文士中,还有数人擅长绘事,据徐澂《吴门画史》所示,潘奕隽、张吉安、范来宗、陆损之、戴延介、吴云、陈塈、褚逢椿即在其列。这也表明吴中文士的交流途径,在观书、唱和、雅集、游赏之外,作画亦可列入其中。陈鸿寿与黄丕烈的交往,见于文献记载之事有五条,此处以作《红楼梦图咏》名世的改琦为例,排列所见数事,以见画家如何与其他文士建立联系:

嘉庆四年,王芑孙作《改七芗琦画秋花仕女二首》。(《渊雅堂编年诗稿》卷十六)嘉庆十六年二月,黄丕烈为题《潘三松为改七芗作墨兰卷跋》。(《荛圃杂著》)

嘉庆十六年春,黄丕烈作《题改玉壶山人藏龚御云山无尽图卷》。(《荛圃杂著》)

嘉庆二十一年,为黄丕烈作《芳林秋思图》。

嘉庆二十二年九月,与黄丕烈、夏羽谷集于潘奕隽撷芳亭。

嘉庆十七年,王芑孙作诗《题改七芗琦少年听雨图》。(《渊雅堂编年

---

① 薛永年、杜娟《清代绘画史》,人民美术出版社,2000年,第132页。

诗稿》卷二十）

嘉庆（二十年后），钮树玉作诗《七芗改君引游吾园》。（《匪石山人诗》）

李福有词作《小楼连苑·题改七香少年听雨图》。（《花屿读书堂词抄》卷一）

改琦与黄丕烈、王芑孙的交往多与画图相关，由此可回顾与黄丕烈交往的文士群的构成，有因讨论学问而关联者，有因爱好古书而关联者，有因唱和而关联者，有因绘画而关联者。黄丕烈的事业、性情及爱好塑造了与其交往的文士群。

以黄丕烈为中心而涉及的一批诗集和画作，可约略看出清代诗史和绘画史上的两个新动向，就诗而言，"写照性质"的题画诗较为发达，此类诗是题画诗中的一类，吟咏的摹写对象，从山水花草转人物，而画中人物又往往与文化活动相化，如读书、访碑、著书、填词之类，这与乾隆朝以来学术文化的发展相呼应；就绘画而言，可见肖像画受人重视。清中期的仕女画家有余集、姜壎、改琦、顾洛、王素、费丹旭等，他们当中如余集、改琦、费丹旭等又是重要的肖像画家。"此时，肖像画发展的一个显著特征是盛行庭院群像，如钱杜、汪鸿、改琦合作的《桑连理馆主客图》（见《墨林今话》卷十）、费丹旭的《东轩吟社图》卷、《果园感旧图》卷（均藏浙江省博物馆）等，均表现文人士大夫在私家园林中游乐燕集时的形容相貌。雅集题材早已出现，但主要是作为叙事性的人物画形式来进行表现，并没有像嘉道时期这样带有鲜明的肖像画特征和普遍意义。"①

四、地方人文传统的营建与传衍

再看江标编撰的《黄荛圃先生年谱》，乾隆五十四年，二十七岁的黄丕烈于张秋塘见《天下郡国利病书》稿本三十四册（此稿本乾隆五十七年购得），乾隆五十五年开始借阅临校惠栋的著作。这是"年谱"中关于黄

---

① 薛永年、杜娟《清代绘画史》，第142—143页。

丕烈与书关系的最早记载。这一或许稍带偶然性的记载，倒是显示了黄丕烈此后学术发展的趋向：一是对本地人文传统的关注，一是治学路径的选取。现将黄丕烈"年谱"中所提及的惠氏校本和惠氏著作逐年摘录，得以下十条：

1. 乾隆五十五年，借滋兰堂（朱奂）惠松崖校本《大戴礼记》，过临毕，跋之。又借朱秋崖（邦衡）临校惠松崖校本《国语》。
2. 乾隆五十七年，借滋兰堂惠校《大戴礼记》，又从朱秋崖借得惠松崖校《经典释文》，过校惠松崖手校《经典释文》。
3. 乾隆五十八年，钮匪石至家，观惠校《后汉书补逸》。
4. 乾隆六十年，钮匪石至家，见惠松崖手校《荀子》。
5. 嘉庆元年，提及家藏惠松崖手校本《逸周书》。
6. 嘉庆三年，再跋惠氏校宋本《礼记郑注》。
7. 嘉庆十一年，得惠氏藏苏天爵《名臣事迹》。
8. 嘉庆十二年，陈鳣见黄丕烈案头有手校惠红豆残抄本《国朝名臣事略》七卷。
9. 嘉庆二十年，从五柳主人得惠松崖藏旧抄本。
10. 道光二年，见李福手临顾广圻所录惠松崖、段若膺校定本《广韵》。

无论是借阅临校，还是至友朋处观看，都可证示黄丕烈对惠栋学问以及作为学问体现的"惠校本"的心仪程度。《太玄经》题识云：

<blockquote>是书为惠半农校阅之本，于范注纰缪处悉加驳正，信善本也。继又得抄本司马光集注《太玄》，与先生驳正之语多所印合，益叹先生学术邃深，识见高卓，故下语辄合古人，绝非腐儒所能企及。后之读《玄》者，由先生校阅之本，而进观温公集注之书，不诚津梁有自乎？①</blockquote>

"惠校本"在清代版本学上占有重要地位，有学者以"举隅"之法，简论清代十一位名家批校本，"惠校本"在其中，属于苏州府的还有陆贻典、叶树

---

① 黄丕烈《荛圃藏书题识再续录》卷二，第 364 页。

廉(字石君)、何焯。① 何焯校本在黄丕烈藏书题识中也是多次提及,然从学术取向来看,惠栋对黄丕烈的影响更大。惠栋"雅爱典籍,得一善本,倾囊弗惜,或借读手抄,校勘精审,于古书之真伪,瞭然若辨黑白"②。他所代表的"吴派"的治学方法,梁启超以"凡古必真,凡汉皆好"③八字概括,吴派的守古乃至泥古、佞汉,与黄丕烈的以死校之法存古书本来面目和佞宋之嗜好,在学理上应是一脉相通的。黄丕烈《中兴馆阁录》题识云:"信以传信,疑以传疑,吾于古书,亦守斯训尔。"校《洛阳伽蓝记》,"非特标异同,即误字亦并记出"④。惠栋的学友和弟子有沈彤、余萧客、江声、王鸣盛、钱大昕等。惠栋的影响,可以通过其著作和校本传播,也可通过钱大昕等传播。钮树玉是钱大昕高足,精研文字、音韵、训诂及校雠考订之学,在其日记摘抄中,也有多处提及惠氏著作或校本:乾隆五十八年四月十四日,见顾广圻校惠栋《后汉书补注》和《大戴礼记》;十二月七日,至黄丕烈家,出示惠校《后汉书补逸》。乾隆五十九年,见鲍廷博,云有惠栋、沈彤校《逸周书》;十月廿八日,周锡瓒云家藏惠士奇手校《周礼》《仪礼》,又云朱处有惠栋校北宋本《礼记注疏》。乾隆六十年五月十八日,周锡瓒云有惠士奇校《大学》;十一月二十五日,至黄丕烈家,观惠栋手校本《荀子》。⑤ 钮树玉日记中的记录与上文所列黄丕烈年谱中的十条记录合观,说明惠校本不是黄丕烈一个人的爱好,在其所交友朋中亦多有看重者。这正是惠氏之学在乾隆末年和嘉庆朝的流传情况。

  黄丕烈的藏书题识中蕴藏诸多有意味的细节,这些细节既是学术性的考证,又是充满地域人文关怀的梳理。

    吾吴多藏书家,康雍之间,如碧凤坊顾氏、赐书楼蒋氏,皆坐拥厚赀,又与文人学士游,如何义门昆仲辈为之师友,故鉴别皆真,无

---

① 严佐之《古籍版本学概论》,华东师范大学出版社,1989年,第104—107页。
② 江藩纂,漆永祥笺释《汉学师承记笺释》,上海古籍出版社,2006年,第169页。
③ 梁启超《清代学术概论》,上海古籍出版社,1998年,第31页。
④ 此二条转引自姚伯岳《黄丕烈评传》,第203页。
⑤ 钮树玉撰,罗济平校点《钮非石日记》,第1—7页。

时刻恶抄以厕其间,一时藏书之盛,几与绛云、传是埒,特深自韬晦,故世鲜知为藏书家耳。余生也晚,不及见其盛;而数十年来,与同好诸人如香岩周君、抱冲顾君、寿阶袁君,承其流风余韵,亦颇讲论及此,卒不能逮之,非绌于力耶?(《汪刻衢本郡斋读书志跋》)①

字里行间,黄丕烈充满对前辈藏书家及其交游的向往,同时又因能与同好诸人承继流风余韵而略感欣慰。一地之人文传统之形成,知名人士的功劳当然是重要的,然亦不可忽略一些次要人物。黄丕烈藏书题识中的一些考证有阐幽表微之意,从而使吴中人文传统显现出其丰富性。《江月松风集》题识重在考察吴郡张栻,"然爱书如命,手泽犹存,其人固可想见,且为金侃亦陶之高足,宜见其流风余韵洋溢于缥缃翰墨之间也。余生平嗜书,并嗜藏书之人。书赖人以传,人亦赖书以传,安能离而二耶?此书罕有,固不待言,藏书之人于此仅见,余故表而出之,为今撰修郡志者有考焉"②。在《嵇康集》题识中,黄丕烈对寄居吴门的汪伯子亦有表彰之意,不但留心其藏书之功,更留心他与吴中文人的关系,考出惠栋、李克山尝馆其家之事。其他如见昆山叶氏旧抄本《云间清啸集》,以书上所钤"半蚕"图书印而考叶氏同名园林,以征授受源流;见抄本《金孝章诗稿》中有"凤巢"一印及集中有关联诸诗,而推测此"凤巢"或许即湖山旁幽旷之境地"凤巢":

近日吴巢松买此山,招懒云长老居此,同人赋诗纪事,为考旧闻而旁及此凤巢图记,以见诗人栖息之地,令人称道勿衰者,究不知其是此山与否也。③

此种细节,无论是定论,还是存疑,皆能为纸上之文本或地上之实物增添

---

① 黄丕烈《荛圃刻书题识》,第266页。
② 黄丕烈《荛圃藏书题识》卷九,第215页。
③ 黄丕烈《荛圃藏书题识》卷九,第224页。

第三章　荛圃藏书题识与嘉道时期苏州书籍社会

不少文化意涵,黄丕烈在藏书题识的撰写过程中,是在以细节显现吴中人文积累之丰厚。黄丕烈收得复社中人郑敷教旧藏《续幽怪录》,遂考郑氏秋水轩离其新居不远,题诗以寄景仰之意:"典型嗟日暮,文字见风流。勿谓我生晚,遗书幸可求。"①《金兰集》题识中,黄丕烈得钱大昕之指教,考出该书所钤"徐达左""松云道人""徐良夫"诸印后的乡贤。

> 少詹(钱大昕)曰:子何忘之耶?即元末明初类编《金兰集》者也。良夫世居吴之光福山,今有徐友竹善铁笔而富藏书者,即其子孙。归家检《金兰集》阅之,知良夫所与游者,皆一时名公巨卿、高人逸士。倪云林题其《耕渔轩诗》云:载耕载渔,爱读我书。则良夫之书,必多且富矣。惜《金兰集》中大都叙其友朋唱和之乐而于藏书未一及焉,为恨恨耳。幸四百余年之后,以散在他乡之物,犹得见吾郡先贤手泽,古香古色,流露于故纸堆中,岂非大幸。且良夫之号松云道人,亦为郡志家乘所未载,而兹复得以表章者,非又一韵事乎?②

黄丕烈参与构建吴中人文传统的一次较为重要的活动,就是"虎丘唱和",潘奕隽有《虎丘杂诗十四首》并小引,以组诗写虎丘之人文掌故,和者有黄丕烈;黄丕烈又以所作十四首示吴云和。黄丕烈诗前小引云:"虎丘杂事诗者,潘榕皋先生所作也。绝句限以七言,开先为王范二老,和章拘于一韵,继美者有尤、彭两君。"则知和者多人。下录黄丕烈杂事诗之九、十两首,以观其将近事纳入传统之中的具体表现。

> 至山饮饯日欢娱,添得山楼话别图。不是梦魂犹忆此,入朝步武已先趋。
>
> 阳湖孙伯渊服阙,将入都补官,同人饮饯于一榭园,吴竹虚为作山楼话别图,此辛酉事也。闻其于今夏始起程,因忆王元之诗云:

---

① 黄丕烈《荛圃藏书题识》卷六,第136页。
② 黄丕烈《荛圃藏书题识》卷十,第241—242页。

> "步武已趋龙尾道,梦魂犹忆虎丘山。"伯渊必有类似者。

> 逸人所乐在琴书,德义高踪叹孰如。我向白堤寻老友,琳琅经眼固非虚。

> 名人而隐于虎丘者,唐有史德义,以琴书自娱,号为逸人。今余所矢口,有白堤钱听默,隐于书市。渠所经眼之书籍,有进入天禄琳琅者,倘后此撰集山志,隐逸中可分一席云。①

黄丕烈是吴中人文传统的梳理者,同时又是积极的推动者或者是创造者,如前文论及的"题书纪事诗"、绘图纪事、祭书之典等即是。黄丕烈是多次雅集和游赏山水的发起者。因有多次入山探梅之举,道光三年黄丕烈等成立问梅诗社,石韫玉此年有《尤春樊黄荛圃彭雅泉三子相招结问梅社初集春樊斋中即和其韵》《二月十六日黄复翁在白莲泾积善庵举问梅诗社》,彭希郑有《二月十六日荛夫招往积善西院为问梅诗社第二集》。黄丕烈还在诗社第一次雅集时,自制诗社吟笺,彭希郑诗云:"闲情毕竟涪翁胜,十样蛮笺手自裁。"②检《黄荛圃先生年谱补》,问梅诗社在道光五年即黄丕烈辞世之年,有第二十二集、第二十六集的记录。石韫玉道光九年有《题问梅诗社图》诗,诗有小序云:

> 城西积善院有古梅一株,数百年物也。道光癸未仲春之月,黄子荛圃偕尤春樊舍人、彭芑间太守探梅至此,乘兴欲结问梅诗社,邀予入社。每月一会,会必作诗。其后士大夫归田者,相继讲苔岑之契,则有张大令莳塘、朱赞善兰友、韩司寇桂舲、吴廉访棣华、潘农部

---

① 《虎丘唱和诗集》,士礼居黄氏丛书本。咏乡邑之风物、补志乘所未备的"杂诗",在清人诗集中不乏其例,如王鸣盛有《练川杂咏》六十首,钱大昕有次韵之作,王鸣盛之弟王鸣韶亦有和作。瞿中溶续作二十五首。见王元增编《先泽残存》,不分卷,民国九年印本;瞿中溶《瞿木夫先生自订年谱》,《北京图书馆藏珍本年谱丛刊》本。

② 彭希郑《正月二十五日春樊招集琢堂荛夫于延月舫为问梅诗社第一集即席成韵因和原韵》,见《汲雅山馆诗抄》卷中,清刻本。

理斋。而董琴涵太守、卓海帆京兆在吴门时,皆来赴会,乃荛圃已先归道山矣。己丑夏日,哲嗣同叔出此图见示,盖荛翁于初结社时所作,抚今追昔,不胜白社黄垆之感,因赋一诗,并索诸同人和之。①

黄丕烈等创立的问梅诗社,及"每月一会,会必作诗"之例,在其辞世之后,得以延续,彭希郑诗集中有《四九消寒集汲雅山馆问梅诗社第四十八集分韵得以字》《正月十三日潘理斋农部世璜招集斋中为诗社第七十六集分韵得月字》《春樊斋中为问梅诗社一百一集》诸诗;石韫玉诗集中有《初春偕同人至城西积善院观梅即癸未初结问梅诗社地也因叠旧作韵》《与桂舲司寇订问梅诗社第一百集之约》,其中有句云:"问梅结社八春秋,弄月吟风百度周。"②黄丕烈在继承前代传统的同时,自己的创举也被人沿用或模仿,渐变成一种新的传统。人文传统的累积和创新,正如积善院之古梅,不但有苍劲的老枝,而且还有萌发的新枝。树大根深,新旧映衬,终成一道景观。

黄丕烈的日记体式题识包涵或牵涉众多的书、人、事,可依此大略构建出嘉道时期接近理想状态的书籍社会。③ 书籍作为一种"史料"或"赏鉴之物"促进学问研讨,也推动博学风气的继续生长。书籍在史料和文物之外,还在社会交往中发挥"粘合"和"催化"作用,黄丕烈所在世界中的书籍对读书人群体的形成及其生活方式、交往方式产生影响,书籍在流转中产生相关活动,如与书有关的雅集、绘图纪事、地方传统的追溯,等等。书籍不仅仅是"料",在社会中还是"关系""活动"的催发动力。

---

① 石韫玉《独学庐五稿》诗卷三,《续修四库全书》第1467册,第44页。
② 石韫玉《独学庐五稿》诗卷四,第53页。
③ 较黄丕烈藏书题识稍逊色的文献,如钮树玉日记、李锐日记也可见嘉庆时期苏州书籍社会。如李锐嘉庆十年八月十五日日记记录苏州正谊书院设内课二十五名,外课五十名,附课百余名,书院因此可集结一批读书人。八月十九日,李锐参加在吴春生顾学草庐的"中吴诗课集",其中有陈鱣、黄丕烈、董琴南、孙蔚堂、夏方米等十三人。九月十一日日记云:"瞿木夫、戈姑丈俱来谈。借沈筠亭岳板《毛诗》一本。"十月初七日记云:"非石、春生招同方米、蔚堂、顾千里露凝书屋小饮。"要言之,李锐所记较简,然亦呈现注重读书的文人群体,可与黄丕烈所记互补。李锐《观妙居日记》,尧育飞据清稿抄本整理未刊稿。

第四章
两位普通文人的日记及其读书生活

关于清代文人如何购买、收藏、阅读、抄写、利用与传播书籍的史料，多见于藏书目录、批语、题识、笔记、诗文集、日记等类型文献中。相较而言，日记中所记录的书籍史料更具过程性和典型性，且能还原当时氛围与情状，故在书籍史的研究中，此类文献颇受重视，如篇幅不大的《竹汀先生日记抄》《钮非石日记》，以及内容丰富的曾国藩、李慈铭、莫友芝、叶昌炽、缪荃孙等人的日记，已得到充分发掘。

此处选择记录时段较长且具连续性的黄金台、管庭芬日记探究嘉道咸三朝浙江底层文人的书籍世界。

黄金台，原名森，字鹤楼，号木鸡书屋老人，浙江平湖县新仓镇人，生于乾隆五十四年（1789），卒于咸丰十一年（1861），享年七十三岁。相较于稍晚出生的管庭芬（1797—1880，浙江海宁人）、黄燮清（1805—1864，浙江海盐人），黄金台虽长期困于场屋，十应乡试不中，但基本没有经历战乱，度过了俭朴、充实的"为书籍的一生"。当然，外界的重大事件，在他的诗文日记中也留下记录：道光二十二年四月，英军攻陷乍浦，他有新乐府十二首记"乍浦之难"，咸丰三年二月廿一日日记有"是日闻十一日金陵失守"，咸丰五年二月十九日日记有"闻徽州全府俱陷"。① 但整体看来，这些都是耳闻的窗外之事。咸丰十年，太平天国李秀成军自皖南

---

① 黄金台《听鹂馆日识》，稿本，上海图书馆藏。以下所引日记，皆据此稿本，为求行文简洁，引用时标明日期，不另用注释标明册数等信息。

攻入浙江。二月，攻克杭州城。咸丰十一年二月，太平军先克海盐，继取平湖。黄金台卒于是年。总体看来，现存的黄金台日记、诗文及其他著述，就是嘉道时期江南地区一位中下层文人日常生活的反映与记录；作为研究个案，黄氏日记有难得的平实性与自足性，这种文献特质更有助于反映他生活的基本风貌。

管庭芬日记记事起于嘉庆二年（1797），止于同治四年（1865），前后共六十九年，只有晚年的十五年生活未予记载。嘉庆二十年之前的生活，以追忆的方式记载。有准确逐日记录的日记总计有五十一年，[①]其中道光十年九月底外出北上，道光十二年二月回家，故有近五十年的日记记录他在海宁及周近地区的生活。

首次将黄金台日记作为研究资料的是学者郑志良。[②] 据郑考证，黄金台的日记上海图书馆共藏稿本 35 册，起于嘉庆十九年（黄金台 26 岁），止于咸丰八年（黄金台 70 岁）。其中缺道光十八年至道光二十年，及道光二十四年至道光二十六年，共计 6 年。不知何故，笔者在图书馆未能查检到嘉庆十九年至嘉庆二十一年的日记，故将相关考察，暂定为嘉庆二十二年至咸丰八年，除去缺失，共有 36 年日记。这一日记的重要价值，郑志良在论文中对其中所蕴藏的《红楼梦》《金瓶梅》《聊斋志异》以及戏曲史料有充分揭示，但还有很大的开掘空间。孙振麟民国二十七年题跋曾涉及该日记的价值：

    吾邑在嘉道时人才之盛，不让于雍乾。即科第而论，以鼎甲起

---

① 以上引文及管庭芬日记介绍，见管庭芬著，张廷银整理《管庭芬日记》中册"前言"，中华书局，2013 年，第 1—2 页。

② 郑志良对清代戏曲、小说文献十分熟悉，他曾于 2013 年、2014 年向笔者提示黄金台日记的价值，并告知其中多有书籍史史料。关于这一日记的研究，他撰有《黄金台〈听鹂馆日识〉中小说、戏曲资料探释》，载于南京大学中国文学与东亚文明研究协同创新中心、《文学遗产》编辑部合编《越界与融合：清代文学国际学术研讨会论文集》，南京，2014 年，第 44—62 页。本章在此引用日记时，亦按照郑志良所采用的办法，在日期数字后加上"日"字，以便于阅读。在此首先要肯定郑志良的发现与首次研究之功，其次要感谢他的无私帮助。2021 年 8 月得见黄金台嘉庆十九年至嘉庆二十一年日记，未能纳入研究，特此说明。

家而掌文衡称宗匠者,每岁每科必联镳而起。观识中所述,非与先生相过从,即与先生相唱和,其学殖之淹贯,文辞之彪炳,有自来也。其他风俗之厚薄,人情之冷暖,物价之低昂,综计三十余年,罔不殚述。其有关一代之文献,或一家之搜藏,而为前人未及称述者,则据所闻所见,一一笔之于书,使后之人有所考覈,则当与钱警石之《曝书日志》、李莼客之《越缦堂日记》并传。

倘进一步揭示黄氏日记的独特之处,应该是其中关于书籍的撰著、编辑、刊印、借还、赠送、买卖的记录,而这些记录有相当一部分头尾俱在,有一种难得的完整性。

就与书籍史的关系而言,黄氏、管氏日记的突出之处是关于书籍记载的文字较多。其他日记中,书籍或许是一种点缀,或时隐时现;管氏记录书籍,则是其日记的重要脉络。具体而言,他记载了众多与书籍有关联的人;有详细的借书记录,更为精细的是这些记录中相当一部分有借还日期信息;有详细的互赠书籍记录;在购书、借书、赠书记录之外,还有抄录书籍的记载。基于如此丰富的信息,此处要探究的是在清代嘉道咸三朝浙江平湖、海宁以黄金台、管庭芬为中心的中下层文人群体内,书籍如何依靠社会关系网络流动,是否存在一种默认的借还规约和共享书籍的观念?借还规约、共享观念如果存在,又如何促进相关文人群体内知识的提升、学问的进步?周绍明(Joseph P. McDermott)在研究中华帝国晚期的书籍史时使用过"书籍社会史"(social history of Chinese book)这一概念,并将书籍史与中国社会经济联系,提出六个有待研究的问题,其中有一问题为"中国学者什么时候、如何解决了书籍获取的问题,因而形成今天我们所说的一个大的'知识共同体'(community of learning)"①。以黄氏、管氏日记为中心的探究,重在区域性的书籍社会,并注重"知识共同体"所强调的内部交流、资源共享、规约的遵守等涵

---

① [英]周绍明著,何朝晖译《书籍的社会史:中华帝国晚期的书籍与士人文化》,"引言",北京大学出版社,2009年,第3页。

意,在此之外,将作为互赠礼物的书籍以及休闲消遣的小说戏曲的阅读作为相关联的问题予以考察,也是着眼于书籍的社会性,及其附载的人情与个人兴趣。

单就黄氏日记而言,还可探究:黄氏日记所记录的诗文集的价格为何如此便宜?清人刻印自己的诗文集是否主要是为牟利?在人际交流的网络中书籍作为礼物如何流动?不同的阶层是否有不同的书籍世界?黄氏对书近似疯狂地借阅、抄录,如何从"类"或"群"的层面上思考其意义?

一、黄金台的购书清单和书价

黄金台日记记载在平湖、嘉兴、杭州书肆买书事共 65 次,每次列出书单,其中 63 次标明购书总价。其中有两次购书,黄金台"为之狂喜""喜心翻倒":

(道光十二年)四月初七……至儒雅堂书肆,购得傅青主《霜红龛诗抄》两本、陈古渔《诗概》六卷、邵子湘《青门剩稿》八卷、孔璧六《聊园文集》一卷、汪蓉洲《题柱草堂骈体》一卷、高大立《固哉叟诗抄》八卷、张铁珊《兰玉堂诗文集》廿一卷、《洛如诗抄》六卷(以上八种价只四百八十文,不禁为之狂喜)……过旧书摊,又买得徐龙友《凌雪轩诗抄》六卷、彭南畇诗两卷、《遂园禊饮集》三卷。(价只二十四文)

(道光二十二年)十月廿八日,到禾以来,于旧书肆购得魏兴士诗文集六卷、《汤文正疏稿》一卷、宋牧仲《吴风》二卷、沈天陆《萐庵集》二卷、陈雨山《玉照亭诗》二十卷、李玉洲《贞一斋诗集》十卷、张浦山《强恕斋文抄》五卷、杜紫纶《云川阁诗集》六卷、徐敬斋文集一卷、程柯坪《爽籁山房集》二卷、咸鹤泉文抄续选九卷、朱载坤《清谷文抄》六卷、邵桷亭诗文抄六卷、汪容川《获经堂诗》八卷、金二雅《播琴堂诗文集》十八卷、鲁絜非《山木居士外集》四卷、顾谔斋《列女乐府》六卷、徐雪轩《南州文抄》一卷(缺)、沈心斋《紫薇山人诗抄》八卷、钱黄与《冲斋诗稿》四卷、程翰千《心香斋诗》四卷、徐价人《闽游诗话》三卷、许衡紫《楚尾诗抄》一卷、朱梓庐《壶山诗自吟稿》二卷、夏守白《清琅室诗》三卷、朱兰坞铁庵《同怀诗抄》二卷、《五洩纪游诗》一卷、朱酉生《遗砚楼小集》一卷。又时下《律赋金针集》《律赋集星集》《律赋锦粲集》。共三十一种，计钱只一千百九十。此番书籍甚众，价亦最廉，满载而归，为之喜心翻倒。①

学界对黄丕烈在藏书题识中所记录的书价比较关注，黄丕烈因为是藏书大家，他的藏书题识在写法方面又是独树一帜，故论清代书价，会首先想到他的多种记录。此处选择数例与上列书价作一比较：

嘉庆十三年七月，宋本《棠阴比事》一卷，"出番饼十四枚"；九月，旧抄本《五代会要》三十卷，"出番饼十四枚"。嘉庆十九年，"白露后一日，旧抄本《纬略》，索直十二番"。道光四年闰七月，"洪武刻《元史节要》，张美和编，二册，十三洋。钱东涧抄陶九成《草莽私乘》一册，十三洋。朱竹垞抄《美合集》一册，六洋四角。此何太虚《知非堂稿》一册，二洋"②。其中"番饼""洋"，皆为银元别称。

略作比较，无论是书的品种还是书价，似乎是来自两个不同的世界。黄金台两份书单中所列，皆本朝人著述，多为诗文集。第一份书单所收书，基本是雍正、康熙、乾隆朝刻本。第二份书单所收前28种书，有3种不能查考，其余25种中有6种嘉庆刻本，17种乾隆刻本，其中浙江作者有10人。③

第一份书单所列书刊刻时间偏早，但书价整体低廉。第二份书单所列，对于黄金台而言，晚近人物更多，且知名度也偏低。后面所列三种赋

---

① 黄金台所记书名只是大致记录，与实际书名略有差异。
② 黄寿成《外国银圆在中国的流通》，见《中国典籍与文化》，1994年第4期，第122—123页。利用黄丕烈藏书题跋，研究清代书价的论文有袁逸《清代书籍价格考：中国历代书价考之三(下)》，见《编辑之友》，1995年第3期；陈东辉《黄丕烈题跋所反映的清中期古书价格诸问题探微》，见《文献》，2013年第5期。
③ 据李灵年、杨忠主编《清人别集总目》，安徽教育出版社，2000年。

总集,当为科举用书。8 种 480 文,平均每种 60 文;31 种 1190 文,则平均每种近 39 文。若不考虑每种卷册多少,则可推知,刊刻时间稍早的别集书价稍高;以及在西方石印术未传入之前,律赋总集的价格不菲,与黄金台同时或稍早,如乾嘉朝作者的诗文集的平均书价或许更低。第一份书单中 3 种诗集仅 24 文,更可作为一则显示近人诗文集价格便宜的内证。

24 文或 60 文到底值多少钱,不妨以米价作参照。① 黄金台道光十一年(1831)十一月十七日日记有一条十分重要的记录:

斗米至四百二十文。

一斗重 16 斤,则每斤米约 26 文。黄氏如此记录,当是已经上涨的米价。张德昌据李慈铭 1884 年日记,换算出京城米价每斤 26 文。② 考虑京城米贵及黄氏所记为已上涨的米价,则嘉兴府正常米价每斤在 20 文上下。③ 如此回看两份令黄氏狂喜的书单,则两三斤米可换一种有一

---

① 由于没有统一的物价指数,最有代表性、最可感知的应是米价。
② 一斗米等于多少斤,黄冕堂指出:"南方大米自清代至民国时期一石均为 160 斤。"见《中国历代物价问题考述》,齐鲁书社,2008 年,第 67 页。李慈铭日记中有"买米 618 斤,用银 11.74 两"记载,见张德昌《清季一个京官的生活》,香港中文大学出版社,1970 年,第 255 页。转引自邵义《过去的钱值多少钱》,上海人民出版社,2010 年,第 39 页。
③ 黄冕堂书中有一条道光十七年六月嘉兴府米价的记录:"赊米一石,作洋银二圆三角。"则一斤米不足 17 文。见《中国历代物价问题考述》,第 325 页。清代米价研究颇为复杂,至少要解决斗石问题、米谷折算问题、米的等级问题。(全汉昇《清雍正年间(1723—35)的米价》,见所著《中国经济史论丛》,新亚研究所,1972 年,第 517—545 页。)就本章所涉及问题而言,涉及石的问题,据《辞源》解说十斗为一石,一石为 120 斤。(《辞源》,商务印书馆,1998 年,第 2232 页。)石与斤换算,暂不以此说,而依上引黄冕堂之说。清代米价一直在变动,前中期与晚期相比,有较大差距,就浙江而言,可参全汉昇《清代中叶以前江浙米价的变动趋势》(见《中国经济史论丛》,香港中文大学新亚书院新亚研究所,1972 年,第 509—515 页)。就本章所涉及时段的全国米价而言,道光元年至道光十年,每公石合制钱 2524 文,道光十一年至二十年合钱 3548 文,道光二十一年至三十年合钱 3871 文,咸丰元年至咸丰十年合钱 2914 文。(据秦佩珩著《明清社会经济史论稿》,中州古籍出版社,1984 年,第 194—195 页。)所有研究,皆不能十分精准或有很强的针对性,可作为参照。

定厚度的近人诗文集了。

两份购书清单所列应不是书肆清仓处理的"特价书"。在黄氏日记中还有数种价格近似的书籍：

《万柘坡诗文集》十二卷、郁奕武《吟兰书屋诗文集》六卷，120文。（道光十二年四月初四）

张药斋《咏花轩诗集》六卷、董苍水《南村渔舍诗草》七卷、熊庶泉《砚雨斋诗集》一卷、张浦山胡书巢《入蜀纪行合编》二卷，270文。（同上，四月初九）

何乐天《停云轩古诗抄》二卷，10文。（同上，四月二十日）

王士禛《谐声别部》七卷、赵天羽《江淮采风集》十二卷，65文。（同上，八月十六日，购于杭州）

周让谷《十诵斋诗集》四卷、翟晴江《无不宜斋诗集》四卷、桑轩竹《菲泉书屋诗文集》八卷，192文。（同上，八月初一，购于杭州）

张绿春《趋庭集》二卷、汪西颢《盘西纪游诗》一卷、张惺斋《黄山纪游诗》一卷，50文。（同上，十一月二十日，购于杭州）

王槐堂、归佩珊诗集二种，26文。（道光十三年八月十三，购于嘉兴）

查咸斋文一册，24文；李海门诗二卷，60文。（道光十五年五月初二）

类似的便宜书价，黄金台还有7次记录，此处不再列举。诗文集如此价格，要远远低于它们的成本价。黄金台日记中记录了他的《木鸡书屋文集》从初集到四集的雕版、刷印装订费用以及每次刷印部数：

道光七年十月二十一日，"以所刊骈体文四卷付冯焕刷订二百部，定价十洋（连前刻资廿二洋，一并付清）"。

道光十二年二月二十七日，"是日以骈体文二集六十篇付钱渭山店雕刊，议定刻价三十千（字数约四万二千，而价只如此，皆由介庵一人之力）"。

（同年）闰九月十六日，"至城。同鲁介庵至钱渭山店，属其刷印文集二百部,定价十洋"。

道光二十三年九月一日,"重校三集文稿一过,共八十三篇,刻费五十千,盛云泉独任其事,感激难名,今将印刷百五十部"。

咸丰元年十一月十六日,"顾榕屏寄来《木鸡书屋四集文》样本共六卷,计八十一篇,字数约五万九千有余"。

(同年)十一月二十日,"……刻资三十三洋,约四十八千有余,即属其刷印二百部,每部八十七文"。

《木鸡书屋四集文》"刻资三十三洋,约四十千有余",包涵重要信息,即 1 个外国银元能折算成多少文钱。据此可推知一洋可换 1200 余文铜钱。① 三十三洋应为刻资,每部 200 文,加上刷印每部费用 87 文,则每部价格 287 文,总价 57 千文。依此兑换计算初集每部 190 文,总价 38 千文;二集每部 210 文,总价 42 千文。三集因只有刻费,无法推测其价格,但每部成本价至少在 400 文以上。

黄金台文集的卷册并不多,但其成本价明显高出前两份书单的平均书价。与黄金台三部文集价格相差不多(从 150 文至 300 文之间)的别集,在其日记中也有一些记录:

《毛西河文选》十一卷、吴汉槎《秋笳集》八卷,420 文。(道光四年三

---

① 关于洋钱如何换银两,中国清代流通洋钱的多种名称以及如何换算,得到南京大学历史系范金民教授指点。若一块银元换 0.72 两银子,一两银子换 1700 文钱,则一块银元约可换 1200 文铜钱,正与黄金台日记所记接近。又汪辉祖《病榻梦痕录》记嘉庆元年京师"每番银一圆,直制钱一千七八九十文,市肆交易,竟有作钱一千一百三四十至七八十者"。转引自黄寿成《外国银圆在中国的流通》,第 124 页。清代银钱比价应以银一两换钱一千文作为平价。乾隆朝后期是一个转变时期,此前,一两银子换 700—900 文;此后银贵钱贱,一两银子换一千两三百文至一千五六百文,或者接近两千文。据王宏斌综合各种史料编制的"各省区银钱比价市场波动情况表(1804—1853 年)",浙江省道光十九年银一两合钱 1400—1500 文,道光二十年 1600 文上下,道光二十三年 1500—1600 文。见王宏斌著《清代价值尺度:货币比价研究》,三联书店,2015 年,第 196—198 页。此处结合黄金台日记中的"内部线索",暂忽略价格波动,以一两银子换 1600 文来计算。同时参照数据参见黄冕堂《中国历代物价问题考述》中"清代历年银钱比价表",第 10—13 页。

月十四日,购于平湖)

《沈归愚文抄》二卷,140文。(道光五年八月十六日)

《鲁秋塍文抄》十二卷、《秦留仙文集》六卷、《汪松泉文集》廿二卷、钱竹汀《潜研堂文集》五十卷、杭堇浦《岭南集》八卷,1200文。(道光八年八月十七日,购于杭州)

徐尚之《教经堂文集》十卷、邵叔山《玉芝堂诗集》九卷,425文。(道光十二年四月初二,购于嘉兴)

李富孙《校经庼文稿》十八卷,150文。(道光二十一年三月十九日)

以上所举别集作者,知名度明显高于黄金台,也大多高于前文所列"低价书"作者。但还有价格更高的集部书,已经不限于别集:

《吴诗集览》二十卷、《国朝六家诗抄》八卷,2750文。(嘉庆二十三年十一月十八日)

《四六法海》十二卷、《国朝二十四家文抄》二十四卷、《通鉴纲目挈要》二十九卷、《张船山诗选》二十卷,2000文。(道光三年十二月初六)①

《曝书亭诗文集》八十卷、《栘晴堂四六》二卷,930文。(道光六年三月初六)

《鲒埼亭文集》四十卷、《诂经精舍课艺》十四卷,1100文。(道光六年三月初九)

《切问斋文抄》三十卷,1150文。(道光七年十月二十二日)

《两浙校官诗》十六本,1200文。(咸丰二年五月初十)

至此,可对黄金台日记中收录的集部价格作一分层性总结:总集因其文献价值高、卷册多,价格都比较高;时代稍早的清初作者,如全祖望、朱彝尊等,以及乾嘉时知名作者的集子,价格也比较高;而离黄金台时代较近、知名度不高的作者的别集,每种价格几乎是两三斤米的价钱。

清代私家藏书风气兴盛,或追求旧刻旧抄,或搜集名编名作,在此种

---

① 《通鉴纲目挈要》是史书,有数种书卷数,根据相关书目补出。

氛围中,一般文人刻印自己的诗文集如何决定刷印部数,似要掂量。雕版印刷中每次每种书一般刷印一二百部,而不是四五百部,不单纯是保护雕版的技术因素制约,也是作者权衡是否有必要多印的一种结果。①黄金台每次刷印文集,或150部,或200部,一段时间后所印书籍不够用,则再用现成雕板刷印,道光二十二年十一月廿七日日记:"鲁介庵刷印初、二集文稿各五十部,计钱五千五百,介庵助二千五百。"便是试探性印刷的例子。

黄金台往往在每年日记末尾记录家庭收入、支出情况,如道光十五年"进钱"约50千,"出钱"69千;道光十六年"进钱"97千,"出钱"77千;而咸丰六年进钱仅25千,出钱52千,黄金台不免发出"未有之奇穷"的感叹。②

这类记录中,嘉庆二十五年至道光十四年有14年有出钱记录,年均出钱72千;道光十五年至咸丰七年有14年有进钱、出钱记录,年均进钱127千,出钱147千。无论是从进钱还是从出钱数字来比照,印一种文集对于黄金台而言,都绝非易事。一种文集的刊刻费用接近或占年出钱数绝大部分的年份(即年用钱数在70千以下)有12个。在14个有进钱数的年份中,有4年进钱数在70千以下。在14个有进钱、出钱数记录的年份中,有7年入不敷出,有时差额还相当大,如咸丰六年的"奇穷"。

---

① 何朝晖在研究古代雕版印刷的印数问题时,搜集清代多类书籍的印数,一般印数是一二百部,多者四百部。其中有两例关于集部的雕印,印数都是百部。王芑孙致友人信云:"仆续刻文集,去岁华亭门人出资成之,然止印百部。俄顷之间,忽已散尽,今亦未能重印。"刘文淇为韦西山刊诗文集《经遗堂集》,刷印百部。见《试论中国传统雕版书籍的印数及相关问题》,《浙江大学学报(人文社会科学版)》,2010年第1期,第21页。后收入周生春、何朝晖编《印刷与市场国际会议论文集》,浙江大学出版社,2012年,第208页。

② 《海盐乡贤尺牍》收录黄金台一通"五月廿三日"信札,其中道及其收入情况:"弟今岁在本镇陈氏设馆,学生五人,甚费心力,束脩四五十金。但儿子入学,一切费用俱其中,有馆仍如无馆,然亦不可谓非幸事也。"《海盐乡贤尺牍》,南京图书馆藏稿本。

在这种经济境况中,刊印自己的诗文集,无疑是奢侈的消费。① 这也是清代很多文人生前无力刊印自己的著述的重要原因,他们一生心力所寄的文字,多以稿抄本形式存在;或在过世多年,由其后人、弟子、同乡后学刊刻。

由以上梳理,可作推论:

其一,以黄金台的年收入而言,刊印自己的集子是件很困难的事,在较多年份,几乎不可能。就其著述而言,他苦心经营多年的《国朝骈体正声》五册、《国朝七律诗抄》十卷,或许因为卷帙稍多,无法刊印,而以稿抄本留存于世。

其二,在清代,至少在黄金台日记记录的书籍市场中,集部书的价格因类别、作者时代、知名度等因素影响,差别很大,当下未成名或知名度不高的文人作品集,若进入市场,书价很可能低于成本价,近乎两三斤米的价格,甚至更低。②

其三,比照黄金台的四种文集刊刻、刷印成本,以及对每部书印数的谨慎、书肆中集部出乎意料的低价,可知清人刊印自己的集子,主要不是将其作为商品出售,或许有别的用途。

---

① 黄金台日记记录道光二十七年进钱 147 千,出钱 228 千,其中买地 45.5 千。则刊印书对于黄氏而言,近似置买田地的"豪举"。

② 知名度、作者时代远近等因素如何影响书价,是较难解决的问题。许佩铃针对此点提出思考,现录如下:"1. 如何判定某人在当时的'知名度'呢?比如时代风气的变化,也许如今看来知名度高的在当时未必。而当时的名家也可能没有进入现代研究的视野。不过这点似乎很复杂,不便操作。2. 时代远近的因素似乎在书籍的销售购买中校之'知名度'更为重要。时代稍近的作者,无论知名度如何,至少集子会比较易得。比如可能原版尚存,只需刷印。3. 更重要的似乎是书籍的'物质形式',比如书籍的品相质量如何,是否为精刻?更有书籍的卷数,卷数多的集子自然会贵,比如《曝书亭诗文集》八十卷,与十卷以内书的价钱相比自然相差很多。一般知名度较高的作者别集卷帙都很大,因此这两点是有联系的。"

十四。辰刻溪費春林巳刻溪周曉山即飲未刻溪蘭堂面刻寄李雲颿五古一首即以代柬
十五，雷電。
十六，午前雨。○午刻陸蘭堂招同曉山酌午刻李雲颿歇于時和館
十七，雨。○辰刻費春林遣人來招巳刻至費林處聞尤靈堂鈞天樂論語詩擬明史樂府春林見贈番銀一枚助
刻詩費
十八，雨。○巳刻陸蘭堂贈銀二錢九分未刻陸心生招飲申刻溪周霞客
十九，雨。○辰刻溪俞徐秋巳刻溪謝月波未刻周霞客贈圖章一枚銀三錢五分
二十，雨。大○辰刻溪王北熊不遇申刻溪徐辛庵晚來會大謀咖時
七日 夜小。○抄格經鏡原約三千四百字酉刻溪徐辛庵
八日，雨。○抄格經鏡原約四十九百字那畢 是日始
○是夜蠻攔地以古玉瓶方銅甂數百橦
九日 夜大。○酉刻題戩秋岩青雲圖 葉時品
十日，雨。○辰刻金秋圖寄來 言次女痘花巳發兒三刈却竟無暁亦大眼事○未刻溪劉心陵即同陸至三山會詣覗長生班戲
酉刻徐辛庵丁孟雲 名廣青加 毛帥莊代攝脩來會
十一，雨。○辰巳刻作溪書劉生渡圖記 曄 申刻候徐辛庵不遇候許庚水見孫澗如新刊許氏說文四本
十二，雨夜。
大 辰火。○抄文四首
十三。○辰巳刻此夫子之邸邦雯者三句墊文

二、作为礼物的书籍及其流转

在清代文人的日记、书札及藏书题识中,作为礼物的书籍有不少记录,但较零散;黄金台日记有其特别的记录原则,其中重要一点就是对书籍的记载较详尽,譬如他赠送别人书籍或他接受别人赠送,皆有记载。日记不是无遗漏的全实录,以目前所能见到的 36 年日记统计,黄金台有 840 次赠送,接受他人赠送 251 次。黄氏的每次赠送,包涵书籍种数较少,一般一二种,极少数是三四种;但接受他人赠送,往往是两三种,如道光五年七月二十六日,顾广誉送他书籍《帝范》《茶山集》《岭表录异》《涧泉日记》《岁寒堂诗话》《浩然斋雅谈》,共 6 种;而道光五年十一月十三日何子桑一次赠送黄金台 23 种,同月十五日再送 4 种,四天后又送 2 种。大略推算,黄金台送出书可能超出 1000 种,他接受赠书似不低于 800 种。

书籍作为礼物在读书人之间相互赠送,应是常见之事,然此类记载亦较零散,藏书题识有较多的记载,但散在各处;日记中较集中记载此类赠送行为的,李慈铭《越缦堂日记》是其中一种,但李氏日记更多地记载他人的赠予,自己送出去的寥寥无几。《礼记》云:"太上贵德,其次务施报。礼尚往来,往而不来,非礼也;来而不往,亦非礼也。"[①]从"往来"这一角度来看,李慈铭的记录似只是更多地展现了作为礼物书籍的单向流动;黄金台、管庭芬的日记则对书籍流动中的"礼尚往来"有较为均衡的记录。将书籍作为礼物考察,旨在社会关系网络下研究书籍的社会特性。西方学界关于礼物已有很深入的研究,相关综述可见柯律格(Craig Clunas)和张旭的论著。[②] 张旭在其著作中有一段综合性的论说:

---

① 郑玄注,孔颖达疏《礼记正义》卷一,北京大学出版社,1999 年,第 17 页。
② [英]柯律格著,刘宇珍等译《雅债:文征明的社交性艺术》,三联书店,2012 年。张旭著《礼物:当代法国思想史的一段谱系》,北京大学出版社,2013 年。

实际上,礼物交换有一整套的道德约束、心态情感、法律契约、共同体归属、和平联盟的原则,渗透着整个社会的神圣感、巫术神话、宗教态度和想象中的宇宙秩序,是整个社会实在的整合与运作的宇宙秩序,是整个社会实在的整合与运作的基本机制。①

如果落实到以书籍作为礼物,可将这段论述简化为礼物交换有其心态情感、共同体归属感原则,是有利于特定文人群体的整合与运作的机制。

中国传统社会最重人际交往中的礼节,十分斟酌交往中人情的分寸。文人之间交往的建立与关系的维持和发展,多依赖唱和、商讨、游玩、赏鉴等方式;此外,礼物往来也是交往中的有效媒介,对于文人日常交往而言,以书籍作为礼物应是得体且在经济上可以承受的选择。

礼物的赠答关涉人与人关系的建立,礼物有物质化、象征化特征。莫里斯·古德利尔(Maurice Godelier)指出:

> 一件礼物不会没有理由移动。当它移动时,如果是非竞争性的礼物交换,它的双向移动为的是创造一种双向的互惠依赖关系,它能够为双方带来一些社会性的结果,一些义务同时又是优势。与此同时,在交换完成之后,双方也再一次地实现了平衡。……同一物件的赠与和回赠,是形成这种依赖和团结的最简单、最直接的方式,同时也维持了双方在这个世界中的地位,这个世界的绝大部分社会关系是通过人与人之间的联系而生产和再生产的。②

在回溯黄金台的世界中书籍作为礼物如何流动时,有必要先考察礼物流动背后的人生轨迹与人际关系网络。黄金台的840次赠送所覆盖的范围有中心地区和辐射地区。他一生足迹在浙江、江苏两省范围之内,其中嘉兴府的平湖、嘉善、嘉兴、秀水、桐乡、海盐以及湖州府的归安、

---

① 张旭《礼物:当代法国思想史的一段谱系》,第11页。
② [法]莫里斯·古德利尔著,王毅译《礼物之谜》,上海人民出版社,2007年,第109页。

乌程、德清是其活动的中心地区，杭州府、苏州府、松江府也是他数次游览的地区；晚年他入李联琇幕，到过扬州府、淮安府、常州府。

黄金台的活动范围主要由两种力量推拓形成。其一是考试与谋生。他嘉庆十年获生员资格，十次参加乡试，在这一过程中，在平湖县城、嘉兴府城、杭州省城参加过多类别的考试，这一经历使得他必须拜见各级别的考官和地方官员。在应对考试的同时，黄金台必须谋生，教馆应是他一生中从事最长时间的职业，道光八年日记中他提到"及门诸子"；道光七年至道光十年他的诗作中有《馆武林义塾半年失意而返留别董生基亨等》，则他在杭州城有教馆经历；道光十二年四月他在嘉兴设馆，五月又至乍浦周氏馆中。又因为他无科名，只能在级别较低的书院芦川书院教书。其二是结交同道，喜游山水。黄金台的文集中有《鸳湖饯春序》(《木鸡书屋文二集》卷三)《拙宜园记》《游狮子林记》(三集卷四)、《南湖访秋记》《虎阜登高记》(四集卷四)等，就是游踪记录，他在《扁舟访友图记》中说：

> 余自束发以来，求友四十余年矣。或乘雪而寻戴，或冒雨而过苏。或序裴王辋水之思，或商皮陆松陵之句。①

游山水园林与访友多并行，内河水道交通的便利，为黄金台以书籍为媒介而建立的交流网络提供助力。或许可以说黄金台的书籍世界中有其人生轨迹及江南水道的叠合。

黄金台书籍世界的建立，是由他自己主动发起、师友应和而逐渐形成。发动的主要力量应源自中下层文人改变身价、获得声名的努力，当然，不能忽略他对作为文化象征的书籍的喜好。诸如道光十六年和道光二十二年日记中所记载的类似事情，在黄金台的日常生活中应不时发生：

---

① 黄金台《木鸡书屋文三集》卷五，《清代诗文集汇编》第565册，第156页。

五月初十,访曹种水词翁(名言纯,嘉兴岁贡生,年七十一),赠以二集文一部。答赠词稿两册。

八月十五日,(至北门)访姜小枚(皋,贡生,年六十,岸然道貌,最工骈体,余慕其名二十年矣,今日始得见之),赠以文稿初二集。小枚答赠《香瓦楼市箫集》七卷,俱系骈体。又龚定庵《己亥杂诗》一册。

两次主动,成就两次似乎期盼已久的访谈,也促成书籍的交流。这种主动以及主动性结果可观的累积,以黄金台赠送自己的诗文集表现最为充分。黄氏所赠送,有《左国闲吟》《木鸡书屋诗选》,此处关注的是其《木鸡书屋文》初、二、三、四集。骈文是黄金台最得意的文体,而四个集子的三十年赠送,呈现出黄氏主动行为的连续性。统计日记中各集赠送数量:

初集:道光七年刊刻,共印250部。统计至咸丰八年,其中缺6年记录。共赠送84部。

二集:道光十二年刊刻,共印250部。统计至咸丰八年,其中缺6年记录。共赠送126部。

三集:道光二十三年刊刻,共印150部。至咸丰八年,其中缺3年记录。共赠送97部。

四集:咸丰元年刊刻,共印200部。至咸丰八年,共赠送107部。

在不考虑道光十八年至二十年、道光二十四年至二十六年信息缺失的情况下,后三集的赠书数量已超过印数的一半,若推测补入,则赠书比重更大。特别是《木鸡书屋文三集》的数据,增长幅度应该更大,因为黄金台赠书最频繁的是在书刊刻当年及次年,以四集的赠送状况可推想三集绝大部分应该作为礼物赠送。

赠送数量的多少,取决于黄金台交游圈的变化,初集、二集赠送比例,稍逊后二集,是因为其交游群体在生长期,至道光二十三年五十五岁前后,他的声名影响已经形成,交游群体稳定中略有扩增(见表1)。

表1 咸丰元年至咸丰八年《木鸡书屋文》赠送情况表

《木鸡书屋文》	初集	二集	三集	四集
咸丰元年	6	4	5	13
咸丰二年	3	2	3	38
咸丰三年	×	×	×	7
咸丰四年	1	1	1	13
咸丰五年	1	1	3	8
咸丰六年	×	×	1	11
咸丰七年	×	×	3	12
咸丰八年	1	1	×	3
合计	12	9	16	105

《木鸡书屋文四集》咸丰元年十一月刊印,故当年送书只有13部,至次年大增,其后下降,但每年仍送出若干种,这种持续性在咸丰元年至咸丰八年前三集的赠送中也有显现。主送第四集时,前三集也在"配搭"或"补充"赠送,四集所赠送的105人可视为基本交游群,前三集可视为"意料之外"的交游群。100余人,是黄金台声名确立后的较为稳定的交游群体涵量,从二集、三集刊刻以来,没有大起大落,二三十年稳中有增的态势,既表明黄金台在以嘉兴府为中心区域的认可程度,也是和平年代一地文化兴盛的表征。

在多年的书籍赠送中,黄金台与师友关系的亲密程度大致可以辨出;而书籍的选择、组合,似乎在根据"场合"作出调整。譬如,初次见面是送对方诗文全集还是送一种或二种,其中不乏讲究之意。仍梳理摘录黄氏日记中的若干条记录:

道光十二年四月十九日,黄金台子黄晋棻府试列十二名。黄金台率子叩谢知府克兴额(满人),呈文稿一册。

道光十三年九月初八,"到城(杭州),以文稿初、二集投赠沈露斯(名逢恩,闽县人,癸未进士)"。

道光十四年九月十九日,"以文稿初、二集呈郑稼轩邑侯(名声,侯官人)"。

道光十七年九月廿三日,"以文稿初、二集托柯春塘呈新太守王公(名寿昌,高邮人,王引之子)"。

道光二十三年九月十四日、二十一日,先后赠许乃裕教谕、吉桐生巡检(山西人)初、二、三集。十一月四日,"谒龙见田司马(名光甸,广西临桂人,其子名启瑞),呈文稿初、二、三集"。

道光二十八年十一月二十日,"寄赠邑侯高公诗文全稿"。

道光三十一年四月十一日、五月十一日,赠"嘉兴朱述之明府""邢邑侯"诗文全集。

咸丰七年六月初三,谒见李联琇,呈木鸡书屋诗文全集。李答赠其祖《韦庐诗集》八卷。

与黄金台有多年交往的至交,自然会累积性地获赠诗文全集;一般性交往的,黄氏赠以新近所刻一种或二种诗文集;而凡是"回溯性"地赠送诗文全集或种数较多的集子,是有其特别用意,而此时日记所用文字亦较特别,用"拜""谒""呈"等字,从上下文来看,多是在县城、府城、省城,多是自己或儿子或学生参加考试之际。此场合所呈赠的是自己的骈文集,意欲显示自己的才情与学问。此种举动几可视为唐代进士行卷的余波。程千帆称唐代进士行卷是"增加自己及第希望的一种手段","是一种凭借作品进行自我介绍的手段;而这种手段之所以能够存在和盛行,则是和当时的选举制度分不开的"①。黄金台的投赠所产生的效用虽然不如唐代进士行卷那般明显,然在清代的乡试以下各类考试中,仍然有漏洞,人情"有机可乘"。而黄氏晚年的投赠,则是期待自己有所用。果然,咸丰七年六月投赠李联琇之后,八月随李氏至淮安府、常州府参加

---

① 程千帆《唐代进士行卷与文学》,见《程千帆全集》第 8 卷,河北教育出版社,2000 年,第 5 页。

各县生员考试,这是他人生中光彩的一笔。①

如果说黄金台以上的投赠有功利意味,他与道士、弟子的书籍往还则要本真朴素许多。黄金台与三名道士有交往,海盐至真观赵凌州道士有诗稿,尝请黄氏撰序,赠黄氏"银二饼"及他人诗集一种,得到黄氏赠书 4 种。张云槎也是海盐的道士,赠黄氏书 2 种,得黄氏赠书 11 种,黄氏赠书,多用寄送方式。殷梦蔬道士是黄氏晚年结交之友,共得赠书 12 种。钟步崧(穆园)、卢奕春(揖桥)是他日记中留下记录较多的弟子,他们同时出现在道光六年的日记中,应是同时跟从黄金台读书,其时黄金台三十八岁,至六十多岁的日记中,还有二人身影。② 日记中记录钟氏得到老师的 15 种赠书,回赠老师 1 种;卢氏也得到老师的 15 种赠书,回赠老师 3 种。黄金台的另一名弟子张蒲卿自道光二十三年起也得到老师的 15 种赠书。道光三十年,黄金台主讲芦川书院,作为书院考课奖励,他先后于三月初三、五月初五、六月廿六日、八月十八日、九月三十日、十二月三十日向考课中成绩出色的生徒赠送书籍 62 种,从此前日记所记录信息来看,可基本断定这是黄金台自己的藏书,其中有《木鸡书屋文》初集、二集、《木鸡书屋诗集》《左国闲吟》。六月二十六日的赠送清单是:

> 赠生卷毕大同《木鸡书屋诗集》一部,卜葆钧《褒忠录》一部,吕宗沂《一粟庐诗稿》一部,钟步崧、钱国英诗赋抄一本,黄伊濯《木鸡书屋文二集》一部,赵为枬《左国闲吟》一卷。童卷周桂馨《鸳水联吟》十卷、张庆锡《浣花赋抄》一部,吴繁吉《阐幽录》一部,徐安澜《古文经训》一部,周士模《茸城嬉春集》一本,屈传镛《享帚山房诗》一部。

---

① 黄金台《通州试院寄从弟丽春及儿子晋盼书》有识语云:"丁巳六月至戊午五月从小湖学使校文大江南北,共阅一万三千八百二十卷。虽黄茅白苇,一望皆然,而其中理法清真、词华炳蔚者正复不鲜,计得士七百六十人。今录其最惬意者二百余人姓名于左,以验他日之成就。"见《木鸡书屋文五集》,第 307 页。

② 在《木鸡书屋文二集》卷五中,收录黄金台《与门人卢揖桥书》,卷末有道光壬辰钟氏跋。

第四章　两位普通文人的日记及其读书生活

黄金台及其友朋还会先买其他人著作多部，然后分赠。道光五年九月黄氏购买《青云集试帖》三部，稍后将其中两部分赠顾柳溪、周晓山。咸丰四年七月，郁荻桥赠黄金台《贯珠赋抄》二部，又托黄氏销售15部，但在黄氏此后的日记中有如下记录：

> （咸丰四年）七月初十，赠丁步洲《贯珠赋抄》一部，又赠王子山、徐馥卿各一部。
> （同上）七月十二日，赠高梦花《贯珠赋抄》一部。
> （同上）闰七月十一日，赠费恺中子费乃文《贯珠赋抄》一部。
> （咸丰六年）三月廿四日，赠钱渊亭《贯珠赋》一部。
> （同上）三月廿五日，访蔡懿斋，赠《贯珠赋》一部。
> （同上）四月廿四日，赠尹子铭《贯珠赋》。
> （咸丰七年）闰五月廿二日，赠马以柔律赋《贯珠集》《槐花吟馆试帖》。
> （咸丰八年）正月廿三日，赠小湖先生诗集四种暨《贯珠赋录》一部。

到黄金台手中的17部书，作为礼物送出的有10部，则其中至少有8部是自己买下，再送他人。由此可检视黄金台日记中某种书购买多部的现象：如道光十二年，鲁介庵帮助刊刻《木鸡书屋文二集》，黄氏当然要赠送一册，但在当年及次年日记中有"介庵取余文集九部""鲁介庵复购余文稿五部"；道光十五年四至五月，黄金台分别赠顾蓉屏（邦杰）、俞荔卿、张云槎《鸳湖六子诗抄》；道光二十三年九月，黄氏赠顾蓉屏一部《木鸡书屋文三集》，数天后，顾氏又购三集10部；道光二十七年三月，黄氏"为柯春塘代购《生斋诗集》十部"。类似这样的购买，已经不限于买书阅读的范围，其中必有先购买，然后赠送，如同黄氏处理《青云集试帖》《贯珠赋抄》的手法。推赏、赞助式的购买隐涵赠送，书籍的流转中伴随情谊的传递。

书籍的赠送背后还有不少细微的脉络，赠送可能与回报有关，如黄金台帮人编选、评点诗文集,为他人写序题辞,似乎都有回报,有一部分直接用酬金(笔资),稍多的是赠送相关书籍。道光二十二年徐熊飞《白鹄山房文集》由盛云泉刊刻,文集有黄金台所撰骈文序,因此他得到赠书5部;道光二十六年,盛云泉刊刻朱霞(秋田)《享帚山房诗》,卷首有黄金台作《享帚山房图记》,因此他得赠书10部。

　　前文通过数据多方比照,认为黄金台刊印自己的诗文集是很困难、在某些年份甚至是不可能的事。他刊刻《木鸡书屋文二集》,得到顾蓉屏、刘瑞圃、赵凌州、罗杰亭等13人捐助的刊刻费25块银元,其中刊印前7元,刊印后18元。刊印前得到捐助,必有答赠;刊印后赠送书籍,友朋有赞助性的回报。刊刻《木鸡书屋文三集》的捐助,因为关键年份信息的缺失,目前只见到顾蓉屏、盛云泉捐助的3元。① 黄金台的诗文集有小部分售卖,有些买卖价格基本是成本价,如道光二十九年十一月吉桐生从杭州寄"佛银二枚"欲购全集三四部,黄金台复信时,附诗文全稿四部。此时"全集"应包括文三集与《木鸡书屋诗选》,"佛银二枚"大约可折换成2400文,买4部"诗文全稿",应是成本价。但道光二十七年十一月"贝润孙赠洋银二枚,求余文稿初二集",初、二集大约共需400文,则此"求"实有"赠"的性质。

　　赠送,很可能有答赠,在以黄金台为中心的书籍赠答记录中,有46次赠送当场就有答赠。实际上属于答赠一类的书籍流动,应不止此数目,只是未确切表明而已。在答赠或赠送中,不少人特意送自家先辈或家中同辈的书籍,这类记录有15例,如道光十四年二月初五徐辛庵寄赠其父《漱芳园遗稿》,道光二十三年五月十四日,"赠王海客(友光,华亭人)以文稿二集,彼即答赠尊人澹渊孝廉诗文集四册共三十卷"。道光二十九年四月十四日,"计二田以其伯父寿乔《一隅草堂全稿》十六本……

---

① 捐资刻书是一种十分值得称道的文化传统,在黄金台这一群体中,还可见为其他人刊印别集的捐助。沈筠(浪仙)有一诗《校阅亡友陈愚泉镜池楼遗稿事竣念昔感今纪诗卷尾时戊戌冬既望》,诗有注云:"海昌宋省兰、吴门查瀛山、同里邹芷翁、刘心葭、盛云泉、莫颖波、敖晋安诸君解囊助梓。"其中刘氏、盛氏是黄金台的朋友。见沈筠《守经堂诗集》卷六,《清代诗文集汇编》第611册,第221页。

见赠"。暂时将注意点转到黄氏友朋身上,他们的赠送,或为先辈扬名,或示家学流衍。由此可推知家族成员的诗文集有一部分是作为礼物赠送。结合相关文献,或可推断自刊别集或刊家族人别集、总集,其主要用意不在销售获利,而在保存文献,阐扬先德。

总之,书籍作为礼物有其文化意义;然需要进一步分辨的是,将自己或家人、族人的集子刊印作为礼物,不同于买几种其他书籍作为礼物赠送。前一种文化行为牵动的是更深厚的人情关联,书籍是"前商品时段"的"有情之物";后一种文化行为中的书籍,似可简单化解为一种讲究的物品加上一定的文化涵意,书籍的作用或许近似一坛酒,一柄折扇。

与黄金台日记相应,管庭芬日记中也有以书籍作为礼物交换的丰富记录,日记的断片式记录中存在一个建立在书籍交流上的文人群体。

经统计,管庭芬所得赠书179种,拓本9种,这些书籍、拓本由74人赠送;管庭芬赠给他人的书籍有117种,拓本2种,受赠者共56人。74人与56人的名单中有26人重复,即这26人至少在日记的记录中与管庭芬有礼物的往来。除去重合,则管庭芬在礼物交流中建立起的文人群体有104人。① 这些人只有少数是一次交往的过客或距离较远的外地人,如陈用光、朱绪曾等,其他皆为海宁本地或邻县文人。文人群体中名气较大的只有钱泰吉、蒋光煦、吴寿旸、应时良等寥寥几位,多数文人不能完整地考出姓名字号,故管庭芬日记的整理者将管氏交游定为"基本局限于以海宁为中心的地方文人圈子内","所记录的就是一个地方中下层文人的具体生活历程"②。书籍借阅与书籍赠送,更能呈现一个充满书香与人情味的中下层文人群体。

以管庭芬为中心的群体,内部有多重脉络,如家族成员、亲戚、师友

---

① 管庭芬所在的这一文人群体具有累积性;若以某一新书的赠送,或可大致推测某一时段送书者心目中的文人群体,如前文提及的缪荃孙。梁章钜日记中记录所著《联话丛编》刊印后寄书名单与部数,共寄赠144部,其中有"寄广东二十部""寄京十六部""寄穆二十二部"之语,当包涵更多分赠或售卖信息,梁氏的交游网络可由赠书名单初步构建。梁章钜著《梁章钜日记》,见《上海图书馆藏稿抄本日记丛刊》,第513—514页。

② 管庭芬著,张廷银整理《管庭芬日记》"前言",第2页。

等，书籍大致依循这些脉络流动。在 104 人中据管庭芬所用称谓，可以理出一份亲属关系名单：升台姑丈、小筠侄、仲方叔岳、许兆科表兄、凝一表兄、潘宝岩表兄、三伊侄、徐夔青姑丈、卓峰兄、幼坪兄、笠湖（应时良）姻家、贺香国表弟。

此外，如竹泉夫子、深庐师（钱泰吉）、桐石老伯、锄云老伯等是关系亲密的师长；而没有明确标出称谓的，时有在日记中显现一种较有年岁的联系。这种关系的延展，又是一片读书人或书籍的世界。以"竹泉夫子"周勋懋为例，周氏十岁时，"随侍先君子于浑溪王氏，见先君子孜孜考订，博极群书，私拟辑注二十四孝成帙"①。道光二十三年二月周氏卒，管庭芬所作挽诗四首，其一有句云"卅年陪讲席，遗训尽书绅"；其三有句云："世守青箱业，耆年涉笔勤。梓乡搜逸句，海国辑遗闻。论史探千古，谈文振一军。"②在"竹泉夫子"身后，还有一人与管庭芬有交往，此即"竹泉夫子"之子周谦谷。咸丰五年二月周谦谷卒，管氏日记中有如此文字：

> 考洛塘周氏自明之中叶至国朝嘉庆间，虽无显宦，而科甲相继，凤称望族。然皆恪守儒素，不改家风。谦谷为竹泉夫子之子，一易祖考遗法，结交当道，联结吏胥，以公门为利薮，一时殷富之家畏之趋之，几盈阖邑，以此积有万余金，从此科甲绝矣，宗祀斩矣。③

字句之间，有惋惜痛心之意。考周谦谷三次赠书，分别在道光元年、道光四年、道光八年，其时"竹泉夫子"能持守家风，周谦谷改易弦辙，或在其父辞世之后。管庭芬与周家的书籍往来，估计也在此年终结。

由书籍作为媒介关联的另一世界，在管庭芬日记中还有数例，如葛浑南，管氏道光二十九年所作挽诗四首中有"闭户抄书忘白发""双桂乔柯拥小楼""七十余年守一经"之句④；汪钺（剑秋）"于古籍多所研究，故

---

① 管庭芬著，张廷银整理《管庭芬日记》，第 248 页。
② 管庭芬著，张廷银整理《管庭芬日记》，第 1112 页。
③ 管庭芬著，张廷银整理《管庭芬日记》，第 1520 页。
④ 管庭芬著，张廷银整理《管庭芬日记》，第 1357 页。

注书颇能贯串,独其性好臧否人物,每出冷隽语刺人之隐……以故晚境寥落,子又不肖,无一人为之援手者,以至侘傺抱憾而没"①。因为书籍的交流,一个与之相关的人事世界随之敞开,从人事的代谢中隐约能看见书籍的聚散。

嘉庆二十四年吴寿旸赠送旧抄本《对床夜话》并寄一札致管庭芬,书有题跋,其中有语云"芷湘姻丈风雅好古,留心典籍,因以为赠"②。吴寿旸以"姻丈"称管庭芬,可略示吴、管二家交谊。

比较管庭芬所得赠书及赠书者名单、赠送书及受赠者名单,其中有多处不对等,如所得书多于送出书,数量上的差异大约可由其经济实力或文化地位所致,如得吴寿旸赠书有10种,然未见有回赠,因吴寿旸是有名的藏书楼拜经楼主人吴骞之子,管庭芬所藏自然不能与之相比,礼尚往来的"落差"就可以理解了。管庭芬留心浙江文献,尤其是海宁地方文献,故地方文士多有赠送自著或先人所著,助其著述并藉以留名;管庭芬亦时为人撰写序跋、校勘书籍,多得作为酬谢之用的书籍。礼尚往来之间的"落差"与社会关系的亲疏等差之间往往有对应性的关联。管庭芬日记记录其师竹泉夫子(周勋懋)次数颇多,问学论书的记载延续至周氏辞世。日记中记录管庭芬赠送周勋懋书两种,然未见周氏回赠;周氏子周谦谷,亦与管氏多交往,就赠书而言,周谦谷赠管氏书有3种。这种细微的数字差异或许由各自在社会关系网络中的位置造成。

如将管庭芬所得赠书及赠送给他人之书合并观之,其中有一定数量的书出现重合现象,管氏将所得赠书转赠他人。在此可以比较三份赠书简目:

(一) 胡蕉窗赠送管氏书简目:

《佳金阁诗笺》《延陵季氏书目》《汲古阁书目》《国华集》《汉隶分韵》《氏族笺释》《太玄经》《历官奏表》《钤山堂集》《颜平原诗》《金石文字考异》《司马法辑注》《桑志》《律赋蕊珠》《画竹简明法》《偶硗草》《默记》《船

---

① 管庭芬著,张廷银整理《管庭芬日记》,第1749页。
② 管庭芬著,张廷银整理《管庭芬日记》,第85页。

山诗草》《白鹄山房诗》《五经揭要》《虚白斋诗笺》《集杜诗》。

（二）管氏赠给胡蕉窗书简目：

《繁华梦》《白云先生集》《劝赈唱和诗》《壮悔堂诗》《四忆堂诗》《瓯北诗集》《鹡鸰裘》《世说新语》《书绅》《昌平山水记》《瓯北集》《道藏》七种《礼记心典》。

（三）管氏赠给钱泰吉书简目：

《杜林合注左传》《延令季氏藏书目》《汲古阁书目》《杨园备忘录》《括苍金石志》。

第一份简目中的《延陵季氏书目》《汲古阁书目》是嘉庆二十一年胡蕉窗赠送，道光十七年管氏将此二书送给钱泰吉，至道光二十三年杨文荪以近刻《汲古阁书目》送管氏；《白鹄山房诗》六册是道光四年管氏所得赠送，道光十六年管氏将此书赠予毕槐。第二份简目中的《壮悔堂诗》《四忆堂诗》是道光元年正月初十管氏表兄宁一（亦作凝一）所赠，同年二月廿一日管氏即将二书转送胡蕉窗；而《白云先生集》乃钱爱斋所赠，嘉庆二十五年转归。在这三份简目之外，管氏还在日记中记载了数例转赠书籍之事，其中陈鳣所赠的《缀文》《缀策》于嘉庆二十五年、道光四年被转送给沈白山、潘宝岩，皆为两书并赠；而《瓯香山馆集》在道光十年二月和十月送给问源和葛浑南。每种书皆有二本，且皆送出，不知何故。

总体看来，管庭芬转赠给他人的著作多为别集，转赠的原因，或许是不留复本，如《秋籁阁诗集》，有道光九年九月春山、道光十年四月宝三所赠，故道光十年六月管氏将其中之一转送吴达斋；另一原因是管氏对某些读完的别集或某些不感兴趣的别集并不有意收藏保存，有些书从所得到送出间隔的时间较短，①就反映了他对书的用与藏的看法。前文提及的第一份简目中的《延陵季氏书目》和《汲古阁书目》在管氏书楼中的时

---

① 管庭芬道光六年十二月廿七日送出陈听江的《味经堂集》和《沈楼诗抄》，其中前书十二月廿六日得到，后书十二月十九日由曹桐石赠送。管庭芬著，张廷银整理《管庭芬日记》，第392—394页。

间稍长,可能说明这两部书对管氏读书的作用较大,而管氏最后能将这两部书送给钱泰吉,则有可能是忍痛割爱的送人情,或者二书在钱氏手中更能发挥作用。

以书籍作为礼物送人,当然会考虑受赠者的喜好或者身份等,管氏面对所得赠书,至少予以翻检浏览;当然,赠送也有揣度的成份,不是所有赠书,都能投合所好,故将不合意的,或多余之书转送身边其他师友,也是不沾滞于物的态度,能在人情的传递中尽书籍之用。

三、黄金台及其周边的爱书人群体

黄金台的著述形成经过,在他的日记中大多有反映,其中有13种书是选本或杂抄。具体情形是:

嘉庆二十二年《红楼梦杂咏》《聊斋诗》《咏剧诗》已初具规模;

嘉庆二十三年开始编个人的诗稿,存诗688首;

道光四年编《帖体诗选》二本,选诗500余首;

道光五年开始选编《国朝七古诗》;

道光六年编《国朝骈体正声》《国朝七律诗抄》;

道光十年编成《二十一史杂事》;

道光十三年为子黄晋畇律赋读本,编《律赋菁华》(共摘3800余联),编《国朝新乐府选》(选诗227首);

道光十四年为黄晋畇"编选古今体诗数百首,皆近于试场所用者";

道光十五年六月十一日,"以上三日酌选《事类赋》《广事类赋》《续广事类赋》数千条,将命晋畇录出以为场中赋料";

道光十六年八月二十七日,"为马访云选《文选》读本"。十一月初二,"以上一月正课之暇,将所藏《文海》万余篇择其尤者,或摘两比,或摘一段,令晋畇录出,以为揣摩之助";

道光十七年编本朝古文选本《今文愜》六册;

道光二十一年,编成《历朝佳句摘抄》三册,编定自己的专题诗集《左国闲吟》;

道光二十七年分别编录友朋所赠诗词、尺牍为《珊材集》《鸿响集》；

道光二十九年，"选录唐诗七律约二百首为暖初读本"（暖初是黄金台的孙女）；

咸丰六年，编定自己诗集《黄姑竹枝词》一册。

这些著述主要是摘录编选，所涉猎的书籍较多，如编《今文悭》，共选160余人600余篇文章，自道光十六年十一月初九日开始抄录，抄至道光十七年六月初八，日记中显示有时连续数天抄录，每日抄录5—10篇不等。抄录所依据书籍的来源大致有两种：大部分应是早已搜集准备好的书籍，故能近乎一气呵成地抄写；还有一部分是在编选抄录过程中向他人借阅。如：

（道光十六年）十二月初九，在顾蓉屏处借叶巳畦、窦东皋、张霁、王述庵诸公古文集。

（道光十七年）二月十二日，至平湖。于顾访溪处借汤荆砚、方望溪、冯山公、姚姬传、张渊甫诸文集。

（道光十七年）三月三十日，至平湖，缴还顾蓉屏文集数种，复借毛西河、张铁甫两集。未刻，顾访溪处缴文集四种，又借得刘海峰、陈白云、张鲈江三集。……至潘东序处，借抱经、段若膺文集。

道光二十一年，黄金台编"历朝佳句摘抄"，自正月十一日至二月十八日，摘录71种清人诗集中佳句，每次抄录3种诗集中100余联诗句。他对每日所录诗集皆近似痴迷式地抄录书名。这份清单所录有5种是至平湖县城向顾蓉屏借阅，而王芑孙诗集则向张筱峰借阅。统计黄氏36年日记，黄氏向友朋等借书164次，友朋向他借书172次。这一组数字不如赠书一组数字显眼，然其中亦自有世界。彼此借还，前提是彼此有一定数量的藏书。与黄金台有多次赠答借还的文人，家中多有一定数量的藏书。仍可从黄氏日记中梳理与其有密切联系的友朋书籍往还情况，进而推测各自藏书情形：

费春林：赠黄氏书6种，借出8种；

顾广誉：赠黄氏书9种，借出13种。黄氏在顾氏处见未读诗文集3种；

陈东堂：赠黄氏书8种，借出3种；

沈筠（浪仙）：赠黄氏书11种，借出5种；

顾邦杰（蓉屏）：赠黄氏书33种，借出24；

计光炘（二田）：赠黄氏书24种，借出2种；

徐宿生：赠黄氏书5种，借出15种；

丁瀛（步洲）：赠黄氏书25种，借出4种。

黄金台与以上所列诸人书籍往还主要以本朝人集子为主，包括还未列举出的其他文人都藏有这类书籍。周边友人的藏书，对热衷于摘录编选的黄金台而言，就是一个"松散的书库"，这些"书库"为黄氏提供了许多的便利，有时黄氏可一次借录某人家藏的五六种诗文集。各"书库"对黄氏开放的时间比较长，黄氏自37岁至69岁向顾广誉借书或得其赠送；自44岁至70岁与顾邦杰有此类交往；自53岁至67岁与沈筠有此类交往；自53岁至69岁与计光炘有此类交往。

计氏乃藏书之家。张鉴《秀水计氏泽存楼藏书记》云："秀水计氏二田，介王征士研农，以所受尊甫慕云先生藏书来请为记。二田承余绪非一世，筑泽存楼，缩衣节食，引而弗替。凡得自书贾、书船以及长塘鲍氏借抄者，总经史子集为卷六万二千有奇。"①其他如顾邦杰、徐宿生、丁瀛等，暂不能考其生平，藏书具体情况亦无从得知。

沈筠（1802—1862）的生平事迹，则较易查检。光绪《平湖县志》有其传记：

> 沈筠，字实甫，号浪仙。食贫励节，少嗜学，以母教，遂研索古籍。自六经三传、庄屈马班而下，莫不渔猎菁英，以发抒其文藻。晚岁敦重名教，凡忠义节烈之事，及耆旧诗文，殚心采辑，今赖以存者，皆筠表扬之力也。著有《乳水流芳录》一卷、《瑶池冰雪编》一卷、《壬寅乍浦殉难录》一卷、《龙湫嗣音集》十二卷、《守经堂诗集》十六卷，

---

① 张鉴《秀水计氏泽存楼藏书记》，《冬青馆集》甲集卷四，《清代诗文集汇编》第490册，第553页。

俱刊行于世。《蜻蛉州外史》十二卷、《日本纪略》一卷、《海上文征》八卷、《沧海珠编》二十四卷、《守经堂困学录》八卷未梓。①

沈筠被学者称为"清末中国研究日本的先驱者"②，此处暂不沿此方向探讨，而是强调他与黄金台作为同一阶层的类似性。沈、黄同乡，生卒年相近，都是卒于太平军攻陷平湖之后。二人均无科名，③但都酷爱读书，著述都比较多。④ 沈氏母亲朱兰是诗人，有《先得月楼遗诗》，黄金台曾应邀为诗集撰序。上文在举例论说黄氏著述得益于周边友人的藏书，但若稍弱化黄氏的光亮，将其视为这一书籍群体中的一员，则易看清书籍群体中的每个成员在多重交流中都能得益，沈筠自是其中一名。

据沈筠同治元年四月避乱南汇时所编《守经堂补亡书目》及《未刻诸稿》所记，⑤收书204种。这是沈筠"最低限度的"藏书。以"补亡书目"和黄金台日记所记与沈筠的交往，可进一步"还原"二人之间书籍往还细节（见图8）。黄氏赠沈氏的诗文全集，沈目有著录，沈氏借给、赠送黄氏的诸多书，如《龙湫嗣音集》《镜池楼诗》《耐冷续谈》《鸡窗百二稿》《棠荫录》《海盐徐氏诗》亦在目录中，其中后五种沈氏很可能是将复本送给黄氏。其他为沈氏目录所记，又见于黄氏日记为黄氏摘抄阅读者有近30种，此种重合正可见二者阅读兴趣在某些方面的重合。沈氏目录所列嘉兴及周边区域地方文献有34种。黄金台师友的诗文集，沈氏目录中多

---

① 彭润章修，叶廉锷纂《（光绪）平湖县志》卷十七，台北成文出版社，1975年影印本，第1721—1722页。

② 石晓军《清末中国研究日本的先驱者沈筠事迹考》，见《浙江工商大学学报》，2014年第2期。

③ 黄金台这一文人群体中，多无科名者，可考知顾邦杰（蓉屏）、费椿（春林）、卢揖桥（奕春）、贾敦艮（芝房）皆为诸生。

④ 据沈筠《守经堂自著书》所列"行箧所存者十七种""辛酉三月遭毁者二十四种"，沈氏自著书有41种。见《守经堂诗集》卷末附录，光绪刻本。

⑤ 沈筠《守经堂诗集》卷末附录。《未刻诸稿》小字下标注"随身携带者用墨卷标出"，则可据此推测"补亡书目"是据记忆补录的书目。

第四章 两位普通文人的日记及其读书生活

有著录。①

在这一书籍群体中，龚配京是较特殊的一位，黄金台自三十二岁至七十岁与他有较多往来，他不断接受黄氏赠书，也不断向黄氏借书，但未见他答赠，仅见黄氏向他借书 2 种。他向黄氏借书 36 种，得黄氏赠书 27 种。龚氏向黄氏借书多有借还日期，可略见其读书效率。道光十七年七月初二，黄金台"以旧书十八种售于龚配京（价九百三十）"，咸丰二年（1852）九月二十日，"以《宋诗纪事》一部售龚配京，得钱二千"。"旧书十八种"，或许又是便宜的晚近诗文集。龚氏屡接受赠书，又买黄氏书，或许是一位富而好学的文人。费恺中与黄氏的书籍往还也有类似的"倾斜"，黄氏自 47 岁至 69 岁间向费氏借书 4 种，得费氏赠书 5 种；费氏向黄氏借书 8 种，得到赠书 30 种。书籍在黄氏与其部分友朋之间的"偏向

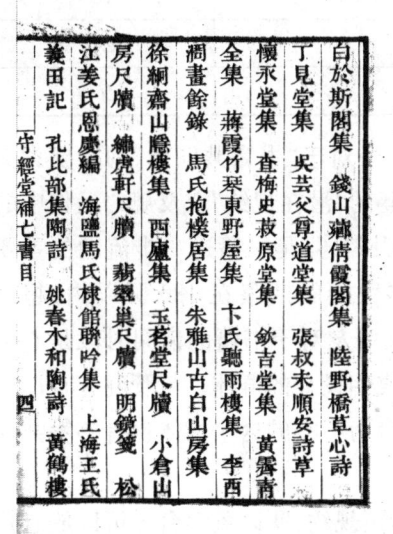

图 8　沈筠《守经堂补亡书目》（局部）

---

① 如《朱雀桥诗》、徐云岘《山满楼诗词集》、陈东堂《芦雪村诗》、于辛伯《一粟庵乙稿》、陈曼寿《小梅花馆诗》、仲子湘《宜雅堂集》、顾蓉屏《双峰草堂诗》、俞芷衫《蹄涔集》、赵棻《滤月轩诗文集》、汪毓英《春晖阁骈文集》、盛云泉遗诗等。

性"流动,其中原因或许有多种,有可能他们与黄氏关系密切,如同钟步崧、卢奕春一样,是黄氏弟子,故多有"受惠"的机会;还有可能他们是正在成长过程中的新一代藏书家,故吸纳书籍能力较强。

黄金台日记有丰富的关于书籍的借还记录,有1次借书遭拒,有10余次彼此索还。其中黄氏借还友朋书籍的记录有164次,①他人向黄氏借还的记录有172次。两种借还记录中有完整的借还日期共157次,仍按照笔者在处理《管庭芬日记》中借还间隔日期时段的划定,将157次分时段统计如下(见表2):

表2 黄金台日记书籍借还日期数据统计

间隔日期(天)	黄氏借还次数	朋友借还次数
≤15天	14	30
16—45天	25	18
46—180天	31	24
≥181天	8	7

在探讨管庭芬日记中书籍借还记录对于"书籍共同体"的重要意义时,笔者特别揭示这类琐细记录中包涵的"潜在规约"以及规约运作中的诚信。书籍有借有还,且按照大致期限归还,是书籍进一步流动的重要保障。上列两种数据数目相当,大多数借阅期限在180天以内,超过180天的只有七八种,看来黄金台及其朋友对于书籍的借阅时段是心中有谱。有共同遵循的"谱",才可能结成相投合的群体。与管庭芬日记中所记录的海宁书籍群体一样,以黄金台为中心的这一群体也有书籍共同体性质。②

正是因为群体中有潜在的诚信借还规约,所以黄金台才可以放心将诗文稿本或刚编成的选本借出。黄氏道光六年编成《国朝骈体正声》,后

---

① 此处将一种书的借还视为1次;但日记中较多的是只有借的记录,或只有还的记录,这种单向借或还的信息,分别按1次计算。

② "共同体"概念,有复杂内涵,此处只是表层借用。参考[英]齐格蒙特·鲍曼(Zygmunt Bauman)著,欧阳景根译《共同体》,江苏人民出版社,2003年。

不断增补，在这一过程中，友朋借观，如道光二十一年五月廿三日陈板桥借；道光二十八年十一月廿三日陈乐泉借，十二月廿六日还。《国朝七律诗抄》道光六年十月十六日编成，次年六月十四日徐宿生借出，七月初六还。至于自己的诗文集，似更受人关注。

嘉庆二十二年十二月二日，何菘溪遣人来借黄金台诗稿，黄借出一卷。十二月七日何菘溪还诗稿，当日被刘椒畦借。刘氏于次日还。十二月十四日费春林来借诗稿二本。嘉庆二十三年三月十六日，"俞芷衫还诗稿两本，并信一纸"。至嘉庆二十五年四月九月日记中还有"徐兰江又借诗稿一卷"，四月二十五日徐氏还诗稿两卷。徐氏借一还二，暗涵黄氏日记中对另一次借诗稿未作记录。

道光四年八月二十三日，"得何菘溪书，附还骈体文一册。十月二十六日，候方子春，以近作骈文三首属其评定"。十一月十二日，"方子春寄还骈体文一册及癸未诗一卷"，十二月六日，"收到方子春书并所阅骈体三首"。

道光五年十月二十五日，"卜达庵借余骈体文一册"；十月二十六日，"候许德水，以骈体四首就正"；十一月九日，"卜达庵还骈体文一册"。道光六年六月二十二日，"雪庐师借余骈体文一册"。道光七年五月十三日，"张海门答访，借骈体文四卷"。闰五月二十九日，张海门还此书，同日被徐问亭借出。六月七日徐问亭还此文集。黄金台道光七年刊刻的《木鸡书屋文初集》四卷即是日记中所记"骈体文四卷"，这也表明"初集"在刊刻之前不久，稿本仍在师友的传阅过程中。

道光十七年六月编成《今文愜》六册，十月初九被刘抑斋借，十一月初十还。道光二十二年九月初十，盛云泉"借去《国朝古文选本》十巨册"，九月廿七日还。从六册累积至十册，应是黄金台五年之间的阅读、抄录之功。

或许因为稿本毕竟不同于一般刻印书籍，朋友在借阅时，定会在意其珍贵程度，故上列有限记录中多为速看速还。

在黄金台与友朋的书籍往还中，还存在以书换书的交流方式。物物交换，实质上近似买卖；但在他们的世界里，因此举减除金钱这一媒介，又因其目的不在获利,而在通有无,几乎可以视为书籍借还的补充。黄氏日记所记以书换书事共 11 次,3 次是黄氏主动换朋友的书,如道光二十九年四月初一,"以《香麁集》《左国闲吟》《寄园寄所寄》寄钱朋园,易其《闻鹍楼合刻四种》"。其他 8 次是朋友主动来交换,且多是换黄氏诗文集,如咸丰三年于辛伯用《蕉窗诗抄》二十卷、彭咏莪《松风阁诗抄》十二卷、刘德甫《钓鱼蓬山馆诗文集》六卷、《粟庐诗刻汇函》四十卷来换黄氏"诗文全稿二部"。交换之书,有时同种书有多部,道光二十三年丁步洲用 10 部《褒忠录》换黄氏《木鸡书屋文》初集、二集各 3 部,但这 10 部书,黄金台在稍后的几年又将其中 5 册先后赠送钱继园、费春林、叶勤诹、卜葆钧、张蒲卿五人。如此交换,减除货币环节,直接回到书籍,在朴素的物的层面上显示了这一群体内部关联的亲切性。

四、趣味、地域特征与"中层书籍世界"

研究清代的藏书史或书籍的流动,多利用藏书题识、私家藏书目录、藏书楼记、藏书家传记,也利用一些日记,如钱大昕、钮树玉、吴骞,以及晚近的缪荃孙、叶昌炽等人的日记,但以这些文献建立起来的书籍世界有明显特征:其一,多关注珍贵性的书籍,如宋元刊本,或旧抄本,总之,属于精美稀少一类;其二,多关注重要书籍,如正经正史,或者为公认的要籍,以及名声渐隆的著述。这些书籍因其内容的重要,或与学术思潮关系密切,以及在流传过程中的诸多"故事",很容易被再次写入其他文本,或产生附属文本(如批注、题识等),因此现在所见到的清代书籍流播论说,是偏向于"重要书籍"的,正规且正统。

但若将目光投向前文所提及的,道光十二年和道光二十二年黄金台"为之狂喜""喜心翻倒"的两份购书清单,或许有异样的感觉:有一点熟悉,但更多的是陌生;再拓展看黄金台三十六年日记中关于书籍的借还、赠答、买卖、抄录的记录,书籍层出不穷,整体感觉近似。看那两份购书清单,陌生的远远多于熟悉的,其中多有亡佚或仅见诸目录著录的集子。清代浩繁的书籍,当与藏用者身处的位置及如何藏用联系时,应有层次

第四章　两位普通文人的日记及其读书生活

之分,洪亮吉在《北江诗话》中将藏书家分为五等,即所谓考订家、校雠家、收藏家、赏鉴家、掠贩家,其中至少前四类所关注的应是"上层书籍",见于黄丕烈的藏书题识及钱大昕日记中的书,大致应入此类。而黄金台以及管庭芬这类中下层文人所藏所用书籍,大多为常见刻本或晚近人著述,没有珍稀之本;然繁杂丰富中自具品味,自有难得的活力,他们所寓居的或许是"中层书籍世界"。当然还有"底层书籍世界",包括日用杂书、初级诗文选本、应试书籍之类。

如果要标举黄金台的"中层书籍世界"的重要特征,无疑是丰富的晚近人集部书籍。前文所录两份让黄金台欣喜不已的书单在道光十二年和道光二十三年,而在他的日记中,咸丰七年五月初四还有一份书单,"(二十四种)皆不易得之书,余仅以九百十文得之,此一大快事也"①。24种书皆属集部。而在黄金台之前,管庭芬于道光九年八月十七日在旧书铺一次买到27种书,②仅凭书名判断,至少有25种属于集部。约略可见从道光九年至咸丰五年,杭、嘉、湖一带书肆中有价格便宜、品种丰富的集部书。而在黄金台与友朋的书籍赠答中,集部书也频频出现。现将日记中单次赠送在4种及以上书籍的事例梳理如下(见表3):

表3　赠送书籍中的集部

时间	赠送者	赠送总数	集部数量
道光五年七月二十六日	顾广誉	6	2
同年,十一月十三日	何子桑	23	15

---

① 黄金台详列这二十四种书:"于旧书肆购得吴山抡《古剑书屋诗文集》十卷、邱昆奇《得芬堂诗抄》十二卷、何兰士《方雪斋诗集》十二卷、屠琴坞《是程堂二集》八卷、吴衡皋《读书楼诗集》六卷、蒋于野《青荃诗集》四卷、姚笙华《云腴仙馆遗稿》三卷、钟海六诗抄八卷、王麐征《静便斋诗文集》十卷、吕月沧文集八卷、徐若冰《南楼吟》二卷、鳌沧来《彭门诗草》四卷、汤点山《栖饮草堂诗抄》六卷、韩桃平《隐文堂文集》一卷、顾铁卿《颐素堂诗抄》六卷、王香雪《红蝠山房诗集》十二卷、吴宜甫《华宜馆甲乙稿》二卷、《金氏于喁集》二卷、《杨氏同怀集》二卷、《粤东七子诗》六卷、《颐园题咏》四卷、《谢琴诗抄》一卷、《南藤雅韵集》一卷、《娄东书院释菜诗》一卷。"

② 管庭芬著,张廷银整理《管庭芬日记》,第530—531页。

续　表

时间	赠送者	赠送总数	集部数量
同年,十一月十四日	何子桑	4	4
道光十二年六月初一	黄金台	4	3
道光二十二年八月十七日	丁溉余	6	6
道光二十三年十一月初五	龙光甸	4	3
道光二十七年六月初二	黄金台	4	3
同年,八月廿九日	黄金台	4	3
道光二十八年正月初五	黄金台	3	2
道光二十九年四月二十日	王叔彝	6	3
道光三十年三月初三	黄金台	8	6
同年,五月初五	黄金台	11	8
同年,六月廿六日	黄金台	12	10
同年,八月十八日	黄金台	10	7
同年,十月十一日	黄金台	8	6
同年,十二月十三日	黄金台	12	10
咸丰三年九月廿九日	黄金台	4	4
咸丰四年四月初八	黄金台	5 (只列出2种书名)	1 (仅知此种)
同年,四月十五日	黄金台	4	4
咸丰六年三月初五	计光炘	4	3
同年,十月廿一日	黄金台	4	4
咸丰七年闰五月廿二日	黄金台	5	5
咸丰八年九月十八日	黄金台	4	4

　　23次书籍赠送中,有20次主要是或全是集部。为何总是集部？

　　因为晚近人的集子最初刊印并非主要作为谋利的商品,即使某种集子有一定数量进入书肆,价格也很可能在成本价之下。但它们作为赠礼,既便宜又得体。一次能赠送4种及以上,即可表明它们未进入"家珍"行列。而无论黄金台还是管庭芬的日记都有许多这样的记载,接受的赠书稍后被转手送给别人,这类书籍基本卖不出好价,故继续将其作为人情礼物。而它们之所以能作为得体的礼物,或取决于当地的文学风气或文化氛围。当这些晚近的集子在赠送之后流入书肆,或未进入礼品流程而成批进入市场,它们的价格依然便宜。周启荣指出从晚明开始,"书籍市场上从1钱到1两银的书籍应该是很多的"①,这是一个大致的判断,若分层细看,则还有更便宜的书,黄金台日记中的记录,就可进一步明晰书籍的价格及其层级。

晚近人诗文集价格的便宜,是在与稍早集部书、以及其他书籍的价格比较中显现出来的。仍旧回到黄金台的63次标明书价的购书清单中,挑选出数次书价较高的购买记录,以便比较:

吴伟业《吴诗集览》二十卷、《国朝六家诗抄》八卷,折换成2750文。(嘉庆二十三年十一月十八日)

蒋士铨《忠雅堂诗集》二十七卷,折换成800文。(嘉庆二十三年十二月三日)

《岭南三大家诗选》二十四卷,440文。(嘉庆二十五年十一月十九日)

吴绮《林蕙堂全集》二十六卷、《水浒传》《红楼梦》,2000文。(道光二年十月七日)

《后五代史》七十四卷、《明史纪事本末》八十卷,折换成2900文。(道光五年七月十七日)

《曝书亭诗文集》八十卷、《柉晴堂四六》二卷,930文。(道光六年三

---

① 周启荣在《明清印刷书籍成本、价格及其商品价值的研究》中指出:"1两银以上的书籍大抵上是多卷数、多册数的大部头书,不然便是多精美插图,印纸、装订、质量较好的针对高端读者和藏书家的印刷品。刊本的售价相对当时的消费品物价并非特别高,1斤菠菜、1只鹅的价钱,便可以买到一本科举参考书、实用类书或曲本。"见《浙江大学学报(人文社会科学版)》,2010年第1期,第16页。又见周春生、何朝晖编《印刷与市场国际会议论文集》,第90页。作者在文中指出1斤菠菜0.15两银子,1只大鹅0.2两。这些低档书的价格每本在150—300文之间,明显没有黄金台两份书单中所列书便宜。

月初六）

《鲒埼亭文集》四十卷、《诂经精舍课艺》十四卷，1100 文。（道光六年三月初九）

陆燿编《切问斋文抄》三十卷，1150 文。（道光七年十月二十二日）

《小仓山房文集》三十五卷，900 文。（道光八年二月二十二日）

书价高低主要取决于成本，也与刊刻年代、卷册数量等因素相关。以上所列诸书卷册较多，但似不是主要决定因素，还应考虑作者名气对书价的影响，如吴伟业、朱彝尊、全祖望、袁枚、蒋士铨诗文集的价格颇为突出，他们的集子在经典化的同时也完全具备商业潜质，可以标出较高的售价。

黄金台读书著述，不是走经史考据的路径，与当时主流的读书治学风气不同。他的日记记录他多次重读《史记》《汉书》以至关于宋、辽、金、元、明各朝的各类史书;《文选》、唐宋八大家文特别是韩柳文，黄氏也是隔几年就会重读。不过黄氏读这些书，似乎是在觅诗料。乾隆朝开始诗坛上兴盛的写读书组诗的风气依然盛行，黄氏亦受此风气左右。嘉庆二十二年写论《文选》诗 44 首，"论百二十家之著作兼论其人品心术"；读《左传》《战国策》，则于道光二十一年写成《左国闲吟》，收咏杂事诗 128 首，七日内写成；咏《战国策》诗 66 首，四日内写成。

从黄金台借还书间隔以及阅读某种书起止时间来看，黄金台广收博览，采取的是一种"密集式"的写作、抄录、阅读。这种特征在前文先后涉及。譬如阅读，道光元年在正月、二月间用 21 天抄写《唐诗类苑》一千首，至四月，从初四至二十七日共阅读笔记、诗话等杂书 102 种，几乎每天 4 种以上。他还用此种阅读或摘抄，"横扫"清人集部。与杂书以及集部书籍的丰充相对应的是，在黄氏日记中关于经书以及科举用书基本缺记。黄氏一生追求科名，但日记中几乎感觉不到紧迫感，倒是在他对儿子黄晋龄的期待中不掩饰其焦虑。他基本不记科举书，或限于日记的某种体例，或许那些是俗书，不能进入他的日记，然经书记录的空白，则是一种确切的事实。丰充与缺失的对照，显示的是黄金台及其友朋享受的是舒适的读书生活，科名的追求或许只是生活的一部分。或许由此可以推论,读书、学问的世界其实也可划分层级,有上层的经史正统读书,也有如管、黄等人的"舒适的兴趣阅读"①。所以,尽管清代考据学之学是主流,尽管江南是其大本营,但主流没有覆盖全面,大本营内也是形形色色,并不是铁板一块的。历史是选择性的建构,有意识的遗忘。这些中下层的小人物所托身的,或许正占了社会文化的大部分。

可选二三种笔记、小说来梳理黄金台及其友朋的"舒适的兴趣阅读"记录:

嘉庆二十二年十二月,费春林向黄氏借《虞初新志》,至次年四月还。道光元年六月,黄氏向顾望山借阅《虞初续志》;道光十二年正月,黄氏重阅《虞初续志》。道光十七年,费春林赠黄氏《虞初新志》,道光二十三年,徐宿生来借阅此书,咸丰元年钱小园借阅。②

道光二十三年十一月,黄金台阅《两般秋雨庵随笔》,十二月摘录书中佳句,该月底,龚配京再次借阅此书。次年四月,龚氏又借;七月,黄氏重阅。至咸丰三年八月,黄氏花420文买此书一部;咸丰八年八月,重阅此书。

上文提及黄氏在三十四岁时用2000文购《林蕙堂全集》《水浒传》《红楼梦》。大致推算,两部小说价格很可能在700文以上,能用高价买闲书,自是喜爱的流露。在他的日记中,他先后在46岁、59岁时用数天时间重温《水浒传》。余意未尽,黄氏晚年对《水浒传》的续书《荡寇志》也产生兴趣,67岁那一年读《荡寇志》三遍,68岁时又用数天时间读一遍,并作《荡寇志跋》。

《红楼梦》的流行在清代并非畅通无阻,有学者指出,乾隆时期,清廷没有注意到《红楼梦》,最早查禁《红楼梦》的是嘉庆十二年安徽学政玉麟,他严禁刊刻传播《红楼梦》,并焚毁该书版片,道光年间江苏、浙江皆

---

① 此处所涉及的"舒适的兴趣阅读",当然不仅仅是以是否阅读小说、笔记等书为判断标准,更确切地说是不以科名为中心的阅读,并且有一定自娱性质。

② 张潮编《虞初新志》通常作为文言小说,涉及传奇、志怪、志人等类型,因其类型较独特,或名之曰"虞初体";近年有学者认为此书实为文章总集。感谢台湾大学中文系康韵梅教授在2015年8月浙江大学人文高等研究院暑期报告会上对此问题的提示。

有查禁之事。① 黄金台在二十九岁、三十岁两年对这"边缘性"闲书十分迷恋,自此之后,兴趣大减,在三十九岁、四十六岁时重阅,其后仍有关于《红楼梦》的信息在日记中出现:

> 三月二十四日,咏《红楼梦》贾宝玉,得七绝十首。
> 三月二十五日,咏林黛玉十首,袭人四首。
> 三月二十六日,咏薛宝钗八首,秦可卿四首。
> ……
> 四月七日,咏柳湘莲、贾雨村各二首,薛蝌、甄宝玉各一首。共咏《红梦》男子十人,女子六十人,合计一百六十首。

这是嘉庆二十二年年初的"密集式"写作;接续此举的是从六月开始的咏戏曲集《缀白裘》,他从俞芷衫处借得48本的全套,共用25天从《金锁记》写到《邯郸梦》,共成诗103首;② 此前他还写过咏《聊斋志异》的诗,也有单独一册,估计也是如此写成。能速成咏小说戏曲之作,此前必有闲览的慢功夫。所谓慢,不一定是细读考据,而是从容地赏鉴与品味。

黄金台是戏迷,③ 似乎也是小说迷,《红楼梦》《聊斋志异》在写题咏诗之前应多次寓目。狂热的题咏完毕,黄金台更有推波助澜之举。他请人作《读红楼梦图》,遍约周边文人题辞,统计日记中的记录,题辞者有

---

① 赵维国《教化与惩戒:中国古代小说禁毁问题研究》,上海古籍出版社,2014年,第323—329页。

② 黄氏日记如此记录:"六月十一日,咏《金锁记·送女》《三国志·刀会》《战花魁·劝装》《牡丹亭·叫画》各七律一首。六月十二日,咏《琵琶记·辞朝》《翠屏山·友诳》《焚香记·阳告》《永团圆·堂婚》四首。六月十三日,咏《一捧雪·搜盃》《水浒记·刘唐》《金貂记·诈疯》《寻亲记·茶坊》四首。六月十四日,咏《玉簪记·秋江》《望湖亭·照镜》《双珠记·卖子》《水浒记·惜茶》四首。……"他意犹未尽,七月二十一日、二十二日又题咏《李笠翁一家言》中戏曲10首。

③ 郑志良文揭示他如何跟随乡村戏班看戏情形。

60人，所题主要为诗，其次为词，亦有写骈文者，作者多有嘉兴府之外者，其中有2名僧人、2名闺秀。① 之所以不选择读《聊斋》、读戏作图而选择《红楼梦》，或许前二者的风雅性稍逊。而就文人爱好而言，《聊斋》、戏曲是黄金台等人的"小众爱好"；而不如《红楼梦》，是"群体性参与"，故他能在两年之内发动如此多的人来制造更大的风雅"事件"。

《读红楼梦图》60人的题辞群体除方外、闺秀之外，还有当湖书院、魏塘书院两书院的生徒。他们是否都是《红楼梦》的读者？有两种可能：其一，因为是题图诗，故可敷衍应付；其二，真的看过《红楼梦》。若真有如此多读者，包括方外之人也在读《红楼梦》，这些不仅仅是红学史上有意义的事情，也为再看"中层书籍世界"提供观察视角。一方面社会上有禁抑《红楼梦》的力量，但实际生活中却又有"活泼泼的"阅读。"雪夜闭门读禁书"，据说是读书人的一种乐趣，"读禁书"的存在，也证示规训与实际生活的距离。② 读《红》群体虽不能过度夸大，然不能小看其规模。在黄氏日记中，道光四年吴墨乡来借《红楼梦》，其后道光五年叶书城、道光十四年钱棣山向他借阅。其他如道光十五年看到"馥田"所画《红楼梦图》（共48人）、道光二十八年读《红楼梦论赞》，咸丰元年吴晓湖赠所刻《怡红集》十部，咸丰四年阅《红楼觚史》，咸丰七年赠耿思泉《红楼梦百咏》，诸如此类，既可见黄氏的兴趣，亦可见读《红》群体的存在。

若以一粟编《红楼梦书录》为范围梳理，清代浙江与《红楼梦》版本、

---

① 黄金台《读红楼梦图》题辞似附《红楼梦杂咏》刊行，然查检《红楼梦杂咏》，未见60家题辞。此题辞除日记记载外，未见他书提及，其稿很可能亡佚。又《红楼梦杂咏》，黄氏在日记中称共作诗160首，然检光绪三年申报馆排印《红楼梦杂咏》，无序跋，仅收诗80首。则此刊本为节选本。《红楼梦杂咏》，一粟编《红楼梦杂录》著录。吴钦根代为查检南京图书馆藏光绪排印本。近日核对浙江图书馆藏《红楼梦谈屑》（醉红生编，民国六年印本），其中所收黄金台《红楼梦小阳秋》，就是《红楼梦杂咏》，其中咏贾宝玉6首，林黛玉6首，薛宝钗4首，王熙凤4首，史湘云4首，大致可见删除具体数目情况。

② 咸丰七年，黄金台六十九岁，读了一本真正的禁书："正月十二日，始见戴名世《南山集》古文五卷，后附《孑遗录》一卷，纪桐城被寇始末。其文清道雅洁，绝无干碍，不知当日何以身罹文网，竟以致伏法也。"

题诗(词)、评论有关的人物不下20人,①而现代红学的兴起,浙人王国维、蔡元培以及稍后的俞平伯,皆有相当建树。这类书目记录材料,可使两浙"红学"史的脉络更为清晰。

在沈筠的《守经堂补亡书目》中,有《红楼梦》《水浒传》《缀白裘》《聊斋志异》《桃花扇》《三国志通俗演义》等书的著录,则完全可将沈氏与黄氏视为兴趣投合的一类人。

黄金台与管庭芬有很多相似性,居地接近,经历、爱好、著述皆有相似之处。若以二人日记为考察范围,看嘉庆二十二年至咸丰八年两人日记中的书籍流动情况,大致统计,有32种书在两人日记中均有出现,较特别的是《红楼梦》《水浒传》《聊斋志异》《虞初新志》《觚賸》《寄园寄所寄》《说铃》《情史》《武功记盛》《浙西六家诗抄》《诂经精舍文集》《疑雨集》《有正味斋全集》《归震川集》和袁枚著作等。

对小说戏曲的阅读及其阅读面的推测,已有不少途径,如版本数量、印刷数量、书价、书贾记录、读者的评语、文人学者的序跋题词、笔记等杂书中的零星记载,这些途径只是从某些侧面显现小说戏曲在传统社会的流播接受状况,一种整体印象,就是小说戏曲不是被提倡鼓励的书籍,往往被抑制,被视为"不正经"的读物,在一些士人的年谱中,偶有幼年时读小说被父母斥责的叙述,这类阅读会耽误读圣贤书,会影响科名的追求。对于成年人而言,小说戏曲的阅读较幼年时宽松,但仍被视为一种消遣,故在较为公开的文字或正式的文体中,相关阅读记录或阙失,或语焉不详。日记作为一种较为随意的私密记录,保存了一些较有关联性的文字,所谓关联性,就是这些关于小说戏曲的记录彼此之间大略有一种照应。

---

① 这些浙人是:朱追然(余姚)、俞明震(山阴)、赵之谦(会稽)、宗稷辰(会稽)、姚燮(镇海)、陈其泰(海宁)、谢鸿申(会稽)、傅钟麟(海宁)、周春(海宁)、徐凤仪(钱塘)、许憩亭(海宁)、孙渠甫(吴兴)、俞思谦(海宁)、沈谦(萧山)、李嫒(秀水,闺秀)、潘孚铭(山阴)、孙荪意(仁和,闺秀)、吴藻(仁和,闺秀)、汪淑娟(钱塘,闺秀)、何镛(山阴)。参见一粟编《红楼梦书录》,上海古籍出版社,1981年。《红楼梦书录》还记录了咸丰十年八月十三日李慈铭阅读《红楼梦》事,见第26页。

第四章　两位普通文人的日记及其读书生活

嘉庆二十年,管庭芬十九岁,此年十月的日记中有记载:"从许芥舟借读憩亭进士所著《鹡鸰裘》传奇,词有秾丽句,惜科白一无可取,其自序云……"①嘉庆二十一年,管庭芬二十岁,六月的日记中有语云:"沈书估来,购《红楼梦》二十册。案:是书传者不一,而袁简斋以为即随园者,更属可笑,吾邑周松霭先辈春曾撰《红楼梦记》一篇,援有确据,因录于此。"②嘉庆二十二年,管庭芬二十一岁,"先大人购得吴江徐鼎和曦《写心杂记》剧二册,系灵胎征君之孙现身说法,为传奇别开生面。其自序曰……"③。根据父亲购买《写心杂记》出现在管庭芬心目中的地位,甚至可推测他当时有机会阅读。

管庭芬父管省吾,太学生;本生父管题雁,庠生,有《心亨书屋剩稿》二卷。自其曾祖以降,无有获科名者,管氏家庭基本上属于底层的诗书之家。从其父购买《写心杂记》及此后日记所载管庭芬的阅读与面对科举的态度,其家庭氛围应不在严刻之列。与显赫的大家族相比,管氏家庭处于底层的状况和相对宽和的氛围,或许是清代社会中一个较有代表性的样本,而管庭芬对待小说戏曲的态度就不仅是个案的意义了。

上引三则日记有一共同特征,即在记录《鹡鸰裘》《红楼梦》《写心杂记》时,管庭芬在名为"芷湘日谱"的概要性日记中,抄录了两篇自序和一篇考据文,如此不惜笔墨,足见他在特定时段对小说戏曲的喜爱。以此三则日记作为预兆性的起始,可将管氏日记中关于小说戏曲的购买、阅读、借还诸事作一梳理:

嘉庆二十三年,樵芸赠《红楼圆梦》。(第69页)
"阅《红楼梦》毕。所作诗无不风雅宜人。"(第70页)
嘉庆二十五年六月初二,"书估来,购《红楼梦》二十四册"。(第102页)
七月初二,于故书铺购长安女士王筠《繁华梦》传奇二册。(第

---

① 管庭芬著,张廷银整理《管庭芬日记》,第35页。
② 管庭芬著,张廷银整理《管庭芬日记》,第53页。
③ 管庭芬著,张廷银整理《管庭芬日记》,第66页。

104页)七月十六,以此书赠胡蕉窗。(第105页)

十月二十,胡蕉窗寄呈孔尚任《桃花扇》传奇,并云稍后寄吴伟业《秣陵春》。(第114页)十一月初五还蕉窗《桃花扇》。(第116页)

十月廿八日,赠胡蕉窗以夏惺斋《□□堂传奇》六种十三册。① (第115页)

十一月初三,向胡蕉窗借《芝龛记》传奇六册。(第116页)十一月十八归还。(第117页)

道光元年四月初六,还胡蕉窗《镜花缘》传奇二十册。(第132页)

八月二十,"小筠侄来假李笠翁十种传奇,是晚余亦于小筠处假《西厢记》六册、明陈芦卿《北九宫谱》六册"。(第148页)

道光二年二月二十,"阅许甥憩亭进士《凤求凰传奇》遗稿,因题八绝"。(第164页)

十月十五日,向王树三兄借"袁简斋《子不语》十四册、《岳武穆精忠传》八册、艾衲子《豆棚闲话》二册、施耐庵《水浒传》十二册"。(第193页)

十一月十九日,还《子不语》《精忠传》《水浒传》。(第196页)道光三年三月初三还《豆棚闲话》。(第207页)

道光三年七月十六日,小筠侄归还《聊斋志异》十六册。(第219页)

九月初四,向梦岩借《西厢记》六册。(第224页)十二月二十,还王升朝兄《西厢记》六册。②(第227页)

道光四年三月初三,梦岩来借《聊斋志异》十六册去。(第246页)六月初四归还。(第258页)

四月十八日,向省三借《芙蓉楼传奇》。四月二十二日还。(第254页)

---

① 郭英德《明清传奇综录》著录《无暇璧》一书,该书为"钱唐夏纶惺斋撰",现存乾隆十五年世光堂刻《惺斋五种》本,及乾隆十八年世光堂刻《新曲六种》本。则此书应标为"世光堂传奇六种"。郭英德《明清传奇综录》,河北教育出版社,1997年,第894页。

② 此处借还对象不合,或为名字、号的差异,或似记录有误。

第四章　两位普通文人的日记及其读书生活

八月初一,向胡蕉窗借到周春评《红楼梦》二十四册。(第267页)九月九日,摘录周春《红楼梦》评语。(第270页)九月十九日,还胡蕉窗《红楼梦》。(第271页)

八月二十,王楚赠《后红楼梦》。(第269页)八月廿一,以《后红楼梦》赠凝一表兄。(第269页)

十二月十三,向省三借《姑妄听之》二册。(第279页)十二月十七日归还。(第279页)

道光五年二月初七,于嘉兴九思堂经籍铺购《红楼》二十四册。(第288页)十八日以之赠送凝一表兄。(第289页)

道光六年二月十六,于书坊购洪昇《长生殿》传奇四册。(第340页)

道光七年五月廿八,梦岩借《瓜庐纪异》《长生殿》传奇二书。(第420页)闰五月廿八还。(第423页)

闰五月十二,芸士借《镜花缘》传奇十二册去。(第421页)六月十九还。(第428页)

九月初八,"梦岩过谈,愚全先生托杏园假《聊斋志异》去"。(第440页)

道光八年四月二十,砚洲归还《虞初新志》等书。(第467页)

九月廿五,宝三赠《小青遗真记》传奇二册。(第488页)

道光九年八月初八,阅吴苹香《饮酒读骚》杂剧刊本。(第529页)

道光十五年四月十四,题吴兴负珊恨人《未了缘》传奇四律。(第802页)

五月初二,还笔珊《红雪楼九种曲》。(第805页)

五月初三,阅《水浒传》小说。(第805页)

道光十六年六月初三,还小圃《古今说海》二十册。(第849页)

道光二十年十二初五,恂甫来借《红楼梦评语》一本去。①

---

① 上表所列杂剧,见于《明清传奇综录》著录的有《鹡鸰裘》,第1156页;《芝龛记》,第954页;《凤求凰》,第458页;《繁华梦》,第1107页;《芙蓉楼》,第1101页。《小青遗真记》《写心杂记》,未见著录。

（第1021页）

从以上年表式的梳理可作如下总结：

其一，管庭芬对小说戏曲的热情主要在道光九年以前，尤其是在道光七年即管氏三十一岁之前。从十九岁到三十一岁，管庭芬还有对写诗、当世学术及浙江文献的兴趣，而这一段时间，他还为人生中的大事，即科举考试忙碌。管氏对他参加过的各种大大小小的考试都有非常仔细的记录，从考试的日期、地点到考试科目、题目以及答题过程、周围环境等，①如此关注以及从不放弃，足以显示科名在他心目中的位置。据张仲礼的大致推断，道光十四年和咸丰元年中举的平均年龄在30—31岁。② 管庭芬对小说戏曲喜爱的时间正是一般读书人博取科名的黄金时段。如此，似乎可以说管氏的多种兴趣，尤其是对小说戏曲的爱好（他曾撰《青鸟信》杂剧③），很可能妨碍了他的科名。

其二，小说戏曲的借阅者有一个群体。若以管庭芬为中心，还有樵芸、胡蕉窗、小筠侄、王树三、梦岩、王升朝、王楚、省三、芸士，以及稍后出现的砚洲、笔珊、恂甫。从上文列表范围内也可统计较重要的人物所有的小说戏曲书籍数量。管庭芬至少有《红楼梦》《红楼梦圆梦》《繁华梦》《世光堂传奇》六种、李笠翁十种传奇、《鹡鸰裘》《聊斋志异》《后红楼梦》《红楼梦评语》《长生殿》《镜花缘》《虞初新志》《水浒传》等；胡蕉窗至少有《桃花扇》《秣陵春》《芝龛记》《镜花缘》和《红楼梦》周春评点本等；王树三至少有《子不语》《岳武穆精忠传》《豆棚闲话》《水浒传》等；省三至少有《芙蓉楼传奇》《姑妄听之》等；而小筠与梦岩至少有《西厢记》。他们所藏的小说戏曲小同大异，"小同"可说明某些书如《红楼梦》《水浒传》《镜花缘》《西厢记》受关注的程度更高；因为"大异"，故有通有无及借还的必要。

---

① 《管庭芬日记前言》，见管庭芬著，张廷银整理《管庭芬日记》，卷首，第2—3页。
② 张仲礼《中国绅士》，上海社会科学院出版社，1991年，第138—139页。
③ 咸丰五年二月廿二管庭芬挽周谦谷诗有"忆翻笛谱歌青鸟"句，注云："余尝谱《青鸟信》杂剧一出，君为首肯。"见管庭芬著，张廷银整理《管庭芬日记》，第1521页。

其三,可估测小说戏曲在这一群体中借还之间的间隔时间。先以管庭芬为例:《芝龛记》借还间隔 15 天,《桃花扇》15 天,《子不语》《岳武穆精忠传》《水浒传》三书共有 34 天,《芙蓉楼》《姑妄听之》各有 4 天,《红楼梦》有 48 天,《瓜庐纪异》《长生殿》二书共有 29 天,而《豆棚闲话》5 个月;梦岩借还《聊斋志异》的间隔期有 3 个月,《瓜庐纪异》《长生殿》二书共 30 天;芸士借还《镜花缘》的间隔为 37 天。记载的间隔期并不一定就是阅读某书的时间,间隔期的长短势必受两人宅院之间距离及其他因素影响。但即便如此,这一时段的统计还是有其价值的,除《豆棚闲话》《聊斋志异》稍显特别外,上列书借还间隔期大多数在 15—30 天之间,大约 15 天之内完成借还的书就有 9 种。借还间隔期短,意味管庭芬、梦岩等是快速阅读小说戏曲;同时,此一间隔期较借还其他书籍的间隔期短,更证明小说戏曲在其时是消遣性读物,不值得沉潜往复。

其四,可以进一步显现嘉道年间《红楼梦》在浙江底层文人间的流传情况。在这一群体中,流传的有《红楼梦》及《红楼圆梦》《后红楼梦》、周春评点本《红楼梦》《红楼梦评语》。[①] 从上文排列事实中可见管庭芬于嘉庆二十年、嘉庆二十五年、道光五年三次购买《红楼梦》,其中道光五年在嘉兴九思堂所购者十天后作为礼物赠送凝一表兄。特意购买赠送,可知管氏的这位表兄,似乎也是深爱《红楼梦》。此前,道光四年,管庭芬即将王楚赠送的《后红楼梦》转赠给表兄。管庭芬对《红楼梦》的用心之事还有:嘉庆二十一年六月购买之后,抄录周春《红楼梦记》并题诗八首;嘉庆二十三年得《红楼圆梦》,虽贬其词意浅鄙,仍录其中《新年杂事诗》八首;同年,阅《红楼梦》毕,称"所作诗无不风雅宜人。《桃花行》七古一章更为哀艳,良宵沉寂,戏为拟之"[②]。道光四年八月胡蕉窗寄管庭芬《红楼梦》周春评点本,并有书札讨论周春关于《红楼梦》的判断。管庭芬此次借还用了 48 天时间(见上),抄录周春评语,形成《红楼梦评语》一册;

---

① 郑志良研究黄金台的《听鹂馆日识》,发现浙江平湖在嘉庆二十二至二十三年间存在一个 60 余人的《红楼梦》阅读群体;这一群体同时还阅读《金瓶梅》《聊斋志异》《燕山外史》等小说。郑志良《黄金台〈听鹂馆日识〉中小说戏曲资料探释》,第 50—53 页。

② 管庭芬著,张廷银整理《管庭芬日记》,第 70 页。

此新生之书，在道光二十年有进入流传阅读的记录，管氏日记就记录了恂甫借此书之事。

黄金台日记中记录所读之书，其地域色彩还有其他呈现形式，如全祖望、朱彝尊、厉鹗、袁枚、吴锡麒等人文集，以及《浙西六家诗抄》《南宋杂事诗》等总集，是他反复阅读的书籍。袁枚在黄氏日记中有突出的记录，他自32岁至68岁先后四次买过袁枚的作品集，12次阅读（包含重阅）、抄录袁枚诗文，而在借还、赠答袁枚作品集行列之中的还有徐宿生、龚配京、沈镜堂、陈东堂。① 对一些晚近浙人所著笔记、诗话，他们也多有关注，如梁绍壬的《两般秋雨庵随笔》和宋咸熙的《耐冷谈》《耐冷续谈》。宋咸熙二书的借还赠答群体包括周辛甫、费恺中、沈浪仙、雷蕴峰、柯春塘、袁丙昇、陈东堂等。

图9 沈筠《守经堂补亡书目》中著录的小说、戏曲

---

① 据黄氏日记及其他文献所记，袁枚在清代文学史上的实际地位应远远超过近代以来文学史所反映的。

第四章　两位普通文人的日记及其读书生活

　　清代女性作者及其著述的总貌，在胡文楷的《历代妇女著作考》及稍后的增订中有大体反映。据统计，此书著录清代文学女性 3660 余人，大约有 870 余人的 900 种各类著作（主要是诗集）存世。① 从地域分布来看，女性作者主要集中在江苏、浙江、安徽三省，而黄金台与杭、嘉、湖地区的多位文学女性有文字交往。仅就日记中所记录的女性著述而言，至少有 25 种。② 其中有 5 种（即脚注中所列 4、6、10、18、21）黄金台在道咸年间读过，但在胡文楷的目录中标注为"未见"，或许已毁于咸同之际的战乱。而《峰泖闺秀诗抄》《塔影楼诗抄》《佩兰诗抄》《香叶阁吟草》及顾胡夫妇合刻诗草 5 种，则未见于胡文楷的目录。而暂不能考察是否有著述的文学女性，在黄金台的日记中有王媚香（癯仙）、朱餐花、金畹云。王氏曾为黄金台作《题〈红楼梦图〉诗》；朱氏、金氏得黄氏赠《左国闲吟》，金氏还应邀为黄氏作题图诗。

　　以上所涉及文学女性，或与黄金台为平湖同乡，或在平湖周边地区。她们多为黄金台师友的母亲、妻室、姊妹或女儿，在黄金台的日记中有不少为女性著作撰序题词的记录，其中大多收入文集。然如仅从文集中黄金台专注铺排的骈文序中，是不能看出他为这些女性著作所做的编辑工作的，甚至一些真实的想法也因为人情的忌讳与骈文的套式而被掩盖。

---

　　① 张宏生、石旻《古代妇女文学研究的现代起点及其拓展》，见《历代妇女著作考》（增订本）"附录"，第 1206 页。

　　② 这 25 种著述是：1. 堵霞《含烟阁诗抄》（嘉庆二十二年见）；2. 葛秀英《澹香楼诗草》（同前）；3.《峰泖闺秀诗抄》（道光五年见）；4. 程表《伴花小草》（道光十年见）；5. 方芳佩《在璞堂诗集》（道光十一年见）；6. 顾文琴《漱香居诗存》（道光十五年）；7. 方古然《自怡草》（道光十六年见）；8. 朱兰《朱纫芳遗诗》（又名《先得月楼遗诗》，道光二十二年见）；9. 丁佩《绣谱》（道光二十三年见）；10. 邱杏《昙花小课》（又名《红余小课》，道光二十四年见）；11. 赵棻《滤月轩诗集》（道光二十七年见）；12. 孙汝兰《参香室集》（道光三十年见）；13. 许瑞云《诵诗楼集》（咸丰元年见）；14. 戴书棻《父书楼吟稿》（咸丰四年见）；15. 王慧珠《塔影楼诗抄》（同前）；16. 吴宗爱《绛雪诗抄》（同前）；17. 戴兰庄《佩兰诗抄》（同前）；18. 冯玉芬《静寄楼诗抄》（咸丰五年）；19. 顾葵庭、胡菱洲夫妇合刻诗草（同前）；20. 侯和冀《香叶阁吟草》（同前）；21. 章韵玉、章韵清《鸿雪楼印稿》（同前）；22. 汪毓英《春晖阁骈体文》（咸丰六年）；23. 刘文如《廿四史疑年录》（同前）；24. 凌祉媛《翠螺阁诗词稿》（同前）；25. 金绳武、汪叔娟《评花仙馆合词》。

评点方古然女史《自怡诗集》一百廿三首，删存六十一首，加骈体序一篇。（女史间有佳句，却无首尾完善者。）（道光十七年三月初三）

为沈浪仙选其母朱夫人《朱纫芳遗诗》，存四十五首，并为作骈体序。（内有《与散华内史论诗》五古三首，议论正大，非闺阁中手笔。）（道光二十二年六月初九）

评点汪绿君女史骈体文三十篇。内《陆丞相帽簏记》《春晖阁稿自序》《上白季生司马索序启》，典丽乔皇，激昂顿挫，不愧名手，其余亦皆匀净，惟其间有率易处，有复冗处，余每篇为之删酌数联，遂成全璧。似此才华，实为我湖闺秀所未有，惜乎遇人不淑也。（咸丰六年正月初一）

这类切实的评语在黄金台的序文中基本不见影迹。不过，心底的严批并不妨碍日常文学交往，如方古然，道光二十七年十一月初一黄氏日记有访问记录："访方古然女史（医生陈松涛室，十年前余曾为之作诗词图，俱刻入集中），赠以诗集及三集文，并晤其子陈橘泉。"

相较而言，黄金台对擅长骈体文的汪毓英有更多推赏之语；在撰《春晖阁骈体文序》之前，他先后两次赠送汪氏《木鸡书屋文四集》《左国闲吟》以及《洞溪道情》《绛雪诗抄》，有此赠送作为铺垫，推赏自无突兀之感。与此相应的是，黄金台多年累积编选的《国朝骈体正声》最后一册中选录闺秀孙凤云、熊琏、席佩兰、张茶、沈持玉、尤澹仙、朱澄、赵棻、关瑛、汪毓英的骈文，汪氏被选3篇，其中有《春晖阁稿自序》，其他人均收录一篇。① 黄金台在与文学女性的交往中，书籍仍是重要的媒介。他送给章韵玉、章韵清姊妹《左国闲吟》；咸丰二年五月十一日他访赵棻，送《木鸡书屋文四集》及诗集二种，赵棻答赠《滤月轩诗文集》。赵棻此年六十五岁，黄金台日记中似乎较平时多用笔墨，记载访谈情形：

---

① 黄金台编《国朝骈体正声》五册，稿本，浙江图书馆藏。

> 夫人非特诗词绝工,其骈散文足与古作者相上下。一见余名片,即呼为黄鹤翁。盖孙愈愚、王研农早曾说项也。谈笑风生,具有林下风致。惜时已点灯,匆匆告别。

赵棻是浙江乌程汪延泽继妻,汪曰桢之母,她的诗文集自道光十年初刊之后,有两次增补,她答赠的集子或许为道光二十七年续刊。值得注意的是,她以自己的诗词文集作为答赠这一行为,明显可感知自嘉道以来,文学女性的创作已经得到社会普遍认可,黄金台的日记记录中,也约略流露赵棻的些许自信。黄金台为女性著述编选、评点、撰序,以及写诸如《黄谱桐女史花卉卷题词》[1]、《为徐雪庐先生(熊飞)题陆兰垞夫人(素心)抄书图》[2]之类的文字,已经不是单一的力量来推动了。作为一名中下层且十分活跃的文人,他似乎正在用多种方式反映作为群体的文学女性的创作,道光二十一年二月十九日他的日记中有"摘抄闺秀杂诗百余联"的记录;而在他现存的一册杂抄《鸭言小室偶抄》中,抄录了闺秀朱兰、陆素心、高簪、廖淑筹的诗作,以及刘东藩的《题方古然女史竹坞填词图》。[3]《国朝骈体正声》第五册虽以附录的形式反映部分闺秀的骈文创作,但此举亦兼具保存文献、显现创作才能之功,因为据胡文楷书目记载,孙云凤、席佩兰、张芬、沈持玉、朱澄、关锳只有诗词集,未见文章创作,黄氏此一附录应有补阙之用。在黄金台的另一选本《国朝七律诗抄》中,女性诗人在第三至第十卷中与男性混合编排,共收 29 名闺秀的诗作。[4] 这种十卷本的本朝诗选也是黄金台积多年选录之功而成,其摘抄脉络在他的日记中大略可见。

与闺秀有较密切的文学交往,不能不提及黄金台的两位浙江前辈,即袁枚(1716—1798,浙江钱塘人)、陈文述(1771—1823,浙江钱塘人)。袁、陈皆收女弟子,影响一时风气。黄氏与闺秀是另外一种联系,但前后

---

[1] 黄金台《木鸡书屋文三集》卷八,《清代诗文集汇编》第 565 册,第 186 页。
[2] 黄金台《木鸡书屋诗选》卷二,《清代诗文集汇编》第 565 册,第 357 页。
[3] 黄金台辑《鸭言小室偶抄》不分卷,稿本,浙江图书馆藏。
[4] 黄金台《国朝七律诗抄》十卷,清抄本,浙江图书馆藏。

出现,似非偶然,不能排除浙江文人对闺秀作家的宽容、鼓励的态度。

五、管庭芬、黄金台日记中的书籍借还记录

管庭芬日记的突出价值,当是他较为详细地记录了书籍的流动情况,其中包括购书记录、赠书记录(受赠、送出)、借还记录(含他本人、亲友),这些记录牵涉颇为可观的书籍与人物;而且他所记录的信息有相当一部分首尾完备,故藉此丰富细致的记载,可较稳妥地还原管庭芬的书籍世界,并可依据具体统计,对清代江南地区书籍的流通和借书行为作更进一步的研究。

以管庭芬日记为考察范围,可算出他的藏书数量(当然这个数量随时间不同而有所变动),以及建立在此基础上的管氏所阅书籍数量。

其一,购书共计207种。在日记中可见管氏在二酉堂、陶熊飞积古堂、集古书宅、九思堂、沈书估、徐书估、陈书估等以及未具体说明的"故书铺"的购书记录,所购以近人著述为主,地方文献尤其是集部较多。这些书中有一小部分作为礼物送人。

其二,所得赠书179种,拓本9种。但管庭芬又送给他人书籍117种,拓本2种(详见下文),故所得赠书存量也有变动性。

其三,抄录书145种。管庭芬所抄单种书籍多为卷数不多的小书,这类抄本也有一部分被亲友借阅。

以上三类书籍合计最理想状态的数量(即书不外送)不超过550种;考虑到管氏家族数代诗书传家,虽非望族,估计至少有一二百种藏书。[①]管庭芬日记所记当时众多家族中有藏书外借,似能说明这一区域读书之家略备书籍是普遍现象。故几方面结合,推测管氏藏书量至少有六七百种。但管庭芬阅读的书籍还能突破这个推测中的限度,其途径就是

[①] 上海图书馆藏抄本管庭芬《一瓻笔存书目》,笔者以为是管氏藏书目录,日经比对,实为管庭芬编《一瓻笔存一百十三种》的目录。此一丛书目录见阳海清主编《中国古籍总目·丛书部》,中华书局,2009年,第492—493页。诗书之家最低藏书数量,也可从现存的明清私家藏书目录大略推知。

借阅。

其四,管庭芬向 95 人借书 340 种。340 种应是管庭芬借书最保守的数据,据现存各公共图书馆收藏管氏所辑丛书稿本,如《花近楼丛书》77 种、补遗 19 种、附存 8 种,《销夏录旧》5 种,《一瓻笔存》130 种(存 106 种),《待清书屋杂抄》493 种,① 管氏至少摘了 732 种书才编成这四种丛书。据管庭芬日记所记录的抄书情况,这些书应大多数是借读时抄录的。管氏在借书时,77 人也向管氏借书 382 次。管氏所借 340 种书中,几无重复借阅;而 382 次这一数字只能以次数度量,因管氏手边同一种书籍往往被不同人借阅数次。双向信息构成一个细密的地域性书籍交流网络,管庭芬也因此网络被赋予丰富内涵。下文以此为重点,以管庭芬日记中关于书籍的借还记录试图重现以他为中心的书籍世界。

比较 95 人和 77 人这两份名单,向管氏借书的 77 人中有 20 人不见于 95 人名单,如此可初步界定管氏以书为媒介与 115 人有联系。115 人中,从管氏在日记中的称谓来看,属于同一家族或为姻戚的有 19 人。他们是:

卜兰溪表母舅、小筠侄、姚甥、琴史叔岳、仲方叔岳、凤石侄、鲁堂再侄、秀章再侄、凝一表兄、莲峰表兄、晴江外舅、笠湖(应时良)姻家、许心如表侄、三伊侄、潘稻孙舅弟、竹岩侄、潘宝岩表兄、卓峰兄、幼坪兄。

血缘或姻亲联系的网络中有书籍的流动,可见以上诸人,皆家有藏书,而且所藏书很可能是数代持守。联姻求门当户对,书香门第之间,于是有类聚的趋向。类聚在某一程度上有利于各家零散的书籍的整合,并促进书籍在此亲密关系网络中流转。在此网络之外,更大的群体是依靠文学或学术兴趣、师生关系或其他因素联系起来的群体。这一大群体与上列小群体并无明显的区隔,即使有区隔,也只是相对管庭芬的身份而言。

为更明晰地看书籍的流转,将两份名单中被借书、借书 5 种以上的人物列出:

---

① 阳海清主编《中国古籍总目·丛书部》,第 490—502 页。

(一) 管氏向他人借书籍5种以上者,有15人:

胡蕉窗(66)、许介亭(5)、小筠侄(7)、周竹泉(17)、祝梦岩(7)、钱爱斋(6)、王树三(5)、省三(10)、许砚洲(5)、宝三(10)、醒园(24)、钱泰吉(17)、葛泽南(即葛继常)(16)、徐笔珊(6)、蒋光煦(11)。

(二) 借管氏书籍5种以上者,有23人:

胡蕉窗(19)、毕槐(5)、仲方叔岳(5)、许介亭(6)、小筠侄(9)、钱爱斋(20)、祝梦岩(21)、徐二农(7)、孙绵山(5)、钱意山(5)、潘宝岩(7)、省三(9)、周竹泉(13)、许春苹(10)、许砚洲(28)、杨文荪(12)、湘石(11)、笠湖(5)、钱泰吉(21)、周苣塘(15)、醒园丈(10)、葛泽南(8)、蒋光煦(8)。

无论是95人与77人的比较,还是15人与23人的数字对照,可以说明江南私家藏书在某种社会关系网络中具有开放性。这一社会关系网络已经长时间存在,进一步查考管氏日记中的几位重要人物,多为本地世家,钱泰吉、蒋光煦不必多说,如"竹泉夫子"周勋懋,出自海昌周氏,其父为周广业,有《宁志余闻》《蓬庐诗抄》。周春是周勋懋的长辈。"爱斋"钱焯出自海宁钱氏,钱馥也是这家成员,其女适陈鳣子。杨文荪是杨雍建之后,而管氏日记中出现的几位许姓文人,应是海宁许氏,与许槤同一家族,日记中提及写《鹡鸰裘》的许树棠,也是这一族中人。许氏被管庭芬称为"至戚"。在管氏日记中出现次数不多的"湘石"张均,即出自海宁张氏(后代中有张宗祥),"湘石家淳溪,与管芷湘比邻"①。此外,日记中的祝姓文人,很可能来自人才辈出的海宁祝氏。② 日记中多次出现的胡蕉窗,即撰写《破铁网》的胡尔荥,胡氏亦为藏书世家,据《海宁州志稿》云:"尔荥自其祖启龙相承以来,富而好礼,兼擅文学,收储极富。至乾嘉时,蕉窗益张之,聚书十万卷,旁及书画钟鼎之属。"③胡尔荥与管庭芬有

---

① 潘衍桐辑《两浙輶轩续录》卷四十,《续修四库全书》第1686册,第509页。
② 以上几个海宁世家的介绍,参见背景资料 http://daj.haining.gov.cn "海宁档案·海宁世家",2014年2月19日查看。
③ 许传霈等原纂,朱锡恩等续纂《海宁州志稿》,收入《中国方志丛书》,台北成文出版社,1983年,第914页。

一些亲属关系,虽然管一直称胡为"友人""亡友",但胡称管为表叔。①而上列"醒园""醒园丈",即吴昂驹,为吴骞之侄,亦为藏书世家。世家的存在,意味社会关系网的不断拓展或细密,书籍的交流也保持一稳定的状态。

  书籍存世,不仅是为了收藏,更是为了阅读与利用。互借,可以使个人享用更多的书籍,管氏的双向流动书籍网络,可以说明书籍的交流共享是一个群体的共识。这两种比照,是以管庭芬为中心,如以其他人物为中心,如钱泰吉、蒋光煦,或不太知名的人物,如宝三、许砚洲,书籍交流网络应能再拓展,而共识也能随之强化。

  向管氏借书的群体及其借书种数的存在,证示他们不仅仅是藏者,还是读者。钱泰吉、蒋光煦是藏书名家,钱氏的学问非同一般,管庭芬向他们借书,乃正常之事;而钱、蒋二人多次向管氏借书,则说明管氏拥有之书,也有可观之处。管氏所有之书,从日记记录看,似无宋元版,其眼光所及,为地方文献及近人著述,他收书主要是为撰述之用,如嘉庆二十一年购《海宁县志》八册,嘉庆二十五年购《湖山便览》六册、《西湖志》二十四册,即显示其收书倾向;而道光九年八月十七日于故书铺中一次购买27种近人诗稿及著述②,更能见其心力所在了。一次性能在书铺集中购买如此数量的近人著作,可见故书铺不都是售卖故书,还有新书。研究书籍流通,似乎专重故书,而此处27种著述,应当不是孤立的个案,

---

  ① 胡尔荥《破铁网》卷上:"明拓《元祐党籍碑》……管芷湘表叔见贻,今为武原友人攫去。"辽宁教育出版社,1998年,第5页。

  ② 27种"近人诗稿"是:《梅里三家诗草》一册,周春《昙华馆小稿》一册,《海潮说》一册,秀水卜兆熊《藕村诗抄》一册,许三礼《乐只编》一册,楚黄杨大鳌遗草一册,孙星衢《碧涵奉麈编》一册,秀水张昆白《愚髯小稿》一册,大司马吴留村诗抄一册,许竹人《归舟百绝》一册,女史朱邃《慈云阁诗存》一册,丰南吴懋叔《南陔堂遗集》一册,牧野林午亭《古州杂记》一册,泾上吴台《菉竹山房唱和诗》一册,张嘉纶《玉鉴堂诗抄》一册,张光复《雁字诗》一册,皋亭僧清珠《高山钟韵集》,杨羲承《抑隅堂诗抄》一册,杨建德《愚斋诗抄》一册,许南台《味菜轩诗》一册,平湖宋今郾《桑阿吟屋稿》一册,仁和李方湛《红杏词》一册,海盐吴太冲《春星草堂诗稿》一册,陈元龙《八十述怀诗》、杨焕伦《竹岩遗集》、沈心辞《礽斋诗抄》合一册,钱塘张孟淦《红蘅馆稿》一册。见《管庭芬日记》,第530—531页。

而是能展现清代书铺中流通品种的多样性。

对浙江地方文献的搜集整理研究,并不是管庭芬孤军作战,重视乡邦文献在浙江文人中有很清晰的传统,在管氏之前有人导先路,在管氏身后仍见轨迹,而在管氏同时,也有群体性响应。明清之际海宁谈迁的著作,如《枣林集》《北游录》《枣林杂俎》《枣林外索》《海昌外志》等,在管氏日记中,是被多人多次借阅的书籍。葛泽南《冬集纪程》跋云:

> 道光甲申,周绩士七兄下榻郭溪西街王氏,冬日集其尊甫耕厓夫子(广业)《宁志余闻》三本、《冬集纪程》一本见示。是年春夏予抄周松霭夫子(春)《海昌胜览》,冬抄春初,又抄嘉兴梅会里李若谷先生(寿昌)《古今画姓集韵》,校勘匆匆。至乙酉残冬,始克抄《宁志余闻》,倩苏复庵(士本)及阿申问源同抄。丙戌三月望,校竣,原本随即奉还郭溪东街曹氏馆邸。①

葛继常抄录的几种书是浙江文献,其中《宁志余闻》《海昌胜览》就在管氏日记中出现。管氏所借书中及他人向管氏所借书中,浙江地方文献时常出现,此一借阅脉络(见附录八"《管庭芬日记》中所见浙江文献借阅表"),正体现书籍的交流促进学问的进步,并反映出当时浙江文人群体在道光年间关注的学术性问题。一些相关书籍的流转似也有群体效应,如其中所列的方志和地方诗歌总集。管庭芬藏《国朝杭郡诗辑》在道光八年和道光九年先后被周竹泉、许介亭借阅;管氏在道光元年购入此书,自此以后《国朝杭郡诗辑》未易主。但在道光十九年十二月,管氏向钱泰吉借阅该书,并于道光二十一年闰三月归还此书。管氏既有此书,又借阅此书,且借阅时间超过一年三月,异于寻常借阅期限,可能的解释是钱泰吉藏本或许有圈点批注,管氏借此书将圈点批语过录到自己所藏本之上。在这些流通的地方文献中,有管庭芬的新作,如《海昌经籍志略》二

---

① 张宗祥《铁如意馆手抄书目》,见《张宗祥文集》第一册,上海古籍出版社,2015年,第243页。

卷,道光二年二月初八撰竣,有自序云:

> 我海昌素称文献之区,自齐、晋以及皇朝,人才杰出,代有文章。新志艺文所载,何其漏也。芬每读书之余,见及海邦之著述者,必摘而录之,以证州志之遗,以补州志之遗。复得周氏《(宁志)余闻》诸书,汇而归之。上自硕儒名臣,旁及遗民闺秀、方外隐逸之流,使断简残编不至与爝火萤光同归泯灭,则亦佚中之存焉。①

就在当月,《海昌经籍志略》二册开始在师友之间传阅:祝梦岩,道光二年二月廿六借,三月初九还;胡蕉窗,道光二年三月十七借;醒园,道光十二年二月初八借,二月十五还;钱泰吉,道光十五年十一月廿九还三册本;钱泰吉,道光十六年九月初五借八册本;恂甫,道光二十年十二月初九借八册本。

《海昌经籍志略》二册本是初稿,管庭芬借与师友,当有期待批评订补之用意。道光十七年七月初二日记云:"是日录《海昌经籍志略》始,是为二易稿。"②七月廿八,管氏老师竹泉夫子(周勋懋)来书云:

> 芸窗纂辑《艺文志》,剧费苦心,兔床先生处《备考》已入览未?仆现选国朝诗,又已抄成一册,《东阿诗抄》如在文案,即希检付,将来抄毕所借之诗,本当一并奉赵,并不没嘉惠之至意。③

书札中所提《艺文志》即《海昌经籍志略》,《备考》是《海昌经籍备考》,管庭芬三月廿二日记云:"小槎寄示兔床所著《海昌经籍备考》。"④寻绎竹泉信札语气,此前似有其提示阅览该书之事。在交流中《海昌经籍志略稿》不断增补,至道光十五年钱泰吉借阅时,已成为三册,从日记及上表

---

① 管庭芬著,张廷银整理《管庭芬日记》,第163页。
② 管庭芬著,张廷银整理《管庭芬日记》,第578页。
③ 管庭芬著,张廷银整理《管庭芬日记》,第581页。
④ 管庭芬著,张廷银整理《管庭芬日记》,第674页。

中也可见增订的迹象,道光十五年六月廿九日记云:"复之滓南处,并归其《海昌胜览》,又假其手录周耕崖太夫子《宁志余闻》三册以归。"①道光十六年四月初十:"与滓南谈久之,并归其《宁志余闻》等书,复假其《海昌诗淑》一册归。"②五月初八日记云:"是日录《海昌经籍志》,三易稿始。拟改作《海昌著录考》。"③六月十一,又向滓南借《两浙𫐐轩录》。"又假""复假"的出现,似与修订工作相关。八月《海昌经籍志》十六卷附录一卷竣,此即八册本。《海昌经籍志》从道光二年的二册、道光十五年的三册,以至道光十六年的十六卷八册,附录八"《管庭芬日记》中所见浙江文献借阅表"所列,从一个侧面记录了它的累积、生长过程。一本书已经不完全是一己之力的结果,而是由众多力量、众多机缘和合而成。在管庭芬记录的这一群体中,众人互相成就,如竹泉夫子的信札中就记录了他选录本朝诗,希望借《东阿诗选》之事。杨文荪在管氏日记中出现的次数较多,有数通书札被管氏录存,多与借书有关,而借书主要是为编撰之用。杨文荪尝人徐桂幕,助辑《国朝古文汇录》,自己的著述有《补两汉会要》《海昌诗存》《北朝石刻字形考异》《续疑年录补订》等,这类编纂或考订性质的著述,对文献的需求量较大,管庭芬及其他友人的藏书,可提供借阅的便利。

管庭芬自撰书稿被他人借阅,在《海昌经籍志》之外,还有《海昌诗人杂稿》十五册,道光十年七月竹泉借阅,道光十二年六月醒园借阅;《海昌丛载》,道光十七年五月竹泉借阅,道光二十年九月仲卿借阅。类似《海昌经籍志》的借还记录,利用管氏日记还能排列出若干,如:

《海宁县志》八册:

1. 省三,道光四年八月十八借,九月初一还;

2. 兰森侄,道光六年十一月十四借;

3. 湘石,道光八年十一月十四借;

4. 醒园丈,道光十二年二月初八借,二月十五还;

---

① 管庭芬著,张廷银整理《管庭芬日记》,第814页。
② 管庭芬著,张廷银整理《管庭芬日记》,第845页。
③ 管庭芬著,张廷银整理《管庭芬日记》,第847页。

第四章　两位普通文人的日记及其读书生活

5. 竹泉夫子，道光十二年五月廿六借，七月十三还；

6. 钱泰吉，道光十三年九月初六借，十一月廿九还。

《硖川续志》六册：

1. 胡蕉窗，道光元年三月十五借，三月廿六还；

2. 陈听江，道光六年三月廿五借，五月初三还；

3. 芭塘，道光九年二月初七借，二月廿四还；

4. 朱宾南，道光十年三月廿五借，四月二十还。

《海昌经籍志》《海宁县志》《硖川续志》类似图书馆藏书借书卡式的"借还记录"，以较直接且客观的形式标示在特定地区或特定群体内书籍受关注的程度及学术兴趣的动向；借还间隔时间的长短可大致推测借者如何阅读此书，如以上三种书属于艺文志、方志，想必都以查检性的快读方式来阅读。一种书数次借还间隔时间之间没有明显差距，也可见借者对借后何时还，心中有一个大致的控制。这类无形的约定，如同今日图书馆的借还规章制度，确保了书籍在一定范围内长期有效地流动。从以上三种书拓展开来，看他人向管庭芬借书的382次记录，其中108次借书有借还日期，其余是借期、还期二者缺一的记录。108次记录中，借还间隔时间可分组如下：①

15天以下，22次；

15—45天，35次；

46—180天，32次；

180天以上，19次。

管庭芬向人借书340种，其中98种书记录了借还时间，依上法分组如下：

15天以下，22次（种）；

16—45天，20次（种）；

46—180天，31次（种）；

180天以上，15次（种）。

---

① 一月按30天计算，以半个月、半月至一个半月、一个半月至六个月、六个月以上分组。

管庭芬与众人的书籍交流,或上门借还,或依靠寄送,①虽水上交通便利,但来回也费时半天或一天。考虑往返路上耗时间,15 天之内借还应是快速。而半年以上才归还则时间稍长,以稍长间隔次数与总次数的比率作比较,两组结果接近。这些细碎的数据与统计,都可证明以管庭芬为中心的文人群体对书的借还及其时间间隔有较为一致的认识。

正因为有关于书籍的基本共识,管庭芬才可以放心地将书借给 77 位师友。上文提及的他人向管庭芬借书记录中有 108 次有借还日期,这 108 次所涉及的书籍,有 32 种书被借 2 次,有 9 种书被借 3 次,8 种书被借 4 次,3 种书被借 5 次,②而《海宁县志》一书被借 6 次。如果关于借还的大致约定被损坏,借而不还,或借阅时间超长,管庭芬的书向外流转数量、次数就会降低,同时不良行为也会蔓延整个群体。

管庭芬在书籍交流网络处于中心位置,可能有一部分是日记视角的强化,但在人际交往中,他也往往是以"中间人"的身份出现。管氏日记中有一些记录自己将所借之书转借他人之事,如道光元年三月七日毕三桥、面山昆季于管氏处借《南疆逸史》六册,到十月十八归还,而管氏于十二月十二才将此书还给书主人胡蕉窗。此外,还有道光二十八年子密请管氏于二槎处代借元刻本《苏子美集》的记录。道光二十六年吴氏拜经楼再传主人吴鲈香去世后,似乎引起波动,杨文荪致函问:"此后拜经楼藏书尚能通借否?"③朱述之致信管氏,请转借拜经楼藏《双峰猥稿》《续复古编》二书。④ 因管氏与多位书估有往来,且广结读书人为友,故雪斋夫子来书托管氏"代觅《史记索隐》《国史补》《朝野金载》《封氏闻见记》及《经籍籑诂》等善校本"⑤。

---

① 此类记录颇多,当时或许有专门寄送私人物品的舟船。
② 3 种被借阅 5 次的书是《海昌经籍志》《说铃》《二申野录》;8 种被借 4 次的书是《狯园志异》《四王传》《徐霞客游记》《池北偶谈》《枣林杂俎》《明末忠列纪实》《硖川续志》《五代史》;9 种被阅 3 次的书中有《台湾府志》《西藏志》。
③ 管庭芬著,张廷银整理《管庭芬日记》,第 1219 页。
④ 管庭芬著,张廷银整理《管庭芬日记》,第 1302 页。
⑤ 管庭芬著,张廷银整理《管庭芬日记》,第 785 页。

第四章　两位普通文人的日记及其读书生活

　　管庭芬作为一个"媒介"人物，其藏书向众多师友开放，使书籍的流动有"源头活水"；他不断地在海宁及周边地区的水路上往来，获知多种关于书籍的信息，他在日记中除记录参观钱泰吉、蒋光煦藏书外，还记录了苏绮台、六舟上人、张秀野清绮斋等数家藏书，管氏的游走，也加快信息在这一群体的传播。阅读管庭芬日记的一个印象是，管氏与师友之间熟知对方藏有何书，以致不少写信来借者，直接开列书单；在互借中，管氏借书未成功的记录也很少见。如此知情，若不借助私家藏书目录的传阅，当于存在这一群体中关于书籍的共同话题里寻求。

　　通过黄金台日记所记书籍雕印成本、年收入支出、道咸之际物价（书价与米价）等经济因素，以及黄金台的人生处境、日常交往情况，从书肆售卖、礼物赠答两个视角，推断至少在道咸之际刊印晚近文人的别集，尤其是自己刊印自己的集子，或父亲、祖父及其他家人的集子，其主要目的不在销售谋利，而在用作礼物。简言之，要回到传统的声名观念与人情关系情境中来理解晚近人物诗文集的刊印目的。① 由此可再作推衍，传统社会书籍的流动大致有两种方式，一种是按照市场需求作为商品流动，另外一种是依循人情网络作为礼物流动。

　　以黄金台为中心，结合其友朋及有代表性的管庭芬等人物的比照分析，大约可见在中下层文人群体中存在另一个书籍世界，考虑到书籍中多晚近人集部书，多笔记、小说等杂书的重要特征，以及随性、自娱的阅读兴趣倾向，暂名之曰"中层书籍世界"。之所以如此大致划定，意在强调书籍与社会阶层有某种联系，不同的书籍世界指向不同的阅读方式和

---

① 白谦慎在《晚清官员日常生活中的书法》一文中讨论晚清文人作为礼物的书法，与本文所持论点，似可映照。他的观点是："（晚清）现任官员不卖字，应该是官场行之已久的传统。……书法在日常生活中使用得如此频繁，寿联、挽联均为某些场合必须送去的，不但不卖，还要随联送去银两作为寿礼或赙仪。""雷德侯先生在一篇讨论中国书法的短文中指出，书法有着维持精英阶层凝聚力的功能。这是一个很有见地的观察。晚清的官员写字如此多，也正和维持自己所处的那个集团的凝聚力有关。"他又指出"索书"是"特殊的礼品经济"，索求有仰慕的意味，是市场之外的文化艺术活动。见《浙江大学艺术与考古研究》，第1辑，浙江大学出版社，2014年，第242—246页。

著述方式,黄金台的书籍世界有明显的地域特征,对《红楼梦》《缀白裘》等小说戏曲的喜爱,对浙人著作的看重,对本土闺秀作家的留意,是此特征的主要表现。黄金台的书籍世界是由众多的以书相投合的师友与弟子、书籍的流动以及背后潜在的"规约"组成。借还有定期、书籍可共享等"规约"的存在,是书籍共享群体建立的根基。

对于管庭芬以书籍交流网络联合成的115人群体而言,虽无"共享协议",但在借还规约、书籍互用方面有一种默认。日记中所记书籍借还时间间隔大致在半年之内,证明有一种最基本的诚信存在,因而凭此事实,可对唐宋以来广为流传的"鬻及借人为不孝""借书一痴,还书一痴"说提出质疑:到底何书不能外借?是否主要偏向珍本秘笈?在友好亲密的圈子里是否要区别对待?以管庭芬为中心的文人群体借阅流传的似乎更多是通行本或新刻本,这与钱泰吉在《曝书杂记》中的一种观点吻合,钱氏云:"子孙收藏先世旧籍者,当以文正之言(即《汤文正家书》所云'家下书籍,用心收著,一本不可遗失。有人借,当定限取来')为法。"钱氏还特意强调了叶盛菉竹堂"书橱铭",但他同时也认为,"若新刻之书,力所易得者,则于朋友不当吝"①。但在新刻易得之书外,还有数种刚完成的著作稿本以及一些不易得到的抄本也在借还过程中,这多少可以测量出这一群体内部书籍资源的开放程度了。书籍交流中诚信的存在,也保障了后续交流或持久交流成为可能。社会学家米斯兹塔尔(Barbara Misztal)指出,信任在人的生活中有三个基本作用:"一是使得社会生活具有可预测性;二是增强群体感,不必随时防备人人为敌而遭暗算;三是使人际合作比较容易。"②借还书过程中默守的信约,使得管庭芬为中心的文人确实有群体感,而且交流也比较容易。艾尔曼从多个角度探讨江南学术共同体产生的社会、学术机制,③《管庭芬日记》中保存的书籍借还记录所暗涵的规约以及所蕴涵的诚信,应被纳入考察范围。

---

① 钱泰吉《曝书杂记》,第44页。
② 徐贲《"信任"让人活得放心》,见《南方周末》2014年1月30日。
③ [美]艾尔曼著,赵刚译《从理学到朴学:中华帝国晚期思想与社会变化面面观》,江苏人民出版社,1995年,第2页。

黄金台日记中关于书籍的繁富记载,包涵撰写、汇合、抄录、编辑、刊刻刷印、费用筹集、赠答、借还、买卖等诸多环节。36年日记中关于书籍的记录有难得的整体性与连贯性,从稍长的时段,可见一部书稿的形成与流通,如《红楼梦杂咏》《国朝骈体正声》,或者书稿"系列性"的形成,如《木鸡书屋文》初、二、三、四集;从较短的间隔,可见一书的阅读与摘抄经过和借还记录。关于书籍的记录,应是黄金台十分用心的"经营"。书籍或文本是文字的编织,而黄金台似在一种结构或网络中主动利用书籍在编织一个更大的"社会文本"。他在利用书籍建立一种"叙事"或者促成一种"书写"。之所以强调黄金台的主动,一方面是他利用江南水道的便利出访,另一方面是他对人际距离及关系的适度调控,对这两种维度有意识的拓展,对于位处中下层的黄金台而言,自己的集子,或许是最恰当的交流媒介。

关于叙事,柯比(A. Kerby)有如此界定:"可以把叙事看成是在讲述当前的一系列事件,以便形成一种有意义的序列——叙事的故事或情节。"①叙事不限于文字,它无所不在,赋予世界以意义。书籍在黄金台及其师友群体中的形成与流转,背后其实有一套"参照性约定"的存在,也就是说黄金台的书籍世界的叙事,有自己的讲述方式,有其自具的规律性、规范性、恰当性和情境性,当然这种"约定"有可能是默认、心照不宣的,其中最重要的包括有来必有往、共享、赠与答、诚信,等等,而恰当性和情境性应与"习惯性场合中的言语"相关,即"特定的场合"作出得体适宜的反应,如黄金台会根据交往对象的不同赠送种数不同的自著诗文集,他人请黄金台为诗文集评点、编选、撰序,可能在润笔之外,赠送若干种新印诗文集。以书籍为媒介的叙事具有连续性,连续性需要拥有一定资格、共识及常识的人来维系和强化。

黄金台书籍世界中的人物,在地方上有或大或小的文名,有一定数

---

① [英]奈杰尔·拉波特(Nigel Rapport),[英]乔安娜·奥费林(Joanna Overing)著,鲍雯妍、张亚辉译《社会文化人类学的关键概念》,华夏出版社,2005年,第245页。此节论说,参考该书"叙事"(第244—251页)、"书写"(第353—357页)、"话语"(第98—105页)。

量的藏书,又因"参照性约定的"存在,彼此之间交流的延续成为可能,他们从中获得认同感。这种认同感在他的日记中时有流露,如道光二十九年十一月初五日日记云"得吉桐生杭州书,言寓杭半年,所遇文人无不求余文集者";咸丰四年十二月初十日日记云:"复顾蓉屏书,赠四集文一部,应秀水钱伯声之求也。(近时求余稿者,如云而起。)"

> 叙事是从根本上含有我们对世界、经验以及我们自己的认知和理解……正是通过借用各种叙事形式,我们自己本身才获得意义。①

无论"文本"还是"叙事",都涵有"编织"之意。既然是编织,黄金台就可视为织物上的一个普通节点,与其友朋一样。在一个共处的文本中,意义、认同是在互相关联中滋生。没有群体,也就没有黄金台。黄金台日记中关于书籍的记载,毫无疑问,是繁富的碎片,然欲寻找其意义何在,当回到书籍叙事、书籍文本世界的建立层面上来,沿循时间的脉络,建立碎片之间的连贯性,黄金台及其友朋"为书籍的一生"和他们的乐此不疲才能获得一种秩序和意义。

从《管庭芬日记》所载关于书籍借还,书籍赠送以及小说戏曲的流通三个问题来考察,一个略具"学术共同体"意味的书籍共享文人群体应基本可以确立。书籍能在群体内部流通,是有多种人际关系所关联的信誉度作保障。周绍明讨论明清社会士人关于书籍的"共享协议"时,列举梅鼎祚、焦竑、赵琦美所订协议,丁雄飞、黄虞稷所订协议,但这类协议的意义不能放大,它们与"知识共同体"的要求还有很远的距离:

> 我们最多有这样一些凝聚力不同的小圈子,其成员享受着借阅尊长或朋友藏书的程度不同的权利。这些圈子以血缘、朋友和同乡为中心,这样就有助于我们确定晚明男性士人为共享其藏书和知识

---

① 柯比此语,见《社会文化人类学的关键概念》,第247页。

秉持的、作为行动依据的"公共"观念的局限性了。①

清代部分文人群体内部"书籍共享"的意义显然不能过分用"知识共同体"来解说,但也要充分肯定这一共享行为的意义。

由黄金台、管庭芬与其师友的"中层书籍世界"、参照性规约、以及书籍叙事的连续性、叙事建立的认同感,似可进一步思考"江南学术/文化共同体"存在的可能性。齐格蒙特·鲍曼在讨论共同体概念时,引用斐迪南·滕尼斯(Ferdinand Tönnies)的两个概念,即共同体要有"共同理解"(common understanding)、"自然地出现"(coming naturally)、"相同性"(sameness);共同体不是源于任何经济成本——收益的分析,内部的交流是全面的、经常的,其中有一种历经时间而形成的群体体验,还有一种"地理位置"的感觉,此种感觉"不是建立在归属于抽象有'社会'这一需要的基础上;为了满足这一需要,人们产生了承诺与忠诚"②。此处"地理位置感觉"似近乎地方性的归属感,黄金台的赠答范围及阅读的某些重要倾向,应是这种感觉的外在表征;而在著述中,则体现为为周边文人集子撰序题辞,以巧妙的方式"嵌入"其他文本;黄金台还参与地方性文献的摘抄编辑。清代的许多地方文献,尤其是关涉一邑一乡者,多由当地中下层文人完成。

黄金台、管庭芬书籍世界中包涵人情关系的丰富性与复杂性,似是西方"共同体"概念所未能揭示的。此处之所以借用"江南学术/文化共同体"这一概念工具,是为了更方便地理解清代江南学术为何整体性繁荣,了解其形成脉理与作用机制,从而更好地考察丰富的书籍作为流动资源如何促进了文学与学术多样性的生成,如何培育中下层文人,形成近似专职性的"以书谋生者"。

此外,研究黄金台、管庭芬的书籍世界,还当特别关注与人情世界密

---

① 周绍明著,何朝晖译《书籍的社会史:中华帝国晚期的书籍与士人文化》,第144页。
② 以上关于"共同体"的文字,参照[英]齐格蒙特·鲍曼著,欧阳景根译《共同体》,第5—6页,第136—137页,第141页。

切相关的问题,那就是作为礼物的书籍。这一问题,应该在清代有一定的普遍性,其丰富的细节,还是需借助日记这一特殊的文献来呈现。不妨以李慈铭为例,张桂丽利用日记作为重要材料编著《李慈铭年谱》,其中对书籍生产与流动有较细致的记录。从咸丰八年李氏三十岁至光绪十九年李氏六十五岁,李氏共接受赠书445种(1种丛书作为1种书籍统计),赠送他人书籍171种。在接受的赠书中,有34种是赠送者长辈或家人的著述;赠送他人书籍中,若除去光绪十二年与光绪十九年赠送自己诗文集93部外,实际上外送的书不多。围绕这些书籍,李氏拥有的是至少170人的文人群。[①] 这些文人中,依据书籍往来的密度,可列出潘曾绶、潘祖荫、傅以礼、张鸣珂、殷尊庭、沈曾植、陶方琦等核心人物,在这一书籍与人情交织的世界中,书籍从来不是单一地被阅读与流动。书籍不仅仅是文化、精神的载体,还是流动的社会性的载体。

---

① 统计依据《李慈铭年谱》。张桂丽《李慈铭年谱》,上海古籍出版社,2016年。

第五章
《读书分年日程》与读书风气

文献是过往知识、经验或史实的记载，当它们被阅读、被重刊重印、被改编时，这些过往的记载就进入当下的世界，作为被激活被唤醒的资源参与新的文化景观的建构。文献既有反映功能，也有建构功能。《说文解字》在乾嘉时期供不应求（见第六章），《程氏家塾读书分年日程》在同光时期被广泛地用作读书指南，不是突起、孤立的文化现象，而是暗合了时代风气的文化再生产。

程端礼《程氏家塾读书分年日程》被视为推荐书目的先导，其实它只是一种衍生物，它将"朱子读书法"落到实处，并使之形成条理清晰的规章和程式。陆陇其对《读书分年日程》的"精神谱系"有更深入的阐发："是编之法，非程氏之法而朱子之法也；非朱子之法而孔孟以来教人读书之法也。"① 《读书分年日程》所示读书次第和读书方法对后世，尤其是对清代以来的读书风气影响较大，清代书院学规章程中时能见其影迹；程氏《读书分年日程》的效仿之作也屡屡出现。在《读书分年日程》的传衍过程中，始终伴随对程朱理学的传承，而晚清《读书分年日程》效仿之作的出现，时有护持"统系"的用意。

一、《读书分年日程》与"朱子读书法"

《元史》程端礼传云："庆元自宋季皆尊尚陆九渊氏之学，而朱熹氏学

---

① 钱泰吉《曝书杂记》卷中，第43页。

不行于庆元。端礼独从史蒙卿游,以传朱氏明体达用之指,学者及门甚众。"①此语道出程端礼的学术渊源。程端礼之师史蒙卿果斋先生,"早师常德小阳先生(名昷,号字溪)、大阳先生(名枋,号存斋),阳先生师涪陵晏先生(名渊,字亚夫),晏先生师朱子"②。而程端礼对朱子的推尊,在《读书分年日程》中更是表露无遗,此日程基本上是"朱子读书法"的一种具体精细的转化。《读书分年日程》前列"纲领",即是朱子《白鹿洞书院教条》,又录朱子论读书语录及文集中的相关文字,更见程端礼编撰此书的旨意所在。

> 盖一本辅汉卿所粹《朱子读书法》修之,而先儒之论,有裨于此者,亦间取一二焉。嗟夫,欲经之无不治,理之无不明,治道之无不通,制度之无不考,古今之无不知,文词之无不达,得诸身心者,无不可推而为天下国家用,窃意守是,庶乎本末不遗而工夫有序。③

程端礼得朱子读书法,乃早年由其师史蒙卿所授(见《送冯彦思序》),程氏又称其所以为教者,"是用朱子熟读精思法也,是吾师临海方先生所教吾者也"④。程端礼对朱子的居敬持志、循序渐进、熟读精思、虚心涵泳、切己体察、着紧用力六条读书法则深信不疑,以为其学初虽不如他人,但能守朱子之法,"持心坚苦,积岁月以渐进"⑤,终有收获;而他在教书育人之中,对朱子读书法亦用心实践。

> 余之区区所至用心教养,教必以朱子读法。(《送教授郑君景尹

---

① 宋濂等撰《元史》卷一百九十,中华书局,1976年,第4343页。
② 程端礼《程氏家塾读书分年日程·纲领》,《丛书集成初编》第59册,第17页。晏渊见于《朱子语类》前所录"朱子语录姓氏"。
③ 程端礼《程氏家塾读书分年日程序》,见《程氏家塾读书分年日程》卷首,第1页。
④ 程端礼《送王伯华归永嘉序》,见《畏斋集》卷四,《景印文渊阁四库全书》第1199册,第666页。
⑤ 程端礼《送王伯华归永嘉序》,见《畏斋集》卷四,第666页。

第五章 《读书分年日程》与读书风气

赴浮梁任序》)①

　　余至大间教建德,始识戚君子实于池。……子实且俾(王生季方)来问,余因以辅汉卿所萃"朱子读书法"六条以辅其志,仅二年,四书、《易经》传注通念晓析,同学者不能及远甚。(《送王季方序》)②

　　窃谓方今惟宜以朱子《白鹿洞学规》正其宏纲,以所订程董学校有其节目,又以辅氏所萃读书法六条确守而不遗其一焉,则庶乎学校有造士之实。……余既为书其兴修之岁月,因叙古今学校之得失,乃以朱子读书之法为学者劝。(《弋阳县新修蓝山书院记》)③

　　惟精庐初建,端礼荒陋匪材,夫岂其任!承乏之初,敢以朱子读书法,首与同志讲之,期相与确守焉,以求共学之益。(《集庆路江东书院讲义》)④

正是在教授的过程中,程端礼以朱子读书法所包涵的读书循序渐进为线索,将时间划分为若干个大大小小的单元,用于一系列典籍的学习,从而使读书学习有一套严格的日程可以遵循,并可得到方法上的指导。这大致就是后来学校的课程表。"越二年,改元延祐,而设科取士之制行,喜与余之教明经作义之法大略相同。……余首遵科制,参朱子读书法,以其先后本末节目分之以年,程之以日,悉著于编,以为学校教法,藏于六经阁。"⑤"至正元年,明守真定王居敬选训导,余力辞其聘不可,与景尹同入斋,同守朱子读法六条,以刊定日程督诸生学,咸知自奋,四书五经

---

① 程端礼《畏斋集》卷四,第 671 页。
② 程端礼《畏斋集》卷四,第 675 页。
③ 程端礼《畏斋集》卷五,第 682 页。"程董学校"应为《程董学则》,程氏记载有误。
④ 程端礼《程氏家塾读书分年日程》卷三,第 122 页。
⑤ 程端礼《畏斋集》卷四,第 673 页。

传注,通念、晓析、明之,学校方有教养之实。"①《读书分年日程》所指定的读书范围是以四书五经为基本,而且与科举考试相辅相成(元代科考明经一科,使经术、理学和举业三者合一)。日程强调的是读书先要固其根本,日程之编定与应用,乃是救当时学校教学之弊。

> 第因方今学校教法未立,不过随其师之所知所能,以之为教为学。凡读书才挟册开卷,已准拟作程文用,则是未明道已计功,未正谊已谋利。其始不过因循苟且,失先后本末之宜而已,岂知此实儒之君子小人所由以分,其有害士习乃如此之大。②

程端礼此语似有所本。朱子云:"近日真个读书人少也,缘科举时文之弊也。才把书来读,便先立个意思。要讨新奇,都不理会他本意着实。才讨得新奇,便准拟作时文使。"③推源溯流,大致程端礼《读书分年日程》精意皆得自朱子。从整体立意来看,是探求为学之道的途径:欲穷理先须读书,而读书之法莫贵于循序而致精,致精之本又在于居敬而持志;在一些具体的步骤上,日程对朱子之说的细化,使"着实读书"真正落到实处。朱子云:"少看熟读,反复体验,不必想像计获。只此三事,守之有常。"④"读书不可贪多,常使自家力量有余。……须看得一书彻了,方再看一书。"⑤"看一段,须反复看来看去,要十分烂熟,方见意味,方快活,令人都不爱去看别段,始得。人多是向前趱去,不曾向后反复,只要去看明日未读底,不曾去绅绎前日已读底。须玩味反复,始得。"⑥此即朱子所说的涵泳工夫和虚心体察,也是"小作课程,大施工力"。程端礼于日程中将士子所读之书和所习之业均有明细安排,而对每本书的读、温、背也

---

① 程端礼《畏斋集》卷四,第671页。
② 程端礼《程氏家塾读书分年日程》卷二,第24页。
③ 朱熹《朱子语类》卷十,中华书局,1994年,第175页。
④ 朱熹《朱子语类》卷十,第165页。
⑤ 朱熹《朱子语类》卷十,第166页。
⑥ 朱熹《朱子语类》卷十,第167页。

第五章 《读书分年日程》与读书风气

皆有规定。

> 只日之夜,《大学》令玩索。已读《大学》,字求其训,句求其义,章求其旨。每一节十数次涵泳思索,以求其通,又须虚心以为之本,每正文一节,先考索章句明透,然后撮章句之旨以说上正文。
>
> 双日之夜,倍读。凡平日已读书一遍,倍读一二卷或三四卷,随力所至,记号起止,以待后夜续读。倍读熟书必缓而又缓,思而又思。①

这类琐细的程规,基本上是朱子读书法的衍化,但有时稍显繁琐刻板,无朱子之大气与灵活。朱子在讲到读《论语》时,指出"至于文义有疑,众说纷错,则亦虚心静虑,勿遽取舍于其间。……复以众说互相诘难,而求其理之所安,以考其是非,则似是而非者,亦将夺于公论而无以立矣"②。程端礼《读书分年日程》在指导读四书五经时,据此提出"抄读之法",这种方法已有研读性质。以《诗经》为例:"音义协音,并依朱子。次低正文一字,抄所主朱子《传》,次低正文一字,节抄所兼用古注疏。次低正文二字,附节抄陆氏《音义》。次低正文二字,节抄朱子语录、文集之及此章者,次低正文三字,节抄辅氏《童子问》及鲁斋王氏《诗疑辩》,及诸说精确而有裨朱子《传》者。……须令先读朱子《传》毕,然后读古注疏,其古注疏及朱子《传》训诂,指义同异,以玩索精熟为度。"③虽然抄录数家之说,但终是以朱子的《诗集传》为中心,较朱子所言"以众说互相诘难,而求其理之所安",气象上要差一等。

"呜呼,学者志立,然后见读经之效,朱子读法岂欺我哉!"④朱子读书法对程端礼而言,无疑是被奉为圭臬,而且也赋予他一种信心和力量,正因为如此,他有感于朱子"近日真少读书之叹"而设计出规模大、节目

---

① 程端礼《程氏家塾读书分年日程》卷一,第5—6页。
② 朱熹《晦庵集》卷七十四,《景印文渊阁四库全书》第1145册,第525页。
③ 程端礼《程氏家塾读书分年日程》卷一,第12页。
④ 程端礼《畏斋集》卷四,第672页。

丰富的读书日程来。后世论目录之学,尤其是述及推荐书目、导读书目时,《读书分年日程》常为人关注。此种归类,当然能把握住"日程"的一些重要特征,但"日程"还有其独特之处,譬如在日程前列出"纲领",而卷三用大篇幅讲明字的读音和字形,其意大概是强调读书从识字知音始,要在根本上着手,而在此卷之后,又附有朱子《学校贡举私议》和《调息箴》两篇文章,似与"纲领"相呼应,这些是其他书目中难得一见的。《读书分年日程》在讲明读书的次第、读书的具体方法和读书时间的分配方面,与一般的书目有明显不同,以下就此三点略作叙说。

读书的次第。程端礼据读书人年岁的增长,将所读之书分为四个阶段:其一,八岁未入学之前读程逢原的《增广性理字训》;其二,自八岁入学后至十五岁前,读《小学》《大学》《论语》《孟子》《中庸》《孝经》《易》《书》《仪礼》《礼记》《周礼》《春秋》;其三,自十五岁后的三四年时间,应"以朱子法读四书注,或十五岁前用工夫时失序者。止从此起便读《大学章句》《或问》,仍兼补《小学》书"①;其四,至二十二三或二十四五岁之前,除接续明经书外,遂次读史("看《通鉴》及参《纲目》。两汉以上,参看《史记》《汉书》。唐参《唐书》、范氏《唐鉴》。看取一卷或半卷,随宜增减"②),次读韩文、《离骚》,次学作文。

由《小学》而至《大学》,朱子亦曾论其先后:"古人由小学而进于大学,其于洒扫应对进退之间,持守坚定,涵养纯熟,固已久矣。是以大学之序,特因小学已成之功而以格物致知为始。"③四书熟,则"学者终身之大本植矣","四书既明,胸中已有权度,自此何书不可看"。四书之正式结集,始于朱子。"其为《语》《孟》集注,《学》《庸》章句,乃竭毕生精力,在生平著述中最所用心。"④而朱子平日教人,是先四书后五经,而将《大学》置于四书五经之前,则是承袭程颐遗意,其中自有其轻重缓急。

---

① 程端礼《程氏家塾读书分年日程》卷一,第9页。
② 程端礼《程氏家塾读书分年日程》卷二,第15页。
③ 朱熹《答胡广仲》,见《晦庵集》卷四十二,《景印文渊阁四库全书》第1144册,第212页。
④ 钱穆《朱子新学案》第4册,台北三民书局,1982年,第180页。

第五章 《读书分年日程》与读书风气

某要人先读《大学》,以定其规模;次读《论语》,以立其根本;次读《孟子》,以观其发越;次读《中庸》,以求古人之微妙处。①

读书且从易晓易解去读。如《大学》《中庸》《语》《孟》四书,道理粲然。人只是不去看,若理会得此四书,何书不可读,何理不可究,何事不可处。②

《语》《孟》工夫少,得效多。六经工夫多,得效少。③

程端礼《读书日程》中所排列的读书次第,显然是承朱子之意,其中上引文第二段也被他移用改写。四书五经之后,便是读史。钱穆梳理朱子论说文字,以为朱子有重经轻史之见。其中较为重要的两段文字是:"若未读彻《语》《孟》《中庸》《大学》,便去看史,胸中无一个权衡,多为所惑。"④"为学之序,为己而后可以及人,达理然后可以制事。故程夫子教人,先读《论》《孟》,次及诸经,然后看史,其序不可乱也。"⑤但在读史的先后,程端礼与朱子所言有所不同。朱子以为"先读《史记》及《左氏》,却看西汉东汉及《三国志》,次看《通鉴》"⑥。大致程端礼强调以《通鉴》为主线,而参照唐以前史书,与朱子相较,程端礼读史之法似为便捷,然少涵泳反复之意。在读文方面,程端礼专列韩文与《离骚》,亦与朱子的推崇有关。朱子文集和语类中对屈原、韩愈颇多好评,晚年又作《韩文考异》《楚辞集注》,其意在于两家著作中的"道之大原"和"忠君爱国之诚

---

① 朱熹《朱子语类》卷十四,第249页。
② 朱熹《朱子语类》卷十四,第249页。
③ 朱熹《朱子语类》卷十九,第428页。
④ 朱熹《朱子语类》卷十一,第195页。
⑤ 朱熹《答吕伯恭》,见《晦庵集》卷三十五,《景印文渊阁四库全书》第1143册,第802页。
⑥ 朱熹《朱子语类》卷十一,第195页。

心"①,而不是单纯作为文章来看。

介绍参考书目,指明读法。此种倾向,大约是后世推荐书目的先声,只是《读书分年日程》中更偏重于读法而已。读《大学》,程端礼指出"可参看黄勉斋、真西山《集义》《通释》《讲义》,饶双峰《纂述》《辑讲》《语录》,金仁山《大学疏义》《语孟考证》,何北山、王鲁斋、张达善《句读》《批抹画截表》《注音考》,胡云峰《四书通通证》,赵氏《纂疏》《集成》《发明》等书。"在指点读法方面,"诸说有异处,标贴以待思问。如引用经史先儒语,及性理制度、治道故事相关处,必须检寻看过,凡玩索一字一句一章,分看合看,要析之极其精,合之无不贯"②。读《楚辞》,自是以朱子《楚辞集注》为主,要求详其音读训义,并能背诵,"缘靠此作古赋骨子故也"。而读韩文,"先抄读西山《文章正宗》内韩文议论、叙事两体华实兼者七十余篇,要认此两体分明,后最得力。正以朱子《考异表》,以所广谢叠山批点(篇法、章法、句法、字法备见)"。文须熟读百遍以至成诵,因韩文乃为"作文骨子故也",熟读之余,须反复详看,"先看主意,以识一篇之纲领,次看其叙述抑扬轻重,运意转换演证,开阖关键,首腹结末,详略浅深次序。既于大段中看篇法,又于大段中分小段看章法,又于章法中看句法,句法中看字法,则作者之心不能逃矣"③。真德秀的《文章正宗》和谢枋得的《文章轨范》是南宋影响较大的评点性古文选本,真德秀学术继承朱熹,《文章正宗》完全代表理学家的观念和标准;谢枋得虽非理学家,但他精通儒学经典,编选原则是文品与人品兼重,体现了儒家的审美观念。④ 程端礼如此看重数家编选带有一定旨趣的古文,且着意于文法,当然是为学作文,也就是为科举作准备。细读韩文之后,可选看欧阳修、曾巩、王安石三家之文,然后知展开间架之法。《读书分年日程》

---

① 钱穆《朱子新学案》第5册,第157页,第187—189页。又可参阅莫砺锋著《朱熹文学研究》第六、七章,南京大学出版社,2000年。
② 程端礼《程氏家塾读书分年日程》卷一,第5页。
③ 程端礼《程氏家塾读书分年日程》卷二,第16页。
④ 吴承学《儒学与评点之学》,见《华学》第1辑,中山大学出版社,1995年,第44—45页。

在"学作文"(日程最后一项)中,进一步指出韩文的重要性,以为此三家,"俱是步骤韩文,明畅平实,学之则文体统一,庶可望其成一大家数文字(欧曾比韩,更开阖分明,运意缜密,易学而耐点简,然其句法则渐不若韩之古,朱子学之,句又长矣。真西山虽亦主于明理,句法还短,不可不知)"①。

限定读书日程。程端礼制定《读书分年日程》,参照朱子"宽着期限,紧着课程"之说,对平日读书进度有严格的规定,对生徒读书的字数、篇数、温习方法,甚至老师的相关责任都有条条框框督促约束。"每夙兴,即先自倍读已读册首书,至昨日所读书一遍。内一日看读,内一日倍读,生处误处记号以待夜间补正遍数。"②而老师要以背读形式查检昨日所习之书,而当日讲读,如以讲六七百字或一千字为限,须多授一二十行,以备次日或因故不能授课,而生徒仍可自读。《读书分年日程》重视晚间温习,生徒单日之夜,须涵泳每一节十数次,以求其通;双日之夜,读平日已读书一遍,背读一、二卷或三、四卷,随力所至,将起止以符号作记录,以待后夜续读;如读《大学》时,随双单日之夜,还要读看玩索几种性理书。坚持用此法读书,积以时日,则"前自八岁,约用六七年之功,则十五岁前,小学书、四书诸经正文,可以尽毕,既每细段看读百遍,倍读百遍,又通倍大段,早倍温册首书,夜以序通倍温已读书,守此,决无不熟之理"③。到二十二岁之前,《通鉴》、韩文、《楚辞》读完之后,仍加温习,同时坚持每日早饭前循环背温玩索四书经注、或问,本经传注,诸经正文;然后以二三年之工专力学文。为确保读书能持之以恒,程端礼另刊印"日程空眼簿式",其中分为"读经日程""读看史日程""读看文日程""读作举业日程",日程中留有记录读书起止、读书日期的空格,它类似于后世的课程表,但读书作记录,又有课程表不能相比的约束性,这或许是《读书分年日程》最为突出的一个特点。

---

① 程端礼《程氏家塾读书分年日程》卷二,第19页。
② 程端礼《程氏家塾读书分年日程》卷一,第2页。
③ 程端礼《程氏家塾读书分年日程》卷一,第8—9页。

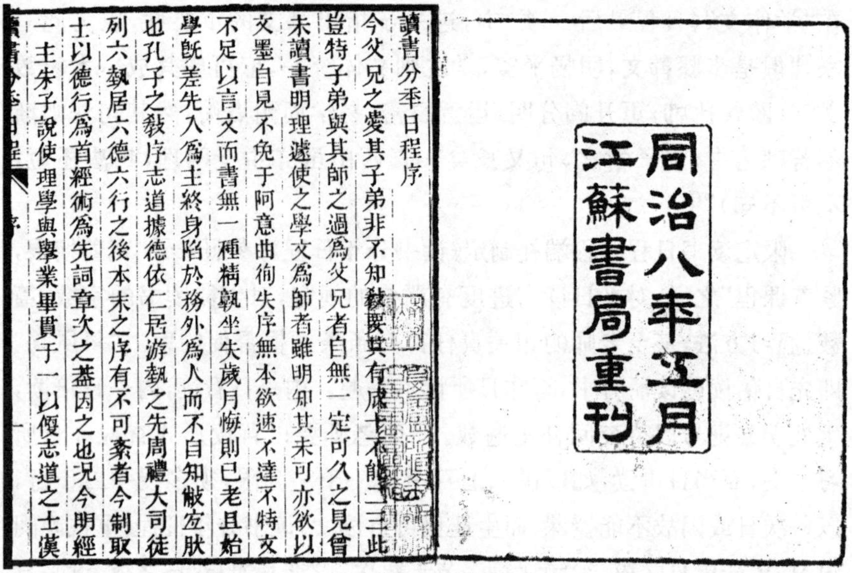
同治八秊五月
江蘇書局重刊

讀書分秊日程序
今父兄之愛其子弟非不知教要其有成十不能二三此
豈特子弟與其師之過爲父兄者自無一定可久之見曾
未讀書明理遂使之學文爲師者雖明知其未可亦欲以
文墨自見不免于阿意曲徇失序無本欲速不達不特文
不足以言文而書無一種精埶坐失歲月悔則已老且始
學既差先入爲主終身陷於務外爲人而不自知敝宜然
也孔子之教序志道據德依仁居游埶之先周禮大司徒
列六埶居六德六行之後本末之序有不可紊者今制取
士以德行爲首經術爲先詞章次之蓋因之也況今明經
一主朱子說使理學與舉業畢貫于一以便志道之士漢

图 10　程端礼《程氏家塾读书分年日程》同治八年(1869)江苏书局重刊本,南京大学图书馆藏

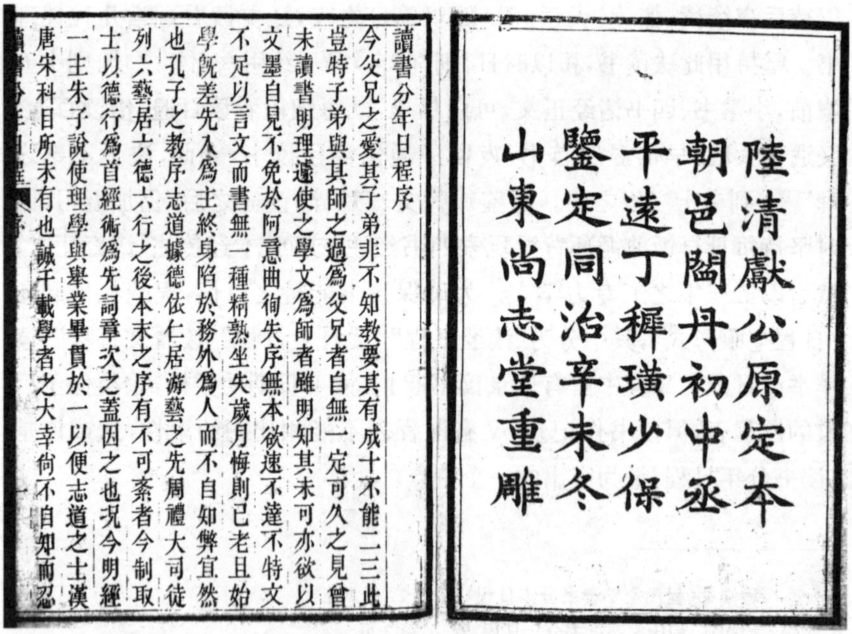
陸清獻公原定本
朝邑閻丹初中丞
平遠丁稺璜少保
鑒定同治辛未冬
山東尚志堂重雕

讀書分年日程序
今父兄之愛其子弟非不知教要其有成十不能二三此
豈特子弟與其師之過爲父兄者自無一定可久之見曾
未讀書明理遂使之學文爲師者雖明知其未可亦欲以
文墨自見不免於阿意曲徇失序無本欲速不達不特文
不足以言文而書無一種精熟坐失歲月悔則已老且始
學既差先入爲主終身陷於務外爲人而不自知弊宜然
也孔子之教序志道據德依仁居游藝之先周禮大司徒
列六藝居六德六行之後本末之序有不可紊者今制取
士以德行爲首經術爲先詞章次之蓋因之也況今明經
一主朱子說使理學與舉業畢貫於一以便志道之士漢
唐宋科目所未有也誠千載學者之大幸尙不自知而忍

图 11　程端礼《程氏家塾读书分年日程》同治十年(1871)重刊本,南京大学图书馆藏

二、《读书分年日程》作为清代读书人进学的准则

程端礼《读书分年日程》在清代已成为读书人进学的准则，如关槐辑《士林彝训》云："立身以力学为先，力学以读书为本。今取《孝经》《论语》诸书，以字计之，《孝经》一千九百三字，《论语》一万一千七百五字，《孟子》三万四千六百八十五字，《周易》二万四千一百七字，《尚书》二万五千七百字，《诗》三万九千二百三十四字，《礼记》九万九千一十字，《周礼》四万五千八百六字，《春秋左传》一十九万六千八百四十五字。止以中才为准，若日诵三百字，不过四年半可毕，或资钝，减中人之半，亦九年可毕，其余触类而长之，虽书卷浩繁，第能加日积之功，何患不至。（欧阳文忠公语。）"①此乃计日读书之法，又有分日读书之法，引用唐翼修《读书作文谱》中语："程子言科举之学兴，士人致功。宜将两月读经史，一月读文章。此言经史与文章，宜分月致功也。朱子又将经史分功，谓读经难，读史易，宜四十日读经，二十日读史。详观其法，皆取分日致功。岂非以精专则易为力欤。"②关槐辑诸家文字，除重视读书须立日程外，亦强调读书之次第，譬如读经史集及作文等，皆一一述之，虽未明示取法程端礼之作，然其立意皆从朱子读书法和《读书分年日程》中来。

查考数家目录，见于著录的《读书分年日程》至少有三十五种版本（见后文列表），其中清代刻本占绝大部分，清刻本中，又以同治五年以后刻本居多，可以确认的有 17 种，这似与同治中兴重振文教之举措相关。有学者撰文指出，同治年间朝野理学人士活跃一时，仅就政教而言，他们正朝纲、端治本、倡正学，恢复和强化封建文化事业，譬如曾国藩有修复江南贡院、举行江南乡试、创办官书局之举。晚清理学的复兴不仅是一个学术现象，也是一个政治现象。③《读书分年日程》的核心是程朱理

---

① 关槐辑《士林彝训》卷二，《四库未收书辑刊》第 3 辑第 21 册，第 680 页。
② 《士林彝训》卷二，第 681 页。
③ 史革新《程朱理学与晚清"同治中兴"》，见《近代史研究》，2003 年第 6 期，第 72 页，第 94—95 页。

学,它直接关涉当时的官方教育,与理学的复兴有内在的联系。

清初有两位理学家对《读书分年日程》颇为看重,他们就是陆世仪和陆陇其。陆世仪有《思辨录》,后人又将此书精选为《思辨录辑要》,删落一些与程朱之学不同的言语。《思辨录辑要》分为小学、大学、立志、居敬、格致、诚正、修齐、治平、人道九类,"小学类"似是依照朱子或程端礼之说发挥而来,譬如讲到读四书五经时,就可稍见其脉络;在"格致类"中,陆世仪重点讲论读书之法,如指明四书五经、性理、纲目当终身诵读,水利、农政、天文、兵法诸书亦要一一寻究,但于子史百家,观其大意即可。为将此法具体化,他将生徒士子所读之书分为三节,自五岁至十五岁为"十年诵读",自十五岁至二十五岁为"十年讲贯",自二十五岁至三十五岁为"十年涉猎","使学有渐次,书分缓急,则庶几学者可由此而程功"①。每一节中指示读书范围和次第,间注明读法。以读史而言,陆世仪指出当以朱子《通鉴纲目》为主,参考《资治通鉴》,再补充《通鉴纪事本末》,二十一史只供博其记览和备查。此种读史的主次,和程端礼《读书分年日程》相似。

陆陇其专崇朱子,力诋王学,他刊行程端礼《读书分年日程》,意在尊崇正学,补明初所纂四书五经、《性理大全》之缺略疏漏,提倡程端礼针对切要书的"看读百遍,背读百遍"之法,又进一步指明《读书分年日程》非程氏之法,乃朱子之法;非朱子之法,乃孔孟以来教人读书之法。陆陇其又将刊刻的《读书分年日程》分送师长友朋。查检其文集,有送房师赵耐孺三部、送赵鱼裳三部、送魏荔彤一部的记录。他还在书札中对此书之价值多加提醒。② 在《读书分年日程》的三十六种版本中,类似陆陇其的意图而刊刻的,当不是少数。

《读书分年日程》嘉庆二十一年(1816)刻本是沈维鐈(嘉庆七年进

---

① 陆世仪《思辨录辑要》卷四,《景印文渊阁四库全书》第724册,第40页。
② 陆陇其致函曾叔祖"蒿庵",提示教子之法:"太翁可取程氏《分年日程》,细体古人读书之法,使之循序渐进,勿随世俗之见方妙。"见陆陇其著,王群粟点校《陆陇其集》,浙江古籍出版社,2019年,第123页。答魏荔彤函中亦有推崇之语:"《(日程)》言工夫次第,确是程朱家法。"见《陆陇其集》,第155页。

士,沈曾植祖父)任湖北学政时刊刻,沈氏认为此书"为治举业者树之圭臬,趣向之正,节目之详,一以朱子为大宗,立言之绳准,即入圣之阶梯"①。沈氏少受学于鸳湖书院,山长为段玉裁,而其"家近陆清献(陇其)之乡,承其余风,故纯乎朱子之学"②,在《读书分年日程》外,沈氏又校刊罗整庵、祝人斋、汪双池、张杨园、陈确庵、陆世仪、方子春等理学家著作多种。《读书分年日程》即以陆陇其康熙己巳刻本为底本,其中可看出其治学的取向,而他在教人读书时,也多次发挥朱子读书之法,相关论点可见《凤池书院课艺序》和《闽中校士录序》。沈氏又任福建、顺天、安徽学政,晚年主讲杭州敷文书院、松江敬业书院,朱子读书法和《读书分年日程》亦可能借此二途径推广。道光十四年,李兆洛有《乡塾读书法序》之作。《乡塾读书法》撰者姓氏未详,序中称其为泉南先生。泉南先生有感于当时乡塾读书之法未尽善,习俗之锢人,于是"取程氏端礼《读书分年日程》,櫽括义类,兼采昔贤养蒙训学之遗言附之,题曰《乡塾读书法》"③,其意大致是"有志于本",由此可稍见《读书分年日程》经有识之士的践行,已传播到底层社会。以下再列举数例,可略见其影响程度。

其一,"朱湘陶,名泽沄,江南宝应人,早岁勤学,得《程氏分年日程》,即依次读之,阅数年而略遍,更博览天文舆地诸书,穷竟原委,久之始有志于圣人之道"④。

其二,"(朱泽沄)先生弟果轩公攻苦力学,常负大志,夏四月殁。先生笃于兄弟之情,痛不自胜。果轩公生二子,长辂,年十四,次舆,甫十岁。谆谆提诲,诵书业文,同于己子。冬,先生随伯父潜安公北行省亲,临行以《小学》及《程氏读书分年日程》授两侄暨子光进,且手书教之曰:'《小学》是做人样子,《分年日程》是读书法门,汝曹读一条,须反身体贴,

---

① 沈维𫓧《程氏读书分年日程跋》,见《程氏读书分年日程》卷末,嘉庆二十一年刻本。
② 陈澧《补读书斋遗稿序》,见沈维𫓧《补读书斋遗稿》卷首,光绪元年刻本。
③ 李兆洛《养一斋文集续编》卷一,《续修四库全书》第1495册,第340页。
④ 彭绍升《儒行述》,《丛书集成续编》第247册,第101页。

非徒诵说而已。'"①

其三,"林旷,字表雷,号野平,康熙戊子恩贡生。生平设教最严,常以程畏斋《分年日程》、吕新吾《社学要略》为法门。人虽通显,侍先生不敢少纵。年九十七卒"②。

其四,陈鹤尝主讲钟山书院,有《答李平川书》云:"元儒作《读书日程》,先四书,次诸经,次《通鉴》,次古文之不诡于道者,与夫考证论辨之切于治道、制度、身心日用者,而要之学以道为志,人以圣为志,此其书可取以为用功之法也。"③

其五,钱泰吉云:"十五志学之后,仿《读书分年日程》治经之法,而稍变通之。当抄读御纂、钦定诸经,而辅以古注疏,日课则以蕺山《家塾规》为准则(附刻《人谱》后)。盖子弟不能不以举业为正课,蕺山《家塾规》以三六九为会课之期,午膳后,搜讲书所及之时艺数篇,择其佳者阅之。蚤膳后,温书。申刻,治古书一册,灯下看《通鉴》五叶。朔望考一月课程之勤惰,以行赏罚。考毕,学诗歌,歌毕,间评古今道理,互相质难。乃假若能如此用功,何患精力之不充,日力之不足,而过亦自此寡矣。以此应举,庶几无愧。"④

其六,孙德祖《国子监祭酒广东学政章公行状》云:章氏主讲崇文、紫阳,"巡抚闽浙两省,劝立义学,分给《小学集解》《读书分年日程》诸书以励之"⑤。

其七,冯煦是尊经书院的高材生,光绪十二年进士,后主讲钟山书院。他在指导人读书治学时,强调"为学当有定程",并以程氏《读书分年日程》为中心阐发读书之法:

---

① 朱铬《朱止泉先生年谱》,郑晓霞、吴平标点《扬州学派年谱合刊》上册,广陵书社,2008年,第9—10页。
② 陈作霖《金陵文征小传》,见《冶麓山房丛书》第1册,联经出版公司1976年影印《明清未刊稿汇编初辑》,第13页。
③ 陈鹤《桂门自订初稿》卷六,嘉庆十年刻本。
④ 钱泰吉《曝书杂记》卷中,第43—44页。
⑤ 章鋆《望云馆诗文稿》,光绪十四年刻本。

第五章 《读书分年日程》与读书风气

古人读书或分年、或分四时、分月、分日,今所学既众,则当分时,将一日分作几分,以一分读经或读史,一分作字,一分学制举业,一分学词章,一分录一日读书所得,又当留一分闲静时以养其心。此分未毕,不及他分所学,始可主于一,而不至杂然交战于中也。

当读之书莫备于《程氏分年日程》,可依而行之,但所载皆元以前之书,或有未足,至今日则益精切而简当,择而从焉可也。

日置一簿于案,将一日所读之书,何处始,何处止,或有所引伸,或有所会通,尽录于簿,既可留为有用,且亦可以自验所学之进退也。①

冯煦所论,已有变通之意,所读之书不以程氏《读书分年日程》为范围,所论也简要适用。

程端礼《读书分年日程》的编撰以及应用,皆与他在江东书院(亦名江东精舍)的讲学相关,而程氏此日程又衍化朱子《白鹿洞书院教条》,故至清代,此日程受到重视,尤其是受到书院的重视,是顺势合理之事。在《读书分年日程》的三十五种版本中,就有六种书院刻本。因为日程对于读书有明细的规定,便自然有一种约束性,这对于生徒读书、书院的管理而言,就有便利之处。康熙年间汤来贺订白鹿洞学规,于"潜心读书"一条下注明"学者或仿先儒分年之法,每年读一书,又推其意而为分月之法,每月读一书"②。吉安知府罗京康熙三十年作《白鹭洲书院馆规》,于

---

① 冯煦《答饴澍问为学书》,见《蒿庵类稿》卷十四,民国二年刻本。此书札之大意,又见于同卷《答祁生师曾书》:"古有分年者,有分时者,有分月者,有分日者,今折衷之为日课。以一日为十四分,一分读经,三分治经,二分学书,二分治史,二分治词章[词章分四类:曰古文,曰四六文,曰赋,曰古今体诗],二分治举业,二分录一日读书所得,五日一作(杂文二,赋一,古今体诗三,制艺亦三,试帖如制艺之数,月六日),十日一休(或出游,或与同学讨论古息游义也)。其大旨二,在心曰有恒,在学曰有用。"日程中研习词章的时间比较以前之日程似有所增加,值得注意。

② 毛德琦原订、周兆三重修《白鹿书院志》卷六,宣统二年刻本(《中国历代书院志》影印本),第103页。书院学规,多以邓洪波编《中国书院学规》(湖南大学出版社,2000年)为线索,并以原本核对引文。不敢掠美,特此说明。

"诵读"一条下,明示"各宜自立日课簿,每日或看经书若干,或读时文若干、古文若干,以及论表策判若干,《通鉴》《性理》各书若干"①,此中已有程端礼《读书分年日程》的影迹。汪由敦于《丙辰科山东乡试策问五道》中亦指出此点:

> 书院之设与学校相表里,而或以为声气之资,是岂设教之初旨欤?其设教之条目,使之检束身心,淹通经史,宜如何而可?先儒之教法,莫善于胡瑗之经义治事斋,与《朱子白鹿洞学规》《分年读书法》,今有能仿而行之者欤?②

大致这些兴办文教的官员有一种类似的思路:欲育才,必重书院或学校,而使书院能收实效,又必守《白鹿洞学规》《读书分年日程》。唐鉴(嘉庆十四年进士)宗尚洛闽之学,尝主钟山书院,他在《赠贺藕耕太史提学山西序并九条》一文中,亦表现出相近的意思。

> 士未尝无才,在所以养之何如耳。养之之地莫重于书院,诚使书院山长守《白鹿洞学规》以为教,守程氏《读书分年日程》以为功课,则贤者不过数年而底于大成,不贤者亦不过数年而进于贤。书院之士皆贤,天下之人才将不可胜用矣。③

清代书院之兴盛,实从雍乾之际始,自表象观之,此时文人在书院的讲学渐有增多之势;而在政策方面,朝廷亦大力扶助。雍正十一年谕:"各省学校之外,地方大吏每设立书院,择一省文行兼优之士读书其中,使之朝

---

① 刘绎编《白鹭洲书院志》卷二,同治十年白鹭洲书院刻本(《中国历代书院志》影印本),第583页。
② 汪由敦《松泉集·文集》卷六,《景印文渊阁四库全书》第1328册,第751页。
③ 唐鉴《唐确慎公集》卷二,光绪元年刻本。唐鉴在《道乡书院学规四则》中,于"勤学"一则也化用《读书分年日程》,要求"诸生每日温经几卷,读史几卷,于所读书得新知几处,于所不知者从先生问得几条,自立课程登记",见《唐确慎公集》卷五。

夕讲诵,整躬励行,有所成就,俾远近士子观感奋发,亦兴贤育才之一道也。"①乾隆元年谕对书院的地位又进一步确认,以为"书院即古侯国之学也",而对居讲席者和从游之士都有较高的要求,以为如此才能成就人材。

> 凡书院之长,必选经明行修、足为多士模范者,以礼聘请。生徒必择乡里秀异、沉潜学问者,酌仿朱子《白鹿洞规条》,立之仪节,以检束身心;仿分年读书之法,予之程课,使贯通经史。学臣三年任满,咨访考核,如果教术可观,人才蔚起,各加奖励;六年之后,著有成效,奏请酌量议叙;诸生中材器尤异者,准荐举一二,以示鼓舞。②

"白鹿洞规条"和"分年读书之法"相伴而行,是因为其内在的关联,只不过前者从大处着眼,后者从细节入手而已。雍正年间刊刻的《钟山书院志》卷十列有四项教条:"敦慎行以忠孝为本始""慎交游以礼义为信从""明经学以传注为楷模""课文艺以经史为根源",它们是在有意"仿朱子鹿洞教条及程氏家塾日程"。③ 乾隆圣谕,其时是"行文各省督抚学政",想必是有一定的权威性;而地方官亦乐意兴办文教,以此作为政绩,又能博得扶持风雅之名。钟山书院于次年即有仿效之举,总督尹继善勒石,院长杨绳武为作《钟山书院碑记》。④ 是年杨绳武作《钟山书院规约》,首四条为"先励志""务立品""慎交游""勤学业",而接续的是"穷经学""通史学""论古文源流""论诗赋派别""论制义得失"五条,有程端礼《读书分年日程》遗意。金陵在同治年间收复之后,地方大员重建尊经书院,又设立凤池书院,增加课额,购买房舍,补充膏火银,对于中兴寄予厚望,"苟循程氏《读书分年日程》,父兄无欲速之望,师友无躐等之教,四十筮仕,

---

① 《钦定大清会典则例》卷七十,《景印文渊阁四库全书》第 622 册,第 340 页。
② 《钦定大清会典则例》卷七十,第 341 页。
③ 汤椿年纂辑《钟山书院志》卷十,雍正年间刻本(江苏教育出版社《中国历代书院志》影印本),第 546 页。
④ 莫祥芝等修《(同治)上江两县志》卷八"学校志",同治十三年刻本。

陈力服官,则朝廷收效于贤才,人心各靖其躁竞,固不必骋呭角之驹,滋其侥幸也"①。以下对采用《读书分年日程》的书院稍作梳理:

其一,邵廷采订立的《姚江书院训约》共十条,其中第八条为"读书宜进",所倡读书之法与《读书分年日程》接近,其中程朱学说之迹显然。"略仿山阴徐伯调,课以五经、《左》《国》《史》《汉》《性理大全》《通鉴纲目》及唐宋大家,分为经纬,每日读经五页,史五页,古文五六页,约三年可一周。至看书之法,先虚心涵泳四子本文,次绎《传注》《或问》及《大全》中朱子之说,寝食于斯,恍有凑泊,及至下笔汩汩然从中流出,自是出人头地。程子教人半日静坐,半日读书,原非划然分限,深思者当自得之。"②

其二,张伯行,康熙二十四年进士,历任内阁中书、江苏按察使、福建巡抚、江苏巡抚等职。伯行学宗程朱,一生致力于振兴文教,创办书院,在其乡创建书院,招志行之士,讲诵其中;任山东济宁道时,建清源书院于临清、夏镇书院于夏镇,又修葺济阳书院;巡抚福建,于福州建鳌峰书院,出所藏书,并搜先儒理学著作,编为《正谊堂全书》,程端礼《读书分年日程》就在其中。康熙五十二年张伯行于苏州府学内尊经阁后建紫阳书院,并订有《紫阳书院读书日程》,以下录其要点:

> 人生一日不读书与读书而无法程,虽勤惰不同,其为失则均也。……今与诸生约,每日工课大略有四,悉书于策。洎乎浃月,将考厥成焉。……
>
> 经书发明:经书为义理之渊源……诸生每日看某经某书,自某处起至某处止,必潜思玩索,身体力行,凡有所得,即记于是日课程之内。
>
> 读史论断:读史有真性……异日真人品、真经济,正从此中陶冶而出。……今与诸生约:每日看史,自某处起至某处止,有所发明论断,悉书于后。

---

① 莫祥芝等修《(同治)上江两县志》卷八"学校志"。
② 邵廷采《思复堂集》卷十,《清代诗文集汇编》第174册,第453页。

古今文:雕虫小技,壮夫不为;俳语优词,修士所耻。……"天人三策"、东西二铭,以及《佛骨表》《原道》诸篇,皆有关于世道人心者。至于制义一途,浚发自己之性灵,阐明圣贤之义蕴,且又廷献之先资也。言之无文,行之不远,可无务乎?每日所作古文、时文,其备记之。①

张伯行的"日程"虽不如程端礼的"日程"详尽,但通经、读史、作文的思路大致相似,而且要求生徒对每天所读所得以笔记之,亦同程氏之法。其他书院学规中,提及或仿效程氏《读书分年日程》者不在少数。②

其三,太仓娄东书院历任山长多有名家,如卢文弨、钱大昕、王昶等。第二任山长为沈起元,曾主讲江宁、济南、扬州等地书院,在娄东书院掌教时,曾订立教规。教规内容分为四个方面,其一"士子以立品为先",其二,"为学以穷经为本",以四书五经为中心,有余力可在本经融洽贯通之后治他经;其三,读史,"人不读史,识见必隘而陋,初学未能遽读全史,必先看《通鉴》《纲目》等书,考其治乱兴亡之所由。……再次第细看历代全史,以极其胜";其四,作文。"古文作手,近日颇罕,大都为制义所误,然昔之工于制义者,未有不从古文中来者也。……在初学入门,且先读八家,由八家而上溯之《史》《汉》,溯之《左》《国》,更溯之《孟子》《尚书》,而古文之道尽矣。"为古文之法,备于八家,然经史为文章之本,故须先立本。③ 此四方面有先后轻重之别,立品、穷经、读史、作文,顺序如同程氏《读书分年日程》,在读史、作文两层上,更有类似之处。

其四,李兆洛道光年间在暨阳书院,尝以"小学问""农桑问"诸题让生徒一陈意见,于"小学问"中亦提及《读书分年日程》。"宋吕氏《小儿语》、明[元]程氏《读书分年日程》、袁氏《功过格》、黄氏《人谱》,皆小学之

---

① 张伯行《正谊堂文集》卷十二,乾隆三年刻本。
② 如中国国家图书馆就藏有光绪刻本《明道书院日程》《忠诚书院日程》,复旦大学图书馆藏有光绪刻本《续定经心书院日程规条》。
③ 王昶等纂修《(嘉庆)直隶太仓州志》卷十四,《续修四库全书》第 697 册,第 233—234 页。

要书,而躬行之实事。然或以《小儿语》为浅,《分年日程》为拘,《功过格》为诞,《人谱》为廓,能知其辨否? 士先器识,此器识之大者也,其发愤一陈之。"①虽未见文字表明李兆洛在书院中采用《读书分年日程》,然他将其与《功过格》《人谱》等并列,显然是让肄业生徒留意这一类书在读书做人方面的自律价值。

其五,宗稷辰为群玉山房订学规,凡八条,除读经古文、史,作诗习字之外,亦有"严课程"一项:"每日晓起读古文,次及名家时文,饭后读经,有疑必质,临帖所临必就正。日中杂览子史,唯意所适,以养其度,复即所业文寻绎之。晚边诵诗,夜读文。向来如此,循而有恒可也。文期定以三、八,至期专一作文,永日可作两篇,以免场中迟滞。讲书无定期,随时可以问答,若泛泛讲章,有何益处。"②

其六,上海龙门书院的"课规"共有六条,其中第三条为"严日课",亦是仿照程氏《读书分年日程》而来。该条曰:

> 诸生各置行事日记册、读书日记册,于行事日记册内分晨起、午前、午后、灯下四节,按时定课。大要以晨起、午前治四子各经(一书精熟然后再读一书)及《性理》(每日读数章);午后读诸史《纲鉴》(专取一书从首读起,不得杂乱)及各家书(择其要、撷其精,不得观无益之书),或旁通时务(须有实际),有余力或作文辞(须当于理,不得作闲杂词章),或习书法(须端楷);灯下或兼及科举之业(宜多读先正阐发义理之文)。虽间有参差,总以绵密无间为主,每日课程及事为,按候记于行事册,读书有心得、有疑义,按日记于读书册。……逢日之五、十,呈于师前,以请业请益,师有指授,必宜服膺。③

此课规出自龙门书院首任山长顾广誉之手,字里行间,有严肃之气。

---

① 李兆洛《养一斋文集》卷二十,《续修四库全书》第 1495 册,第 305 页。
② 宗稷辰《群玉书房学规》,见《躬耻斋文抄》卷二,咸丰元年刻本。
③ 柳诒徵《江苏书院志初稿》,原刊《江苏省立国学图书馆第四年刊》(1931 年),现收入《中国历代书院志》第 1 册(江苏教育出版社影印本),第 73 页。

第五章 《读书分年日程》与读书风气

叶裕仁《征士访溪顾君行状》:"君自幼慕其乡杨园、清献之为人,刻意励行,昼之所为,夜必书之于册,及长,得元程畏斋《读书分年日程》,依其法以读经,攻苦淬厉者数年。……君独不为时风众势所挠,一以程朱居敬穷理为本,以之自励,即以之勉之,见之著述,皆足以发挥理要,扶植人心,古称经师人师者。"①顾广誉早年读书得益于《读书分年日程》,在书院讲学亦以其律生徒,与友朋论学书札中亦提及。他对程端礼《读书分年日程》相当推崇。《复董枯匏书》云:"矫今之弊,惟实体《小学》《近思录》、四书,以端其本,而又略仿古按年治经之法,于朱子《学校贡举私议》、程氏《读书分年日程》之所为,先治一经,次治余经,旁及《通鉴纲目》,与当世之务,必使体用交资,巨细兼贯,庶于古昔大学之意无悖。"②《与俞筠甫书》云:"学问之道,贵知其大,而又不可以陵节而施,其要亦在循序读经而已,法盖略备于朱子……而元儒畏斋程氏辑以告人,又为重刻于灵寿,后来如暗斋、翠庭诸先生,率皆得力是书。自汉学盛行,而人始束之高阁矣。广誉年逾弱冠,始获见是书,见而慕之,以间惑于近时之说,旋作旋辍,故至今不能有成。然幸有数年之微功,差可为此日依据,则犹知尊信是书之效也。"③

刘熙载为龙门书院第三任山长,主讲达十四年之久,其德其学均为学者所推服,以为有胡安定之风。刘熙载掌教,亦严尊课规,又立"课程"六条及细目二十二条,与诸生讲习终日不倦,"每五日必一一问其所读何书,所学何事,讲去其非而趋于是"④。正因为规制严且能始终坚持,并有名师掌教,龙门书院在东南才能和诂经精舍、南菁书院相辉映,造就一大批人才。《象山书院章程》十五条之中亦有专条指示读书问学之法,"诸生除每月两课期外,每日须有功课日记,不必专习时文","入门者必以质疑问难为始,每日读何书、作何说、设何疑、问何难,必有数条,不得

---

① 顾广誉《悔过斋文集》卷首,清刻本。
② 顾广誉《悔过斋文集》卷二。
③ 顾广誉《悔过斋文集》卷三。
④ 俞樾《左春坊左中允刘君墓碑》,见刘熙载著,薛正兴点校《刘熙载文集》"附录",江苏古籍出版社,2001年,第791页。

草率,十日呈送院长鉴核"①。

其七,万斛泉(清轩)在道光十二年二十五岁时才见到程氏《读书分年日程》,"涣然知正学之门户,觉功修次序毫不可紊,遂笃信谨守,奋志求道",至三十九岁授徒张氏两铭书屋,仿《读书分年日程》以为训,"严其课程,宽其岁月,循循善诱"②。此后,万斛泉又应龙启瑞之聘,主讲汉阳崇正书院,订书院条约七则,又主讲河东书院。至光绪五年七十三岁时,又主讲叠山书院,直至九十七岁去世。万斛泉在崇正书院条约"书籍宜购求"一条中,以为书院须藏书,而书之购藏,"宜切遵程氏《分年日程》所载,并国朝所定经史、性理、治道、制度等书"③,万斛泉尝在苏州紫阳书院讲学,离开书院两年后,仍与诸生有书信往来:"诸君近来用功,恪遵程氏《读书分年日程》,为喜为慰。泉闻之许白云先生云,吾非有大过人者,惟为学之功无间断耳。"④以语意推测,紫阳书院诸生遵程氏读书之法,似有万斛泉在序跋或书札等类文章中多次提到早年读程端礼的成效。他推己及人,故而在书院条约和讲学中亦以程氏书为法式。

其八,同治十二年知州吴承潞建尊道书院于娄东县海门桥西南桴亭遗址,祀陆世仪,移安道书院肄业生童于此,定生童名额和每月膏火钱数目,又定章程,"报专经,以日记考其课业"⑤。此章程在光绪十四年间虽有改动,而至光绪二十四年陈谟予以恢复,并将用此法考核的优胜者送

---

① 见《象山书院章程》,第212页。此章程收入《中国历代书院志》第11册,作者和刊刻年月不详。

② 张鼎元编《万清轩先生年谱》,《北京图书馆藏年谱珍本丛刊》第156册,第232—237页。

③ 万斛泉《致汉郡董竹楼太守崇正书院条约七则》,见《尉山堂稿》卷十,光绪三十二年叠山书院刻本。

④ 万斛泉《复苏州府诸生》,见《尉山堂稿》卷七。

⑤ 柳诒征《江苏书院志初稿》,第81页。经查证,此处所引出自《续定上海龙门书院课程章程》,南京图书馆藏,作者及刊刻年月不详。以"课程"后一段文字"前山长顾访溪先生课程甚详且当,诸生既各置一册矣。兹又举切要事而当守者,厘为六则,使诸生揭之座右,相与讲明遵守而自责之于身焉",以及龙门书院几位山长之情况可推断,"课程"出自顾广誉之手,而"章程"乃刘熙载所订。

第五章 《读书分年日程》与读书风气

州核奖。

其九，王祖畲先后主讲过宿迁钟吾书院、海门师山书院、崇明瀛洲书院、安道书院、尊道书院和学海书院。据王氏日记，主讲宿迁钟吾书院的时间在光绪十年五月二十一日，到书院之后，当地士绅官员和书院肄业生来拜访。"五月廿七日己刻黄伯雨以霖来见，伯雨，康侯之兄子也，语次颇有向学之意，以所携元程氏《读书分年日程》授之。"①王祖畲在主讲书院时携程氏此书，是否作为生徒学习之指导，已不可考；然以此书送黄伯雨，则可断定他对《读书分年日程》的看重，也多少能说明该书在指导读书人方面的导引价值。

其十，《清稗类钞》"于荫霖演讲于敬敷书院"条云："光绪朝，于荫霖为皖藩时，省城敬敷书院为寒士肄业之所。于集诸生于堂前，娓娓陈说，多身心性命语，并命诸生于读书余暇，作杂志、日记各一本。定期赴堂校阅，按簿翻览，无一遗者。某生日记簿内，有'时已夕阳在山'等语，斥其过文，谓宜以时刻为记。又有某生杂志簿内，于宋儒语录，登记颇详，于极嘉尚，提作高才生。突问之曰：'明德'二字作何解？某生迟疑不能对。于详为解说，至千余言"②。

其十一，光绪十二年，二十三岁的陈汉章入诂经精舍，从俞樾学，于正月开始作《俞楼日记》，其意在"自考其心术之厚薄，功力之勤惰，不敢希冀陆清献、钱竹汀、钮非石诸先生之撰述，亦祈三百日中不背曾文正有恒之训"③。是年日记后有总叙，总记一年所点读之书凡五百七十卷，点看而未毕者亦有多种。光绪十三年，陈汉章至宁波辨志精舍，仍有读书日记，至年底共点读一千四百四十卷，点读未毕者有十六种。从陈汉章年谱记录来看，陈汉章此种读书目录之法，自光绪九年坚持到光绪十九年，如此自律苦读，为其学问奠定了坚实的基础，后来他为学堂撰写《经学研习条议》，亦倡导此法，并举前儒用此法读书之先例，如洪亮吉读经

---

① 王祖畲《溪山老农日记》不分卷，南京图书馆藏稿本。
② 徐珂《清稗类钞》，中华书局，1984年，第570页。
③ 林志龙《陈汉章先生年谱》，见《经史学家陈汉章》，黄山书社，1997年，第321页。

史子集,每日二卷;全谢山读《永乐大典》,日限二十卷;曾国藩读二十四史,日以十页为度。①

程端礼《读书分年日程》被书院采纳,并当作课程表来利用,对于书院山长或地方相关官员而言,条理清晰的日程无疑是一套行之有效的管理规条和评价体系,道不变,规条亦不变,既然程朱理学依然是正统观念,与程朱理学尤其是朱子读书法紧密相关的《读书分年日程》也只要作微调,即可照搬利用,故而它对于书院学习的管理以及正统观念的维护和传承,有一定的作用。又因山长制订的书院规程以及读书人依循的日程,其核心是朱子读书法,似乎朱子赋予他们一种力量。书院章程的相关内容语气多有确信无疑之意,以为沿此正确路径,必有大收获。

对于书院肄业生徒而言,《读书分年日程》可促使其自律。其一,读书当循序渐进,日积月累,并求日有所得,以"日程"时时自我评判反省,不致于荒废懈怠;其二,日程以一种约束的方式,督促肄业生徒将人生中最好的时间用于立根柢,不致于散漫无归,为日后的立德立功立言作准备;其三,日程强调的是慢工夫,数年的坚持与磨砺,实际上是在修身养性,培养一种耐得住寂寞的恒心。

书院以《读书分年日程》之意来管理督促生徒,当以龙门书院最为成功。陈宗彝是龙门书院弟子,他在书院学习期间的日记稿本,今存同治七年至光绪六年(1880),共十三年。这种长时间的记录较为真实地记录了书院的运行情况。陈宗彝所用日记册,为龙门书院印制,分为两种,一种是"龙门书院行事日记",首页天头印有红字:"行事当敬以胜怠,义以胜欲。敬、怠、义、欲,须于举动时,默自省察,所行必求可记。不可记者,即知必不可行。记必以实,司马文正言诚自不妄语始。"②另一种是"龙门书院读书日记",首页天头印有红字:"读书先要会疑,又要自得。张子曰:'于不疑处有疑,方是进。'又曰:'心中有所开,即便札记,不思则还塞

---

① 陈汉章《经学研习条议》,见《经史学家陈汉章》,第210页。
② 陈宗彝《龙门书院读书日记》,同治七年稿本,上海图书馆藏。

之矣。'"①以下录同治七年"行事日记"：

（八月）初九日，晨起，誊敬业课卷；午前，读《儒行》《冠义》；午后，看《礼记集说》；灯下，读时文。

（八月）初十日，晨起，呈日记；午前，读昏义,《乡饮酒义》；午后，看《礼记集说》；灯下，读时文。

（八月）十五日，晨起，谒朱子如初；午饭，出院买《家礼仪节》一部，申刻回院，即借蔚也藏本校正讹脱。

（八月）十八日，午前，读《聘义》；午后，补录《家礼仪节》二首，谨书师著《持志塾言》二页；灯下，写信二函。

（十一月）二十六日，午前，呈日记。师诲以及时为学，非特一日易过，即一岁亦易过。每年正月思做工夫，逮岁终仍无长进，可惧也。午后，看《酒诰》《书传补商》卷八；灯下，看时文。②

又同治九年"读书日记"：

（九月）二十八日，坊本陈氏《礼记集说·乐记》"商乱则陂其臣坏"，考崇志堂卫氏《礼记集说》本作"其官坏"，下系庆源辅氏说云："变臣言官者，主有职者言之。"据此当是"官"字，坊本误也。又崇志堂节氏《集说》本"感条畅之气而变平和之德""乐乐其所自生，而礼反其所自始"，二处俱较坊本陈氏《集说》多一"而"字，未知孰是，俟考。

（十月）初八日，读《孟子》"王无罪岁"语，知凡事决裂，总由未尽厥心，徒诿之无可奈何，非惟无以自解，适自成其过矣。薛文清《读书录》曰："人誉己，果有善，持其善，不可有自喜之心；无善，则增修焉。人毁己，果有恶，即当去其恶，不可有恶闻之意；无恶，则加勉焉

---

① 陈宗彝《龙门书院读书日记》。
② 陈宗彝《龙门书院读书日记》。

可也。"又曰:"人未己知,不可急求其知;人未己合,不可急与之合。闻人毁己而怒,则誉己者至矣。皆至言也,当敬佩也。"

(十月)十五日,茅纯叟《近思录集注后序》云:"马郑贾孔之说经,譬则百货之所聚也。程朱诸先生之说经,譬则操权度以平百货之长短轻重者也。微权度,则货之长短轻重不见而非。百货所聚,则虽有权度,无所用之矣。"张铁夫《记收书目录后》云:"夫汉人功,诚不可没,然固以其抱残守缺,而有以待乎后之人。是故宋人之功,汉人之功也,尊宋乃以尊汉也。譬之稽田,汉任其开垦,而宋任其敛获。今乃舍粒食之功,而卤莽灭裂,日求所为开垦者事之,亦可怪甚矣。"窃谓汉人说经,详于名物,宋人说经,详于理义,由粗及精,自微之著,时为之也。近世宗汉者,薄宋为空疏;尊宋者,鄙汉为芜杂,此皆后人之私见,而未观古今之大势也,如二先生持论乃得其平。①

"读书日记"每页天头印张载、朱熹关于读书先要会疑的文字,"行事日记"天头文字强调"敬""默自省察""诚",程朱理学之意很明显,而这些文字频频在日记册中出现,对生徒而言无疑有指示作用,它们既倡导治学方法,又在划定思想范围。应宝时是龙门书院的移建者,也是规制订立者,所撰《龙门书院记》云:"凡肄业者,必先从事于《小学》《近思录》,以正其志趋,后及群籍,以备考索。故凡经史诸书悉购置焉,又书朱子白鹿洞规于堂,俾日见之以资警省,月课性理策论,期有合于胡安定经义治事立斋之意,故不以举业诗赋列入课程。"②两种日记天头上所印文字的涵意与应宝时的期望一致。陈宗彝行事日记的条目与内容,也与顾广誉所订课规相符合,尤为可贵的是,他能持之以恒,坚持十三年。上引同治九年八月十八日"书师著《持志塾言》",又同治十三年四月校《艺概》,光绪三年五月校《昨非集》,这三种著作皆出自山长刘熙载之手。刘熙载光绪七年辞世,陈宗彝日记止于光绪六年,也就是说陈宗彝在书院读书的十三

---

① 陈宗彝《龙门书院读书日记》。
② 《上海县志》卷九,同治十一年刻本。

年,与刘熙载做山长的时间完全重合。刘熙载承顾广誉之课规,一直坚持,并融合自己的思想,同治七年十一月二十六日"行事日记"中有刘熙载的教诲之言;而同治九年十月初八日、十月十五日"读书日记"关于修身养性、调和汉宋之争中偏向宋学等问题的思考,可视为刘熙载思想的延伸,①而延伸的途径在讲学之外,查阅生徒日记并作交谈是制度化的交流方式。陈宗彝在读《近思录》这一系列的理学著作时,常有省察,并将所得记之于册;《礼记》《诗经》《史记》《说文》也是重点阅读的经典,从同治七年八月十五日"行事日记""校正讹脱",同治九年九月二十八日对《礼记集说》坊本与崇志堂本的比较,以及在其他"读书日记"中一定数量的考证性文字来看,龙门书院在偏重程朱理学时,不废朴学工夫,在注重理学以及经史之外,亦不废时文,但时文并不是课业的中心,而且研习时间亦多在晚间。刘熙载之后的龙门书院有衰败之态,但龙门书院这种重视理学经史、注意身体力行的学风一直延续到光绪末年,沈恩孚光绪二十四年《龙门书院读书日记》可作为陈宗彝日记的续篇,以个人之记录为书院存下了一段历史。②

---

① 此外可举刘熙载思想传衍例。姚子让是龙门弟子,亲炙刘氏之教,沈恩孚入龙门肄业时,"乃获时时亲炙,其言行居恒不多,言必当于理,且极关心乡土公益事。待人接物极温和,而处事极条理精密,常述兴化刘融斋先生之训言及其著作中之精要语,以为师法。……闻子让言,乃如亲炙融斋先生矣。……龙门定章,每一事必二人或三人分治之,子让尝引余为助。余之得谙治事轨范者,亦深获子让之益,揭其要则三语耳,曰视公事如己事,曰随事留心,曰遇事不苟"。沈恩孚《姚恭靖(子让)言行回忆杂录》,见《沈信卿先生文集》卷四,民国印本。

② 沈恩孚光绪二十四年二月十二日日记云:"恩孚行年三十,始识《论语》一书为人生立学之本,任择一语一字,身体力行,必有所得,数年以来惟服膺'恕'字,以冀勉强行之。《论语》文简而明,初学记易解,尝谓童子入塾,略辨字义,即当令诵《论语》,次《孝经》,次《孟子》,次《尔雅》,次《诗》,次《书》,次三礼,次《春秋》三传,次《易》。如是则虽愚鲁子弟,不能兼治诸经,而童年以《论语》《孝经》为根柢,苟粗通大义,他日必不失为循谨之士。今人狃于科举之学,志在速化,四子书外,以五经限为限,先《学》《庸》而后《论》《孟》,舍《尔雅》而治《诗》《书》,习《戴记》而遗《仪礼》《周官》,尊《左氏》而废《公》《穀》,不达圣人之所雅言而轻于学易,宜经术之荒也。"沈氏于日记中表明他所认可的读书次第,以及对科举之弊的批评。诸书中,对三礼的看重与陈宗彝日记所记近似。而"身体力行""恕"等字词,仍能见陈宗彝日记天头上所印红字的影迹。见沈恩孚《沈信卿先生文集》下册,《龙门书院读书日记》,民国印本。

三、《读书分年日程》与清代举业

科举被称为俗学,很可能是因为以科举作为敲门砖所致,强烈的名利追求,使得科举不断遭受批评。明清以来,"读书必登科甲"是绝大多数家庭对子弟的期待,①子弟六七岁发蒙读书,到十二三岁学做八股文,十四岁开始应试,似乎一切都为考试准备。顾炎武云:"余少时见一二好学者,欲通旁经而涉古书,则父师交相谯呵,以为必不得专业于帖括,而将为坎轲不利之人。"②戴钧衡《桐乡书院四议》:"自科举之法行,人期速效,十五而不应试,父兄以为不才;二十而不与于胶庠,乡里得而贱之。"③陈寿祺云:"呜呼!今日士行之偷,尚可言哉!自其束发知书,父兄师长汲汲然日督以科举之业,惟恐旦暮不速化,其子弟俯首听命,亦皇皇然以一衿一第之得丧为荣辱忧喜,惟恐旦暮不速成。"④这一读书风气可大略总结为:读书为应试,专读举业书,期速效,走快捷方式,揣摩风气。故有识之士多感叹自制举业兴而古学废,所谓"古学",乃相对以"时文"为中心的科举之学而言。明清的科举之弊,多在正学与俗学、古学与时文的对立中被评说。

> 余尝谓害教化、败人材者,无过于科举,而制艺则又甚焉。盖自科举兴,而出入于其间者,非汲汲于利,则汲汲于名者也。八股之作,较论、策、诗、赋为尤难,就其善者,其持之有故,其言之成理,故

---

① 高拱京《高氏塾铎》云:"林文安家训首嘱子弟读书,俗云读书必登科甲,苟不能,不如早弃之,去营生理,免废了钱财,又惰了手脚。"王晫、张潮编纂《檀几丛书初集》卷十九,上海古籍出版社,1992年,第91页。
② 顾炎武著,黄汝成集释《日知录集释》卷十六"十八房",岳麓书社,1994年,第584页。
③ 戴钧衡《味经山馆文抄》卷一,《续修四库全书》第1545册,第581页。
④ 陈寿祺《书雷翠庭先生闻见偶录傅鹏起事后》,见《左海文集》卷七,《续修四库全书》第1496册,第295页。

第五章 《读书分年日程》与读书风气

溺人尤深,有好之老死而不倦者焉。①

且自举业兴,而所谓讲诵肄习者,区区帖括之末。近来学者日趋苟简,百家诸子之书,且束而不观,而圣贤修齐治平之学,其讨论及之者尠矣。②

科举考试对读书风气的影响,甚至渗透到家规中,如《戴氏宗谱》卷二"家规"的"教子第四"规定家学课程为"启蒙、孝经、小学、四书、诗经","经完,读古文一部,或《文章正宗》,或《名世文宗》,或秦汉文,或《战国策》,或晋魏书,或韩柳欧苏,不贵于多读,只要私心得力为主。开笔只用《皇明历科老小题》一部,选读数十篇,效其笔力之老到,机法之圆脱,俟书理稍有明白,方可读时下文章。然一习举业,案头切不可多置书卷,只用张阁老《指南直解》一部,《四书》《诗经》大全各一部,《通鉴》一部,时艺不拘房行,墨艺随意选读,应举工夫在此,糊口工夫在此,大儒工夫亦在此。"③举业的排他性,十分明显。戴氏家规,应不是孤立的个案。士习的变化或堕入功利,引起乾隆的重视。乾隆四十四年谕云:"大抵近来习制义者,止图速化而不循正轨,每以经籍束之高阁;即先正名作,亦不暇究心,惟取庸陋墨卷,剿袭挦撦……师以是教,弟以是学,举子以是为揣摩,试官即以是为去取。且今之举子,即异日之试官,不知翻然悔悟,岂独文敝,即士习亦不可问矣。"④士习之败坏,更有甚者,士子在科名到手后,四书五经弃而不理,对其他书籍也无兴致,而坐享科名之福。

---

① 方苞《何景桓遗文序》,见方苞著,刘季高校点《方苞集》卷四,上海古籍出版社,2008年,第609页。
② 秦瀛《重修敷文书院记》,见《小岘山人诗文集》文集卷四,《续修四库全书》第1465册,第193页。秦瀛嘉庆二年主讲敷文书院。
③ 戴锡康等纂修《戴氏宗谱》,民国六年二礼堂铅印本。转引自张廷银《族谱所见文学批评资料整理研究》,人民文学出版社,2012年,第192页。
④ 弘历撰《钦定皇朝文献通考》卷五十二"选举考",《景印文渊阁四库全书》第632册,第311页。

科举之学尽管是"俗学""速化之学",然仍有其存在的必要。相关批评,正是补救其缺失的着手点。清廷对此采取多种措施,如规范划定科举用书以明正途,颁行《钦定四书文》以"厘正文体"。清代的书院基本是举业型书院,乾隆九年礼部议覆:"嗣后书院肄业士子,令院长择其资禀优异者,将经学、史学、治术诸书,留心讲贯,以其余功兼及对偶声律之学。其资质难强者,且令先工八股,穷究专经,然后徐及余经,以及史学、治术、对偶声律。至每月课试,仍以八股为主,或论、或策、或表、或判,酌量兼试。"①而一些学政、书院山长等也尽其力倡导通经学古,欲借经籍余光,润色举业文字。陈寿祺《鳌峰崇正讲堂规约八则》(道光乙酉)"择经籍"一则,推荐音韵训诂、史书、集部及本朝汉学家著述,并示读书轻重缓急诸事,如"读经必观经注,朱子《论》《孟》集注、《学》《庸》章句外,《御纂四经传说》《钦定三礼义疏》固学者所当服习。《十三经注疏》颁在学官,本以待高才嗜古者从事于斯,其中《毛诗》《礼记》二经正义,当先玩阅,次及《周礼》《仪礼》《左氏传》注疏,其余酌择观之可也。"②这些救弊之举,大致认为圣贤学问不妨碍举业,以为义理明,则应试文字自有精神光彩。用功轻重,似如朱子所说的读书用七分功夫,而科举用三分即可。③如何切实持久地用功读书,清人在议论之外,也在寻找良策,譬如不少书院山长有意地强化讲学的学术性;包括山长、学政在内的学者,力图将读书纳入规章制度,确保经典学习的有序和有效。在这一点上,《读书分年日程》,无论就其主旨还是方法而言,皆可成为借鉴的资源。

查考数种书目和几所图书馆馆藏书目录,见于著录的《读书分年日

---

① 昆冈等修,刘启瑞纂《大清会典事例》卷三九五《礼部·学校·各省书院》,《续修四库全书》第 804 册,第 304—305 页。

② 陈寿祺《左海文集》卷十,第 422 页。又如胡培翚《惜阴书院别诸生文》,亦有导引之意:"至文也者,本经史所得,发为词章,达则润色鸿业,穷亦修辞明道,岂区区以帖括争能哉?……吾不知诸生应文毅之命而来者,其皆俛然以实学是务乎?亦皆徇于虚名乎?其于十四经、廿四史皆早夜讲习弗遑乎,抑或郑孔之说、马班之文犹未寓目乎?"《研六室文抄补遗》,《续修四库全书》第 1507 册,第 487 页。

③ 朱熹云:"士人先要分别科举与读书两件孰重孰轻,若读书上有七分志科举上有三分,犹自可;若科举七分,读书三分,将来必被他胜却。"朱熹《朱子语类》卷十三,第 243 页。

程》至少有三十五种版本,现按刊刻年代顺序大致排列如下:

1. 元元统三年甬东家塾刻本
2. 明胡尧元刻本
3. 康熙二十八年当湖陆陇其三鱼堂刻本
4. 清初仪封李日华刻本
5. 乾隆六年荷泽房氏居易斋刊本
6. 乾隆九年祁门儒学刻本
7. 乾隆五十四年《四库全书》本
8. 嘉庆元年宋玉诏王锡范跋本
9. 嘉庆元年道南书塾刻本
10. 嘉庆十九年芸湖缪氏刻本
11. 嘉庆二十一年沈维镐经正堂刻本
12. 嘉庆间北京文英堂刊本
13. 道光三年毛式郇刻本
14. 道光三年顺天府乐寿堂刻本
15. 道光六年阳城刘氏藜照书屋刻本
16. 道光二十七年文英堂重刊《教学五书》本
17. 咸丰五年蓬邑蓬莱书院刻本
18. 咸丰七年枝江丹凤书院重刻本
19. 咸丰八年丹阳书院刻本
20. 同治五年福州正谊书院刻本
21. 同治五年钱塘丁氏《当归草堂丛书》本
22. 同治七年湖北崇文书局刻本
23. 同治八年江苏书局刻本
24. 同治十年东川书院刻本
25. 同治十年山东尚志堂刻本
26. 同治十一年教忠堂刻本
27. 光绪八年津河广仁堂刻本
28. 光绪八年羊城双门底六雅斋重刻本

29. 光绪九年湘乡东皋、涟滨两书院重刻本
30. 光绪十八年文英阁刊本
31. 光绪十八年兰州督学节署刻本
32. 光绪二十三年柏经正堂《西京清麓丛书》本
33. 光绪二十五年《吉林探源书舫丛书》本
34. 光绪二十六年桂垣局刻本
35. 光绪二十九年济南节署刻本

《读书分年日程》的刻本种数肯定超过以上所列。蒋若采《重刊读书分年日程序》云："今夏（咸丰五年）于锦城书肆，购得璧山县八塘场所刊本，纸板既劣，舛讹亦甚，且以陈文公附说羼入程书卷中，殊不可解。旋又购得锄经堂刊本，始知璧山本删去正始之音，而以陈说补其阙也。"①由此可知还有两种刊本。现据以上所列诸版本，稍作论说：

其一，三十五种版本中清代版本有三十三种；清代版本之多，在一个侧面上表明，因为清代教育发展的兴盛而对实用性极强的《读书分年日程》产生大量需求，这是问题的一个方面；另一方面，科举考试发展到清代，已至鼎盛时期，其问题也显露无遗。其中最重要的一点是科举只图速化，将经籍束之高阁。清人大致有一种较为普遍的论点，认为明代八股文名家大多读书，②故其文充实，自有一种气象。清人则要大为逊色，故有补救不读书之举。《读书分年日程》在清代的多次刊刻，或许也可视为清代科举弊端的更加严重。

其二，清刻本中，出自巡抚、学政之手，或在书院、儒学刊刻的版本种数较多，《读书分年日程》已完全被官方教育体系接纳并加以推广。③ 譬如，康熙年间，浙江归安沈涵任福建学政时，试士公明，所拔皆名宿，"以

---

① 蒋若采《重刊读书分年日程序》，见《元程畏斋读书分年日程》卷首，咸丰五年蓬邑蓬莱书院刻本。
② 冯桂芬《改科举议》云："有明国初之时文，未尝不根柢经史，胎息唐宋古文，程墨有程，中式有式，非可卤莽为之。"见《校邠庐抗议》卷下，《续修四库全书》第952册，第533页。
③ 《读书分年日程》多由官方刊刻，如同治十年山东尚志堂刻本版权页标明"陆清献公原定本，本朝邑阎丹初中丞、平远丁穉璜少保鉴定，同治辛未冬山东尚志堂重雕"。

朱子分年读书之法课士,士习为之不变"①。姚鼐弟子陈用光在福建学政任时,重订《读书分年日程》,为该书撰序云:"俾知诵数讲贯之法,其事甚易而其效甚大且速,非为科举之士言之也。然而为科举之学者,循其法以行之,固足以免荒经蔑古之失,而渐以趋夫博闻强识之途。乾隆年间特诏天下郡县学校颁发此书,以励学者,嘉惠儒林之意,岂非至优极渥,而为士子者所当敬谨遵奉勿替者与?福建为朱子过化之地……其于科举之学,亦惟以苟得速化为事,而鲜能以博综古训为贵者。……中材以下,苟能读是书而用其法以自课,则积累之久,及其成功,与上知一而已。"②陈用光刊行此书,主要针对科举速化、荒经蔑古之失,而序中引述"乾隆年间特诏天下郡县学校颁发此书",值得特别留意。此事表明清廷一方面在示读书人以正途,一方面在救弊的同时强化正统思想。

其三,清刻本中,陆陇其康熙二十八年刻本是一重要版本,后人多依据此本翻刻,如此陆氏跋所言"非程氏之法,而朱子之法也;非朱子之法,而孔孟以来教人读书之法也",亦被复制传播。清刻本中以同治五年以后刻本稍多,这似乎与同治中兴重振文教之举措相关。

《读书分年日程》将读书制度化,并以制度化的体系维持四书、十三经以及其他合乎准则的著作的地位,在每日的读、温、背以及长达数年的涵泳中,渐渐确立这些书籍的权威性,将其作为经典接受。《读书分年日程》的读书主旨和极为细密的日程安排,不仅表明它对其他学说和书籍的排斥,同时也是对所谓正统学问的清理修整,在清代而言,就是对"俗学"的抑制,这一意图,在朱子"近日真个读书人少,也缘科举时文之弊也"一语中已显露。

《读书分年日程》的通行,是督促士子讲明"正学"。所谓"正学",一方面是针对"杂学"而言,此即熊赐履在康熙七年的上疏中所说的"百家"

---

① 法式善《槐厅载笔》卷十四,《续修四库全书》第1178册,第468页。
② 陈用光《重订读书分年日程序》,《太乙舟文集》卷六,《续修四库全书》第1493册,第373页。

与"二氏"之学;①另一方面是指"俗学"的对立面,其中有一明显的举措可藉以考察,此即对坊间印行科举用书的严厉管制。

  一、十三经皆载道之文,五经尤取士所重。俗学荒经日甚,至有弃完备之编,而从删改之本。既不自知其鄙倍可耻,且欲传播他人,公然刊布,市侩因以居奇,村塾利其省便,无非割裂苟且,安望通贯醇全。本都院历任所至,久经严示禁约,兹蒙我皇上明训周详,特勒部议通饬各督抚学政,率府、州、县分别查办,定以限期处分。现据提调官督属奉行,各书坊删本经书板片陆续呈缴销毁。而诸生家藏者,虽令自行销毁,难保无秘惜其私,阳奉阴违。应着各教官明切晓谕,令其一体呈缴候核。仍将查缴过种数,分别详报本衙门备案,毋任玩延。……

  一、《四书》遵守朱子集注,功令久垂,士子莫不童而习之。即善学者各有心得,亦必先求其故,而后徐通其变,方于行文立解,不触不背。上江士林往往家自为学,人自为师,尤贪径省求速了,竟有《四书》蔑弃朱注而不读者,或仅读《学》《庸》章句,而《论语》注不过间及,《孟子》注则全删置者。何怪荒经蔑古之多,书理作法之悖。②

这是赵佑乾隆五十七年所撰《上江试士条规》十条中的两条,其中要点在"俗学荒经日甚",主要原因在士子不走正路,读删改不全之本或时文选本;而查禁坊间编刊科举用书,无非是要"尊经服古"。规范、充实与查禁之举,在清代似未歇息,自顺治九年起,即对学校用书开始不断规范。"顺治九年题准,今后直省学政,将四子书、五经、《性理大全》《资治通鉴纲目》《大学衍义》《历代名臣奏议》《文章正宗》等书,责成提调教官,课令

---

① 康熙六年熊赐履上疏云:"高明者或泛滥于百家,沉沦于二氏,斯道沦晦,未有甚于此时者也。"赵尔巽等撰《清史稿》卷二六二,中华书局,1977年,第9892页。
② 赵佑《上江试士条规(壬子)》,《清献堂集》卷十,《清代诗文集汇编》第360册,第688页。

第五章 《读书分年日程》与读书风气

生儒诵习讲解,务俾淹贯三场,通晓古今,适于用世。坊间书贾,止许刊行理学政治有益文业诸书,其他琐语淫辞,通行严禁。"①

王德昭《清代科举制度研究》一书对清廷禁止坊间选刻时文、表策和经史节本诸史实有梳理:

顺治十七年礼部议准:"二三场原以觇士子经济,凡坊间有时务表策名色,概行严禁。"②

乾隆二十九年:"嗣后专习《礼记》生童,务须诵读全书,不得仍以删本自欺滋误。其现在坊间所刻删本《礼记》,饬令地方官出示销毁,已经刷印者禁止贩卖。"③

嘉庆二十年谕:"士子研经稽古,于五经、三传,自应诵读全书,融铸淹贯,发为文章,方足以觇学识。乃近多抄撮类书,剿袭捃拾,冀图诡遇,不可不严行饬禁。嗣后坊间如有售卖删本经传,及抄撮类书者,着该学政随时查禁,责令销毁。"④

此外,未标明年代的奏折中有"私刻之制艺讲书宜禁"之论;⑤嘉庆

---

① 弘历撰《大清会典则例》卷六十九,《景印文渊阁四库全书》第 622 册,第 302 页。
② 《大清会典事例》卷三三二《礼部·贡举·试艺体裁》,《续修四库全书》第 803 册,第 296 页。
③ 《大清会典事例》卷三八八《礼部·学校·颁行书籍》,《续修四库全书》第 804 册,第 199—200 页。
④ 《大清会典事例》卷三八八《礼部·学校·颁行书籍》,第 206 页。以上三条材料,皆据王德昭书,已经核对原文。王德昭《清代科举制度研究》,香港中文大学出版社,1982 年,第 139—140 页,第 143 页。乾隆五十八年三月十三日,高宗颁谕,重申查禁删本经书,以"整饬士风,崇尚实学"。四月二十三日,高宗颁谕,重申查禁删本经书:"前因各省查禁删本经书,惟山西、广东两省所办较为认真,其余各省收缴无多……本年据朱珪奏,安徽省先后查缴删本经书共六十七种,计八百二十四部,板片二十八块,查禁尚为实力。"陈祖武、朱彤窗编《乾嘉学术编年》,河北人民出版社,2005 年,第 453 页、第 455 页。
⑤ "士子私刻旧经严禁。近有江南、浙江好名不通之人,辄敢刻窗稿、选房行,并著《四书》讲章。海内初学,受其惶惑,为害文教不小。宜勅下礼部,行文江浙督、抚、学臣,严行禁绝。如敢仍前私刻,本人及坊贾一并从重治罪。其每科乡、会墨卷房书,伏请皇上遴选能文之臣,校定颁行,庶士子知所秫式。"(中国第一历史档案馆馆藏档案,宫中朱批奏折文教类 180:1)引自杨学为主编《中国考试史文献集成》第六卷,高等教育出版社,2003 年,第 264 页。

二十年学政姚元之奏请饬禁坊刻《四书典制类联》及《四书人物类典串珠》等书；①章学诚《清漳书院留别条训（三十二篇）》中有"坊刻讲章，辑者本无真识定见"②之说；王昶《友教书院条规》中有"坊间经文，只取拟题""院中生童，务读全经"③之规约。删改不全之本以及时文选本类书籍编刊的中心主要在江浙，经由书贾的贩卖，流行全国。④ 科举考试中的急功近利，并非个人行为，而是普遍现象，其根源当在科举制度本身。急功近利，则心无主见，遂"乱投医"与"临时抱佛脚"，章法全无；故赵佑有"家自为学，人自为师"之叹。

　　正本清源，为士子指引路径，《读书分年日程》当可作为重要的参考。而这一导师性质的指引，多有学政等官员、或书院山长承担，如上文所提及的赵佑、姚元之、章学诚、王昶等。譬如章学诚在《清漳书院留别条训》中提出更为切实可行的读书之法，以使士子用有根柢之学应试。"用别类分求之法，统汇十五经传，大而制度典章，小而名物象数，标列宏纲细

---

① 梁章钜《制义丛话》云："又二十年，有学政姚元之奏请饬禁坊刻《四书典制类联》及《四书人物类典串珠》等书，奉上谕：'士子研经稽古，于五经三传，自应诵读全书，融铸淹贯，发为文章，方足以觇学识。乃近多抄撮类书，剿袭撏拾，冀图诡遇，不可不严行饬禁。嗣后坊间如有售卖删本经传及抄撮类书者，着该学政随时查禁，责令销毁。'"《制义丛话》卷二，上海书店出版社，2001年，第31—32页。

② 章学诚《清漳书院留别条训（三十三篇）》其二十一云："坊刻讲章，辑者本无真识定见。即世所盛称如汪陆诸家大全合订，虽若可以依据，究属前人已成之书，于我识性，初未浃洽。我有所见，而于彼折衷可也，我本全无执持，而惟思就彼成格，则性灵固未有能自得矣。……理解莫萃于宋儒遗书，朱子而外，若周程张邵以下诸贤，语录文集，全本集本，俱当量力购求……平日先以经传正文及注疏解义，会通诸儒语录文集。"《章学诚遗书》，文物出版社，1985年，第672页。

③ 王昶《友教书院规条》云："坊间经文，只取拟题。即有删读经文以趋偷巧者，最为士习人心之害。院中生童，务读全经，即《礼记》《曾子问》《三年问》之类，不得私行删减。监院于背课时，留心稽核。"《春融堂集》卷六八，《续修四库全书》第1438册，第327页。

④ 顾炎武引述："杨子常（彝）曰：十八房之刻，自万历壬辰《钩玄录》始，旁有批点，自王房仲（士骐）选程墨始，至乙卯以后而坊刻有四种：曰程墨，则三场主司及士子之文；曰房稿，则十八房进士之作；曰行卷，则举人之作；曰社稿，则诸生会课之作。至一科房稿之刻有数百部，皆出于苏杭，而中原北方之贾人，市买以去。天下之人惟知此物可以取科名，享富贵，此之谓学问，此之谓士人，而他书一切不观。"《日知录集释》卷十六，第584页。

目,摘比排纂,以意贯之,则程功课效,自能有脊有伦,学问既得恢扩,而文章亦增色彩。……但不知者必谓此事但须索之《五经类编》《四书备考》等书,已足给求,何事重劳搜剔?"①官方倡导的"尊经服古",《读书分年日程》与之桴鼓相应,或者是为士子指示取法乎上的路径。陆陇其在《程氏家塾读书分年日程跋》中于此着力阐说:

> 今程氏读经日程,又必取古注疏、朱子《语类》《文集》,及诸儒之解释而抄之,而读之,而玩之,不可省乎?朱子《纲目》一书,治乱得失昭然矣,程氏又必取温公《通鉴》,及司马迁、班固、范祖禹、欧阳修之史而参之,不亦烦乎?曰:《纲目》犹《春秋》也,温公《通鉴》及迁、固诸家之史,犹鲁史旧文也。鲁史旧文不存,学者不能尽见圣人笔削之意,故言春秋者,至于聚讼。今《通鉴》及迁、固诸家之史具在,参而观之,而紫阳笔削之妙愈见,是乌可以不考乎?②

还有一点值得注意,一些考官在会试、乡试的策问题目中涉及"分年读书",如徐乾学《戊辰会试策问五道》、张廷玉《癸卯恩科顺天乡试策问五道》、江由敦《丙辰科山东乡试策问五道》等(见前文引文),以关系个人前途的考试显示"分年读书"在知识体系与现实教育中的重要性,"分年读书"之法,因而时时得到制度性的支持。

经典的地位已牢固确立,开卷之后如何跋涉并从中获益?程端礼对生徒每日诵读、温习的数量及方法已有规定,此举不但有利于对生徒日常的考核检查,而且对培养生徒沉潜书卷的心性也有助益。科举求"速化",而《读书分年日程》在有意"减速"。日程安排设计井井有条,然对初入门的生徒而言,如何鼓动其志气,而不致望而生畏,也是不可回避的问题。在清代,读书计算字数受到不少学者的注意。读书算字数之法似源于宋代。黄宗羲《宋元学案》引郑耕老(绍兴十五年进士,明州教授)《读

---

① 章学诚《章氏遗书》,第663页。
② 程端礼《程氏家塾读书分年日程》卷末,第1页。

书说》:"立身以力学为先,力学以读书为本,今取六经及《论语》《孟子》《孝经》,以字计之,《毛诗》三万九千二百二十四字,《尚书》二万五千七百字,《周礼》四万五千八百六字,《礼记》九万九千二十字,《周易》二万四千二百七字,《春秋左氏传》一十九万六千八百四十五字,《论语》一万二千七百字,《孟子》三万四千六百八十五字,《孝经》一千九百三字,大小九经合四十八万九十字。且以中材为率,若日诵三百字,不过四年半可毕;或以天资稍钝,中材之半,日诵一百五字,亦止九年可毕。苟能熟读而温习之,使入耳着心,久不忘失,全在日积之功耳。……(梓材谨案:此说有作欧阳公读书法者……不过四十七万八千九百九十五字。)"①从黄宗羲及王梓材的按语来看,经典字数说,有出自郑耕老和欧阳修两种说法。宋代后,对经典字数的关注,据查检,明人提及较少,只有胡震亨《读书杂录》卷上、茅元仪《暇老杂记》卷二十六等四处;而清人则屡屡言及,且基本在讲读书时引用郑耕老、欧阳修之说。钱泰吉《曝书杂记》卷一、张定鋆《三余杂志》卷四、杜文澜《古谣谚》卷五十五、阮葵生《茶余客话》卷十、陈寿祺《左海文集》卷十诸书引郑说;凌扬藻《蠡勺编》卷三十六、程哲《蓉槎蠡说》卷六、王棠《燕在阁知新录》卷十二、陈宏谋《五种遗规》、王昶《春融堂集》卷六八、方东树《大意尊闻》卷三等则引欧阳修说。要言之,关于这一话题,似有一固定的表述模式:以引述为主,略加论说。如阮葵生就先引姜宸英读书不需务多但要严立课程之说,然后引欧阳修、东方朔之语,得出一日所诵经典,不过二百余字,只是"中人稍下之课也"。

　　清人读书,如此计较经典字数,实际仍与科举考试笼罩下的读书风气相关。读书求"速化"的表现是避难求易,读删改不全之本,读时文选本,或四书五经未读毕即匆忙应试。通过计算字数将经典化整为零、逐日分解,或许可消除、缓解生徒对经典望而生畏的情绪,其中"以中材为率""或以天资稍钝"为标准的估算,明显是在设计针对性的阶梯。

　　清代读书人面对经典研习的缓解举措,可与宋代讲求读书法、计算经典字数之举联系起来,一前一后,皆是面对书籍的焦虑,或是书籍增

---

① 黄宗羲《宋元学案》卷四,《续修四库全书》第518册,第119页。

多，不知如何选择、如何读，或是举业负担沉重，无时间读基础性的经典，似乎另有一种强劲的"书籍之流"搅乱了"正常的秩序"。与此相应的是，西方出版史也出现近似的"不安"："早在15世纪80年代，'中世纪'作坊就变成了'近代工厂'；在初期机印本时代，急遽增加的书籍产量就在欧洲产生了一个'躁动不安'的知识界。"①平静有序的读书生活中因为"紊流"的出现，更接近社会文化的原生态。

清人这种计算字数的读书法，通常与《读书分年日程》所提倡的读书法结合。字数的确定，使得《读书分年日程》更为精细。王昶《友教书院规条》即用此法："昔欧阳文忠公、虞文靖公，皆言前贤授受，每日读经三百字。遗训可遵，岂容暴弃。在院生童等，每日必读熟经文三百字。查《诗经》四万八百四十八字，应以一百三十六日读完。《书经》二万七千一百三十四字，以九十日读完。《易经》二万四千四百三十七字，以八十日读完。《礼记》九万八千九百九十四字，以三百三十日读完。《春秋》一万五千九百八十四字，以五十四日读完。共须六百九十日。不及两年，即能遍诵。监院按书按日，十日一令背诵，如有不熟，呵斥随之，责其再读。"②计算字数读书法与《读书分年日程》的结合，有利于士子固本。所谓固本，即熟读规定的经典，不舍本逐末；同时以有限的经典应对万变的考试，不随波逐流。陈寿祺《鳌峰崇正讲堂规约八则》中引郑耕老之说后，转入读书中的本末问题：

吾乡张惕庵先生云：今除《论语》《孟子》，人人童而习之外，再益

---

① ［美］伊丽莎白·爱森斯坦（Elizabeth Eisenstein）著，何道宽译《作为变革动因的印刷机》，北京大学出版社，2010年，第21页。

② 王昶《春融堂集》卷六十八，第327页。此意又可见吴高增《与新生课程约》："经史之繁，不学者有望洋之叹，若日积月累，循序渐进之，不难也。（引欧阳修各经典字数说，略）莫若《读书分年日程式》，有当湖陆清献公所垂示者在也，有学使陈公之颁发者是也，今予之所以谆谆申令之者，即此也。夫古人读书之法，按月计日，分项定限，经自某处起讫，某处止之法，治史亦然，古人之勤学如是。后世经学荒芜，即本经尚有摘读者，其于《四书语类大全》、秦汉八家、《通鉴纲目》等项，或且束书不观，仍讹习谬，因陋就简，何怪其浅陋而无根柢乎？"《敬斋文集》卷五，《四库未收书辑刊》第10辑第20册，第319页。

以《仪礼》《尔雅》《公羊》《榖梁》二传,亦不过五十余万字,以时文每篇七百字计之,七百余篇已有七十余万字,以彼易此,孰得孰失,孰优孰劣,愚者皆知之。然而卒鲜以彼易此者,何也? 病在欲速化而不暇为耳。不知五十年前墨卷盛行,举子胸累千篇时文,而卒困于场屋者不可胜数,其能研究经史文章,卓然自立,而竟为时命所陒者,千百中亦未有一二,则多学之与浅学胜负较然明矣。况不学面墙,圣人所戒,徒守讲章八比以弋科名,纵掇巍科,登仕版,亦不免于伏猎金银之诮,又焉能安身以崇德、精义以入神耶! 元程畏斋《读书分年日程》,以看读百遍、倍读百遍为率,以为即收放心之一法。①

陈寿祺这条规约文字中,沉潜与速化、经史文章与时文、多学与浅学几重关系,多用数字对比显示其论说倾向。不论读书按日程,还是读书计字数,其实在技术方法之外,还有精神层面的追求,那就是作为"收放心之一法",做到心无旁骛,持之以恒,达到朱子所说的"涵泳"境界,从而"安身以崇德,精义以入神"。

计算字数读书法在不同时代有不同侧重。姚永朴光绪二十七年掌教广东信宜起凤书院,当生徒李学潮问:"近日学者多喜观泰西之书,而病中国之书不能遍读也,至有删经之论。经果可删乎?"姚永朴答曰:"夫六经者,吾中国曩日文明之遗迹也。合乎此则兴,悖乎此则衰,此岂有古今之分、中外之隔哉? 中国之书固有不必尽读者矣。然如六经,则所谓如日月之经天,江河之行地。既经吾夫子删订,夫岂有敢为之增损者?"②遂举欧阳修经书字数说,以示读全经并非难事,退一步讲,如天资在中人以下、有志西学者,《论》《孟》《孝经》必读外,其他经书择一治之亦可。在西学日盛之际,姚永朴的主张有固守处,亦有退让处。

与读书日程紧密关联的计算字数读书法,逐渐演变成一种"日常行

---

① 陈寿祺《左海文集》卷十,第421页。
② 姚永朴《起凤书院答问》,华夏出版社,2013年,第106页。

为",成为教书"课程"的组成部分,①并巧妙地融入新教育之中。吕思勉1923年撰《拟中等学校熟诵文及选读书目》中有回忆儿时读四子书的情形:

> 予幼诵四子书,日授十行,行十七字,每一分钟而诵一遍,以一小时计之,则可诵万又二百字矣。朗诵较阅读为迟。吾诵四子书时,其程度尚不及今日之中等学校生徒,而生徒读书渐多,其阅读亦必渐速。今即皆弗论,即以予诵四子书所需时间为标准计之,每小时至少亦可读万字,年以三百日计,即可得三百万言,四年可得千二百万言。所熟诵者既得五万言以外,所涉猎者,至少又得千二百万言,如是而谓中等学校卒业之生徒,其国文尚不能通顺,吾不信也。而况乎其所熟诵及阅读者,尚决不止此数也。②

吕思勉幼时的诵读训练,来自家庭教育,更有背后深远的读书传统,一种看似寻常的日常读书,蕴涵丰富,有制度、信念及文化寄托,最终仍要人来弘扬。幼年的训练,在新的语境中得以转化。

四、《读书分年日程》的晚清民初仿效之作

《读书分年日程》的仿效之作至晚清稍多,在此大转折时期出现有新内容的仿效之作,与读书风气要适应世变的大环境相适应;而在此之前,因为天不变,道不变,所读之书自然也可不变。光绪二十年,梁启超有《读书分月课程》之作,此作在体制上完全依照程端礼的《读书分年日程》,首为"学要十五则",次为"最初应读之书",分为经学、史学、子学、理

---

① 凌廷堪的《杞菊轩功课单》分月课、日课两部分,日课中有:"每日早起读生经文一百字,随意温熟文数篇,须用心探索,读经不可间断";"早饭后温熟经文二百字,随意或临或抄诗古文,或札记典故,或读史数页。"值得注意的是凌氏课单被胡培系抄录编入《教士迩言》,继续发挥指导作用。胡培系《教士迩言》,光绪七年世泽楼刻本。

② 李永圻、张耕华《吕思勉先生年谱长编》,上海古籍出版社,2012年,第30页。

学、西学五类,最后为"读书次第表"。"学要十五则"大约是示人读书门径,讲明经学以《春秋》为本,言《春秋》以《公羊》为归,读《公羊》则可从义、礼、例三方面入手。通经学又必须通礼制,通礼制,则须知书之真伪古今,较好的途径就是读康有为《新学伪经考》。在这一时段,梁启超信奉康有为微言大义之说,"学要"中对戴震、阮元之流有抨击之语,以为多务碎义、博而寡要,无一心得,其观念与《清代学术概论》中所论大异。以读史而言,梁启超承康有为的读史之法(其中前四门为陆桴亭语,后二门为康有为所定),着意于政事、人文、经义、史裁,诸史中当先读《后汉书》,因"《后汉》名节最盛,风俗最美,读之令人有向上之志",而文字"庄雅明丽,最可学,亦最易学"①。至于《史记》,不能只当作史读,并可作为周秦学案读,此种学术意识亦可见于如何读诸子之论:"欲悉其源流,知其家数,宜读《史记·太史公自序》中'论六家要指'一段,《汉书·艺文志》中九流一门,《庄子·天下篇》《荀子·非十二子篇》,然后以次读诸子。"②梁启超将理学单列一类,以为它是根柢之学,关乎立身,读此类书要"以自己心得能切实受用为主,既有受用之处,则拳拳服膺,勿使偶失"③;至于列西学为一类,则因国家积弱"见侮小夷"之故,其知古今之态度和经世之意亦使得《读书分月课程》有明显的时代特色。程端礼在《读书分年日程》中倡导抄读之法,梁启超在此看重做笔记之法。读书深细,能入能出,自多触发,如能以笔记之,日久便能贯串群书,自成条理。然梁氏"分月"与程氏"分年"相比,在从容涵泳方面似逊色一筹。梁启超云:

  以上诸学,皆缺一不可,骤视似甚繁难。然理学专求切己受用,无事贪多,则未尝繁也。经学专求大义,删除琐碎,一月半载已通,何繁之有? 史学大半在证经,亦经学也,其余者则缓求之耳。子学通其流派,知其宗旨,专读先秦诸家,亦不过数书耳。西学所举数

---

① 梁启超《读书分月课程》,见《饮冰室专集》之六十九,中华书局,1936年,第3页。
② 梁启超《读书分月课程》,第3页。
③ 梁启超《读书分月课程》,第3页。

种，为书不过二十本，亦未为多也。遵此行之，不出三年，即当卒业，已可卓然成为通儒学者。①

然梁启超"最初应读之书"所包涵的五类书，似不是三年就能读"通"的，以"经学书"而言，依次是刘师培《公羊释例》《春秋公羊传》及何休注、《春秋繁露》《礼记·王制篇》《穀梁传》《新学伪经考》、刘师培《左氏春秋考证》、邵懿辰《礼经通论》、魏源《诗古微》《礼记》《大戴礼记》《五经异义》《白虎通》，最后读群经。五类中，除"西学书"是七种外，其他数量皆与"经学书"不相上下，故三年内能否成为"通儒学者"，颇值得怀疑。梁启超在诸书之后，或注明版本；或提出要点，如在"《史记》孔子世家、仲尼弟子列传、孟子荀卿列传"下有"此为孔子学案"语；或指示读书先后缓急，如在"《吕氏春秋》《淮南子》"下有"二书皆杂家，《淮南》则多近于道家，然二书言诸子学术行事甚多，亦极要，宜于《老》《墨》二书卒业后即读之"②。

梁启超《读书分月课程》最后一部分为"读书次第表"，即是程端礼的"日程空眼簿式"，不过其编排更接近于今日大学之课程表。"学者每日不必专读一书，康先生之教，特标专精、涉猎二条，无专精则不能成，无涉猎则不能通也。今将各门之书，胪列其次第，略仿朝经暮史、昼子夜集之法，按月而为之表。"③在读书表中，经、史、子、理四类书从第一月开始并读，"西学书"安排在第三月以读《瀛环志略》始，表中亦偶有提示读法之类的文字，至第六月，所列之书基本读完。

与《读书分月课程》相似，内容有过渡性质的读书日程，还有光绪二十九年印行的《就正斋读书分年法程》，此一《读书分年法程》不知出自何人之手，所安排的时间从五六岁至十八岁约有十四年时间，从识字到《易经》《诗经》《大学》《中庸》《论语》，直到《盛世危言》《校邠庐抗议》及翻译

---

① 梁启超《读书分月课程》，第4页。
② 梁启超《读书分月课程》，第9页。
③ 梁启超《读书分月课程》，第11页。

的各种西学书，内容相当丰富，其中西学书和关于近世时政的著作也有多种，在此之外，还有两点值得注意：

其一，引导生徒看《三国演义》。在八岁时，除读《大学》《中庸》《论语》外，可以"认讲《三国演义》"。

> 每日看一二行，或数行，须实与讲。凡小儿质钝者，一次断不能记，断不能懂，万勿着急，一日不解，次日仍讲前书，不另添讲，每一两行，以讲之日，或陆续三次为度，逐渐加增，过半年后，小儿即自爱此书，自会认讲，无事先生劳神矣。看此书后，至十一二岁时，须令参阅陈寿《三国志》，告知《演义》多伪，庶免引用谬俗。①

此种读法，明显是一种"批判"的眼光，然将此"多伪"之《演义》推荐给小儿，大致是以小说作为教材，引发他们读书的兴趣，让他们"自爱此书"，也就是《三国演义》在此时正式走进了"课程表"，正是在这一点上，可见《读书分年法程》编撰者的见识有不同一般之处。

其二，是在日程中列入读医书一项。在十三岁时安排习读生理、卫生两学，十六岁、十八岁又有"添阅医书"的内容。此举可能有两层意义，一是如读书未成就科名，退而从医，也不失为一种好的选择；二是在晚清的背景下，习生理、卫生两学，似有健民强国之意。因为此内容的充实，使得《读书分年法程》自有其独到的价值，而其中指出读某书以何本为善以及如何读等等，倒是在其次了。

至二十世纪新学制逐渐确立，在学校课程表中安排给传统经典或者旧学的时间越来越少，已远不能和过渡时期的《读书分月课程》和《就正斋读书分年法程》中学为主、西学为辅的状况相比，章太炎于一九二四年十二月在《华国月刊》发表《救学弊论》一文，批评当时学子读书治学不"以序进"，大学亦有"恶制陋习"，"期人速悟，而不寻其根柢，专重耳学，

---

① 李崇洸《就正斋读书分年法程》，光绪二十九年蓉城文伦书局印本，第5页。

遗弃眼学,卒令学者所知,不能出于讲义"①,故稍后有针对性的《中学国文书目》刊出,此目共分经、史、子、文字训诂音韵、法律、礼制六部,共收书三十九种,"中学诸生,年在成童以上,记诵之力方强,博学笃志将从此始"②。至一九三六年章太炎逝世,《制言》杂志刊出他的《中学读经分年日程》,此作与《中学国文书目》及《救学弊论》有紧密的内在关联。《中学读经分年日程》文字不多,现全录如下:

每年以实足二百四十日计,每半年以实足一百二十日计。

初中前一年半,每日读一百字,计三万六千字。

《论语》,一万六千字。

《孝经》,一千七百字。

《孟子》,选读其半,一万六千余字。

初中后一年半,每日读一百五十字,计五万四千字。

《少仪》《学记》《大学》《儒行》,约七千余字。

《尧典》《禹贡》《甘誓》《汤誓》《牧誓》《无逸》《顾命》《费誓》《秦誓》,约一万一千字。

《诗经》,约三万四千字。

高中前一年半,每日读二百字,计七万二千字。

《周礼》,除《序官》,约四万二千字。

《丧服》,约五千字。

《左传》,选读一万五千字。

高中后一年半,每日读二百五十字,计十万八千字。

《左传》,选读十万八千字。

右凡经传中诘屈难读者,玄奥难解者,不合历史者,悉已汰去,并省重赘非要之科目,使之读经,但令略解大义,讽诵上口,亦自绰

---

① 姚奠中、董国炎《章太炎学术年谱》,山西古籍出版社,1996年,第367页。
② 章太炎《中学国文书目》,见《华国》月刊第2期第2册(1924年12月),第1页。

然有余。然后升入大学,为讲汉唐及清儒经说,不患无从入之路。至于删落经文,事近割裂,然《群书治要》已有此例,今虽删落过半,然未尝破析篇章,犹胜于《治要》也。①

章太炎在一九二八年重订《三字经》,在此又频频关注中学生读书问题,眼光向下,当然有"为往圣继绝学"的深意。一九二八年他在与马其昶的信函中指出"尊意欲以三经导俗,谓《孝经》为圣人弥乱之原,鄙人正复同此。……鄙意《儒行》一篇,特宜甄表,然后可以起痿痹,振罢软尔"②。一九三五年三月三日章太炎致函吴承仕嘱其勿令经学绝传,十月二十日又劝其至中央大学教授经学,"近世经术道息,非得人振起之,恐一线之传,自此永绝。……足下研精经谊,忍使南土无继起之人乎?"③此类文字还可列出数条,皆可见他对国故的情意,从中亦可理解他将希望寄托于中学生的缘由。在刊出《中学读经分年日程》的同一期《制言》杂志上,还有章太炎一九三五年六月答张季鸾问政书,其中谈及救亡当以提倡民族主义之精神为要,而民族主义所托在于国粹(即史书),并以明亡二百七十余年而民国兴为例,明示民族主义之重要,"中国文化本无宜舍弃者,但用之则有缓急耳"④。若将《中学读经分年日程》置入此种大背景下考量,其意义也就不是"推荐书目"所能及的范围了。

程端礼《程氏家塾读书分年日程》是"朱子读书法"的衍生物,"日程"以条理化的规划将朱子的六条读书法,落实为切实可行的读书计划,强调读书之要,在循序渐进、量力而行、谨守勿懈、从容涵泳、不求"速化"。朱子讲读书法,程端礼将特定时段划分为时间单元,时间单元中又有"时间等级"之分(如"灯下"时间等级较低),将细分的时间与应读之书配搭,同时将所读之书及读书之法细细列出。诸如此类,皆事出有因:首先,宋

---

① 章太炎《中学读经分年日程》,见《制言》,第24期(1936年9月1日),第1—2页。
② 章太炎《与马其昶》,见《章太炎书信集》,河北人民出版社,2003年,第887页。
③ 姚奠中、董国炎《章太炎学术年谱》,第486页。
④ 章太炎《与张季鸾》,见《章太炎书信集》,第958页。

代以来,雕版印刷技术已广泛应用,图书品种与数量迅速增加,读书人得书较为容易,然读何书以及如何读书,已成为问题。朱子云:"天下多少是伪书,开眼看得透,自无多书可读。"①在朱子的眼中,世间之书鱼龙混杂,真伪并存,故须加区分,分别轻重,以护持义理。如何区分,如何护持,程端礼的"日程"试图建立规条,而这一规条在清代被政府的教育系统及士人自修广泛采用。细密的规条,成为正统思想核心地位建立的粘合剂。其次,自科举兴,读书风气发生转变。朱子、程端礼皆有相关论说,批评其只求"速化",不循正轨;这种风气到清代,更引起官方、民间的忧虑。方苞云:"自科举之学兴,而记诵词章亦益陋矣。盖自束发受书,固曰徼科举,吾无事于学也。故天地之大,万物之多,而惟科举之知。及其既得,则以为学之事终,而自是可以慰吾学之勤,享吾学之报矣。"②科举严重影响士子读书的范围和心态,《读书分年日程》的出现及其在清代的多次刊刻,主要目的在于救举业之弊;同时又有对"百家""二氏"之学的排斥意图。读经典计算字数,清代士人屡屡论及,此法多与《读书分年日程》相伴而行,其目的是将经典化整为零,以缓解习业者的畏难情绪,追求有根柢的学问。③

《读书分年日程》、读经典计算字数,以及与之相随的焦虑不安,在更广大的时空范围中考察,可能还有更丰富的意义。首先,这一现象是在宋代及宋以后被提出,被讨论,并见诸阅读实践。这一现象或证示雕版印刷品或书籍数量的大量增加,助推"知识社会"的成型;流动的书籍在助推过程中已悄然发生作用,"焦虑不安"正是作用的表现之一。其次,在书籍增多的社会,读书人如何在"书丛"中安身?如何正确读书?如何有效学习?诸如此类问题,引发书籍内容组合方式和版面呈现样式的新

---

① 朱熹《朱子语类》卷八十四,第2187页。
② 方苞《送官庶常觐省序》,见方苞著,刘季高校点《方苞集》卷七,第200—201页。
③ 宋人对雕版印刷书的轻微焦虑不安,以及分日读书、计算字数之举,可能蕴涵特别的意义,或许是传统社会时间观念发生变化的征兆。这一感想受[法]雅克·勒高夫(Jacques Le Goff)《14世纪"危机"中的劳动的时间:从中世纪时间向现代时间的过渡》一文启发。见雅克·勒高夫著,周莽译《试谈另一个中世纪》,商务印书馆,2014年,第77—94页。

变。这一新变发生在科举社会中,可能样态更为复杂,如层出不穷的工具书、类书、便检的主题索引式书籍、摘抄性笔记等等,丰富了文献世界。① 文献的丰富多样以及对社会影响的多元,也从宋代延续至清代。

如前文所言,"书量繁多"以及相关的焦虑情绪在欧洲也出现过,"书籍数量过大这一经验不光促进了研读辅助类书籍或者'工具书类'(reference genres)书籍的扩散和持续产出,也影响了学者们从阅读、做笔记到完成自身著作的工作方式"②,"分块阅读"法、"做笔记的便捷方式"是被关注或探求的问题,读书"走捷径"成为一种必然的选择。欧洲读书人的焦虑不安较宋代人晚出现。焦虑这一问题自此似乎一直存在,到今日所谓"信息大爆炸"时代,如何缓解信息焦虑,读书如何更有效地"走捷径",仍然是一个既老旧又时新的问题。

---

① 清水茂对宋代读书人的阅读方式和书籍形态变化已有研究,见《印刷术的普及与宋代的学问》,收入[日]清水茂著,蔡毅译《清水茂汉学论集》,中华书局,2003年,第88—98页。

② [美]安·布莱尔《1550—1700年间应对信息过剩的阅读策略》,见[德]薛凤、[美]柯安哲主编《科学史新论:范式更新与视角转换》,第285页。相关问题的深入研究,可见[美]安·布莱尔著,徐波译《工具书的诞生:近代以前的学术信息管理》,商务印书馆,2014年。

第六章
《说文》著述与测定学术风气的指标*

艾尔曼在《从理学到朴学》中指出:"考据学是一种群体性事业。"①这一群体通过"知识传播的组织与机制走到一起,就寻找、发掘知识的途径达成共识"②。如果"不了解朴学家的群体性特点,就不能准确把握其实证方法的走向及其发展方式"③。对于许慎《说文解字》一书的研究,至清代,特别是乾嘉以降,可谓臻于极盛。参与其事的学者达四百余人,研究著述不下九百种。④ 其地域不限于以江浙为中心的江南学术圈(包括江苏、浙江、安徽),辐射所及,勿论山东、广东、福建、湖南⑤、

---

* 本章由徐雁平提出选题,吴钦根撰写。

① 艾尔曼著,赵刚译《从理学到朴学:中华帝国晚期思想与社会变化面面观》,江苏人民出版社,2012年,第4页。

② 艾尔曼著,赵刚译《从理学到朴学:中华帝国晚期思想与社会变化面面观》"序",第2页。

③ 艾尔曼著,赵刚译《从理学到朴学:中华帝国晚期思想与社会变化面面观》,第4页。

④ 据初步统计,清代《说文》著述达883种(另成书年代不详者有36种),尚不包括各图书馆所藏批校本、过录本。

⑤ 如王夫之《说文广义》二卷,何绍基《说文段注驳正》四卷,邹汉勋《说文谐声谱》十五卷,曾纪泽《说文重本部考》一卷附录一卷、《说文分韵解字》,李桢《说文逸字辨证》二卷,郭庆藩《说文经字正谊》四卷、《说文经字考辨证》四卷,唐赞衮《说文字原表》一卷,邹永修《说文通谱》十四卷,周声溢《说文解字补逸》一卷,叶德辉《说文读同字考》一卷、《说文籀文考证》一卷、《说籀》一卷补遗一卷,罗镇嵩《说文部目便读》,舒立淇《说文解字便笺》一卷、《说文解字举隅》一卷,叶启勋《说文籀文考证补遗》一卷,杨昭儁《说文难检字录》一卷,杨廷瑞《说文经斠》十三卷补遗一卷、《说文正俗》一卷,张祖同《说文解字补逸》一卷,章敦彝《说文形声指荌》,钟谦钧《说文三种》,周广洵《说文集胺》四卷,周诒朴《说文音韵类纂》,蔡用锡《说文启蒙》十六卷,彭思眷《订说文》等。

湖北①,甚至是四川②、贵州、广西③、甘肃④、陕西⑤、山西⑥等偏离学术重心的地域,亦不乏其人。较著名者如以王筠、许瀚、翟云升等为中心的山东群体⑦;以陈澧(包括其子陈宗颖)、黎永椿、徐灏(包括其子徐樾、徐绍桢)、桂文灿等为代表的广东群体⑧;以陈寿祺、孙经世、梁运昌、林昌彝

---

① 如杨守敬《重订说文古本考》四卷,刘彝《说文便蒙》一卷,田潜《一切经音义引说文笺》、《说文二徐笺异》二十八卷、《宋本说文校勘表》一卷,吴锦章《说文补逸》一卷、《六书类纂》八卷,周绘藻《说文赓纂》一卷等。

② 如宋育仁《许氏说文解字说例》一卷、《说文部首订读》二卷、《说文解字部首笺正》二卷,饶炯《说文解字部首订》十四卷、《许书发凡内参》一卷、《说文部首六书例读》一卷附《表说》一卷、《说文释例补订》四卷,吴楚《说文染指》二卷,岳森《说文举例》,黄氏《说文部首》附《直音》,李天根《说文部首韵语》一卷、《说文部首略注》一卷,李滋然《说文引汉律补正》一卷等。

③ 如况澄《说文外字》一卷、《许书重文》一卷、《说文考证》不分卷、《说文征典》十二卷,朱琦《说文义证》二十八卷,周炳蔚《说文重文提要》一卷,况祥麟《六书管见》二十卷等。

④ 如张澍《说文引经考证》、《一切经音义引说文异同》一卷等。

⑤ 如董诏《说文测议》(又名《说文测议订经》)七卷附《二徐说文同异考》一卷,王玉树《说文拈字》七卷补遗一卷,王文鉴《说文引经考》一卷,郭忠清《说文漫录》一卷等。

⑥ 如宋鉴《说文解字疏》三十卷,王轩《说文句读识论》不分卷,韩耀光《说文声类分韵表》十七卷等。

⑦ 如桂馥《说文解字义证》十五卷,郝懿行《说文广诂》十二卷,王筠《说文释例》二十卷、《说文句读》三十卷、《说文系传校录》三十卷、《说文韵谱校》五卷、《说文新附考校正》一卷,许瀚《说文引诗字辑》一卷、《说文义证定本》《说文义证校例》《某先生校桂注说文条辨》,马邦举《说文解字考略》六卷,丁楘五《说文解字均隶》十二卷,丁佛言《说文古籀补补》十四卷补遗一卷附录一卷,时庸劢《说文解字声切正谬》《说文韵挚》《说文均表》,尹彭寿《说文类编》《国朝治说文家书目》等。

⑧ 如陈澧《说文声统》十七卷首一标签目一卷,陈宗颖《毛传说文异同考》不分卷、《说文释例提纲》一卷,黎永椿《说文通检》十四卷首末各一卷,徐灏《说文解字笺》二十八卷附《说文检字》三卷《重文检字》一卷《疑难检字》一卷《今文检字》一卷、《象形文释》《说文部首考》《说文校本》,桂文灿《说文部首句读》一卷,侯康《说文假借例举》,李黼平《说文群经古字》四卷,林伯桐《说文经字本义》二十卷,吴傅《说文假借例释》一卷,冯誉骢《说文谐声表》,高学瀛《说文解字略例》一卷,邵瀰祥《说文新附通正》四卷,郑耀奎《说文引经异同述》十二卷《说文引经同异述余》二卷,邹伯奇《读说文段注札记》一卷,林荃《千字文说文解字》一卷附《别解》,徐绍桢《说文部首考》五卷、《说文部首述义》等。

第六章 《说文》著述与测定学术风气的指标

(包括其子林庆炳)、谢章铤等为代表的福建群体①；以莫友芝、郑珍、郑知同(郑珍子)等为代表的贵州群体②等。群体间或父子相承，或师弟授业，或夫妻同心，或友朋相切磋，或前贤相鼓荡，传布几遍于全国。

对于这一群体的涌现，本章所关心及探讨的，不在其兴起的内在根源，兴趣所指，乃在于它生发传衍的外在机制，即这一庞大的知识或书籍网络是如何在学者群中由点到面而逐渐形成与展开的。任何一项学术研究的展开或一个知识体系的形成，其结果或许只是一堆干枯的理论，但其过程往往是鲜活的。李文藻《送冯鱼山〈说文〉记》一文，或许能提供一些这方面的启发：

> 国家以《说文》治经，惠半农侍读最先出，其子栋继之。近日戴东原大阐其义，天下信从者渐多。高邮王怀祖，戴弟子也。己丑冬遇之京师，属为购毛刻北宋本，适书贾老韦有之，高其值。王时下第，囊空，称贷而买之。王曰：归而发明字学，欲作书四种，以配亭林顾氏《音学五书》也。予是年赴粤，所携书皆抄本之稍难得者，谓其易得者可随处觅之。至则书肆寥寥，同官及其乡士大夫家亦无可假，是书仅见万历间坊本耳。岁辛卯，罗台山访予于恩平，居数月，其行箧有手校毛刻本，改正甚多，惜未及录。壬辰春，予调潮阳，其书院山长郑君安道为朱竹君学士分校会试所得士，锐意穷经，且以教其徒。索《说文》于予，乃为札，求于济南周林汲，而揭阳郑运使适

---

① 如陈寿祺《说文经字考》一卷，孙经世《说文说》一卷、《说文会通》十六卷，梁运昌《读说文解字小笺》，林昌彝《说文注辨段》一卷、《说文二徐定本互校辨讹》十五卷附提要一卷，林庆炳《说文字辨》十四卷，陈庆镛《说文古籀考》，谢章铤《说文闽音通》一卷附录一卷、《说文大小徐本录异》一卷，吴种《说文引经异文集证》，陈建侯《说文提要》一卷、《说文部目》二卷，刘家镇《说文分均再稿》五卷，魏本唐《通考说文引经》三十四卷，陈衍《说文举例》七卷、《说文解字辨证》十四卷，萧道管《说文重文管见》一卷等。

② 如莫友芝《唐写本说文解字木部笺异》一卷，郑珍《说文逸字》二卷附录一卷、《说文新附考》六卷，郑知同《说文浅说》一卷、《说文本经答问》二卷、《说文商议》十四卷附《说文讹字》一卷、《说文佚字补遗》一卷、《说文逸字附录》一卷、《说文述许经义》，宦懋庸《慧琳大藏音义引说文考》《说文疑证编》《〈六书略〉平议》，程棫林《说文通例》十卷，黄国瑾《段氏说文假借释例》二卷等。

自两淮归里,专一介问有此书否,运使实无之,而不遽报,遣健足走扬州,从马秋玉之子取数部,往返才三阅月。以其二饷予,一插架,一贻郑进士,进士喜过望。是冬,予有事羊城,又得林汲所寄,则此本也。首卷有"藉圃主人""麦溪张氏"诸小印,又有刻赵文敏语二印,方寸六十余字。尤精致,纸色盖百年物。书到时,胡生亦常见之,极羡爱。且曰:广中唯张药房有之,胡、张相友善,予谓其可借观,不能割也。今年春夏间,予寓广,日与冯鱼山相过从,鱼山方讲小学,每以不得此书为恨,回潮乃举此赠之。予之于书,聋瞽耳目,徒有之而不能用。鱼山得此,将尽发其聪明,他日以语林汲,其不负万里见寄之意矣乎。予记此以见粤中得书之难,得之而不能读,是得书易而读书难也。予不能读,而鱼山能读之,是能读书者必得书也。世之能读《说文》如鱼山者,予皆得而识之、友之,往来乎胸臆也。是予不能读之而未尝不能好之也,盖仕之祸学如此。①

作为著名的藏书家,《琉璃厂书肆记》的作者李文藻(1730—1778),对学术风气导向下的书籍流通自然极为敏感。此文成于乾隆三十九年(1774),此时《说文》研究已初成风气,而此记可谓是对当时风气的生动描述。从中至少可以提炼出四个要点:

一是学术典范的确立,即惠栋(《惠氏读说文记》)、戴震(《六书论》)以及顾炎武。如惠栋被誉为清代《说文》研究第一人,所著《惠氏读说文记》,屡屡被学者传录;顾炎武所言"读九经自考文始,考文自知音始"②,戴震所谓"经之至者,道也;所以明道者,词也;所以成词者,字也。由字以通其词,由词以通其道,必有渐"③,更直接促使《说文》一书的风行。

二是书籍流通的形态,文中所及,包括刻本(毛氏汲古阁)、抄本、校

---

① 李文藻《送冯鱼山〈说文〉记》,见《南涧文集》卷上,《清代诗文集汇编》第369册,第104页。

② 顾炎武《答李子德书》,见华忱之校点《顾亭林诗文集·亭林文集》卷四,中华书局,1983年,第73页。

③ 戴震《与是仲明论学书》,见《戴震集》卷九,上海古籍出版社,2009年,第183页。

本,甚至过录本。而从知识传播与生发的角度看,相对于刻本,抄校及过录亦有不可低估的作用。一些隐晦不彰的著述不仅借此流传,更重要的还在于,初学者通过前贤著述的抄写、过录,成为一种入门阶梯或知识传衍方式。

三是书籍的流转方式,包括友朋间的借阅、传抄,甚至赠予,书贾的贩卖等等。人物涉及高邮王念孙、台山罗有高、潮阳郑安道、大兴朱筠、济南周永年、顺德张锦芳、钦州冯敏昌及书贾韦氏;地域所及,涵括江苏、安徽、江西、广东、山东、北京等。短短一则文字,编织出一张颇为繁密的书籍交流网络。

四是知识传播与传衍的途径,如书院讲授、家塾课蒙等。如道咸以来,由于老师宿儒的日渐凋零及学术风气的转变,汉学顿衰,《说文》的阅读与传衍亦由此而面临挑战。故当时学者如陈澧、王筠、冯桂芬等,即汲汲以启蒙相提倡,此后章太炎等亦参与其中,因而逐渐衍生出一批独特的《说文》著述,即作为启蒙的《说文》著述。

此《记》虽简短,却蕴含丰富。文中所述学人间的书籍交流,不仅可看作是呈现当时《说文》学初兴面貌的剪影,亦未尝不可视为反映有清一代说文学形成与展开的全景图。下文拟以汲古阁本《说文》及名家批本的流传,来呈现在《说文》习得过程中批点、传录的重要作用;以惠栋《惠氏读说文记》一书在群体间的传抄与过录,及其在此典范下产生的累积性成果,来探究清代《说文》类著述的衍生机制;以王筠、许瀚、翟云升等在群体间对《说文》及相关著述的借阅、传抄与批校,一窥许学风气的地域展开及其群体性力量;以道咸以还《说文》课蒙类书籍的衍生与繁荣、传播与阅读为中心,对学者早期的《说文》启蒙予以文化解读,并借此以窥探清代《说文》学甚至是整个清代学术内部的新与变。

一、批点、过录作为一种知识传衍方式:以《惠氏读说文记》为例

吴中学人论学往往以"吾吴惠氏"相标举,于《说文》学亦不能例外。黄廷鉴在为《席氏读说文记》作序时即云:"我朝文治昌明,名儒蔚起。吾

吴红豆惠氏，始以《说文》提倡后学。"①后李富孙等继之，以为"近惟惠征君（栋）、钱詹事（大昕）、段大令（玉裁）诸儒，讲明《说文》之学，后进得以稍窥其源流。"②至于近代，梁启超作《中国近三百年学术史》，更以惠氏所作《惠氏读说文记》为清代治《说文》专书之首。③

在一般的学术史论述中，惠栋似乎并不以《说文》研究著称，现在所传《读说文记》，乃弟子江声从其《说文》校本中录出，仅为校读《说文》时之片段札记，难以言为专书。④ 且是书至嘉庆间，方由张海鹏刻入所辑《借月山房汇抄》中。后世虽屡有翻刻，但无一例外，都收录于丛书之中，未见有单行之本流传。⑤ 然而，仅以一书之刊刻情况来衡量其流传广狭，似稍欠稳妥，特别是在抄书成风的明清两代。⑥ 潘景郑在给所得《录本惠校说文解字》题识时即不无夸张地说：

---

① 黄廷鉴《席氏读说文记序》，见丁福保《说文解字诂林》，前编下《说文总论》，中华书局，1988年，第226页。

② 李富孙《说文辨字正俗自序》，见《校经庼文稿》，《清代诗文集汇编》第544册，第89页。

③ 梁启超《中国近三百年学术史》云："乾隆中叶，惠定宇著《读说文记》十五卷，实清儒《说文》专书之首，而江慎修、戴东原往复讨论六书甚详尽。"见梁启超《中国近三百年学术史》，第十三讲《清代学者整理旧学之总成绩》，商务印书馆，2011年，第252页。

④ 且今所传《惠氏读说文记》中所辑录者，乃混合了惠士奇、惠栋、江声等人校语，并非出自惠栋一人之所为。王欣夫《蛾术轩箧存善本书录》癸卯稿卷一"说文解字三十卷"条云："惠氏父子手校《说文》，在张海鹏《惠氏读说文记》未刊以前，多传录者。张刊所据，为江艮庭所辑，署松厓名而不及半农。以此本（佚名录本）较之，劣未得半。盖江氏所见为后定本，而此本半农用黄笔，约四之三，松厓用绿笔，约四之一，分别厘然。则胜于刻本之混同为一，且可观惠氏家学渊源焉。"见王欣夫著，鲍正鹄、徐鹏标点整理《蛾术轩箧存善本书录》，《癸卯稿》卷一，上海古籍出版社，2002年，第819—820页。可见《惠氏读说文记》一书乃惠氏两代家传之读本。近人钱慧真亦有《〈惠氏读说文记〉系惠士奇、惠栋父子所作》一文，见《图书馆理论与实践》，2011年第2期，可参看。

⑤ 参见方达《〈惠氏读说文记〉研究》，华东师范大学硕士学位论文，2013年。

⑥ 就清代《说文》学著述而言，大量未刻或晚刻之书，即藉抄本以流传。如王育《说文引诗辨证》（抄本，南京大学图书馆藏）、《说文解字六书论正》（宋宾王抄校本，上海图书馆藏），王夫之《说文广义》（清抄本，南京图书馆藏），何焯《说文解字校勘记》（叶名澧抄本，上海图书馆藏），惠栋《惠氏读说文记》（朱邦衡抄本，复旦大学图书馆藏），吴玉搢《说文引经考》（清（见下页）

> 吾吴惠氏家学，至定宇先生而广大淹博，流为学派，至今推重吴学者，奉先生为圭臬。先生著述甚夥，所校《说文》尤精核，成《读说文记》十四卷，即自当时校本录出者。其刊本未行以前，藏家争相迻录，以资考镜。予所见传本不下五、六本，互有详略，意先生所校不止一本，随得随录，至传本不一耳。②

未行以前，争相迻录，未免有披扬乡贤之意。但就今所传录本来看，确有成一时风气之势：

（接上页）抄本，南京图书馆藏），吴颖芳《说文解字理董》（缪氏艺风堂抄本，上海图书馆藏）、《说文理董后编》（清抄本，南京图书馆藏），朱文藻《说文系传考异》（清抄本，上海图书馆、湖南省图书馆等藏），桂馥《说文解字义证》（清抄本，国家图书馆等藏），程际盛《说文引经考》（姚氏咫进斋抄本，北师大图书馆藏，又清抄本，上海图书馆、苏州图书馆等藏），王念孙《说文解字校勘记》（马瑞辰种松书屋抄本，辽宁省图书馆藏，又叶名澧抄本，上海图书馆藏），钱大昭《说文统释》（道光十三年抄本，辽宁省图书馆藏）、《说文分类权失》（清抄本，国家图书馆藏），庄述祖《说文古籀疏证》（清抄本，南京大学图书馆等藏），郝懿行《说文广诂》（清抄本，国家图书馆等藏），姚文田《说文解字考异》（叶名澧抄本，南京图书馆藏，又许樵抄本，上海图书馆藏，广雅书局抄本，广东省立中山图书馆藏），钮树玉《说文新附考》（姚氏咫进斋抄本，上海图书馆藏）、《说文解字校录》（光绪四年钮惟善抄本，南京师范大学图书馆藏），王绍兰《说文段注订补》（王氏知不足斋抄本，重庆图书馆藏），徐承庆《说文段注匡谬》（张鸣珂寒松阁抄本，复旦大学图书馆藏，姚氏咫进斋抄本，台湾"中央图书馆"藏，又南京图书馆、湖南省图书馆、北大图书馆等藏抄本），陈诗庭《读说文证疑》（许氏古均阁抄本，国家图书馆藏），严可均《说文校议》（道光间王筠抄本，山东省图书馆藏，又国家图书馆、辽宁省图书馆、中山大学图书馆藏清抄本），顾广圻《说文辨疑》（刘履芬抄本，国家图书馆藏）、《说文考异》（刘履芬抄本，国家图书馆藏，潘锡爵抄本，浙江图书馆藏），江沅《说文释例》（清退学斋抄本，淮安县图书馆藏，吴棣生抄本，北京大学图书馆藏），梁运昌《读说文解字小笺》（谢氏赌棋山庄朱丝栏抄本，台湾傅斯年图书馆藏），臧礼堂《说文解字经考》（嘉庆间抄本，北大图书馆藏），王筠《说文韵谱校》（光绪十三年许克勤抄本，上海图书馆藏，又湖南省图书馆藏清抄本），沈涛《说文古本考》［方佺抄校本，重庆图书馆藏，又曹元忠节抄本，复旦大学图书馆藏］，佚名撰《说文校本录存》、《五音韵谱校本录存》（道光间许瀚抄本，国家图书馆藏），严章福《说文校议议》（豫恕堂抄本，复旦大学图书馆藏，又浙江图书馆藏清抄本），吴种《说文引经异文集证》（循陔书室抄本，福建省图书馆、北师大图书馆等藏），等等。

② 潘景郑《录本惠校说文解字》，见《著砚楼书跋》，《中国历代书目题跋丛书》第2辑，上海古籍出版社，2006年，第19—29页。

表4 清代各家过录《惠氏读说文记》表①

书名	版本	过录者及相关信息	附注
《说文解字》十二卷	明万历二十六年陈大科刻本	江声录惠士奇、惠栋批校,朱邦衡题识	朱邦衡,字秋崖,乾隆间江苏吴县人,师事余萧客。有《惠氏读说文记》抄本(不分卷,任铭善、王欣夫跋),今藏复旦大学图书馆。
《说文解字》十二卷	明岱云楼刻本	施梁题识并录惠士奇、惠栋、江声等批校	施梁,其人不详。
《说文解字》十五卷	毛氏汲古阁刻本	桂馥录惠栋批本,王献唐跋	桂馥,字冬卉,号未谷,山东曲阜人。著有《说文义证》五十卷,世以"段桂"并称。桂氏亦曾抄录王念孙校语。
《说文解字》十五卷	毛氏汲古阁刻本	陈嘉录惠士奇、惠栋、江声批校	陈嘉(?—1861),字子淑,浙江仁和人。(见江庆柏《清代人物生卒年表》第435页)
《说文解字》十五卷	毛氏汲古阁刻本	贾棕录惠栋等批校	贾棕,其人不详。
《说文解字》十五卷	毛氏汲古阁刻本	清□子鄂录陆若璇、惠栋校	其人不详。
《说文解字》十五卷	毛氏汲古阁刻本	陈其荣录许镐录惠士奇、胡士震等校	陈其荣,字菱庵,号桂颀,浙江秀水人。同治丁卯举人。辑有《清仪阁金石题识》四卷,曾补毕沅所辑《说文旧音》(见朱记荣辑《槐庐丛书》)。

① 表中所录书籍信息依据翁连溪主编《中国古籍善本书总目》,线装书局,2005年,第159—166页。

续 表

书名	版本	过录者及相关信息	附注
《说文解字》十五卷	毛氏汲古阁刻本	朱叔鸿录惠士奇批校	朱叔鸿，字弋青，江苏吴县人。曾入毕沅幕，得交洪亮吉、孙星衍等。夙工书，行楷有晋唐风骨。
《说文解字》十五卷	毛氏汲古阁刻本	佚名录惠士奇、惠栋、胡士震、胡仲沄、胡重校语（详见《蛾术轩箧存善本书录》）	胡重有《说文集校》，此本即从《集校》本衍生。胡重，字菊圃，浙江秀水人。著有《说文字原韵表》等。
《说文解字》十五卷	毛氏汲古阁刻本	佚名录惠士奇、惠栋校注。	
《说文解字》十五卷	乾隆三十八年朱氏椒华吟舫刻本	江飌录惠士奇、惠栋校，陈寿祺题识	江飌，即江藩，字子屏，号郑堂，江苏甘泉人。尝师事余萧客，心贯群经，博闻强记。著有《国朝汉学师承记》八卷、《国朝宋学渊源记》二卷等。
《说文解字》十五卷	乾隆三十八年朱氏椒华吟舫刻本	佚名重录翁方纲录何焯、惠栋批	
《说文解字》十五卷	嘉庆九年孙氏刻《平津馆丛书》本	吴育校并录惠栋批校	吴育，字山子，江苏吴江人。与包世臣、李兆洛游，能文工书。尤工于篆书，与邓石如差近。
《说文解字》十五卷	嘉庆九年孙氏刻《平津馆丛书》本	刘庠手校，遍录惠士奇、惠栋父子及李威、王念孙等诸家校语（详见《蛾术轩箧存善本书录》）	刘庠（1824—1901），字慈民，号钝叟，江西南丰人。生平详王耕心所撰《墓志铭》（《续碑传集》卷八十一）。著有《说文蒙求》六卷及《读说文记》等。
《说文解字系传》四十卷附录一卷	乾隆四十七年汪启淑刻本	佚名临惠栋校	

表4所列虽仅十五种,但录者中有桂馥、翁方纲等著名学者,地域亦涉及江苏、浙江、江西、山东等地,足见其流播之深度与广度。且尚有辗转传抄而未见著录者,如朱叔鸿本即借自陈拭:

> 吾吴惠半农先生及其子松厓先生,博及群书,多□著述。曩游大梁,于秋帆先生所,获交于惠雅南先生。雅南,半农先生之孙也。善饮酒,笃于友谊,有长者之风。其绪论本诸先人,颇得要领。行箧中犹有半农先生《尚书疏读本》《手批山海经》等书。丹黄甚精,因录其《山海经》语以归。次年,闻雅南客死于汳,余既伤悼之,至其家,问其遗书,已尽散佚,为可惜也。辛亥之秋,客绍兴,遇陈拭斗泉,出半农先生父子所批《说文解字》,因借录之。其于六书之学,未甚精到,所考证,固多发明也。今其门弟子江君声盖过之,江君在秋帆先生门久,余得闻其说甚详。乾隆壬子三月幼度氏朱叔鸿记。①

此事在乾隆辛亥壬子间(1791—1792),其时《读说文记》一书尚未刊行。可见陈拭本亦为传抄之本,且陈拭与朱叔鸿皆为吴县人。且就上表观之,出于吴地者尚有朱邦衡、江藩、吴育等人,其传抄之迹亦多有谱系可寻:

> 己亥假朱大秋崖所藏惠氏手批本录,其墨笔者,半农说也。其朱笔者,松崖说也。其凡遇声字阙笔者,□□祖讳也。江飌记。②

是江藩录本乃从朱邦衡本传抄,江藩尝受业于江声、余萧客,朱邦衡亦尝师事余氏,余氏、江氏皆惠栋及门弟子,则江藩、朱邦衡为惠氏之再传。师弟相承之迹,可见一斑。

---

① 转引自章琦、赵成杰《东北师范大学图书馆藏〈说文解字〉批校本三种初考》,《文献》,2014年第3期,第114页。

② 见王欣夫著,鲍正鹄、徐鹏标点整理《蛾术轩箧存善本书录·庚辛稿》卷一"说文解字十五卷"条,第47页。

除吴地外，浙江自嘉庆间许学风气大开，研究《说文》者亦众，胡重即其中重要的一位。胡重(1748—?)，字菊圃，浙江秀水人。著有《说文字原韵表》一书，张之洞《书目答问》在"国朝著述诸家姓名略"中将其列入"小学家"①，可见其学术取向及成就。又钱泰吉《曝书杂记》云：

> 秀水胡菊圃丈重，精于《说文》，其所著书数十种，金君孝柏为刻《说文字原韵表》。菊圃尝得惠半农、松厓父子及惠氏同邑人胡竹厂孝廉士震与其子仲澐所校汲古阁本《说文》，其弟子沈茂才世枚以五色笔录于简端，间附菊圃校语。今在吾友金岱峰衍宗处，余方借录。②

则胡重亦曾有惠氏校本，弟子沈世枚又汇辑惠氏及胡氏二父子并胡重校语，以五色笔别之。此本后流传至金衍宗③处，钱泰吉又藉以过录。原本后经太平天国之乱而存亡难考，④此为流传之后续。而胡重校本之来源亦可得而考：

> 《说文解字》二惠氏校本，余假之金孝廉馥泉孝楠，馥泉假之汪孝廉笔山如渊，乃红豆斋主人遗墨也。二胡氏校本，余假之冯编修鹭廷集梧，云购于京师琉璃厂市，亦其手迹也。惠名士奇，号半农。其子名栋，字定宇，号松崖，世所共知。胡名士震，字东标，号竹厂，乾隆壬午举人，终翰林待诏。其子名仲澐。胡于惠为同邑后进，然实未尝见红豆之书也。沈茂才书琳世枚，从余问奇字，乃以五色笔

---

① 张之洞编，范希曾补正《书目答问补正》，上海古籍出版社，2001年，第265页。
② 钱泰吉《曝书杂记》卷上，辽宁教育出版社，1998年，第9页。按：此条中金孝柏当为金孝楠之误。
③ 金衍宗(1780—1861)，字维汉，号岱峰，浙江秀水人。嘉庆五年举人，历任临安教谕。崇尚汉学，著有《思贻堂文稿》《诗稿》《尊经阁礼典录》《茗隐卮言》《瓯隐卮言》等。
④ 林昌彝撰，程章灿整理《砚耕绪录》云："庚申冬嘉兴失守，未知此书存佚。"见《中国典籍与文化论丛》第七辑，北京大学出版社，2005年，第320页。

录于简端。绿笔圈点，依惠本。半农语别以黄，松崖语别以绿。蓝笔圈点，依胡本。竹厂语以墨书之，其蓝字则胡氏父子语，错杂莫辨矣。余研朱细勘，间附己见，未免敝帚千金之诮。嘉庆三年重五日，钱塘胡重记于嘉兴沈氏之经畬堂。①

可知胡氏本借自金孝枬（1768—1808），金氏复借自汪如渊②，至于汪氏来源则暂不可知。则此本在汪如渊、金孝枬、胡重、沈世枚、金衍宗、钱泰吉等秀水学人间流传的一般情貌，历历可见。③ 这种代际或群体间的传抄、过录，对于整个《说文》学风气的形成无疑起到推波助澜的作用。

传抄、过录之余，又有推广以成著述者，席世昌即是一例。席世昌（？—1808），字子侃，号稚泉，常熟人。席氏虽非师承惠栋，然所著《席氏读说文记》一书，确乃受惠氏书之启发而作：

> 吾友席君子侃穷经嗜古，得惠氏书读而善之，惜其随手札记，未有成书。欲推广其义例，作《说文疏证》。先辨形声字母之体，次别古省通借之义……惜草创未就，中年殂谢。会其从舅若云张君有丛书之刻，访其遗稿，即在所校《说文》中，蝇书密布，散布上下……属予勘阅商订，余细加寻绎，逐条缮录，断缺者连属之，繁芜者芟薙之，其所诠解，审定文义，先将《说文》本文条举于前，次列疏解于下，阅半载粗有条贯。复属娄东茉乡张君铎续加订定，乃克付梓云。④

《惠氏读说文记》，作为读书时的随手札记，不仅便于传抄过录，给初学者

---

① 见王欣夫著、鲍正鹄、徐鹏标点整理《蛾术轩箧存善本书录·癸卯稿》卷一"说文解字三十卷"条，第820页。
② 汪如渊，又名治猷，字嘉谟，号笔山，浙江秀水人。
③ 近代又有马叙伦据胡重校本重录本，并录胡重跋语，云："后学马叙伦过录，丁巳夏六月。"今藏美国哈佛大学燕京图书馆，见沈津《美国所见中国善本书志九》，《图书馆杂志》，1989年第5期。
④ 黄廷鉴《席氏读说文记序》，见丁福保《说文解字诂林》，第226页。

以典范指引,更以其短小精炼,给后来的研究者以无限空间。托马斯·库恩(Thomas Samuel Kuhn)首先提出"范式"的概念,并认为"范式"的形成,应具备:"它们的成就空前的吸引一批坚定的拥护者,使他们脱离科学活动的其他竞争模式。同时,这些成就又足以无限制地为重新组成的一批实践者留下有待解决的种种问题。"①如果将上面所列过录诸家作为坚定的拥护者的话,那么席氏则是所谓重新组成的实践者。刘庠亦有《读说文记》之作,虽无沿袭惠氏的明显证据,但其过录者的身份,及刘毓崧《序》中所云:"虽门径多开于先觉,而推阐有待于后贤。"②则刘氏之作,亦不能排除必无师法惠氏之意。即后来许颂鼎等为其父许槤董理所为校勘记,亦仿惠氏、席氏之例,分条录副,取名《读说文记》,以裨流传久远。③

《惠氏读说文记》不论是在刊前刊后,还是在吴县或之外的学人群体中,都获得较为广泛的关注,而其藉以流播的主要手段,即经由过录与传抄。这种方式不仅使得一本书的物质形态得以永久保存,更重要的还在于,通过在不同群体间的交互与传承,它似乎变成了一个生命体,不断被增添新的血液,在累积中得到新的活力。《惠氏读说文记》只是其中的一个特例,这样的例子还有不少,传录之例如王念孙《王氏读说文记》,亦是未刊之稿,后得桂馥抄传,又得许瀚(尝师事王念孙)写定清本,使吉光片羽,得以流传。传抄之余推衍以为著述,钱大昕《说文答问》则是其中显例,《说文答问》本为《潜研堂集》中之一篇,因屡有传抄而单行。薛传均因此以成《说文答问疏证》六卷,后承培元又有《广潜研堂说文答问疏

---

① [美]托马斯·库恩著,金吾伦、胡新和译《科学革命的结构》,北京大学出版社,2012年,第11页。

② 刘毓崧《刘慈民读说文记序》,见《通义堂文集》卷四,《清代诗文集汇编》第670册,第280页。

③ 严曾铨《许氏读说文记书后》云:"先生藏汲古原本,随笔校录,旁行斜上,丹墨殆遍。其中或直抒己见,或采辑他说,盖《统笺》之萌芽也。今哲嗣子曼刺史、子颂孝廉,仿惠氏、席氏之例,分条录副,名曰《读说文记》,以付手民。殆将与定宇、子侃两先生并行不朽矣。"见《许氏读说文记》卷末,光绪十四年海宁许氏刊《古均阁遗著》本。

证》;即其所及经字一项,后世推阐以为著述者,即有陈寿祺《说文经字考》、俞樾《说文经字》(弟子宋文蔚为之疏证)、郭庆藩《说文经字正谊》、钱人龙《说文经字考疏证》等。正所谓:"竹汀于《说文》虽无专书,然其绪论之见于《答问》及《养新录》者,其发明不在金坛之下,即此二十题,后人得其一以成书,即可名家。"①这种书籍的环流如同一股潜流,无形中推动学术的传衍与新生。

二、王筠及其群体间的书籍往还

以江浙为中心的江南学术圈,可谓是乾嘉学术的重心所在。仅就许学来说,"当乾嘉时,海内通《说文》之学者,以江浙为最盛"②。然就今天所谓"说文四大家"而言,却有两家(桂馥、王筠)出自偏离此中心的山左,且二家中,桂氏成书较段玉裁早,桂、王成名亦早于朱骏声。道光以还,以王筠、许瀚等为中心的山东学术群体迅速崛起,就桂馥《说文义证》一书之刊刻,更引起与汪喜孙为代表的江南学者的长期纠纷,甚至交恶,③表现出与江南学术群体分庭抗礼的姿态。④ 事实上,乾嘉以来精研《说文》,号称专家者,如段玉裁(1735—1815)、钱大昭(1744—1813)、钱坫(1741—1806)、陈鳣(1753—1817)、姚文田(1758—1827)、钮树玉(1760—1827)、严可均(1762—1843)等,道光以还,可谓凋丧略尽。而与之形成鲜明对比的是,山东学术群体却有异军突起之势,最显著者如王

---

① 梁运昌亦曾受益于此书,其《读说文解字小笺》识语云:"嘉庆壬戌,余游武林,人文少宰远皋师幕府。于同年嘉定陈莲夫诗庭处得见钱宫詹竹汀先生《读说文法》一编,因此得以识许书门径。用力既久,稍能习熟。"后以此成《读说文解字小笺》一书,光绪二十八年谢章铤为之录副,并以此为《说文》入门阶梯。见王欣夫著,鲍正鹄、徐鹏整理《蛾术轩箧存善本书录·辛壬稿》卷一"读说文解字小笺二十篇"条,第448页。
② 叶德辉撰,杨洪升注解《郋园读书志》,上海古籍出版社,2010年,第99页。
③ 至于详细情形,可参看丁原基《晚清山左许瀚与江南汪喜孙之交恶始末——兼述照邑学者与扬州学者之互动》,《中国文哲研究通讯》,2012年第3期。
④ 南京图书馆藏王筠《说文句读》稿本天头有批语云:"孟慈意恐未谷夺茂堂之席。不知未谷去茂堂远甚,惟严铁桥足以夺其席,次之则我耳。"自信之余,流露出对段玉裁的轻蔑之意。

筠(1784—1854)、许瀚(1797—1867)①、翟云升(1776—1860)②、李璋煜等,③更有张穆(1805—1849)、许梿(1787—1862)、叶名澧(1812—1859)、何绍基(1799—1873)、陈庆镛(1795—1858)等为之羽翼,杨以增(1787—1856)、祁寯藻(1793—1866)等亦曾参与其中。一时间,《说文》学蔚然成风。对此,吴鸥有总结之说:

> 道咸之际,菉友、石舟与李月汀、许印林、珊林诸先生,遇善本多互为校订。余曾见诸先生会校桂氏《义证》底本,纠摘之处,不可枚举,反复讨论,精研入神,以是蔚为风气,一时为许学者无能逃其月旦。自段懋堂后,王氏继为斯学宗匠,有以夫。④

菉友即王筠,石舟(洲)为张穆,李月汀即李璋煜,及许瀚(印林)、许梿(珊林)诸人组成的《说文》群体,不仅在书籍上互通有无,⑤更在著述的校订、刊刻等方面互为鼎力。而这一风气在桂馥《说文义证》一书的刊刻与

---

① 许瀚(1797—1867),字印林,山东日照人。著有《说文解字义证定本》《说文引诗字辑》《某先生校桂注说文条辨》等。于桂馥《说文义证》一书,更是竭尽一生心力。

② 翟云升(1776—1860),字舜堂,号文泉,山东掖县人。著有《说文辨异》八卷、《说文形声后案》四卷、《肄许外编》二卷、《说文备经考》(见王献唐《双行精舍书跋辑存》)等书。

③ 传衍所及,更有时庸劢、丁楝五(1825—1857)、丁艮善等,且多师承有自,绵延至于近代。时庸劢,字吉臣,山东单父人,著有《说文解字声切正谬》《说文韵孳》《说文均表》等;丁楝五,字伯才,山东日照人,著有《说文解字均隶》十二卷;丁艮善,字少山,山东日照人,精于《说文》及金石文字之学,张之洞于湖北崇文书局重刻桂馥《说文解字义证》,延其主事;丁佛言(1878—1931),原名世峄,字桐生、息斋、芙缘,号迈钝,山东黄县人,著有《说文古籀补补》十四卷补遗一卷附录一卷;更有王献唐者,传照邑朴学,精于金石、文字、音韵之学,著述满家。

④ 吴鸥《说文答问疏证提要》,见民国二十四年辽阳吴氏《稷香馆丛书》首册卷首。

⑤ 如许瀚《涉江采珍录》《锡朋录》及《许印林日记》所载群体间之书籍往来事迹颇多,如"壬辰至浙,观何子贞世行箧藏书,有二本(王引之《经义述闻》)焉,因乞其一""浙友贻子贞三部(《翁注困学纪闻》),以一惠予""李月汀赠《拜经日记》、宜子孙镜、长生无极瓦""汪孟慈送江晋三韵书全部""陈颂南庆镛农部赠《洪范五行传》二大册""石洲送《纪元编》《西域释地》《西陲要略》各一部"等等。另外记载群体间之交游活动亦颇伙。详见许瀚撰、崔巍整理《许瀚日记》,河北教育出版社,2001年。

流传上，已初见端倪。

桂馥所著《说文义证》，虽成书于较早，但由于卷帙繁多，无力刊刻，稿藏于家。至道光年间，方有刊刻之议。先是，李璋煜邀许瀚、王筠、许梿、陈宗彝等人，欲以通校全书，上吴鸥所云会校底本即此合校之本。道光二十二年，杨以增又拟刊刻，后以迁任，仅印一册即告终止。道光二十七年，在张穆、王筠等的怂恿下，杨尚文（墨林）又毅然刊刻此书，并于咸丰二年告成。由于此书行世较晚，故长时期内仅得以抄本流传。至于传抄之情形，王筠《复翟文泉先生书》曾有所涉及：

> 未谷先生于篆有《说文义证》，凡五十册，约近二百万字，原本在颜丹泉大令所。闻阮芸台制军曾抄一本，令叶东卿、李方赤各抄一本。方赤尚有八本未完，抄工须八十金，恐无大力者为之刊布，奈何？①

知除原抄本外，阮元、叶名澧、李璋煜均有抄存。王筠本亦有移写之打算，以卷帙浩繁而作罢。又陈庆镛《说文义证序》云：

> 己亥（1839）夏从汉阳叶东卿假得写本誊录，壬寅（1842）冬，余门杨生子言又从余假抄，于是先生书都中藏者凡三部。顾其书卷帙浩大，经易写鱼成鲁，乌成焉，是所不免。每思厘校，而以他事间阻。前因许印林孝廉计偕携有先生原抄本来都，颇见庐山真面目。②

知陈庆镛及其及门弟子杨子言，又有誊抄之事。则《义证》一书当时抄传之本即有五部，叶氏、陈氏、杨氏三本更是传抄有自。其人当时俱在京

---

① 王筠《复翟文泉先生书七》，见郑时、屈万里辑校《清诒堂文集》，齐鲁书社，1987年，第134页。
② 陈庆镛《说文义证序》，见《籀经堂类稿》卷十一，《清代诗文集汇编》第587册，第536—537页。

师,且来往颇密,①足见群体间互通有无之风气。

王筠《说文》类书籍的来源

王筠(1784—1854),字贯山,号菉友,山东安丘人。寝馈许书达数十年,著述之传于今者,包括《说文释例》及《补正》《说文句读》《说文系传校录》《说文韵谱校》《说文新附考校正》《汪刻系传考正》《说文抄》等,另又有手校之书十余种。② 故嘉道而后,世之言《说文》者,段、桂而外,必推尊王菉友。如谭献作"师儒表"以"段、桂、王"为鼎足三家,③王舟瑶以为"至贯山之《释例》出,索隐搜疑,分条缕析,而《说文》之变尽"④。其生前亦自以为可列于严可均、桂馥之间。⑤ 然其自述读书历程时却说:"年近三十,读《说文》而乐之。"⑥又云:"筠资性愚暗,家少藏书。"⑦与所传著述之博而广形成鲜明对比,今欲就其各书序跋及与友人书信等相关材料,并结合其交游,考察其《说文》类书籍的来源。

王筠曾多次在书信及序跋中道及读书历程,而于研读《说文》之相关情况,更是言之甚详。如道光七年《复马卧庐先生书》云:

---

① 陈介祺《说文古籀补序》云:"时汉阳叶东卿驾部、海丰吴子苾阁学、道州何子贞同年,皆以文字及先公门。诸城李方赤外舅、刘燕庭世丈、安丘王菉友姻丈、日照许印林同年,皆在京师。嘉兴张叔未解元、徐籀庄明经,皆南中未见忘年交,共以古文相赏析云云。"可见当时风气之一斑。见吴大澂《说文古籀补》卷首,中华书局,1988年。

② 今各图书馆所藏王筠批校《说文》著述,尚存《说文义证》(清抄本,校注并跋,国家图书馆藏)、姚文田《说文声系》(北京大学图书馆藏)、钮树玉《说文新附考》及《续考》(批注并跋,国家图书馆藏)、《段氏说文注订》(国家图书馆藏)、严可均《说文校议》(抄校并跋,山东省图书馆藏)、《说文注补抄》(浙江大学图书馆藏)、薛传均《说文答问疏证》(批校并跋,国家图书馆藏)、蒋和《说文字原表》及《表说》(《说文句读》稿本附,南京图书馆藏),等等。

③ 谭献撰,范旭仑、牟晓朋整理《谭献日记》,中华书局,2013年,第30页。

④ 王舟瑶《拟许郑二君从祀诸儒考略》,见《默盦集》卷二,民国二年上海国光书局铅印本。

⑤ 南京图书馆藏王筠《说文句读》稿本天头有批语云:"孟慈意恐未谷夺茂堂之席,不知未谷去茂堂远甚,惟严铁桥足以夺其席,次之则我耳。"

⑥ 王筠《说文释例序》,见《清诒堂文集》,第58页。

⑦ 王筠《复马卧庐先生书》,见《清诒堂文集》,第117页。

> 筠资性愚暗，家少藏书，株守《说文》，又只见汲古剜补本、李巽岩大小字本。凡有可疑，皆用臆测。比来都，见桂未谷先生《义证》，所胪各本，及他书所引异同，抉择甚精，第卷帙浩繁，未能移写。①

资性愚暗，或为自谦之辞，家少藏书却为实际，这一点从所藏《说文》类书籍即可见一斑。清代《说文》学自乾隆中期兴起，至嘉庆间至于极盛。当时天下宗尚《说文》，故此类书籍亦风行天下，然王筠所见仅汲古阁本及李焘《说文五音韵谱》二俗本。当时通行之本，除饱受批评的汲古阁剜改本外，就覆刻宋本而言，即有额勒布藤花榭本及孙星衍平津馆本。就研究著述而言，段玉裁、钮树玉、钱坫等各家书亦早已刊行于世。王氏自言年近三十，始读《说文》，而专治《说文》，更晚至道光三年（1823，时四十岁），这与其家少藏书、涉猎不广有莫大关系。而这一点在受邀合校《义证》，并得与许瀚、许楗、李璋煜、叶名澧等往复后，得到较大改观：

> 念前奉赐书，欲以《说文》提纲，又谓所蓄之《说文》未广，筠辄欲以此献替，惟先生俯采焉。案今之《说文》，惟大小徐两本。余所见大徐书，汲古阁初印及五次剜补，今所行者皆此本。藤花榭、平津馆，皆仿宋也。李巽岩《韵补》（当作《韵谱》）大小字两本，已有不合。小徐书无善本，汪氏刻朱文藻《龙威秘书》小字本，以朱文游抄本校之，多不同。综而论之，汲古初印，与藤花、平津多合，然剜补亦多佳处，不得如段茂堂之一概抹杀。②

此为道光八年王筠给翟云升的一封覆信。此处所涉《说文》类书籍已颇广，除前所云汲古阁五次剜改本及《五音韵谱》外，又得见汲古阁初印、藤花榭、平津馆诸本。段玉裁《汲古阁说文订》，王氏恐亦得见。故得以为友人罗列众本，品评得失。此处虽并未明言所见书籍之来源，但未尝不

---

① 王筠《复马卧庐先生书》，见《清诒堂文集》，第117—118页。
② 王筠《复翟文泉先生书》，见《清诒堂文集》，第123页。

第六章 《说文》著述与测定学术风气的指标

可从其他相关材料推知。

为便于集中而具体地反映书籍的来源信息,现将各条材料以年代为次,梳理如下:

道光九年:

> 右《考异》二十八卷《附录》二卷,杭州朱文藻著,自序于后。朱竹君先生藏本,李方赤比部借抄,而属筠书其篆文,即随手校正,讹者墨改之,原书讹者朱改之。①

道光十一年:

> 辛卯冬复至都,叶氏平安馆买一《考异》抄本,借校一过。②

道光十二年:

> 汉阳叶润臣以《说文韵谱》相诒,又以翁覃溪阁学抄本相假,筠读之匝月,不得其要领,爰献疑以咨润臣。③

道光十三年:

> 《说文》新附字,鼎臣故自知其不典,每于注中明之。然唐以前书所引之《说文》,而今本讹者、脱者,乃未能订补。钮氏考正其误,说甚精核。海昌许珊林进士槤赠我一帙,乃以秕见所及,或为之助

---

① 王筠《书朱文藻〈说文系传考异〉后》,见《清诒堂文集》,第 44 页。其《说文系传校录序》亦云:"道光乙丑,筠始见朱氏《系传考异》。正其谬误,核其故实,启后学用心之端,可谓勤矣。"见《清诒堂文集》,第 55 页。按:此处乙丑当是己丑之误。
② 王筠《书朱文藻〈说文系传考异〉后》,见《清诒堂文集》,第 48 页。
③ 王筠《〈说文韵谱校〉初稿序》,见《清诒堂文集》,第 50 页。

正,兼校其字之讹脱,异日写一通,附珊林寄之。①

道光十四年:

　　韵在都中,李方赤郎中于书肆购一册,署曰"检难字法"。乃桂未谷先生所辑,备检《说文》难字,手书赠翁覃溪先生者也。欲移誉之,方赤靳弗与。今春雪大至,寒窗无事,遂自辑之,五日而毕。②

道光十五年:

　　乙未八月,在都借马氏《龙威秘书》(《龙威秘书》本《说文系传》)读之,是书盖以汪本付刊,而颇有校正,先得我心者皆录之,亦聊免余说之无稽云。③

　　乙未九月,在都从方赤借未谷先生原本,不载部首,而部中字则注明部首。④

道光二十三年:

　　道光辛丑,祁淳父先生赐筠此书,出自顾千里抄本,首尾完具,讹误差少,以为所据之本,诚完本也。癸卯秋,借得朱竹君先生家藏本校之,而后悟其非,请胪举之,以讯读者。⑤

年代不详:

---

① 王筠《说文新附考校正序》,见《清诒堂文集》,第53页。
② 王筠《〈检说文难字〉序例》,见《清诒堂文集》,第53—54页。
③ 王筠《说文系传校录序》,见《清诒堂文集》,第57页。
④ 王筠《〈检说文难字〉序例》,见《清诒堂文集》,第55页。
⑤ 王筠《校祈刻〈说文系传〉题记》,见《清诒堂文集》,第68页。

> 段氏《汲古阁说文订》》雪堂六弟抄此,俾筠是正。以筠浅识,不能概知其非,仅就鄙见所及,点识其旁,不知者空之,以待再酌。①

自道光九年至道光二十三年的十五年间,王筠从友朋处获见、获赠及借阅之书籍包括:朱文藻《说文系传考异》及附录、徐锴《说文解字韵谱》、钮树玉《说文新附考》、龙威秘书本《说文系传》、桂馥《检说文难字法》、祁覆刻本《说文系传》、段玉裁《汲古阁说文订》等。其中多难见之本,如朱文藻《系传考异》,世无刻本。今可考见者,亦仅此朱竹君藏本、李璋煜传抄本及丁杰、陈熷抄校本②。其他如翁方纲《说文韵谱》抄本、桂馥《检说文难字法》抄本等。而所涉及之人,除祁寯藻外③,许槤、李璋煜、叶名澧、陈山嵋等皆为群体中人。更为关键的是,这种群体间的书籍互通,不仅丰富了王筠的《说文》类相关书籍,甚至可以说直接促成《说文韵谱校》《说文新附考校正》《说文系传校录》《汪刻系传考正》《检说文难字法》等书的撰作。

群体间个人著述的赠予、借抄与互校

许槤、李璋煜、叶名澧等的书籍赠予与借抄,给王筠《说文》类书籍的积累及《说文》学的养成提供了重要的辅助。书籍的流通或者说群体的运转,必须建立在一种良性互动的基础之上。故王筠对于己所校或所著之书,亦往往赠予或借予同仁抄阅。④ 这一点在与翟云升的往来中表现

---

① 王筠《校段氏〈汲古阁说文订〉后记》,见《清诒堂文集》,第 74 页。
② 叶启勋《说文系传考异二册》云:"《说文系传考异》旧抄本,二十八篇。归安丁小匹学博锦鸿、秀水陈梅轩明经熷手校。……梅轩与锦鸿交好,同有书癖,互相借抄借录。……辛酉冬月,得此于道州何蝯叟太史绍基家,挑灯漫记。书中尚有题'葆案'者,此不知何人,暇日当详考之。"见叶启勋、叶启发撰,李军整理《二叶书录》,上海古籍出版社,2014 年,第 27 页。
③ 其实,祁氏书亦非亲手所赠,乃托之张穆,张氏、祁氏本是姻亲,王筠与张氏又交好,故未尝不可算作是同一群体间的书籍往还。
④ 如《说文部首读序》云:"适尹怡堂孝廉公车来京,问字于余,且将以归课其子。余既以《文字蒙求》示之,复以是写本属其录出携归,俾学童潜心熟读,庶可为许学之初桄矣。"见王筠《清诒堂文集》,第 65 页。

清代的书籍流转与社会文化

最为突出：

> 行箧所携藤花榭刻《说文》一部，奉尘座右。惟初校时不记用何本，又止书某一作某，后误记为毛本，乃将一字改作毛，然改笔显然可见也。弟尚有手校两本，此本不必赐还矣。素有《栉比说文》两册，为珊林借去，伊寄来即以呈教，虽谬误多端，亦可省心力。《韵谱》大字本，假之声甫，字大寸半，未知谁氏刻？小字本不足道，其余诸本，亦忘之矣。方赤用十金买汲古本（初印，与平津、藤花多同），然非初印，与段懋堂《汲古阁说文订》所说，尚有不符也。（段书都中未有，然持论不平，且间以未改为改，是其病。）俟弟回家有暇，当亲赍所校本呈阅。
>
> 又文一篇，亦呈法鉴。惜前答马岱阳先生书，未带来，无以呈教。必欲买，则莫如段氏《说文解字注》，伯申先生许之七分，盖亦不满其武断处。然讲《说文》者，未有加于此者也。弟亦有之，但在家中耳。①

翟云升与王筠交往最密，今《清诒堂文集》所收二人来往书札就达二十通，其中书籍往还内容颇多。就此一通而言，所涉书籍就包括三种：一是以手校藤花榭本《说文》相赠，又许以毛氏汲古阁校本，且以段氏《说文解字注》相推介。其中还附及与许梿等的书籍往来，《栉比说文》恐即《说文抄》，乃王筠初读《说文》时所撰。后又以此相借：

> 拙作《说文抄》一函，本系两册，毛装。珊林兄借去，受梅雨，乃为之衬纸作䙐，甚不称也。其首三卷，或吾兄著述有角尖之益。然此乃弟初读《说文》时所纂，后见其不成体裁，故即自见之刺谬亦多不复删改，二兄自审择之，不用时再行赐还。②

---

① 王筠《复翟文泉先生书十一》，见《清诒堂文集》，第 136—137 页。
② 王筠《复翟文泉先生书》，见《清诒堂文集》，第 141—142 页。

一曰"此本不必赐还",又云"不用时再行赐还",可见二人在书籍互通方面的密切程度。① 除翟云升、许槤之书籍借阅外,张穆、陈庆镛亦有传抄之事:

> 与石洲书言《系传》事,弟出都时书即言此事。弟校毕时,颂南抄之,想石洲回都亦抄之。大兄所据写者,石洲本耶?卷末有两跋,大兄见之耶?所云桂抄本、桂校汪刻本,兄皆有之耶?②

> (道光二十六年)三月接到手谕,言乔抚军寄筠校《系传》,石洲携去誊抄,按筠校此书,在癸卯七月,以示之石洲,兼告以将闻之于夫子。渠反复力止,言但可说校勘记,当改作而已。筠乃止。石洲业已抄之,后来印林至都,亦借石洲本传抄矣,何以今又誊抄耶?③

此处所言,当是所作《说文系传校录》一书。先是,王筠因不满朱氏所为《系传考异》,故叶名澧怂恿其覆校,并许以通力合作,王筠任其异文,叶氏任其典故。得到王筠的许可,并于次年九月始事,至道光十四年初成,然叶氏所允部分终无消息。后王氏又屡有覆校,如道光十五年,以《龙威秘书》本对勘,道光二十三又得朱筠家藏本及祁寯藻覆刻本对校,精审可见。故陈庆镛、张穆、许瀚等皆争相传抄。

以上为著述之相借抄,更有以著述质之友朋,互为校阅之事:

> 道光丁酉三月二十二日始辑此书,百日乃毕。割裂窜易数过,又草一过,十一月十二日乃毕,已阅三百二十六日矣。十月中,携至掖,以质翟君文泉。④

---

① 此外,道光十六年王筠《致翟文泉书》又云:"前此叶润臣曾以《说文韵谱》相询,弟校其中谬误,得百五十纸,已写成帙。惜原刻本不在此,归当以相赠耳。"见《清诒堂文集》,第144页。

② 王筠《致许印林书》,见《清诒堂文集》,第149页。

③ 王筠《上春圃先生书》,见《清诒堂文集》,第151—152页。

④ 王筠《说文释例后序》,见《清诒堂文集》,第60页。

戊戌携至都,以示诸良友,则皆赏之。爰进而请曰:书之必有疵颣也,自古以然。……黟县俞理初正燮先阅之,小加删削,未有驳难。……又许为作序,以事不果,遂行矣。陈念庭金城,许《系传校录》,而于《释例》尚有不足,乃未正一事而去。日照许印林瀚,详阅之。……乃道州何子贞绍基、子毅绍业,独不肯相助,何也?岂鄙之为无足置议耶?①

可见《释例》一书初成之后,先后得翟文泉、俞正燮、陈金城、许瀚、何绍基、何绍业等阅览审定。《说文句读》草创之初,亦得陈山嵋、陈庆镛之劝勉。另外,翟云升《隶篇》之作,许棫、叶名澧、何绍基、吴式芬、许瀚、王筠、李璋煜等亦并为之助。此种群体间的互阅、合校,俨然成为一种风气。风气所被,更至于群体外之著作,如所传《说文校本录存》《五音韵谱校本录存》,就先后得许瀚、王筠批校,又如薛传均《说文答问疏证》,迭经张穆、王筠、李璋煜等手订重刻,前后形同两书,故有吴鸥"一时言许学者无能逃其月旦"之叹。

三、作为启蒙的《说文》著述

"古者八岁入小学,故周官保氏掌养国子,教之六书"②,是为识字初阶。《汉书·艺文志》所录《仓颉》《训纂》《凡将》以及《急就》等数十家著述,即多为蒙学识字课本。此类书籍在编排上多谐韵,或三言、四言,或五言、七字,形式上类似于诗歌,而编韵之目的全在于易记易诵,内容多涉浅显名物或伦常道德。大多只是借歌谣的形式来传达某种指事或教化,带有很强的实用性和目的性。后来所谓《三字经》《百家姓》及《千字文》等,皆属此类。到了清代,特别是乾嘉以来,学者识字通经多从《说

---

① 王筠《说文释例后序》,见《清诒堂文集》,第60—61页。
② 班固撰,颜师古注《汉书》卷三十,中华书局,1962年,第1720页。

文》入手。① 对于《说文》一书的研究,亦一时蔚为风气。当时学者如段玉裁(1735—1815)、桂馥(1736—1805)、钱坫(1741—1806)、钱大昭(1744—1813)、陈鱣(1753—1817)、姚文田(1758—1827)、钮树玉(1860—1827)、严可均(1762—1843)等,②皆有体大思精的著述。道光以还,汉学转衰,老师宿儒亦日渐凋零,许学的传衍亦因此面临挑战。由此而衍生了一种特殊的启蒙类书籍,即作为《说文》启蒙的著述。此一类著述,虽然在形式上与以往的蒙书大同小异,但在性质上往往不能同日而语。它难以等同于一般的童蒙读物,其撰者不乏著名学者,如王筠、陈澧、桂文灿、冯桂芬等,对象亦非普通民众,有鲜明的学术入门的意味。

陈澧的忧虑及其启蒙主张

自惠栋、戴震以来,乾嘉学者多师法汉儒,标举汉学,以郑玄、许慎为宗。嘉庆五年,阮元创诂经精舍于西湖孤山之麓,更设许、郑二木主而并祀,公然以许、郑之学为天下倡,《说文》学亦由此大兴,以致出现"许氏《说文》贩脱,皆向浙江去矣"③的盛况。至道光四年,阮元依诂经精舍之例,设学海堂于广东,书院祀主已无许慎。④ 加上汉宋调和论的兴起,汉

---

① 刘成禺《世载堂杂忆》云:"世家所教,儿童入学,识字由《说文》入手,长而读书为文,不拘泥于八股试帖,所习者多为经史百家之学。"见刘成禺著,钱实甫校点《世载堂杂忆》,中华书局,1960年,第3页。

② 其他如朱文藻(1736—1805)、邵瑛(1739—1818)、戚学标(1742—1825)、吴照(1755—1811)、郝懿行(1757—1825)、徐养原(1758—1825)、徐承庆(1760—1833)、王绍兰(1760—1835)、张惠言(1761—1802)、毛继盛(1764—1792)、江沅(1767—1838)、臧礼堂(1776—1805),等等。

③ 陈康祺《阮文达推重经学》,见《郎潜纪闻·二笔》卷十六,中华书局,1997年,第633页。

④ 阮元《学海堂集序》云:"昔者何邵公学无不通,进退中直,聿有学海之意,与康成并举。"见《揅经室集·续四集》卷四,中华书局,1993年,第1077页;又:"诂经精舍肄业生黄以周主南菁书院,有书院立主之议,亦不及许慎。"黄以周《南菁书院立主议》,见《儆季文抄》卷六,《清代诗文集汇编》第708册,第543—544页。

学由盛转衰的迹象已较然明白。这一点从陈澧与徐灏①的数十通信札中，即可见一斑。

陈澧(1810—1882)，字兰甫，广东番禺人，学者称东塾先生。早年肄业于粤秀书院，道光十四年选入学海堂。后为学海堂学长、菊坡精舍教席，因屡试不中，终其一生都从事于教学。在其所处时代，汉学风气已远不如乾嘉之盛。其实，自阮元开创学海堂，主汉宋调和以来，就一定程度上显示汉学由盛转衰的迹象。陈澧虽力主汉宋调和，但对于汉学的顿衰，却也表现出超乎常人的忧虑。这一点在其《与徐子远书》中就可以明显感觉到：

> 又汉学风气今已渐衰，将来宋学必兴，而人心浅躁，未必能为朱学，必讲陆学。②

> 今海内大师，凋谢殆尽，澧前在江南，问陈石甫江南学人，答云无有。在浙江问曹葛民，答亦同。二公语或太过，然大略可知，盖浅尝者有之，深造者未必有耳。吾粤讲汉学者，老辈惟勉翁在，而近年为俗事所扰。同辈中最笃学者李子迪太史，每日读注疏、《通鉴》为正功课，《皇清经解》《五礼通考》为余功课，惜乎咯血死矣。后生辈好学者，则不过二三人耳。③

知其忧虑主要集中在汉学衰歇后"陆学"的复兴，这里的"陆学"，主要指的是明末以来置书不观、谈心谈性的空虚之学。乾嘉以来，学者推重汉学，以许、郑为宗。江南素来号称人文荟萃，而今陈奂(石甫)、曹金籀(葛

---

① 徐灏(1810—1879)，字子远，广东番禺人。著有《说文解字注笺》二十八卷、《说文检字》三卷《重文检字》一卷《今文检字》一卷及《象形文释》等书。
② 陈澧《与徐子远书(一)》，见《陈澧集》第1册，上海古籍出版社，2008年，第454页。
③ 陈澧《与徐子远书(二)》，见《陈澧集》第1册，第455页。

第六章 《说文》著述与测定学术风气的指标

民)等皆言无人。广东笃守汉学者,亦仅有曾钊①及李光彦②,后生好学亦不过两三人而已。"百年来诸儒提倡之力,而衰歇之易如此"③,诚可感慨。感慨之余,陈澧对此作出深刻的反思:

> 夫以百年来诸儒提倡之力,而衰歇之易如此,推原其故,非尽时文之为害,此朱子所云欠小学一段功夫耳。我辈既无势力以振之,又不尚声华标榜,惟有著书专明小学一段工夫,以教学者,使其易入。或学者渐多,有可望也。……近儒号为明小学,然其书岂学童所能读,则谓之欠小学一段工夫可也。④

小学一词,历来指涉不一。《汉书·艺文志》设"小学"一类,附六艺《孝经》之后,主要指文字之学,后来对于小学的认识也多沿袭这一传统。此处"小学",亦主要指文字、音韵、训诂之学而言。之所以引用朱子,主要还在于其调和汉宋,将义理与考据合二为一的学术主张。《说文解字》一书,作为小学之渊薮,乾嘉以来学者多奉为说经、解经之圭臬,言必称许慎成为一种风气,许学也由此大兴。然其书大多奥博,加上风气变迁,后辈往往难以索解。以许学为根基的汉学,自然将面临"必遂绝"⑤的危险。以自古圣贤救一时之弊相提倡的陈澧,当然不愿意看到这种局面的出现。于是,关于《说文》启蒙的主张也就应运而生:

> 窃谓儒者著书,贵乎因时立说,此时老师硕儒,零落殆尽。后来

---

① 曾钊(? —1854),字敏修,号勉士,广东南海人。尝为学海堂学长,以古学造士。著有《周易虞氏义笺》《周礼注疏小笺》《诗毛郑异同辨》等。
② 李光彦,字子迪,广东梅县人。曾国藩《致刘传莹》云:"有李君子迪光彦,广东人,辛丑编修,年五十余,熟于注疏及国朝先生经解。"见《曾国藩全集·书信一》,岳麓书社,2011年,第27页。
③ 陈澧《与徐子远书(二)》,见《陈澧集》第1册,第455页。
④ 陈澧《与徐子远书(二)》,见《陈澧集》第1册,第455页。
⑤ 陈澧《与徐子远书(二)》,见《陈澧集》第1册,第455页。

读许书者,不得其门而入,则自厓而返,恐此学遂衰。或不得其门,则别寻径窦,此学遂淆。今已有此病矣。虽衰亦必复兴,淆亦必复清,然何如及今维持之乎。今当著一书,略如君家楚金《通释》之意,发凡起例,开通门径,使许书义例,易知易从,则于此学为功大矣。①

读书问学,贵在知其门而入,苟得其门,则事半功倍。《说文》一书,号称专门,前虽有段玉裁等老师硕儒创通大例。然其书精深浩博,但可为知者道,对于中人之资,往往不能领解、读不终卷。同时,他也反对当时讲小学者皓首穷经的做法,主张儒者贵在"因时立说",以拯时救弊。因此,他认为宜仿徐锴作《说文解字通释》之意,创作一书,使后来读此书者,易知易从。并以此勉励徐灏,且在信札中反复申明启蒙之重要性,可谓一篇之中三致意焉:

夫学问之事,莫难于入门,既入其门,则稍有智慧者,必知其有味而不肯遽舍,在乎老师宿儒引而入之。入门者多,则此道日昌,其能深造者为通儒,不能深造者亦知其大略,而不至于茫昧,而文学彬彬矣。故精深浩博之书,反不如启蒙之书之为功较大。而独恨百年以来,未有著此等书者也。且启蒙之书,又非老师宿儒不能为,盖必其途至正,其说至明,约而不漏,详而不支,其书虽曰启蒙,而实入门,(入门)则学者多,学者多则通人出。②

其中"精深浩博之书,反不如启蒙之书为功较大",其实是有所指的。徐灏当时正全身心的致力于《说文》的研究,故陈澧极力推扬启蒙的重要性,有意让徐灏在做专门性研究同时,致力于通俗性的启蒙书籍创作,以有益于当时。

---

① 陈澧《与徐子远书(三)》,见《陈澧集》第 1 册,第 457—458 页。
② 陈澧《与徐子远书(五)》,见《陈澧集》第 1 册,第 458—459 页。

围绕《象形文释》的讨论

徐灏当时正全力从事于段玉裁《说文解字注》的笺正,在此之前,先有《象形文释》的撰作。陈澧"精深浩博之书,反不如启蒙之为功较大"一语,主要即针对此书而言:

> 吾弟《象形文释》有定本否?闻子深弟云,此书欲改为《说文笺》,亦甚是,但原书可为学童讲授之本,真古人所谓小学。近时硕学魁儒,著书精博者多,而可以开初学耳目者甚少。是以新学小生,一见古书便惊若望洋,无由寻其门径。澧前数年即欲与子琴大令同著小学之书,极精深而出于极简浅,庶几可以开发初学。其实古人所谓小学,正是如此,能成此等书,其功正不小耳。容稍暇再具条例奉商,同力合作,乃易就也。子琴今方之官粤西,恐未必能为此矣。①

《象形文释》一书,其例乃专取《说文》中象形一类,逐字逐条加以训释,为之疏通证明,务使"形附于物,文生于形"②。陈澧见其书简明有法,故屡次建议其略加改造,以作为学童讲授之课本。通过此札可知,陈澧此前就曾与侯度(子琴)协商同著一书,以启发后学,足见其对于《说文》启蒙之用心。后因侯度任职粤西而未果,故又汲汲与徐灏商订:

> 《象形文释》既散入《说文笺》,其别行之本似竟可删去所引群书,并不必录许书原文,而本许氏及群书之旨,隐括其词,自为之释。义取简明,俾家家塾师皆能为学童传授为佳。此等大有关系,欲使渐成风气。③

---

① 陈澧《与徐子远书(十七)》,见《陈澧集》第1册,第465页。
② 徐灏《象形文释自序》,见《象形文释》卷首,民国二十四年辽阳吴氏影印《稷香馆丛书》本。
③ 陈澧《与徐子远书(一)》,见《陈澧集》第1册,第454页。

《说文笺》即《说文段注笺》,陈澧以为《象形文释》一书既已散入其中,则单行之本即可以略加删定,义取简明,为塾师教授学童所用。陈澧自身对启蒙一事,亦躬行实践。① 以冀将来子孙能传此学,使渐成风气,不废先儒提倡之力、倡导之功。然徐灏似乎无意于此:

> 前日论此事,复思愚见未尽,然老弟不以为然,诚是也。今来示谓有益,请更论之。许氏书之有段氏,犹郑氏书之有贾、孔,断无出其右者。其有疏误,为之笺正,诚不可少。但须字字考索,有当笺者即笺,若偶有所触,即著一条,则不能周匝,不能体大思精,只可作一种小书耳。②

> 前索尊著《象形文释》,来书云已入《说文笺》,此书可覆瓿。怪澧欲存之,且谓以此启蒙,更当删节谨严。澧谓删节谨严,是也;谓可覆瓿,非也。且推吾弟之意,似轻视启蒙者,与澧所见不同,请得论之。③

徐灏的回函今虽无缘见到,但从以上两段文字却可以推知一二。徐灏此时可能正专注于《说文注笺》,故以此推脱删节《象形文释》一事。陈澧在略加肯定的同时,认为此事体大,恐不易为功。徐灏又以《象形文释》不足流传,从而使陈澧认为他有"轻视启蒙"的倾向。其后知所谓覆瓿乃谦词,才稍稍心宽。但此后陈澧虽屡屡来信,或催促,或录副,皆无果而终。《象形文释》一书,亦未得以刊刻行世。④ 其间委曲缘由,无从得知,然此书稿本后为伦明所得,其手书跋语云:

---

① 陈澧《与徐子远书(一)》云:"澧近著音韵书一种,甚有法,以授小儿女,四声、清浊、双声、叠韵,累累然脱口而出,老夫侧耳听之莞然云云。"见《陈澧集》第1册,第454页。
② 陈澧《与徐子远书(三)》,见《陈澧集》第1册,第457页。
③ 陈澧《与徐子远书(五)》,见《陈澧集》第1册,第458页。
④ 《象形文释》一书,今存稿本,广东省立中山图书馆藏。另有民国二十四年吴鸥据稿本影印本,收入《稷香馆丛书》。

番禺徐子远先生，专经学及小学，所著《通介堂经说》《说文段注笺》已刊行。别著有《象形文释》，未刊行，余于二十年前得其稿本。向见先生与其弟子深手札云：兄年将四十，功名未就，只可听其自然。惟立言不朽之心，是所素志。今年改定《象形文释》之后，即从事于《毛诗》，诀意作疏，大约一年之内，粗为饾饤。先起一草，明年以后逐年加功。自此以往，二十年可以成书矣。又一札云：今春正月无事，将所著《象形文释》又加删润一番，至是凡三易稿矣。作《毛诗述义》已成《周南》一卷，此事锐意坚心为之，总期于成。吾弟勿与人言，兄虽兰甫亦不言及。此缘任重事艰，恐不成为笑耳。①

"兄虽兰甫亦不言及"一句，虽然是针对《毛诗述义》一书而言，但从中亦可稍见其心曲。"任重事艰"，恐书不成而贻笑于人，恐怕也只是托词。陈澧每以因时立说、拯时救弊相勉励，倡导作一种小书，这与他"立言不朽"的素志相龃龉。如此，毋宁说恐贻笑于人，不如说恐有负于人。事实上，对于《象形文释》，徐灏倍加看重，曾几经改定删润，其意并不愿以小书置之。这一点在其自撰序言中也隐约可见：

灏弱冠后始读《说文解字》之书，于所谓象形者，许君曰象手足则亦曰象手足，许君曰象臂胫，则亦曰象臂胫而已，其所以然之故，则瞢瞢如也。后见钟鼎彝器子孙之文，即大字人字之形，证以许君"画成其物，随体诘诎"之言，由是大寤。……戴东原氏曰："经之至者，道也，所以明道者，其辞也；所以成辞者，字也。必由字以通其辞，由辞以明夫道，乃可得之。"旨哉言乎。不明字形，则造字之义晦，而六书不明，六书不明则三代以上之文，经师所传之传注、故训，皆不可读。岂小故哉？……窃不揣固陋，取许书象形文字条理而分释之，使形附于物，文生于形，如按诸图，如指诸掌。又为之疏通证明其说，而指事、谐声、会意、转注、假借，胥一以贯之。由是以通其

---

① 徐灏《象形文释》卷末，民国二十四年辽阳吴氏影印《稷香馆丛书》本。

辞而明夫道可也。①

"由字以通其辞,由辞以通其道",可以说是乾嘉以来学者的共同宗旨,或者说是理想。徐灏在序言中不惮词繁地引用戴震的这一段话,固然也怀有这一种理想在。可以说,"通其辞而明夫道"才是徐灏著述立说的"素志"。因此,陈澧虽屡次以启蒙相劝勉,徐灏都没有给予正面的回答,更没有与陈澧一道,担负其《说文》启蒙的时代使命。

传承与新变:《说文》启蒙类书籍的兴起

陈澧在广东一地汲汲以《说文》启蒙相号召,在当时当地似乎没有得到太多的回应。② 但是这一现象的出现,却能从一定程度反映一时的学术风貌。汉学转衰,许学如何延续、传承,似乎开始成为共同的话题。《说文》通俗类著述,也开始大量出现。

(1) 大家小书:王筠及其启蒙实践

徐灏《象形文释》自序作于道光二十六年,陈澧关于《说文》启蒙的言论,也当在此前后。几乎同时,身处山东的王筠,著成《文字蒙求》一书,其用意亦在训蒙:

> 雪堂谓筠曰:人之不识字也,病于不能分,苟能分一字为数字,则点画必不可以增减,且易记而难忘矣。苟于童蒙时,先令知某为象形,某为指事,而会意即合二者以成之,形声字即合此三者以成之,岂非执简驭繁之法乎?……余久欲勒为一书,而夙夜在公,未之能成。然终以为训蒙之捷径也。于箓友何如?筠曰:善。爰如学堂意纂之,于象形、指事、会意字,虽无用者亦皆搜辑,形声字所收者四

---

① 徐灏《象形文释自序》,见《象形文释》卷首。
② 同治二年,桂文灿著有《说文部首句读》一书。桂文灿,字子白,号皓亭,广东南海人。其书"依篇为章,因章分句,以《墨子》衡读之例读之,可令学童讽诵",也可以算作是对陈澧的一种侧面回应。见陈庆镛《桂皓亭说文部首句读跋》,《籀经堂类稿》卷十五,《清代诗文集汇编》第587册,第581页。

第六章 《说文》著述与测定学术风气的指标

类,总二千余字而已,诚约而易操者乎。说解取其简,或直不加注,兼以诱之读《说文》也。①

"说解取其简,或直不加注"一句,与陈澧所谓"义取简明"之语何其相似。此书初名《字学蒙求》,乃应陈山嵋(雪堂)之请而作,目的在于为儿孙作蒙学课本之用。其实际用意,虽不同于陈澧有意识的以《说文》启蒙自任,但在具体实践上可谓不谋而合。此书流传颇广,沾溉后人不少。② 后世如李慈铭、章太炎、梁启超等人均对其给予很高的评价。③ 因此,百年之后,周作人读是书想其为人,犹觉喜且愧:

---

① 王筠《文字蒙求序》,《清诒堂文集》,第63—64页。
② 关于此书流传情况,从其版刻上即可见一斑,此书自成书以至清末,版刻不断,先后有:道光十八年陈山嵋刻本、道光二十六年自刻本、光绪五年常熟鲍氏刻《后知不足斋丛书》本、光绪五年会稽章氏刻本、光绪七年雷氏重刻本、光绪十三年梁溪浦氏刻本、光绪十三年关南彭懋谦刻本、光绪二十三年闽南彭氏璧经室刻本、光绪三十年江州会文书局刻本、光绪三十年湖北高等小学堂学务处刻本、宣统二年上海文瑞楼石印本、鄂垣傅集文印本、清末石印本,等等。见《中国古籍总目·经部》"小学类"第6册,中华书局、上海古籍出版社,2009年,第1117页。又有咸丰四年安丘王彦侗刻本、光绪二十七年江楚书局刻本、民国十六年上海大一统书局刻本、清末明初上海民声书局石印本等,据"学苑汲古"等电子目录查检。
③ 李慈铭《越缦堂读书记》云:"阅王箓友《文字蒙求》,凡四卷,道光戊戌箓友为其友人陈山嵋所作。取《说文》象形、指事、会意、形声四类中二千余字,分类编纂,以教初学,俾识造字之原,为读《说文》者之纲领。其说解务取简要,多有异于许君者,篆亦间取钟鼎,体例斯善,心得为多,惟所说亦有臆决支离者。辛未之夏,尝为友人有改订之本,未及录副,今日复取一本,略举数条,明其得失,善悟者因此类推,思过半矣。"见李慈铭《越缦堂读书记》(上),中华书局,2006年,第545页;梁启超《论幼学》云:"王箓友著《文字蒙求》,条理颇善,自言以教童子,一月间而有用之字尽识,顾其书于形事二端善矣。而古今文字,除独体外,形声居其十之八九,必得简法以驭之,乃可便易。余顷在澳门,有葡萄牙人来从学者,或不识字,或识矣而不能写。余先以《文字蒙求》象形、指事两门中之独体字授之,继为形声字表,以偏旁为纬,以声为经,专取其有用者,不过二千余字,为表一纸,悬之堂中以授之,十余日而尽识矣。"见梁启超《饮冰室合集》第1册,中华书局,1989年,第51页;章太炎《驳中国用万国新语说》云:"初识字时,宜教以五百四十部首,若又简略,虽授《文字蒙求》可也。"见章太炎《太炎文录初编·别录》卷二,上海人民出版社,2014年,第361页。对于此书,更有进行笺注、广义者,如高润生《文字蒙求笺》三卷,原稿本,见雷梦水《古书经眼录》(齐鲁书社,1984年,第31页),今未见传本;蒯光典《文字蒙求广义》四卷,光绪三十四年江楚书局刻本,等等。

> 安丘王氏著作,寒斋旧有《说文》数种,未及细读。唯《文字蒙求》四卷,昔曾涉猎,今日又取阅,亦觉得多可喜处。所说根据《说文》,改变处却亦不少,且其著书目的全为儿童,与《鄂宰四种》中念念不忘后生初学相同,此意甚可感,亦实希有可贵。清朝乾嘉以后国学大师辈出,但其所经营者本是名山事业,本无意为小学生预备入门梯阶,故至今《说文》仍为难读之书,所谓小学终非大人不能去翻看第一页也。王菉友于文字学想到童蒙求我,虽是草创之作,历整整百年,还须推独步,思之可尊重,亦令后人愧恧耳。①

对于王筠以《说文》大家身份,而为童蒙求我之事的无限敬意,可谓溢于言表。王力亦尝评价说:"'说文'四大家中,王筠是唯一注意文字学的普及工作的,不但《文字蒙求》是很好的一部入门书,即以《释例》《句读》而论,也是比较适宜于初学的。"②

其实,王筠致力于《说文》初学尚不止此。道光二十年,王筠又著有《说文解字部首读》一书,其自序云:

> 《说文解字》部首在许书序内,原无句读,况自唐以来,增减颠倒,不可枚举。……余嗜许书有年,其部首只能强识。兹为桂氏家传写本,其五百四十文皆从大徐次第,惜蠹蚀过半,难以意改。又取苗氏本证之,但求其谊贯,不狃于韵叶,句用圈而读用点,不易识者以楷文音之,所以便初学也。适尹怡堂孝廉公车来京,问字于余,且将归以课其子。余既以《文字蒙求》示之,复以是写本,属其录出携归。俾学童潜心熟读,庶可为许学之初桄矣。③

治经必从《说文》入门,而《说文》部首五百四十字,又是研读《说文》之初

---

① 周作人著,钟叔河编订《周作人散文全集》第8册,广西师范大学出版社,2009年,第172页。
② 王力《中国语言学史》,山西人民出版社,1981年,第133页。
③ 王筠《文字蒙求序》,见《清诒堂文集》,第65页。

阶。治《说文》非肆力部首不为功,所谓挈一纲而万目张。王筠所存桂馥《说文》部首家传写本,以及取以引证之苗氏本,即苗夔所作《说文建首句读》,皆属于《说文》部首读本一类。王筠在此基础上,更著一书,但求义贯,不追求谐韵,以便初学。并将此书及《文字蒙求》,任尹耀宗(怡堂)录副,以归课其子,可见其启发后学之用心。其实,王筠著《说文句读》之初,即以"便初学诵习"①为职志,后来在陈山嵋、陈庆镛的建议下,才变更本志,博观约取而成今本。其后,陈山嵋取法王氏,亦有《说文》部首句读之作。陈庆镛所谓"取法王书,定句益当,辑成授儿孙,皆能全部习诵,一字无讹"②者是也。

后王筠官山西乡宁,以其地处万山之中,书贾不至,所举之书,皆所未见,或龃龉不能晓解。于是撰《夏小正正义》《禹贡正字》《毛诗重言》《毛诗双声叠韵》等小书,名《鄂宰四种》,以启当地士子之读书门径。③王筠另有《教童子法》一卷,其晓示教童子读书次第一节云:

> 蒙养之时,识字为先,不必遽读书。先取象形、指事之纯体教之,识日月字,即以天上日月告之……纯体字既识,教以合体字,又先须易讲者,后及难讲者,又不必尽说正义,但须说入童子之耳,不可出之我口便算了事。如弟子钝,则识千余字后乃为之讲,识两千字乃可读书。④

读书以识字为先,识字又以象形、指事等独体字为先,其后教以合体。讲解务必先简后难,识二千字方可使读书,可谓循循然善诱人。与乾嘉诸大儒相比,王筠之所以多有《说文》通俗类著述,很大程度上是时代与地域的原因。这一点也正与陈澧相类似,二人一南一北,无意中形成一种

---

① 王筠《说文句读序》,见《清诒堂文集》,第 81 页。
② 陈庆镛《桂晧亭说文部首句读跋》,《籀经堂类稿》卷十五,《清代诗文集汇编》第 587 册,第 581 页。
③ 王筠《鄂宰四种序》,见《清诒堂文集》,第 96—97 页。
④ 王筠《教童子法》,光绪二十三年江标辑《灵鹣阁丛书》本。

有趣的呼应。

(2) 以部首为歌诀：冯桂芬的创新

《说文》部首五百四十字，作为《说文解字》一书之纲领，读《说文》之初阶，自元代周伯琦《说文字原》以来，即作者不断。有清一代，基于部首的研究著述更是汗牛充栋。如陈奂《说文部目分韵》，胡重《说文字原韵表》，吴照《说文偏旁考》《说文字原考略》，蒋和《说文字原集注》，宋育仁《说文解字部首订读》《说文解字部首笺正》，饶炯《说文解字部首订》，等等，或分韵、或考订、或疏证、或句读，不一而足。① 除此类带有极强的专业研究色彩的著述外，别有一类更富通俗性的著作。著名者如苗夔《说文建首句读》、王筠《说文解字部首读》、冯桂芬《说文部首歌》、黄寿凤《说文部首韵语》等，他如桂文灿《说文部首句读》、罗镇嵩《说文部目便读》、金式陶《说文部首启蒙》等②。称得上是作者间起，亦可谓"人人知以《说文》部首为小学门径，亦人人思以《说文》部首为学僮课本"③。

这类书本意多为课蒙而作，大抵仿传统蒙书，如《急就章》《千字文》《三字经》《百家姓》等，取《说文》五百四十部首，或三言，或七字，以韵编排。苗夔《说文建首句读》已开其端，然长短不齐，桂文灿继其后，以三字、四字为断，亦非整齐划一。冯桂芬《说文部首歌》，以七言为句，统五百四十部首，编为歌诀，可以说是同类著述中最具代表性的一种。

冯桂芬（1809—1874），字林一，又字景亭，一作景庭，自号邓尉山人，江苏吴县人。精研许书，著有《说文解字韵谱补正》《说文段注考正》等书。《说文部首歌》恐是其早年初学之本，后又用以课子：

右《说文部首歌》一篇，为先大父遗著。岁癸亥，避寇沪上，侨寓

---

① 徐灏亦有《说文部首考》之作，未及付梓而卒，后由其子徐绍桢补订，改名《说文部首述义》，今存稿本二卷，复旦大学图书馆藏；另有民国十九年中华书局石印本。

② 其他启蒙性书籍尚有朱骏声《说文声母歌括》、刘彝《说文便蒙》、蔡用锡《说文启蒙》、刘铭鼎《说文用功次第说》、赵煜《说文今韵启蒙》、季谟《说文便读》等。

③ 中国科学院图书馆编《续修四库全书总目提要·经部》下册，中华书局，1993年，第1104页。

第六章 《说文》著述与测定学术风气的指标

敬业讲舍,时世澂年才十四,大父出是篇授读,今幸于许书得识其部居崖略,皆大父训诲之力也。旧有手书是篇遗稿,世澂恒携之箧中,为道光甲辰旅寓京邸时所书,计阅四十年矣。长洲陈硕甫先生奂,段若膺大令高足也。所著有《说文部目分韵》一卷,用李仁甫《五音韵谱》例,始东终乏,系以部首诸字,用便学者。大父是篇编为韵语,成诵在口,尤便检寻。①

知旧稿原是道光二十四年所书,则是书之成,亦几乎与陈澧以《说文》启蒙相提倡、王筠撰《文字蒙求》的时间相仿。同治年间,又以是篇课子。然其书当时并未刊行,辗转四十年后,其子冯世澂以旧稿"聱牙诘屈,几不复识其本音"②,乃重加编订,系以音释而付刊。此书在形式不仅与李焘《说文解字五音韵谱》、陈奂《说文部目分韵》不同,即与后来的诸种《说文》部首句读相比,也有很大的改进,极便初学。因此,孔昭乾为此书作序云:

> 同县冯君伯渊为吾师校邠先生哲孙,癸未夏,余通籍后客都门,尝出示先生所编《说文部首歌》。余受而读之,其文不过百韵,举全书五百四十部,视原次某篇上下,依韵次分上下平,诠句以为识别。学者童而习之,于以探六书之源流,入许氏之堂奥。胥以先生是篇示之南碱,诚嘉惠后学之鸿宝也。③

孔昭乾,字伯南,号樛园,又号九缘,别号经钮,吴县人。同治间为正谊书院诸生,时冯桂芬为主讲,故得受业。④ 是书当时未见,可见为冯氏家传之本。今所读者,乃冯世澂所赠之本。是书举《说文》五百四十部,编为

---

① 冯世澂《说文部首歌跋》,见冯桂芬《说文部首歌》卷末,此书与《周礼职官分属歌》及《山海经表目》合为一册,名《校邠庐逸笺》,光绪十一年上海点石斋石印本。
② 冯世澂《说文部首歌跋》,见冯桂芬《说文部首歌》卷末。
③ 冯桂芬《说文部首歌》卷首,光绪十一年上海点石斋石印本。
④ 顾廷龙主编《清代硃卷集成》第167册,台北成文出版社,1992年,第415—425页。

韵语，有不足者以他字补齐，凡七字一韵，共一百韵：

一上示三王玉同，珏气士丨居其中。屮艸蓐茻一下全，小八采半牛犛逢。

告凵口叩哭走从，止癶步此相追踪。正是辵彳丁为标，延行齿牙足同条。

....

内兽之下干支兼，已有巴坿辛辩拈，子了孨云酉酋沾。①

其例与《苍颉》《急就》等汉代字书同，七字一句，句句用韵的形式，也与汉代以来的七言歌谣相同。上古时期，竹帛未兴，故"古人以简策传事者少，以口舌传事者多；以目治事者少，以口耳治事者多。故同为一言，转相告语，必有愆误。……是必寡其词协其音，以文其言，使人易于记诵"②。所谓"言之无文，行而不远"③。因此，当时如《老子》《墨子》等书亦多有韵语，取便记诵流传。单就语言形式来说，韵文较散文在传播、记诵等方面似乎具有天然的优势。一取其发乎口而应于声，可歌可诵；二来形式简单，极便记忆。儿童初发蒙，懵懵然无所知，正如天地鸿蒙初开，人们多以口耳治事。因此，彼时兴起的口头文学形式，正好为此时的蒙学书籍所采用。后来兴起的识字蒙书，诸如《苍颉》《训纂》《急就》，以至《千字文》《百家姓》《三字经》等莫不如此。这样看来，以俗学课本的形式来重新编排经典字学著述，《说文部首歌》既是一种开创，更是对传统模式的一种继承。

另黄丕烈之子黄寿凤亦著有《说文部首韵语》一书。此书具体著述年月不得而详，恐亦在道光年间。④ 胡培系曾有一本，后顾恩来得之胡

---

① 冯桂芬《说文部首歌》，光绪十一年上海点石斋石印本。
② 阮元《文言说》，见邓经元点校《揅经室文集》三集卷二，中华书局，1993年，第567页。
③ 杨伯峻《春秋左传注》第3册，中华书局，2012年，第1106页。
④ 黄寿凤《说文部首韵语》一书，除同治十一年湖州赖春士刻本外，另有道光间刻本，国家图书馆等藏。

氏,并录副本,同治十一年由赖春士刊而行之。以四字为句,两句一韵,编为韵语,亦极便初学。

后来梁启超作《论幼学》一篇,其中有专论"歌诀书"一节:

> 汉人小学之书,如《仓颉》《急就》等篇,皆为韵语。推而上之,《易经》《诗经》《老子》,以及周秦诸子,莫不皆然。盖取便讽诵,莫善于此。近世通行之书,若《三字经》《千字文》,事物不备,义理亦少。今宜取各种学问,就其切要者,编为韵语,或三字,或四字,或五字,或七字,相间成文。①

"取各种学问,就其切要者,编为韵语",可见其对此一形式的认同。孰不知冯桂芬的《说文部首歌》《周礼职官分属歌》等早已启其端。更重要的是,这一类著述,为后来学者对于《说文》部首的学习提供了一种简便通俗的良好范式。

(3) 学术薪火:《说文部首韵语》及其承传

章黄学术传统绵延至今,其源头不得不追溯至日本的那次讲学。光绪三十四年,章太炎讲学东京,受业者包括黄侃、钱玄同、朱希祖、许寿裳、鲁迅、周作人等,其最先讲授的即是段注《说文》。此次讲学的内容,后根据朱希祖、钱玄同等的记录,得以荟萃成书,据此可以窥探当时讲学的一般情形,然具体的教授学习情况仍然不得而详。其实,章氏关于《说文》,除此讲义之外,另有《说文部首韵语》一篇。此编极有可能作于讲学期间,以便学生初习《说文》部首之用。

宣统二年章氏在给钱玄同的信中说:"前所作《说文部首韵语》,不知尚有稿否? 如尚在,当录视新生也。"②可见是书正作此前不久,钱氏对此书也极为熟悉。当是讲授时随手编录,章氏以无关著述而未存底本,而作为学生的钱玄同可能随堂记录了。检钱氏《日记》,1908 年 4 月 16

---

① 梁启超《论幼学》,见梁启超《饮冰室合集》第 1 册,第 52 页。
② 马勇编《章太炎书信集》,河北人民出版社,2003 年,第 103 页。

日云:"午后录部首诸字杂记稿。"18 日又云:"上午又录《说文部首杂记》,录出一纸。"①所谓《部首杂记》,恐《韵语》亦包括在内。因此,为发蒙新生之便,又来信咨询。此年九月,章氏即有教授小女《说文》部首之事。此篇后来虽收入《章氏丛书初编》,然在学生间却另有传衍:

> 章公作《说文部首韵语》,收入《章氏丛书初编》。先师黄君施教北京大学时,尝为注释。世扬尝迻录一本,久乃失之。廿三年夏,公自沪上迁于吴城,令世扬收拾文稿,于是得公仲兄仲铭先生所作注,置之案头,欲以校黄君之作,竟未暇也。同门徐士复见而读之,谓当付诸《制言》。且以义有未尽,颇为沾补,而俾世扬记其由来。世扬尝为仲铭先生诊候,从容谈说,必及许书,知为深于小学者。其作此注贻公也,附书云:"但恐有误,望为改正。"老辈之以虚受人如此,则士复之补谊,有当于先生雅意无疑也。惟是先生之殁,于今七年,公与黄君,亦皆逝矣。抚兹奇字,欲问无由。嗟我后生,其谁无擿埴冥行之感耶?②

此为民国二十五年孙世扬为徐复《〈说文部首韵语注〉补谊》所作序言,《注》乃章仲铭(章太炎二兄)所作。在此之前,黄侃亦尝有注本,孙氏曾录有副本。后又得章仲铭本,并有相互校订之意,却未得暇,后由徐复参互补谊。黄侃、孙世扬、徐复,或为及门弟子,或为再传,此编亦得在其间流转,从此可见老辈启迪后学之功以及学术传承之迹。除章门弟子外,尚有龚翼星(字乃成,湖南安化人),著有《说文部首韵语音注》③,章太炎亦曾为其所著《光复军志》作序。可见此编之流传。

《说文部首韵语》一编,仿《千字文》之例,四字一句,两句一韵,凡一百三十六句,六十八韵,统许书五百四十部首:

---

① 杨天石主编《钱玄同日记》第 1 册,北京大学出版社,2014 年,第 127 页。
② 徐复《徐复语言文字学丛稿》,江苏古籍出版社,1990 年,第 283 页。
③ 龚翼星《说文部首韵语音注》,今存民国十三年长沙藻华印务局石印本,湖南省图书馆、北京大学图书馆等藏。

第六章 《说文》著述与测定学术风气的指标

  曰稽兄古，至人首出。采匚正立，壴民夃勿。鼻且风后，自王有巢。
  一冊三才，厽画六爻。攴竹乡㯻，厂聿录刀。衣皮门艸，饮血食毛。
  …………
  十二小卯，危心粪筋。七月乀火，喜予毋惢。冓文放此，部首止此。①

  与冯桂芬《说文部首歌》相比，虽然都是仿前代课蒙字书，句取谐韵，但冯氏一书仅限于取便讽诵，章句之间没有实在的内涵。而章氏此作，在编韵的同时，注意篇章字句之间的联系，结构严谨，内容丰富。所谓"以'曰稽兄古，圣人首出'八字冠首，从鼻祖鼻王叙起，下迄炎黄高辛尧舜以后，一切名物，即寓于中。使读者不仅知此若干字为《说文》部首，并可即此部首若干字，可略知古之圣人初作书契，依类象形之大意"②。可见章氏对于启迪后学之用心。而"惟不直书楷体，而以楷写篆，易圆为方，不能使人到眼便识为某字，而句下又不加以音释，亦使人猝不易读解"③的微瑕，经过黄侃、徐复等参互补谊，亦变得无可指摘。此类启蒙类著述在章黄学术脉络下，方可谓达到尽善境地。

  清中期以还，对于《说文解字》的研究，一时由附庸而蔚为大国。但对于此一风气的形成及展开，以及此种风气下《说文》及其相关著述的接受、阅读、流传等情况，却往往未得其详。文献（书籍）作为知识、思想的物质载体，其生产、编刻、流播、阅读与接受的每一个阶段，无不蕴含有丰

---

  ① 章炳麟《说文部首均语》，见上海人民出版社编《章太炎全集》第7册，上海人民出版社，2014年，第519—532页。
  ② 见《续修四库全书总目提要·经部·小学类》下册，第1127页。
  ③ 见《续修四库全书总目提要·经部·小学类》下册，第1127页。另外，针对此一弊病，民国二十一年李天根别有《说文部首韵语》一编，改三字一句，分十二章，每章八韵，亦以取便记诵。

富的思想、文化意味。因此对其价值的考虑，不应该仅仅局限在对其文本所承载的知识的作"专门性"解读，而完全忽视其所产生的社会、文化背景，以及它们彼此之间的互动。其实，"自章学诚以后，文献史与思想史、学术史的关系已成为清代学者的思考重点之一。其根本方法是视文献的编纂、生产、传播，与作者—抄写刊刻者—接受者、文献传达的内容和意义、时代背景、社会政治环境以及思想道统为一个不可分割的整体，各种元素彼此互动、往复循环，共同构成一种意义系统，然后以历史实证为基础，对这些多元以及每一元的多边进行交互往复的'阐释循环'，以发明其中的丰富内涵"[①]。

有清一代，不管是在学者、文人还是藏书家中间，都存在一些范围或大或小、凝聚力或强或弱的知识群体，这些群体以血缘、姻亲、师承、友谊或相同的学术兴趣为纽带，以书籍为媒介，或相互借阅，或互为传抄，或集体校阅，或往来赠送，并慢慢在群体间形成一个资源共享的"知识共同体"。这种共同体在清代并不算少数，如嘉道间有以黄丕烈为中心的吴中学人群体，道咸间有以管庭芬等为中心的浙中群体，又有以贺涛为中心的北方文人群体，及以桐城派为中心的书籍的内部传承网络等。《说文》亦不能例外，出于典范指引下的《惠氏读说文记》在吴地的传抄过录，以"知识共享"为职志、以书籍为媒介，通过群体间广泛的借阅、传抄所形成的以王筠为中心的"学术共同体"，以及其他或以师承、或以亲缘所构成的《说文》群体，共同推进有清一代《说文》学的繁兴。

对于这样一部经典性的专书，在湮没数代之后，学者是如何着手阅读、研究的？在许学初兴，或者说开创期的老师硕儒那里，似乎找不到痕迹。道咸以降，围绕汉学转衰而产生的"启蒙"呼声，并由此而衍生的一系列《说文》类入门书籍。一门学问的兴衰传衍，前辈学者的发蒙与启迪，无疑发挥了至为关键的作用。无论是以陈澧为代表的岭南学术，以桂馥、王筠为导向的山左群体，还是后来的绵延至今的章黄学派，无不以此见学术薪传的力量。如此，《说文》学之所以传承至今，作为典范

[①] 赵益《从文献史、书籍史到文献文化史》，《南京大学学报》，2013年第3期，第121页。

的经典性著作,自然至关重要,但那些开启学问的小书,也不应当等闲视之。

　　当然,这一问题并非单篇文章即能完全解决,文中所举,也仅仅是清代《说文》学及其著述流传、衍生的几个特例,虽不足以反映清代《说文》学形成与展开的完整模式,但未尝不可作为以书籍史反观学术史的一种尝试。

第七章
家集编刊与文化传承

一代有一代之文献。清代的文献类型，多承继前代而来；其中多种前代已有初步发展然未能充分拓展的文献，至清代则蓬勃发展，其繁盛足有掩盖前代之势，如年谱、日记、家谱、方志、家族总集、地方总集、藏书目录等等。或可以说，这些文献大量且连续编辑刊印，改变了文献体系的格局，从而呈现清代文献的新貌。

清代有数种类型文献的编辑与刊刻，具备回溯性质；各类型之间又存在整合配套关系。如就一人而言，有自编年谱，有自定别集、全集；一家一族则有家谱，有家族总集（家集）；一乡一镇、一县一府乃至一省，有百科全书式的志书，又有郡邑总集。层层外推，小大呼应，古今关联，形成层级的文献体系。这一彼此牵涉的文献体系的形成，当然不只是文献编纂、生产体系中的模仿与再生，也不能视为商业兴盛时代的书籍商品系列，而更应关注这一文献体系赖以生存的社会及文化推动力量。

一、家集的涌现及其在目录中的位置

家集是指汇合或编选的家族著述，它可以是一家族某一代成员的作品，亦可包含二三代乃至数十代成员的作品。家集所包含的作品通常隶属集部，亦有一小部分家集汇编经、史、子类著述；家集所收录的文献，或是较为完整的专书，或为作品汇选。因其内容性质的差别，在晚近的目录中，家集常列入集部的总集类，或者四部之外的丛书类。

家集在历代文献中的分布情况较为复杂,其名称表述形式多样:其一,有直接标为家集,或以相关语词标示自成一类者;其二,有以家族中一人集子为主,其他家族成员作品附属者;①其三,有家族后人或其他收藏者将某一家族成员先后刊刻的集子汇合成帙者。

仅以名称而言,有少量名为"家集"的集子,实际上是别集,宋代就有这样的例子,如王禹偁《冯氏家集前序》:"《冯氏家集》者,故江南常州观察使始平冯公诗也。"②宋代的"家集"多是指藏于家、传于子孙的家人著作,并不一定是汇合刊行,与明清家集涵意有区别。此外有些"家集""传家集",是某一家族家传文献汇编。因而在浩繁的文献中,对家集的梳理与汇合,必须以文献调查、阅读为基础,如此方可减少判断偏差。

溯家集源流,多以《窦氏联珠集》《清江三孔集》以及名目颇多的"三苏集"为样例,《四库全书总目》集部类共著录家集 36 种(含存目),所录家集总数,在清代及其以前的诸多目录中,最为突出,然限于体例,对于"家集"作为一种特别类目的意识并不明晰,单书提要中亦无有意标识的文字。在《四库全书总目》前有按类汇合家集的目录或艺文志,如黄虞稷的《千顷堂书目》,此目重点收录明代著述,卷十七集中著录张舆、张辂《联辉集》,缪珊、缪琏《埙篪集》,吴任、吴田、吴穀《三凤集》;雍正《浙江通志》卷二百五十二在总集类著录自《谢氏兰玉集》至《甬东薛氏世风删》等家集 17 种,并首次以类目"家集"标识。此后光绪《湖南通志》卷二五八艺文志下在"汇集"类目中著录家集 6 种,《八千卷楼书目》卷十九集部中著录家集 25 种,《嘉业堂藏书志》卷四集部中著录家集 11 种,虽有以类汇聚之实,然无类目名称揭示。《江苏省立国学图书馆图书总目补编》在丛书中列"氏族类",类下设分目"丛编之属""诗文之属",有语云:"右丛部氏族类凡十一种。"③谢国桢编撰《续修四库全书总目提要·丛书部》

---

① 这一类型,无家集之名,然具家集之实,《清人别集总目》著录就有 200 余种。
② 王禹偁《小畜集》卷二十,《四部丛刊》本。
③ 《江苏省立国学图书馆图书总目补编》卷七至卷十二,民国二十五年铅印本,第 644 页。

中专立"族望类"①。目录中设立氏族、族望、家集之类的类目以揭示反映一种较为特别的文献，足见此类文献已渐得认可。其后的几种大型目录或艺文志，如《中国丛书广录》的"类编丛书·集类·家集类"、《中国丛书综录续编》的"汇编·氏族类"、《中国古籍总目》的"丛书部·氏族类"及"郡邑类"中的小部分，还有孙殿起《贩书偶记》及《续编》中的"家集之属"，皆对家集文献有较多揭示。

划分家集所属时代，有其棘手处，因家集往往汇合历代家族成员的作品，是一种累积的文献。本书采取的界定标准，是家集所录作者主要集中的朝代，编定成书、印行问世的时间，依此可对家集所属时代作大致区分。目前所知唐及唐以前的家集，当以宋刻本《窦氏联珠集》为最早定型、刊刻，其他宋代以前家集编定成书较晚，主要集中在明清，而《储氏丛书》《扶风班氏遗书》，则是民国时的编刻。总之，唐及唐以前家集大多是受明清家集编纂风气推动而形成的回溯性编辑的产物。家集的编纂始于宋代，韩琦《安阳集》卷二十二收录《韩氏家集序》，即属于家族总集。②宋、金二代的家集大多为明清人回溯式的编辑；③至元代，据笔者对《全元文》中家集序的梳理，家集编纂已渐成风气。明清是家集编辑刊刻的繁盛期，其中清代的家集数量又远在明代之上。现将各代家集数量列举如下：

唐前，8种。

唐五代，8种。

宋代，29种。

元代，17种。

明代，193种。

清代，已经查阅1006种，另有238种待访或见于著录，总计

---

① 谢国桢等撰，吴格、眭骏整理《续修四库全书总目提要·丛书部》，国家图书馆出版社，2010年，第536—571页。

② 此条材料由张剑兄提示。

③ 多种名目的"三苏集"，此处视作一种。

1244 种。

家谱作为与家集密切相关的文献,其数量也有近似的大幅度变化。王鹤鸣指出,清代、民国时期家谱总数达到 13124 种,为明代家谱的 50 倍。① 家谱数量的剧增,背后有推动的力量。清初确定以仁孝治天下的伦理政策,修谱是孝道的一种有力表现或践行方式。清代江南"族必有祠,宗必有谱"。谱三十年一修。朱熹认为"三代不修谱,即为不孝",到清代变为"三十年不修谱,即为不孝"。或三十年一小修,五十年一大修。② 广泛、持续的修谱之风,对家集的编辑与刊刻肯定有带动作用。

较前代而言,明清家集数量的大幅度变化,可说明一代有一代之文献;而此话题又牵涉到一代有一代之学术、一代有一代之文学。研究明清文学与学术文化,当考虑其时著述风气,以及书籍编纂出版的背景。

家集数量的增长,目录中家集作为一个子目随之出现,则更可知目录类目变化沿革的缘由,余嘉锡云:"夫部类之分合,随宜而定。书之多寡及性质既变,则部类亦随之而变。"③而此问题又与时代、风尚相应,"夫古今作者,时代不同,风尚亦异。古之学术,往往至后世而绝,后之著述,又多为古代所无"④。清代目录中著录家集,乃家集数量剧增、不得不录的结果;同时,也要注意前文所举《浙江通志》《湖南通志》的特殊性,此即一地之史在编纂过程中展开的对地方文献的梳理。由地域而及家族,这与南宋以降地方意识、家族传统的日渐滋衍,一脉相承。

二、家集编纂中的家族、地域观念与时间意识

姓氏与籍贯

总集中的家集,若追源溯流,不妨先梳理《四库全书总目》中所著录

---

① 王鹤鸣《中国家谱通论》,上海古籍出版社,2010 年,第 182 页。
② 相关论述,见王鹤鸣《中国家谱通论》,第 184—186 页。
③ 余嘉锡《目录学发微》,巴蜀书社,1991 年,第 142 页。
④ 余嘉锡《目录学发微》,第 149 页。

的家集,①《四库全书总目》所录家集,虽未并置一处,但对此后家集的编纂,尤其是家集序的撰写,产生了不小影响。同治六年陈澧撰《莫如楼诗抄合刻序》即从《四库全书总目》著录家集的事实入手为文:

> 独以兄弟数人合为一集,考之《四库书目》,惟唐有《窦氏联珠集》,为窦常及其弟牟、群、庠、巩五人之诗。至宋之《柴氏四隐集》,则从兄弟也。蒋氏四先生集,比柴氏为盛,盖与窦氏如骖之有靳矣。②

在《四库全书总目》著录家集之前,家集序在追溯家集源流方面,并不十分清晰或并未刻意讲求;在《四库全书总目》之后,家集序则多提及《四库全书总目》著录情况,如光绪二年陈倬撰《清河六先生诗选序》:

> 家刻总集著录于《四库》者,厥有二例:一由他人论定,如唐褚藏言编《窦氏联珠集》,宋王蓬编《清江三孔集》,明刘润之编《二皇集》是也;一由后人辑录,如宋《三刘家集》,金《二妙集》,元《圭塘欸乃集》,明《柴氏四隐》、《三华》诸集、《文氏五家诗》是也。我朝人文蔚兴,近数乡先达,若长洲之惠氏、彭氏,接踵而起,人各有集,不下数

---

① 《四库全书总目》卷一八六著录:《窦氏联珠集》五卷、《清江三孔集》四十卷、《三刘家集》一卷、《二程文集》十三卷、《二皇甫集》七卷;卷一八七著录:《柴氏四隐集》三卷;卷一八八著录:《二妙集》八卷、《圭塘欸乃集》二卷;卷一八九著录:《三华集》十八卷、《文氏五家诗》十四卷;卷一九一著录:《存存稿》十八卷、《双桂集》六卷、《唐氏三先生集》二十八卷;卷一九二著录:《二戴小简》二卷、《二陆集》三卷、《二温集》四卷、《六李集》三十四卷、《吴越钱氏传芳集》二卷;卷一九三著录:《埙篪音》二卷、《世玉集选》二卷、《凤山郑氏诗选》二卷、《蔡氏九贤书》九卷、《奕世文集》十六卷、《成氏诗集》五卷;卷一九四著录:《萧氏世集》不分卷、《澄远堂三世诗存》八卷、《杨氏五家文抄》十二卷、《瑞竹亭合稿》四卷、《述本堂诗集》十八卷、《三苏文粹》七十卷、《义门郑氏奕叶吟集》七卷、《义门郑氏奕叶集》十卷、《棣华书屋近刻》四卷、《笃叙堂诗集》五卷、《长林四世弓冶集》五卷、《残本湖陵江氏集》五卷。

② 蒋益澧辑《莫如楼诗抄合刻》卷首,同治刻本。

第七章 家集编刊与文化传承

十种……平湖张氏世传科甲,诗人代出。①

《四库全书总目》对前代零散的家集的官方著录,自有扩大影响之功;但此种影响,恐多来自家集自身的命名传统。

《四库全书总目》所著录的家集中,以姓氏名集者较多,这也是清代家集表述最为直截、用意显豁的命名方式,也最能表现家集的本色与特质;而在此命名方式基础之上继续推衍,则是在姓氏名称前冠以籍贯,如《长洲彭氏家集》《德州田氏丛书》《番禺潘氏诗略》等,这种命名方式在《四库全书总目》著录的家集中尚不足形成特色,然在可以查阅的 1006 种家集中,却有 527 种之多。而在此前,如元人编辑的 17 种家集中,只有一种家集冠以籍贯,而可辑考的 193 种明人家集中,只有 35 种。家谱题名中含有籍贯、姓氏是一种最为常见的方式,自宋元以来几乎没有明显变化。家集的命名,毫无疑问受到家谱命名方式的影响;然在此前提之下,亦应对这一影响的大小作进一步的时间划分,为何明及明以前家集题名所受影响较小?文献数量激增与编纂风气鼓荡,当在其中起了较重要的作用。种数日繁,某一家集自然要在比较中增强自己的辨识度,特别是当牵涉支派繁多的姓氏时,题名的多层修饰、限定就成为一种必要的策略。家集题名中的籍贯既是简明的区分标志,同时又隐含一种地域上的竞争意识,此种意图在家集序跋等文字中时有流露:

(洛阳)肃堂先生《春秋集解》、伯绳先生《迟悔斋文集》等书,窃叹其经学家传,文章华国,祖孙间继继绳绳,宜其为中州之山斗也。②(《洛阳曹氏丛书》)

《海丰吴氏诗存》,太守仲饴吴公辑其历世家集之所存也。……凡四卷八代,作者二十有五人,彬彬乎可谓盛矣。山左诗人,巨手代

---

① 朱为弼等编选《清河六先生诗选》卷首,清平湖张氏刻本。
② 黄舒昺《洛阳曹氏丛书序》,见曹曾矩编《洛阳曹氏丛书》卷首,同治光绪间刻本。

兴，坛坫乎海内，若胜国之历下，熙朝之新城，其尤著也。至才高学富，蹊径独辟，则莫如德州，其精诣处殆兼唐宋之胜而有之。……吴氏为山左名阀，科第簪缨，世济其美。①（《海丰吴氏诗存》）

夫任为宜兴巨族，国初时，王谷先生与商邱侯朝宗、宁都魏冰叔、长洲汪苕文诸公治古文，有盛名。葵尊先生以刚正不阿居谏垣，圣祖褒为直臣第一，其奏议具有经籍光。迨钧台前辈以理学名家，著书数十万言，如《周易洗心》等书采入《四库》。踵而起者，文人学士，尤指不胜屈，著述之富，甲于江左。②（《宜兴任氏传家集》）

东莱为山左名胜之区，而气节文章，惟赵氏一门最盛。③（《东莱赵氏楹书丛刊》）

这类文字的表达倾向，虽有某种写作套式的推促，然亦不乏各地文学世家借编纂家集之机自我标榜的意图。以籍贯视野考察，其中多为某一较大区域，如"中州""山左""江左"之内的进一步细分；亦有跨地域的比照，宣统三年吴重熹序《如皋冒氏诗略》云：

冒氏地灵人杰，蔚为大家，自潜德先生佑启后人，水绘极其盛，葺原集其成。名世伟人，相继代出；联翩著述，霞蒸云起。鹤亭京卿，乃辑冒氏诗词为一集，属重熹叙之。……古之萃一家言成集者，窦氏《联珠》为最著，嗣是《三孔》《三刘》《二程》《三苏》，均著声北宋，金段氏之《二妙》，明钱氏之《三华》，亦相继代兴，收录《四库》，古人敬宗收族之意，后人于以为嚆矢焉。今京卿收冒氏之诗词，自永乐迄今五百余年，发幽殚懿，搜剔丛残，为诗略十四卷、词略一卷，列名

---

① 吴清俊《海丰吴氏诗存跋》，见吴重熹辑《海丰吴氏诗存》卷末，光绪甲申刻本。
② 孙家鼐《宜兴任氏传家集序》，见任光斗辑《宜兴任氏传家集》卷首，同治十三年刻本。
③ 郑熙嘏《东莱赵氏楹书丛刊序》，见赵琪编《东莱赵氏楹书丛刊》卷首，民国二十四年东莱赵氏永厚堂刻本。

者八十六人,存诗词至一千一百七十首,凡成一家之言者,可谓无与比隆者矣。重熹幼读孔绣山侍读所辑《阙里孔氏诗抄》,显晦并著,幽隐毕宣,心焉慕之。里居时鸠集《海丰吴氏诗抄》为四卷,以步趋其后。独山莫友芝氏亦辑《莫氏家集》,谓黔西诗学莫盛于潘氏,始明万历,迄国朝道光,二百余年,风雅相续,以视冒氏,不瞠乎其后乎?①

吴氏序中所及黔西潘氏诗学,当指《黔西潘氏七世诗》。文字由如皋回溯曲阜、海丰,在参照、比较中提及边远之地黔西;其中既有意地将自家编进序文,又不经意地"发起"不同地域世家"比赛"。"比赛"风气的形成,正是在宋、元、明家集的基础上,清代家集层出不穷所致。以嘉庆二十五年的行政区划统计各区域的家集数量,②可得以下结果(见表5):

表5 清代家集地域分布表

地区	已阅家集数	未见、待访家集数	地区	已阅家集数	未见、待访家集数
江苏	349	56	河南	19	9
浙江	249	67	贵州	13	5
安徽	75	20	四川	14	1
山东	73	8	云南	10	2
湖南	45	8	山西	13	11
广东	30	10	陕西	7	0
直隶	29	2	广西	7	2
江西	20	2	满洲	9	1
湖北	20	4	甘肃	3	1
福建	21	9	不详	1	19

---

① 冒广生辑《如皋冒氏诗略》卷首,宣统三年刻本。
② 已经查阅的家集中有1种家集地域暂未查明。

从上表可见,家集的编纂具有全国性,但分布显著不均衡,如仅江浙两地,即占总数的大半,当然,这也是清代学术与文学在地域上量与质分布不均衡的一个缩影。而在同一区域内部,由于声气相通,各家集的编纂和印行,又难免不互相影响。特别是在家集编纂较为密集的区域,比较参照晚近家集的凡例,或受其推动,似乎更为常见。譬如《戴氏家稿辑略》的编纂就可见此趋向。

> 桃源戴氏,有明一代为甬上世家,其肇兴在永乐初年,至嘉靖时同产四进士,辉映坛席,厥后门才辈起,又垂及数世,亦綦盛矣哉。年运而往,文献阙如,巨制鸿裁,渐以亡佚。于是戴君仁宇出其旧藏家牒,征之于史咸图志及诸家耆旧传,搜拾坠简,得文如干首,都为五卷,诗亦如之,题曰《戴氏家稿辑略》。……窃惟吾邑家集之刻,著者如史氏之《世宝录》、屠氏之《遗诗汇编》、李氏之《砌里文献录》、黄氏之《家世渊源录》,皆前有光而后有辉。戴氏参列诸大姓,宜不可无传。①(《戴氏家稿辑略》)

> 按古之总录一家言者,始于唐廖光图《廖氏家集》,厥后王氏《文献》、陈氏《义溪世稿》、李氏《花萼集》、窦氏《联珠集》、谢氏《兰玉集》、钱氏《传芳录》,或专述先作,或兼录生存。兹援南海朱子襄先生《朱氏传芳录》之例,谓其人既往,然后其文克定,所捃拾者皆前人作也。②(《番禺潘氏诗略》)

> 家集之刊,肇于唐《二皇甫集》及《窦氏联珠集》……有明长洲文氏有《文氏五家诗》,皆其例也。我朝稽古右文,刊家集者益盛,近时浙中平湖朱氏、徐氏、归安沈氏,皆编刊一家之诗,蔚成巨观……(先

---

① 董缙祺《戴氏家稿辑略序》,见戴仁宇辑《戴氏家稿辑略》卷首,光绪二十三年望麓山馆刻本。
② 潘仪增《番禺潘氏诗略序》,见潘仪增编《番禺潘氏诗略》卷首,光绪二十年刻本。

君)趋公之暇……高祖以上、父辈以下,复加裒集,计作者二十家,得诗五百数十首。①(《浙西张氏合集》)

近例的参照,或风气的追溯,目光所及,多在本土范围之内,如上文所及"吾邑""浙中"诸家集,其中可见风气之涌动,有时延及民国时期;而《番禺潘氏诗略》《香山黄氏诗略》,通过仿近例南海《朱氏传芳录》、番禺《黎氏存诗汇选》,显示出广东一省家集的编纂情形。如张其淦为《香山黄氏诗略》作序,在提及《黎氏存诗汇选》《香山黄氏诗略》之后,巧妙地带出自家的《东莞张氏诗略》;又如王延长撰《金陵蔡氏五世诗存跋》,其中亦有关联之笔,"且与吾乡之《朱氏家集》、郭孝子《云川五世文稿》前光后辉"②。诸如此类,有意无意地拼合出广东家集后先辉映的谱系。这种地方性谱系建立的意义在于表明一地家集已有数种,同时也强调某一家集立于其中。选择近例,还与家集体例的变化有关。家集自宋以来编选旨趣大致不变,但编选方法与内容编排则略有时代差异,以典型的近例作为参照对象,更有可操作性。《锡山荣氏绳武楼丛刊》仿永康胡氏《退补斋杂刊》例,是集卷首有严懋功撰"叙例",其一云:

  古人家传著述,往往综祖孙父子兄弟之诗若文合刊成编,曰家集。二范、三苏、蔡氏九儒、宁都三魏,所由昉也。近世编辑家集,兼以闺秀入焉,而庆贺哀挽文字,概加辑录,则又不曰集,而曰杂刊,如永康胡氏《退补斋杂刊》是。盖以庆贺哀挽文字出自他人,而其所称述,尤足见其人之生平而补传志所不及,似又不可轻弃,爰仿《退补斋杂刊》之例,而以丛刊名焉。③(《锡山荣氏绳武楼丛刊》)

重视晚近家集的现象,还可能与清代朝野以本朝文治之盛自得的心态有

---

① 张宗儒《浙西张氏合集序》,见张宗儒编《浙西张氏合集》卷首,民国十年铅印本。
② 蔡为雄、蔡景淇辑《金陵蔡氏五世诗存》卷末,同治十二年刻本。
③ 荣棣辉辑《锡山荣氏绳武楼丛刊》卷首,民国二十二年铅印本。

关。道光二十三年钱宝琛撰《食旧德堂家集序》,先述家集自谢氏《兰玉集》、李氏《花萼集》以至陈氏《义溪世稿》的源流,续接的一句是:"而莫盛于吾家之《传芳集》。"①钱氏的自信,若置于清代家集编刊的兴盛背景中,即可知不是孤鸣,而是存在家集或家族间的"比赛"。

家集编纂与时间意识

清人对世家的认识,似有意避开唐以前的门第标准。钱泰吉云:"所谓世家者,非徒以科第显达之为贵,而以士农工商各敬其业,各守其家法之为美。"②余集云:"今之所谓世家者,大率以声施之赫奕、门第之高华相矜尚。簪缨甲第,蝉联累叶,乡之人即莫不啧啧称巨族。仆窃谓不然。夫世家者,有以德世其家,有以业世其家,有以文学世其家,而穷达不与焉。"③德、业、文学、家法在家族绵衍的过程中,作为一种实质性的内容得到确认。"世",有三十年为一世,父子相继为一世之说,是时间的长度;又有继承之说,如"世德""世官""世家""世亲""世统""世学""世业""世职""世族"等等,虽未明言时间长度,其实亦暗含代际之间的关联。绵延的时间,对于世家及作为世家文化表征之一的家集而言,是一决定性的因素。

希尔斯(Edward Shils)在论述传统的持续性时,特别留意世代问题。他指出一种信仰和惯例从倡导者到接受者,至少要持续三代人,即三代人的两次传承才能成为传统。④ 持续三代之说,正与中国的"三代承风,方称世家"之说相合。持续时间的重要性亦显露于清代家集名称之中。在家集名称中标明"三世""四代"世数这一手法,只有到了清代才盛行。

检清以前家集,宋代家集名称中无标世代数的例子,元代有 3 例(2

---

① 钱曰铭辑《食旧德堂家集》卷首,民国五年重刻本。
② 陈用光引钱泰吉语,见陈用光《清芬世守录序》,《太乙舟文集》卷六,《续修四库全书》第 1493 册,第 358 页。
③ 余集《查介坪寿序》,见《秋室学古录》卷二,《续修四库全书》第 1460 册,第 306 页。
④ [美]爱德华·希尔斯著,傅铿、吕乐译《论传统》,上海人民出版社,2009 年,第 15—16 页。

例标"三世",1例标"四叶"),明代有6例,①至清代则有70例,略举其要如下：

父子、两世、二叶：如《毕氏两世遗诗》《曹贞吉父子诗稿》等,共15例。

三代、三世：如《卜氏三世诗草三种》《艮背阁三世诗抄》等,共30例。

四代、四世：如《毕燕衍堂四世诗存》《长林四世弓冶集》等,共9例。

五代、五世：如《金陵蔡氏五世诗存》《五代祖孙父子乡会墨艺》等,共9例。

六世：有《溆浦舒氏六世诗稿》,1例。

七代、七世：如《桐城方氏七代遗书》《黔阳潘氏七世诗》等,共2例。

八叶、九世、十世：有《八叶诗存》《赐书楼九世诗文录》《张氏十世诗抄》,共4例。②

其实以上所列,若论世代数量,多不及《北海郭氏诗存》及《续编》等15种容量较大的家集,③如《海盐徐氏诗》共22世,《宜兴任氏传家集》共

---

① 如《澄远堂三世诗存》八卷、《梁溪马氏三世遗集》《马忠节父子合集》《玉峰雍里顾氏六世诗文集》五十一卷等。

② 以上列举清代家集,包括待访、未见清代家集。

③ 这15种家集是：1.《北海郭氏诗存》及《续编》,清刻本,收97人,皆为清人；2.《程氏所见诗抄》,嘉庆十二年刻本,收650人,其中唐及唐以前6人,宋金元69人,余皆明清两朝人；3.《宜兴任氏传家集》,同治十三年刻本,共24世,收68人,皆为明清两朝人；4.《赐书楼九世诗文录》,收9世,共40卷,皆为明清两朝人；5.《董氏诗草》,乾隆刻本,收60人,1人为宋人,其余皆明清两朝人；6.《归安前邱吴氏诗存》,嘉庆十五年刻本,共21卷,收139人,其中卷一收元末明初18人,其余皆明清两朝人；7.《海昌查氏诗抄》,光绪抄本,收232人,皆为清朝人；8.《海盐徐氏诗》,咸丰二年刻本,10卷,共22世,收111人,皆为明清两朝人；9.《浚仪世集》《浚仪外集》,光绪二十四年刻本,7卷,收106人,皆为明清两朝人；10.《菱湖孙氏诗录》,光绪刻本,共12世,其中第四世至十二世为明清两朝人；11.《吴江沈氏诗录》,乾隆刻本,12卷,收96人,皆为明清两朝人；12.《桐城方氏诗辑》,道光刻本,67卷,收123人,皆为明清两朝人；13.《锡山秦氏诗抄》,道光十九年刻本,18卷,收251人,其中卷首录秦观、秦觌之作,前集八卷收录元明人之作,"国朝今集"10卷收录清人之作；14.《胥溪朱氏文会堂诗抄》,咸丰刻本,7卷,收133人,皆为明清两朝人；15.《甬上屠氏遗诗》,嘉庆抄本,前编四卷,收宋至明十二世54人之作；续编二卷十二至二十世收录清朝19人之作。

24世,《菱湖孙氏诗录》共12世。以世代数命名家集,一方面是一种质实的命名方法,另一方面也寄寓一种数代持守、终成书香世家的自得,此种自豪与担当,是家集序中的一种普遍情感。与这种情感相应的,还有一种家集命名方法,几乎是清代独有的,即在家集题名中标明"一家言""一家集""一家稿"等,如《四明黄氏一家稿辑存》《桐城许氏一家集》《吴氏一家诗》之类,共有53种,而清以前,仅有元代《洪氏一家言》一种。家集名称中的数代与"一家",从不同视角揭示了书香世家文学传统形成过程中的驱动力。

清代和民国时编纂的清代家集,时有某一家族明代成员的作品,而收录宋元以前著述相对较少,显示出家集中明清两代的紧密关联。结合清代家集所收作品起讫时间,可进一步推论,宋元以后的文学世家绝大多数是新兴的世家,不是中古社会世家大族老树上的新枝。毛汉光所考录的绵延三百年至七百年以上的士族,①在宋以后,尤其是明清,绝少得到延续。

清人家集所收文字,亦有追溯至唐宋或更前者,但多出于"致敬"性质,所收录作者与近世往往相隔数代或关系模糊,且很可能是攀附。绝大多数家集以晚近时段为主,略古详今,或径辑本朝家族成员作品。其中缘由,杜世祺编辑《云间杜氏诗选》已有解释。杜氏指出,若以姓氏而言,自有攀附的便利,故是书卷首《纪问十则》中,有一则专针对此问题而发:

> 客问:诗以杜名,则自少陵而后,历唐宋而元,代不乏人,人不乏诗。是集也,将合数百世为一堂以成巨观乎?余曰:诗称一家,原本世系,宋元以前,世远谱逸,余何敢附会,上诬祖宗?故兹选始自有

---

① 毛汉光指出,自魏晋以迄唐末,京兆杜陵韦氏、河南开封郑氏、弘农华阴杨氏等二十家,"衣冠人物,相继不绝,凡七百年之久"。其次扶风窦氏、洛阳长孙氏、洛阳宇文氏、颍川陈氏等,"此十家列位统治阶层凡五百年之久"。沛国龙亢桓氏、颍川颍阴荀氏、并州文水武氏等三十家,"皆有三百年以上之人物"。见《中国中古社会史论》,联经出版事业公司,1988年,第56—59页。

明,取其信而足征也。①(《云间杜氏诗选》)

以《北海郭氏诗存》及《续编》等 15 种家集收录人数较多或时间跨度较长的清人编纂的清代家集为例,可考察其收录范围与重点。这 15 种家集在清代较具代表性,每种家集收录人数、涵盖世数在清代家集中颇为突出,但这些家集所收录的上限最远者大多数只到宋代,且所收人数寥寥无几,所收元代人数较宋略多,但相对于明清而言,仍是少数。这种详近略远的编选策略,取决于文献的存佚情况,亦决定于家族的发展状况,然其中不乏编者有意识的选择,如孔宪彝道光十六年编订《阙里孔氏诗抄》,"凡例"中有一则云:

> 孔氏别集,自十一代族祖臧、二十代族祖融而下,不下千余家,而世祀辽远,每多散佚……深惧搜采未当,挂一漏万,况北海、清江三仲集,已经先高祖六十八代公重刊,其余亦有专集行世,无事再刻。是集皆采昭代之诗,断自国朝,仿史之通例限也。②

又如《湖墅钱氏家集》十八卷,皆选乾隆朝以下人物,而钱氏家世,据谭献序可知:

> 仁和钱氏,吴越武肃王之裔,宋以来绵族三十世矣。世德作求,读书尚礼,湖墅家风彬彬,衣冠踵接,良士名臣,古王、谢无以尚。③

人数在时间轴上分布的悬殊以及与中古社会士族的距离,正可以见明清世家乃"新社会"或"新制度"的产物。潘光旦曾对明清嘉兴望族九十一个血系进行综合考察,得出结论:"平均起来,每一个血系的世泽流衍可

---

① 杜世祺辑《云间杜氏诗选》卷首,康熙十五年刻本。
② 孔宪彝辑《阙里孔氏诗抄》卷首,道光刻本。
③ 谭献《钱氏家集序》,见钱锡宾、钱锡珪辑《湖墅钱氏家集》卷首,光绪二十二年刻本。

以到八点三世之久。""嘉兴的望族,平均大约能维持到二百一二十年。"①清代家集所包含的具体世家在明清的世数,与潘光旦所说的世泽流衍平均值相当,也说明清代家集所录注重晚近时期,其实也是明清世家整体发展状况的反映。

在世数的表述中,家集名称还因融合了典籍中所蕴涵的丰富内涵,而与前代家族文化的传统建立精神联系:

陆机《文赋》中的名句"咏世德之骏烈,诵先人之清芬",被采入清代家集名称中的词语有"清芬"者9例②,"世德"者2例,"诵先"者1例,"诵芬"者1例。

《尚书大传·梓材》中的"乔梓"或"桥梓",喻父子。清代家集题名中有10例。

《诗经·小雅·常棣》:"常棣之华,鄂不韡韡;凡今之人,莫如兄弟。"郑笺云:"承华者曰鄂。不,当作柎,柎,鄂足也。"清代家集题名用"棣萼"者有4例,"花萼"者5例,"莫如"者2例,"鄂不"者1例,"鄂韡"者1例。

《汉书·律历志上》:"日月如合璧,五星如连珠。"《窦氏联珠集》取窦氏昆弟若五星。清代家集题名用"联珠"者有6例,"连珠"者1例。

《诗经·小雅·何人斯》:"伯氏吹埙,仲氏吹篪。""埙篪"喻兄弟亲睦。清代家集题名用此词者有9例,另"吹篪"者1例。

《晏子春秋·杂篇下》:"晏子病,将死,凿楹纳书焉,谓其妻曰:'楹语也,子壮而示之。'"清代家集题名用"楹书"者有2例。

《礼记·学记》:"良冶之子,必学为裘;良弓之子,必学为箕。"清代家集题名用"弓冶"者1例,"箕裘"者2例。

《庄子·齐物论》:"前者唱于,而随者唱喁。""于喁",声之相和也。清代家集题名用此词者有2例。

《诗经·小雅·鼓钟》:"鼓瑟鼓琴,笙磬同音。"清代家集题名用"笙

---

① 潘光旦《明清两代嘉兴的望族》,商务印书馆,1947年,第96页。
② 以下列举,剔除同书异名,一书作一例统计。

第七章　家集编刊与文化传承

磬"者有1例。

《礼记·王制》:"兄之齿雁行。"清代家集题名用"雁行"者有1例。

《宋书·王准之传》:"曾祖彪之,尚书令。……彪之博闻多识,练悉朝仪。自是家世相传,并谙江左旧事,缄之青箱,世人谓之王氏青箱学。"清代家集题名用"青箱"者有3例。

《诗经·鲁颂·有駜》:"君子有穀,诒孙子。"清代家集题名用"诒穀"("贻穀")者有3例。

《尚书·君陈》:"孝乎惟孝,友于兄弟。"清代家集题名用"友于"者有1例。

经典中的词语在相隔久远的清代家集题名中再次获得生生不息的活力。在诸多用例中,源自《诗经》的家集题名较为突出,这些极具情意又合儒家思想旨趣的诗句似在家集题名的精心使用中焕发神采。此一活力与神采源自一家一族的凝聚力,以及家族成员之间的紧密关联。嘉庆七年,洪亮吉撰《陈氏联珠集序》,由"联珠"及"吹篪"充分发挥,以尽"一家之中,兄弟能诗"之意:

> 一家之中,兄弟能诗,实始于五子之歌。其后至汉,而安平崔氏、安陵班氏,又皆父子兄弟著声。降及三国晋,而应氏、丁氏、陆氏、潘氏又继之。至江左六朝,而门阀之才愈盛,乌衣之王氏、谢氏,彭城之刘氏、到氏,无不人人有集,此又艺苑之美谈,而名家之艳事矣。青阳陈君豹章少与余同师而学,自弱冠日,已知其能诗。别三十年,今岁四月访余于泽川讲院,因出所编《联珠集》见示,余受而读之,则皆其一门父子兄弟之诗也,犄与盛哉!陈君家九华之麓,其一门之诗,类皆清远卓荦,幽迥绵渺,盖实得于山水之助者。夫《诗·小雅》言"伯氏吹埙,仲氏吹篪",疑其为一家之合奏矣;然《世本》又著云"暴新公作埙,苏成公作篪",则似一家而实非一家也。今《联珠》一编,宛如埙篪之叠奏,且闭门唱和,不数岁即成一集,工而且多,复至于此。他日连翩直上,吾知其歌咏太平有可以继西京班氏、崔氏之逸轨者,又非江左六朝偏安一隅之世,王、谢、到、刘诸贤之可

以同日语矣。集凡十二人,附录一人,共十有三人。①

与这一批源自经典的词语竞秀的还有较为素朴的词语,这些词语在家集题名中的运用情形是:"同怀"有29例,"祖孙"有4例,"传家"有13例,"渊源"有6例,"同根"有2例,"余芬"有4例,"倡随"有3例,"遗芳"有3例,"昆季"有1例。这些具有延展、包涵性质的词语,与前面所列世代数,经由家集的命名与编选排列,将家族成员历时性串连或共时性并置,形成一个以血缘或姻亲为联系纽带的整体。在共时性的关联中,家集中有父母子女、兄弟姊妹、叔侄姑嫂等组合,或者为以上若干组合的混合体。

三、家集的编纂及家集的特质

家集与家谱及家谱中的艺文

家集的家族特征最主要的表现就是按照一定的顺序对家族成员著述予以梳理编选,此一特征于家集的编、卷、小传、诗文选目中具体呈现;而其意图则往往在家集序言或凡例中阐明,在这类文字中,由姓氏而及家族发展史、家学之形成与衍变,是常见的叙述路径。这一论述方法与家谱序中论姓氏渊源、家族迁徙、修谱缘由、修谱目的、修谱经过等有不少关联,②而其中又当数编家集与修家谱的关联最为紧密,或许可以类比为殊途同归,其目的都在敬宗收族。以下录嘉道以至民国时的家集序片段:

> 家之有谱,犹国之有史,郡邑之有志乘也。国史非文艺无以验气运之盛衰,志乘非文艺无以稽人事之隆替,家谱非文艺无以征文

---

① 王肇奎辑《陈氏联珠集》卷首,清华南书屋刻本。
② 王鹤鸣《中国家谱通论》,第288页。

献之存亡,是三者相因而不坠也。(方世敬跋)①

　　人幸而生于诗礼之家,谱系可考,遗文轶行流布人间,而先人又各有著撰,不同泯泯,使数百年以上祖宗之性情謦欬,与数百年以下之子孙相接,不亦幸欤？假使不幸而家世单微,子孙绝续,或祖宗有遗行而失所传,或祖宗本无遗行而人莫之知,遂至毕生悯悯,几不知厥祖为何如人,厥考为何如人,其恨怅更当何如耶？又尝见华胄子弟、名门之冑,其祖宗之功业文章炫赫一代,他人知之,而其子孙或不知也。他人守之,而其子孙反不能守也,遂使清门贵裔,与蓬户同讥；通德鸿儒,与编氓同灭。吁,其危矣！基幼承家学,无所建树,有负先人,然抱残守缺之心,耿耿于怀而不能释,欲有所纂集而未遑也。(赵基序)②

　　惟日月如流,老成迁谢,死者既不可作,而生者又决不能百年,不及早图之,将文献无征,日甚一日,恐更难为力矣。况族谱久未修辑,小子后生,每数典而忘其祖。斯集一刻,有诗者固开卷了然,而履历之下,上而祖宗,旁而昆弟,凡有德行文章、勋名阀阅者,举得以连类并书,略存梗概,一举而生孝弟之心,兴风雅之教,并藉以为修族谱之嚆矢。窃谓吾族之事,莫大于此,更莫急于此也。但近代之诗患其多,远代之诗患其少,至前明科目仕宦诸公,世远年湮,流传益复无几,鄙意欲先期周知各房长老及留心此道者,预早搜罗,得吉光片羽,亦稍慰孝子慈孙之心,且令祖德宗功不致湮没,此则第一着也。(何天衢序)③

----

① 方世敬《方氏一家言跋》,见《方氏一家言》卷首,中山大学图书馆藏抄本。此跋作于乾隆十二年。
② 赵基《吴江赵氏诗存后序》,见赵作舟编《吴江赵氏诗存》卷首,道光四年刻本。此序作于嘉庆十年。
③ 何天衢《议刻族中先辈遗诗书》,见何天衢辑《槩溪何氏诗征》卷首,道光十一年刻本。此序作于道光十一年。

> 窃见世所传刊、合一郡一邑之作号为文征者,视此一家之集,美盛犹或逊之,况寻常士族所辑家集,譬爝火之于日星,讵可同日语哉?抑尤有感者……又曰所谓国故者,非有乔木之谓也,有世臣之为(原文如此),此故家大族之有系于世道人心也。世运循环,文质递嬗,盈虚消息,不期而然,要自有不可变者以维持其间,古所谓士食旧德,今所谓保存国粹,家之粹即国之粹也。(夏孙桐序)①

> 夫一家之集,即乡邑文献之一部;而乡邑文献,亦即全国文化之基础。然则是编也,虽寥寥数文,而以文存人,固大有益于乡邑者也,乌可以为一姓之书而少之哉?(胡士莹序)②

时代变迁中,方、赵、何序跋与夏、胡序立论旨趣亦有差异。前三序立足于家族之内,论说家集之功用,或者指出家集在某一时期可弥补家谱未修时的缺失;后两序放眼于乡邑或一国,表明家集是构成文化的单元,是维系世道人心的国粹。

家集中也偶尔收录世系图,如朱美镠辑《胥溪朱氏文会堂诗抄》中收录《胥溪朱氏世系图》,尹抡辑《尹氏历代诗草》中收录《尹氏历代诗草世系图》,皆藉世系图以示书香之绵衍。方世敬跋文的特别之处在于指明谱、志乘、史这一系列中"文艺"不可替代的功用,从而间接论说家集作为"集"的独特价值。

家集与家谱联系密切。考查清代家集的编纂过程,可从家集的序或凡例中查检出有几十种家集或是家谱编修的"副产品",或是从家谱中辑录诗文编成的。家谱中的"艺文"或"著述"部分,近似家集,或可称为"准家集",通过对《中国家谱总目》稍显简单的提要及数十种家谱的查阅,推

---

① 夏孙桐《锡山秦氏文抄序》,见秦毓钧辑《锡山秦氏文抄》卷首,民国十九年印本。此序作于民国十九年。
② 胡士莹《平湖屈氏文拾序》,见屈学洙等撰《平湖屈氏文拾》卷首,上海图书馆藏稿本。此序作于民国三十四年。

测大约有 394 种家谱中有"准家集"。之所以称为"准家集",是因为这一部分艺文未脱离家谱单独刊行。就同一家族而言,如在某一时段同时修家谱、编家集,且家谱中有艺文部分,则该家族的家集内容比家谱中的艺文部分丰富,这是因家谱的体例与篇幅所限导致的。道光六年黄庭撰《黄氏词翰录序》云:

> 前此二十余年,族伯绣庄先生讳春林纂修宗谱,业已搜罗成帙,采辑成编,增刊艺文数卷,以为先世表扬。……今岁季春,复修宗谱,上承己卯之遗,下续庚申之旧,族伯绛泉先生(名尊)实总其成,谓修谱重在世系与碑铭传赞等而已。世系日益增,碑铭传赞等日益多,卷帙日益广,更加艺文,得毋有嫌其浩繁者?且艺文虽佳,而一载入谱,或反束之高阁,不见不闻,孰若择其有关于宗谱者,登载数条,其余则另镌词翰录,分给族中知书识字者,案置一编,供其翻阅,大而记序,小而诗歌,以及书启杂著,时加揣摩,开卷自然有益。①

家谱中的世系谱与艺文中的诗文性质不同,谱供查检,诗文供阅读,更见性情,故有必要析出独立成书;此外家谱与家集流传范围不同,家谱主要是族内分发,印数有限;家集则可面向族内外,印数较家谱为多。家集被有意的广泛传播,可以缪荃孙编《旧德集》为例。

缪荃孙光绪二十一年六月初二日日记有重编《旧德集》第二卷之语,②稍后有重编第三、第五卷记录,并于六月廿九日交第二卷与陶子霖刻印。至此年末、光绪二十二年初,编校《旧德集》工作完毕。如光绪二十四年四月初六日缪氏日记云:"《旧德集》已刻毕,错讹极多,未知何日修起耳。"③光绪二十四年正月初七日:"发陶子霖信,寄《旧德集》十四卷付修。"④至光绪二十五年六月十一日日记有送傅春官《旧德集》一部的

---

① 黄春林编《黄氏词翰录》卷首,道光刻本。
② 缪荃孙《艺风老人日记》(一),见《缪荃孙全集》,凤凰出版社,2014 年,第 365 页。
③ 缪荃孙《艺风老人日记》(一),见《缪荃孙全集》,第 462 页。
④ 缪荃孙《艺风老人日记》(一),见《缪荃孙全集》,第 498 页。

记录。可见《旧德集》已修成定本面世。自此之后缪荃孙频频以《旧德集》赠送师友,光绪二十五年送给徐乃昌、蒯光典、谭献、陆润庠等27人,光绪二十六年送夏仁虎、张謇等14人,光绪二十七年送张之洞、沈曾植、汪康年、吴昌硕等28人,光绪二十八年未见记录,光绪二十九年、三十一年共送3人。1914年、1918年各送3人,共计送78人。这其中有2位为缪姓,是缪荃孙族人,如光绪二十六年四月廿二日日记记载:"交《旧德集》卅部与养和。"①养和即缪荃孙弟。

缪荃孙主动赠送家集,以及清人私家藏书目录、藏书题跋中绝少见家谱记录、文人日记中少见买卖家谱的记载,都可显示家集虽然受家谱影响,但它毕竟属于集部,有通常集部所具有的流通空间。

家集的汇集与编刊

家集的编纂刊刻,需要一人数年或几代人数十年的心力方能完成,这在清代家集序跋、凡例及编辑者名单中常有体现,然皆作为一种总结文字,三言两语带过,而管庭芬的日记中详细记录了以一己之力编辑"管氏家集"的累积过程,②现录其要如下:

> 道光三年六月十七日,"偶阅桐乡吴干歧先生所刊《金丝桃倡和集》,得先叔祖竹溪公诗二章,即摘录于此。……案公讳凤翔,字振飞,增广生"。(第217页)

> 道光三年十月十九日,"是时余欲辑家集,复得先嫂杨孺人(处士鼎和兄室)《哭女》七绝句(七首),……《感怀》二首"。(第230—231页)

> 道光六年二月十七日,"灯下阅卜氏节孝诗旧本,喜得先叔祖竹

---

① 缪荃孙《艺风老人日记》(二),第73页。
② 管庭芬撰,张廷银整理《管庭芬日记》,中华书局,2013年。

第七章　家集编刊与文化传承

溪公(讳凤翱,字振飞,增广生)题诗(二首),敬录于此……当补入平昌家集"。(第340—341页)

道光七年二月十二日,"检得先大人《影谈》原序,敬录于此……"。(第401页)

道光十二年十一月初十日,"是时武林吴氏有《续杭郡诗辑》之刻,来征诗,因选录家集,今附数首于此。伯曾祖右民公讳宏淳,康熙辛酉举人。《自题秋林读易图》……;伯祖桐南公讳凤苞,字翔高,康熙己丑进士,直隶高阳知县。《哈密道中》……;伯祖南棠公讳式龙,字刚中,康熙癸巳进士,工部都水司主事兼检讨湖北学政。《中书值宿口占》……;从伯祖又庵公讳汝锡,字幼安,雍正甲辰举人。《登潋水湖山岭》……;祖父菊棠公讳凤冈,字上九。《夜吟》……;从伯鳌峰公讳联,字思复,乾隆丙子武举,福建澎湖千总兼守备。《自澎湖抵台同莅参戎作》(选二首)……"(第708—709页)

道光十二年十一月廿七日,录汪远孙致钱泰吉书札,"其略曰:前奉到《管氏家集》一卷,皆《诗辑》中未经采入者,诗并清雅,贯履亦详,即可照录。惟《诗辑》之例,凡门才之盛者,必书其世系,如某为某之子,某之孙,某之弟或从弟,或从子,或从孙,如可再向芷香茂才询明开示,更为详备"。(第710页)

道光十三年十一月十七日,"是时春苹作姚江之游,甫归,即出余姚明经吴双匏先生大本所辑《三祠列传》十二卷见示,其第五卷有远祖石峰公传一首,吾家木本水源有所考镜,欣录于此。……又双匏先生《书石峰公传后》云……"。(第746—747页)

管庭芬日记中关于《管氏家集》的记载,可见家集在道光十二年已大致编成,但并未就此收结,次年又有补录之举;又可见地域总集与家集之间的互动，因管氏平时积累，故《续杭郡诗辑》编者向管氏征诗，立即得到回应，并可补《续杭郡诗辑》之不足，而《续杭郡诗辑》对作者世系的要求，或可促进《管氏家集》小传文字更趋严密。

由管庭芬日记的零星记载可见《管氏家集》的累积时间有十年之久。从清代家集的序跋来看，最顺利的家集编刊也要五、六年时间，十年或许只是接近一般编纂时间，朱美镠称《胥溪朱氏文会堂诗抄》"编集于乙酉（道光五年）春仲至丙午（道光二十六年）冬月，历二十二载，七易稿始辑成"①。甬上屠氏的家集现有两种存世：其一为《甬上屠氏家集》，嘉庆四年刊刻，"十七世孙屠继序（淇篁）辑录，二十世孙屠彝（芝泉）增辑，二十一世孙屠志恒（倬云）补传"，值得注意的是，此集十六世之后只存目录，未收诗作。其二为《甬上屠氏遗诗》，前编四卷，续编二卷。屠绍理嘉庆二十年撰《甬上屠氏遗诗跋》云："将自宋至明十二世列为前编四卷，至我朝自十二世大司马芝岩公起，至十七世，列为续编二卷，后有作者，则可自十七八世以至数十世，亦可自六卷续至数十卷也。"②家集抄本较刊本有积累增加的内容，两者之间则是屠氏几代人的努力。张美翊序《甬上屠氏家集》，有赞美之语：

> 岁在戊午，屠氏重修宗谱，复事搜访，于是芝泉、倬云叔侄两君网罗放失，冀补凫园所未及。久之，得文四卷、诗八卷，名曰家集，且人为小传，付之排印，以存屠氏一家著作。……余尝慨于世泽之难延，而遗书之不易守，往往而是。即以吾乡言之，如王厚斋尚书集百卷，迄元季后裔析产，割裂分藏，遂以散亡；而万氏一门，晦庵父子各有著述，今欲求充宗、季野之集而不得，《续骚堂集》亦非完帙，文献凋落，乡邦之耻，抑亦子孙不振致之也。屠氏后人，郑重先世遗文，守而弗失，凫园辑之于前，芝泉师弟补之于后，蔚然成此巨观。③

---

① 朱美镠《胥溪朱氏文会堂诗抄》卷首，咸丰元年刻本。
② 屠继序等辑《甬上屠氏遗诗》卷首，北京大学图书馆藏抄本。
③ 屠继序辑、屠彝增辑《甬上屠氏家集》卷首，嘉庆四年刻本。

第七章 家集编刊与文化传承

数代人对家族文献的搜求与续补,绵延形成一个系列,如钱塘吴氏的家集,嘉庆十五年吴饴孙汇刻的有《竹洲集》一卷、《竹洲秀衍集》六卷、《竹洲秀衍续集》八卷,吴庆坻接续编纂了《吴氏一家诗抄》。浙江图书馆藏有此家集的三种抄本,即"遗墨"一册本、"初稿"二册本、"已缮清本"六册本。此外,该馆还藏有《吴氏硃卷汇存》。吴氏家族的几种前后相继的家集,有保存家族文献的精神流贯;而这种精神还体现在吴氏家族对杭郡诗的搜集保存中,吴庆坻高祖编有《杭郡诗辑》,祖父吴振棫编有《杭郡诗续辑》,从家集到乡邦文献,范围由小而大,但内在的精神却一致。

有责任感的世家子弟,常以继往开来自勉,故所承受的压力不同寻常,时有忧惧之心。

> 是集成于式微之际,盖深惧先人手泽日以散逸,辑录十余年之久,仅能存什一于千百。① (陈秉焯《高都陈氏传家集》"集意")

> 既殁,而外舅严士竹辂先生搜检残零,藏之箧中有年。……忽忽三十年矣,橐笔依人,头颅衰白,三家子姓都澌落,不急为刻传,惧遂湮没。② (孙锡祉《二谈女史诗词合刊跋》)

> 余受而读之,零章片简,虽未足见诗人之全,而音雅志和,犹有乾嘉以来之流风余韵,是可珍也。嗟乎,世衰道失,瓦缶争鸣,即此篇什所存,已不胜人往风微之感,恐数十年后,愈益晦盲否塞,不待秦火之焚,行且荡为灰烬,斯文将丧,天意难知。余故于披览斯编,不禁惕然深惧,至词之工拙,传有久暂,皆末而无足言也。③ (王伯恭《高要冯氏清芬集序》)

---

① 陈秉焯辑《高都陈氏传家集》卷首,乾隆刻本。
② 孙锡祉辑《二谈女史诗词合刊》卷首,光绪二十六年归安孙氏刻本。
③ 冯劭峻辑《清芬集》卷首,民国十年铅印本。

上列陈序点明家集成于家族"式微之际",孙跋则指出家集成于"子姓瀳落"之时,王序所述乃"世衰道失""斯文将丧"时家集编成,由家族至世道,皆在不同层面上表明家集成于"危机时刻",是在"深惧"的忧患中辑录散逸。

对于清代家族文献或文化而言,最严重的"危机时刻",莫过于咸同之际的太平天国战争。① 在清代家集序跋中多次提及兵燹之后抢救整理家族文献,其中明确表明因遭太平天国战火摧毁而编辑家集的有62种,泛指性质的战火摧毁有41种,明清之际的战火有7种。书籍的天敌是水、火、兵、虫,陈登原在《古今典籍聚散考》中论析典籍聚散之原因,四种原因中有"受厄于兵匪之扰乱而成其聚散"②。62种家集的痛诉,只是江南旧家文献劫难冰山之一角。

家集序跋中叙述家集毁灭的缘由大致有二:

其一,慢性毁坏,如纸本的朽烂,板片的漫漶。如《榄溪何氏诗征序》云:"国朝以来,代有传人,世愈近则传稿愈多,独龄之先世著作散佚,仅存者曾大父一桥公《五影诗》锓木而已,篇什未成,板渐漫漶,每一念及,未尝不怅然也。"③《食旧德堂家集序》云:"始祖自明代迁娄,三百年来,子姓蕃衍,其间厉名节、能文章、以科名仕宦著者,代不乏人,而世祀湮

---

① 这场战争,对清代安徽、江苏、浙江等地文化损毁极为严重,有文化积累的世家,多难逃厄运。以《江苏艺文志·常州卷》(南京师范大学古典文献整理研究所,江苏人民出版社,1994年)为例,列举部分家族的灾难:庄滨澍,庄存与曾孙,经学承家学,精通律历,太平军入常州,死于战乱。(第645页)赵起,赵翼孙,善画,工诗词,太平军攻常州,与邑人藉团练抵抗,城破自杀。(第669页)庄敏,庄颖曾子,幼承家学,精熟《诗经》《晋书》,尤工诗。与洪齮孙、汤成烈、杨承造为友好。太平军攻常州,参与守城,城破自杀。庄延推,庄滨澍从弟,恽敬之婿。穷研经史,治古文辞,以经学教后进。太平军攻入常州,死于战乱。(第683页)李岳生,李兆洛从孙,工诗,论诗自汉魏以至清人,其源流正变,了如指掌。兼工词,守其乡张惠言、董士锡词风。咸丰十年太平军攻常州时,率兵抗拒,兵变被杀。(第707页)赵振祚,道光十五年进士。喜读书,尤致力明史,少从舅氏刘逢禄,通《春秋》《易》《礼》。办团练,太平军攻入常州,被杀。(第709页)洪金贲,洪亮吉曾孙,太平军攻入常州,战死。(第710页)

② 陈登原《古今典籍聚散考》,上海书店,1983年影印本,第16页。

③ 何瑞龄《榄溪何氏诗征序》,见何天衢辑《榄溪何氏诗征》卷首,道光十一年刻本。

远,楹书零落,均已无从搜辑。"①

其二,急剧的战乱毁坏或不幸毁于火。战争对包括家族文献在内的文献破坏性最大,中国藏书史上有"书厄论",隋牛弘有"五厄论",明胡应麟有"续五厄论",近人祝文白有"再续五厄论"。② 所指书厄,大多由战争引起。在家集总序中,书之厄难虽于一家一族中显现,然合观之,触目惊心。除《大理张氏诗文存遗》中述及咸丰六年杜文秀起义,造成家藏先人遗墨荡然无存外,③其他序文中写到咸同之际的战乱有:

> 粤难既兴,雕版毁于兵燹,族弟幼拙农部慨之,为捐赀订校。④

> 第已刻未刻之书,卷帙不可数计,阅时既久,散亡实多,经粤寇之乱,盖荡然鲜有存者。⑤

> 予家自嘉道以来,世际承平,人习诗礼,内外长幼,莫不彬彬风雅,此酬彼和,极天伦乐事。乃不数十年,遽归阒寂,遗编剩稿,复以遭遇兵燹,散失殆尽。兹所存者,类皆掇拾于灰烬,抄传于戚友。⑥

战火对包括家集在内的家族文献的严重摧毁,在一定程度上激发了家族后人战乱后抢救文献的意识。"(锡山顾氏著述)咸丰间粤寇一炬,已刻未刻之作,燔而为灰,存焉者寡。文字之劫,无过于是矣。……频年所求得者,倘不急为刊播,深惧后复散佚,而渐即于澌灭,何以谢后起之责耶?"⑦

---

① 钱宝琛《食旧德堂家集序》,见《食旧德堂家集》卷首,民国五年重刊本。
② 赵国璋、潘树广主编《文献学辞典》,江西教育出版社,1991年,第201页。
③ 张耀曾《大理张氏诗文存遗序》,见《大理张氏诗文存遗》卷首,民国印本。
④ 朱琛《重刻紫阳家塾诗抄序》,见朱琦《紫阳家塾诗抄》卷首,光绪十八年重刊本。
⑤ 方昌翰《刻方氏七代遗书缘起》,见方昌翰编《桐城方氏七代遗书》卷首,光绪十四年刻本。
⑥ 袁镇嵩《袁氏家集序》,见袁镇嵩辑《袁氏家集》卷首,光绪庚寅刻本。
⑦ 顾森书《勤斯堂诗汇编序》,见顾森书、顾玉书编《勤斯堂诗汇编》卷首,光绪二十二年刻本。

《浚仪世集序》云:"毅盦修辑家乘,搜访有年,掇拾于兵燹之余,虽片什零笺,珍如拱璧,雪抄露纂,汇成巨编,本敬宗收族之心,寓诵诗知人之意,可谓笃于务本者矣。"①有文献在,不但是在保存故纸,更重要的是护持根本,有根本则可以开来,家族之书香将有复现之机。

战乱激发了家族认同感的同时,也催生了无常之感。劫难的毁灭和不可把控的散佚,也让编纂者、撰序者时发感叹,其中有对"以诗书为堂构"的家学的忧患之心。《邱氏家集序》中有"悼遗书之灰烬,惧先业之颠坠"②之语,《赐书楼九世诗文录序》中有"兹特以先人枕箧之遗,恐其漫灭,汇为一帙"③之语,《金氏家集(附外集)志》中有"计二百余年所存,间有遗失,家风不古,诚恐嗣后鲜知珍重,更叹靡沉"④之语。紧接此类忧患语句的叙说,是对家集编辑刊印的肯定与赞扬,语句色调从沉暗转为明朗,从前文引述了《浚仪世集序》的结构来看,先述家学之盛,然后叹战乱造成的衰败,最后以肯定搜辑刊刻之功预示复兴作结,作序的揄扬意图得到充分表现,文章因此有波澜,波澜中又寓沧桑之感。

正因为这种忧患意识的践行,清代家集在各个时段的分布呈现不同的特点,现将已查阅1006种家集的版本情况作如下统计:⑤

其一,刻本:

顺治朝(18年),2种。

康熙朝(61年),30种。

雍正朝(13年),1种。

乾隆朝(60年),34种。

嘉庆朝(25年),61种。

---

① 赵希文编《浚仪世集》卷首,光绪二十四年常熟赵氏承启堂刊本。
② 俞樾序,见《邱氏家集》卷首,光绪二十年刻本。
③ 吴康侯《张氏一家言序》,见张经畲编《赐书楼九世诗文录》卷首,国家图书馆藏抄本。
④ 金际泰序,见《致远堂金氏家集诗略》卷首,同治九年刻本。
⑤ 如一种家集,陆续刊印于两个朝代,暂取较早朝代作为版本年代;若一种家集,由两种版本形态,如刻本与抄本配合而成,则取主要部分作为版本形态判断依据。诸如此类,是避免统计上的重复,尽力做到一种家集作为一个统计数据。

道光朝(30年),85种。

咸丰朝(11年),29种。

同治朝(13年),46种。

光绪朝(34年),173种。

宣统朝(3年),9种。

民国(38年),55种。

清刻本(不能确定具体刊于清代哪一具体朝代),97种。

其二,木活字本：

清代,12种。

民国,10种。

其三,石印本：

清代,8种。

民国,16种。

其四,铅印本：

清代,8种。

民国,148种。

其五,稿抄本：

清代稿本,43种。

清代抄本,64种。

民国抄本,21种。

抄本(不能确定抄写时间),43种。

其六,其他版本：

民国油印本,2种。

民国复写纸本,1种。

民国影印本,3种。

1949—1963年油印本、铅印本、抄本、影印本,5种。

以上是依据所见清代家集统计出的版本情况数据,历史客观实际数据可能更为完备。从以上统计初步可得出四点判断:

其一,结合朝代长短与家集种数作区分标准,嘉庆朝起,是家集编刊的充分发展时期。乾隆朝及以前,家集数量有限,顺治朝数量寥寥,雍正朝目前未见有家集编刊。

其二,刻本是家集主要流传方式,然稿抄本有171种,多少也能说明家集的刊印不是一件容易的事情。

其三,咸同之际因太平天国战争,文化事业损失严重,然咸丰朝前期与同治朝后期,家集编刊数量可观。编辑或抢救保存,应该是在同治朝后期至光绪朝,目前明确是在光绪朝编辑刊印的有173种。

若将咸、同、光、宣四朝的刻本、石印本、铅印本家集数量合并,并除去太平天国战争所造成的编辑刊印空白期,就可得出一个判断:晚清家集大量刊刻应是在这次战乱之后,其总数超过以前两个较长时段。当然数字背后也要考虑愈早编刊的家集存世数量愈少这一可能性。

此处还可引入一个参考数据,即对与清代家集关系密切的清代家谱作一普查统计,《中国家谱综合目录》著录1949年以前编成的家谱14719种,①大致情形是顺治朝少有家谱编成或刊印,康熙、雍正两朝每年编成或刊印家谱平均不足5种,乾隆朝每年在5—20种之间,嘉庆朝每年在15—25种之间,道光、咸丰以及同治朝初年,每年在25—40种之间;自同治七年之后,每年至少有65种,如同治十一年有90种,同治十二年有75种,光绪朝每年至少有100种以上。而民国时期,1937年以前,每年至少有170种。家谱在同治七年以后年均数量的明显增加,与兵燹后家集的编辑刊印情况相似,其中有抢救性的文化保存与宗族重振

---

① 《中国家谱综合目录》(朱振华主编,中华书局,1997年)中清代家谱的统计,笔者于8年前完成;后有王鹤鸣主编《中国家谱总目》(上海古籍出版社,2008年)出版,收录更为完备。然统计工作量繁重,暂未有精力重新统计分析。特此说明。

意图。

疾风知劲草,正是在动荡与变革中显示出文化真正的生命力。战乱激发文献的新生,或者说浴火重生,这是中国文化传统中十分有内涵的现象。中国历史上王朝的更替多伴随战争,新朝建立之初,常有较大规模的文献编辑整理工作,但都是官方行为,政治意图较为明显。与此同时,在民间还有自觉的文化抢救与保存,清代家族文献尤其是家集在大灾难后的恢复与新生,这一更广泛的文化自觉行为,是中国文化绵绵不绝、前薪后火、息息相继的内在动力。

其四,清代家集有 256 种是民国时期编辑刊印、抄写,其中铅印本有 148 种。

对家集与家谱在民国时期编刊的密度与数量的考察结果,也可调整、丰富过去对传统文化在二十世纪上半叶命运的认识。传统文化果真受西潮冲击在新文化、新政治、新教育等体制中迅速衰落?依附于家族的家集与家谱显示了传统文化另外一种存在,传统文化还有属于自己的空间,在多重压力之下,它仍有顽强的生命力。

家集文献系列的形成

因为时间延展而形成的家集文献增补,以及家集内部诸如收录文体等因素的扩充,累积为某一家族的家集文献系列,如上文的甬上屠氏与钱塘吴氏即有此种文献系列。又如海宁查氏,有常见的《查氏文抄》《查氏一家诗略》,还有内容十分丰富的《海昌查氏诗抄》抄本以及较为隐蔽的《晓天楼合抄》抄本;海丰吴氏,有《海丰吴氏诗存》《海丰吴氏文存》《海丰吴氏砾卷》《海丰吴氏砾卷续刻》;山阳丁氏,有《山阳丁氏家书》《山阳丁氏两先生遗稿》《山阳丁氏著作》。更为完备的是阳湖张氏,有《武进张氏家集》[①]《宛邻书屋丛书》《阳湖张氏四女集》《拟古诗录》,还有《棣华馆诗课》。研究阳湖张氏家族及其文学,通常多利用张惠言、张琦、汤瑶卿

---

① 此题名为中国国家图书馆拟,欠妥。

及张氏四女的别集,然此种研究,只能称为张氏家族文学的"上编";"下编"全在十二卷本的《棣华馆诗课》中。此种家集的作用,在于延续《阳湖张氏四女集》的记录,更在于呈现这个家族在"二张"之后,在张曜孙艰难支持之际,仍有活跃的家族文学活动。道光三十年,张曜孙序《棣华馆诗课》云:

> 余自道光癸巳承先大夫命,割宅与姊婿孙叔献、王季旭同居。余与季旭常出游,叔献家居课诸子读,并女子亦课之,时女甥采蘋、采蘩年十二三,读书最慧,稍长出塾,习女红,以其暇读书闺中,而时就叔献为讲贯。会余卧病里居者四年,授以唐人诗,辄能效为之,旋学书,篆隶行草钟鼎文皆为之,又学画山水,卉木禽鸟虫鱼皆为之。余喜其敏慧好学,又病中无所事事,日与论诗书读画以自遣,诸女之出塾者,皆令督课之。及官武昌,伯姊孟缇自京师先至,乃迎婉纫、若绮来居官舍,见诸女皆长成,学日进,甚乐之,而叔献、季旭相继病卒,婉纫、若绮忧伤憔悴。若绮奉灵南归,孟缇旋返京师,余方因于簿书,恒经月不问门内事,偶相对,亦戚戚无欢颜,而诸女读书不辍。逾年,若绮自南来,复与婉纫共课之,于是一庭之内,既捐米盐井臼之劳,又无膏粱文绣之好,遂日以读书为事,相与礲切义理,陶泽性情,陈说古今,研求事物。凡读书、作诗文书画、治女工,皆有定程,而中馈酒浆琐屑之事,各于其间为之不废,日无旷晷,语无杂言,余偶于宵分得余隙,共坐棣华馆,各出所业,为品评而指摘之,积三年得诗二千余首,择其略可诵者,命儿子晋礼汇录成册,以寄孟缇于京师,并付塾中诸子观览,聊志一时欢辑之雅、诸女力学之勤,差有合于敬姜思善之旨,以厉诸子而慰孟缇焉。客有闻者,多索观,疲于抄写,遂付梓匠,诗凡九百六十首,为十二卷,断自武昌为始,前之所作不与焉。以作诗之先后为次,后有所作,续入之。作者凡六人:采蘋,字涧香,年二十四;采蘩,字笪香,年二十三;采藻,字锜香,年十七,皆姓王氏,太仓人,若绮女也。采蓝,字绿香,本若绮第三女,婉

> 纫爱之,抚为女,从孙氏姓,更名嗣徽,字少婉,年十八,阳湖人;祥珍,字俪之,年二十一,余女也;李娈,字紫畦,光山人,与祥珍同齿,为余侍婢,皆学于采蘋。棣华馆者,武昌官舍之内室,婉纫、若绮谭燕之所,故名。①

张曜孙的叙说,是对其父张琦道光九年一段文字的回应。

> 缃英年十二三即学为诗,余时奔走乞食,岁恒一归,不过留数十日,儿女有问学者,心辄善,然不得常授书,偶一讲说大义而已。岁甲戌九月,余自豫返里,缃英年十九,出诗词请益,行间有奇气,甚异之。其年十月,余仍游豫,转至京师,凡十余年不得归,而明年缃英适江阴章政平,逾六年生子。道光癸未,余以知县分发山东。甲申,眷口自南来,而缃英以其年七月病殁,年甫三十,伤哉! 回忆甲戌九十月间,夜分篝灯,读说今古,评骘文字,姊弟五人,环余左右,心甚乐之……今其姊弟均在前无恙,而缃英独澌灭不可复见,何父子之缘,如是其薄也。②

阳湖张氏,在清帝国地理版图或文化版图中皆处于理想的位置,似乎是在得天独厚、风调雨顺的环境中发展;而在现实中,这一家族有其艰难,居处亦有流动性,如寄寓山东馆陶、湖北武昌。可贵的是,在转徙中,张家仍旧保持家庭特有的文学氛围,而张曜孙在武昌(时任武昌县令)的一段时间,对于这一文学家族的延续尤为重要。其时太平军已攻至湖南,张曜孙作此序后的咸丰二年底,武昌被太平军攻占,其后,江南亦卷入战

---

① 张晋礼辑《棣华馆诗课》卷首,道光三十年刻本。《棣华馆诗课》的文学史料价值,还未得充分利用,目前所见只有曼素恩(Susan Mann)《张门才女》在第四章写王采蘋时有少量利用。(《张门才女》,罗晓翔译,北京大学出版社,2015年。)又笔者指导的研究生胡静的硕士学位论文《阳湖张氏女性文学研究》利用过这一文献。

② 张琦《纬青诗稿序》,见张曜孙编《阳湖张氏四女集》,道光宛邻书屋刻本。

火的劫难。对于张氏家族而言,武昌棣华馆中的"吟诵之声常彻午夜"①,是大乱之前难得的安宁与快乐。从文献编纂来看,张曜孙编《阳湖张氏四女集》,张晋礼编《棣华馆诗课》以文字留存了张氏家族两个时段的"家庭内部文学情景"。

现存有序跋或编辑凡例的清代家集,多会说明搜集编辑的经过,如梅清康熙三十年为《梅氏诗略》撰《书诗略后》云:

> 曩岁丙午,族人三修家乘,嘱余谬首其事,群从载笔者十人,计阅两载,中间搜采艺文,得诗稿五十五种。维时同事群从朝夕商酌,乃建《梅氏诗略》之议,谓七十载之谱牒不可不修,五百年之风雅流传,亦不可不辑。盖家谱与诗略,人物文章,实相表里,交藉为不朽盛事。甚哉,前人之有赖于后人也,固自不小。时余年尚壮,议焉而未辑,将有待也。岁癸丑,郡守庄公嘱修《宛陵志》;岁壬戌,郡守王公又嘱修《宛陵续志》;岁癸卯,总制于公、抚军徐公聘修《江南通志》;岁丙寅,邑令袁公又嘱修《宣城县志》。十年之内,四膺其任,或总或分。余所司者,大略多山川、人物、艺文之类。当其在一邑一郡一省之时,广搜博采,纷见错出,图书典籍,几于充栋;而我梅氏之诗文,散见于一邑一郡一省者,所在都有。余因得采拾为缮本,或全册,或片笺残简,不敢或遗,于是又得零稿数十种。维时辑而未竣,将犹有待也。②

《梅氏诗略》是在累积编纂中形成的,十二卷每卷的编辑者多有不同,自卷一梅梦绂、梅文鼎、梅鋗、梅庚、梅曰文,至卷十二的梅炳,共有 26 人参与编辑。③ 上引文中在搜访途径之外,可留意的是对"片笺残简"的重

---

① 谢有兰《棣华馆诗课跋》,见《棣华馆诗课》卷首。
② 梅清等辑《梅氏诗略》卷首,道光五年敦睦堂刻本。
③ 关于《梅氏诗略》成书经过,可参朱则杰《〈梅氏诗略〉王士禛佚序及其他》,见《国学茶座》,2014 年第 3 期,第 140—145 页。

视。统观清代家集,固然收录了大量已能独立成书或已刊行的别集,但还有一部分零散或未成卷、未成书的诗词文赋等作品,而且往往一人只有一二篇(首)。这一部分总量几占家集的半壁江山,家集的重要文献价值在"搜集丛残""抱残守阙"这一点上得到充分体现,如无此搜辑汇合之功,如无将零篇断简视若吉光片羽之敬畏,家集的敬宗收族之用意则无从体现。正因如此,家集序跋对珍视"丛残"之举,多用重墨表彰。

家集的相互关联及其作用

对清代家集整体调查与研究的价值,不仅在于对《清人别集总目》《清人诗文集总目提要》所收录作者数量、涵括别集种数进行补充;还在于以血缘和姻亲整合的方式,以作品显示清代文学家族以及家族文学的切实存在与分量。《清代文学世家姻亲谱系》中收录世家的地域分布数目是:直隶 25 家,山东 17 家,江苏 289 家,安徽 49 家,浙江 235 家,山西 7 家,河南 8 家,湖北 8 家,江西 35 家,湖南 27 家,广东 13 家,福建 28 家,贵州 7 家,广西 8 家,陕西 1 家,四川 5 家,云南 1 家,籍贯不详者 3 家,共计 766 家。① 这是以女性为中心建立的世家分布图,强调的是婚姻的建构与联系之功。家学传承,世代之间相对稳定,但并非一成不变。文学女性出嫁,带出自家的家教;此种家教与夫君家的家教汇合,或互补或强化,是家学生生不息的推动力量。766 个文学世家虽非清代文学世家全部,然就其包含的人数、覆盖的空间与延续的时间而言,足以说明婚姻作为一种文化生发机制在传统中国社会中的作用。然这些家族的姻亲谱系,只是一些框架,或者脉络,真正要了解在框架或脉络下鲜活的文学活动,还要回到作品上来。

在已查阅的 1006 种清代家集中,收录女性作品的有 110 种;在此之

---

① 徐雁平《清代文学世家姻亲谱系》,凤凰出版社,2010 年。在此要特别指出,此书所录还有不完备之处,近年一直在增补修订,在数量上会有较大增长,但世家分布格局不会有较大变动。

外，专收女性作品的家集已查阅的有32种，另有6种未见或待访，①共计38种，超过胡文楷《历代妇女著作考》附录一"合刻书目"中所列的23种。清代女性著述，以胡文楷《历代妇女著作考》的著录而论，"汉魏六朝共33人，唐五代22人，宋辽46人，元代16人，明代近250人，清代3660余人"；"据调查，初步可知现存清代女性870余人的各类著作900种左右（主要是诗集），其中刻本800余种，而从《历代妇女著作考》的记载来看，还有一些女性著作虽经付梓，却未能保存至今。是以在清代3600余名有著作可征的女性之中，超过五分之一的作品得到刊刻"②。女性著述以家族为单位得以汇编刊刻或传抄，是清代独有的文化现象；这类家

---

① 这39种女性家集是：1.《蔡氏闺秀集》，夏卿藻等撰，民国铅印本；2.《慈云阁诗抄》，左孝威编，同治十二年刻本；3.《棣华馆诗课》，张晋礼编，道光庚戌刻本；4.《二谈女史诗词合刊》，孙锡祉辑，光绪十六年归安孙氏刊本；5.《二余诗抄》，李心敬、归懋仪撰，常熟归氏寿与读书室抄本；6.《范氏三女史同怀诗抄》，范士熊选订，咸丰刻本；7.《官阁联吟集》，潘焕龙编，稿本；8.《慧福楼幸草》及附录二种，俞绣孙等撰，清刻本；9.《京江鲍氏三女史诗抄合刻》，戴燮元编，光绪八年刻本；10.《兰陵三秀集》，赵云卿等撰，道光十三年刻本；11.《李氏闺媛诗抄》，俞镜秋等撰，民国三十六年李氏家刻本；12.《吕氏三姐妹集》，吕湘等撰，光绪三十一年排印本；13.《凝香阁合集》，冯兰贞等撰，道光十三年刻本；14.《清河闺秀联珠集》，郑瑛辑，上海图书馆藏抄本；15.《三珠诗草》，张炳翔编，苏州图书馆藏抄本；16.《泰州仲氏闺秀集合刻》，仲莲庆等撰，嘉庆十二年刻本；17.《同根草》，屈蕊缥、屈蕙缥撰，浙江省图书馆藏抄本；18.《桐乡郑氏闺秀诗》，郑以和等撰，光绪刻本；19.《文藻遗芬集》，林㪍祯编，民国石印本；20.《吴江沈氏闺秀诗》，张倩倩等撰，上海图书馆藏民国抄本；21.《湘茧合稿》，宗廷辅辑，光绪六年常熟宗氏刊本；22.《湘潭郭氏闺秀集》，郭润玉辑，道光十七年刊本；23.《雁行集》，陈勤婉等撰，民国十七年长沙刊本；24.《阳湖张氏四女集》，张曜孙编，道光宛邻书屋刻本；25.《隐砚楼诗合刊》，温慕贞、温廉贞撰，乾隆三十三年刻本；26.《袁家三姝合稿》，袁枚编，小仓山房刻本；27.《袁氏闺抄》，袁之球编，民国七年排印本；28.《枣香山房诗集》，许秀贞等撰，道光二十六年刻本（此书即是《兰闺竞秀》，《历代妇女著作考》标明未见）；29.《织云楼合刻》，周映清等撰，上海图书馆清抄本；30.《种竹轩闺秀联珠集》，王琼等撰，嘉庆十二年刻本；31.《周浦二冯诗草》，朱益明辑，民国十六年铅印本；32.《长沙杨氏闺秀诗》，杨书霖辑校，光绪四年刻本；33.《董十媛诗集合刻》，董蕙生等撰，编刊年代不详；34.《海宁陈太宜人姊妹合稿》，陈贞源、陈贞淑撰，浙江海宁县图书馆藏抄本；35.《彭城三秀集》，吴黄等撰，钱氏刊本；36.《三才女诗合稿》，罗敬贞等撰，编刊年代不详；37.《上元车氏三妇集合刊》，车持谦编，嘉庆十五年刊本；38.《章氏六才女诗集》，章有淑等辑，编刊年代不详。

② 张宏生、石旻《古代妇女文学研究的现代起点及其拓展》，第1206页。

图 12 《蔡氏闺秀集》道光二十四年（1844）刻本

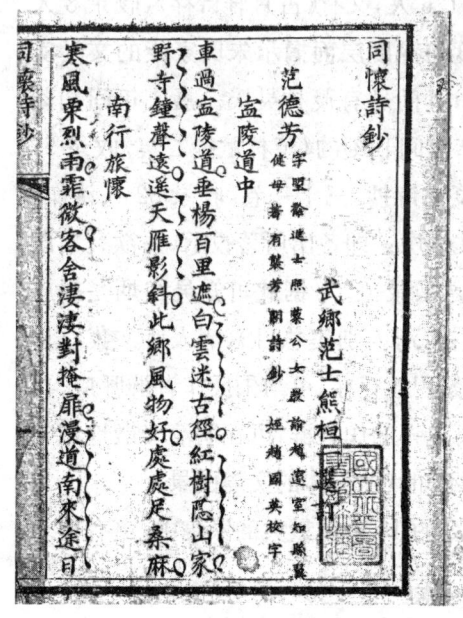
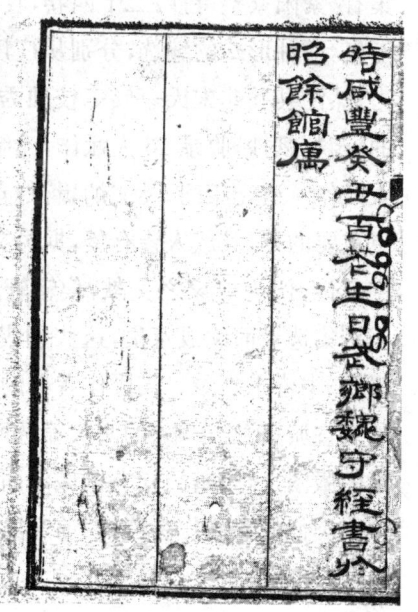

图 13 《范氏三女史同怀诗抄》咸丰刻本

集无论是在清代还是在民国编刊,多以"闺秀"或其他标示女性的字词来命名,此举自是有意为之,显露出女性创作的自信及独特性。

将兼收女性诗文的110种家集和专收女性诗文的39种家集合并,置于清代已见和未见的家集中比照,改变家集以往专收男性著述的单一格局,成就了家族文学的多样性。39种专收女性诗文的家集还有其特别意义,就是在书香世家中,女性及其文字也能自成一体系;同时,此类家集所展现的家族女性群体特征,也可显示清代书香世家中女性所扮演角色之重要,作为母亲、妻子、姊妹,她们的作用在家族成员网络中得以发挥。

从文献编纂而言,家集以多种方式编选,使文学家族的大致创作情况显现,性别是一种视角,文体分类、单立专集与选编等也是常用的编选方法。不同的编选方法,意味不同的呈现方式。清代除一些在后世知名的家族之外,更多的是在当时有名然而在后世叙述中渐被遗忘的家族。安徽泾县有名的文学家族是朱氏家族(朱珔出自这一族),这一家族的家集有《紫阳家塾诗抄》二十四卷,收126人,又有《古月轩诗存》,收录8人专集,两种形式的编选,分别从广度与深度层面揭示朱氏家族的文学实力;然泾县并非朱氏家族一枝独秀,其间还有茂林吴氏。嘉庆年间刊刻的《茂林赋抄》收录16人赋作,光绪年间刊刻的《茂林赋抄二集》收录52人赋作。道光年间,吴文炳辑录《茂林诗抄》三十一卷,收录82人诗作,更重要的是,其族人皆有集,据吴文炳序:"即各出所著投示,并欲裒集以广其传,俾为一家之文献,俟辀轩之采录也。"①据此可知吴文炳是据族人别集选录而编成家集,这些别集在《清人别集总目》《清人诗文集总目提要》中皆未著录。吴氏作者群的累积性存在,可与朱氏作者群呼应,再加上宣城《梅氏诗略》的两次编选所包含的作者群,可在明清安徽地域文学的版图上,丰富只知有桐城派而不知其他群体的文学图景。

类似的家族作者群,在前文所列的15种体量大的家集中,更有代表

---

① 吴文炳辑《茂林诗抄》卷首,道光刻本。

性,这些家族群体在各自所处地域进行文学、学术活动,也是清代地域文学、学术流派兴盛的重要原因。

以作者群的方式显现家族文学状况的,还有汇集某一家族朱卷一类文献。科举时文是否编入家集,在众多的家集编选凡例中有几乎一致的看法,即暂不与其他诗文混杂编排,故大多数家族性朱卷单独成集,今可见者有 19 种。这类家集也有累积性,如《光州吴氏家墨》前后三编,吴益培于序中述其累积经过:

> 家墨初编,先大夫戊辰乡捷时,先伯父荫南公手辑也。自雍正壬子,迄嘉庆戊辰,综先世以来春秋闱艺之藏稿于家者,凡得诗文若干首,并附拔贡卷,都为一册,文前谱以世系,命曰《光州吴氏家墨》。益培幼手此编,深惧失坠,思刊布以延先绪,而名场屡蹶,旅食天涯,忽忽五十余年,未遑从事。同治丁卯、庚午,儿子镜澄、镜沆试南北闱,先后捷于乡,距先伯父戊辰汇辑时,又六十余年矣。中间父兄子侄行获隽者复十余人,爰命儿辈检次近科各试卷,续为一册,复谱世系,补列科名表,并录家传三篇,列之卷首。盖以见我祖宗积德裒施,子子孙孙,得以嗣续书香,引绳勿替者。①

除录应试之作外,各编卷首列出"世系谱",共有 34 人。类似的家集还有《海曲丁氏世业》,收录日照丁氏九世乡会 47 科获选者 42 人之作;陈宏谋家族的《横山陈氏硃卷》,陈氏诸人履历中亦可见世系,当是清代世家研究的重要文献。科举与世家延续的紧密关系,在家集中也多有例证,一般而言,容量较大的家集、绵延时间较长的家族,必有多人获得科名,海丰吴氏、桐城方氏、湘乡蒋氏等家族,在汇集硃卷之外,还有按诗、文等文体编纂的家集。这些家族有多种文体的家集,也说明家族子弟不仅仅是为科名读书。

---

① 吴镜沆《光州吴氏家墨》卷首,光绪十四年苏州重刻本。

家集内部蕴涵的文学交游网络

家集除反映家族文学作者的谱系外,还因为文献整合,能见各成员之间的文学交往。这种关联,应是家集作者的整合与作品的选择性编选赋予的。前文所列"阳湖张氏家族文献群"即是典型一例。其他如张问彤、张问安、张问陶合撰的《张氏三先生集》,可见三兄弟聚散中的情谊与唱和;《凝香阁合集》所收作者非出同姓,然同属一家,史麟序云:"我朝于文襄公才华动宇内……一家源流授受,代不乏人,其曾孙磻溪以名进士出宰浙东之萧山,余过访焉。……尽读其馨畦夫人之诗词,凡两卷,又读其弟伊州德耦瑞芝夫人之诗词及磻溪女公子绮如诗词各两卷。"①《凝香阁合集》收录冯兰贞(馨畦)、陈芳藻(瑞芝)、于晓霞(绮如)三位女性的诗词,分为上下两卷,在两种文体中,皆有展现家族成员之间文学交流活动的作品,现仅摘录诗集中部分篇目如下:

冯兰贞《吟翠轩稿》中有《寄南贞小姑》《赠别南贞小姑》《瑞芝娣邀赏红梅卒成绝句奉酬》《送士奇弟归金沙即和留别原韵》《新秋和巽之夫弟韵》《丙戌秋日晓霞大女偕小觉婿同赴粤东口占志别》《雨后得霞女书并诗二首即用原韵却寄》《除夕得霞女诗偶赋》《依园弟抱恙归省赋此赠别》《月夜忆霞女》《寄呈宝岑五舅舅母即和寄怀原韵》诸诗。

陈芳藻《挹秀山庄稿》中有《寄晓峰三弟》《馨畦姒惠佛手柑口占以谢》《乙酉除夕和震亭舅氏韵》《绮如侄女寄呈馨畦姒诗二首忆母怀乡意溢言表馨畦姒以和诗见示因赋二绝句却寄用原韵》《感怀和震亭舅氏原韵》《寄绮如侄女》《湖上同毂人弟玩月》诸诗。

于晓霞《小琼华仙馆》中有《哭蕴辉姊》《咏菊和士奇舅氏韵》《富春舟次眺雨有作寄呈家慈》《秋夜和小觉寄原韵》《得小觉秋闱报罢信偶赋四律志感即用原韵却寄》诸诗。

冯兰贞诗中有"南贞小姑""瑞芝女弟""士奇弟""巽之夫弟""女于晓霞""依园弟""宝岑五舅舅母";陈芳藻诗中有"晓峰三弟""馨畦姒""震亭

---

① 冯兰贞等撰《凝香阁合集》卷首,道光十三年刻本。

第七章　家集编刊与文化传承

舅""绮如侄女""縠人弟";于晓霞诗中有"蕴辉姊""士奇舅""父亲""丈夫小觉"。可借助婚姻关系的脉络再进一步联缀这些人物:

于敏中曾孙于尚龄娶冯兰贞(江苏金坛,有《吟翠轩稿》《吟翠轩词草》)。(《清闺秀艺文略》卷一,《凝香阁合集》)

于彭龄娶陈芳藻(湖南祁阳,有《挹秀山庄稿》《挹秀山庄词草》)。(《凝香阁合集》,《清闺秀艺文略》卷一,《历代妇女著作考》)

于尚龄女于晓霞(有《小琼华仙馆稿》《小琼华仙馆词草》)适金文渊(江苏苏州)。(《凝香阁合集》,《清闺秀艺文略》卷一)

经由诗词唱和赠答,三位女性之间以及以各自为起点延展形成不同面向的人际关系,以及伴此而生的文学空间。这一空间,如同三个交汇的圆圈,既有三者重叠共有的部分,又有两两交叉的部分。

笔者曾以梁章钜撰《制义丛话》《闽川闺秀诗话》对梁氏家族的男性、女性文学群体作过梳理,[1]然其时未见梁章钜所编《江田梁氏诗存》,是集九卷录梁氏25位诗人(含闺秀)诗580余首,[2]倘以此家集结合前两书所述,便骨肉匀称,其中闺秀许鸾、梁筠如、杨婉蕙的诗集,胡文楷《历代妇女著作考》虽著录,然标注为"未见",而这三位有诗集的女性与王淑卿、郑齐卿、梁紫英这三位无诗集的女性,皆有多首诗作记录与家族成员之间的文学交往。

家集序跋中,多有文字论及家学传承,然大多为概括式的述说,落到实处的线索,往往隐含在书信一类较为私密的文体中,陆廷桢光绪十九年五月廿七日在从河南寄给"寿哥大人栴恂两贤弟"的书札中谈及读书之法:

> 又近日四书文朱注已阐发殆尽,六经中字句亦搜剥无余,而场中恒好新警,避陈腐,故持议恒出入于子,而用字恒出入于两《汉》、《史记》《骚》《选》等书,吾乡此风未开,甚吃亏。子寿年已弱冠,此类

---

[1] 徐雁平《清代世家与文学传承》,三联书店,2012年,第149—153页。
[2] 梁章钜编《江田梁氏诗存》,清刻本。

书亦宜渐翻阅,然不独学者难,即与之讲亦难。今为酌一至简之法,须每日阅《易知录》数页(买一至不好之本,使彼于旧本上字字校对,句句圈过。彼如嫌《易知录》少,自向《史》《汉》搜索矣)。又《六朝文絜》全部止百篇,每篇皆甚短,今既有注,则讲授亦易,可令彼两日读一首,二百日即读毕,有益于诗赋,有益于二场之经文,并有益于应酬之尺牍,且由此可渐渐进以《骚》《选》(彼如真能喜六朝文,未有不索观《骚》《选》者)。《骚》《选》既能读,而以之读《汉书》《史记》便不畏难(勿曰经书尚不熟何暇读此,正恐经书之熟终身无其时,而此类书转因而坐废)。至经书,即与之日日讲,正恐彼仍未了了,茫不记忆,惟有取其平日所读之文,于晚间检一篇出,询之曰此句出何书,此书作何解,彼不能应,则急与之讲,讲后缓数十日复询之,以观其能记否。平时既读文四五百篇,而此四五百篇中所引用之书,果能字字贯彻,则经文之大段亦瞭然矣(可于每日晚间令彼还讲文一篇,四五百篇亦不过年余可了。桢前岁在吴馆,今日与生徒讲一文,明日彼即来还讲,不待先生说。可知世家子弟,自有成法,不似乡间之草草。讲时经书须检注疏,勿用监本,既检出,即令彼于眉间注出,恐后遗忘)。惟以上诸功夫,须亲自教诲,断不能责之塾师,而塾师之浅陋,又断不可向子弟说出。恐彼不尊不信,其流弊又不仅在读书不多也……(赋亦不可不令间作,惟吾乡无阅赋之师,奈何)桢现出外,不望自己升官,总望他日有继起者(二官、三官六朝文亦可共读)。庶不同过眼之浮荣,可永振将来之门第。桢自己丑以来,未尝改一旧事,剥丧先泽,以有鉴于渔郎村王氏、莘溪凌氏也。①

陆廷桢书札内容丰富,虽为揣摩考试,但取法乎上,其中涉及读书次第、读讲方法、版本选择,多为心得之言,如读《易知录》,买劣本作为底本校读,讲经书须检注疏,可见是将朴学的研究方法应用到备考读书之中。陆廷桢所示读书门径,虽未摆脱科举束缚,然已超越流俗,郝懿行在《新

---

① 陆廷桢《溉釜家书》,见陆明桓《松陵陆氏丛著》,民国苏斋刊本。

制书衣叙》一文(乾隆五十二年撰)中论及一般人家与世家在读书方法上的差异,称"旧家世族,学有渊源,犹知教子弟以远到"①。以此衡量,陆廷桢所述,当在此行列之中。

《山阳丁氏家书》中丁珩致其四弟书札,内容、用意与陆廷桢书札相仿。不过,世家在追求科名同时,亦有从容的心态。丁昜咸丰三年八月廿三日致书丁晏云：

> 读书学古方成人,不仅为应考取秀贡科第地步也。世人为八股时文,如盲女演义,摹影绘声,惊才绝艳,自以为得计,究之皆属子虚,无中生有,墙东老人、白民前辈皆有此习气。……究之敲门砖,门开则弃之,儒士得科甲后,则不复在意,所谓修天爵以要人爵,得人爵而弃天爵,问兵农而不知,询礼乐而不晓,敌人毁骂而无闻,冠盗诛戮而不怒。②

《金陵朱氏家集》中,有朱涛的《戒子》诗,朱澜的《感怀寄绍曾续曾二子》《训子帖》诗,朱绪曾的《述祖德诗》所写皆奕代书香,然皆不及朱圻《留云堂稿》中《寄长子元英书》《寄次子元璧书》质实。与元英书云：

> 汝文字不怕不秀脱,而高简浑阔之处正须进步。归、胡大家标准具在,趋向在此,得力亦必在此也。……汝所要《黄庭经》帖,今将我案上善本移来。其帖乃米元章《宝章待访录》所记,细细临模,自得古人淡泊深静之致,秘之笥中可也。其他《文选》《兰亭》,一并付汝。在京敛锷藏锋,韬光匿迹,以图奋发,此我深愿。我今年督率诸

---

① 郝懿行《晒书堂文集》卷三,见郝懿行著,安作璋主编《郝懿行集》第7册,齐鲁书社,2010年,第5242—5243页。原文是："东省教弟子甚无法,其旧家世族学有渊源,犹知教子弟以远到,至于寒乡僻壤,子弟初入学,无论颖钝,但读一经,多者至两经、三经而止,便学操觚为文,意在速化。……父兄即以此获售,于是教子弟亦复然,数十篇烂时文,不徒作随时竿木,并奉为传家衣钵。至于经史诸书,务囚锁深室中,类怪物,不则散置破籣,饱蠹鱼腹。"

② 丁珩等撰《山阳丁氏家书》,南京图书馆藏稿本。

弟作文,不放松一步,俟有佳者,寄汝批看。①

以上所录陆廷桢、丁易、朱圻书札,多为家庭内部的"私密"话语,其中当然有针对科举考试的经验知识的传授,也有技能要诀的提示。大凡一绵延世代较长的文学家族,此类传承或多或少存在,亦属常情,②然在此基础上,三人还有知识、技能、要诀之外的传授,此即不完全为科举所拘束的眼界与从容的心态。或许正是因为有此等追求,清代文学世家大多不至于速生速灭。

四、家集总序的书写与地域文学传统的叙说

家族间的"比赛":结构的技巧

杨联陞曾撰《朝代间的比赛》一文,指出古代有崇古思想,以为黄金时代在上古;但亦有例外者,有今胜昔之论,遂引李斯称秦始皇的郡县与法令,"自上古以来未尝有,五帝所不及",司马相如写赋称武帝"德隆乎三皇,功羡于五帝",程颐称"自三代而后,本朝超越古今者五事"等例证,

---

① 朱绪曾编《金陵朱氏家集》,道光二十年金陵朱氏刻本。
② 关于应试技巧的传授,俞樾《与王康侯女婿》《致王豫卿》最有代表性,书札中有语云:"窃有一浅近之说:凡人欲立言传后,不必作八股文字;凡作八股文字,不过乡会两试,借作敲门砖耳。仆从前治举业时,每代阅文者设想。夫闱中阅文,犹走马看花,想其夜阑人倦之后,烛光摇荡,朱字麻茶,且又同此题目,同此文字,千篇一律,其昏昏欲睡久矣。故作文者须有呼寐而使觉之法,使一展卷,眼目一醒,精神一提,觉此卷文字,与千百卷不同,自不觉手之舞之矣。其法:第一在命意,同一题目,而我之所见,深人一层,高人一著,读者自欢欣鼓舞而不自知;次之在立局,虽意思犹人,而局阵纵横,有五华八门之妙;又次之在造句,虽格局犹人,而字句精卓,有千锤百炼之功,亦足以逐去睡魔,引之人胜。凡此,皆是代阅者设想。所谓古之学者为己,今之学者为人,虽非圣贤之道,而作八股文字,不得不尔。若徒向纸上捉摸,不向闱中揣摩,此是古者为己不求人知之学,竟不如闭户著书为妙也。……今作文不揣摩阅者之意,如何可以动目,而徒自揣而自摩,则何益之有乎? 率书所见,为足下揣摩之一助,幸勿示人,恐为高明笑矣。"《俞樾函札辑证》,张燕婴整理,凤凰出版社,2014年,第437—438页。从俞樾所言,亦可约略推知为何清代多科举世家。

指示本朝超越前代现象的存在,并称之为"朝代间的比赛"(dynastic competition or dynastic comparison)。① 杨联陞所举例证,基本上属于政治、经济,于文学、艺术等,则寥寥数语概括。与"朝代间的比赛"相呼应,文学世家之间也有类似的"比赛"。

据杨联陞在"朝代间的比赛"后所附英文注解,则比赛实包涵两义,即比赛和比照。相较"比赛"而言,"比照"的竞争意味似稍淡,它在序文中有"布景"之用,撰序者可以据背景确定所论说的家族的位置,同时有意制造不少叙说的余地。

> 有宋眉山父子,文章事业,鼎峙一门,可谓独绝千古;本朝宁都诸魏,著述之富,稍可比肩。②(《高都陈氏传家集序》)

> 夫少陵祖孙开唐家之诗格,眉山父子擅宋代之文宗,而况虎踞龙蟠,气得江山之助;蛟腾凤起,家传翰墨之奇,有不继六代之英华而擅一门之才藻者耶?③(《金陵蔡氏五世诗存序》)

以上所列两种比照,高都陈氏、金陵蔡氏只是在叙说前代世家时,被顺势带出,这是顺接行文笔法。而比较或比赛,则近似在真刀真枪中布阵,造出一种紧张的氛围,序文的相关段落便略具对立的格局。在笔者较早阅读的382篇家集总序中,④有48篇可列入比赛范围,故可将世家比较视为家集总序的重要表现手法。为显现"比赛"的方式,以下将序中文字略作梳理。

其一,比世代。

---

① 杨联陞《杨联陞论文集:中国语文札记》,中国人民大学出版社,2006年,第142—153页。
② 胡德琳序,见陈秉焯辑《高都陈氏传家集》卷首,乾隆刻本。
③ 江璧序,见蔡为雄、蔡景淇辑《金陵蔡氏五世诗存》卷首,同治十二年重刻本。
④ 此数据是笔者在家集调查过程中得出,不是整体统计,特此说明。

而杜审言之有甫,则祖孙并著;王融前后四世有集,则祖及孙曾,俱以诗名于时。然求其萃于一家、历数传而未艾者,史书中亦不易得也。今所揆昆弟所录,始前明成化,迄国朝乾隆,为时三百余年,阅十一世,人各有诗。①(《沈氏诗录序》)

乌衣九代善书,或旁及于族从;铜川六世有述,兼竞爽于弟昆。刘门则七叶俱兴,贻谋未远;宋家则三绝各得,祀叶无称。苏氏文章,堂构靳于三世;杜陵诗律,祖孙止于再传。……求兹五叶清贫,一门风雅,建安骨格,镂玉雪以凌寒;记室骚吟,撷荃荪而毓脉,繄古罕觏,于今则闻矣。②(《毗陵周氏五世诗集序》)

其二,比人数。

然从未有以家族之著述汇为鸿编者,即有之,亦不过三五人或十数人而止,然已不数数觏,而况奏对尺牍、书序赠答、散奇骈偶……兼以闺门鬓悦……此虽海内名族,如曲阜之孔、太原之王、清河之张、平原之陆,亦鲜斯美矣,而吾锡秦氏乃独擅其胜。③(《锡山秦氏文抄序》)

独以兄弟数人合为一集,考之《四库书目》,惟唐有《窦氏联珠集》,为窦常及其弟牟、群、庠、巩五人之诗。至宋之《柴氏四隐集》,则从兄弟也。蒋氏四先生集,比柴氏为盛,盖与窦氏如骖之靳矣。④(《莫如楼诗抄合刻序》)

其三,比收录范围。

---

① 沈德潜《沈氏诗录序》,见沈祖禹辑《沈氏诗录》卷首,乾隆刻本。
② 田步蟾序,见周述祖编《毗陵周氏五世诗集》卷首,民国印本。
③ 唐文治序,见秦毓钧编《锡山秦氏文抄》卷首,民国十九年印本。
④ 陈澧序,见蒋湘培等撰《莫如楼诗抄合刻》卷首,同治刻本。

若李氏《花萼》与窦氏《联珠》,则昆季合集以行世,又未闻其上及先人也。①(《海盐徐氏诗序》)

余又尝为刘氏序《澄响堂四世诗》,为吴氏序《芸晖馆四世诗》,然皆第私其祖祢,未及旁系。今吾友马君公实辑马氏诗成七十卷,作者六七十人,合选诗四千余篇,乃遂与方氏埒矣。②(《桐城马氏诗抄序》)

其四,比家声。

而舒氏官不过七品,产不及中人,绵延六七世……虽王谢家世,人人有集,隐之延之,门法相继,亦若未肯多让者。复见衡峰诸郎,皆循循矩度,应无疑于能世其业。③(《义陵竹坳舒氏一家集序》)

家族之间的"比赛",是在建立一个以家族著述为基础的世家谱系,这一谱系通常包括班氏、王氏、谢氏、杜氏祖孙、三苏,以及"窦氏联珠""清江三孔"等,如何选择,似有讲求,譬如有意避开司马谈与司马迁、"三曹",前者似因其家遭大难,后者似因其过于显赫,于推扬性的家集序气味不相合,故不宜纳入可供映照阐发的谱系。谱系一经建立,撰序者所面对的家集顺势成为延续这一谱系的重要节点,其位置得以划定,其身份得到认可。

无论是介绍家集源流,还是排演家族朝代间的比赛,势必述及一批家族和家集,丰富的内容要在有限的篇幅中得以呈现,铺排无疑是最适宜的表现手法,故家集总序这类性质的文字略有"辨章学术,考镜源流"

---

① 徐广缙序,见徐骅辑《海盐徐氏诗》卷首,咸丰刻本。
② 方东树序,见马树华辑《桐城马氏诗抄》卷首,道光十六年刻本。
③ 莫友芝序,见舒自志等撰《义陵竹坳舒氏一家集》卷首,同治三年刻本。

的性质。材料的丰充,也激发了不少撰序者的文思,故涉及这一主题时,多有显示才学的骈句。除前引田步蟾《武进周氏家集五种序》、江璧《金陵蔡氏五世诗存》外,梁耀枢《朱氏传芳集序》中亦有颇为齐整的对句:"自来金版鸿裁,青箱世学。《石声》奏响于天水,《家录》振采于潜溪。诗高《世绥》之篇,集美《连珠》之号。"①杭世骏所撰《张氏五世著述记》乃骈体,容量更大,此文写于《四库全书总目》问世之前,他对家集源流的了解,只能源于博学。序中以"谢家《兰玉》,窦氏《连珠》。钱号《传芳》,李夸《花萼》。廖编《世彩》,赵著《石声》"这样的骈句,洋洋洒洒地列出 36 种家集。如此铺排,在家集总序中似未有第二篇。接此铺排,仅有七行文字述撰序缘起、家集简况,前后比较,实有喧宾夺主之嫌。为家集撰序,亦属写命题文章,谋篇布局,皆由题中"家集"二字生发,由此种文章面目,可略推古文中诸多文体形成的机制。从整篇来考察,前所引一段整饬文字的加入,语换意贯,使全文骈散相间,免于板滞。

清代家集总序中牵涉的家族之间的比赛,可以追溯到的一个源头,即《南史·王筠传》引《与诸儿书论家门集》中语:

> 史传称安平崔氏及汝南应氏并累叶有文才,所以范蔚宗云崔氏雕龙,然不过父子两三世耳,非有七叶之中,名德重光,爵位相继,人人有集,如吾门者也。②

这段话直接被甘元焕《绣水王氏家藏集跋》③、林必登《永嘉王氏家言序》④、方昌翰《刻方氏七代遗书缘起》⑤等序文引用。其中语词,如"累叶有文才""名德重光""人人有集",在清代家集序中屡屡可见。更重要的是,王筠所用的比较手法,如家集涵盖的世代的比较,如德、功、言的综

---

① 梁耀枢序,见朱次琦、朱宗琦辑《朱氏传芳集》卷首,清刻本。
② 李延寿《南史》卷二十二"列传",中华书局,1975 年,第 611 页。
③ 王相辑《绣水王氏家藏集》卷首,咸丰四年刻本。
④ 孙诒让《温州经籍志》,上海社会科学院出版社,2005 年,第 1555 页。
⑤ 方昌翰《刻方氏七代遗书缘起》,见《桐城方氏七代遗书》卷首,光绪十四年刻本。

合权衡,亦被后来家集总序撰者根据家集的具体情况灵活效仿。

"比照"中的"比于""稍可比肩","比较"中的比世代、比人数、比收录范围、比家声,均可视为将家集推入风雅谱系的手法。"比照"中的两例,依其文章,可视为顺水推舟式的推入,被比的家族,只是作为背景或话头;而"比较"中的诸多例证,在有意制造波澜,先抑压,然后推入,抑彼扬此,生成跌宕。

"方今宇内名族林立,或以累叶冠甲科,或以父子居台鼎,或以兄弟子姓膺茅土、秉节钺,吾方氏未可与颉颃矣。独兹诗书之泽绵延数百年而未艾,千载下观德论世之君子,犹将乐道其事以兴起末俗,况在其本支耶?"①方昌翰此语先言"未可与颉颃",然后言可与颉颃者,从"独兹""而未艾""犹将"等语词可见作者的自信与自得。上列"比较"中所举数例,从多途径显现各自家集的不同寻常之处。在比较中确立自己的位置,在比较中显现自己的特色。这类比较,一般是在前代典型世家身上找"缝隙"。十全十美的典型绝少,上下左右打量,总能发现"弱点",如面对杜审言、杜甫以及三苏,撰序者寻觅到可供发挥的"缝隙"是家学传承未远;如莫友芝撰《义陵竹坳舒氏一家集序》,将名不见经传的舒氏与显赫的王谢相比,虽"舒氏官不过七品,产不及中人",然亦能"绵延六七世""人人有集",以退为进,反有略胜一筹之感。撰序者寻找"缝隙",实质上是在掂量家集,把握某些特点,并据此发挥。如果说家集总序从交往过渡到家集,或由家集源流落实到本家集内容,或记叙家集编刊经过等路径都是顺意成文,此类寻找"缝隙"则是运用匠心,或刻意为文。

循此路径,将刻意为文更推进一步的是,在比较中兴起序文中的"一波三折"。

> 夫世之才子不必皆出于一姓,即出于一姓矣,未必皆有能文之名,或竟能文矣,又不必如是之多,若河东三凤、陆氏二龙,已不可多得。今昭文邵氏,则人各有集,集皆可传。吾谓传人固不易得,而传

---

① 方昌翰《刻方氏七代遗书缘起》,见《桐城方氏七代遗书》卷首。

人之子孙能传其祖考之著作,以垂裕后昆,尤不易得。①(《昭文邵氏联珠集序》)

科名仕宦,积至三四世,斯已难矣;文章著述累数世,以集名海内,与科名相耀,又倍难焉。②(《丛睦汪氏遗书序》)

吾越固多风雅之士,然联吟分韵,大抵在一邑一乡,不必出于一姓。即一姓矣,不必萃于一门;而一门之中,又或兼期功弟侄群从诸孙。若必祖孙父子兄弟唱酬庭户、有渊有源者,则惟衡河陶氏云。③(《天伦乐事序》)

夫奕世簪绂,世多有之;奕世风雅,固所未闻也。奕世风雅,世或有之;奕世风雅而兼以奕世簪绂,尤所未闻也。今观酉山舒氏……是簪绂而外,更以风雅为传家故物。④(《义陵竹坳舒氏一家集序》)

第一段引文中的"不必""未必""又不必"与"不可多得""不易得""尤不易得";第二段引文中的"已难矣""又倍难焉";第三段引文中的"不必""若必"与"即""又或""则惟";第四段引文中的"所未""尤所未",纯以递进语词串连文句,形成多层语意,最终将所撰家集特质揭示。因为虚字的穿插与领字的提带,使整节文字有回环往复之感,此所谓"文波"也。而这种人为制造的波澜的妙处,还要放在整篇序文中考量。家集总序,一般要叙写家集编刊经过、家集内容,这是序文的重要内容,但如果序文全由此主宰,则不免落入平实的提要体。故这类文字的酿造,对整篇序文而言,有增添文彩、加强动感之功用。

---

① 章炳兰序,见邵震亨辑《邵氏联珠集》卷首,光绪刻本。
② 郭嵩焘序,见汪汝谦等撰《丛睦汪氏遗书稿》卷首,光绪十二年刻本。
③ 姚大源序,见陶元藻编《天伦乐事》卷首,嘉庆刻本。
④ 黄乐之序,见《义陵竹坳舒氏一家集》卷首,同治三年刻本。

从比赛到一波三折的营造,皆可见撰序者在动笔之前,已经先定主意。"主意已定,然后用虚实、反正、开阖、照应以发之。"①如此文章方能曲折变化,而不离其推挹之旨。

家族与地域之间的互动

地域文学传统的建构方式,在清代主要表现为地方性文学总集的编撰和地方性诗话的叙写。② 地方文学总集名目众多,且多具规模与系统,编纂者大多是一地知名文士,他们在编纂过程中,多留意运用一些编辑策略,反映当地文学世家的创作成就,世家(尤其是与编纂者相关的)的世代和成员往往有较为清晰的呈现。在地域文学传统的建构中,绵延数世的文学世家作用显著,几乎可视为整体结构中的支点乃至框架。反之,一家一姓的文学总集之序,在叙说该家庭文学传承衍变时,亦不脱离"吾土吾民"。朱为弼序《桐城马氏诗抄》云:"此抄既成,岂惟一家之美,实足征一邑文学之盛。"③家族文献与地域文学传统这一关联手法,不是刻意地镶嵌,而是由泛写走向特写的自然转换。

> 海虞山水绝佳……有张子亦中,生名胜文学之乡,属诗礼世家之后。④

> 海上为云间岩邑,大海环带,鲲鹏之变化,云雾之蒸荟,地灵而人文萃焉。曹氏南渡巨宗,代有传人。⑤

---

① 张谦宜《絸斋论文》卷二,见王水照主编《历代文话》第四册,复旦大学出版社,2007年,第3886页。
② 参见蒋寅《清代诗学与地域文学传统的建构》,《中国社会科学》,2003年第5期。
③ 朱为弼《桐城马氏诗抄序》,见马树华编《桐城马氏诗抄》卷首,道光十六年刻本。
④ 劳必达《南张三代合集序》,见张廷桂辑《南张三代合集》卷首,嘉庆十九年卷蓣草庐重刻本。
⑤ 王瞽序,见曹锡黼辑《石仓世纂》卷首,乾隆十四年刻本。

丹阳北枕大江,南邻湖山诸胜,其间清淑之气,蔚为人文。①

吾泾山邑也,大块噫气,岭岈吞吐,隐隐隆隆,毂之清者,无过于此,故生其间者,不乏能诗之士。②

以上选列的几段引文,有山水到人文的笔势转向。钟灵毓秀,这一思路在叙写一地人文时,较为常见。而从一家族着手,一方面是得灵秀山水的浸润,一家之文学的产生有其必然;另一方面,作序者也为家族在地域背景上定位,进而显扬家族清誉。前者是家族的自我消融,后者则可视为凸显。写山水之气较为深远的用意是,人才虽不世出,然一家一族若能持循法度,世代守望,得山川清淑之气,必有人文兴旺之日。"夫天之生才,良非易易,山川灵淑之气,每间世而一发,今欲聚灵淑之气于一门,且连绵继续,世济其美,此固天之所靳而不轻与者。"③山川灵淑之气,必待贤子孙能读父祖书,方能感发。

家集总序或出自该家族文士之手,或出自同乡知名文士之手,其中所蕴涵的推扬之意,往往于"吾邑""吾乡"中可见。"杨氏之在吾邑,固饶诗人"④,"赵氏为吾邑巨族,代有闻人"⑤,"吾云间杜氏为祁公后人,迁宅青龙江上,阅十八九世矣"⑥,"吾粤香山黄双槐、粤洲、泰泉三先生,皆以著述巨儒,著于前代,而诗名亦震铄今古,流风所被,传十余代,其后嗣多以能诗称,盖几于人人有集矣"⑦。"吾"字是第一人称叙写时常出现的字眼,看似寻常,但在这类特定的表述中,"吾"明显有推挹之意。如果说家集的编纂大多由家族后人承担,家集总序也有相当一部分出自同乡之

---

① 彦秀《丹阳周氏家集序》,见周寿朋辑《丹阳周氏家集》卷首,光绪二十年刻本。
② 赵青藜《鉴楼传芳集序》,见胡承琛等辑《奕世传芳集》卷首,乾隆四十年刻本。
③ 陆荣《石仓世纂序》,见曹锡黼辑《石仓世纂》卷首。
④ 夏昀《广济杨氏一家诗序》,见杨材达辑《广济杨氏一家诗》卷首,民国五年刊本。
⑤ 王伊《浚仪世集序》,见赵希文编《浚仪世集》卷首,光绪二十四年刊本。
⑥ 沈荃《云间杜氏诗选序》,见杜世祺辑《云间杜氏诗选》卷首,康熙十五年刻本。
⑦ 张其淦《香山黄氏诗略序》,见黄映奎编《香山黄氏诗略》卷首,《清代稿抄本》第38册。

手;如此看来,家族文学传统的形成,当有来自内外的两种力量在发挥作用。

  当有明中叶,吾邑人文蔚起,若吴、若周、若叶,暨先太常公以下,俱各以清门旧泽,树帜词坛,而赵则自渔庵、苊庵、山子公而外,其尤著者不下十数家。①

  余读史,尝由宋元逆稽魏晋以上,独怪吾邑无达者。唐曹松、宋李公麟,传皆以为舒产,惟明初姚氏、方氏始大,中叶以后乃遂有吴氏、张氏、马氏、左氏数十族,同盛递兴,勃焉浚发。②

  吾邑风俗敦朴,故儒家子弟以诗文为世业,如华漕之朱、龙华之张、浦东之陆、邑城之曹,皆代有文人,家传名著……李氏虽晚出,祖孙、父子、姊弟、夫妇继述之作,唱和之词,歌浦东西,播为佳话。③

"吾邑"依然蕴涵自豪之感,文字的落脚点是在各自面对的家集,但笔墨并未拘于家集的范围,而是放眼"吾邑",如数家珍式地列述同邑文学方面的著姓望族,以显示吾邑"人文蔚起""同盛递兴"。因为一种叙写策略的运用,序文所关联的家集或家族被置于地域家族文化网络之中,成为网络的一个重要节点。上引三段家集序文中所列家族,撰序者用笔有主次之分,但其用意在彼此映照,所关注的家集与家族或为晚近兴起,或为隐晦未彰,经此推扬,终在地域文学的图景中获得清晰与固定的位置。

  在前文提及的382种有总体性序跋文的家集中,有56种家集的序有关于家族与地方文学传统的叙述,而这种叙述落到实处,便要触及一家一族在地方总集中的位置与篇幅。

---

① 沈钦霖《吴江赵氏诗存序》,见赵作舟辑《吴江赵氏诗存》卷首,嘉庆刻本。
② 方东树序,见马树华编《桐城马氏诗抄》,道光十六年刻本。
③ 秦锡田《上海李氏易园三代清芬集序》,见李林松等撰《上海李氏易园三代清芬集》卷首,民国印本。

> 我朝李杲堂前辈选《甬上耆旧诗》，自谓用功颇多，于宋一代搢绅、韦布，仅得二十四人，内除《薛氏世编》十人，余只十四人。谢山全太史谓其如天一阁有史忠定《鄮峰漫录》，《宋文鉴》有丰稷《荷花诗》，而皆未录，须增补云云。然而操选者，虽疏于搜罗，亦由其后嗣不能预为汇集，终不胜湮没之悲。夫名郡胜邑，文人吟咏，汇萃成编，斯世绝少其人，即或留心文献，而历时久远，采访无以，致选多遗漏。序慨焉伤之，于先世诸祖遗诗，为名家所选及家乘所载，断素零纨，随见随辑，虽不能如彭城之刘，人有其集，亦得仿浮石之薛，家汇为编，庶免大雅所讥。①

> 康雍间，姚听岩先生弘绪辑《松风余韵》，录自晋迄明郡人诗篇六百余家，其后姜孺山先生兆翀继《松风余韵》而辑《松江诗抄》，则才自清初以逮嘉庆初元耳，而录诗之富，则几倍之。我尝综览二家所辑，往往一姓之作，有多至数十人者，于以见先正之流泽孔长，而士子能守其学者众也。②

前序作于嘉庆十五年，后序作于民国十一年，虽时隔较久，但其中有一共同点：在地方性诗总集中关注以家族为单位的某姓创作如何形成群体。而这一视角，正是编辑地方总集的方式。③ 清代的地方总集编纂，通常向各家各族采访诗文，有些家族以自家编辑刊行的家集送选；还有一些是搜辑抄录，形成家集的雏形，然后送选；还有由编者按一家一姓辑录

---

① 屠继序《甬上屠氏遗诗跋》，见《甬上屠氏遗诗》卷末，北京大学图书馆藏抄本。
② 高燮《云间王氏诗抄序》，见王毅存辑《云间王氏诗抄》卷首，民国印本。
③ 当然，家集的形成，也有一种"反方向"的运动，即利用作为资料库的地方总集，辑录出某一家族的作品。清代家集中，这类家集有一定的比例。姚永概光绪二十三年十月十四日日记记录了一种"姚氏诗选"的形成："《龙眠风雅》中选姚氏诗凡十四人，又闺阁四人，命人分抄成二帙。"《慎宜轩日记》，黄山书社，2010 年，第 699 页。姚永概抄录的"姚氏诗选"，从所收录诗作来源来看，与今所见三种姚氏家族诗选不同，然未见书目著录。

的，如丁丙编《国朝杭郡诗三辑》，南京图书馆即藏有编辑过程中形成的6种家集抄本：

《方氏乔梓诗存》，方鹗、方宗诚撰，收录2人诗作。

《高氏一家稿》，高云麟编，收录6人诗作。

《屠氏昆季诗草》，屠秉等撰，收录3人诗作。

《汪氏一家稿》，汪钺等撰，收录5人诗作。

《翟氏诗抄》，翟瀚等撰，收录7人诗作。

《邹氏一家稿》，邹在寅编，收录11人诗作。

以上数种抄本多有"八千卷楼丁氏藏书记"印，《邹氏一家稿》所用为"国朝杭郡诗三辑"稿纸。这些抄本家集对于小传文字有较多修改，目的在揭示一族之内人物关系。《八千卷楼书目》对清代杭郡诗人别集及家集也有较多著录，丁丙编《国朝杭郡诗三辑》的文献准备工作于此可见一斑。

家集作为地方诗文总集单元的思路，在王舟瑶编《台诗四录》二十卷时也有体现，如洪氏家族有：洪鼎煊、洪师煊、洪蒙煊、洪颐煊、洪震煊、洪济煊、洪增、洪瞻陛、洪瞻坛、洪应封、洪瞻台、洪玷、洪建封。王氏家族则有：王映玉、王瀚、王维祺、王树祺、王寿祺、王维城、王棻、王应胄、王维翰、王咏霓、王会畴、王维哲。王舟瑶在编辑地方诗总集时，因为对自家文献的熟知，编有《黄岩西桥王氏家集》七卷（民国五年木活字本），难免有格外关照之举，故所录王氏诗人较多，且彼此之间关系清晰。还有黄氏家族的黄濬、黄渲、黄治，在选录黄氏三人诗作时，似特别留意他们之间的唱和、交往之作。

王舟瑶等人没有将一家一姓之人集中编辑，实际上在地方艺文总集的编辑中还有将一族一姓合并编排者，如卢见曾编《国朝山左诗抄》，卷五十七径名为"家集"，录卢世㴶诗85首，卢道悦、卢承曾、卢扬曾诗各1首。① 在地方诗文总集中以族姓编排的当以咸丰年间刊刻的《桐旧集》最具特色，然据徐璈《桐旧集例言》："是编起于明初，迄于今之逝者，仿

---

① 卢见曾编《国朝山左诗抄》卷五十七，乾隆二十三年雅雨堂刻本。

《江苏诗征》之例,分姓列卷,其间略以时代之先后为序。"①《江苏诗征》可能因为所录牵涉面较广,能按姓氏集中作者,不一定能按族集中,而这对于面向桐城一邑的《桐旧集》而言,则是切实可行之法。咸丰元年苏惇元撰《桐旧集序》云:"……后世其制(采风)寖废,而郡邑各辑其诗为总集,亦犹古国风之遗意也。……吾桐城之诗,康熙间木厓潘氏曾辑之,今几二百年,诗家辈出,而卷帙浩繁,或有选辑一乡一族之诗,而合邑通选,未有续其事者。吾舅氏徐樗亭先生……于嘉庆之末始拟选辑合邑之诗……逾数年而成集,自明初迄道光庚子,凡四十二卷,作者一千二百余人,诗七千七百余首。"②

《桐旧集》共录84姓作者诗作,是桐城诗学的全景图。在以族姓艺文为组成单元的《桐旧集》之外,存在与之关联紧密的桐城家集系列:

《澄响堂五世诗抄》六卷,刘萃和辑,道光五年刻本。

《传经草堂诗抄·楚游诗》四卷,金桂馨等撰,清刻本。

《二许先生集》,许鋆辑,光绪十四年刻本。

《国朝桐城张两相国语录》,张英、张廷玉撰,光绪六年重刊本。

《讲筵四世诗抄》十卷,张英等撰,光绪十八年重刊本。

《麻溪姚氏诗荟约选》八卷,沈德潜评订,民国二十六年印本。

《马氏家集》十一卷,马毓华等撰,光绪三年刻本。

《马氏家刻集》二十九卷,马孟祯等撰,光绪六年重刊本。

《述本堂诗集》《续集》,二十五卷,方观承辑撰,乾嘉二十年、嘉庆十四年刊本。

《桐城方氏七代遗书》,方昌翰等辑,光绪十四年刻本。

《桐城方氏诗辑》六十七卷,方于毂辑,道光元年饲经堂刊本。

《桐城方氏时文全稿》,方舟等辑,光绪十四年刊本。

《桐城马氏诗抄》,马树华编,道光十六年可久处斋刻本。

《桐城麻溪姚氏诗抄》四卷,佚名编,浙江图书馆藏清抄本。

---

① 徐璈编《桐旧集》卷首,咸丰七年刻本。
② 徐璈编《桐旧集》卷首。

《桐城许氏一家集》十册，许新堂等撰，清刻本、民国刻本汇合本。

《桐城姚氏诗抄》二册，姚永楷辑，安徽图书馆藏抄本。

《小万柳堂丛刊》九卷，吴芝瑛辑，民国七年铅印本。

《周氏清芬文集》《诗集》，周琴风等辑，光绪十九年木活字印本。

桐城一县先后有18种家集编刊，在1006种家集中，其数量仅次于江苏常熟(32种)、江苏吴江(27种)、江苏无锡(25种)、浙江钱塘(25种)，与浙江仁和县家集种数(18种)齐平。单就一县家集数量而言，除桐城之外，没有可与江浙相比者。

这些家集包含的内容大致在《桐旧集》中有一接近实际的反映。现将《桐旧集》中重要家族作者、作品情况作一统计(闺秀并入其中)：

方氏有四卷，共有作者141人，诗作1120首，有诗集者91人。

姚氏有三卷，共有作者106人，诗作811首，有诗集者94人。

张氏有四卷，共有作者110人，诗作751首，有诗集者72人。

马氏有二卷，共有作者70人，诗作647首，有诗集者42人。

刘氏有一卷，共有作者24人，诗作255首，有诗集者15人。

左氏有一卷，共有作者53人，诗作220首，有诗集者33人。

如将最为人知的方、姚、张、马、刘五姓合计，共有作者451人，超过《桐旧集》收录作者总人数的三分之一，五姓共收诗作3584首，接近《桐旧集》收录诗作总数的一半。马树华称"吾邑骚坛夙盛"①。此种兴盛，因几大姓"代有才人出"汇合而成。"海内诸贤谓古文之在桐城，岂知诗亦有然哉。"②桐城文派，声扬天下；发端于明中叶的桐城诗派，其实成绩也蔚然可观，然其声光被桐城文派遮掩。《桐旧集》以"分姓列卷"的方式，最为充分地梳理了道光朝以前桐城诗坛的概貌，从而极大地充实了桐城文学的内涵。

有清一代，文学流派中以地域见称于世者，莫过于桐城文派。桐城文派的兴盛与绵衍，与其代有传人、文学主张独具特色有关；同时也与桐

---

① 马树华《桐旧集序》，见《桐旧集》卷首。

② 姚莹《桐旧集序》，见《桐旧集》卷首。

城文派在发展过程中,桐城文人强烈的承统意识,及其主张不断地被人论及而于主流话语中独占一席之地相关。简言之,文派不但要自己"说",而且要时常被别人"说"。至于自己如何"说",则要运用一些策略。

就桐城一地文学传统叙说而言,潘江编《龙眠风雅》,其后王灼编《枞阳诗选》二十卷,徐璈编《桐旧集》四十二卷等,属于宏观的勾勒;而落实到一家一姓,此类叙说更见精细。桐城方氏注重通过汇刻家集保存前辈文献、强化家族文学传衍统系。乾隆年间方观承刊刻《述本堂诗集》,选刊方氏三代诗人诗集:

方登峄的诗集为:《依园诗略》《墨砚斋存稿》《垢砚吟》《葆素斋集今乐府》《如是斋集》。诗集由其孙方观承、方观永、方观本校梓。

方式济的诗集为:《陆塘初稿》《出关诗》《龙沙纪略》。诗集由其子方观承、方观永、方观本校梓。

方观承的诗集为:《东间剩稿》《入塞诗》《怀南草》《竖步吟》《叩舷吟》《宜田汇稿》《看蚕词》《松漠草》。

方观承与其弟校刊祖父和父亲的诗集,从作品的范围和兄弟三人校刊来看,此一汇刊无疑可视为家族集体行为,其意在表现杜甫所咏"诗是吾家事"①。

嘉庆年间方于穀编辑的《桐城方氏诗辑》规模更大,有67卷之多,从卷一方法、方学渐(明建文己卯乡试举人)、方大镇(方学渐长子),到卷六十七方元澄、方潮等,共收录126人,收录诗作最少者为1首,最多一人有549首,现将收录90首诗作以上的20位诗人录列如下:

方其义(135)　　　方中发(439)

方城(99)　　　　方根机(181)

方泽(184)　　　　方朸(124)

方于鸿(126)　　　方以智(205)

方中履(254)　　　方正瑷(127)

---

① 此意方桼如于乾隆二十三年所作《述本堂诗集序》中指出,见方观承《述本堂诗集》卷首,乾隆刻本。

方正玭(92)　　　方正瑗(128)

方正瓃(101)　　方张登(135)

方宫声(253)　　方文(160)

方登峄(217)　　方观承(549)

方拱乾(129)　　方贞观(144)

如此用力网罗散佚,推扬先泽,昭示后人,使《桐城方氏诗辑》已有方氏诗史之意。"是辑也,传其一家之言,即谓其家忠孝文学俱传于是可也;存其一家之风气,即谓数百年治乱之故俱存于是可也。"①

至光绪十四年,方昌翰编选刊刻《桐城方氏七代遗书》,收录方学渐、方大镇、方孔炤、方以智(方孔炤子)、方中履(方以智少子)、方正瑗(方中履子)、方张登(方正瑗子)七代人的著作 20 种。同前两种方氏家集相比,二十一世孙方昌翰在遗书刊刻缘起中着意点明族姓:

> 若夫清门士族,显晦有时,而诗书之泽,绵延数百年而未有艾,使海内推为望族,述为旧闻,考古证今,或未多觏。吾方氏自元末居桐城,传五世至忠烈公,殉建文之难,厥后忠孝贤杰迭起代兴,以撰述著称者,森列志乘。……方今宇内名族林立,或以累叶冠甲科,或以父子居台鼎,或以兄弟子姓膺茅土、秉节钺,吾方氏未可与颉颃矣。独兹诗书之泽,绵延数百年而未艾,千载下观德论世之君子,犹将乐道其事以兴起末俗,况在其本支耶?②

族姓的强调是置于"方今宇内"的范围、"绵延数百年"的时限、"诗书之泽"的特性三重背景之下,其中有比较高下之意。《桐城方氏七代遗书》的编校刊刻,仍旧是一种家族集体行为。除方昌翰编次外,二十一世孙方晟、方显允、方昌沛及二十二世孙方友陶任"分校"之事,方宗诚任"参订"之事,族孙方铸、方剑华参与校勘。

---

① 汪志伊《桐城方氏诗辑序》,见《桐城方氏诗辑》卷首。
② 方昌翰《刻方氏七代遗书缘起》,见《桐城方氏七代遗书》卷首。

从乾隆朝的《述本堂诗集》，到嘉道两朝的《桐城方氏诗辑》，再到光绪朝的《桐城方氏七代遗书》，每次编辑刊刻范围及内容都有变化，但从其共通之处而言，其行为类似修家谱，网罗散佚，敬宗收族；同时在时代递嬗之中，家族显晦不同之际，以此异曲同工的三次编选，明示"风骚继述"，"海内之望者，惟吾宗称盛焉"①。

"风骚继述"不仅表现在家族文献的编刊方面，在精神层面，也能发现诸多线索。以方氏文论而言：

> 故汉之无文苑也，非无文也，夫人而能为文也。《后汉书》始传文苑，竞新滥而文益衰，然所载书议尚为可观。陵迟至于六朝，属文家一以连类比辞，其文靡靡，唐承其弊，习俳识陋，丽猥不振。②（方以智《文论》）

> 吾尝谓文自十三经，而《史记》《汉书》为可观，下此不逮矣。③（《史汉释诂序》）

> 我祖廷尉公教人作文，以辞顺意达为质，叔祖户部公时取《左》《国》《史》《汉》而咀嚼之。……老父曰：文以析理、叙事、纪物，此外则溢言偏词，曼衍遣放耳。典故尔雅，所以远鄙倍，观其深也。④（《膝寓信笔》）

仅凭上文所引方以智的相关论说，譬如推崇两汉文章，以十三经、《史》《汉》为根柢等，特别是述及祖廷公（即方大镇）及其父关于作文的论说，已显示家学的脉络。由此即可感知方苞的"义法"、雅洁以及对魏晋六朝人藻丽俳语贬抑等主张的渊源所自。姚鼐效方苞，与方张登（号褚堂）交

---

① 方受畴《桐城方氏诗辑后序》，见《桐城方氏诗辑》卷首。
② 方以智《稽古堂文集》卷上，光绪十四年刻《桐城方氏七代遗书》本。
③ 方以智《稽古堂文集》卷上，光绪十四年刻《桐城方氏七代遗书》本。
④ 方以智《膝寓信笔》，光绪十四年刻《桐城方氏七代遗书》本。

游。姚鼐云:"方氏明时多达人君子,自文忠公(方中履)以上,名著海内,人知之矣。逮入国朝,英贤继踵,乃鼐生晚,不得相值也。独与褚堂先生相接对,在里则常同文酒之会,适远则共舟舆、同旅舍,见其翰墨文章、风采谈笑,至今不能忘也。"①则姚鼐得方氏论说的濡染,可大略推知。

方苞在方氏家族康雍乾之际文学传承中的核心作用,于《桐城方氏诗辑》中亦可见。如方城有诗云"曾亲杖履承家学,直接文章训后生"②,方构有诗云"曾向东山一问津,十年杖履已生尘"③。方世举有《望溪兄以诗稿下问适有事牵未及展读连书迫促因先呈长句二十韵》④,方贞观有《七月初五夜胡嘉左丈韩石楼上人刘庆适家兄灵皋过访小集画鹤轩》⑤。

道光十六年刊刻的《桐城马氏诗抄》共七十卷,作者 49 人(内闺阁 3 人),卷末附收作者 23 人,共得诗 4326 首。马树华自嘉庆十四年起,以三十年之力编刻马氏一家诗歌总集。"吾家自四世祖肇兴文学,六世祖太仆府君为时名臣,一门群从,彬彬汇起,七世、八世间遂有怡园六子,而八世伯祖兵部府君《秋庄集》尤为巨制。自是风雅代不乏人,顾万历以前,阅世久远,既缺有间,六子遗稿散佚过半,厥后儒素相承,著书满家。"⑥马树华的搜辑,展现了道光朝以前桐城马氏诗学传承体系,就清代诗人而言,仅有马孝思、马教思、马朴臣、马苏臣、马翩飞、马春田、马宗琏及姚德耀 8 人别集著录于《清人别集总目》,《诗抄》保存文献之功由此可见。在闺阁诗人外的 46 位诗人,根据《诗抄》所收诗人小传及诗作中的相关信息,能基本上建立他们之间的血缘关系与辈份。马之瑜、马之

---

① 方昌翰辑《桐城方氏七代遗书》,方张登传记附录。
② 方城《家望溪先生致仕归曾馆伯兄龙潭读书处三载今春仍将赴将园二兄之招将赴金陵诗以送行》,见《桐城方氏诗辑》卷十三。
③ 方构《刘亭为望溪先生归老著书处并捐建断事公祠于东偏予馆先生门下时奉杖履今春过此为之泫然因题其壁》,见《桐城方氏诗辑》卷十七。
④ 《桐城方氏诗辑》卷六十三。
⑤ 《桐城方氏诗辑》卷六十四。
⑥ 马树华《桐城马氏诗抄》"题识",见该书卷首,道光十六年刻本。

琼等4人,马之瑛六子(马敬思、马方思等),马云、马潜等8人,马朴臣、马枚臣等6人,马翩飞五子(马春生、马登贤等),皆是马氏诗人群中的重要文士,此亦即马树华所说的"一门群从,彬彬汇起",表现在诗作中,亦有气象。马继融《菜香园集》中的两个诗题展现了两代之间的文学活动:

《春社前一日偕戴蜀客舍弟西屏舍侄瞿士绍平南叔小饮郭外》(其中西屏为马晟,瞿士为马云,绍平为马凤翥,南叔为马泉);

《春夜招姚含雅及舍侄少游伯逢仲昭饮舫斋分得火字》(其中少游为马庶,伯逢为马源,仲昭为马潜)。

作为晚辈的回应,在马凤翥的《复初堂诗集》中的诗题有:

《春日三伯以游碾玉峡诗见示次和》(三伯为马继融);

《西屏伯父招集怀亭席上同三伯诸兄弟限侯字韵送别绍游弟携眷之吴门》(绍游似为马庶);

《八月上弦仲昭弟招同三伯及诸兄弟宴集席上口号》(仲昭为马潜)。

而在同辈之间,马日思《寄里门诸兄弟》有句云:"忆昔聚里巷,六人共一师。对酒青灯夜,听歌白纻词。"①族人之间谈诗论艺的例证,在《诗抄》中还可举出许多,故方云旅赞之:"一门以内,竹林花萼,更唱迭和,久已传播艺林。"②马树华重建家族诗人繁盛的活动图景,意在补从前记载之阙。"《明诗综》录吾邑二十余人,吾家阙如;《别裁集》亦仅载相如(马耗臣)先生三首。幽隐弗宣,若合一辙。"③《桐城马氏诗抄》的编辑刊刻,似隐含桐城几大文学家族之间的竞争;而其面世,自然也调整了桐城一邑的文学生态(或者说是文学格局)。方东树云:

> 桐城人文固极盛,然独方氏望溪、刘氏耕南及姚先生惜抱为能接古作者大家之统,海内称引奖谕,相与推服,特尊其氏,而称曰方、刘、姚,盖日久论定,无异喙矣。方、刘、姚既出,则其余诞章乖离,皆

---

① 马日思《白下诗草》,见《桐城马氏诗抄》,不分卷。
② 马凤翥《复初堂集》小传中附录文字,见《桐城马氏诗抄》,不分卷。
③ 马树华《桐城马氏诗抄》"题识",见该书卷首。

可置之不足道,吾以为非也。夫观天文者,睹日月之明,而不能蔑恒星;察地理者,仰泰华之高,而不能铲庐、霍。且方、刘、姚自纂作者之箓,而人子孙各显其先祖之美,其义固并行而不偏废。余故因马君之《诗抄》为著一邑源流之大旨,俾来者有所考,而又以明天下事理无方,而不容以一道隘之也。①

《桐城马氏诗抄》的功能一方面在于反映马氏家族的诗学传承历史,另一方面也参与建构作为整体的桐城文学。马氏乃桐城之马氏。"此抄既成,岂惟一家之美,实足征一邑文学之盛。"②此语说明了家族与地域的关系。

桐城姚氏家族的诗集,体例略同于方氏的《述本堂诗集》,然编辑时间较晚,出自姚永概之手,目前只见有抄本存世。此家集名为《桐城姚氏诗抄》,其中有姚孙棐的《亦园集》,收诗126首;姚文然的诗标为"姚氏诗抄·虚直轩卷之一",收诗149首;姚范的诗标为"姚氏诗抄·援鹑堂",收诗106首;姚士基《松山石集》,收诗87首;姚孔锌《道冲诗抄》,收诗123首;姚莹《东溟集》《后湘集》,收诗147首。③ 所收作者较《桐城姚氏诗抄》多的姚氏家集有两种,其一为《麻溪姚氏诗荟约选》,此书所收乃明初至明末姚氏诸人诗作,凡八卷,收66人578首诗作,一直以抄本存世,至民国年间才有印本行世,卷首有编选者沈德潜序:"麻溪姚氏,桐城巨族也,世传理学,科甲联绵,其间忠臣孝子、高人逸士,不乏名贤,所著如林,笔难枚举。"④其二为浙江图书馆所藏《桐城麻溪姚氏诗抄》四卷,无序跋,所收作者时限与前者同,然作者有165人之多。

桐城刘氏在道光年间刊刻《澄响堂五世诗抄》,有姚鼐嘉庆十八年序,序中有语云:"桐城以宦学垂六百年之旧家,刘氏其一也。"⑤以示刘

---

① 方东树《桐城马氏诗抄序》,见《桐城马氏诗抄》卷首。
② 朱为弼《桐城马氏诗抄序》,见《桐城马氏诗抄》卷首。
③ 姚永概辑《桐城姚氏诗抄》不分卷,抄本,安徽省图书馆藏。
④ 沈德潜编订《麻溪姚氏诗荟约选》卷首,民国二十六年印本。
⑤ 见刘翠和编《澄响堂五世诗抄》卷首,道光五年刻本。

氏家学相继不绝。《诗抄》所收刘允昌（万历甲辰进士）等 6 人,共收诗 385 首,卷一为刘允昌诗作,卷二为刘允芳诗作,卷三为刘鸿仪（生于崇祯壬申,卒于康熙壬辰）诗作,卷四为刘起凤诗作,卷五为刘容裕诗作,卷六为刘宪诗作,附刘鸿仪《深庄文集》。在《桐旧集》卷二十五中,刘大櫆列于刘容裕前。

马氏与方氏、姚氏、刘氏、张氏、左氏的兴起,创造了桐城文学的繁荣。

> 若祖宗以文学起家,妙能为辞章,而子孙世宿其业,至今四五百年,继继绳绳,渊源家法而益大其绪,于是吾邑人文匪为江北之冠,而他名都望县恒莫能并。盖山川灵淑之气,发见有时,而人事因之如此,不独禄位烜赫,科名震耀,著闻缙绅而已也。①

人才彬彬号称极盛,桐城文人以为得益于山川奇杰之气,方东树有此论,在其前姚鼐、在其后马其昶皆有类似言说。马其昶采迁、固之法,作传表彰桐城文儒忠义之彦,"自前明以迄近世为专篇及附见者凡九百余人"②。证示地灵人杰,风流未沫。作为整体的呈现,方氏有 111 人,姚氏有 70 人,马氏 54 人,张氏 66 人。四大姓合计超过三百人,约占《桐城耆旧传》收录人数的三分之一;桐城一邑的人文景观,四大姓（或四大家族）有决定性的影响。四大家族,加上人数稍少的刘氏,他们之间有多种联系,仅就文章学问的传播而言,梳理《桐城耆旧传》相关资料,可见传播的轨迹,属于家族内（如父、兄弟等）的传播事例有 11 条,家族之间（向外传播）的事例有 32 条。文章学问的开放性交流,或许是桐城文学兴盛的重要原因。在《桐城耆旧传》中所记诸多交流事例中,从被师法者来考察,姚、方、刘三姓处于中心位置,姚氏被师法 17 次,方氏被师法 11 次,刘氏被师法 10 次;再往下追究,更可发现在三姓之中,姚鼐、刘大櫆、方

---

① 方东树《桐城马氏诗抄序》,见《桐城马氏诗抄》,卷首。
② 马其昶《桐城耆旧传序目》,见《桐城耆旧传》卷首。

苞是交流中的核心人物。核心人物的感召,促使一邑文士的凝聚与交流,先后形成不同的文学场域。刘声木《桐城文学渊源考》按师友渊源列卷,卷二收录师法方苞的诸文人中,有12人是桐城人;卷三收录师法刘大櫆的文人中,有31人是桐城人;卷四收录师法姚鼐的诸文人中,有28人是桐城人。根深叶茂,桐城文派二百余年间发展成为有全国影响的文派,似乎不能忽略文派发源地的生发作用,方、刘、姚的文学通过他们直接间接的传授,弥散于桐城一邑,形成浓厚的文学风气。

几个大的文学家族之间也交往密切,除姻娅之好外,更多的因缘可能来自"以文会友"的传统。以《桐城马氏诗抄》为例来看马氏诗人与姚鼐的交往:

马濂《短檠斋诗存》中有:《左一青仲孚姚姬传见过夜话用欧阳永叔与梅圣俞会饮诗韵》《姚姬传连日过访因赠》。

马春田《乃亭诗集》中有:《辛酉重九荆养中邀同惜抱登迎江寺》《九月二十二日游双溪次惜抱韵》《甲子四月二十五日张行可邀同姚惜抱石门冲观瀑》《九月二十二日偕惜抱六兄虬御秦婺宇春侄孙树华游双溪》《二月九日同惜抱及诸子游龙瞑》等。

在方、姚、张、马、刘、左等著名家族之外,《桐旧集》中的吴姓创作也颇兴盛,共收录90人708首诗作;卷二十八收录周姓作者29人125首诗作,就人数而论,不及《周氏清芬诗集》所录。《周氏清芬文集诗集》录明清作者下限至道光朝共48人。此集卷首有方宗诚序:

> 桐城山川雄杰,盘回深厚,甲于江南北,磅礴郁积既久,遂发而为人文,自唐宋已然矣。唐曹松著于《全唐诗录》,宋李公麟见于《宋史·文苑传》,迨明至国朝,人文尤推极盛,康熙间何存斋、李芥须辑有《龙眠古文》,潘蜀藻辑有《龙眠风雅》,皆纂集一邑之诗文也。道光间徐樗亭、戴存庄复赓续以广之,曰《桐旧集》,曰《桐城文录》,而世家巨族,又多裒录一族之著述以存文献焉,如方氏之有《方氏诗辑》,马氏之有《马氏诗抄》,乌呼盛哉!是皆一邑钟毓之秀,非徒为一族之光显也。今观周君琴风、绥之、叔慎等所辑《鸥石清芬集》,不

与方氏、马氏同为孝子仁人之用心也哉?且桐之先辈,非徒以诗文著也,其仕者类多以经学、气节、忠义显,其处者亦多以通经学古、著述文章、笃行孝友显,史传志乘代不绝书。①

在周氏家集中,有不少周氏作者与钱澄之、方以智、姚鼐等的交往诗作。方宗诚此序先述桐城地方诗文总集与家集源流,以"一邑钟毓之秀,非徒为一族之光显也",点明桐城文学之盛乃众家族竞秀的结果,周氏家族顺此势在地域文学传统叙述中有一席之地。

桐城的方、马、姚、周等几大文学家族各自编刊家集,是彰显家学渊源,显现自家面目,似略有家族之间竞赛之意;然而方、马、姚、刘、张、左等望族又通过交游、师承、姻娅等关系,彼此间往来交流,并以《桐城耆旧传》《桐旧集》等合乎实情的编辑策略的整合,使这些不同的文学家族形成了内涵丰富的桐城文学图景。

家集在清代(延及民国初年)的集中编辑与印行,其意义和价值可大略从两方面探寻:其一,家集的容量。1006种近似总集式的作品汇合,是研究清代文学与文化的基础文献之一,若进一步明确,其内容价值更应看重"家族性"或由此衍生出的文学与文化的"传承性"。清代家集呈现的"家族性",体现在作为主体的作品,亦在属于附属文本的题名、序跋、小传、评点。其二,家集的搜辑、编纂、抄录、刊印等行为本身。这一行为为何在宋代兴起,又为何在清代最为兴盛?为何清人不但编辑本朝家集,且回溯性编辑此前各代家集?这些行为背后隐含清人自觉的历史感觉与文化意识。

家集编辑的过程,既有对作为物质遗存的刻本、稿本、抄本文献的搜集、复制、保存,所费精力与时间,在众多家集的序跋及例言中多有叙说;更有对作为精神层面的家族文学传统的缀合、润色、再造,其中牵涉题名的设计、作品的选择编排、文字的修饰、小传的撰写、评说文字的搜集、世

---

① 周琴风等辑《周氏清芬文集诗集》卷首,光绪十九年木活字本。

系的确定、人物关系的梳理等,这些举措有意建立家族文学传统跨越时间的持续性,进而催生出属于某一家族的"共同意识"①。众多家族有此用意,联系到清代其他类型文献(如郡邑总集、家谱、年谱等)的编纂,则不能不注意到清代文学有其独特之处,上文提及的"家族性"以及与之相关的地域文学意识,应为此独特性的两个面向。

最值得注意的是,连续不断地进行的家集编刊,参与者往往不是一人或一代人,且不仅仅集中于作为人文渊薮的江南地区。关于文化传承中持续性的重要意义,希尔斯有相关论说:

> 就是这种记忆链和吸收记忆的传统链使社会得以在变化中不断重复其自身。我们会说,一个社会是一个由数不胜数的行为、观点和思想组成的自我复制过程。……一个社会不只是一个存在于特定时刻的共时现象。如果没有持续性,社会就不成其为社会;复制的机制赋予社会以持续性;这一持续性是社会之所以被定义为社会的条件。②

对于家族文化传统而言,抄录、保存、编辑、刊印等行为,才能"使数百年以上祖宗之性情馨欬,与数百年以下之子孙相接"③,保证"连续性是一种跨时间的一致性"④,如陆明桓《松陵陆氏丛著序》所言:"凡我宗人,时一披读,畴不思自奋于学,以昭我祖宗,休处为名儒,出入为循吏,巍巍祖德,所以范我后人者何如也。"⑤清代家集的编刊,从一个具体的角度揭示了传统的不断"自我复制"或"再生产",而这一传承过程也不断被赋予较为稳定的文化意义。

---

① 此处叙述参考[美]爱德华·希尔斯著,傅铿、吕乐译《论传统》,第181页。
② [美]爱德华·希尔斯著,傅铿、吕乐译《论传统》,第180页。
③ 赵基《吴江赵氏诗存序》,见赵作舟编《吴江赵氏诗存》卷一,道光四年刻本。
④ [美]爱德华·希尔斯著,傅铿、吕乐译《论传统》,第181页。
⑤ 陆明桓《松陵陆氏丛著序》,见陆明桓辑《松陵陆氏丛著》卷首,民国苏斋刊本。

第八章
女性与书籍

女性与阅读或者与书籍的关系，或许不能视为一个问题，而只是一种日常生活现象，然正因为如此，这一现象就被有意无意地忽略，在诸如古书题跋、批点等男性主导的书写世界里，所见女性与书籍关系的文字记录基本上是零星断片，或夹杂在男性的叙说之中。是否可以有意识地将此熟视无睹的日常生活现象"问题化"？这一举措或兴趣应是一道"追光"。清代女性（或古代女性）在柴米油盐、纺织等家务中的劳作形象已毫无疑问地牢固树立，但作为人，作为女性，作为文学女性，还有另一层面，或者另外一个世界，而通往另一层面或另一世界的媒介无疑是"似故人"的书卷。

一、从吕思勉的回忆看被遮掩的女性阅读

吕思勉曾撰文回忆光绪十七年刚开始读书的情景，当时他八岁：

> 我自能读书颇早，这一年，先母程夫人始取《纲鉴正史约编》，为我讲解。先母无暇时，先姊颁宜（讳永萱），亦曾为我讲解过。约讲解到楚汉之际，我说："我自己会看了。"于是日读数页，约读至唐初，而从同邑魏少泉（景征）先生读书。先生命我点读《纲鉴易知录》，《约编》就没有再看下去，《易知录》是点读完毕的。

予年九岁时,先母即为讲《纲鉴正史约编》,日数叶。先母无暇时,先姊即代为讲解。故于史部之事,少时颇亲。至此,先父又授以《日知录》《廿二史札记》及《经世文编》,使之随意泛滥而已,亦觉甚有兴味。①

吕家至光绪十九年家庭经济开始艰困,不能再延师教吕思勉,由其父亲自行教授,其母及姐吕永萱"皆通文墨,亦相助为理"②,此年其母始授大徐本《说文解字》。吕思勉幼年读书的长进,得益于常州学术氛围,他的众多师长及戚友皆受当地学风影响,而家内,母亲的教育之功颇为突出。吕思勉母亲程氏的学养可从程氏光绪七年的日记中找到一些记录,程氏日记,应是现存极少的清代女性日记。日记中多记日常交往或与衣食相关活动,然亦见读书活动点缀其间,如闰七月十三日,"阅《金壶七墨》";八月二十七日,"作针黹,观《臣鉴录》数页"③。九月初一又有观此书记录。九月初五日日记中有:

作针黹。……为龙妹背《论语》五篇,《孟子》半本,《中庸》五页,唐诗十八首。课永萱。……阅《常州府志》。④

看来程氏能背诵《四书》,又看《常州府志》,连同前所引能讲解《纲鉴》《正史约编》,可知其平时阅读书籍应有一定数量。她先教会吕思勉姐吕永萱,吕永萱也迅速成长为传递人,亦可讲解顾锡畴的《纲鉴正史约编》。

清代女性的阅读面及阅读能力,往往可通过子女尤其是儿子的回忆留下记录。吕思勉族弟吕小薇《竹邨韵语剩稿》对母亲读书识字、培育子女之事有不少记载:

---

① 李永圻、张耕华《吕思勉先生年谱长编》,上海古籍出版社,2012年,第31页。
② 李永圻、张耕华《吕思勉先生年谱长编》,第36页。
③ 李永圻、张耕华《吕思勉先生年谱长编》,第16页。
④ 李永圻、张耕华《吕思勉先生年谱长编》,第17页。

先母吴随贞(又名随真)为先父继室,常州雪堰桥竹园头村吴公葆初女。葆初公为乡塾教师,兼耕自种田三两亩。先母以年幼失恃,家寒素,送养同族武进吴氏,为吴表伯稼农家老姨太养女。……母精针黹,善烹调,略识字,明大体。……祖母陈夫人能吟诵诗歌,以口授吾母。余三四岁间,得祖母爱抚,辄日吟授唐宋小诗一首。入夜,围坐灯前,母或剥栗煮枣,以佐茗饮。余则依祖母膝,默背日间所授诗,其或吟诵有失,祖母及母又作示范,使协其声韵乃已,故有时三声并作,抑扬盈室。父或自外归,则又尼(昵)之加入合诵,其乐融融也。①

清代女性在幼教中的作用尤为突出,尤其是诗文的初级教育。吕小薇提及祖母、母亲皆能诵诗,至少可见吕氏家族乃书香之家,女性"略识字,明大体"者居多。

上列引文中出现程氏、吕氏(吕思勉姐)、吴氏、陈氏四位女性,皆出自文化发达的江南地区,尤其是女学发达的常州,这一地区的平均阅读能力或知识储备很可能高于其他地区,特别是吕思勉母亲的修养,更高于其他地区的女性。从"通文墨""略识字,明大体"这一层次上衡量,这一小小的女性群体在清代的耕读之家中应有一定代表性。

吕思勉、吕小薇的回忆,重现几乎被隐藏起来的以女性为中心的知识社会,再配合程氏日记所录,女性的持家能力和在家庭内的凝聚融合之功,得以具体展现。如吕思勉母在日记中所记为"龙妹"背书,应是教妹妹背诵,所背诵之量颇为可观,她同时还要教女儿吕永萱。在这一女性群体有关书籍的活动中,有三个细节的涵意值得阐发:其一,讲解者或背诵者之间的传承,吕思勉母亲程夫人能讲,吕永萱学会后代母讲,吴氏从陈氏口授中学会背诵唐宋诗,传吕小薇,有时两代女性共同督促背诵。她们所讲所背最初从何处来,还可进一步推测,结果不一定要水落石出,然可以假定,在耕读之家中,女性有"最低限度阅读书目"。其二,在背诵

---

① 李永圻、张耕华《吕思勉先生年谱长编》,第20页。

或传授子女的诗文中,唐诗是必备的单元,这一现象有相当的普遍性,从家庭教育这一层面来看,女性是唐诗普及的大功臣,更何况还有闺秀陈婉俊道光年间替孙洙《唐诗三百首》作补注;更进一步,以唐诗为基础,上溯汉魏及《诗》《骚》,下及宋明或本朝诗作,更高层次的清代女性也可大致建立自己的诗歌脉络。其三,女性与书籍已建立一种亲密关系。布鲁斯·马兹利什(Bruce Mazlish)指出:"从米波拉提出文明概念开始,几乎每次探讨文明时,都要把妇女地位作为衡量文明高低的标准来讨论。"①书籍为女性开启了一个世界,在中国的历史进程中,若将女性与书籍的关联程度作为一种考量因素,进而衡量清代女性地位或者清代文明的某些新变,是否有可行性?

吕思勉、吕小薇的回忆文字及程氏的日记,呈现了家庭内部的诸多细节,但这只是一个小的女性群体的片段式再现;还可利用更多的文献,拼合更多的片段,以多重视角看女性与书籍的关联,并在关联中看女性的阅读世界、知识的获取、阅读中性别意识的觉醒以及如何通过书籍或创作结成群体。

女性在家庭内部,对阅读有组织培育之功,但这种作用的显现,或还是在有相当累积的书香之家。陈尔士是钱仪吉妻。钱仪吉嘉庆十三年中进士,次年按例任户部主事,迎养母亲戚氏于京师,陈尔士随侍入都。嘉庆二十二年八月至次年七月,钱仪吉遭母丧奉柩南归安葬期间,陈尔士独居邸第,治家课子,留下家书二十八通。② 现摘录陈尔士致钱仪吉书札片段,以见其持家及教育子女的能力:

> (丁丑九月十三日)《金石萃编》前月二十九已送回。士(陈尔士)珠花已销去,价纹银六十两。如自鸣钟亦能售去,大兄借会之项可无庸寄京矣。小儿女辈所患疮疖俱渐愈,可放心。英惟《左传》甚

---

① [美]布鲁斯·马兹利什著,汪辉译《文明及其内涵》,商务印书馆,2017年,第160页。
② 唐新梅的博士学位论文《清代女性文章研究》(南京大学,2010年,第86—114页)第三章《内闱的焦虑:陈尔士家书与嘉庆末年士族家政》对闺秀陈书、陈尔士的贡献有全面深入研究。本书此次修订,参考其中陈书教子事以及陈尔士史事脉络的梳理,不敢掠美,特此说明。

生，《易》《书》《诗》《周官》《仪礼》《礼记》上半部、《尔雅》、四书尚不算生。每日将《左传》熟理二十叶或四五十叶不等……士虽不知古文，看渠脉络尚清楚，请吾亭批改，甚精细清澈。今将批改原本呈上，知渠不致废学也。

（十一月初十日）阿英近日读书颇肯用心。士出门或有事，即令作传或论。前日作《管仲传》，笔颇跳脱，看《国策》之功也。仍请潘年伯批改，为渠达所不能达，贯通脉络，讲求体制，阿英受益不浅。主人当札谢，勿迟也。明岁俗所谓盲年，拟于腊月为荷儿开蒙，且读《千字文》。

（戊寅五月初十日）二女每黄昏请哥哥教《尔雅》中字五十。英借此可以熟《尔雅》，两有益之事。伊颇好学，惜是女耳。慈女亦肯识字，比四小小聪敏些。两小女皆欲从士读书，奈士怕烦，不敢招揽耳。①

以上三札，除第一札有卖首饰以济家用的记载外，其他皆为教子女读书方面的内容，其中可留意者有五：其一，诸子女读书内容依年龄长幼，作有序安排；其二，读、理、温、写，请人批改，亦有章法，似可见元代程端礼《读书分年日程》的影响；其三，陈尔士能文章，故对儿子文章能作评判，然谦称"不知古文"，请知者评阅；其四，让兄教妹学《尔雅》，促成"两有益之事"；其五，陈尔士教子女所读之书，起点不同一般，在童蒙教法中当属"书香世家"，而不是"崛起"与"俗学"。"世家所教，儿童入学，识字由《说文》入手，长而读书为文，不拘泥于八股试帖，所习者多经史百家之学，童而习之，长而博通，所谓不在高头讲章中求生活。崛起则学无渊源，俗学

---

① 陈尔士《听松楼遗稿》，见胡晓明、彭国忠主编《江南女性别集初编》上册，黄山书社，2008年，第601页、第604—605页、第609页。

则钻研时艺。"①陈书的教子读书,以朱子读书法为指导;陈尔士教子读书法如书札所示,若近似《读书分年日程》,则与朱子读书法为同一体系,则可见钱氏家族两代女性皆以超越"俗学"与举业的"古学""正学"培育家族子弟,钱氏家族能成为有名的诗书之家,与子弟读书的坚实起点与远大眼光有关。

陈书、陈尔士的课子读书法,或承袭钱家固有计划,或从各自家庭带来,或是依循当时诗书之家通用的读书之法,在这些可能的路径中,两位母亲均是认真的执行者,在课读过程中,融入了她们的阅读体验。

二、古书中女性的印迹

一本书是否被读过,最直观或表面的判断就是看读者是否在书上留下印迹,诸如圈点、批注、题跋或鉴藏印记。在古书中,似乎有权留下印迹的绝大多数为男性读者,只要稍梳理明清两代藏书家、古书的批注者、题跋者、鉴藏印的主人,就可知书林基本被男性把控;然而在这密集的题写者中,还有稀如星凤的女性,从印迹层面来看,她们是一批可以"看得见"的读者。

明代私家藏书中女性阅读或收藏印记,目前仅见一例。瞿氏铁琴铜剑楼藏《邓析子》,有白文藏书印,曰"魏国文正公二十二代女",乃归有光妻王氏。王氏尚有"世美堂琅琊王氏印"②。

从这一层面考察,清代女性则较明代更为活跃。姚畹真诗集《双芙阁吟》乃戋戋小册,其中多有女性诗人所吟咏的四季、花草主题,如《春晴》《梅花》《咏玫瑰花》《残春枕上口占》《病起见牡丹谢有感》《感秋》,等等,也有一些篇什,反映其所处之书香环境及交游情况,如《敬题心青太史画梅》《追和吴江女士姚棲霞剪愁吟诗九首并次韵》《芙川自湖上携归白莲一朵清供镜台晚风花落因成小诗即戏书莲瓣上》《芙川应省试有作》

---

① 刘成禺《世载堂杂忆》,中华书局,1960年,第3页。
② 杨峰《〈震川集〉的清代未刊评点五种》,见《文献》2011年第2期,第74—83页。

《题恽寿平画册十二幅》《题十洲画册》,等等。最有特色的诗作,或是姚氏读其夫张蓉镜(芙川)藏书所作诗。《夏雨晓霁于味经书屋前读芙川新得铁崖乐府有作》两首,落笔在读书环境与心境,其中有句云:"循览乐府篇,篇篇有正声。铁笛一枝响,天高秋月明。黾勉同好古,学作凤凰鸣。"是以诗表述对杨氏诗作的赏叹之意,类似的诗作还有《读小仓山房诗集》。胡文楷抄本《双芙阁吟稿》卷末尚有《题元板杨铁崖乐府》,是抄录原诗集的题,然较前"读后感式"诗作更为紧凑:

  蓬壶元圃仰仙居,宝笈惊窥未见书。脱口宫商皆绝调,古今乐府有谁如?

  条昶清河风雅情,千秋逸韵铁龙鸣。何如掩卷闻虚籁,宇宙中间有正声。

  铁崖先生乐府古辞,陈义高雅,振响清越,其用笔更如生龙活虎,不可捉摸,宜其藻曜一时,韵流千载。是帙为士礼居旧藏秘本,纸光莹洁,墨彩飞腾,更是富贵也。时在道光丁亥春仲,琴川女士姚畹真芙初氏题于小嫏嬛清閟并识。①

姚畹真的题识是诗文的混合。清代十分发达的藏书题跋向来是男性的领地,然姚氏也"越界"进入,虽不以考据见长,然文中也有黄丕烈等人常用的"行话",俨然"男性风格"。姚氏题写时间在道光七年,以道光七年为起点,可拼合出她道光七年至道光十一年在"小嫏嬛清閟"中与书为伴的幸福生活。

  道光丁亥(七年)仲秋,假爱日精庐藏本校阅一过。是本印较在先,彼册断文缺字,以此补之。《颜氏家训》曰"借人典籍须爱护",读

---

① 姚畹真《双芙阁吟稿》,见肖亚男主编《清代闺秀集丛刊》第34册,国家图书馆出版社,2014年,第556—557页。

书者不当如是耶?①(《两汉诏令》题跋)

　　《后村先生分类诗集》,各家书目俱未之载。是本原为项子京天籁阁故物,后为延令季氏所藏,即《沧苇书目》所载宋刊《刘后村集》二本是也。林吉人、席玉照俱有印记,今由百宋一廛归小嬛媛清秘,聚散无常,抚卷慨然,记之以诗(四首诗略,不录)。道光戊子(八年)二月花朝,琴川女士姚畹真芙初氏题跋,时年二十六岁。清寒凄雨,病榻淹缠,捥弱字劣,不计工拙也,无虚佳日而已。②(《后村先生大全诗集》题跋)

姚畹真此跋在邵渊耀之后,邵氏云:"道光戊子新正,张君芙川招领小嬛媛福地,酒后,出所藏宋本《后村分类诗》见视……及观第三卷中改'敕诏'为'敕设',乃知阅者固是有学之人。"③而姚氏诗第二首有"词华哲匠蒙天奖,敕语珠玑冠简端",似未吸收邵氏等的讨论与判断,可推测姚氏未参与新正雅集。姚畹真的阅读面较广,且在一批珍贵的宋本上留下印记,如宋蜀刻大字本《史记集解》、宋景祐本《汉书》、宋刊本《冥枢会要》,皆有"芙初女史姚畹真印"之类的印记,然阅读或钤印的时间无法考证。姚氏《后村先生大全诗集》题跋时间在道光八年,紧随其后,有杨希芬道光十年正月观款及方若蘅同年三月题识。方若蘅乃杨希芬妻,方氏能读此书,途径可能有二:其一,杨氏从张氏借阅,方氏因而得观;其二,方氏直接向张氏或姚氏借阅。据著录,有几种书同有姚、方二女性的印记,除《后村诗集》外,另有前所列《史记集解》《两汉诏令》《纂图互注扬子法言》《冥枢会要》及《岷山广乘》。④ 姚、方似有以书籍为媒介的直接交往,惜

---

① 陈先行、郭立暄编著《上海图书馆善本题跋辑录》,上海辞书出版社,2017年,第 177 页。
② 陈先行、郭立暄编著《上海图书馆善本题跋辑录》,第 595—596 页。
③ 陈先行、郭立暄编著《上海图书馆善本题跋辑录》,第 595 页。
④ 莫友芝《宋元旧本书经眼录》卷一,第 27 页;陈先行、郭立暄编著《上海图书馆善本题跋辑录》,第 177 页;王国维撰,王亮整理《传书堂藏书志》卷三,第 486—487 页,第 621 页,第 622 页。

姚氏诗集非全帙，而方氏集不存，无从证实。然《岷山广乘》有方若蘅跋，写法近似她在《后村诗集》上所题：

> 此小瑯嬛福地珍藏秘册也。征引佚书，抄手精妙，字法褚虞，绝似汪东山殿撰手笔。道光庚寅（十年）六月，桐城女士方若蘅叔芷假读一过。瓶中藕花甚施放，觉花味与古香并袭也。①（《岷山广乘》题跋）

方若蘅的借读一事后有两对夫妇交往的丰富细节，宋本《纂图互注扬子法言》上，不但有方氏手跋，即"道光庚寅（十年）清明后二日，白下女史方若蘅叔芷氏借读"，同时还有张、姚、杨、方四人收藏、鉴赏、借观印记。② 影宋抄本《北山小集》亦有四人印记。方若蘅与姚畹真在珍善之本的题跋中，形影不离。方若蘅的借观印记，还出现在影元抄本《运使复斋郭公言行录》③、影抄元本《中州乐府》中。方若蘅《中州乐府》题跋，称道光十年八月"向芙川侄借读一过"④，则两家亲近关系，于此可得一解。

方若蘅向张蓉镜或姚畹真的借阅，据题跋所记，延续到道光十一年初秋。方氏题写《两汉诏令》，揭示了更有背景的读书生活：

> 先勤襄公藏宋刻《西汉诏令》，为泰兴季氏旧物，行箧中每以自随，展阅之，觉古香可挹，不特其文气之浑厚古朴焉。近家传图史，俱为二兄移至饶州，忽忽不见已数年矣。今夏过小嫏嬛清閟，获观此帙，虽又一椠本，其字法绝似唐经，纸墨精善，读之不忍释手。审是文氏玉兰堂旧有，并有六如居士印，则在明时已爱护可知已。读竟，漫书岁月。⑤

---

① 王国维撰，王亮整理《传书堂藏书志》卷三，第 622 页。
② 王国维撰，王亮整理《传书堂藏书志》卷三，第 486 页。
③ 王国维撰，王亮整理《传书堂藏书志》卷二，第 251 页。
④ 李盛铎著，张玉范整理《木樨轩藏书题记及书录》，第 384 页。
⑤ 陈先行、郭立暄编著《上海图书馆善本题跋辑录》，第 177 页。

第八章　女性与书籍

方若蘅在述《西汉诏令》的授受源流时，着意展示这一宋刻本的古香可挹，同时，又不经意地写出是书在自家的流传。一本书的传承过程中蕴涵家内家外诸多故事。流动的书籍是编织世界的经纬，据《北山小集》所钤鉴藏印，方若蘅得读此集，也是从张氏"小瑯嬛福地"借阅，她在道光十年的题识中，提及另一位女性与《北山小集》的故事："《〈北山小集〉》字法欧虞，深得宋椠遗意。闻李女士慧生常以此书临摹，书法大有唐人风味。宋本归汪氏后，女士怀想不释。辛巳岁艺芸假出时，李曾手录一部，亦闺阁中佳话也。"①李慧生是黄丕烈儿媳，她抄《北山小集》在道光元年。此书原为黄丕烈藏，后归汪氏艺芸精舍，先是李氏借出，道光十一年黄丕烈再次借出，影抄两本。只是李慧生抄本此后未见著录，仅藉声气相投的另一闺秀留下这一条线索。

围绕张氏"小瑯嬛福地"似有一小型女性阅读群体，《纂图互注扬子法言》的题识，在方若衡之前，还有道光九年立秋何佩芳的题识，称"僭观于竹西之绿筠阁"，以及同年冬王者香题识，云借观于张氏。②何氏"僭观"一语，似乎表明自己阅读了属于男性的书籍，谦抑与修饰中仍暗含一条界限。

目前所见古书中的女性题识，集中在一些较知名的诗书之家，如前文所列张氏、杨氏，此外尚有阮元一家。明万历刊本《新刊真楷大字全号搢绅便览》有"扬州阮氏""孔子七十三代长孙女"等印，③宋本《金石录》有阮元跋，亦有嘉庆二十三年阮元妾刘文如跋，此跋能见刘氏学术，与一般女性题跋迥异：

> 易安此序，言德甫夫妇之事甚详，《宋史·赵挺之传》传后无明诚之事，若非此序，则德甫一生事迹年月，今无可考。按：《后序》作于绍兴四年，易安自言："余自少陆机作赋之二年，至过蘧伯玉知非

---

① 王国维撰，王亮整理《传书堂藏书志》，第 978 页。
② 王国维撰，王亮整理《传书堂藏书志》，第 486 页。
③ 徐乃昌《积学斋藏书记》，上海古籍出版社，2014 年，第 89 页。

之两岁,三十四年之间,忧患得失,何其多也!"是作序之年五十二矣。序言十九岁归赵氏,"时先君作礼部员外郎,侯年二十一"。按:德甫卒于建炎三年,是德甫卒年四十九也。易安十九岁为建中靖国元年,是年挺之为礼部侍郎,是赵、李同官礼部时联姻也。序言"建炎丁未",按:丁未三月犹是靖康,五月始有建炎之号,戊申方是建炎之元也。又《文选注》引《陆机传》云:"年二十而吴灭,退临旧里,与弟云勤学积十一年。"是士衡二十岁时乃归里之作,不能定为作赋之年,或是易安别有所据,或是离乱之时偶然忘记耳。①

刘文如对李清照序中年代的敏感以及据《陆机传》所作的考证,正是她作《四史疑年录》专长的发挥。《四史疑年录》是阮元依刘氏兴趣并鼓励撰作,书有阮元序、刘文如序。② 在著作、在题识中,刘文如皆得一席之地,可见阮元对其学识的认可。

古籍题跋中的女性,还可搜得明正德刻本《中吴纪闻》中的"栛印""南阳闺秀"二印,即许丹臣之妻许栛③;《鄱阳先生文集》十二卷,为平湖陆烜姬人沈屏(采虹)抄写,有"某谷掌书画史""沈采虹屏印记"诸印。④ 校明抄本《改正湘山野录》有同治六年周星诒、李蕙宾题识,其中李氏提及奉夫君之命校勘是书之事。⑤ 杨继震藏《庚子消夏记》卷尾有其妾印:"月娇妾徐所掌""意娟小印"。⑥ 谢紫芝,字商隐,号松泉,小字五郎,其父谢粲,其母为田雯女,所藏《六家文选》,有"春草堂印""谢紫芝印""安德谢氏五郎""绮霞楼藏书印",⑦则谢紫芝应为《文选》读者。完颜麟庆

---

① 陈先行、郭立暄编著《上海图书馆善本题跋辑录》,第302—303页。
② 刘文如《四史疑年录》,南京图书馆藏稿本。
③ 李盛铎著,张玉范整理《木樨轩藏书题记及书录》,第10页。
④ 王国维撰,王亮整理《传书堂藏书志》,第935页。
⑤ 王国维撰,王亮整理《传书堂藏书志》,第766页。
⑥ 王同愈《王同愈集》,上海古籍出版社,1998年,第502页。
⑦ 是书现藏香港大学冯平山图书馆,见耿锐《清初山左诗人谢重辉及其家族诗歌研究》,山东大学2014年硕士学位论文,第63页。

三女皆有文才,完颜妙莲保有《赐绮阁诗草》,完颜佛芸保有《清韵轩诗稿》,另一女完颜观音保虽未见有集著录,然据翠薇花馆抄本《词林正韵》观音保题识,她道光年间尝从戈载习填词。① 这一则题识,建立了"完颜氏三姊妹"的闺秀诗人群体形象。宋本《唐女郎鱼玄机》琳琅满目的题识中,有嘉庆十五年王芑孙、曹贞秀夫妇观款,有归懋仪、"锡山女道人韵香"题识,还有一题识落款为"丙辰十月梅真刘姈",笔迹近似女性。

古书中留存的女性手迹,往往能引发男性读者的特别关注,尤其是女性题诗,男性有追和之作。钱塘桑调元买得《元人百家诗》,有闺秀陈坤维题诗:"典及琴书事可知,又从案上检元诗。先人手泽飘零尽,世族生涯落拓悲。此去鸡林求宜得,他年邺架借应痴。亦知长别无由见,珍重寒闺伴我时。"陈氏题识中有语云:"……厨下乏米,手检《元人百家诗》付卖。"比桑调元长三岁的厉鹗有和诗,其中有句云:"姓氏深闺岂易知,偶传纸尾卖书诗","回肠似共缃缥往,惆怅令人展卷时"。② 类似的故事还在钱塘延续,陈文述从书肆购得《玉台新咏》,书中有乌丝栏小笺楷书一绝,末署"翠卿",有小印"钿",题诗字画婉丽,墨迹犹新,陈文述有和诗,其中有"惆怅无因问芳姓"③,其意与厉鹗同。

就观看角度而言,家族女性群体性的呈现是在《芙蓉山馆师友尺牍》题识中,是书收录袁枚、王昶、孙星衍、洪亮吉等人写给杨芳灿的书信,有数人观款:

> 光绪戊子春三月既望印成后,适余(一鳌)侄女文圭读于无锡,时年七十有六。

---

① 完颜观音保跋云:"大人督南河时,曾延顺卿先生授余倚声之学。先生订《词林正韵》,余先得副墨藏之笥中。阅今十稔,重出展读,口占二十八字记之:'重来绛帐谈经处,难忘红牙按拍年。残月晓风今宛在,不堪重说柳屯田。'长白女史观音保冰壶氏记。"见徐乃昌《积学斋藏书记》,第263页。

② 法式善《梧门诗话》卷十五,见王英志主编《清代闺秀诗话丛刊》第3册,凤凰出版社,2010年,第2383页。

③ 王蕴章《燃脂余韵》卷一,见王英志主编《清代闺秀诗话丛刊》第1册,第651页。

  侄孙媳王氏谨读于富安,时年七十。
  适董侄孙女蕴辉谨读于福州,时年五十有七。
  适王从外孙女严绛仙谨读于临江府,时年五十有四。
  侄曾孙女玉辉谨藏师友尺牍真迹。①

杨芳灿侄女杨文圭、侄孙媳王氏、侄孙女杨蕴辉、从外孙女严绛仙、侄曾孙女杨玉辉,三代女性,观看并题写于江苏、福建、江西,不知是众人因书缘聚集于无锡,还是书因为血缘与姻缘的网络在旅行?

三、从闺秀集推测女性的阅读世界

  清代文学女性或知识女性的规模,通常以《历代妇女著作考》为基准,然若不单以著作为标准来推测,这一女性群体应该更为可观。"清代闺秀,能诗者多。《正始》二集所选,不下数千家。后《正雅集》又刻数百家。"②

  女性往往既是作者又是读者。若对女性作品集有较多的关注,似不能单方面考察这一现象,而应将这一现象与这些女性的"阅读兴致"关联。汪端等六位女性有博学倾向,这一倾向,是乾嘉时代的学术、书籍文化、家学、地方风气等多种因素融合所推动形成。

  沈善宝的一则诗话,勾勒出其时女性读书风气:"京师寓居偪窄,图书卷轴与箱笼杂贮室内,偶读山阴王梅卿之'纵横书卷难容镜,罗列牙签半近床',及吾乡袁绮文之'为寻古集书抽乱,多绣繁枝线放长',眼前语拈出,竟成绝唱。"③沈氏由自己的境况,联想王、袁诗句。女性诗人如此好读书,如同清代男性诗人的创作一样,也对诗风有不小影响。

  诗作中的书卷气,直接表现于诗题。汪端诗集中有《拟古》(十六首)、《读史杂咏》(十二首)、《读〈晋书〉杂咏》(四十首)、《秣陵古迹分赋同

---

① 《芙蓉山馆师友尺牍》,光绪十三年聚珍版排印本。
② 雷瑨、雷瑊《闺秀诗话》卷一,见王英志主编《清代闺秀诗话丛刊》第 2 册,第 910 页。
③ 沈善宝《名媛诗话》卷四,见王英志主编《清代闺秀诗话丛刊》第 1 册,第 411 页。

小云作》(咏二十五处古迹)、《张吴纪事诗》(二十五首)、《元遗臣诗》(十二首);季兰韵诗集中有《读〈前汉书〉杂咏》(十六首)、《长夏无聊杂忆史事得十二首》、《〈晋书〉杂咏》(五十首)、《〈宋史〉杂咏》(四十首),这些篇什皆是季氏四十岁以前作。范贞仪有《读〈汉书〉有感》,庄德芬有《读十六国史》,刘鉴有《读岳武穆传》《题玉溪生集》《读〈三国志〉偶作》,张凤有《读〈三国志〉十首》,吴静有《读〈资治通鉴〉四首》《读〈史记〉游侠传》《读〈明史〉十首》,李含章有《读〈晋史〉十四首》,虞友兰有《读〈史记〉四君列传各咏一首》《读〈汉书〉作》(八首)。清代闺秀诗人对唐诗情有独钟,如庄贲孙《玉照堂集句》(集《诗经》至唐诸家诗),袁寒篁有《集唐人诗三十六首》,戴澈有《集唐十首》,张绍英《澹菊轩初稿》卷一为"集唐",其中有《宫怨集唐人句》《即事集唐人句》《送别集唐人句》《远怀集唐人句》《酬夫子以诗见寄集唐人句》。嘉善钱复有《拾瑶草》一卷,皆集唐人诗句而成章。① 陈淑英有集句诗二卷,集唐至明诸诗人之句,赵秉清有《春日自遣集唐人句十二绝寄二妹》,郭惠有《赋得十二楼(未用唐人句)》《十二花诗(末用旧句)》,吴兰畹有《拟杜工部〈秋野〉五首原韵》《拟杜工部〈寓同谷县作歌〉七首》《拟杜工部〈秋兴八首〉原韵》,汪嫈喜读陶诗、杜诗、元遗山诗,集中有集句诗多首,如《送葆儿告假回南集唐人句得七绝五首》,又有《论诗六首寄示徐玉卿》。论诗绝句似为男性诗人指点诗坛、表达主张的表述方式,一些有才学的女性亦用此体,显示自己的"男性气概"。汪嫈之外,吴筠有《前后读古人及当代巨公全集必缀以绝句集之共得六十余首汰后存二十二首》,宋鸣琼有《〈秋兴八首〉追和杜工部韵》,郑翰莼有《读杜工部集有感》,归懋仪有《读唐宋六家诗》,张绍英以集唐人句写"送别""远怀""宫怨""酬夫子"诸题。

集句是一种有传承和累积性的创作方式,这些女性在集句成诗时,应该不是将所关注之书在面前全部摊开,然后从中挑选。推想其创作方式,或是所集之句,大多能背诵;或是此前已经作好类似"资料长编"的摘录工作,要言之,整合成篇之前,还有一个阅读采集的过程。

---

① 施淑仪《清代闺阁诗人征略》卷二,凤凰出版社,2010年,第1770页。

清代女性著作不单是诗集、词集,还有学术著作,有文集,其中有论、赋,这在《历代妇女著作考》中有著录,如王端淑、方云卿、李馥玉、贾佩兰、江淑则、吴珮瑶皆有赋作,其中夏菊初有十四篇。赋关才学,创作中可见其镕铸之功。

在博学或以书卷为诗的风气中,闺秀诗人对女性题材一直特别留意,如汪端有《谕宫闺诗十三首和高湘筠女史》,既是和作,则高湘筠(即长洲高篔)也有原唱。季兰韵有《题美人画册十首》,晏诉真《集古女史句题黄也痴秋林晚坐小照》所集乃陈氏、万氏、鲍宣徽、朱淑贞、眉娘、徐太后、薛涛、卓英英诗句,归懋仪有《戏集古人美人韵事偶得三十二题》、于修儒有《读诸书史见古之闺秀亦多命不辰者感赋》、陈惟德有《女仙诗》(分咏西王母、嫦娥、织女、麻姑、天台仙子、秦弄玉、杜兰香、萼绿华),曾彦有《女名诗》,与所作《数诗》《药名诗》《汉书郡县名诗》《国朝郡县名诗》组成一个"博物系列"。沈韵兰有集唐人句咏庄姜、西施、桃花夫人等女性诗作,赵棻有《南宋宫闱杂咏一百首》《列女传补颂》(二十二首)、《后汉列女传颂》(十七首),潘焕荣有《咏史八首》,分咏麻姑、许负、班大家、木兰、谢道韫、欧阳修母、种放母、姚广孝姊;虞友兰有《读太白集见其年谱中有载二女适农家子事感作》;徐清华有《名媛诗十二首》,分咏自西施至秦良玉十二人;陈果有《观历朝列女事排次成韵得八首》《咏古列女三十首》(录十四);高毓沄有《美人香草百咏》《列女名人杂咏》;于月卿有《百美诗》(五十韵,每句咏一闺秀)。这类女性题材诗作,在清代女性诗作中,还有不少,只是未能如此集中地以组诗的形式来叙写;而组诗,有其整体布置与较大的内涵,故更能从中体现一种经营的意图。

女性对女性创作群体或女性历史的用心,最有力的表现是女性题材著作的编撰,较为著名的是恽珠所编女性总集,而在施淑仪《清代闺阁诗人征略》中,同类题材的著述还有不少:

王端淑为王思任女,能读父书。长于史学,"辑《名媛文纬》《诗纬》,历代帝王后妃、古今年号名《史愚》行世"[1]。

---

[1] 施淑仪《清代闺阁诗人征略》卷一,第1724页。

桐城方维仪，"以文史当织纴，尚论古今女士之作，编为《宫闺诗史》，分正、邪二集。主于昭明彤管，刊落淫哇"①。

嘉兴归淑芬、黄德贞与长洲申蕙共辑《名闺诗选》。②

冒俊，如皋人，适钱塘陈坤，"尝拟辑《古今名媛诗》，未果，只校刊王玉煐、汪允庄、吴蘋香、庄盘珠四集"③。

福建王璿，"王爽女也。每阅《古今名媛传记》，各系以诗，凡百首，名曰《停针论古传述》"④。

福建曾氏，"举人曾异撰女。幼通经史，善吟咏，尝订《古孝女烈女传》为一册，各系以诗"⑤。

钱塘钱凤纶，"尝以扬子云作《二十五箴》不及女史，遂作《彤管箴》以补之"⑥。

合肥赵景淑，"尝集古今名媛四百余人，各为小传，题曰《壸史》"⑦。

与王端淑《史愚》相近的还有丹徒曹雪芬辑《廿四史列女合传》，与《名闺诗选》相近的有四川李锡桂与曾静香同辑《国朝闺秀所知集》。这类著述须以较为广泛的阅读与有针对性的文献搜集为基础，从"名媛诗选"这一主题来看，这些女性总集很可能未能付梓行世。未能刊行的一个旁证是同题之编选多次出现，其中原因或是这类总集篇幅较大，刊刻不易；或是山川阻隔，在四川的女性不知东南地区女性的编选活动。"同题编选"在江、浙、皖、川不时出现，或是女性对自身创作"总结意识"较为普遍的表现。

据张秀春统计，中国古代共有女教文献 300 多种，现存 200 多种，《礼记·内则》等可视为女教文献的萌芽，刘向《列女传》和班昭《女诫》标

---

① 施淑仪《清代闺阁诗人征略》卷一，第 1726 页。
② 施淑仪《清代闺阁诗人征略》卷一，第 1736—1737 页。
③ 施淑仪《清代闺阁诗人征略》卷九，第 2133 页。
④ 丁芸《闽川闺秀诗话续编》卷一，见王英志主编《清代闺秀诗话丛刊》第 1 册，第 286 页。
⑤ 丁芸《闽川闺秀诗话续编》卷三，见王英志主编《清代闺秀诗话丛刊》第 1 册，第 311 页。
⑥ 沈善宝《名媛诗话》卷一，见王英志主编《清代闺秀诗话丛刊》第 1 册，第 355 页。
⑦ 雷瑨、雷瑊《闺秀诗话》卷一，见王英志主编《清代闺秀诗话丛刊》第 2 册，第 923 页。

志古代女教文献的产生。①然女性的阅读不止局限于"女四书"(《女诫》《女论语》《内训》《女范捷录》)之类的女教文献,她们对史书也有浓厚的兴趣。

明沈榛"能背诵《纲鉴》,于古今理乱沿革,举一得十,不愧巾帼学士矣"②。王端淑"读书自经史及《阴符》、老庄、内典、稗官之书,无不流览淹贯"③。徐德英尝批点二十一史,有史论数十篇,"博览传记……作读史及论,即老吏断狱不如也"④。海宁陈品闺尝读二十一史,临川李芹博通经史,尤熟于《春秋》三传,"亲串间有请益者,剖析异同,靡不赅贯,暮年犹默诵左氏传,日必数卷,无间寒暑也"⑤。此类女性还有钱塘赵承光、江阴陈静英、上海赵萦、河南永城李文慧。这类女性多生长于书香之家,有读书的便利与环境。但她们读书,主要目的不在于治国或者著书立说、扬名后世,可能在于消遣、修身或教育子女。

教育子女的责任,在丈夫外出或去世的情况下,变得更为繁重,这些现象的累积,也是历史上有特别文化意义的"寡母抚孤"。梁兰漪诗:"钗梳典尽购书篇,风雨声中夜不眠。茕独可知孤六尺,辛勤莫负教三迁。茹荼矢操吾何恨,励志登龙尔奋先。须记寒窗灯影下,金针和泪伴年年。"⑥对于一藏书之家而言,妻子在丈夫去世后,很有可能接触到家中更多收藏,如顾若璞,"发藏书,自四子经传,以及《古史鉴》《明通纪》《大政记》之属,日夜披览"⑦。据柏文莉(Beverly Bossler)统计16种宋人文集中119名女性墓主的墓志铭、行状,发现其中有三分之一的女性有较

---

① 张秀春《中国古代女教文献研究》,北京大学博士学位论文,2005年。此处据该论文提要,见《中国典籍与文化》,2005年第4期,第95页。
② 胡文楷著,张宏生等增订《历代妇女著作考》,第116页。
③ 胡文楷著,张宏生等增订《历代妇女著作考》,第250页。
④ 胡文楷著,张宏生等增订《历代妇女著作考》,第145页。
⑤ 施淑仪《清代闺阁诗人征略》卷四,第1865页。以上诸例据韩淑举《明清女性阅读活动探析》(《图书馆工作与研究》,2009年第1期)一文。
⑥ 梁兰漪《畹香楼诗稿》,见《江南女性别集二编》,黄山书社,2010年,第98页。
⑦ 张纨英《餐枫馆文集》,见《江南女性别集三编》,黄山书社,2012年,第401页。所引材料据凌冬梅《清代女性阅读途径考》,见《四川图书馆学报》,2017年第1期,第98页。

第八章 女性与书籍

好的阅读习惯。① 书香之家的女性阅读习惯，自宋以后至明清应有充分的强化，这不仅仅体现在《历代妇女著作考》中各代女性著作人数的变化，还体现在女性的阅读范围，上文罗列的沈榛、顾若璞、王端淑、陈品闺的所读之书，确有"巾帼学士"气象。以此读书范围推测，清代女性在诗作中所关注的女性题材，可能有一部分是自己从史书中梳理出来的。

清代女作家对前代女性诗文的认识，可能是从一些女性总集阅读中得来，这类型书籍有田艺蘅编《诗女史》十四卷，张之象编《彤管新编》八卷，郦琥辑《彤管遗编》，郑文昂编《名媛汇诗》二十卷，赵世杰编《古今女史前集》十二卷诗集八卷，钟惺编《名媛诗归》三十六卷等。这些篇幅较大的总集，考虑到成书年代、价格及读者的购买力，当推《名媛诗归》流传广。至于清代稍早所编如王端淑编《名媛诗纬》初编四十卷后集二卷，周之标编刊《女中七才子兰咳集》五卷、《女中七才子兰咳二集》七卷，季娴编《闺秀集初编》五卷，也可能进入女性阅读视野；而清代中晚期所编刊总集，如恽珠《国朝闺秀正始集》二十卷《续集》十卷，黄秩模编《国朝闺秀诗柳絮集》五十卷，更有可能成为诗书之家女性的读物。周之标编《兰咳二集》中的几位女性，如吴绡、浦暎渌、沈宜修、王凤娴、徐媛等较受女性读者关注。《名媛诗归》今知有崇祯河涧堂刻本、清勉善堂刻本，据湘潭王璘诗集，她读过此集，如皋范贞仪诗中提及"读名媛诗"，似是此集。女性读者数量及刊刻次数似与这种书的声名不相配。

上海曹锡淑《晚晴楼诗稿》有乾隆四十六年序，集中有《如皋署中读诸闺秀喜赋》，所读或为此前所编刊诗总集，或为当时诸闺秀诗集。在女性读者中影响较大的可能是《国朝闺秀正始集》《续集》，是集有道光刻本，可以确定的有三位读者，即潘焕荣（湖北罗田/罗田）②、俞庆曾（浙江德清/江苏上元）、康奉珏（山西兴县/江苏东台），俞、康的阅读极有可能

---

① 参[美]柏文莉，"Women's Literacy in Song Dynasty China: Preliminary Inquiries"，载《庆祝邓广铭教授九十华诞论文集》，河北教育出版社，1997年，第322—352页。

② ××/××,/前表示潘焕荣是湖北罗田人,/后表示夫君是湖北人罗田人。此后凡此类标示，以此类推。

在江苏境内，而潘氏阅读则在湖北东南部山区，将此与湘潭王璊读《名媛诗归》比照，可略见女性总集传播的范围。此范围似还可拓展，郑淑昭（1826—1877），贵州遵义人，郑珍女，适同县赵廷璜，其诗集中有《抄录历朝闺秀诗毕书八韵于后》（丁丑），则郑珍可能将类似《国朝闺秀正始集》《续集》之类的女性总集带到贵州。

进一步考察《国朝闺秀正始集》及《续集》的女性读者，可以分为两个群体：一是与该集有密切关联者，如序、跋、题词者；另一是在此之外的其他读者。"正始集"二十卷（道光十一年刻本）女性撰序跋、题词者有：潘素心、黄友琴、许琼鹤、翁瑛、王韫徽、景玉、许珠、张漪、陈自修、鲍文芸、高仪凤、程启、黄兆兰、钟素、潘焕荣、潘焕吉、杨清材、徐简、陆费湘于、黄兰雪、陆韵梅、汪纫兰、蒋薇、石黛卿、程孟梅。① 这是以恽珠为中心的跨省女性诗人群体，与道光十六年刻《续集》及《补遗》序跋作者、挽词作者相比，这一女性群体涵盖范围更广。"续集"及"补遗"（道光十六年刻本）女性撰序跋、挽词者有：潘素心、恽湘、管筠、李清辉、汪端文、静玉、金企韫、杨清材、郭润玉、宗梅、宗桂、胡相端、许淑慧、金婉、潘芙。这些女性基本为挽词作者，是可能的读者。

如同恽珠一样，闺秀诗人中还有一些性别意识突出的编选家，她们广泛搜集闺秀集，用来编辑诗选，或编撰诗话，或者整理女性著述目录，其中典型就是沈善宝撰《名媛诗话》，单士厘编《清闺秀艺文略》。就沈氏而言，从《名媛诗话》卷六开始，就有她与各地女性或女性家属往来的记录，其中不少是向她寄送闺秀集，请她选编入诗话；同时，沈善宝也有选择地请某些闺秀诗人为自己的诗集题辞，或者与她们唱和。利用书籍往来唱和，沈善宝逐步迈向闺秀诗人网络的中心。

女性与外界交往，所在家族及相关家族网络是一个重要的出发点，而从师问学也可将她们带入更广阔的世界。王英志指出，文人招收女弟子之风始于明代，如李贽曾收梅澹然为弟子，至清代此风渐盛，如清初毛奇龄女弟子徐昭华，冯班女弟子吴绡，尤侗女弟子张繁，惠栋女弟子徐映

---

① 胡文楷《历代妇女著作考》，第 918—919 页。

玉、翁照女弟子方芳佩，等等，但皆属于少数，稍多的有与袁枚同时期的任兆麟，有女弟子张滋兰、张芬、陆瑛、李嫩、席蕙文、朱宗淑、江珠、沈缥、尤澹仙、沈持玉组成的"吴中十子"，以及汪玉珍、金逸、马素贞、刘艺、周澧兰、王寂居、叶兰、张芬、张芳、陆瑛、陶善、周佛珠，有二十余人。袁枚女弟子有50余人，主要集中在苏州府与杭州府。① 据袁枚编、嘉庆元年刻《随园女弟子诗》六卷，其中女弟子28人，有席佩兰、孙云凤、金逸、骆绮兰、张玉珍、廖云锦、孙云鹤、陈长生、严蕊珠、钱琳、王玉如、陈淑兰、王碧珠、朱意珠、鲍之蕙、王倩、张绚霄、毕智珠、卢元素、戴兰英、屈秉筠、许德馨、归懋仪、吴琼仙、袁淑芳、王蕙卿、汪玉轸、鲍尊古。② 陈文述仿袁枚之举，亦收女弟子，于道光二十二年编刊《碧城仙馆女弟子诗》二卷，收王兰修、辛丝、张襄、汪琴云、吴规臣、吴藻、陈滋曾、钱守璞、于月卿、史静诸闺秀诗作。③

袁枚在杭州的女弟子有21人，乾隆五十五年、乾隆五十七年举行两次湖楼诗会及绘制"湖楼请业图"，有研究者称袁枚此举为"文化表演"，其意在杭州重建社会网络。④ 此乃就袁枚而言；换一角度来看，《随园女弟子诗》可以为一个特别群体扬名，可为作为个体的女性提高知名度。孙云凤、金逸、骆绮兰、张玉珍、严蕊珠、王倩、吴琼仙的集子就被其他女性阅读，此中或有"随园女弟子"这一招牌的宣传效果。不但是这一群体

---

① 王英志《袁枚评传》，南京大学出版社，2002年，第267—276页。任兆麟女弟子据乾隆五十四年"翡翠林雅集"补充订正，见秦天《清中叶三大女弟子群与男性文人互动研究》，南京师范大学博士学位论文，2015年，第72页。

② 王英志指出《随园女弟子诗》中今存诗仅19人，见王英志《袁枚评传》，第304页。

③ 胡文楷称《碧城仙馆女弟子诗》道光二十二年刻本，与1915年西泠印社聚珍版所收诗人不同。道光本所收曹兰香、陆缀芳、顾韶三人，均为西泠印社聚珍版无。见《历代妇女著作考》，第863页。

④ 王标《城市社会知识分子的社会形态：袁枚及其交游网络的研究》，上海三联书店，2008年，第173—178页。袁枚招收女弟子有其用意，而女弟子们在请业中诗艺得以提高，同时也借袁枚及一系列"文化表演"得以扬名。《随园女弟子诗》所录诸多女性中有三女性读者，她们都不是袁枚女弟子，其中一位是卢蕴真（侯官/闽县），她与诗选中袁枚女弟子卢元素同为侯官人，卢元素为钱塘钱东妾，或是卢元素将诗选传到侯官？

的集子受关注,袁氏家族的女性,如袁机、袁杼、袁棠、袁嘉的作品也有不少女性读者。

女性对唐诗的喜爱,也可从个人阅读史方面来追溯。对于童蒙而言,不论性别,声律的启蒙,可能都是从唐诗开始。在一些女性的简要小传中或作品中,留下不少早期阅读书籍的记录。

明张如玉,"熟精《文选》《唐音》"。

桐城左如芬,"幼聪慧过人,读唐诗千余首,背诵不忘"[1]。

顾慈,"七岁受《毛诗》《女诫》诸书,能通大义,旁及汉魏三唐,靡不研究"[2]。

钱塘潘佩芳,"少工诗,沈文悫公所选《唐诗别裁》,悉能背诵"[3]。

汪端自称"褓褓即从先太夫人口授六朝、唐人诗,七岁试笔为小诗,多经先府君点定","每日终坐一室,手唐人诗默诵,遇意得处,嗑然以笑,咸以书痴目之"[4]。

泾县吴秀珠,据其父云:"四岁,太夫人课以《女孝经》《内则》,俱能成诵,尤喜曼声长咏。先总宪公间授以杜诗,数过辄背诵如流"[5]。

丹徒顾端士,"好读《毛诗》《楚辞》,诗宗韦縠《才调集》"[6]。

莆田俞若耶,"及长,诣愈进,爱读《才调集》"[7]。

郑蕙,浙江永嘉人,平阳殷执中妾。郑氏少喜读书,"及归殷君,始授以《列女传》……尤爱《楚辞》及杜工部集"[8]。

许祐身女许之雯,"幼读蘅塘退士所选《唐诗三百首》未半,即能

---

[1] 胡文楷《历代妇女著作考》,第158页,第265页。
[2] 施淑仪《清代闺阁诗人征略》卷四,第1888页。
[3] 施淑仪《清代闺阁诗人征略》卷七,第2014页。以上例部分参考韩淑举《清代女性阅读活动探析》。
[4] 汪端《自然好学斋诗抄》,见《江南女性别集二编》,第322、329页。
[5] 吴秀珠《绛珠阁绣余草》,见《江南女性别集二编》,第983页。
[6] 施淑仪《清代闺阁诗人征略》卷五,第1911页。
[7] 梁章钜《闽川闺秀诗话》卷一,见王英志主编《清代闺秀诗话丛刊》第1册,第198页。
[8] 施淑仪《清代闺阁诗人征略》卷十,第2163页。

吟咏"①。

海宁查昌鹓,"初授《毛诗》《女孝经》及《内则》《女训》,讫于小学四子书,略皆成诵;复授唐诗数百篇,徒伸咕哔,未遑讲解。甫及笄,遂辍诵读,从事女红。刺绣余闲,取向所成诵者,私自研求,略晓大义"②。

嘉兴李璠,"能习《孝经》《毛诗》《小戴记》《列女传》诸书,尤酷嗜唐人诗,脱口辄谐声律"③。

长洲吴清莲,"日手一编,寝食与俱,尝手抄唐宋诗成帙"④。

丹徒包兰瑛,"手录《骚》《选》,洎唐宋以来诸大家诗,都为一帙"⑤。

武进刘絮窗,"耽诗书,工吟咏……曾以佣绣资买唐诗",有诗述其事:"满院秋光浑不赏,金针赢得买书钱。"⑥

在以上记录中,可确定的唐诗读物有《才调集》《唐音统签》、杜诗、《唐诗别裁集》《唐诗三百首》,张引元所读"唐诗三体"、胡顺所读"三唐近体",似为明清时期唐诗选本,⑦其他唐诗书目,皆笼统于"六朝唐人"或"唐宋诗"之中。

唐诗的传承在家庭内部亲密的关联中展开,承上启下的书与绵绵不绝的亲情融合,其中有口授、背诵、抄选、购买,书在流转,也在新生。征诸这些女性日后的创作,学杜之作时时可见,而学李白或其他大家如韩愈、李商隐者极少见,这种诗学趋向应是受女教强调道德品行的影响。杜诗能成为大多数女性读者的必选书目,成为不可动摇的经典,或与杜诗能以礼为本、忠君爱国作为内蕴,同时示人以学诗轨则有关。

---

① 施淑仪《清代闺阁诗人征略》卷十,第2168页。
② 胡文楷《历代妇女著作考》,第426页。
③ 施淑仪《清代闺阁诗人征略》卷五,第1922页。
④ 吴清莲《定香楼小草》,《江南女性别集初编》,第856页。
⑤ 包兰瑛《锦霞阁诗词集》,《江南女性别集初编》,第437页。
⑥ 施淑仪《清代闺阁诗人征略》,第516页。
⑦ 华亭张引元,"六岁能诵唐诗三体,皆得母王文如之训。《左》《国》《骚》《选》诸书示之,姝(张引元)一一了悟,似有夙契"。秀水胡顺,"幼颖慧,嗜读书,通《诗》《礼》《内则》及三唐近代、《词综》诸集"。见施淑仪《清代闺阁诗人征略》卷一,第1743页;卷五,第1923页。

若从修身及忠君爱国等儒教角度来看，女性普遍重视《毛诗》及《楚辞》，大约也有精神方面的讲求，或者被女教赋予这种意旨，如方维仪编《宫闺诗史》，分正邪二集，即以《毛诗》意旨为准则。据施淑仪《清代闺阁诗人征略》所记，平湖周素贞、平湖张凤、桐乡陆瑀华、仪征阮恩滦、钱塘虞仲莹、萧山何京，等等，皆习《毛诗》，联系《牡丹亭》杜丽娘从塾师习《毛诗》之事，《毛诗》应是女教所习的"重典"。故在此可将清代女性所读书略分为四个层次：其一，近似男童的"三百千千"，是最简略的教育。杨葆光光绪十三年十月初一日记有为"女莲《千家诗》"，初二为"女莲添《女训》"，十二月初二添《算法》四本。① 许多女性的阅读大致就停留在这一层次。其二，以"女四书"与唐诗选本为主要内容。其三，在"女四书"与唐诗选本基础上，再加《毛诗》《楚辞》。其四，在此前基础上加《文选》及重要史书，如《史记》《汉书》等，到此层次，已是"巾帼学士"级别。

四、闺秀集的女性阅读群体

闺秀集卷首往往有多人序及题诗，这些作者应该是该集深浅不同的读者。撰序者和题诗者中的女性有不少是以小群体出现的。如果说闺秀集中可见零散阅读或题咏某女性诗集记录，则卷首序及题诗等有"汇集"之功。现将《清代闺秀集丛刊》《清代闺秀集丛刊续编》中所录此类题词整理，从中可得 37 个女性题词群体（即闺秀集阅读群体，见附录九）。

朱玙《小莲花室遗稿》中有《次韵答张霞城太夫人兼柬令孙女少英女史》《题少英女史画用前韵》《和金纤纤次韵石兰女史四绝》《题织云楼合刻诗稿》《销夏词次柏芳寄母韵》《题学静轩遗稿》《闺中杂咏用金纤纤女史韵》《题张孟缇(缙英)夫人澹鞠轩诗稿》《题郑娱清女史都梁香阁诗稿》《题陆琇卿(韵梅)夫人兰窗读画图》(诗有注："君京寓所居室即余当日随宦地也")《余幼时曾识潘虚白太夫人兹承惠题画册自京见寄次韵奉答》《张孟缇夫人惠题画册寄谢》等诗，其中后诗云：

---

① 杨葆光《订顽日程》，上海古籍出版社，2010 年，第 1809、1810、1828 页。

新诗高格绝尘寰,千里长安一面艰。
传到瑶章劳奖许,齐名敢拟并云间。(谬承以许定生相比)

江左风流重玉台,闺中夐识大家才。
同声许附青丝帐,我愿词坛载酒来。

朱玙两首诗以仰慕之心写出张𬘡英在当时闺秀诗人中的地位,"新诗高格绝尘寰""闺中夐识大家才"之语,虽有溢美之意,然亦暗示张氏早有诗名,故朱氏有投诗请益之举,并得到张氏"奖许"。这其中暗涵一个过程:朱玙知张氏大名,求得其诗集,生仰慕之心,投寄诗作(或诗集),请求寓居京城的张氏点评,这就是"同声许附"之意,希望通过诗作求得闺秀群体的认可。这一认可的获得,可能要等待多年,可能来自千里之外。张氏的"奖许"也较特别,是以另一位闺秀许淑慧(字定生)作比。许淑慧,江苏青浦人,有《瘦吟词》《琴外诗抄》,其母胡相端有《散花天室稿》。许氏或亦有名气,张氏以并称之法,将朱玙推出,可视为一个具体可感的认可。

朱玙《踏莎行·题青筠轩遗稿》上片有句云"汶水情深,皖江恨隔",下片有句"一编赖有故人藏(谓柏芳老人),青筠此日传遗集"。① 词句所关联的人物:

叶俊杰,字柏芳,湖北江夏人,适曲阜孔昭诚,有《柏芳阁诗抄》。②

左慕光,字松石,安徽桐城人,适同里叶馥,有《青筠轩草》。③

朱玙词上片所言与叶、左二人交往,然仅泛言,故下片所说叶氏保存左氏诗集史实仍不能考实。左氏诗集传到晚辈朱玙手中之前,必有多次辗转。

---

① 朱玙《小莲花室遗稿》,见肖亚男主编《清代闺秀集丛刊续编》第 23 册。
② 胡文楷《历代妇女著作考》,第 684 页。
③ 胡文楷《历代妇女著作考》,第 266 页。

孙兰韫集中有《题王澹音杨夫人环青阁诗集》，其二有注云："夫人集中寓京师时与潘虚白诸夫人酬唱往来，迨无虚日，读之使予向慕之怀，不禁神往。"① 孙兰韫是钱塘人，所题《环青阁诗集》的作者是娄县王韫薇，诗注中所及潘虚白即潘素心，此前孙兰韫已有潘氏诗集题词之举。孙氏诗注中的"向慕"与"神往"之情，见诸《题陈慕青左夫人信芳阁诗集四首》，其一有句云："久闻清誉满通都，惜我缘悭一面无。"② 女性与男性的生活世界差别太大，似少有女性将自己与他们相比，而更为亲近的人、或可能的比拟对象，应来自于她们，或是有交往，或是前辈，或是只闻声名，她们的世界，在阅读与联想中，是自己所处有限空间的拓展，"她们"成为"我"的化身。

女性是否有著作，或是否为《历代妇女著作考》著录，是一种显示女性才学的标准；然这一标准在显示一部分女性时，对大多数没有著作或著作不被人知的女性而言，则因体例及收录范围限制而造成女性声名的被忽略。这些女性是作者，也是一些女性别集的热心读者。女性题词者拓宽了《历代妇女著作考》的收录范围，如董国容的《绣墨轩遗稿》题词十人中张绚霄、王倩、曹贞秀、周澧兰、张莲芳有著作；钱衡吟《霜月吟》题词七人中罗金淑、黄婉琳有著作；章士珠《塔印楼诗存》题词十一人中金兰贞有著作；沈文庄《宝琴阁诗抄》五名女性题词者、江淑则《独清阁诗抄》四名女性题词者皆未见《历代妇女著作考》著录。

江西新建裘纫兰《怡然阁诗抄》有彭城钱静仪《集国朝闺秀句》题词，集句诗凡四首，所集乃孟楷、毛锦、顾步、徐裕馨、倪仁吉、吴绡、庞蕙纕、金逸、徐德音、张玉珍、纪映淮、王慧、陆瑛、邱绍英、席佩兰的秀句。③ 裘氏诗集为道光二十八年刻本，由此可见钱静仪在道光年间对十五位较早或晚近的闺秀诗人诗作用心阅读，并能摘其秀句，集成题词之作。虽不能断定钱静仪是通过总集还是别集来获知相关诗作；若是别集，则她在

---

① 孙兰韫《卧云阁诗草》，见肖亚男主编《清代闺秀集丛刊续编》第 19 册，第 193 页。
② 孙兰韫《卧云阁诗草》，见肖亚男主编《清代闺秀集丛刊续编》第 19 册，第 193 页。
③ 裘纫兰《怡然阁诗抄》卷首，道光二十八年刻本，收入肖亚男主编《清代闺秀集丛刊续编》第 23 册。

以类搜求的过程中,当有自觉的性别意识。

从闺秀集的题词与阅读推想特定类型女性阅读群体如何形成,不妨扩大考察范围,查看闺秀集中"暗涵"的读者。附录九所收 37 例闺秀集中有多个女性群体呈现,可大致作如下梳理总结:

其一,这批女性活跃的时代在嘉道以降,且愈是晚近,女性阅读、题写女性别集活动愈多,女性作家对同性群体愈来愈关注,更乐意主动亮相,发出自己的声音,在书卷上留下自己的印迹。她们的题写有时夹杂在男性作家系列之中,然附录中列举,几乎皆是以"闺秀题词"单独列一类,紧随男性题词者之后。

其二,在潘焕荣、梁霭、刘月娟三人之外,其他人无论籍贯还是夫家所在地,皆分布在江浙皖,而且多在所谓的八府一州的江南核心地区。因此不管是从诗集的作者还是读者群体而言,江南皆是中心地区。江南闺秀作家的众多或者女性文学的繁荣,不只是"1+1 式"的数量增加,而应纳入另外一种考察的维度,此即因声气相投而结成的群体的增加。这些以题词形式存在的女性题写者或读者群,因为一种别集编辑刊印的因缘得以呈现,由此可以推想在清中期江浙二省之内女性作家之间丰富的关联。

其三,梁霭、刘月娟及潘焕荣三人别集及群体性题词的存在,说明在江浙皖等中心地区之外,还存在以其他闺秀集为媒介的交流活动。刘月娟《倚云楼诗抄》题词者显示了一个广东本省的小型女性作家群,冼玉清《广东女子艺文考》中所录闺秀作家,或大致收录,但未能集中显示的这类群体。梁霭《飞素阁遗稿》一集题词者则超越本省范围,四位女性皆是浙江人。这些女性未见《历代妇女著作考》著录,或是一些声名未显或未有诗集问世的同道。而湖北罗田潘焕荣《韵芳阁诗抄》的题词者,有本地或家族内部的女性,同时有远在江苏吴县的席慧文、浙江归安的杨清材。这类较为遥远的关联,背后可能藏有不少故事,如刘荫籍贯江苏武进,嫁到江阴,其诗集有涪州张琬、桂林司马楚香题词,题诗后有注道出其中曲折:

> 余随武人北征,夜泊云阳驿,闻邻舟微吟《春江花月夜》诗,知为涪州人玉张夫人吟其甥妇刘佩萱女博士遗句也。适风逆停桡,翌早借全集读一过,颇自增浮生之感。因勉成二绝句拜见张夫人,求其附诗卷尾。虽贻笑大家,藉识天涯沦落之感,且幸翰墨之有前缘云尔。①

刘荫的诗集,因为姻亲建立起的网络,被张琬带到远离江南的更大的空间之中,此诗集其时或为稿抄本状态,在其"漂泊西南天地间"之际,因为一种偶然,被另一位匆匆的女性过客"闻见",留下一段文字因缘。诗集背后种种纤细的线索,暗示对闺秀集的"关心"结成了一个可感知的阅读世界。

其四,以闺秀集题词等方式集合的女性读者群体,可以拓展以胡文楷《历代妇女著作考》建立起来的女性世界。参与题词的女性,能作诗词文,然不一定皆有别集,她们是闺秀集的阅读群体,这无疑比著作群体范围更广。这一群体的集结,其中或存在"师友同族"的推动方式,即某位女性因师友关系,题写一闺秀集,此女性的同族其他女性也有机会参与阅读题写,形成逐渐扩大的题词群体,如《餐霞楼轶稿》的题词者宗婉、宗粲,《琴韵楼诗抄》的题词者吴江宋贞琇、宋贞珮、宋贞球、宋贞琬,《淡菊轩初稿》的题词者武进吕稠福、吕采芝、吕采英,《绣墨轩诗稿》题词者许之雯、许之引、许之仙。此外,如《绿秋书屋遗稿》的题词者丹徒王琼、王洒容,《听秋轩闺中同人集》中的鲍之兰、鲍之慧、鲍之芬。如此罗列,可见一诗书之家内,若有文学女性,可能会对其他女性有带动作用,形成家族内的女性文学小群体。

其五,在诸多女性题词者中,有一批"重复出现"者,如吴藻题《韵芳阁诗抄》《倩影楼遗稿》《自然好学斋诗抄》,归懋仪题《韫玉楼诗》《绿梅影

---

① 刘荫《梦蟾楼遗稿》,见《江南女性别集初编》下册,第 829 页。张琬事迹暂不能考,武进闺秀方荫华有诗《题婉香夫人诗集》,有注云"姓张氏,蜀人,姊丈陈钟英母夫人",不知是否为张琬。见方荫华《双清阁诗》,《清代闺秀集丛刊》第 36 册,第 35 页。

楼诗词存》,席佩兰题《韫玉楼诗》及和吴琼仙诗,宗粲题《餐霞楼轶稿》《梅花馆诗集》,姚若蘅题《餐霞楼轶稿》《梅花馆诗集》,赵我佩题《倩影楼遗稿》《翠螺阁诗词稿》,关锳、沈蕊题《绿云山房诗草》《慈晖馆诗词草》,鲍靓题《慈晖馆诗词草》《翠螺阁诗词稿》,王琼出现于《绿秋书屋遗稿》《听秋轩闺中同人集》。这些题词者或是当时较活跃的文学女性,或者说她们在江浙这一特定范围,已有一定知名度。她们所题闺秀集作者的范围,也基本在江浙二省。文化的发达、交通的便利及时代风气的驱动,交织地塑造了闺秀集阅读群体。

在附录九所列以闺秀集为中心的女性阅读群体中,大多数闺秀集可进一步考察其作者所处的社会关系网络以及闺秀集赖以传播的空间。梁德绳的《古春轩诗抄》二卷颇有典型性,在清代女性别集中应是刊刻次数较多者,有以下版本:

道光二十七年刊本,前有阮元撰传,潘素心序。

咸丰元年潮州刻本。

咸丰二年(福建连江)凤城重刻本,有梁德绳侄梁乃安跋。

咸丰八年羊城重刻本。

同治二年重刻本,有许延毂跋。①

在太平天国战争爆发以前,《古春轩诗抄》自道光二十七年初版以来,每隔几年就在不同的地方刊印一次,这些刊印者或是梁德绳的晚辈,或来自梁家,或来自夫家,他们或利用在地方上为官的便利或余钱,多次刊印长辈的诗集。其中原因大致有三:其一,出于保存家族文献的责任感;其二,将梁氏诗集作为一种文化"象征资本",不断显示家族是不同寻常的诗书之家;其三,梁德绳乃梁敦书女,许宗彦妻,续成《再生缘》,在文人尤其是女性文学阅读者中有较高声誉,求索其书者络绎不绝,故梁氏晚辈顺势刊印,以应需求。

《古春轩诗抄》的道光刻本应出自浙江钱塘一带,而其他几种刻本则远离杭州府这一核心地区,在广东、福建等地刊刻,除上文所及可能借为

---

① 胡文楷《历代妇女著作考》,第544页。

官之便刊刻之外，或与其地刊印费用低以及有读者群存在有关。清中期以后，广东福建女性作家群体兴起也可说明阅读需求的存在。①

此外，从书籍的贸易与流动来看，在广东、福建刊刻的《古春轩诗抄》有可能流向梁德绳生活的浙江，从而进入她所在的文学家族网络（见附录十）。这一网络的组成，首先是梁氏夫家德清许氏，这一家族的女性很可能近水楼台，较先阅读，其次是父家钱塘梁氏，还有为《古春轩诗抄》作序的潘素心所在的钱塘汪氏。网络内的传播，首先是在长辈或较近的晚辈之中，其次是在稍后或隔两三代的晚辈中，大约有共时与历时传播的可能。这种传播看似涉及人数有限，但若考虑到每个人的社会交往，累积的时空范围，自成一个小型的书籍社会。

探讨梁德绳可能的影响，还应注意其年寿，她生于乾隆三十六年十月，卒于道光二十七年三月，年七十七。她主持家政时间长，闲暇时又手不释卷，喜诵读。梁氏的高寿与喜好，必能影响家族或姻亲数代人。

清代这批既是作者又是读者的女性当中，有几位重要人物，如汪端（1793—1838）、季兰韵（1793—1848）、赵棻（1788—1856）、关锳（1822—1857）、孙兰韫、何佩芬（生于嘉庆年间），她们在嘉庆年间成长，主要活动在道光年间及咸丰初年，就她们的阅读量以及其他女性作者的阅读情况而言，嘉庆中后期至道光朝是清代闺秀集在女性中传播的兴盛期。汪端的别集中提及16种女性别集，季兰韵、关锳集中有8种，孙兰韫、何佩芬集中有7种，赵棻集中有6种，这些数字，只是她们的"读后感"形成的文字记录，考虑到别集大多是删汰编选的结果，当还有一些记录未被选入；此外，还有一些没有用文字记录的阅读，这些可从汪端与其他女诗人的唱和之类交往中推知。

六位女性中，有五位女性无论是从籍贯还是夫君所在之地来看，皆在作为核心的江南地区；只有何佩芬是安徽歙县人，嫁到稍远的河南。歙县所在的徽州地区与江南有密切的文化、经济互动，何佩芬很可能在

---

① 关于十八、十九世纪广东才女活动的状况，可见魏爱莲《18世纪的广东才女》，见《中山大学学报》，2009年第3期。

出嫁之后,保持了此前在女性文学发达地区所培养的阅读兴趣。现存可以查考及可能存在的女性别集,可勾勒出这种阅读具有持续性,而不是一时兴起的猎奇。

五、《牡丹亭》与"闺阁中多有解人"

《牡丹亭》创造了一个世界,也开启了一个时代。对于女性而言,它更有特别的意义。阅读《牡丹亭》,基本代表了女性阅读在"女四书"之外一个方向,或者说《牡丹亭》与《西厢记》等组成了另外一个读物类型;接续《牡丹亭》的女性阅读群体的,唯有嘉道及其以后的《红楼梦》女性阅读群体。

《牡丹亭》对女性读者的影响,在明末清初颇为突出。康熙三十三年林以宁撰《还魂记题序》:"今玉茗《还魂记》,其禅理文诀,远驾《西厢》之上,而奇文隽味,真足益人神智。风雅之俦,所当耽玩,此可以毁元稹、董、王之作者也。书初出时,文人学士,案头无不置一册。"[①]

林以宁撰此序时,就是《牡丹亭》处于自问世以后传播史上的如日中天时期,其流传已不局限于戏台上的演出,臧懋循有语云:"此案头之书,非筵上之曲。"[②]《牡丹亭》同时成为文人学士的读物。演出与阅读,在《牡丹亭》的流传过程中,应是互相推动。林以宁以为《牡丹亭》"远驾《西厢》之上",其中或不免有她的喜好,或确是真实观感,即当时《牡丹亭》的流行程度已经超过作为经典的《西厢记》。据后来研究者辑录的《牡丹亭》研究资料,在万历二十六年之后,有臧懋循、梅鼎祚、黄汝亨、潘之恒、袁宏道、王骥德、沈德符、凌濛初、张岱、李渔、洪昇、尤侗、查继佐、薛奋生

---

① 根山徹编校《牡丹亭还魂记汇校》,山东大学出版社,2015年,第404页。
② 臧懋循《玉茗堂传奇》,类似之语,见吴景旭《历代诗话》、茅元仪《批点牡丹亭序》、无疾子《情邮小引》、汤显祖《紫钗记题词》,见徐扶明编著《牡丹亭研究资料考释》,上海古籍出版社,2016年,第156—157页。

等人关于《牡丹亭》的评说,①包括吴吴山三妇,这些人的评说基本在林以宁撰序之前;此后名家评说稍少,而演出仍然呈上升趋势。故可据这些片断记录、林以宁的论说,以及沈德符《万历野获编》所言"汤义仍《牡丹亭梦》一出,家传户诵,几令《西厢》减价"②,推论康熙中期以前,《牡丹亭》已完成经典化的过程:它在与《西厢记》等经典的比照中,经过演出与阅读的检验,成为新经典。

《牡丹亭》在成为经典的过程中,产生了不少掌故,而这些掌故的流传,又成为《牡丹亭》进一步跃升的动力。关于《牡丹亭》感动人心的掌故,与女性相关者较多且有耸动听闻的效果,如俞二娘、商小玲、冯小青、内江女子、金凤钿以及《西青散记》中所记二女,其中除崇祯年间杭州女伶商小玲扮演之外,③太仓俞二娘是演还是读,不能判断,④其他皆为阅读。有名的冯小青故事,多种笔记戏曲小说中有演绎,她所作绝句明确表明是"挑灯闲看":"冷雨幽窗不可听,挑灯闲看《牡丹亭》。人间亦有痴如我,岂独伤心是小青?"⑤据徐扶明考订,内江女子与《牡丹亭》故事乃附会俞二娘故事而成,其事见焦循《剧说》引述:

> 内江一女妇,自矜才色,不轻许人。读《还魂》而悦之,径造西湖

---

① 徐扶明编著《牡丹亭研究资料考释》第三编"演唱"收录邹迪光、王锡爵、刘同升、钱岱、宋荦、吴昌时、祁彪佳等观看、记录的《牡丹亭》演出诸事,以至乾隆年间《牡丹亭》演出情况,还有咸同年间清宫演《牡丹亭》、名伶演唱《牡丹亭》情况,等等。

② 徐扶明编著《牡丹亭研究资料考释》,第144页。

③ 焦循《剧说》卷六云:"杭州有女伶商小玲者,以色艺称,于《还魂记》尤擅场。尝有所属意,而势不得通,遂郁郁成疾。每作杜丽娘《寻梦》《闹殇》诸剧,真若身其事者,缠绵凄婉,泪痕盈目,一日演《寻梦》,唱至'待打并香魂一片,阴雨梅无,守的个梅根相见',盈盈界面,随声倚地。春香上视之,已气绝矣。"当然与演出有关的片段,还有林黛玉听《牡丹亭》"心痛神驰,眼中落泪"之虚事。

④ 朱彝尊《静志居诗话》云:"娄江女子俞二娘,酷嗜《牡丹亭》曲,断肠而死。故义仍作诗哀之,云:'画烛摇金阁,真珠泣绣窗。如何伤此曲,偏只在娄江?'"见徐扶明编著《牡丹亭研究资料考释》,第292页。

⑤ 徐扶明编著《牡丹亭研究资料考释》,第296页。

访焉,愿奉箕帚。汤若士以年老辞,女不信。一日,若士湖上宴客,女往观之,见若士皤然一翁,伛偻扶杖而行。女叹曰:"吾生平慕才,将托终身,今老丑若此,命也。"因投于水。①

史震林《西青散记》卷二录凤歧语:

> 近有二女并坐读《还魂记》,俱得疾死。一少妇看演杂剧,不觉泣下。此皆缘情生感,缘感成痴。人非木石皆有情,慧心红粉,绣口青衫,以正言相劝,尚或不能自持,况导以淫词,有不魂消心死者哉?②

汤显祖《牡丹亭记题词》云:"如丽娘者,乃可谓之有情人耳。情不知所起,一往而深,生者可以死,死者可以生。生而不可与死,死而不可复生者,皆非情之至也。"又云:"人世之事,非人世所可尽。"③正是这种穿越生死之情,深深触动被压抑的女性情感世界,造成"极端的情感事件",俞用济题《醒石缘》:"《牡丹亭》唱彻秋闱,惹多少好儿女拼为他伤心到死。"④因为阅读《牡丹亭》而惆怅、伤心甚至殒命,如此种种,虽然以掌故流播,然或是当时实情的一种表现。掌故以极端结果呈现,或是在理想

---

① 扬州金风钿之事,与内江女子事近似:"时《牡丹亭》方出,因读而成癖,至于日夕把玩。……汤若士有情如许,必是天下奇才……我死,须以《牡丹亭》曲殉,无违我志也。言毕遂逝。"徐扶明编著《牡丹亭研究资料考释》,第293页。

② 史震林《西青散记》卷二,中国书店,1987年,第29页。

③ 根山徹《牡丹亭还魂记汇校》,第375页。关于《牡丹亭》中女性情爱叙写的独特之处,谢雍君指出:"明清时期除《红楼梦》之外的大部分讲唱文学,通俗小说叙写两性情爱故事,往往仅仅满足于曲折生动的悲欢离合情节,而对女性情爱心理的刻画则不甚关注",而《牡丹亭》"第一次完整地、细致地展示了杜丽娘经典阅读和自然感发的情爱发生方式,以及情梦、自恋、情死、幽媾、复生、婚合等情爱实现方式,深刻地揭示了中国古代女性复杂而细腻的情爱心理内涵。"见谢雍君《〈牡丹亭〉与明清女性情感教育》,北京时代华文书局,2015年,第187—188页。

④ 俞用济《俚句填赠玉卿贤姊丈潇湘怨传奇》,万荣恩《潇湘怨传奇》卷首,见阿英编《红楼梦戏曲集》,中华书局,1978年,第229页。

与现实的悬殊对比中,情在寻求突围,最终以令人惋惜的方式在文本中呈现。

《牡丹亭》的接受史研究,可从版本、选本、插图、评点、演出、改编以及各种文体对《牡丹亭》的吸收等角度来考察。① 在这一研究范围中,《牡丹亭》早期百余年的接受史中女性的活跃是值得特别注意的现象。若以文学作品中的爱情叙事为脉络梳理,有《西厢记》时代、《牡丹亭》时代、《红楼梦》时代。《牡丹亭》时代应在万历中期至康熙中期,这一时期女性对一文学文本的参与程度,前所未有。

目前所知《牡丹亭》的女性读者主要与吴吴山三妇评本、程琼批本相关。② 谭帆统计,明清两代《牡丹亭》女性批评者还有俞二娘、冯小青、叶小鸾、黄淑素、浦映绿、林陈氏、程黛香等十六人。③ 在推想的"《牡丹亭》时代",吴吴山三妇评本无疑最为耀眼。三妇中的陈同,卒于康熙四年;谈则,卒于康熙十四年。三妇评本刻成于康熙三十三年。三妇评本的形成本身就是女性关于情的实践与书写的传奇;而关于这一"再生式传

---

① 具体可见刘淑丽《〈牡丹亭〉接受史研究》,齐鲁书社,2013年。
② 《才子牡丹亭》有雍正刻本和乾隆刻本,华玮考证此书评注者是吴震生(1695—1769)及其妻子程琼(即作《批〈才子牡丹亭〉序》的"阿傍"),见华玮《论〈才子牡丹亭〉之女性意识》,收入叶长海主编《牡丹亭:案头与场上》,上海三联书店,2008年,第72页。然吴梅《瞿安读曲记》云:"得批本《牡丹亭》(即笠阁渔翁《才子牡丹亭》),为清代禁书。所有曲文,皆作男女亵事解。而博综群籍,并书名亦有未知者,可云秘本。……余意此评本,或王仲瞿、龚定庵一流人手笔,负才好奇,故作秽亵语,以矜多识。"见徐扶明编著《牡丹亭研究资料汇编》,第99页。综合评注内容及吴梅判断,暂不将女性程琼视为《才子牡丹亭》的批注者,此处讨论重点在三妇评本。
③ 刘淑丽《〈牡丹亭〉接受史研究》,第197页。刘著引谭帆《论〈牡丹亭〉的女性批评》,见张宏生编《明清文学与性别研究》,江苏教育出版社,2002年,第296—300页。《牡丹亭》的女性读者自明末以来有俞二娘、冯小青(1595—1612)、叶小鸾(1616—1632)、黄淑素、金凤钿、汤传楹妻、陈同(?—1665)、谈则(?—1675)、钱宜(1671—?)、林以宁(1655—1692)、冯娴、李淑、顾姒、洪之则、浦映渌、程琼(?—约1723)、吴兰征(?—约1806)、王筠(1749—1819)、张襄(?—约1840)、吴藻(约1779—约1862)、吴规臣、林陈氏、程黛香、姜映清(约1884—?)等。这些女性读者主要分布在江苏、浙江、安徽、福建,只有王筠是陕西人;女读者大多是青年妇女,也有十几岁的少女,她们大多出自书香之家,且擅长或爱好文学,除诗文集外,还有戏曲弹词之作。据谢雍君《〈牡丹亭〉与明清女性情感教育》(中华书局,2008年,第21—24页)概括。

奇",更有出自女性之手的"宏大叙述"。林以宁云:"自有天地以来,不知几千万年,而乃有玉茗之《还魂》;《还魂》之后,又百年余,而乃有三夫人之评本,自古才媛不世出,而三夫人以杰出之姿、间钟之英,萃于一门,相继成此不朽之大业,何其异哉,何其异哉!"①此语后隐约有孟子、司马迁、韩愈等关于儒家道统论说的框架在,林以宁移"理"的脉络入"情"的叙说,赋予"此情"以合法性与耀眼的光芒。

三妇评本《牡丹亭》,杨恩寿于《词余丛话》中论及其形成过程:

> 吴吴山初聘黄山陈女,将昏而殇。既而得其评点《牡丹亭》上本,尝以未得下本为憾。后娶清溪谈女,雅耽文墨,仿陈女意,补评下本。钞芒微会,若出一手。未几夭逝,续娶古荡钱女,见陈、谈评本,略参己意,出钗钏为锲板资。即所传吴吴山《三妇评本》也。②

杨氏此语,是三妇评本卷首序与题记的精简本,其实其中有更多细节与曲折。谈则的题记中保留陈同的文字,陈同自称"从嫂氏赵家得一本,无评点,而字句增损,与俗刻迥殊","爽然对玩,不能离手,偶有意会,辄濡毫疏注数言"③。谈则曾记录吴人访求陈同评注《牡丹亭》所用底本之事:

> 适夫子游苕霅间,携归一本,与阿姊(陈同)评本出一板所摹。予素不能饮酒,是日喜极,连倾八九瓷杯,不觉大醉。自晡时睡至次日,日射帐钩,犹未醒。斗花赌茗,夫子尝举此为笑噱。④

---

① 林以宁《〈还魂记〉题序》,见根山徹《牡丹亭还魂记汇校》,第 404 页。闺秀李淑在《三妇评本牡丹亭跋》中亦渲染三妇评本如有神灵呵护:"夫自有临川此记,闺人评跋,不知凡几,大都如风花波月,飘泊无存。今三嫂之合评,独流布不朽,斯殆有幸有不幸耶。"见徐扶明编著《牡丹亭研究资料考释》,第 299 页。
② 徐扶明编著《牡丹亭研究资料考释》,第 128 页。
③ 根山徹《牡丹亭还魂记汇校》,第 405 页。
④ 根山徹《牡丹亭还魂记汇校》,第 405 页。

陈同的题记中提及所见坊刻本《牡丹亭》，谈则有"向见《牡丹亭》诸刻本"，可知康熙年间浙江钱塘一带《牡丹亭》已是易得之书；而吴人从苕溪得一特别之本，在书籍流通方面，是一较重要的信息。苕溪或湖州是书业中苕贾（湖贾）兴起的区域，吴人的访求得到天下闻名的职业书商的回应。谈则所记情境，应是李清照、赵明诚故事的再现。据吴人所记，尝以此"评本示女甥"，则此书又有一明确女性读者，如同陈同从"嫂氏赵家得一本"所示，陈同嫂可能也是一读者。钱宜得陈同、谈则评本，"夜分灯炧，尝欹枕把读"①，然其间已有多层时间与情感的累积：

  （吴山人丁巳年题记）念同孤冢蘸香，奄冉十三寒暑，而则戢身女手之卷，亦已三度秋期矣。

  （钱宜壬申年题记）此夫子丁巳七月所题，计予是时才七龄耳。今相距十五稔，二姊墓树成围，不审泉路相思，光阴何似。②

不死之情，藉此惊才绝艳之作，在阅读中得以传衍。在"三妇"、陈同嫂、吴人女甥之外，这一《牡丹亭》评本还有数位女性读者。康熙三十三年林以宁《还魂记题序》云："予家与吴氏世戚，先后睹评本最夥，既为惊绝，复欣然序之。"③则林以宁所在的林家及其夫家有可能阅此评本。冯娴康熙三十四年题跋中有语云"予与吴氏三夫人为表妯娌"，并称观赏过钱家所绘杜丽娘小像，则无疑是三妇评点本读者。"玉山小姑"李淑京为此小像作题记，有"吴山四哥聘陈嫂，娶谈嫂""钱嫂"之语。此外，又有"同里女弟顾姒""同里女侄洪之则"题跋。顾姒是有名的蕉园诗社成员，其周边有一女性社团。洪之则为洪昇女，其题跋中又隐涵另一《牡丹亭》流传细节：

---

  ① 根山彻《牡丹亭还魂记汇校》，第404页。
  ② 根山彻《牡丹亭还魂记汇校》，第405页。
  ③ 根山彻《牡丹亭还魂记汇校》，第404页。

吴与予家为通门，吴山四叔，又父之执也。予故少小以叔事也，未尝避匿。忆六龄时侨寄京华，四叔假舍焉。一日论《牡丹亭》剧，以陈、谈两夫人评语，引证禅理，举似大人，大人叹异不已。予时蒙稚无所解，惟以生晚不获见两夫人为恨。大人与四叔持论，每不能相下。予又闻论《牡丹亭》时，大人云："肯綮在死生之际，《记》中《惊梦》《寻梦》《诊祟》《写真》《悼殇》五折，自生而之死；《魂游》《幽媾》《欢挠》《冥誓》《回生》五折，自死而之生。其中搜抉灵根，掀翻情窟，能使赫蹄为大块，嚬麇为造化，不律为真宰，撰精魂而通变之。"语未毕，四叔大叫叹绝。①

吴人与洪昇同为浙江钱塘人。吴人曾评点洪昇的《长生殿》《闹高塘》《孝节坊》诸剧，并为《长生殿》作序。吴人评《长生殿》时，将其表现技巧与《牡丹亭》作关联比照。据"陈谈两夫人评语，引证禅理多似大人（洪昇）"一语，则可推测陈同、谈则或是洪昇剧作的读者，若此推测合理，则吴人与洪昇，吴人与陈谈，陈谈与洪昇，洪之则与吴人，洪昇、洪之则与陈谈之间有诸多关联，这一关联或不是单一的书籍往还，更有引发、启迪或情感世界的新生。洪之则所记乃康熙十七年之事，则吴人与洪昇将《牡丹亭》的讨论从江南带到京城。在这一关联的世界中，女性是一活跃的群体，即使是作为"副文本"的题跋，字里行间，也有一种自信的气息。洪之则能以清晰、有力的文字记录六岁时聆听的父辈言谈，虽不免让人掂量"记忆之真"与"事实之真"之间的分寸，然欣然神会之意不容怀疑。在洪之则题跋之前，顾姒已阐明"神会"之意：

文章有神，其足以垂后者，自有后人与之神会。设或陈夫人评本残阙，无谈夫人续之；续矣，而秘之箧笥，无钱夫人参评，又废手饰以梓行之；则世之人能诵而不能解，虽再阅百余年，此书犹在尘雾

---

① 根山徹《牡丹亭还魂记汇校》，第411页。

中也。①

三妇评本《牡丹亭》的保存、传承与再生过程中,陈谈钱三妇作为主导性的力量得以显示,其间流转的是"文章有神""足以垂后",后人可与前人神会。在三妇之外,如林以宁、冯娴、李淑、顾姒、洪之则既是护持者,也是神会者。顾姒云:"百余年来,诵此书者如俞娘、小青,闺阁中多有解人。"套用顾姒的话语,若无包涵这些女性在内的读者,此书"犹在尘雾中"。

《牡丹亭》的周围,总有一些群体性读者。天启四年(1624)秋实堂藏板《王季重先生批点牡丹亭还魂记》卷首有"《牡丹亭还魂记》氏籍",除"著""评""订""校"名,目录列42名文士,以所标籍贯统计,其中有会稽17人,钱塘1人,山阴13人,古虞1人,北地1人,云间1人,始宁2人,仁和1人,固陵1人,四明2人,暨阳2人,将此"氏籍"所录姓名与明清两代《牡丹亭》评点者对比,这些男性评点者约百分之七十来自浙江、百分之二十来自江苏。因此有研究者据此"氏籍"推论:"江浙一带士子的文人圈、师友圈的重叠,他们彼此之间的评介揄扬,使《牡丹亭》得以在短时期间流传开去,引导普通读者的阅读。"②

此论颇当,其涵盖范围大约是以天启四年秋实堂藏本《牡丹亭》评、订、校文人群体为依据,而上文所述,围绕三妇、顾姒、林以宁等女性,还有一个联系较为密切、交往脉络较为丰富的女性阅读群体,如顾姒所言,面对《牡丹亭》,"闺阁中多有解人",因为"解",关于《牡丹亭》的阅读已超越个体与性别的差别、地域的分隔,以及时间的先后,结成不同但相通的阅读群体。因为情的存在与"解"的沟通,天启四年的男性编校群体"自然转型"为康熙初年女性批点序跋群体。

上文所述,多有围绕《牡丹亭》的"极端情感事件"及传奇的三妇评本展开,其实,对于略知诗书的女性而言,阅读可能仅仅是为了消遣,或满

---

① 根山彻《牡丹亭还魂记汇校》,第411页。
② 刘淑丽《〈牡丹亭〉接受史研究》,第162页。

足好奇之心,或作茶余饭后的谈资。雍正笠阁渔翁刻本《才子牡丹亭》卷首有"阿傍"《批才子牡丹亭序》,道及《牡丹亭》在女性生活世界中所处的位置:

> 崔浩所云"闺人筐箧中物",盖闺人必有石榴新样,即无不用一书为夹袋者,剪样之余,即无不愿看《牡丹亭》者。闺人恨聪不经妙,明不逮奇;看《牡丹亭》,即无不欲淹通书史、观诗词乐府者。然知识甚欲其广,卷帙又必甚畏其多,即无不欲得缩地术,将亘古以来有意趣事、有思路语,聚于盈寸一编者。我请借《牡丹亭》上方,合中国所有之子史百家、诗词小说为糜以饷之。①

据上文所述,《牡丹亭》是"闺人筐箧中物",乃红余之读物,故批注者因势导之,以批注的方式增加"有意趣事",将其"改造"成为一种包罗更广的读物,而不仅仅停留于才子佳人故事。书卷可作为谈资,亦或转化为气质与品味,《悦容编》"博古"云:

> 女人识字,便有一种儒风。故阅书画,是闺中学识。……或相与参禅、唱偈、说仙、谈侠,真可改观凿意,涤除俗尘。如官闱传、《列女传》、诸家外传、《西厢》、玉茗堂《还魂》二梦、雕虫馆弹词六种,以备谈述歌咏,间有不能识字,暇中聊为陈说,共话古今奇胜,红粉自有知音。②

读书识字,赋予女性"儒风",同时提供谈资,以及成为结交同性友朋的媒介,《西厢记》《牡丹亭》在传奇、激荡之后,回到日常生活。

---

① 根山徹《牡丹亭还魂记汇校》,第413—414页。
② 卫泳编《悦容编》,见虫天子编《香艳丛书》第1册,人民文学出版社,1992年,第71页。此据刘淑丽《〈牡丹亭〉接受史研究》第206页提示,并据原书核对,特此说明。据《悦容编》卷末杨复吉跋,编者为清初人。

以上从多角度、多主题梳理、探讨女性与阅读或者女性与书籍,只是碎片的串连与拂拭。这些进入视野的碎片如同阿莱达·阿斯曼(Aleida Assmanns)所言,是一双重符号:

> 罗马的废墟是双重符号:它们既编码了遗忘,也编码了回忆。它们标志了一个过去的生活,这个生活已经被消除、被遗忘了,已经变得陌生了,消失在历史的维度里,它们同时也标志了一个回忆的可能性,回忆将在记忆的维度里重新唤醒被时间撕裂和消灭的东西,并且把它们组合在一起,使之获得生命。①

上文中的碎片当然没有罗马废墟的深厚内涵,然也略具其文化功用。这些碎片以不完整的方式呈现了书籍在女性日常生活(甚或情感世界)、不朽观念中的各种样态,显示出书籍阅读或流动如何助力完成文化传递、子女培育、女性群体集结等有意义的活动。她们与书籍的关系,无关治平,或与修齐有关,因为与功名无关,没有"学而优则仕"等利索的羁绊,故能呈现出男性书籍世界所缺少的自在氛围。

---

① [德]阿莱达·阿斯曼著,潘璐译《回忆空间:文化记忆的形式和变迁》,北京大学出版社,2016年,第360—361页。

第九章
三教之外又多一教：清代的小说戏曲阅读

金陵三山街是明代有名的书肆集中地，其名声或只有清代的琉璃厂能与之相比。在林立书肆中，蔡益所感觉处于人生的"体面时代"，情不自禁，指点江山：

> 你看十三经、廿一史、九流三教、诸子百家、腐烂时文、新奇小说，上下充箱盈架，高低列肆连楼。不但兴南贩北，积古堆今，而且严批妙选，精刻善印。俺蔡益所既射了贸易诗书之利，又收了流传文字之功；凭他进士举人，见俺作揖拱手，好不体面。①

蔡氏所描绘，是书业的"杂花生树、草长莺飞"的时代，繁杂中有勃勃生机。十三经、廿一史、腐烂时文，可推知大致流向；而九流三教、诸子百家，尤其是新奇小说在"兴南贩北"商业网络中又流入谁人之手？

"新奇小说"因为不登大雅之堂，相关阅读记录较十三经、廿一史之类，有云泥之别，即使有记录，也是"犹抱琵琶半遮面"；然揆之常情，绝不至于门前冷落。郑光祖《一斑录》卷四"销书可慨"曾述及其畅销之势：

> 偶于书摊见有书贾记数一册，云是岁所销之书，《致富奇书》若干，《红楼梦》《金瓶梅》《水浒》《西厢》等书称是，其余名目甚多，均不

---

① 孔尚任《桃花扇》，人民文学出版社，1984年，第189页。

至前数。窃叹风俗系乎人心,而人心重赖激劝。乃此等恶劣小说盈天下,以逢人之情欲,诱为不轨,所以弃礼灭义,相习成风,载胥难挽也。幸近岁稍严书禁,漏卮或可塞乎?①

小说戏曲销量自明以来迅速上升,并有"咄咄逼人"之势,"小说演义之书,未尝自以为教也,而士大夫农工商贾无不习闻之,以至儿童妇女不识字者,亦皆闻而如见之,其教较之儒、释、道而更广也"②。钱大昕面对此现象,不禁感叹,以为儒、释、道三教外又多一教。小说戏曲成为民众"创造"的一教,不单是商业出版的成功,而且是人心或社会风气的变化。

小说戏曲销量及影响的异军突起,虽然不能称之为"文化革命",但确实影响了明清人的生活方式,牵涉娱乐活动、情感世界甚至文化制度,钱大昕称"小说演义"之书在三教之外又添加一教,③已看出其力量渗透到整体生活方式之中。清人关于小说戏曲的种种言行,零散中似有一致性存在,而这一存在,有助于理解那些读者的自我意识及其社会活动是如何形成的。

十九世纪三十年代以来,英国因为中产阶级的迅速扩大、出版业的发展以及铁路系统的推助,形成了"群众性"的读者大众,④虽然不能挪用此说,贸然推测清代也有小说戏曲的"大众阅读",但可以肯定的是在交通较为便利、经济较为发达的南方,受城镇人口增长等因素的影响,小说戏曲的阅读群体已得到前所未有的扩展。

---

① 黄霖《金瓶梅研究资料汇编》,中华书局,2005年,第572页。
② 钱大昕《正俗》,见陈文和主编《嘉定钱大昕全集》(增订本)第9册《潜研堂文集》卷十七,凤凰出版社,2016年,第271页。
③ 关于"文化革命",参见[英]雷蒙德·威廉斯(Raymond Williams)著,倪伟译《漫长的革命》"导言",上海人民出版社,2013年,第3页。
④ [英]雷蒙德·威廉斯著,倪伟译《漫长的革命》,第177页。

第九章 三教之外又多一教:清代的小说戏曲阅读

一、私家藏书目录中的小说

袁行云《清人诗集叙录》摘录了诗集中的丰富史料,其中包括不少康熙至道咸间文人看小说戏曲的线索,笔者据此书统计,看《桃花扇》史料有 28 则,《红楼梦》10 则,《聊斋志异》7 则,《长生殿》5 则,《牡丹亭》5 则。《叙录》所及诗集多出自知名文人或有科名文人之手,他们欣赏小说戏曲的趣味或眼光基本上可列入高雅一类,或者说呈现的是"精英阶层"视域;在这些小说戏曲中,内涵丰富、众美融汇的《桃花扇》持续受关注,或正是这一雅正欣赏趣味的表征。①

相较而言,清代笔记载阅读通俗小说较多,呈现的是一"修饰"较少的状态,如刘廷玑《在园杂志》录 38 种,俞樾《小浮梅闲话》录 11 种,邱炜萲《菽园赘谈》录 46 种,平步青《霞外捃屑》录 42 种。② 俞樾对通俗小说的关注与考证,收录在《小浮梅闲话》《壶东漫录》《茶香室丛抄》《茶香室续抄》《茶香室三抄》《茶香室四抄》《九九销夏录》《春在堂随笔》等笔记中,涉及二十几部通俗小说的本事、作者等问题的考证,这些小说包括《西游记》《三国演义》《红楼梦》《水浒传》《封神演义》《金瓶梅》《玉娇李》《隔帘花影》《平妖传》《禅真逸史》《清风闸》《女仙外史》《辽东传》《英烈传》《后水浒传》《西游补》《儒林外史》《今古奇闻》《三宝太监西洋通俗演义》《开辟演义通俗志传》《隋唐演义》《说唐演义》《杨家通俗演义》《龙图公案》《说唐薛家府传》《今古奇观》等。这些书目在数量上超过同时代其他学者的小说阅读量,其中不仅有《三国演义》《水浒传》《红楼梦》等已广为流传的名作,也有《龙图公案》《清风闸》《今古奇观》《今古奇闻》这些出

---

① 关于《桃花扇》的题咏,可见张莉、徐雁平《〈桃花扇〉题辞的文本生成与诗学特质》,见《厦门广播电视大学学报》,2013 年第 3 期。明清尤其是清代观剧诗研究,可参见江巨荣《诗人视野中的明清戏曲》,复旦大学出版社,2018 年。

② 潘建国《古代小说文献丛考》,中华书局,2006 年,第 265 页。

自说书艺人之手的话本作品。① 从诸小说在笔记中出现的次数而言，《三国演义》《水浒传》《西游记》引发俞樾更多兴趣。

清代文人对小说戏曲的爱好，大约在乾嘉之际有一转变。自嘉庆朝开始，读书人接触到更多的小说、戏曲；发展到道光年间，又是一新时段，管庭芬、黄金台的日记中就有江南地区基层文化蓬勃样态的记录。小说是较为稳定的消遣读物，戏曲可在场上搬演，亦可供案头翻阅。从《清人诗集叙录》相关史料来看，道光以后文人看小说、戏曲的数量明显多于此前时段。如阮文藻，江西安福人，道光二年进士，所撰《听松涛馆诗抄》卷五有《舟中无事翻小说二种漫题其后》。阮氏好读小说，如《武帝内传》《飞燕外传》《太真外传》《武宗外纪》以及《红楼梦》《金瓶梅》，靡不入吟。李於阳，云南昆明人，贡生，嘉道时人，所撰《即园诗抄》卷十五有《情史百咏(一百首录五)》，分咏赵判院、祝英台、杜十娘、李娃、霍小玉。周世滋，浙江衢州人，咸同间人，所撰《淡永山窗诗集》，卷五有《答人询石头记故事》，卷七有《题各种传奇二十二首》。② 阮、李、周，分别来自江西安福、云南昆明、浙江衢州，诗中所及小说戏曲有可能在外地游历所看，有可能在本土所阅，而进入《清人诗集叙录》虽有"随机抽样"性质，但也多少看出全国风气，特别是李於阳的《情史百咏》以及周世滋的《题各种传奇二十二首》，足见文人的好奇心与小说戏曲的广泛传播。

以上据《清人诗集叙录》及笔记所记载的小说戏曲信息，推测嘉道之际有一传播或阅读风气的新变，还可从官方查禁这一行为着手。清政府的查禁也在这一时段施行。嘉庆十五年，御史伯依保奏禁《灯草和尚》等五部艳情小说，拉开官方开列专门书目、收缴小说的序幕，此后共有四次大规模的小说禁毁，分别在道光十七年、道光二十四年、同治七年、光绪

---

① 谢超凡《俞樾诸子学与文学研究》，华东师范大学博士后研究工作报告，2007年，第138—139页。

② 袁行云《清人诗集叙录》，第2082页，第2143页，第2545页。《题各种传奇二十二首》分咏《琵琶记》《明珠记》《会真记》《三笑姻缘》《金钱记》《留鞋记》《雷峰塔》《寻亲记》《衣珠记》《金雀记》《烂柯记》《蝴蝶梦》《还魂记》《绣襦记》《占花魁》《八义记》《翠屏山》《一捧雪》《虎口余生》《长生殿》《石头记》《桃花扇》。

第九章 三教之外又多一教：清代的小说戏曲阅读

十六年，依次留下《计毁淫书目单》《应禁书目》《续查应禁淫书》《应禁淫词小说书目》等五份禁毁书目，去其重复，凡收录所谓"淫书"161种，其中包括《金瓶梅》在内的白话通俗小说有近90种。①

小说戏曲的被焚毁，是在公开范围中强力推行；而在较隐私的个人阅读世界里，禁毁令或社会舆论力量往往不能触及，故有相对的阅读自由。这一相对的自由阅读，在部分书籍目录中大略留存线索。光绪五年，延昌选补浔州府时所带书箱，所装书籍大约有45种，这是所谓的"行箧书目"。书目如下：

> 《皇朝经世文编》十套，《佩文韵府》廿四套，《大清律例》四套，《廿一史约编》四套，《大清会典》，《纲鉴易知录》八套，《康熙字典》，《渔阳(洋)精华录》二套，《律例便览》一套，《啸亭杂录》一套，《折狱便览》一套，《昭明文选》二套……《洗录详节》一套，《圣武记》二套，《福惠全书》一套，《宸垣识略》一套，《六部处分则例》四套，《陵寝图考》一套，《验封司则例》一套，经卷各部，《牧令书》三套，《鸿雪因缘》一套，《秋审实缓比较》四套，《随园诗话》二套，《驳案新编续编》五卷，《聊斋志异》二套，《军卫道理(里)表》一套，《红楼梦》全部，《律表》一套，《本草备要》，《医方集解》一套，《吏部新定保举章程》一本，

---

① 潘建国《古代小说文献丛考》，第264页。小说戏曲的阅读史研究，有必要对其中的小说部分作一区分，此处重点在通俗小说，略及文言小说。宋莉华《明清时期的小说传播》（中国社会科学出版社，2004年）对通俗小说与文言小说的传播予以区别对待，以显示传播方式及途径的差别，其中通俗小说的流通渠道就明显不同，作者从书坊与书坊主人、书场与说书艺人，以及小说租赁、刊刻等途径揭示。阅读史的研究是接受史研究的一部分，故可充分利用相关研究方法和成果。小说的接受史研究，已有一定的步骤或研究程式，如研究《水浒传》的接受，重点在历代的评点、戏剧的改编、其他小说（如侠义小说）的借用，此外，就是《水浒传》序跋中的评说，再就是从被官方禁毁这一方面逆推的小说流行程度。个案研究，可参高日晖、洪雁《水浒传》接受史》，齐鲁书社，2006年。而被禁毁与阅读传播的研究，多利用王利器《元明清三代禁毁小说戏曲史料》（上海古籍出版社，1981年）及其他由此衍生的补充史料集。

《验方新编》一套,《玉匣记》一套,《满汉祭祀礼节》一套……①

这份书目颇为混杂,其中多为做官时的必用书目,法令、规则、案例、指南性的书占一大半,如《福惠全书》等;还有一些文化素养之类的基本书籍,如《皇朝经世文编》《廿一史约编》《纲鉴易知录》《渔洋精华录》《昭明文选》等;消遣性的书籍也有数种,如《啸亭杂录》《鸿雪因缘图记》《随园诗话》《红楼梦》《聊斋志异》《玉匣记》等,结合其他记载考察,其中《红楼梦》《聊斋志异》已成为外出为官者的首选消遣书目。延昌的"行箧书目"所收书籍,颇为可观,这是因为他从京城出发,对即将赴任的浔州有一预判:"以上各书不过记其大略,所带尚不止此,即以浔州而论,书坊既少,书且不全,且纸板过劣,势必由京多带。"②但他携带如此多书籍,且多有"二套"者,如《随园诗话》《聊斋志异》,很可能一部分是自己用,一部分作为礼物在浔州赠送。

清代官员外出做官,常带一些必备或喜欢的书籍,③然其中是否带闲书,记录不多见,然据这些官员任上日记所载,时见读闲书,这些书籍或是借阅,或就地购买,或随身携带。这些行箧所携带的书,是这些官员或读书人家中藏书的一部分,因此有必要深入窥探其"书房一角"。

1936年4月,阿英作《浙东访小说记》,叙说他至浙江余姚访卢氏家藏小说,结果是:

诚然有八箱之多,可是并没有什么"善本",不普通的名字很少很少。最早的本子,也只是嘉庆所刻《品花卷》《画图缘》《回文传》《云中雁》《鱼水缘》《花月因缘》几种,算是最出色的。

全目共计有小说一百十余种,近千册,间有铅、石印本子,亦有

---

① 延昌《知府须知》,清抄本,收入《四库未收书辑刊》第4辑第19册,第238—239页。在这份书目外,延昌还列有"府考应用各书"数种。
② 延昌《知府须知》,第239页。
③ 曾国藩道光二十三年充四川乡试正考官时,携带书籍百余种,其中没有小说等闲书。见刘金元《悠远的书香:富厚堂藏书楼研究》,岳麓社,2013年,第109—113页。

复本。藏小说数逾千册,自然已是难得,并可想见藏者生前对小说之兴味。惜乎版本太普通,加以近三分之一都给亲戚们拿去,遂不能不令我更感到失望。①

卢氏所藏小说,除阿英在文中所列数种知名度较低的之外,其他今日小说史范围内必论及的基本都在目录之列,如《荡寇志》《水浒传》《镜花缘》《石头记》《西游记》《金瓶梅》《老残游记》《水浒后传》《龙图公案》《儒林外史》《聊斋志异》《醒世姻缘》,等等。阿英是从稀见或善本的标准来看卢氏藏小说目录,故有不足为奇之意,然倘就"对小说之兴味"或小说在普通读者(而不是讲求版本的藏书家)群中的流行程度,则这一百十余种的私藏小说颇有一些可发掘的意义:其一,其时在1936年,似可倒推卢氏在民国初年或晚清时的小说阅读情形,这批小说有可能是部分承袭家藏然后累积而成;其二,小说"间有铅、石印本子",说明大多为刻本或抄本,可推测卢氏小说收藏"汇集成形"的时间较早;其三,卢氏"对小说之兴味",不是孤立现象,阿英在文中提及"宁波是马隅卿先生的故乡",似是以马廉对小说的收藏与研究预设了对这一地方的期待。从清代小说流传的地域特点,以及浙江私家藏书目录、日记中所记录的小说阅读、小说研究者群体而言,卢氏不是一枝独秀。

浙江藏书家收集或阅读小说,可能是较普遍现象。光绪十五年海宁邹存淦编《己丑曝书杂记》,称"传奇归入词曲类中,其演义等小说另附于后",小说存目中列17种小说,有《水浒传》《醒世姻缘传》及《红楼梦》系列,等等。②《钱塘郭氏经纬书库藏书目录》立"小说类",收书55种,其中有几种笔记,其他皆为小说弹词,如《西游记》《三国志演义》《大字红楼梦》《聊斋志异》《镜花缘》《施公案全传》《全图列国志》《说唐后传》等,③据所著录书目,此目当编于清末。

---

① 阿英《浙东访小说记》,《小说二谈》,上海古籍出版社,1985年,第96页。
② 邹存淦《己丑曝书杂记》,稿本,台北"国家图书馆"藏。
③ 《钱塘郭氏经纬书库藏书目录》,浙江图书馆藏稿本。

阿英所见卢氏藏小说目录,很可能不是卢氏生前亲手编定,而是卢氏去世后他人所编,故有"财产登记目录"性质,因而更能反映藏书的真实状况。类似情况,有扬州吴氏测海楼所藏小说可作比照。吴引孙(1851—1920?)祖父书斋名为"有福读书堂",光绪十九年吴引孙编定自己第一份藏书目录《有福读书堂书目》,共分十一类,其中对"说"类的界定是"小说,本子类之一,然其中多鄙俚之作,不登大雅,未便阑入子部,故以说类别之",对小说似有警惕之意;光绪三十年,吴引孙编《测海楼书目》,改十一部分类法而为四部分类法,小说在著录中是被删汰的重要对象。吴氏去世后,其藏书几经周折,最后入富晋书社上海分社,陈乃乾编成《扬州吴氏测海楼藏书目录》四册,在《子总部·小说类》中呈现测海楼所藏 82 种通俗小说书目,29 种弹词小说。潘建国对这批小说的判断是:

> 测海楼所藏通俗小说,虽然没有令人惊叹的善本、孤本,悉为"习见之本",但数量繁多,且本本皆为吴引孙宦游浙粤之际费心收罗所致,每得一书,必钤藏印于首叶,并手识曰几函几册几元几角,函以板,悬以签,无折角,无缺叶,完好整洁,无虫鼠之蚀,透露出对小说的喜爱之情,这在清代藏书家中是颇为罕见的。[①]

吴氏所期待小说确实为"习见之本",其中世情、公案、演义、侠客等类型明显,其中如《增评补图石头记》《红楼圆梦》《红楼梦补》《后红楼梦》,以及《绣像水浒传》《水浒后传》《绘图荡寇志》等"小系列",则可见阅读兴趣的延展。在 82 种通俗小说书目中,有 55 种书名中标示"绣像""绘图"等字样,29 种弹词小说中则有 23 种类似标示。"习见之本"与"绘图""绣像"的关联,暗示这批小说不是作为传之后代的藏品,而是日常生活中的消遣读物。吴引孙是光绪五年举人,又来自书香之家,似乎不必在乎这

---

① 潘建国《古代小说文献丛考》,第 283 页。本节吴氏测海楼文字及相关史料,皆依据潘建国相关论文改写,特此说明。

第九章 三教之外又多一教：清代的小说戏曲阅读

些小说是否有"绣像""绘图"，而吴氏有如此喜好，想必是追求赏心悦目的读物。或者，这些"绣像""绘图"本还有吴氏家中其他读者，如妻子、儿女等。①

潘建国指出，清代私家书目著录通俗小说可分两个时段考察，一是清初钱曾《也是园书目》与祁理孙《奕庆藏书楼书目》所代表的时段。《也是园书目》于四部之外，创设"戏曲小说"类，其中著录《灯花婆婆》等词话小说16种，《古今演义三国志》等通俗小说3种；《奕庆藏书楼书目》子部分为十家，第九家"稗乘家"有一目名为"演义"，惜未著录小说。私家藏书目录很少著录小说，原因有多种，如政府不断查禁、社会舆论的鄙视，等等，如乾隆刊《远色编》卷中"劝藏书家"云："阀阅旧家，藏书充栋，以备考览，以示子孙；若将淫书一概什袭，流传后代，能保子孙不过目乎？少年心志易惑，是为祖为父教之为不肖、为禽兽也。亟宜检出，尽付祖龙，方称为诗礼之家。"②然"此后，直到晚清之前，几乎再没有一部公私书目，对通俗小说书目有过明确像样的著录"③。此说欠稳妥，似有必要调整，现举数种私家藏书目录著录通俗小说（兼及戏曲）情况如下：

纳兰揆叙为纳兰性德之弟，有《谦牧堂藏书总目》，其中"暑字一号"著录"小说"，有《英列传》《龙图公案》《三国志》《禅真逸史》《后水浒》《平妖传》《拍案惊奇》《东西汉》《玉娇梨》等35种；"暑字二号"中有《警世通言》《金瓶梅》《西游记》《水浒后传》《醒世姻缘传》等，《西游记》有三部。④

康熙时谢珊峤辑《清阅楼书目》"史集"有"传记类"，其中收《列国传》《两汉演义》《三国演义》《三国志传》《两晋演义》《五代演义》《残唐记》《剑

---

① 据吴引孙《自述年谱》，吴引孙妻钟氏民国三年卒，吴氏云："余与钟夫人结缡四十三年，苦甘与共，形影相随，一室倡随，深资内助，一旦永诀，老境何堪。"转引自潘建国《古代小说文献丛稿》，第279页。从吴氏所述，钟氏可能有一定文化修养。
② 潘建国《古代小说文献丛稿》，第258—259页。以上叙述及材料，皆据此书。
③ 潘建国《古代小说文献丛稿》，第258页。
④ 纳兰揆叙《谦牧堂藏书总目》，东武刘燕庭抄本，陈红彦主编《国家图书馆藏稀见书目书志丛刊》第3册，国家图书馆出版社，2017年，第355页。

侠传》《剪雪传奇》《如意传》。①

《蘋花阁藏书目录》著录《东周列国志》、第五才子书(即《水浒传》)、《红楼梦》。②

可能是乾隆初年人编辑的《静寄轩书目》中有"四大奇书"(五才子《水浒》、《西游真诠》、毛声山批《三国》、金圣叹(批)《金瓶梅》),又有"续四大奇书"、《东西汉》《隋唐传》《封神演义》《女仙外史》《醒世姻缘》《玉娇梨》《平山冷燕》等。③

《怡府书目》主要是永瑆袭怡亲王期间(乾隆四十四年至嘉庆四年)由府中之人所辑,其后略有增益。该书目在最有特色的珍稀宋版书之外,在子部中收录《今古奇观》《拍案惊奇》《醒世恒言》《水浒传》《水浒后传》《三国志演义》《金瓶梅》《石头记》《艳史》《桃花扇》《缀白裘》等传奇小说。④

以上所列五种书目,皆在清代前中期,有一共同特点,即皆以抄本存世,这说明这四种书目不是藏书家亲手编定或经认可后刊布的,其状态与余姚卢氏所藏小说书目近似,是未经筛选、未经编排的藏书"原生态",故《金瓶梅》在两家书目中出现,而其"粗糙"处在《静寄轩书目》中还有呈现,此即小说书目前为科举用书,后为佛教书籍。

二、看小说作为日常生活一部分

温州赵钧(1786—1866)日记中⑤,所记购书不多,读小说戏曲史料

---

① 衍璜《阅清楼书目》不分卷,道光六年抄本,《国家图书馆稀见书目书志丛刊》第4册,第353页。
② 《蘋花阁藏书目录》,清抄本,《国家图书馆稀见书目书志丛刊》第6册,第364页。
③ 闲闲主人《静寄轩书目》,《国家图书馆稀见书目书志丛刊》第6册,第420页。
④ 黄一农《从e考据看避讳学的新机遇:以己卯本〈石头记〉为例》,《文史》2019年第2期,第218—219页。
⑤ 赵钧著,陈伟玲整理《赵钧日记》,中华书局,2018年。赵钧,字定斋,浙江瑞安人,道光朝贡生,以教授生徒为业。

第九章 三教之外又多一教：清代的小说戏曲阅读

更少见，然道光十九年间有一则近似笔记的记录：

> 六月间一日，林生元璧以小说《缀白裘》示余。淳儿取看，曰"此野书也"，置不阅。但未知其异日通晓文义时，亦知不读无益之书否。①

赵钧所记略有不准，《缀白裘》是清代较为流行的戏曲选集。他特意记录"淳儿"对此书的态度，而"淳儿"的头脑中对书籍已形成或被灌输正邪的观念。赵钧自言自语式的担心，当有过来人的经验，对"淳儿"日后"不读无益之书"并无十足的信心；而"淳儿"所说"野书"，赵钧所谓"无益之书"，有一深远的文化背景，或者说有所谓的"未意识到的凝固的知识结构"②。

这一知识结构，与儒家通过"四勿"建立起的视、听、言、动约束规范密切相关；知识结构或规范的深化，在阅读方面也有体现，朱熹提示魏元礼子魏应仲"少说闲话，恐废光阴；勿观杂书，恐分精力"③，此语又见胡广《性理大全》卷四十三、袁黄《训儿俗说》等书。胡、黄二书，自明清以来，流布较广，影响深入人心。至于妨碍正学的杂书或无益之书，明代高贲亨在《高提学洞学十戒》中专条提示。此十戒，实即白鹿洞书院学规，其中第八条对"无益之书"予以界说："如老庄仙佛之书，及《战国策》，诸家小说，各文集，但无关于圣人之道者，皆是。"④书籍被划分类别，进而分为有用无用，与道德、风俗、国计民生等牵涉。自先秦以来，相关论说及管控愈发严苛，特别是宋以来，书籍刊印的便利，书籍数量的增加，以及书价的相对便宜，读书人可得到更多的书籍，这更引起一些士人的忧

---

① 赵钧《赵钧日记》，第 196 页。
② 此说见罗祎楠《思想史视野中的质性研究：以方法意涵的构建为例》，见《社会》，2019 年第 1 期。
③ 朱熹著，刘永翔、朱幼文校点《晦庵先生朱文公文集》，见朱杰人、严佐之、刘永翔主编《朱子全书》第 22 册，上海古籍出版社、安徽教育出版社，2002 年，第 1767 页。
④ 陈弘谋撰，苏丽娟点校《五种遗规》，凤凰出版社，2016 年，第 28 页。

虑。吕坤云："古今载籍，莫滥于今日，括之有九，有全书，有要书，有赘书，有经世之书，有益人之书，有无用之书，有病道之书，有杂道之书，有败俗之书。《十三经注疏》《二十一史》，此谓全书，或撮其要领，或类其隽腴；如《四书》《六经集注》之类，此谓要书。……无关于天下国家，无益于身心性命，语不根心，言皆应世，而妨当世之务，是谓无用之书，又不如赘。佛、老、庄、列，是谓病道之书，迂儒腐说，贤智偏言，是谓杂道之书；淫邪幻诞，机械夸张，是谓败俗之书。"①高贲所谓"诸家小说"，应是传统的"小说家"所录图书，未及通俗小说，吕坤活跃于万历年间，所谓"败俗之书"，则可能指向流行的小说戏曲。

"败俗之书"或无用之书是书林中的稗类，大多数人能容忍，一些卫道者则要指点或指摘，李慈铭《荀学斋日记》云："钱竹汀氏尝言：'近世有小说之学，凡市井伪造故事，传之优伶，最足以惑耳目而坏心术。'此笃论也。"②周馥《负暄琐语》卷上云："小说闲书，不可入目。余幼时见友人说《列国演义》，事迹多实，因瞒先生借观之，过目不忘。后又阅《三国演义》，则觉其张皇粉饰，无足观矣。……余幼时见乡塾子弟案头只有时文数册，必窃鄙之；若见有淫词曲本，更鄙其人，遂不与往来。尔辈读书，须知去取，勿枉费光阴。"③

有用无用之书的区分及阅读的引导，也列入家训，《中湘谭氏续修族谱》卷二"家训·汰杂编"云："自经史古文外，诸子百家以及医卜算法种植之书，皆有可用，惟淫词艳曲、传奇小说，毫无根据，妄肆狂言，少年子弟见而悦之，津津于口，遂恋恋于心，其为害不浅。父兄必明示惩戒，以杜渐防微。大凡人家案上有此书兼以各色玩器，自是不好消息，甚未可以其小而忽之也。"④这类说法，可能是朱用纯《劝言》所说的翻版："尝见

---

① 吕坤《呻吟语》卷六《外篇》"物理"条，见吴承学、李光摩校注《呻吟语·菜根谈》，上海古籍出版社，2000年，第388—389页。
② 朱一玄《明清小说资料选编》，南开大学出版社，2006年，第156页。
③ 朱一玄《明清小说资料选编》，第99页。
④ 谭木芳等纂修《中湘谭氏续修族谱》，民国十三年济美堂木活字本。转引自张廷银《族谱所见文学批评资料整理研究》，人民文学出版社，2012年，第193页。

第九章 三教之外又多一教：清代的小说戏曲阅读

人家几案间摆列小说杂剧，此最自误，并误弟子，亟宜焚弃，人家有此等书，便为不祥。"①朱用纯（柏庐）言论影响广泛，前所引周馥之说，也有朱氏《劝言》的影子。

读小说可能坏人性情心术，亦有损作诗。路德《书王生杂体诗后》中指出读诗要认体、要取法乎上，兼收博采，随性之所近，自成一家之言，要排除村言俚语及小说中的诗作，"稗官小说如《聊斋志异》《红楼梦》之类，其所载诸诗脍炙人口，出自才人之手，而以风雅律之，其中多有可议，但可资笑噱，不可供披吟，傥误以为佳而摹仿之，则贻误终身不可救药矣"②。

对小说闲书的不断贬抑，说明小说闲书频频越界，"侵入"正经书的领地；与此同时，观念或道理上的清晰或正确，并不能保证日常阅读选择的泾渭分明。收束与越界的并存，使得阅读活动更具有人间气息。

理学家日记中的看小说记载

小说等闲书，是看还是不看；若看，看多长时间，看几种，对于清代读书人而言，确实是一个问题。这种内心的掂量或者"斗争"有时在日记中被记录下来，或者没有明说，在字里行间暗示。

李棠阶（1798—1865），河南河内人，道光二年进士，他早年的日记主要内容是修身养性、齐家育人，日记多记从早晨起床到晚上就寝时有多少杂念、妄念、色念，静坐、待客如何，看书练字、闲话几何。李氏治学观念是"学只在日常行间""学只在力行""养心唯在甚戒慎""非私欲净尽，心安得有正时"。③ 以这种心态面对闲书，自会见波澜起伏：

> 道光十三年五月二十九日，偶翻《红楼梦》，无益之书，徒乱人意。切戒！④

---

① 陈弘谋撰，苏丽娟点校《五种遗规》，第 274 页。
② 路德《柽华馆杂录》，光绪七年刻本。
③ 李棠阶《李文清公日记》"前言"，岳麓书社，2010 年，第 3—5 页。
④ 李棠阶《李文清公日记》，第 30 页。

  道光十四年六月十八日,酉正,见关先生阅《聊斋》,取阅数条,均有劝惩微意,而宁生之不为色诱,不为金动,尤足尚也。①

  六月二十七日,仰卧方来斋中,间阅《聊斋》一二则,颇觉闲适。旋又睡着。此心未免芒荡矣。②

  六月二十八日,晚与母亲说《聊斋》曾友于、何昭容、大成三则。母亲喜听之,即戒诸媳皆当存好心,做好事,善恶到头终有报也。③

  七月二日,近来傍晚屡看《聊斋》,其有关于劝惩者固不少,然言究荒诞不可也。且郑卫之音,忘倦看之,至不忍释手,是沉溺也。玩物丧志,莫甚于此,以后决不许看。④

此后,李棠阶日记中无看小说记录,看书渐趋谨慎,道光二十九年六月十七日日记:"翻《困学纪闻》,真是丧志。又小憩,起经事。申刻看《中州道学编》,有感发处。窃思自己并非通身振得起、立得住,零星补缀何益?"⑤李棠阶道光二十六年读过《日知录》,尚无异常评说。《困学纪闻》一书,清人多认为与《日知录》性质相近,从"窃思"后的述说来看李氏读此书,意在补充学问,然迅即被否认,认为此乃饾饤之学,有丧志之害。道光三十年四月二十九日日记:"看《千家诗》,多风月语,无关劝戒。"⑥以"劝戒"作为标准来衡量诗作,是他读《聊斋志异》所在意"劝惩"的延续,而读《困学纪闻》惊呼"丧志",在读《聊斋志异》中亦可见。李棠阶不

---

① 李棠阶《李文清公日记》,第 34 页。
② 李棠阶《李文清公日记》,第 37 页。
③ 李棠阶《李文清公日记》,第 37 页。
④ 李棠阶《李文清公日记》,第 39 页。
⑤ 李棠阶《李文清公日记》,第 699 页。
⑥ 李棠阶《李文清公日记》,第 734 页。

第九章 三教之外又多一教：清代的小说戏曲阅读

但毅然告别小说，连其他"无益之书"也是严阵以待；他喜欢用"玩物丧志""丧志"等语词来评判，这也是朱熹论说中的重要语词。朱熹批评的是记诵之学或博杂的学问，李棠阶则予以扩展，评判包括小说在内的诸多书籍。

李棠阶阅读小说记录的特别价值在于他以自省的方式呈现了内心的"斗争"状况。道光十三年、十四年他在京城，有机会阅读到丰富的图书。其时《红楼梦》正在读书人中流传，因而李氏有"偶翻"的机缘，但被他果断地拒之门外。李氏五月二十九日"切戒"看《红楼梦》，并非突兀之事，五月二十五日日记："看《教女遗规》内《善行》并《温氏母训》，委曲周详，堪为世法，今人家妇女能此者，百无一二，盖女教不讲久矣。"① 六月初四，随父亲等人去看戏，"多为所牵诱，女色尤甚"②。五月二十八日，"随父亲暨诸人共往听戏。戏无可听，凝神静坐，颇亦凝定"③。有可能《教女遗规》中的女教观已在李棠阶内心预设了与《红楼梦》的对立，但在看戏过程中，还蕴藏内在冲突，故觉看戏无益，其中"女色尤甚"，然父亲等长辈又喜看戏，此事涉及《论语·为政》子夏问教的"色难"问题，所谓侍奉父母保持和颜悦色很难；父亲看戏，不能不陪同，而"戏无可听"，只能以静坐求凝定，涤除妄杂之念。在此状态中，排斥《红楼梦》自是必然之事。

一年之后，又是偶然的机会，李棠阶看到《聊斋志异》，起初因小说中有"劝惩之意"，又有"不为色诱"之人，故间阅一二则，有闲适之感，又说与母亲听，所谓"承欢慈母前"，母亲即以其中"报"的观念教导诸媳。事情至此，似已圆满，然李棠阶不断反省，觉察出其中荒诞不经与郑卫之音，阅读心态从偶然进入顺适，再到警惕，最终逆转。几天之内，《聊斋志异》的阅读心态就有起伏变化。

同是理学家，曾国藩读书颇多，日记中所记看小说、戏曲也只寥寥几

---

① 李棠阶《李文清公日记》，第29页。
② 李棠阶《李文清公日记》，第31页。
③ 李棠阶《李文清公日记》，第29页。

种。道光二十年十一月初八看《绿野仙踪》,有"心甚不收"之语。①《绿野仙踪》写冷于冰广积阴功修炼成仙,所涉及内容颇为丰富,有神怪小说色彩,又写官场黑暗腐败,同时夹杂不少淫秽描写,或是某一敏感内容,让曾国藩"心甚不收",然曾国藩并未释手,十三日夜"看小说数十叶",十四日"夜看小说,至三更始睡"。其时曾国藩才过三十,血气正盛,心性未定,或在左冲右突之际,可能受李棠阶等责善会所倡导的理学的影响,②自省修身之际,故有此语。读《绿野仙踪》外,同治四年十一月间读《水浒传》;同治七年四月二十一日读《儒林外史》解闷,连续七天阅读,四月廿六日日记云:"阅小说《儒林外史》十余叶,是书极诋士人多穿窬之行,丑态百出,览之足以解颐,亦用自儆。"③同治九年四月连续读《阅微草堂笔记》,而阅读时间较长的是同治五年五月廿五日开始的《红楼梦》,多则三卷,少则一卷(或十余页),断续延至此年七月廿六日。

曾国藩看《红楼梦》,在日记记载中有两个时段,其一是咸丰十年,其二是同治五年。

咸丰十年十一月湘军正与太平军在江西、安徽一带战斗,十一月卅日曾国藩日记云:

> 接江西总局新刻英吉利、法郎西、米利坚三国和约条款,阅之,不觉呜咽,比之五胡乱华,气象更为难堪……与(冯)树堂鬯谈最久。

---

① 曾国藩《曾国藩全集·日记》第1册,岳麓书社,2012年,第47页。
② 据李棠阶日记考察,责善会是一个主要由旅京河南同乡组成的理学共修团体,自道光十三年持续至二十年三月,其主要会员最初有李棠阶、王錱(宝儒)、吴佩斋、靳蕉洲、齐渔汀等,后又有倭仁(艮峰)、刘惺庵、王检心(子涵)、王涤心(子洁)、陈心一(敬亭)、杨毅斋、畏斋、讷斋等人陆续加入。会员大体上每十日一会,轮流做东,会面内容似无严格规定,或相与论学,或互相规劝,或焚香静坐,偶尔也有类似会规的共同约定。道光二十年唐鉴再官京师,倡导正学,以唐鉴为中心,吴廷栋(竹如)、窦垿(兰泉)、何桂珍(丹溪)等人形成了另一个在京理学团体,倭仁加入了这一新团体,并发挥重要作用。曾国藩与此后起理学团体关系密切。彭勃《道咸同三朝理学家日记互批研究》,见《华南师范大学学报》,2019年第1期。
③ 曾国藩《曾国藩全集·日记》第4册,第51页。

第九章 三教之外又多一教：清代的小说戏曲阅读

> 树棠因时事日非，愤闷异常，阅看《红楼梦》，以资排遣。余亦阅之。①

冯卓怀（树棠）是曾纪泽的老师，其时在曾国藩幕中。这是特殊时刻的阅读，此后未见记录。至同治五年平定东南之后，后果看此书，至同治六年尚在曾国藩案头，其时曾氏在南京，任两江总督，赵烈文是其幕宾，日记中记录曾氏言行颇多。六月十三日日记云：

> 食毕，至涤师内室谈，见示初印本《五礼通考》……又示进呈之《御批通鉴》刊本，大几半桌，亦向所未见。又以余昨言王大经禁淫书之可笑，指示书堆中夹有坊本《红楼梦》，余大笑云：督署亦有私盐邪？②

七月初十日赵烈文日记中记录主宾谈话，直指朝政：

> 师又言：本朝乾纲独揽，亦前世所无……即如九舍弟参官相折进御后，皇太后传胡家玉面问，仅指折中一节与看，不令睹全文，比放谭、绵二人查办，而军机恭邸以下尚不知始末。一女主临御而威断如此，亦罕见矣。
> 余曰：然，顾威断在俄顷，而蒙蔽在日后，究竟此案模糊了局，不成事件，覆疏全无分晓，未见中旨挑斥一字也。大家规矩素严，臧获辈当面谨愿奉法，而一出外则恣为欺蔽，毫无忌惮。一部《红楼梦》即其样子，又足多乎？③

曾国藩这两天日记如同在此前后其他日记一样，不录具体谈话内容，只有"至惠甫处一谈"的简略记录。日记中的"臧获"即奴婢，从记录看，赵烈文也熟悉《红楼梦》（尽管赵氏日记未记录），故与曾闲谈，能用

---

① 曾国藩《曾国藩全集·日记》第 2 册，第 105 页。
② 赵烈文《能静居日记》，岳麓书社，2013 年，第 1063 页。
③ 赵烈文《能静居日记》，第 1079 页。

485

《红楼梦》大户人家的规矩与婢仆在外肆意横行之事议论朝廷。曾赵所谈王大经查禁淫书一事,据学者考证,未见其他文献记载。王大经于同治四年五月署江苏按察使(专管刑名),次年五月署布政使(管财赋和人事),同年秋,补安徽江安粮道。清代的府、州、县正堂以及省级的按察使、巡抚、御史等官员,不乏因职掌相关且为博得"教化"声名而颁禁淫书之令,①故所论王大经查禁一事,可能在江苏巡抚丁日昌同治六年上《苏省设局刊书疏》发起禁毁淫词小说之前。②

曾纪泽受其父曾国藩影响颇深,他是否传接父亲读小说的爱好?似不易考定。然曾纪泽日记所记读小说之事有不同寻常之处。

曾纪泽同治十一年在长沙,九月十二至十五日日记中有看小说的记录,十二日日记:"(早)饭后看《史记》'吴王濞传'。……至上房一坐,看小说良久,写折扇三柄。……(饭后)偕唐侯至书局一坐。归,看小说,夜饭后看小说甚久。"连续四天每天有三个时段看小说,惜不知何种小说。十一月二十一日,"舆中看小说五本,舟中看小说三本"③;二十二日,"饭后归舟,看小说五本,午饭后看小说三本";二十三日,看小说一本;廿六日夜饭后看小说三本;廿七日舆中看小说二本;廿八、廿九、十二月初一、初九,皆有看小说记录。曾纪泽日记中所说多少"本",当是册。舆中、舟中、饭后看三五册,应是浏览,消遣而已。

同治十二年十二月廿八日起,曾纪泽开始看《聊斋志异》,至同治十三年正月初四看毕。光绪元年三月廿九日又看《聊斋志异》,至四月初五换看《水浒传》,四月十二日日记:"夜饭后,教芝松看《水浒传》,为讲解一

---

① 相关梳理考证,见黄一农《清代传禁〈红楼梦〉之人际网络:从赵烈文日记谈起》,见《红楼梦学刊》,2013年第4期,第18页。

② 丁日昌《苏省设局刊书疏》中有语云:"目前人心不古,书贾趋利,将淫词邪说荟萃成编……诚恐此种离经畔道之书,各省皆有,应请旨饬下各直省督抚,一体严加禁毁。"同治七年三月,丁氏请旨获准,四月,颁《札饬禁毁淫词小说》,称"《水浒》《西厢》等书,几于家置一编,人怀一箧……近来兵戈浩劫,未尝非此等逾闲荡检之说默酿其殃。"丁氏禁书一百余种,《红楼梦》及其续书亦在其中。参黄一农《清代传禁〈红楼梦〉之人际网络:从赵烈文日记谈起》,第19—20页。

③ 曾纪泽撰,刘志惠整理《曾纪泽日记》,中华书局,2013年,第249页。

第九章 三教之外又多一教：清代的小说戏曲阅读

卷。至内书房看《水浒传》二卷。"①芝松暂不能考是何人，或是曾纪泽幕僚，或是关系亲密者，因四月十六日日记中有芝松代曾氏拟信函。若如此，则又是《水浒传》在官僚阶层传播一重要细节。《水浒传》阅读记录到四月廿二日止，其中四月十九日日记可见《水浒传》引人入胜："归，看小说良久。饭后至上房，与季妹一谈，看小说良久。访曹镜初，不晤。……归，看小说极久，夜后复看良久。"②

光绪二年二月至十二月曾纪泽一边学英语、看古文，同时看小说，"看小说良久"的记录远超"看（或抄）英话良久"的记录，看小说时间多在饭后，有时在舆中，所看小说不提书名，仅在十二月三十日点出《快心编》。英语学习延续到光绪三年，常看书是《英语韵编》，小说阅读与之伴随，元月初五日日记终于记录在读的小说是《儒林外史》。光绪四年看《自逌集》，学英语，仍旧看小说，并于七月看"英人小说"。曾纪泽读小说已养成习惯，在光绪四年出使英法之际，除温习《诗经》《庄子》、父亲曾国藩文集等书外，仍以读小说排遣。

曾纪泽所看小说或者所看书，很可能保存在一份藏书目录中。这份名为《湘乡曾氏藏书目录》的抄本现存湖南图书馆，据考证，很可能就是曾纪泽的藏书目录。这份目录按书箱或者书架编号，现摘录部分条目（每号之下未全录）：

第卅壹号
《苏黄雅谭》一本
《水浒传》十二本

第卅七号
《尔雅》
《仪礼正义》

---

① 曾纪泽撰，刘志惠整理《曾纪泽日记》，第 470 页。
② 曾纪泽撰，刘志惠整理《曾纪泽日记》，第 472 页。

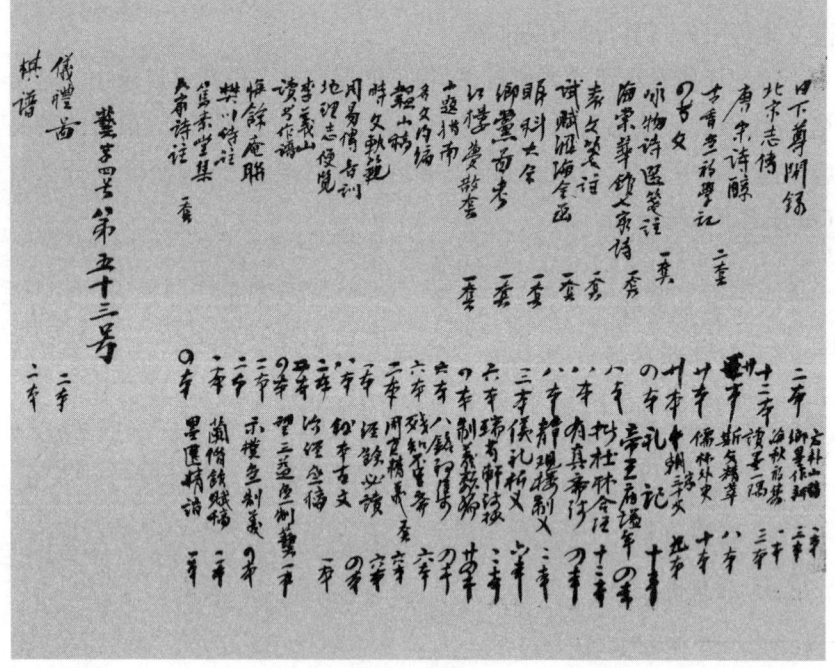

图 14 《湘乡曾氏藏书目录》抄本，湖南图书馆藏

第九章 三教之外又多一教：清代的小说戏曲阅读

《列女传》宋本，满小姐，四本
《阅微草堂笔记》，出，满小姐，十六本
《山海经》三本
《斯文精粹》六本
《聊斋志异》十六本
《验方新编》八本
《小字典》，出，满小姐，四十本
《太平广记》，五套，残的，四十本
《说岳传》二本
《三百首》六本
《幼学》二本
《花镜》四本
《红楼梦》廿四本

随身书箱一号
抄本古文十四本
抄本诗九本
抄本文苑传五本
抄本古文五本
《文选》十三本
《左传详纲》十本
《万六经》廿本
王阮亭诗十本
《汲古阁史记》六本
《汉书》十本
《湖北全图》卅二本
《姚园语策》六本
府厅州县志八本
《庄子》二本

《书纂言》二本
《读书杂志》二套十六本
《朱子年谱》,方取回,四本
《韩文考异》四本
唐四家诗四本
《汤子遗书》四本
《汉书地理志水道图说》二本
古格言一本
《历代帝王表》,残首本,三本
《皇朝谥法考》乙本
《方舆纪要形势论略》二本

第四十八号
《国策》十本
《穀梁》二本
《仪礼郑注句读》五本
《说文》五本
《缀白裘》四套四本
《儒林外史》十六本
《西厢》二部
《太平广记》二套十本
《镜花缘》三套
《红楼梦》十二本
《说唐》,残,十一本
《儒林外史》十四本
《仪礼图》二本①

---

① 曾氏《湘乡曾氏藏书目录》,抄本,湖南图书馆藏。以上为博士生尧育飞 2019 年 1 月抄录,特此说明。

第九章 三教之外又多一教:清代的小说戏曲阅读

《湘乡曾氏藏书目录》应是曾氏藏书混合目录,其中第一至三十九号著录的主要为经史子集,第四十号至四十九号标有"朴字号",第五十号至五十四号标为"艺字号",全目著录书籍 1200 余种。① 在"艺字三号·第五十二号"中,收录"《红楼梦》,散套,一套,四本","《儒林外史》十本"。曾国藩阅读的不少书籍,可从这份目录看出大概,而曾纪泽所看书,如"随身书箱"中所列,有一些可能是曾国藩编选的或提示的必读书;曾纪泽所看闲书,如不少在日记中未标书名的小说,可能就出现在这份书目中。

书目中的"满小姐",是曾国藩的小女儿曾纪芬,书目中有不少她的借阅记录,除《列女传》外,她也看其他书籍。大家庭的藏书,女性也可部分利用和阅读,女性也自有选择;曾家的家教与书籍造就曾纪芬,她嫁给聂缉椝,也在长时间的持家过程中,对聂家家风有再造之功。

不知是否纯属巧合,曾国藩同治十一年二月初四去世,而曾纪泽看小说的记录是从这一年九月开始,其时曾纪泽三十四岁,父亲的去世,对他的阅读而言可能意味内在约束的松弛。

曾国藩对家教以及对子女的教育十分用心用力,这在曾国藩家书中就有充分体现。同治七年七月二十七日日记亦可见他对子女的期待:

> 至纪鸿房中,见桌有穀牌,而身在他处下棋,天分本低,又不能立志苦学,深为忧虑,闷坐良久,不能治事。②

稍作调换,倘曾国藩知曾纪泽长时间看小说"良久",不知作何感想。规则约束的松懈,意味家教的松弛,看小说成为曾纪泽的习惯,与曾国藩温习诵读的读书习惯已有大转变,其中固有社会变迁的原因,也是家族核心人物缺席,家学衰落或发生新变的迹象。

严修(1860—1929)是李棠阶、曾国藩同一谱系中的人物,他的日记

---

① 刘金元《悠远的书香:富厚堂藏书楼研究》,第 120 页。
② 曾国藩《曾国藩全集·日记》第 4 册,第 80 页。

主要内容是自省与记事,每日三省吾身,不自欺,不懈怠,针对性情急躁、多欲奢求、不良习惯、知过难改等四方面毛病不断改进,以求成为正人君子。就读书而言,在"晨起""午前""午后""灯下"栏目中时时有记载,从现存七十四册稿本日记来看,严修所读之书皆属修身与经世致用之类,就旧学而言,绝大多数为正统的书籍,然严修也偶发性地读了四种小说:一是光绪十年十一月二十一日晨起看《聊斋志异》,此书就一次阅读记录;二是光绪十三年正月看《金瓶梅》,有如下记录:

正月初八,(灯下)看《金瓶梅》三卷,已三鼓。(第388页)

正月初九,(午前)接看《金瓶梅》竟日,大略看完。① (第389页)

三是光绪十四年二月初四至初八看《三国演义》。严修是将此书与《三国志》并观,时间皆在午后。光绪十六年看《野叟曝言》,自六月二十六日、二十七、二十八、三十日皆是午后看,没有记录其他书籍,二十九日有些不同,"晨起"栏所录:"看《野叟曝言》。读《左》,读《易》。""午后"栏是外出内容。② 二十九日的破例,可能是因为午后要外出,所以调整阅读计划,然小说排在《左传》《易》之前,或可推测二十八日阅读到精彩之处,故二十九日急切续上。

严修每日所做之事皆有日程,故从所记某日所做事在时间方面的调整,可从备忘录式的文字中推测当时阅读情况,特别是作为"异端"的小说的闯入,使原本井井有条的日程发生变化。仍从严修日记文本所呈现的时间"安排"方面看光绪十三年正月读《金瓶梅》的记录。正月初八、初九读此无用之书,或主要是利用闲暇放松。然一看,竟至三鼓(凌晨一点),至次日"午前"接看,有"竟日""大略看完"之语,严修在此前后午前是温习《诗经》,但初九日《金瓶梅》令他"爱不释手",《诗经》也就被暂时

---

① 严修《严修日记》,天津古籍出版社,2015年,第388—389页。
② 严修《严修日记》,第785—786页。

第九章 三教之外又多一教：清代的小说戏曲阅读

搁置。《金瓶梅》卷册较多，如此短的时间，也只能"大略"翻看。严修所看四部小说，都有较大篇幅，但他都迅速看完，这既可看出他对小说的态度，闲书不必多用时日，又可看出作为人不能完全将自己置入正学轨道中，偶尔也"走神"，然严修有极强的自我控制能力，速战速决，此后不再观看。严修博览群书，日记中所记仅四部小说，也是其自我控制能力的整体体现。

从李棠阶、曾国藩到严修，他们或是理学家，或是言行中理学倾向明显，以自律谨严著称，而曾纪泽是在曾国藩的精心教导下成长、被曾国藩寄予厚望的接班人，日常生活中偶看几种小说之类的闲书，或不足为奇，然若回到他们自我期许或自我塑造的人生规划中，还是有特别的意义，如李棠阶的排斥态度、严修急于看完、了此一事、不再沾染的利索举动，曾国藩与幕宾以《红楼梦》议时政的大胆言辞，以及曾纪泽在曾国藩辞世后更加沉迷小说的行为，从多个层面凸显约束管制与旁逸斜出之间的张力，多重张力皆发于人心，更能见社会生活中的人与思想观念中的人不同，社会中的人内心有独有的丰富性与不稳定性。

《红楼梦》之外，还有《儒林外史》《品花宝鉴》

清代读书人喜欢看《红楼梦》《儒林外史》，是正常现象；而青睐《品花宝鉴》，则有些出人意料。

张棡（1860—1942）光绪十五年正月十五日日记："在舟中看《品花宝鉴》，日甫衔山，已抵家门。"正月十六日："早晨晴。看《品花宝鉴》。"[①]十九日、二十日亦有看《品花宝鉴》记录。此后数日日记有如下记录：

> 正月二十一日，午后，阴。看《各省课艺汇海》。灯下翻《骈体文抄》，看《品花宝鉴》。

[①] 张棡《杜隐园日记》，见《温州市图书馆藏日记稿抄本丛刊》第 13 册，中华书局，2017 年，第 6496 页。张棡，字震轩，生员，浙江瑞安人。

> 正月二十二日，……午后阴。读《古文辞类纂》。与毓荪侄闲话。灯下看《品花宝鉴》，读《骈体文抄》。
>
> 正月廿六日，早晨阴。说书。校《直省闱墨》。午后阴，校《史记句读异同》。看《燕山外史》，灯下读沈选古文。是夜大雨。①

正月二十九日始看《红楼梦》。二月初七日记云：

> 馆中开课……看《红楼梦》宝玉祭晴雯诔词一通。又看《红楼梦补》宝玉祭黛玉文一通。读姚梦縠先生《古文辞类纂》。灯下复看姚复庄骈文。②

四月初七至十九连续看《红楼梦》，同时看其他书。初九日，早晨校《史记句读异同考》。下午校《史记》，看《红楼梦》。灯下阅《申报》，读《韫山堂时文》。③

《红楼梦》于十一月二十日再读，《品花宝鉴》于六月十四日再读，至光绪三十二年十一月廿一日，张棡日记中又见阅读记录，十二月廿三日："下午二点至醒同侄处，并送还《品花宝鉴》一部。"④由此可推测，此前所看《品花宝鉴》因为是闲书，可能已经送人或卖出；十余年后，又想起此书，向侄子借观。

《品花宝鉴》作为狭邪小说的先声，在晚清官僚阶层中颇受关注。作者陈森（1796—1870?）曾携其《品花宝鉴》抄本遍游江浙，在各地受到官吏文士欢迎。据《郋罗延室笔记》："道光季年，《品花宝鉴》未出版时，陈森书（疑衍一字）挟抄本，持京师大老介绍书，遍游江浙诸大吏间，每至一处，作十日留。阅毕，更之他处。每至一处，至少赠以二十金，因是获资

---

① 张棡《杜隐园日记》，第6502—6503页。
② 张棡《杜隐园日记》，第6504页。
③ 张棡《杜隐园日记》，第6534页。
④ 张棡《杜隐园日记》，第7978页。

第九章 三教之外又多一教:清代的小说戏曲阅读

无算。半聋少时,随其父浙江粮道任。陈至,留阅十日,赠以二十四金,彼犹以为菲薄也。"①这段记录,是《品花宝鉴》在未刊印前"限时租借"的流行状态,读书人看这部闲书想必是一目十行的速度。《品花宝鉴》道光二十九年刊刻,流行渐广,更多读书人可以一睹为快。

目前所见日记中记录看《品花宝鉴》较早者,应是方玉润,同治三年二月十六至十九日记日记较详尽记录他看这部小说的读后感,这四天日记未记载其他事情,是全力以赴地阅读。当时他在京城。

> 书不著撰人姓氏,所载皆狎优宿妓事,原无足观,然近代狎优成俗,京都尤盛,实为古来一大变风,故阅之可以知一代浇风漓俗,足补史册所不屑载……②

> 书中人物,不尽乌有,如田春航之为毕秋帆……侯石翁之为袁简斋,皆确有可指。……惟写袁简斋未免不堪,岂尝有不足于随园意?然亦诬枉如是之甚也。③

方玉润又称"作者虽非善诗者,而词赋颇有可观";"近体诗虽不佳,而七古中有极浓艳者"。④ 方氏如此观看、评说,有当时人评说《红楼梦》的风气。而将小说中人物索隐考证为现实社会中人,《邮罗延室笔记》亦有类似说法,除田春航、侯石翁为毕秋帆、袁子才外,尚有萧静宜为江慎修、史南湘为蒋苕生、屈道翁为张船山、梅学士为铁保等等。这些人物中,如蒋苕生、张船山在当时也被指为《红楼梦》中人物,或当时有一批处

---

① 蒋瑞藻《小说考证》卷八,上海古籍出版社,1984年,第244页。转引自朱一玄编《明清小说资料选编》,南开大学出版社,2012年,第678页。陈森生卒年,据朱一玄第680页。

② 方玉润《星烈日记》,《国家图书馆藏抄稿本日记选编》第27册,国家图书馆出版社,2015年,第16页。

③ 方玉润《星烈日记》,第17页。

④ 方玉润《星烈日记》,第17—21页。

于"八卦掌故"中心的人物。①

王诒寿同治十一年的日记有读小说的记录,主要读《儒林外史》,也有《品花宝鉴》:

> 五月初五日,从朱虎臣借得《儒林外史》,夜阅至四鼓。②

> 初九日,夜阅《儒林外史》,小说甚足解颐,五更始寝。③

> 初十日,阅《儒林外史》终日。④

> 十四日,闷甚,遣人从扶雅堂借得《品花宝鉴》,阅至夜四鼓。(取诂经五月朔课奖洋二元。)⑤

> 十八日,数日郁闷已甚,惟以野史小说解忧排解,而《儒林外史》《品花宝鉴》尤爱玩不能释手。⑥

> 六月初五日,假得《水浒传》,读之,胸膈为之一开。⑦

王诒寿解忧,是靠借阅小说,先借《儒林外史》,再借《品花宝鉴》,"遣人从扶雅堂借得",似表明王氏已闻此书大名,扶雅堂是王诒寿常去的书

---

① 朱一玄编《明清小说资料选编》,第677页。徐珂《清稗类抄》称华公子为崇华岩或为成亲王,田春航为毕秋帆,侯石翁为袁子才,史南湘为蒋苕生,诸如此类。见徐珂《清稗类抄》"著述类",转引自朱一玄编《明清小说资料选编》,第679页。
② 王诒寿《缦雅堂日记》,见周德明、黄显功主编《上海图书馆藏稿抄本日记丛刊》第26册,国家图书馆出版社,2017年,第6页。
③ 王诒寿《缦雅堂日记》,第7页。
④ 王诒寿《缦雅堂日记》,第7页。
⑤ 王诒寿《缦雅堂日记》,第9页。
⑥ 王诒寿《缦雅堂日记》,第10页。
⑦ 王诒寿《缦雅堂日记》,第20页。

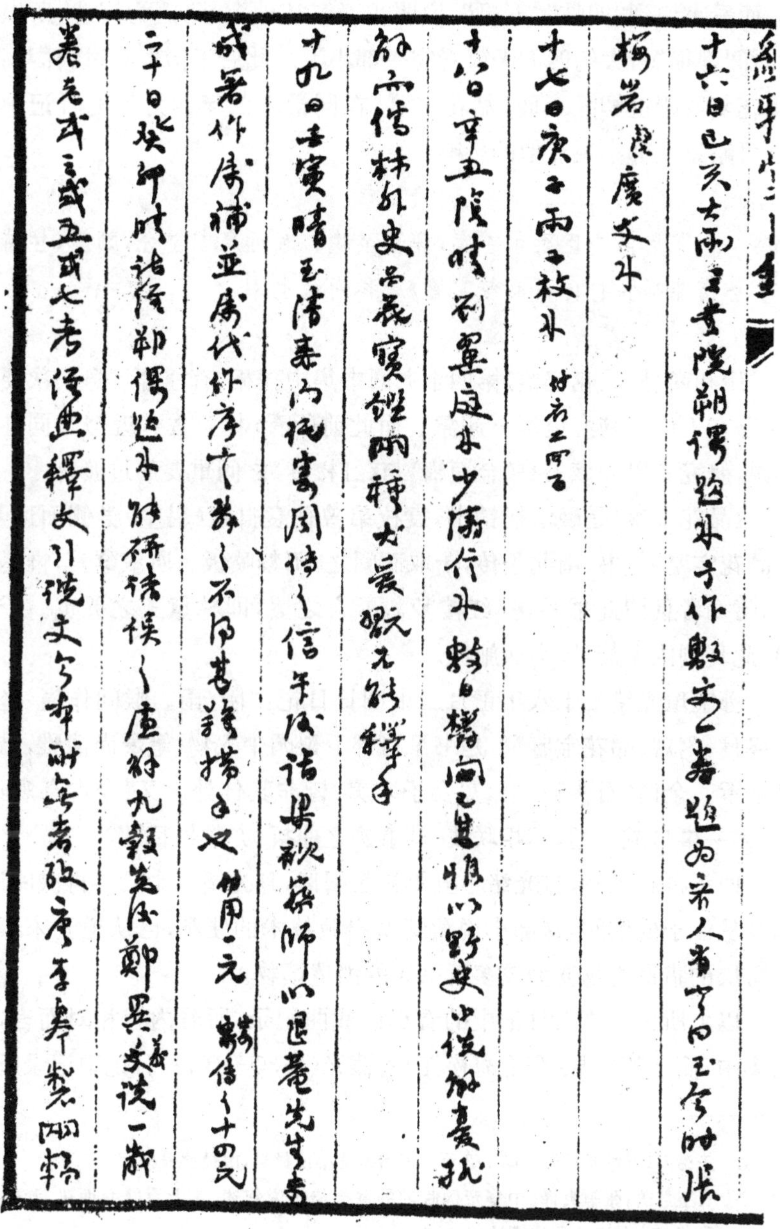

第九章 三教之外又多一教：清代的小说戏曲阅读

十六日己亥 大雨 至黄陵朝偶晤头子 作数文之寿题为希人者了口玉念时候

十七日庚子 雨 枝头 时有二雨雹

梅若庆 庆文升

十八日辛丑 阴 时到堕庭 来少 停 行头 阅日 尝阅之便慨以野史小说如意执

部雨传 林外史品晨 实锉雨种 女晨歌元锋手

十九日壬寅 晴 玉清奉内记 寄阅侍 信 午后话场 秋样师以退庵先生寿

咸者 作 侍 补 並 庚代 作 序 了 荣 不 印 书 诗 将 之 又 筒 二 元 群 信 之 十 之 民

二十日癸卯 时 诂陵 邰偶题 头雅 碎侍候 庚 好九 穀笺 庆郑吴文设一载

著者 武 咸五 咸七 书 汙 典 释文 引 徙文 今卑 耶竺者故庚李寿繁阔轴

图 15 王诒寿《缦雅堂日记》同治十一年（1872）五月日记（局部），
见《上海图书馆藏稿抄本日记丛刊》第 26 册

肆,而看小说到"四鼓""五更",说明小说已让他沉迷,因为沉迷,所以阅读时间都很短,大约四五天就看完一部小说。此后王诒寿看过《林兰香》《梅花梦》《醒世姻缘》,而《品花宝鉴》在同治十二年四月初七日记中出现,可略见这部小说对他的影响:

> 午后偕虎臣至水香庵,禅喜至晚。庵近皋园精舍,颇幽,拄持贤林僧能插科打诨,《品花宝鉴》唐和尚流也。①

唐和尚是《品花宝鉴》第四十七回中集中亮相、有淫邪气息的次要人物,已在王诒寿脑海里留下印象。而此前所看《林兰香》,近似女同性恋小说,研究者以为该书是《金瓶梅》与《红楼梦》之间重要的过渡物。②

《品花宝鉴》是晚清畅销书,袁枚弟曾孙袁自超(崧生)尝侧面述及:"《品花宝鉴》一书,南北争传,予取而阅之,不禁喷饭。所叙琴言,惟是一哭,嗜痂者且谓此书系仿《红楼梦》,琴言之哭,即林黛玉之哭也。予笑曰:此真刻画无盐,唐突西施矣。"③

孙宝瑄光绪二十八年正月二十四日日记:"阴,雨。喉间作痛,坐楼上终日,闲观《品花宝鉴》。是书摹写都下梨园中人物,笔墨尚清雅,惜无甚宗旨。余谓《石头》一书,写女子多美,皆非其佳处。又《今古奇观》一书,第一事自成一卷,不相联属,其事迹之曲折,亦颇悦目。"④

回头再看张棡,自光绪十五年初次阅读,到光绪三十二年再次阅读,以及从侄子处借阅,这部小说藉新型出版技术的便利,已从道光末年特定阶层的猎奇之物变为较多读书人的消遣读物。

以上所讨论诸人日记中的看小说戏曲记录,所看内容相对而言,较为集中;而江苏娄县(今上海松江)杨葆光(1830—1912)日记中记录所读

---

① 王诒寿《缦雅堂日记》,第178页。王诒寿读小说材料,由吴钦根提示。
② 黄卫总著,张蕴爽译《中华帝国晚期的欲望与小说叙述》第七章《弁而钗》和《林兰香》:情与同性恋",江苏人民出版社,2012年。
③ 袁自超《戬影述录》,转引自陈汝衡《说苑珍闻》,上海古籍出版社,1981年,第125页。
④ 孙宝瑄《忘山庐日记》,上海人民出版社,2015年,第464页。

第九章 三教之外又多一教:清代的小说戏曲阅读

小说戏曲等,则颇为丰富。现存杨氏日记,起同治六年三月,迄光绪二十九年,以表格形式逐日详尽记录天时、人事、自修、酬酢、著作、函牍、出纳七类内容,"分日载之,存心养性……使以激复吾初,悖德害仁,庶其免矣"①。杨葆光日记中所记购买阅读小说戏曲之事,相较其他类型图书并不突出,但有些特别之处,如他对《牡丹亭》《聊斋志异》《红楼梦》和侠义小说等众多小说戏曲十分喜爱;此外,因其所住之地邻近近代的书籍和文化中心上海,阅读也多少受时代风气影响,能较快见到其时较流行的或近期出版的书籍。或是因为手头宽裕,书肆书源充足,杨葆光常一次买书数种,光绪十年闰五月初一,"杏春交到《野叟曝言》……《风月梦》"②。十月初四,"至集买书,取《埋忧集》《镜花缘》……《六书通》"③。

> 光绪十四年八月十九,"买得《西游》《三国》《聊斋》……《文料大成》"④。
> 光绪二十一年四月二十,"清晨赴郡,得《孔公案》《后聊斋》《四续今古》……《海公传奇》《意外缘》《戏法图》"⑤。
> 十一月初七,"上院。买得《韵海》《八宅明镜》《铁花仙史》"⑥。
> 十一月初八,"在孔宅早饭回,买得《七宝录》《廿四史衍义》《灯市录》《鸳鸯梦》《女才子》《牙牌数》《二申野录》"⑦。

这些批量购买,通常是在县城或府城。在诸多小说戏曲中,《牡丹亭》已成杨葆光的案头之书。

---

① 杨葆光著,严文儒等校点《订顽日程》"校点说明",上海古籍出版社,2010年,第3—4页。
② 杨葆光著,严文儒等校点《订顽日程》,第1463页。
③ 杨葆光著,严文儒等校点《订顽日程》,第1504页。
④ 杨葆光著,严文儒等校点《订顽日程》,第1915页。
⑤ 杨葆光著,严文儒等校点《订顽日程》,第2732页。
⑥ 杨葆光著,严文儒等校点《订顽日程》,第2802页。
⑦ 杨葆光著,严文儒等校点《订顽日程》,第2803页。

同治十二年闰六月十八日,读《牡丹亭》。①

　　同治十三年十二月二十八,"出去买得《外科全生》……《牡丹亭》"②。

　　光绪十五年二月二十七,"还酉山堂《牡丹亭》"③。

杨葆光读《牡丹亭》情形与读《红楼梦》相近,同治十二年可能是借读,一年多之后的同治十三年购得此书。十五年之后从酉山堂借阅,则此前所购之书或已送他人。酉山堂是一书肆,杨葆光曾托其订购图书,同治十三年正月二十日日记:"收培甫《品花》廿本,归酉山堂算。"④光绪十五年正月十二日日记云:"晤酉山堂边、傅二友,借《梦中缘》,阅一过。"⑤

同治十三年日记语意不清,联系光绪十五年日记,或是杨葆光从书肆借《品花宝鉴》,转借培甫,然后索回归还。酉山堂与杨葆光有长期往来,对他而言不但售卖,还供借阅。同治十三年九月二十六日日记中记载杨葆光从书肆"郁盛"借小说两种。为杨葆光购书的还有日记中出现的"子眉":

　　光绪十三年正月二十日,"子眉寄到《画报》九十九号止。《正续水浒》《灵檀碎金》《校邠庐逸笺》"⑥。

　　光绪十四年二月初二,"子眉寄到《灵檀碎金》《四梦》《画报》"。⑦

　　光绪十九年四月二十八,"子眉寄到《东华续录》十六本,《花月

---

① 杨葆光著,严文儒等校点《订顽日程》,第494页。
② 杨葆光著,严文儒等校点《订顽日程》,第608页。
③ 杨葆光著,严文儒等校点《订顽日程》,第1964页。
④ 杨葆光著,严文儒等校点《订顽日程》,第545页。
⑤ 杨葆光著,严文儒等校点《订顽日程》,第1960页。
⑥ 杨葆光著,严文儒等校点《订顽日程》,第1730页。
⑦ 杨葆光著,严文儒等校点《订顽日程》,第1851页。

第九章 三教之外又多一教:清代的小说戏曲阅读

痕》《梦中缘》各四本,《画报》"①。

日记中的《画报》就是《点石斋画报》旬刊,第九十九号光绪十二年十二月初十出版,"寄到"一语,可能表明子眉在上海,杨葆光在次年正月二十日看到一月前出版的画报,除去过年时可能的延误,还不算"过时阅读"。子眉可能是杨葆光的代购人,所代购书中小说有数种。杨葆光日记中有购买石印书籍的记录,则子眉代购之书中,或有石印本,这些书籍的信息,估计来自《申报》或《点石斋画报》。杨氏日记还有一次买十本《点石斋画报》的记录。光绪二十年二月二十九,"买得《临证指南》……《画报》十本、《明季稗史》《南北略》《今古奇观续》"②。几次买《画报》时,购书都是数种,且多买小说或戏曲,书肆可能将《画报》与这些小说之类的书混杂一起出售。

侠义小说也是杨葆光喜爱的闲书,晚清侠义公案小说创作的兴盛,与读书人阅读兴趣的转移或较新潮的阅读风气的兴起相关。杨葆光的阅读关注,可作为一个普通读者个案,用来研究一个时代的风气。

光绪五年四月初一,"支《剑侠传》洋一"③。

光绪十四年八月十七,"买得《忠义侠烈传》"④。

光绪十四年十一月初八,"买得《三侠五义传》《都门纪略》共五套"⑤。

光绪十七年正月十七,"惠卿还《小五义》"⑥。

十一月十五,"阅《续小五义》。……支《续小五义》洋一元"⑦。

---

① 杨葆光著,严文儒等校点《订顽日程》,第2479页。
② 杨葆光著,严文儒等校点《订顽日程》,第2594页。
③ 杨葆光著,严文儒等校点《订顽日程》,第970页。
④ 杨葆光著,严文儒等校点《订顽日程》,第2191页。
⑤ 杨葆光著,严文儒等校点《订顽日程》,第1941页。
⑥ 杨葆光著,严文儒等校点《订顽日程》,第2191页。
⑦ 杨葆光著,严文儒等校点《订顽日程》,第2282—2283页。

十一月十九日,"阅《续五义》毕"①。

光绪二十年十二月十六,"琴轩还《女侠传》四"②。

光绪二十二年六月初二,"嵩佺还《梦影缘》。……买《七侠五义》六本、《圣武记》八本"③。

如同《品花宝鉴》及侠义小说的阅读一样,名声更大的《红楼梦》与《儒林外史》的阅读,有更多人参与,不是局限于杨葆光书房里的个人阅读。

同治十二年四月十七日,"交扬生《石头记》二"④。

光绪元年十一月二十四,"取还扬生《石头记》,借伊卿十五本,借扬生五册"⑤。

光绪元年十一月二十五,"八弟借《石头记》九本"⑥。

光绪二年正月十二日,"校黄校《石头记》毕"⑦。

光绪二年正月十五,"还伊卿《石头记》讫"⑧。

以上几则日记,就前面部分推断,似是杨葆光有一套《红楼梦》,故他可将书借给扬生、八弟;然从光绪元年十一月二十四日及光绪二年正月十五日所记来看,是伊卿有一套《红楼梦》,杨葆光似还在批校《红楼梦》。至光绪二十三年十一月十九日,杨葆光购得《红楼梦》,用洋三元。从日记记载可推论:其一,同光年间,《红楼梦》已很流行,但拥有者并不多,借

---

① 杨葆光著,严文儒等校点《订顽日程》,第 2283 页。
② 杨葆光著,严文儒等校点《订顽日程》,第 2690 页。
③ 杨葆光著,严文儒等校点《订顽日程》,第 2857 页。
④ 杨葆光著,严文儒等校点《订顽日程》,第 474 页。
⑤ 杨葆光著,严文儒等校点《订顽日程》,第 661 页。
⑥ 杨葆光著,严文儒等校点《订顽日程》,第 662 页。
⑦ 杨葆光著,严文儒等校点《订顽日程》,第 673 页。
⑧ 杨葆光著,严文儒等校点《订顽日程》,第 673 页。

第九章 三教之外又多一教:清代的小说戏曲阅读

阅仍是常见的传播方式;其二,有不少《红楼梦》读者群体,杨葆光周边就有一个;其三,作为流行书籍,为保证借阅的频次,似不是整套借阅,伊卿可能还将《红楼梦》其他部分借给其他读书人;①其四,对《红楼梦》的喜爱延续较长时间,但热爱集中在某一时期,《红楼梦》流行,也引带《红楼梦》续书等衍生图书的流通。

光绪元年二月初八,"乐民交《红楼图》,当以画扇为酬"②。

光绪五年九月二十四,"偕扬生至徐棣寓,见所刻七芗《红楼梦图咏册》四本,极佳"③。

九月二十八,"徐尔权卖《红楼图》,为石史族侄。……支《红楼图》洋四元"④。

光绪七年六月二十一日,"还雨穗吴册十二页,借与《红楼图》"⑤。

四月初三,"还雨老册十二,收回《红楼图》"⑥。

光绪十二年十月二十,"子眉交到《曾文正大事记》《家书》《红楼复梦》……《曾侯日记》《书目》"⑦。

杨葆光日记中所记《红楼图》和改琦《红楼梦图咏》似不是一种书。改琦所绘图,杨氏见过但似未收藏,《红楼图》杨氏似有两部。此书价格不菲,也有借阅者。

关于《儒林外史》的批点与阅读,杨葆光也在一个小群体中,日记中也有一些记录:

---

① 这种借阅与金庸武侠小说最初在中国大陆传阅情形相似。
② 杨葆光著,严文儒等校点《订顽日程》,第 616 页。
③ 杨葆光著,严文儒等校点《订顽日程》,第 1010 页。
④ 杨葆光著,严文儒等校点《订顽日程》,第 1012 页。
⑤ 杨葆光著,严文儒等校点《订顽日程》,第 1149 页。
⑥ 杨葆光著,严文儒等校点《订顽日程》,第 1152 页。
⑦ 杨葆光著,严文儒等校点《订顽日程》,第 1703 页。

> 光绪五年三月初十,"借啸老批《外史》"①。
> 六月初一,"香兄借《儒林》八本"②。
> 六月初八,"香兄借《儒林》八本"③。
> 六月十七,"香兄还《外史》,借小仁侄《左》二本"④。
> 七月初一,"校《儒林外史》毕"⑤。

据上列日记,杨葆光在光绪元年底至光绪二年初有较密集的《红楼梦》阅读记录。这一记录,其实背后"隐藏"了一个《红楼梦》阅读群体的活动。

李汉秋指出杨葆光曾向黄钺之子黄富民借《红楼梦》手批本,录未竟,被黄富民孙索回。黄富民去世后,光绪元年冬,杨葆光又"从夬斋兄"处借来过录本再过录,光绪二年录毕并作跋。⑥日记中的借校《红楼梦》当与李汉秋所述乃同一事,日记中的"扬生"即韩扬生,这一段时间与杨葆光往来较多;其时,杨氏多参与一群体聚会,⑦其中黄鹤舲、黄啸园或是黄富民后人,这一群体可能是《红楼梦》读者群。

这一《红楼梦》读者群还与《儒林外史》的批点有关联。咸同年间在南汇和上海有一个以黄富民为中心的评点和传播《儒林外史》的"文化沙龙"。黄富民,善诗,喜欢《聊斋志异》《儒林外史》《红楼梦》。咸丰三年,黄富民离开芜湖,浮居江苏,在此十年间,评点《儒林外史》。南汇张文虎亦好《儒林外史》,同治年间看到黄氏评点本,随即开始评点,至光绪三年

---

① 杨葆光著,严文儒等校点《订顽日程》,第957页。
② 杨葆光著,严文儒等校点《订顽日程》,第983页。
③ 杨葆光著,严文儒等校点《订顽日程》,第985页。
④ 杨葆光著,严文儒等校点《订顽日程》,第987页。
⑤ 杨葆光著,严文儒等校点《订顽日程》,第990页。
⑥ 李汉秋《〈儒林外史〉的评点及其衍递》,见李汉秋辑校《儒林外史汇校汇评》,上海古籍出版社,2010年,第239—240页。
⑦ 这一群体在杨葆光之外,还有韩扬生、朱星夫、马轶材、雷柳夫、黄啸园、黄鹤舲、张心庵、张半帆、席仪庭等。见杨葆光著,严文儒等校点《订顽日程》,第666—667页。

题识中有语云:"予评是书凡四脱稿矣。"此后,光绪五年、六年、七年续写题识。张文虎的评点本先后借给雷谔卿、闵颐生、朱贡三、杨葆光、艾补园过录,其中艾补园又将小说借给徐允临过录。申报馆排印《儒林外史》时,所用评点或即艾补园(承禧)和徐允临提供。徐允临,号从好斋主人、石史,上海诸生,自称"志学之年即喜读《儒林外史》",外出独携此书自随,"自谓生平于是书有偏好,亦颇以为有心得",他曾于光绪五年、光绪十年在自己的从好斋辑校本中两次过录天目山樵(张文虎)评语。①

将以上研究结果用杨葆光日记再予以具体化,"啸老"张文虎是一重要人物,光绪五年杨氏日记有数处张文虎的记载,而光绪五年或是张文虎评点本的定型时间,故张文虎将其外借给杨葆光,同时也在这一年借给徐允临过录。光绪元年、二年与杨葆光交往的黄鹤舲、韩扬生等在光绪五年仍与杨氏有往来,或也在《儒林外史》阅读群中。

光绪五年九月日记中徐尔权卖《红楼梦图》一细节值得留意,杨葆光称其为"石史"(徐允临)族侄,联系日记中"八弟"借《石头记》、"香兄"借《儒林外史》,以及"连夜与九弟联床,看《夜雨秋灯录》"②,可以推想在同家、同族或亲友之间,小说之类的闲书在较频繁地流动;同时在书籍往还中,他们之间滋生出近似的兴趣。因此也可从徐尔权藏有《红楼图》,逆推徐允临对《红楼梦》有兴趣。这一推测,用当时上海、娄县一带的读书风气以及杨葆光所在的群体来衡量,也合乎情理。

家庭内的"讲说"小说

家庭内的讲史、讲故事,应是常见的娱乐活动,鲁迅所知白蛇姑娘与许仙的故事,是祖母所讲,出于弹词《义妖传》。家庭内讲小说戏曲故事这类事情,以常情推之,应该不胜枚举,但见诸文献的具体记载并不多。清人日记偶尔有一些相关记录,可还原家庭内部的讲说小说情景。

---

① 吴敬梓著,李汉秋辑校《儒林外史汇校汇评》,第239—240页。以上关于《儒林外史》评点及传播一节,据李汉秋《〈儒林外史〉的评点及其衍递》编写,是文见李汉秋辑校《儒林外史汇校汇评》卷首。

② 杨葆光著,严文儒等校点《订顽日程》,第986页。

江标光绪十六年日记记录家中讲说小说情形:"余八岁时,外王母每于夏夜检《三国演义》陈说之,听之忘嬉。下学多闲,亦自检书看之,颇能解其文理。今阿聪已十岁矣,举《演义》示之,亦觉欣爱,然不能通其文。年夜放学,先生讲与听之,少迟,余询以所讲何事,则已不能举其名矣。尝记外王母讲至关壮缪玉泉山显圣事,余不觉泪涔涔下,外王母亦因之而中止。二十四年至今,犹在目前也。"①江标八岁时听外祖母讲,阿聪十岁听江标及塾师讲,《三国演义》已成为几代人的"家庭读物"。江标在夏夜听,阿聪是在"年夜放学"听,日之余、岁之余及"下学多闲",有《三国演义》消遣。这一日记片段可看出家庭日常阅读氛围如何养成,同时也再次印证《三国演义》是传统社会青少年的"语文读本"。由此片段,还可追问,江标外祖母为何能讲《三国演义》?从"检""陈说"用词来看,外祖母应有阅读能力。如此追问,势必延及外祖母家或更多家庭读小说戏曲情形。

张棡光绪十七年三月初三日记中记录"灯下说《西游记》与内人听",此后十七日、十九日、廿一日及六月初五又有说此小说事。张棡光绪十七年日记有两种版本,另一版本中记录二月十四日记:"下午说蒲松龄《聊斋志异》数则与眉娇内子听。"二月廿九,"说《西游记》与内人听",然后是三月初三、三月廿一日,以及五月初十、六月初三,皆有说《西游记》记录。②

光绪二十二年张棡所看书有《庄子》《古文辞类纂》《十八家诗抄》《昭明文选》《骈文类苑》,此外,他也看《盛世危言》《海国图志》等新书。十月初六,"付买《绘图正续今古奇观》十二册洋三角"③,《今古奇观》应是石印本,购买的主要目的不是自己读,而是在灯下说与内人听,十四日、十五日日记记录说书事。光绪二十三年四月十一日,在舟中为岳母说《今古奇观》。光绪二十四年八月十九日,"灯下说《今古奇观》与诸女儿听"④。

---

① 江标著,黄政整理《江标日记》,凤凰出版社,2019年,第423页。
② 张棡《杜隐园日记》,第7786—7792页。
③ 张棡《杜隐园日记》,第6832页。
④ 张棡《杜隐园日记》,第7022页。

第九章　三教之外又多一教：清代的小说戏曲阅读

　　光绪二十三年八月十八日日记，"付买石印《天雨花》一部英洋七角，《觉后传》一部英洋三角"。自九月十九日起，有灯下说《天雨花弹词》与女儿听、妻女听记录，断续延至次年二月十五日。二月廿九日日记："灯下说《天雨花》为林宅岳母听。"三月初三日记："灯下说《天雨花》为林宅岳母及培三、□起诸人听，至三更始睡。"①次日送岳母回家。至光绪二十五年正月三十、二月初二、初三，续为岳母说此书。

　　光绪二十四年十月初五，"灯下与诸女儿阅《鸿雪（因）缘图记》"，此书张棡前一年九月十四日看过。光绪二十五年正月初十，"晚说《补红楼梦》与诸女儿听"。此月三十日，张棡日记云："早晨说书与门人岑云基听。……读《史记》。灯下说《史记》项羽传与门人赵□宽听。"②按张氏日记用语惯例，"说书与门人听"应是讲小说。

　　光绪二十八年张棡开始说《蒙学报》与儿女听。他对西学或新知顺势接纳，光绪三十二年二月廿一日日记有"说《泰西新史揽要》"，有可能是向学生讲解，闰四月二日日记借读林传甲撰《中国文学史》，有很精到的评说，③十月阅《支那文学史》。张棡对子女的教育，至少在阅读方面，也延续以前的宽松引导。闰四月初六，"灯下说《笔生花》弹词与两女儿听。是书词文雅饬，较《天雨花》似胜，但未知其局势如何也"④。闰四月十三日，"下午说《三国演义》与骞儿听"⑤，六月、七月间又说《今古奇观》《岳传》与女儿听。不知何故，张棡此年十一月初四到支那书局，"购《梦笔生花》八册、《说岳》八册，计大洋五角"⑥。两书似为重买，初六日："灯下讲《岳传》首三四回为内子及女儿、骞儿听"⑦，到光绪三十三年正月，

---

① 张棡《杜隐园日记》，第 6980—6981 页。
② 张棡《杜隐园日记》，第 7075 页。"赵□宽"中有一字未能认出。
③ 张棡评曰："然予嫌其大半撦拾陈说，无新颖精辟之见，谓之文学讲义则可，谓之文学史殊觉名不副实也。"见张棡《杜隐园日记》，第 7861 页。
④ 张棡《杜隐园日记》，第 7862 页。
⑤ 张棡《杜隐园日记》，第 7866 页。
⑥ 张棡《杜隐园日记》，第 7953 页。
⑦ 张棡《杜隐园日记》，第 7954 页。

507

他仍断续为儿女讲《岳传》。从日记记录来看，张棡不是先看完整部小说然后讲，是先看几回然后讲，所以有时一部小说自己要看较长时间。在光绪末年他在不断学习各种新史，如《世界近世史》《欧洲十九世纪史》《欧洲列国战事本末》等，为上课作准备。

张棡为岳母、妻子儿女讲说小说弹词，这是传统家庭生活中十分温馨、亲切的部分，这与他的兴趣识见及心胸相关，他没有排斥这些通俗读物，而是将其融入日常生活。同时，无论是作塾师还是新式教师，他也可能从中领悟到以兴趣引导的教学方法，以及如何循序渐进的道理；而小说戏曲的故事性无疑是很好的切入点，这类故事正可与训蒙故事之类的书籍关联，譬如《新镌注释故事白眉》十卷中有2366个故事，此外幼蒙故事书还有《金璧故事大全》《训蒙故事金丹》《历朝故事统宗》等等，①它们可以构成一个"故事教育"系列。

从私家藏书目录及其他文献来推测，明清社会一般有读书人的家庭，多少有小说戏曲书籍，然在家庭生活中，将共同阅读这些书籍作为生活的一部分的记录，难得一见；张棡日记的相关记录因而颇具生活史研究价值。

在此前，也有一些零星记录，如嘉庆二十二年常熟宗婉随夫到萧大勋到保定，留下几个月的日记。宗婉平日生活单调，做针线、写信、寄信、诵经，日记中两次提到读《聊斋志异》，一次是十一月二十八日读完的记录，另一次是十一月二十日的记录："松姑央说《聊斋》，为讲数段。"②松姑或是宗婉女儿小名。讲说《聊斋志异》是她在异地他乡小家庭单调生活中的一点娱乐。

李慈铭咸丰十年八月十三日读《红楼梦》，回忆数年前读此书情状："戊午夏常病，看书极眩瞀，乃取稗贩市书以寓倦目，因及此种。适家慈以寇警忧惊，屡形不怿，令子妇辈排日读小说演义，若《西游记》《三国志》

---

① 熊秉真《童年忆往：中国孩子的历史》，台北麦田出版股份有限公司，2000年，第150页。

② 宗婉《丁丑寓保日记》，清稿本。

第九章　三教之外又多一教：清代的小说戏曲阅读

《唐传》《岳传》，以自消遣。予因暇辄讲此书，多述其家事，及嬉游笑骂，以博堂上一粲。今复因病阅此，危城一身，高堂万里，不觉对之呜咽。"①

光绪四年十月二十七日江苏东台吉城为儿子买《三国演义》，用钱六百文。②然未见讲说事。吉城光绪十六年二月十九日日记："灯下说《儿女英雄传》一段，为外祖母大人消遣。"③

光绪二十一年，直隶深州武强县贺葆真二十一岁，在此年十二月二十九日日记中有总结性记录："余今年为吾母说《坐花志果》及《金钟传》。自李家庄归，借李鉴坡《红楼梦》，又为吾母说之，未及半。"④汪道鼎《坐花志果》为因果故事集，《金钟传》乃劝善、醒世小说，应是传统社会中标准的女性读物。李鉴坡是中医，从贺葆真日记来看，十一月中旬曾去请李氏察脉，借《红楼梦》或在其时。

此外较为著名的是俞樾与其妻讲谈小说的记录。俞樾《小浮梅闲话》卷首小序云："余曲园之中有曲池焉，曲池之中有小浮梅槛，仅容二人促膝。夏日与内子坐其中，因录其闲话稍有依据者为一编云。"夫妻所谈，自《开辟演义》至《红楼梦》，文字略存问答、闲聊之情状：

  尝论天地开辟事，云有《开辟演义》一书，书中详言布置日月星辰事，鄙俚可笑。余曰：此本之佛经也。

  因论世间小说，亦有所依托，不尽无稽。梁绍壬《两般秋雨庵随笔》称《隋唐演义》所载隋唐间事，几于无一事无来历，信乎？余曰：所载隋炀帝事，皆本《海山记》《迷楼记》《开河记》三书。⑤

从这一卷问答记录来看，俞樾妻子读了不少小说或其他杂书，且能

---

① 李慈铭《越缦堂读书记》（下），中华书局，2006年，第925页。
② 杨葆光著，严文儒等校点《订顽日程》，第921页。
③ 吉城著，吉家林整理，柳向春审订《吉城日记》，凤凰出版社，2017年，第105页。
④ 贺葆真著，徐雁平整理《贺葆真日记》，凤凰出版社，2014年，第27页。
⑤ 俞樾《曲园杂纂》第三十八，见《春在堂全书》，光绪二十五年刻本。

产生一些疑问；俞樾所记录的，是"稍有依据者"，其时闲谈，必有关于这些小说的其他内容，那一仅能容膝的小浮梅轩在那一时刻，应该就是两人的桃花源。

孟森《履堂兄事略》也有一段记录："森始就傅，无所知。兄辄取《三国演义》等小说口讲指画，诱使自阅，不数日而有效。又往往寒夜篝灯，于治事之暇说稗官书，一家围坐共听以为乐。"①

明清的幼教，有很强的实用性与目的性，有研究者指出，士人家庭中的幼年启智活动，最常见的内容有三，一是识字，二是作对，三是口授诵读简单的韵语和经书。② 而整个幼教的大前提多在训练子弟出人头地，成为科举仕宦途上的优胜者，其教育方法是让子弟自幼择定读书仕进的人生目标，极力训练子弟养成好静而不好动的固定性格，尽量禁止儿童发展出广泛的好奇心与多样的兴趣。③ 以幼教的实用性与目的性来衡量，给儿子讲说小说，似不合常规，张楣给儿女说小说弹词可能已偏离传统的幼教方式；然换一角度或评价标准，在明清社会中，或还存在一种特别的教育方式，只不过是被主流或较正统的述说所遮掩。

以上诸多片段，因为女性（祖母、外祖母、母亲、岳母、妻子、女儿）的出现或参与，家庭内的小说戏曲阅读顿时有一种亲切的人间氛围，不论她们是听者还是讲者，因为她们置身于科名体制之外，听家人讲说小说戏曲等，无疑是为她们单一乏味的世界打开窗户，增加一些柴米油盐以及纺织之外的乐趣。

三、《红楼梦》进入日常生活

上文已经通过文人日记或其他文献，揭示了《红楼梦》成为清代读书人最喜爱的读物的事实，然《红楼梦》还在进一步延伸拓展，逐渐形成丰

---

① 孟昭平等修，孟宪超等纂《毗陵孟氏六修宗谱》，民国十七年木活字本。见张廷银《族谱所见文学批评资料整理研究》，第 191 页。
② 熊秉真《童年忆往：中国孩子的历史》，第 113 页。
③ 熊秉真《童年忆往：中国孩子的历史》，第 127 页。

第九章 三教之外又多一教:清代的小说戏曲阅读

富的《红楼梦》"外部世界"。

> 做阔(京师名学大器派者曰做阔)全凭鸦片烟,何妨作鬼且神仙。闲谈不说《红楼梦》(此书脍炙人口),读尽诗书是枉然。
>
> 儿童门外喊冰核(京师读其音曰冰壶,从方言也,但其声娇细可听),莲子桃仁酒正沽。西韵《悲秋》书可听(子弟书有东西二韵,西韵若昆曲《悲秋》,即《红楼梦》中黛玉故事),浮瓜沉李且欢娱。①

以上二诗乃得硕亭之作,出自所撰《草珠一册》,是书又名《京都竹枝词》,嘉庆二十二年刊印,集中诗作成于嘉庆十九年,则其中所见乃乾隆末年《红楼梦》刊行后脍炙人口的情形。诗中的"闲谈"一词是关键,《红楼梦》已从早期小众阅读进入大众阅读,并成为谈资,连黛玉故事也进入子弟书;在闲谈中,《红楼梦》已有夺正经的"诗书"之势。茶余饭后,不说《红楼梦》,在彼时彼地,似无说话资格。这种风气,从不同层级读者中扩展,同时也在从核心城市向乡镇散播。

道光二十九年,张穆在致叔父书中谈及:"吾乡士习,大率于坊行八股外,以熟读《聊斋》《红楼》互相夸诈,此最可伤悯。提倡无人,不知断送几许佳人矣。"②

李慈铭咸丰十年八月十三日日记:"阅小说《红楼梦》。此书出于乾隆初,乃指康熙末一勋贵家事,善言儿女之情,甫出即名噪一时,至今百余年,风流不绝,群屦少年,以不知此者为不韵。"③

蒋瑞藻(1891—1929)在辑录《红楼梦》"荡魄销魂、易性移情"之类史料时,以按语评说,并述及自己少年时读《红楼梦》情形:

---

① 得硕亭《草珠一串》,见杨米人等《清代北京竹枝词》,北京古籍出版社,2018 年,第 54—55 页。
② 张继文编《先伯石州公年谱》,民国石印本。
③ 李慈铭《越缦堂读书记》(下),第 925 页。

> 余少丧父,遗箧中有是书,母取以遗人。盖余尔时已略识字,恐为所误,或看坏心术也,用心亦良苦矣。然至十七岁时,终展转假得阅之,一卷在手,寝馈都忘。百二十回之书,曾不二日而毕。自后稍得闲,辄背人读是书。怡红、潇湘之言论,晴雯、袭人之举止,乃至大观园中之风景道路,亭台楼馆,无不历历心目间。更尽梦回,悠然神往。①

这段回忆除突出《红楼梦》深入人心的影响外,还有一些细节可以留意:其一,蒋瑞藻出生浙江诸暨山村,其父藏有《红楼梦》,十七岁能辗转借阅,则清末此书传播范围广,尤其是浙江地区;其二,母亲对《红楼梦》有警惕之心,则当时社会读书阶层(假设蒋母能读书)对此书有不同看法;其三,蒋瑞藻十七岁时看此书,可推测在此前后已阅读一定数量的小说,凭此较早的积累,故蒋氏二十一岁时就写完《小说考证》(二十五岁时出版)。

《红楼梦》能引发好奇之心,关于本事、作者、成书时间、主旨的考证,最是清代读书人用心之处,这也是红学中索隐派或考据派得以产生、发展的重要原因。蒋瑞藻考证包括《红楼梦》在内的系列小说,与这些小说包涵的掌故及自身的博物学特征有关。杨懋建(掌生)对《红楼梦》的热爱,与蒋瑞藻相似:

> 余自幼酷嗜《红楼梦》,寝馈以之,十六七岁时,每有所见,记于别纸,积日既久,遂得二千余签,拟汰而存之,更为补苴掇拾,葺成《红楼梦注》,凡朝章国典之外,一切鄙言琐事,与是书关涉者,悉汇而记之。②

---

① 蒋瑞藻《小说考证》,第211页。
② 杨懋建《京尘杂录》卷四,《中国华北文献丛书》第123册,学苑出版社,2012年,第36页。

第九章 三教之外又多一教:清代的小说戏曲阅读

咸丰十年八月十三日李慈铭读《红楼梦》,遂回忆昔年读此书经历:

> 予家素不蓄此。十四岁时,偶于外戚家见之,仅展阅一二本,即甚喜,顾不得借阅全部,亦不敢私买。十七岁后,洊更忧疚,又多病,虽时得见此书,不暇究其首尾,而中之一二事一二语,镂心铩肾,锢惑已深。十年以来,风怀渐忘,人事亦变,遂有禅榻鬓丝之忏,要亦非学道所致也。①

据此则可知李慈铭初读《红楼梦》时,在道光二十三年。杨掌生生于道光十一年,则至少在道光二十六年前后已经阅读《红楼梦》。李与杨二人,一在浙江,一在广东,皆是青少年时阅读,则这部令人"荡意佚志、意动心移"的小说经过嘉庆朝至道光前期"成年文人群"的阅读之后,已下移到人数更多的青少年读者群。十七八岁或前后几年是最易受小说戏曲影响的时期。李慈铭十四岁看《红楼梦》,蒋瑞藻十七岁看,杨懋建十六七岁看。就看《红楼梦》年龄而论,还有比李、杨、蒋更早者。江标光绪十年日记中有一段回忆文字:"少时看此二书(《聊斋志异》《红楼梦》),《聊斋》一过,不欲再阅,惟《红楼梦》一书,反复观玩,至今有十五矣,行箧中犹有此物。"②光绪十年江标二十五岁,以此推之,则江标十岁前后已看《红楼梦》,若他记忆无误,他或是目前所见最小的《红楼梦》读者。然据江标光绪十六年日记所记,江标母对他管教严格,十四五岁时,始读江标父所藏书,平时买书,"有非应用者,怒不许买","故十余年来,积书至百簏……母未尝一书不知其目也"。③ 在这种家教管教中,在这样的年龄段中,江标何以能看到并保存母亲眼中的"漏网之鱼",仍不得其解;然从前文提及江标八岁能够《三国演义》文理,十岁能大致读《红楼梦》,也很有可能。合并观之,这几位青少年《红楼梦》读者的存在,颇能说明一

---

① 李慈铭《越缦堂读书记》(下),第 925 页。
② 江标著,黄政整理《江标日记》,第 17 页。
③ 江标著,黄政整理《江标日记》,第 449 页。

些问题,在证示其影响广泛且影响范围下移之外,可有探讨青少年情感史的价值,《红楼梦》对于他们而言,是奇书,更是"心灵读物"。

小说戏曲对青少年的影响,自然不止是《红楼梦》。李慈铭日记中还有一些回忆年少时看小说戏曲的记录:如《桃花扇》,"幼时甚喜此书,谓出《长生殿》之上,今日观之,拙劣殊甚"①,则《长生殿》他也看过;《燕子笺》,"予旧有小本,为周素生借去,此本亦甚难得也","予于戊申之秋观之甚熟,时年二十耳,今日观之,历历如昨日事,而所读之四书诸经,则往往迷其句读。郑声艳曲,入人之深,固如是也。其《春灯谜》予亦于癸丑从王孟调借观之,其事极曲折,而曲文简略,远不及矣"②。尤侗《院本四种》,"余幼时阅其诗,已不喜之;然颇喜观其曲"③。《虞初新志》,"此书自十七岁时阅之,虽亦有嫌其芜陋不近理者,然如李杲堂、冯山公所传节义事,殊喜其有生气"④。这类书,李慈铭青少年时读过,后来重读,"入人之深",时在文字中流露,而李慈铭读书之博杂,在他十六七岁时,或格局已具备。

李、杨包括后来蒋瑞藻的阅读,还有一点值得注意,就是李、蒋都强调所阅之书不是家藏,而是外借,回忆的阅读经历,有近似的结构:为何要说到这一点或者还着意强调?或是一般读书人家及社会观念对《红楼梦》还是禁抑,或者阅读有年龄限制,故而闪烁其词;而"借阅"时时出现,证示《红楼梦》影响广泛。然还可追问:为何李氏的"外戚家"能见此书?为何蒋氏能辗转借到?那些人家(或处所)是否对《红楼梦》不予以管制?

清人读《红楼梦》,常爱屋及乌,连《红楼梦》续书也趁兴一起阅读,咸丰八年十月二十九日,王韬乘船从杭州到石门县。舟中无事,看《红楼梦补》。此天日记述《红楼梦补》一书大概,又有评说:"噫!《石头记》一书,本属子虚乌有,而曲曲写来,自能使有情人阅之堕泪,实由于笔妙意妙

---

① 李慈铭《越缦堂读书记》(下),第919页。所录乃咸丰辛酉八月二十三日日记。
② 李慈铭《越缦堂读书记》(下),第919页。两节文字,分别是同治十三年正月十三日、正月二十八日记。
③ 李慈铭《越缦堂读书记》(下),第921页。所录乃咸丰五年四月十二日日记。
④ 李慈铭《越缦堂读书记》(下),第926页。所录乃咸丰十年二月初五日日记。

第九章 三教之外又多一教:清代的小说戏曲阅读

也。后来续者,如画蛇添足,均无可观,如《后红楼梦》《红楼复梦》《绮楼重梦》《红楼圆梦》《红楼梦补》,皆浪费笔墨,适为多事而已。"①如此评说,可见他已阅《红楼梦》及其他续书。

庄宝澍光绪四年十一月初五日日记:"《红楼》说部空前绝后,宇宙妙文。曹雪芹传颦儿处,宜和太史公《项羽本纪》,将一腔悲愤,半世牢骚,尽情发汇,为愤王传杖,实为自己写照。伧楚不察,必使宝黛离而后合,作美满姻缘后梦。后梦瓦釜齐鸣,玉石淆杂,续梦、幻梦、重梦,奇思穷想,诲盗诲淫,祖龙再世,必一灭之,断不使毒焰再煽。"②庄宝澍在肯定《红楼梦》时,大力贬抑其续书。

光绪十五年海宁邹存淦撰《己丑曝书杂记》,记录其家师竹庐兵燹后所存书,其中"存目"中录小说等多种,《红楼梦》系列包括:《红楼梦》十六册、《红楼梦论赞》一册、《石头记评赞》四册、《红楼梦义约编》二册、《红楼梦类联集要》一册、《红楼梦赋》一册、《红楼梦竹枝词》一册、《红楼梦二百咏》二册。③

《红楼梦》的脍炙人口,直接推进续书的生产消费及阅读,当然也刺激了官方的"系列查禁"。丁日昌同治七年在江苏巡抚任上先后两次查禁"淫词"小说,所开应禁书有269种之多;其中有《红楼梦》及相关系列如《补红楼梦》《红楼梦重梦》《续红楼梦》《增补红楼》《后红楼梦》《红楼复梦》《红楼补梦》《红楼圆梦》。④

在《红楼梦》及其系列的传播过程中,这部小说也逐渐从书斋半隐秘状态下的阅读变为公开场合中的旅途读物。王诒寿同治八年六月三十日日记:

> 傍晚归船,遣人至子炳处假《红楼梦》。子炳亦遣人送复竟山信

---

① 中华书局编辑部编,汤志钧、陈正青校订《王韬日记》,中华书局,2015年,第200页。
② 庄宝澍《庄宝澍日记》,见叶舟点校《晚清常州名贤日记四种》,凤凰出版社,2013年,第223—224页。
③ 邹存淦《己丑曝书杂记》,台北"国家图书馆"藏稿本。
④ 阿英《关于清代的查禁小说》,见《小说闲谈》,上海古籍出版社,1985年,第136—138页。

来。夜间不能早寐,舟人纵横四卧,鼾息声如雷,甚不耐。起,挑灯读《红楼》,至三更。①

王诒寿其时在浦江作教谕,所看《红楼梦》是从"子炳"处借得,是在回山阴的船上读,且挑灯读至三更,书于是走入更广阔的空间,想明清以来,南方河道上来往的舟船上,看此等闲书的不是少数,已不完全是黄丕烈等在舟中看的那类书籍。光绪十五年四月二十四日,姚永概在天津候船至上海吴淞口,"候船不至,因购《红楼梦》阅之,消却旅愁"。次日船仍不至,继续看《红楼梦》。② 从日记所记来看,《红楼梦》似能轻易在天津候船处附近购得,应当是新型印刷出版技术使得《红楼梦》化身千万。

《红楼梦》在传播的过程中,逐渐融入读书人的生活,如戏曲、小说、诗词创作中,也进入茶余饭后的闲谈。

《红楼梦》作为一种风雅的诗料,已经有诗人有"批量制作",如嘉应黄昌麟《红楼二百咏》(百美新咏之类)、潘容卿《红楼百美诗》、邱炜蔆《红楼梦绝句》等。鲍俊跋称黄氏之作"传有北宋波澜,诗得西昆蕴藉",然此类作品基本是为文造情,有呈显才学的倾向。同时,此类诗作,也多有人关注,黄氏诗集有鲍俊等五人跋,邱炜蔆诗集有三十七人题词、序跋。③ 在此类之外,还有规模更大的"群体性制作":

> 莆田吴氏,粤之鹾商也,富而好文,大开诗社。以《红楼梦》分得四题,各以七律咏之。卷以万计,糊名易书,延番禺洪日崖孝廉应晁评阅,取黄星洲等百人,各酬厚仪。先,番禺张兰士女史卷已列第一,及开弥封,主人以为女子压卷,恐遭物议,遂置第二,其实黄诗本

---

① 王诒寿《缦雅堂日记》。此则材料,由吴钦根提供。
② 姚永概著,沈寂等标点《慎宜轩日记》,黄山书社,2010年,第392页。光绪十九年六月,连日录《庄子》注,同时,"连日借《红楼梦》来阅。从日记来看,姚永概很少看小说,此后一次是光绪三十三年乘船到长崎,在船上看《天方夜谭》《鲁滨孙记》。见姚永概《慎宜轩日记》,第540页。
③ 一粟编《红楼梦书录》,上海古籍出版社,1981年,第50—51页。

第九章 三教之外又多一教:清代的小说戏曲阅读

不及张也。①

这次诗社集会,诗题有《黛玉葬花》《宝钗扑蝶》《湘云眠茵》《晴雯补裘》;文中所及张兰士乃番禺张维屏(1780—1859)次女张秀端。《红楼梦》中的人与事进入诗社,成为创作的共同主题,至少要求参与者读过或部分读过这部小说,以上文字中"卷以万计"乃夸张之语,但人数对半折算或取其十分之一,也相当可观。

黄昌麟诗集在道光二十一年前已经成型,张秀端参与诗社活动或在此前,这些活动皆在广东发生,则道光年间,《红楼梦》在岭南读书人中已经是普遍流传了。

《红楼梦》也进入联语这种喜闻乐见的文学样式。杨恩寿同治元年二月廿四日日记:

  秋舲(史宝恬)健谈,工谐谑。言现任湖北学使贾小桥(瑚)太史,有轻薄子榜其门曰:"姓名可补《红楼梦》,夫婿曾烧赤壁兵。"因"瑚"与"琏"俨兄弟行,而"小桥"与"小乔"同音也。②

以上所述,可列入红学研究中的影响研究,《红楼梦》等如何融入读书人的生活,其丰富多样的"伸展"方式,在古代小说中应是独一无二。

据统计,乾嘉以来,评论考释《红楼梦》的笔记有二十多种,如周春的《阅红楼梦随笔》、徐凤仪《红楼梦偶得》、裕瑞的《枣窗闲笔》等等,而在偶尔论及《红楼梦》的笔记也有二十多种。③ 笔记中的《红楼梦》杂评,多有得自闲谈者,如《梦痴说梦》(光绪十三年刻本)有"梦痴学人"撰"小引":"《说梦》始于庚午冬夜闲谈,所谈多系本书隐义。"一些闲谈,不但是红学

---

① 雷瑨、雷瑊《闺秀诗话》卷九,见王英志主编《清代闺秀诗话丛刊》第 2 册,第 1133 页。施淑仪《清代闺阁诗人征略》卷九亦载此事,文字略有不同。
② 杨恩寿著,陈长明标点《坦园日记》,上海古籍出版社,1983 年,第 14 页。
③ 李广柏《红学史》,广东教育出版社,2010 年,第 149—150 页。

的重要史料,自身也是很有意味的文学片段,可入"新《世说》"。邹弢《三借庐笔谈》记录与许伯谦讨论《红楼梦》之事,邹氏以为黛玉"天真烂漫",宝钗则"矫揉其性";许氏"尊薛而抑林,黛玉尖酸,宝钗端重"。所见不同,遂有争论:

> 己卯春,余与伯谦论此书,一言不合,遂相龃龉,几挥老拳,而毓仙排解之,于是两人誓不共谈《红楼》。秋试同舟,伯谦谓余曰:"君何为泥而不化耶?"余曰:"子亦何为窒而不通耶?"一笑而罢。嗣后放谈,终不及此。①

这类关于《红楼梦》传播的掌故自嘉庆朝开始,时常出现。此外,就像《西厢记》《牡丹亭》出现在《红楼梦》中一样,《红楼梦》也出现在别的小说中,较出名的就是《儿女英雄传》第三十四回中,在这一回的"亮相",是以被评说的对象出现,而作为"认真的态度"讨论的话题,则出现在小说《花月痕》中。②

关于《红楼梦》的闲谈与掌故,可视为"新红学"的铺垫。蔡元培的索

---

① 一粟编《古典文学研究资料汇编·红楼梦卷》第2册,中华书局,1980年,第390页。
② 眠鹤道人编次《花月痕》卷八:"我们慢慢作个长夜饮罢,荷生痴珠俱道好极。当下穆升回去楼上,约有一下多钟,三人便浅斟细酌起来。大家参详华严庵签语,就说起《红楼梦》散花寺凤姐的签。痴珠因向采秋道:'我听见你有部批点《红楼梦》,何不取出给我一瞧。'采秋道:'那是前年病中借此消遣,病好就也丢开,现在此本还搁在家里。'痴珠道:《红楼梦》没有批本,我早年也曾批过,后来在杭州舟中见部批本,系新出的书,依文解义,没甚好处。这两部书如今都不晓得丢在那里去了。你且说《红楼梦》大旨是讲什么?'采秋道:'我是将个空字立定全部主脑。'痴珠道:'太虚幻境、警幻仙姑,此也佀人知道。你怎样说这空字呢?'采秋道:'人家都将宝黛两人看作整对,所以《后红楼》一书要替黛玉伸出许多愤恨,至《红楼补梦》《绮楼复梦》,更说得荒谬,与原书大不相似了。我的意思,这书只说个宝玉,宝玉正对,反对是个妙玉。'痴珠不待说完,拍案道:'着!着!贾瑞的风月宝鉴,正照是凤姐,反照是骷髅,此就粗浅处指出宝玉是正面,妙玉是反面,人人都看《红楼梦》,难为你看得出这没文字的书缝,好是我批的书没刻出来,不然竟与你雷同。'荷生笑道:'你两人真个英雄所见略同了,只是我没见过你们批本却要请教你们,寻出几多凭据'。"《古本小说集成》编委会编《古本小说集成》第216册,上海古籍出版社,1994年,第589—590页。

第九章 三教之外又多一教:清代的小说戏曲阅读

隐式《红楼梦》研究,就有掌故气息。蔡元培这一研究的萌芽及展开,在其日记中有记录:

光绪二十二年六月十七日日记:"《郎潜笔记》述徐柳泉(时栋)说《红楼梦》小说,十二金钗皆明太傅食客:妙玉即姜湛园,宝钗即高澹人。以是推之,黛玉当是竹垞。……宝琴是吴汉槎,汉槎尝谪宁古塔,故宝琴有从小儿所走过地方的古迹不少,又称见过真国女孩子。三春疑指徐氏昆弟,春者东海也。刘老老当是沈归愚。"①

光绪二十二年九月四日日记:"近日无聊,阅太平闲人所评《红楼梦》一过,金圣叹所评《水浒传》一过。圣叹自是隽才,斥《西厢》后四出为续部,甚卓。《水浒传》古本,则圣叹杜撰也。闲人评《红楼》,可谓一时无两,觉王雪香、姚梅伯诸人所缀,皆呓语矣。"②

光绪二十四年七月二十七日日记:"余喜观小说,以其多关人心风俗,足补正史之隙,其佳者往往意内言外,寄托遥深,读诗逆志,寻味无穷。前曾刺访康熙朝士轶事,疏证《石头记》,十得四五。近又有所闻,杂志左方,用资印证。固知唐丧笔札,庶亦贤于博弈。"③

通过光绪二十二年日记所录,可知蔡元培所阅小说戏曲,或有一定数量。同晚清其他《红楼梦》爱好者一样,他对《红楼梦》续书、《红楼梦》诸评点都关注,只不过此则日记中蔡元培更重视评点而已。

光绪二十二年六月和光绪二十四年七月日记所录,显示蔡元培是以"补正史之隙"读《红楼梦》,故以康熙朝士人轶事疏证小说。光绪二十四年日记中,他开列出林黛玉(朱彝尊)、薛宝钗(高士奇)、宝琴(冒辟疆)、妙玉(姜宸英)、史湘云(陈维崧)、宝玉(纳兰性德)、刘老老(安三)等名单,与光绪二十二年拟配名单,已有微调。如此变化,是因"近又有所闻",所闻或得诸书卷,然从当时读书人讨论《红楼梦》的氛围来看,蔡元培"所闻",很可能得自与友朋的闲谈。徐珂《清稗类抄》也有类似记载,

---

① 中国蔡元培研究会编《蔡元培全集》第 15 卷,浙江教育出版社,1997 年,第 81 页。
② 中国蔡元培研究会编《蔡元培全集》第 15 卷,第 93 页。
③ 中国蔡元培研究会编《蔡元培全集》第 15 卷,第 187—188 页。

或当时有此流行说法,或徐珂承袭蔡说。① 蔡元培光绪二十二年至二十四年九月前在翰林院任职,"所闻"或得自同僚及京城其他读书人。

蔡元培在京城作《红楼梦》索隐式考证的同时,在上海汇集的一群文人也在以近似的方式谈论《红楼梦》。查蔡元培日记及年谱,蔡元培在翰林院期间与上海这批文人没有直接交往,所以京沪两地的《红楼梦》论说有相对的独立性。

孙宝瑄现存《忘山庐日记》中光绪二十三年十二月、光绪二十七年正月日记中有数次记录阅读《红楼梦》的心得,此年六月、十一月又再次论及,光绪二十八年正月、光绪二十九年闰五月日记中亦顺带评及。孙氏光绪二十三年十二月十七日日记云:

> 雨。枚叔过谈,夜深乃去。枚叔谓……世辄推许《石头记》一书,专言一家事,以为古今创格。余曰:是不奇。历朝史鉴,何尝非专言一家事?枚叔大笑。②

光绪二十七年六月十二日日记中所记《红楼梦》闲谈较此前所记,旨趣有变化:

> 十二日,晴。日中,访叔雅。晚,与偕至金谷香,因邀彦复、枚叔及张冠霞至,小谈。枚叔辈戏以《石头》人名比拟当世人物,谓:那拉,贾母;在田[谐音载湉,指光绪帝],宝玉;康有为,林黛玉;梁启超,紫鹃;荣禄、张之洞,王凤[熙凤]姐;钱恂,平儿;樊增祥、梁鼎芬,袭人;汪穰卿、刘老老;张百熙,史湘云;赵舒翘,赵姨娘;刘坤一,贾政;黄公度,贾赦;文廷式,贾瑞;杨崇伊,妙玉;大阿哥,薛蟠;瞿鸿玑[机],薛宝钗;蒋国亮、李纨;沈鹏、金梁、章炳麟,焦大。余为增数人

---

① 徐珂云:"《红楼梦》一书,所载皆纳兰太傅明珠家之琐事。妙玉,姜宸英也。宝钗,为某太史。……贾探春为高士奇。"转引自朱一玄编《明清小说资料选编》,第654—655页。
② 孙宝瑄《忘山庐日记》,第152页。

第九章 三教之外又多一教:清代的小说戏曲阅读

曰:谭嗣同,晴雯;李鸿章,探春;汤寿潜、孙宝琦,薛宝钗;寿富,尤三姐;吴保初,柳湘莲;宋恕、夏增佑、孙渐,空空道人。①

孙宝瑄、章太炎的《红楼梦》评论,已从家之史转到一国之史。光绪二十七年日记中"叔雅"是丁日昌子丁惠康,"彦复"乃吴长庆之子吴保初。借小说论时局,②国史与小说家言杂糅,有庄有谐,戏谑中可见当时闲聊氛围:章太炎将自己纳入,孙宝瑄将吴保初、兄长孙宝琦、好友宋恕添补。如此比拟,参与闲谈者必熟习《红楼梦》。

蔡元培与章太炎、孙宝瑄虽都是比附,但前者是考证索隐,是试图证实;后者只是借贾府中人物讨论时局,小说中的人物成为一种有特定涵意的修辞符号,特别是章太炎将自己比作焦大,小说已进入当下情境中,这一表述方式,在曾国藩的私下言谈中也出现过。

无论是较早的曾国藩,还是后来的蔡元培、章太炎、孙宝瑄等,皆将《红楼梦》中人物与政局关联;在此之外,还有另外一种比附方式,即将小说中人物与伶界作比照。

道光二十一年后,杨懋建在京城生活数年,有《京城看花记》行世,书中时以梨园优伶拟《红楼梦》人物,所见不下 30 处,如"秀兰,范姓,字小桐,今日之牡丹花也。美艳绰约,如当年蕊仙,而品格过之,风仪修正,局度闲雅,金粉场中,艳而能静,拟之《石头记》中人,大似蘅芜君";"陈玉琴字小云,此碧桃花也,拟之《石头记》中人,极似宝琴,眉目肌理,意态言

---

① 孙宝瑄《忘山庐日记》,第 360 页。
② 李根亮指出:"以慈禧太后比喻贾母,形容其高高在上,独断专行的绝对权威;以光绪帝比喻贾宝玉,形容其政治上无所作为的政治傀儡地位;以康有为比喻林黛玉,形容其与光绪帝虽然关系密切,但却命运不济的悲剧结局;以梁启超比喻紫鹃,因为梁是康有为的学生;以荣禄、张之洞比喻王熙凤,表现出对二人政治才干的欣赏;等等。章太炎最后将自己比喻为焦大,显然是暗示他像《红楼梦》里的焦大一样敢于公开对现实政治问题表示不满和批评。孙宝瑄则以谭嗣同比喻晴雯,表现出对谭嗣同人格魅力的赞赏以及对其悲剧命运的同情;以李鸿章比喻贾探春,形容其改革家的形象;以其兄长孙宝琦比喻薛宝钗,形容其温文尔雅的君子风度,也不无标榜之意。"《清人日记与〈红楼梦〉》,见《红楼梦学刊》,2017 年第 1 辑,第 226 页。此处材料使用,受李文启发,并检核原书。

笑,无一不媚";"德林字瑄霞,虽无晴雯之艳,而性格近之,极似怡红院中林家小红";"小香……潇湘馆中紫鹃也"。①

这种虚实比照或对应的方式,隐约可见"诗坛点将录"的印迹,"诗坛点将录"借水浒一百零八将,提供一种文学批评或者以掌故娱乐大众的方式;以《红楼梦》中人物作比照,蔡元培态度认真,是考证,其他皆借《红楼梦》人物群像构造一套近似娱乐的方式。

四、《红楼梦》的群体阅读

据周汝昌《红楼梦新证》所用永忠《延芬室稿》、明义《绿烟琐窗集》、沈赤然《五砚斋诗抄》、许兆桂《绛蘅秋序》等《红楼梦》相关材料,乾隆三十三年到六十年间可作为《红楼》的初期传播阶段,②在满族人中传播是这一时段的一大特色。

明义作《题红楼梦》绝句至晚不过乾隆四十六年,诗有小序云:"曹子雪芹,出所撰《红楼梦》一部……惜其书未传,世鲜知者,余见其抄本焉。"则其时书未刊板流布。郝懿行云:"余以乾隆、嘉庆间入都,见人家案头必有一本《红楼梦》。"③郝氏此语,引用者多看重后面一句,而不注意前一句中的时间地点的限制。郝氏所见现象,恐只有在京城读书人且主要是官僚阶层中才出现;"乾隆、嘉庆间",应该将焦点放在嘉庆年间,程伟元乾隆五十六年刻本《红楼梦序》:"好事者每传抄一部,置庙市中,昂其值得数十金,可谓不胫而走者矣。"④所述乃乾隆年间抄本流传之事,既然是抄本,流传必定有限。乾隆朝《红楼梦》的阅读与传播范围的考量,要有分寸,不能受后世流传广泛的影响,将其盲目扩大,不能以嘉庆以后的广受关注来逆推早期有洛阳纸贵的场景。《红楼梦》早期传播范围的

---

① 王人恩《红学史谫论》,高等教育出版社,2017年,第82、85页。
② 周汝昌《红楼梦新证》(增订本),中华书局,2012年,第738页。这一时期,还有蒙古王府乾隆抄本《红楼梦》,见《红楼梦新证》,第901页。
③ 郝懿行《晒书堂笔录》卷三《谈谐》,《清代诗文集汇编》第449册,第722页。
④ 朱一玄编《明清小说资料选编》,第588页。

第九章 三教之外又多一教：清代的小说戏曲阅读

讨论，还可与明代小说四大奇书的情况关联，浦安迪以为明代出版业虽兴盛，然"在衡量该时期印刷术传播与新体散文崛起之间的联系时，必须持谨慎的态度。……至少这四部作品的已知早期版本大多是珍本，看来书价昂贵，只能在有限范围内流通"①。《红楼梦》的较广泛流传，应自嘉庆朝起。《红楼梦》乾隆末年刊行，毫无疑问在红学史上有里程碑意义，但也不是表明《红楼梦》一刊刻上市就声誉顿起，种种迹象表明，刊刻之后，《红楼梦》还经历了几年的上升时期。

陈镛《樗散轩丛谈》嘉庆九年刊印，其中论及《红楼梦》在乾嘉间流传面的不同与变化趋势：

> 《红楼梦》实才子书也，初不知作者谁何，或言是康熙间京师某府西宾常州某孝廉手笔。巨家间有之，然皆抄录，无刊本，曩时见者绝少。乾隆五十四年春，苏大司寇家因是书被鼠伤，付琉璃厂书坊抽换装钉，坊中人藉以抄出，刊版刷印渔利，今天下俱知有《红楼梦》矣。②

《红楼梦》在刊刻之前，从抄本流传，"巨家间有之"，"见者绝少"，自嘉庆朝开始，《红楼梦》传播的黄金时代已经开始。

裕瑞(1771—?)《枣窗闲笔》成书约在嘉庆十九年至二十五年间，其中述及《红楼梦》被改编成戏曲之事："此书自抄本起至刻续成部，前后三十余年，恒纸贵京都，雅俗共赏，遂浸淫增为诸续部六种，及传奇、盲词等等杂作，莫不依傍此书创始之善也。"③清代改编《红楼梦》的戏曲约有20余部，其中现存13部，存目7部。从案头走向舞台，这是《红楼梦》传播的重要途径，而相关戏曲的编写与刊刻在嘉庆初年出现，如孔昭虔《葬花》作于嘉庆元年，刘熙堂《游仙梦》嘉庆三年刊刻，仲振奎《红楼梦传奇》

---

① 浦安迪《明代小说四大奇书》，三联书店，2006年，第13页。
② 一粟编《古典文学研究资料汇编·红楼梦卷》第1册，第113页。朱一玄《明清小说资料选编》(第598页)所录文字，与此处所录略有差异，如乾隆五十四年此处为"乾隆某年"。
③ 爱新觉罗裕瑞《后红楼梦书后》，见《枣窗闲笔》，上海古籍出版社，1984年，第174页。

嘉庆四年刊刻。①

　　进一步界定，即使在《红楼梦》传播的黄金时代，也并非全国"一时风行，几于家置一集"（《后红楼梦》逍遥子叙），其流行地区主要在京城、江浙，或福建、广东；西部的情况很可能就大不相同。"秦子忱都阃"著《续红楼梦》，嘉庆四年抱瓮轩刊刻，作者是陇西人。"弁言"有语云：《红楼梦》一书，脍炙人口数十年，余以孤陋寡闻，固未尝一见也。丁巳春，余偶染疮疾，乞假调养……闻同寅中有此，即为借观，以解烦闷。匝月读竣，而疾亦赖是渐瘳矣。"②此外，就是在江浙等地，因为《红楼梦》售价不低，且是闲书，一般读书人也不会有购买的豪举，故如同"秦子忱都阃"一样，以借阅者居多。

　　在充分考虑《红楼梦》传播在时间、空间方面的差异的基础上，结合较具体的区域和人群考察《红楼梦》的阅读史，可能是较稳妥的方法。在京城，《红楼梦》早期抄本在曹雪芹亲友圈内流传，并进入宗室及八旗上层贵族视野。明义为满洲镶黄旗人，乾隆孝皇后之侄，永忠、弘旿、淳颖为宗室。早期抄本除脂砚斋的评点外，还包括畸笏叟、棠村、梅溪、松斋等人，脂砚斋、畸笏叟可能是旗人。③

　　黄一农由宋翔凤溯探《红楼梦》流传的人际网络时，推测常州文人群体中存在一个延续性的《红楼梦》阅读群体，如宋翔凤、恽敬、张惠言、张曜孙等；与此群体有多重关联的在苏州也有一群体，如沈起凤、石韫玉、吴士超等。④

　　类似的群体还有不少。吴兰征（1776—1806）在嘉庆二年前就读到

---

① 刘衍青《〈红楼梦〉戏剧研究》，中国社会科学出版社，2018年，第17—19页。
② 一粟编《红楼梦书录》，第13页。
③ 黄一农《清代传禁〈红楼梦〉之人脉网络：从赵烈文日记谈起》，见《红楼梦学刊》，2013年第4辑，第22—23页。
④ 詹松《族群身份与作品解读：论清代八旗人士的〈红楼梦〉评论》，见《曹雪芹研究》，2016年第1期，第80页。这一群体，在《红学史》一书中也有大致界定：乾隆三十年（1765）到乾隆四十年（1775）前后有一个由永忠、敦敏、墨香、瑶华、明义组成的《红楼梦》阅读群体。见李广柏《红学史》第二章"永忠的《吊雪芹》和明义的《题红楼梦》"，第121—137页。

第九章 三教之外又多一教：清代的小说戏曲阅读

百二十回本《红楼梦》。吴氏是安徽婺源人，姚鼐门人俞用济妻，曾撰《绛蘅秋》传奇二十余出（另有二出由俞氏续作），是清代众多《红楼梦》戏署名作者中的唯一女性，其《零香集》卷一、卷二收诗作二百余首，其中卷一中有十二首咏《红楼梦》诗，依次为《阅红楼梦说部七律四首》《咏林黛玉七律四首》《咏薛宝钗二首》《咏贾宝玉二首》，据所咏诗作，知吴氏所看为百二十回本《红楼梦》，卷一末有袁枚评语。袁枚卒于嘉庆二年，则知百二十回本《红楼梦》刊行不到六、七年时间，①吴兰征就已经阅读，并在稍后就将所读转化为戏曲创作。②

吴氏《绛蘅秋》有许兆桂、万荣恩、俞用济序，许氏湖北云梦人，嘉庆十一年在江宁；万荣恩（玉卿）是俞用济妹夫，《红楼梦传奇》（又名《醒石缘》）署"江宁醒花生万荣思填词，同邑浣香子车秋舲校谱"，嘉庆八年青心书屋刊刻，有"秋舲主人"嘉庆五年序，车秋舲即车持谦，江苏上元人，是《秦淮画舫录》的作者。《红楼梦传奇》有俞用济跋，李焘、朱兰、刘嶽、陈佩兰、吴自新等题词。

《红楼梦传奇》四卷六十出，考虑到创作周期，及万荣恩"嘉庆庚申花朝"自序中所云"前忽于岁晚残冬购得《红楼梦》一部"③。万荣恩至少在嘉庆三年或更早读到《红楼梦》；俞、吴乾隆五十九年完婚。综合考虑交游、作序时间、联姻等因素，乾隆五十九年至嘉庆初年在江宁有一《红楼梦》阅读及戏曲创作群体，包括俞用济、万荣恩、许兆桂、车持谦、吴兰征，万荣恩或是核心人物。吴兰征很可能也随夫居江宁，也有可能在歙县，总之，她能读到《红楼梦》，俞用济是一传播中介。

嘉庆十三年寒食，浙江乌程范锴、安徽歙县方甝夫及曹问天、黄心盦

---

① 邓丹《新发现的吴兰征12首咏红诗》，见《红楼梦学刊》，2008年第1辑，第42—44页。吴兰征生平，参邓丹《三位清代女剧作家生平资料新证》，见《中国戏曲学报学报》，2007年第3期。

② 关于吴兰征的生平，还有若干细节可以探究。吴氏是新安吴春岩次女，侨寓龙江，其夫俞用济暂不能考出籍贯，很可能是江宁府人，或为姚鼐主钟山书院讲席时弟子，吴氏之作多托俞用济请袁枚评点。

③ 郭英德《明清传奇综录》，河北教育出版社，1997年，第1118页。

在歙县洪范寓馆"听说者周在谿说《红楼》野史数则。是集也,觥筹屡斝,雅致缠绵,各赋十绝句纪事"①。其时范锴有词作记此次雅集,后又在笔记中追忆。这则记录中周在谿所说,据考证乃"黛玉葬花""杏子阴假凤泣虚凰"和"史湘云偶填柳絮词"。②雅集听说《红楼梦》,其一可见嘉庆年间汉阳《红楼梦》传播情形;其二范锴等人分别来自浙江乌程、安徽歙县,或此前在家乡已读《红楼梦》,或来汉阳以后读;其三,能"各赋十绝句",说明他们对《红楼》已很熟悉。

大连图书馆藏抄本《文生于情》,乃清人诗选集,其中有一组《红楼梦分咏》,作者为侯官杨维屏(1795—?),道光十五年举人;侯官何大经,道光三年进士;侯官杨庆琛(1783—1876),嘉庆二十五年进士;闽县曾元海(1799—?),道光二年进士。从数人生卒年、籍贯来看,诗或成于道光年间,或为在侯官的某次雅集之作。杨维屏云:"余于夏日披阅(《红楼梦》)一过,酒恶顿消,诗魔忽起,择其尤善者得十五人,首缀一律,和续三章。"③则分咏十五人,共得诗六十首,则此组诗或名为《红楼梦戏咏》。④

有研究者通过考察福建侯官李彦彬所著《心太平室文存》中的十九首咏红诗,指出在嘉道以至咸同五六十年间,在福州士人家庭中,《红楼梦》是一种较受欢迎的读物,其中的人物、故事是茶余饭后的话题。⑤ 十九首诗由李彦彬作十五首,林天龄作四首,二人皆中进士,在京城任职,他们对《红楼梦》的兴趣,也可能受京城风气影响。然李、林二人共同完成一组诗,则《红楼梦》是他们的共同话题,由此可推测围绕李、林二人有

---

① 范锴《汉口丛谈》卷五。据邓庆佑《苕溪渔隐和他的〈痴人说梦〉》(见《纪念曹雪芹逝世240周年》,文化艺术出版社,2004年)提示,已核对原书。

② 邓庆佑《苕溪渔隐和他的〈痴人说梦〉》,第405—406页。

③ 王若《新发现〈红楼梦分咏〉初探》,见《红楼梦学刊》,1998年第1辑,第151—152页。

④ 黄可鼎《黄见三与〈红楼梦〉广义》,见《江夏心声》,2012年第61期,第3版。

⑤ 毛晓阳《新发现清代福州进士咏红诗述录》,见《南都学坛》,2007年第3期,第42页。19首诗中前15首为李彦彬作,李氏福建侯官人,道光三年进士;后4首为林天龄作,林氏为咸丰十年进士。李、林有姻亲关系。据学者考证,林则徐也有咏林黛玉、薛宝钗等11位女性诗作,然暂不能断其真伪,若确是林作,则更能证示嘉道以来,福建有题咏《红楼梦》人物的风气。邹自振《林则徐"咏红"诗评析》,见《闽江学院学报》,2008年第4期。

第九章 三教之外又多一教:清代的小说戏曲阅读

一 阅读《红楼梦》群体。

黄一农梳理《红楼梦》在清代中晚期流传过程中的人际网络,发现科举、师生、血缘、同僚以及交友等关系错综其间,明义、高鹗、晋昌、淳颖、裕瑞等属《红楼梦》传抄初期以旗人为主的小众核心诠释群体,同时也包括袁枚、程伟元、石韫玉、恽敬、张问陶、谭光祜等汉族文人;《红楼梦》经历了一个由旗人向汉人圈子以及由北京向江南地区过渡的传播过程。①

通过对关系的梳理,可以看清群体形成过程,这样的《红楼梦》阅读群体肯定还有不少,如通过管庭芬日记,可揭示浙江海宁《红楼梦》阅读群体;通过黄金台日记,可揭示浙江平湖有《红楼梦》阅读群体。② 而其他小说,如《金瓶梅》及《儒林外史》的阅读与批点也有近似的小群体。小说的群体传播可以为小说的传播研究提供一种路径,这种传播中可以看见一些规律性或脉络性的关联。在《红楼梦》的阅读群体中,嘉道两朝福建的两个群体很有意义,它们的存在显示《红楼梦》的影响范围;这两个群体的大多数成员有在京城考试或任职的经历,很可能将京城的阅读时尚带回福建,这一现象可拓展黄一农"由北京向江南地区过渡的传播过程"一说。

阅读群体的考察,还可从地域之外的因素着手,譬如很有传统的幕府。幕府对所在地的政治、文化、经济皆有影响,清代幕府与学术文化的关系,已有较多研究成果,幕府集结一批文士,这些文士之间有多重交

---

① 黄一农《清代传禁〈红楼梦〉之人脉网络:从赵烈文日记谈起》,第 27 页。

② 浙江的读《红》群体与现代红学的兴起是很值得关注的问题。浙江可能还有不少《红楼梦》阅读群体,王同愈尝记:"德清徐颂渔(传经),不知为何许人。余见其手批王刻《石头记》,朱墨并下,字细如麻,并录苕溪渔隐评语,至八十回为止,后已阙失。今在灵芬阁书坊,云是李□□家散出。"(见顾廷龙编《王同愈集》,上海古籍出版社,1998 年,第 520—521 页。)由德清俞樾、俞平伯(尽管不在德清生活),可推想德清县也有较浓厚的小说阅读风气。徐氏所录"苕溪渔隐"《石头记》评语,此苕溪渔隐据邓庆佑考证为浙江乌程南浔镇人范锴,生于乾隆二十九年,道光二十五年在世,有研究《红楼梦》著作《痴人说梦》,被后世研究者称其在《红》学研究上有多个"第一"的开创。ու以王同愈所记推测,则范锴似另有《石头记》批点本,且有读者。乌程、德清同属湖州府,或此地在道咸两朝有读《红》群体。见邓庆佑《苕溪渔隐和他的〈痴人说梦〉》。

流,在读书方面,除了正经正史方面的切磋交流,读闲书杂书也或多或少彼此影响。

曾国藩在咸丰十年看《红楼梦》,方玉润咸丰十年十二月二十八日日记也有阅读此书记录:

> 今日雨未止,不能出门,案有《红楼梦》一书,乃取阅之。大旨亦黄粱梦之义,特拈出一情字作主,遂别开出一情色世界……书中韵事,如葬花、问菊,又千古所未有。余尤爱其叙事,明题暗您、实铺虚补、陡起突收诸法,极为灵活,变换不测。惟黛玉之死、宝钗之婚二事交关处,颇费经营,形迹似未全化。此等处惟《聊斋》笔墨无痕,故《红楼梦》又次于《聊斋》也。盖《红楼》专描俗情,《聊斋》多纪怪异,以俶奇之笔写怪异之事,自觉无迹可寻;而以世俗之情遇意外之事,定难自圆其说,此著书本意,又不可不先为酌定也。①

有学者据方氏日记及曾国藩日记所记诸人同在咸丰十年读《红楼梦》,后又有赵烈文与曾氏谈《红楼梦》,推测在曾氏幕府中存在一个《红楼梦》读者群。② 此种推测可能成立,曾氏与冯卓怀(树棠)读《红楼梦》在咸丰十年十一月三十日,方玉润在此年十二月底阅读。曾国藩此年三月二十五日记,有方玉润呈著述求鉴定的记录,③故从幕府整体氛围以及人物交往来推测一个阅读群体,有一定合理性。

方玉润咸丰十年阅读《红楼梦》之后,同治三年再次阅读。再读或是由看《药栏诗话》引发,因诗话中收录蒋世治题《红楼梦》诗,方玉润觉诗

---

① 方玉润《星烈日记》,《国家图书馆藏抄稿本日记选编》第 23 册,第 398—399 页。据朱一玄《明清小说资料资料选编》(第 598 页)提示,特此说明。

② 李根亮《清人日记与〈红楼梦〉》,见《红楼梦学刊》,2017 年第 1 辑,第 221 页。关于清人日记中的小说阅读记录,笔者一直关注。李文中提出的设想与一些材料的使用,对笔者有启发。

③ 曾国藩《曾国藩全集·日记》第 2 册,第 27 页。

第九章 三教之外又多一教：清代的小说戏曲阅读

作"鲜艳"，故转录与三月初一日记中，①三月初五、初六于是读《红楼梦》，并在日记中留下较大篇幅的评说。初五日记谈色空主旨，以及首尾以二梦为起结的结构；初六日日记有语云"是书虽以言情为主，而说理有极超处，可补诸子所未发"，遂摘录小说中文字。② 从这些评说来看，方玉润对于《红楼梦》已经不是纯粹消遣阅读，再结合咸丰十年日记中的《红楼梦》《聊斋志异》比较，则可知方氏还用心阅读过《聊斋志异》。现存方氏日记残缺不全，中未见《聊斋志异》阅读记录，由此可推方氏还有阅读这两部小说的记录；同时所读小说可能还不止这些，如同治元年他就看过《情史》。因为对《红楼梦》《聊斋志异》有心得，在同治三年七月日记末附"鸿蒙室拟著丛书目录"三十六种书中，最后两种是《评点聊斋志异》《评点红楼梦传奇》。方氏咸丰十年在曾氏幕府中偶然接触《红楼梦》，此后很可能就有一套随身携带，并且开始用评点的方式阅读，如同撰作《诗经通论》或者《评点杜诗》。③

研究阅读史，个人阅读可能被列为重点；从清人日记所记读书情况来看，或换一角度，从清代一些小说的被阅读情况来看，个人阅读背后往往有丰富的人际交往和书籍流动网络，一时读书风气、他人阅读兴趣以及社会交往等诸多因素，也常常渗透其中。

小说戏曲（本章重点讨论小说）作为闲书、无益之书、荡情佚志的有害之书，在清代的社会文化中以逼人的态势生长，"侵入"正经书的领地，愈来愈成为难以控制的社会文化问题。王利器辑《元明清三代禁毁小说戏曲史料》、赵维国辑《〈申报〉所载晚清戏曲小说禁毁史料》（起同治十一年讫宣统三年）④，以及一些小说戏曲研究论著所显示的时代愈是晚近、禁毁小说戏曲行为愈密集的情况，不能过多强调是因为晚近时代相关史

---

① 方玉润《星烈日记》，《国家图书馆藏抄稿本日记选编》第27册，第39—40页。
② 方玉润《星烈日记》，《国家图书馆藏抄稿本日记选编》第27册，第45—49页。
③ 方玉润《星烈日记》，《国家图书馆藏抄稿本日记选编》第27册，第231—236页。
④ 赵维国《教化与惩戒：中国古代戏曲禁毁问题研究》"附录"，上海古籍出版社，2014年，第338—527页。

料保存更为完备因而对这类事情有完整揭示,而应充分考虑小说戏曲自明中叶以来,尤其是清代以来对社会文化日益增长的影响。钱大昕称此影响为三教之外的又一教,应该是一整体性的衡量。无论从稍专一的书籍史角度,还是从稍宏观的社会文化史来看,小说戏曲所产生的作用,虽不能径称之为"文化革命",但它所呈现的形式与产生的效果,确实具有某些现代性特征,这也是撰写现代文学史追溯其源头或精神谱系时,往往要回顾小说戏曲曾经对社会文化产生的影响的重要原因。

小说戏曲对社会文化(尤其是中下社会阶层)有广泛的影响,然相关记录不多,若有,往往贬抑者居多。私家藏书目录中偶尔有记录,幸亏一些边缘文献中保留一些印迹。较为隐私、不以刊行为目的的日记,零星记录清人阅读小说戏曲的点滴,这些记录与部分私家藏书目录的小说戏曲著录反映了读书人日常生活的一个侧面或片段——在追求功名或苦读的过程中,也有松懈下来追求逸乐的一面。考察小说戏曲进入日常生活,似应有阶层或层面的区分:首先是中下层读书人看小说的机会或看小说更多;其次,属于精英阶层的读书人,即使功名的追求是其生活的最高或最终目标,也有灯下、闲暇时娱乐的需求;再次,制度上的限定与观念的是非判断,是事情的一个方面,但这些并不能完全规定、约束日常生活,读书人的购买、借阅、浏览以及向家人讲说小说的事实,皆显示日常生活的丰富性及世俗意味。

小说进入社会生活并产生影响,《红楼梦》无疑是独一无二的个案,它与社会多层面的关联及多种作用方式,也为从外围考察一部小说如何成为伟大的经典提供路径。当然,在充分认识《红楼梦》的影响时,也要对其影响作时间与空间以及接受者等方面的区分,这也为小说戏曲或其他书籍的传播研究作出了有益的提示:分期研究之外,有必要重视分区域研究,而在区域研究中,群体研究可能更贴近清代社会文化及读书人生活的现实。

在考察小说戏曲融入社会生活时,除将阅读作为一般的消遣娱乐考察外,还应留意这一现象的深处还有潜流,那就是对情与欲望等永恒或敏感话题的关注。黄卫总指出,"作为叙事文本的中国传统小说的发展

第九章 三教之外又多一教:清代的小说戏曲阅读

是与中国帝国晚期关于欲望的观点的变化紧密相联的"①,"偷窥他人私生活和了解他人隐秘欲望细节的强烈愿望是愈来愈多的晚明作家(特别是小说家)所要面对的现实"②,本章所涉及的清代文人所读《金瓶梅》《红楼梦》《林兰香》《野叟曝言》《品花宝鉴》等小说,以及《牡丹亭》戏曲,按黄卫总的界定,可列入"欲望系列"。这一欲望有两个层次:一是作者借小说界定、解释欲望,二是读者用娱乐的方式"偷窥"、观看欲望。两面层合观,可见明清以来文人对于"情"与"欲望"的好奇与探寻愈来愈成为风气,尤其是比作者群更广泛的读者群的出现,表明"适当的欲望"被充分扩展,"人们有权享受物质慰藉和娱乐,而最好的娱乐方式莫过于阅读那些有关别人如何渴求他们不应该渴求之物的故事"③。对禁书、对情与欲望系列小说的爱不释手,可称之为"沉溺性的阅读",清代文人日记常有读至半夜三更的记录,雷蒙德·威廉斯(Raymond Williams)以为要研究是何种条件使得这种沉迷成为一种需要,他指出不能忽略"时代的不健康,紧张,青春期成长的骚动,以及工作后的疲惫"④等因素,以此视角来思考清帝国的读书人,能找到相应的解说,时代的不健康,与《品花宝鉴》的流行相关;个人内心的紧张或者疲惫,只要联系读书人如何追求功名、如何为稻粱谋即可感知;青春期成长的骚动,回顾那些读书人在十七八岁前后读《红楼梦》就可说明;若年岁长时读,小说或可触及被压抑的青春期骚动。

---

① [美]黄卫总著,张蕴爽译《中华帝国晚期的欲望与小说叙述》"引言",第3页。
② [美]黄卫总著,张蕴爽译《中华帝国晚期的欲望与小说叙述》"引言",第52页。
③ [美]黄卫总著,张蕴爽译《中华帝国晚期的欲望与小说叙述》,第53页。
④ [英]雷蒙德·威廉斯著,倪伟译《漫长的革命》,第181页。

第十章
石印出版与晚清的科举、文化

光绪十年刊行的吴友如《申江胜景图》，在绘制点石斋石印工厂实景外，又缀以诗：

> 古时经文皆勒石，孟蜀姓以木板易。兹乃翻新更出奇，又从石上创新格：不用切磋与琢磨，不用雕镂与刻画，赤文青简顷刻成，神工鬼斧泯无迹。机轧轧，石粼粼，搜罗简策付贞珉。点石成金何足算，将以嘉惠百千万亿之后人。①

吴友如绘图赋诗所指，正是当时处于兴盛期的石印出版业。石版印刷术是平版印刷术的鼻祖，发明者是奥国人阿洛伊斯·森纳菲尔德（Alois Senefelder, 1771—1834）。② 石印术传入中国及其发展的介绍，近三十年各类出版史、印刷史或其他相关研究著作征引的文献，最重要的不外两种，即贺圣鼐1931年发表的《三十五年来中国之印刷术》，以及光绪十

---

① 张静庐辑注《中国近代出版史料二编》，中华书局，1957年，"书影"第29页。

② 关于石版印刷术的发明，可参见申洪伟编译《石版印刷术的发明》，《印刷杂志》，1996年第4期，第39—41页。石印的方法是：用富于胶着性的药墨，直接描绘字画于天然多孔的石印石面上；也可写原稿于特制的药纸上，待稍干后，将药纸覆盖于石面，强力压之，揭去药纸。印刷前利用水油相拒原理，先用水拂拭，趁水未干，滚上油墨，则石面有字画之处粘着油墨，他处则否。然后铺纸压之，即印成页。瞿冕良撰写"石印本"条目。见赵国璋、潘树广主编《文献学辞典》，江西教育出版社，1991年，第243页。

第十章 石印出版与晚清的科举、文化

五年上海《北华捷报》上刊发的《上海石印书业之发展》,此二文精简扼要,故直接征引,以见石印出版入中国全貌:

> 吾国之有石印术,发轫于上海徐家汇土山湾印刷所,时在光绪二年(即西历一八七六)。前此则在宁波之花华圣经书房顾尔达(Mr. Coulter)人翁相公及华人邱子昂二人。然其所印者,仅限于天主教之宣教印刷品,如唱经等件而已。石印书籍以上海点石斋石印书局为最先。该局为英人美查(F. Major)所设。美查初与其兄弟贩卖华茶,精通中国评议文字,后因所业失败,思欲改图。其买办赣人陈华庚见上海报纸之畅销……故美查历年经营颇有所得,于是先后添设副业,点石斋石印书局即其一也。开办之初,即聘土山湾印刷所之邱子昂为石印技师,最初印刷《圣谕详解》一书。姚公鹤《上海闲话》:"闻点石斋第一获利之书为《康熙字典》,第一批印四万部,不数月而罄;第二批印六万部,适某科举子北上会试,道出沪上,率购五六部,以作自用及赠友之需,故又不数月即罄。"书商见其获利之巨且易,于是至光绪七年(即西历一八八一年)粤人徐裕子(鸿复)有同文书局之设,购备石印机十二架,雇用职工五百名,专事翻印古之善本,二十四史、《康熙字典》及《佩文斋书画谱》等书尤其著者。宁人则有拜石山房之开设。当时石印书局三家鼎立,盛极一时。……故于上海之外,武昌、苏州、宁波、杭州、广东等处亦相继开设石印书局,以万年历或《致富全书》为开场印品(取其长发其祥之意)。然其出品,则多不如上海之精美。①

贺圣鼐关于石印光绪二年传入中国之说,张秀民已有订正,指出英国教会印工麦都思(W. H. Medhurst,1796—1857)已在 1833—1835 年于澳门、广州设立石印印刷所;此外,广东厂屈亚昂(即屈昂)于 1832 年左右

---

① 贺圣鼐《三十五年来中国之印刷术》,原刊《最近三十五年中国之教育》,商务印书馆,1931 年,后收入张静庐辑注《中国近代出版史料初编》,中华书局,1957 年,第 269—270 页。

向马礼逊的长子马儒翰学会石印,成为中国最早学会石印的工厂,故可断定石印术在道光朝已经传入。① 无论是道光朝传入说,还是光绪三年传入说,都有一共同特点,即石印术最初的应用是宣传宗教,这与此前中国雕版印刷的兴起与初期发展背景有相似之处,西方古腾堡的活字印刷与《圣经》印刷之间的关联,亦可作为相关事件比照。而据张秀民石印术于道光朝传入澳门、广州说,重新审视贺圣鼐关于上海之外各地相继开设石印局之说,贺氏所论似应略作修订,而依循石印术从宗教文献转向世俗文献这一视角来立论更为稳妥。

一、点石斋的石印图书

石印术为非宗教文献开拓出全新的天地,要从美查等人于同治十一年创办的《申报》及光绪二年添设的"副业"点石斋说起。

点石斋于光绪二年成立,然真正用新式石印术开展其印刷事业,似在光绪四年。② 据光绪五年《申报》上以"点石斋主人美查启"名义刊载的《点石斋印售书籍图画碑帖楹联价目》称:"本斋于去年在泰西购得新式石印机器一付,照印各种书画,皆能与元本不爽锱铢,且神采更觉焕发。"③ 作为石印图书的开拓者,点石斋对自己的事业一直有自豪或自得之感,这种感觉时时在其图书广告中流露。

> 本馆自创设点石斋,仿泰西照相石印之法以来,特不惜重资,购

---

① 张秀民《石印术道光时即已传入我国说》,见《文献》,1983年第4期,第237—245页。
② 至于石印技术传入中国后要经历四十余年的时间才被出版业认可,韩琦等认为原因有二:一是早期新教传教士受到官方的严格限制,石印布道小册子多是秘密进行,同时,印刷技术多掌握在传教士手中,不便传播;二是石印的原料,如石板、油墨等需要进口。王建明等认为还有其他原因:一是雕版印刷业仍有很大发展空间;二是传教士对铅印技术的应用更为留意。见韩琦、王扬宗《石印术的传入与兴衰》,见宋原放主编《中国出版史料·近代部分》第三卷,湖北教育出版社,2004年,第394—395页;王建明、王晓霞等《中国近代出版史稿》,南开大学出版社,2011年,第102页。
③ 《申报》光绪五年闰三月二十八日,1879年5月18日。

求原本,勒诸贞珉。①(光绪五年《鸿雪因缘图记》广告)

石印缩本书籍,创自本斋,近复精益求精,每一书出,购者争先恐后。②(光绪九年《四书味根录》广告)

石印昉自泰西,而创行于中国者,则自本斋始。二十年来,所出书籍不下数千百种,早蒙海内士林同声称赏。③(光绪十九年《重印乡会试应备各种书籍启》)

上引《鸿雪因缘图记》广告,介绍点石斋所用乃照相石印之法。④ 因其能照相复制,为图画碑帖的复制生产提供了技术上的便利,点石斋的事业也正是从这一领域开始。比较《申报》上光绪五年刊载的两种《点石斋印书籍图画碑帖楹联价目》(1879年5月18日,1879年7月14日),虽然后出者所列书目数量较多,但35种之中属于书籍一类的只有《四库全书简明目录》《英华字典》《字汇》3种,其他皆为图画、碑帖、楹联。从视觉效果、引人注意的程度、文献的稀有程度,以及观赏与收藏价值来衡量,点石斋将其初期印刷事业的重心放在图像或艺术文献上,充分发挥照相石印技术的长处,无疑是高明之举。《鸿雪因缘图记》应是点石斋光绪五年石印的重头戏。《图记》是麟庆(1791—1846,嘉庆十四年进士,曾任江南河道总督、两江总督等要职)的图文性年谱,述平生所历事,各为记,记必有图,凡3册240幅图。

---

① 《申报》光绪五年五月初五日,1879年6月24日。
② 《申报》光绪九年四月初九日,1883年5月15日。
③ 《申报》光绪十九年三月初七日,1893年4月22日。
④ 贺圣鼐介绍:"石印制版以手工为之,颇淹时日,近人乃有利用照相法而制成印版者,称之为照相石印。此法为一八五九年奥司旁(John W. Osborne)所发明。其法:以照相摄制阴文湿版,落样于特制胶纸,转写于石版。吾国初期石印书籍,多用是法制版。"贺圣鼐《三十五年来中国之印刷术》,第271—272页。

虽年谱之滥觞,实纪游之创格。记既成,爰延巧匠,勒为成书。该匠等亦深明画理,用能使作者之隐微曲折,不爽毫厘。原板锓竟,节帅宫保谨藏于邸,只印数十百部,分赠知交。近日京中始有稍求售者,索价动须银数十两,而坊间翻刻之本,或寖失其真,或竟遗其记,遂使宇宙间少双寡二之奇书,渐渐湮没,良可浩叹。本馆……又嫌原本之过大,而翻阅之累赘也,缩存四分之一,细于牛毛,密于茧丝,而深浅远近,仍复一一分明,与元本后先辉映。若此细图,即欲付手民雕刻,恐离娄复生,亦当望而却步矣。昔人以诗书画夸为三绝,今《鸿雪因缘图记》图则擅写生之妙手,记则具赋物之清才,而点石斋之印工,又为开天辟地以来夺造化、转鸿钧之奇术,称为三,允当无愧。①

光绪十年,《鸿雪因缘图记》第三次石印,在工艺上又有所提升:

长白麟见亭先生所著《鸿雪因缘图记》一书,本斋两次缩为石印出售,俱蒙海内诸君许可,接踵争购,瞬息售罄。今于第三次开印之前,细审图画字迹,间有未尽惬心处,故又不惜重资,倩善书者一手重抄,图则逐页钩摩,惟妙惟肖,历一载而工始竣。反覆校雠,仍付石印,以视从前所印者,益觉精美绝伦,豪无遗憾。披阅一过,真有宗少文卧游之趣。现已印成,准于二十八日出售,仍订六本。②

光绪五年与《鸿雪因缘图记》同在石印图像文献系列的,还有《於越先贤传图像》(任熊绘图 80 幅)、《诗画舫》《万寿盛典》《圣谕像解》《历代名媛图说》《皇朝直省地舆全图》,其中《万寿盛典》,据点石斋广告宣称,"印法之清楚整齐,足与先印之《鸿雪因缘图记》遥相辉映"③。这一系列重要

---

① 《申报》光绪五年五月初五日,1879 年 6 月 24 日。
② 《第三次石印〈鸿雪因缘〉出售》,见《申报》光绪十三年三月二十七日,1884 年 4 月 22 日。
③ 《申报》光绪五年十月初六日,1879 年 11 月 19 日。

第十章　石印出版与晚清的科举、文化

图像文献的印刷出版，再加上稍显零碎的楹联画幅的石印，基本显示点石斋早期的市场目标。

石印图像文献的趋势也持续了数年，光绪六年有石印《帝鉴图说》，光绪七年有《西湖拾遗》，光绪八年有《三国演义全图》，光绪九年有《红楼梦图咏》，等等。比这一系列稍逊色的是常用的、市场较为稳定的工具书系列，光绪五年有石印《四库全书简明目录》《汗简》等，但这些书似并不能为点石斋带来丰厚的利润，而石印缩本《康熙字典》的问世改变了这一不温不火的境况。前引姚公鹤《上海闲话》，称《康熙字典》为点石斋第一获利之书，第一批印四万部，不数月，第二批续印六万部，此说似有夸大之嫌。《申报》光绪六年十一月刊出的《重印缩本康熙字典出售》，称其用湖北官书局刻本石印的《康熙字典》四千部不数月即已售罄，又不惜重价在京城购得殿版初印本重新石印，定于十一月出书，一本装价二元，四本装二元三角。① 光绪七年十月廿九日《申报》刊出《重印康熙字典出售》，称石印缩本，"只有三百七十余叶，厚者钉作一本，价洋二元；薄者钉作四本，价洋二元二角……纸张则一律白棉纸，虽细如蝇头，而点画仍觉分明，阅者不费目力，墨色前后匀称，虽藏弃数百年，亦簇簇如新，洵为艺林之珍帙，计共印一万余部，陆续售罄。近又拂石重照，较前似更精工"②。光绪八年八月《申报》刊出《增印新式字典》消息，称此前缩印本不便老年人查阅，故此次石印在以前装订式样外，增印放大本，订成一册，售价三元；同时又出外国装订法版本，售价三元五角。至此可将光绪六年至八年《康熙字典》的石印情况作一小结：

1. 光绪六年十一月以前以湖北书局刻本缩印 4 千部；
2. 光绪六年十一月以殿本初印本缩印 1 万余部；
3. 光绪七年以殿本重照相缩印，印数不详；
4. 光绪八年以殿本重印，新增两种版本，印数不详。

虽然无法查考到底是否达到姚公鹤所说的印数，或者另一种"初版

---

① 《申报》光绪六年十一月初七日，1880 年 12 月 8 日。
② 《申报》光绪七年十月二十九日，1881 年 12 月 20 日。

重版共印十万部"①,但不断的重印,以及可查考的1万部印数,皆是雕版印刷的几十部或三五百部的印数无法比拟的。《康熙字典》的重印及其印数,在改变书籍的形式、价格的同时,也改变了书籍的传播范围,甚至影响到读者对书籍的态度。

点石斋在光绪八年以后,还在改进《康熙字典》的石印,光绪十三年又推出新版本,广告云:"《康熙字典》一书缩印,创自本斋。比年踵起者甚众,早已四海风行。现本斋复得殿板初印一部……因仍缩印中号直行,每部分装六本,码洋二元五角。"②"踵起者甚众",是因为这本字典的巨大市场而导致出版社追逐利润,从《申报》上的广告可知积山书局也有不惜重资购得殿板初印《康熙字典》石印之举,③而其他不知具体刊行时间,但在书局发售书目中查到过刊印记录的有《上海扫叶山房发兑石印书籍价目》收录《康熙字典》版本5种,《上海同文书局石印书画图帖》收录2种,《上海飞鸿阁发兑西学各种石印书籍》收录6种,《上海鸿宝斋分局发兑各种石印书籍》收录5种。④ 踵起石印《康熙字典》,标示石印出版已进入兴盛时期,光绪十五年(1889)的《北华捷报》有专文介绍上海石印出版的盛况:

> 上海石印中国书籍正在很快地发展成为一种重要的企业。石印中使用蒸汽机,已能使四五部印刷机同时开印,并且每部机器能够印出更多的页数。因为中国资本家咸能投资于此种企业,赢利颇丰。……上海已用蒸汽机石印法印成中国著作数百千种,现有石印局四五家,其所印行的书销行于全国,各地零售的书店的增多,可以看出大家需要这种书籍。《康熙字典》售价各种版本不同,自一元六

---

① 此说似是张静庐将姚公鹤的第一批、第二批印数合计的结果。见张静庐辑注《中国近代出版史料初编》,"书影"第27页。
② 《申报》光绪十三年七月初八日,1887年8月26日。
③ 《申报》光绪十三年四月二十四日,1887年5月16日。
④ 周振鹤编《晚清营业书目》,上海书店出版社,2005年,第388页,402页,412页,470页。

角至三元,字很小,木板大字的售价三元至十五元。购买石印本的人,大半是赶考的举子,年青目力好,他们不要宽边大字,而喜欢旅行便宜于携带的小书,举子们需要赶路,又喜欢带书。①

与《康熙字典》一同在石印术中成功复制再生的还有《佩文韵府》,这两部书基本上可代表点石斋石印古籍的运作程序,先是征求古书的初印本,然后缩印,在销量较好的境况下,不断调整石印本的版本,满足不同的需要,而这一运作程序的展现,以及点石斋与潜在读者的沟通,主要是以强大的《申报》作为宣传媒介推进。将图书编印运作过程分阶段公布,在《佩文韵府》的石印过程中表现颇为明晰。以下录《申报》相关广告信息:

> 本馆今欲访购殿板初印连史纸《佩文韵府》一部……②(1880年3月12日,《访购初印〈佩文韵府〉》)

> 本斋前从京师购到殿板《佩文韵府》,拟用石印照相法印成缩本……原计年内可以竣工出售,惟此书卷帙太繁,兼去声、入声内,其字迹稍有未到家处,本斋务期精益求精,不惜工本,特请善书者悉心修润……今冬当不及出书,明正月杪方可印完装订。③(1881年11月16日,《本斋告白》)

> 康熙四十三年,圣祖命廷臣在武英殿开局刊定《佩文韵府》,越八年告成,都为一百零六卷,计页一万八千有余。诚韵学之大成,艺林之珍帙也。维时刷印无多,各直省士人艰于购置,于是广东、江西先后翻刻,其中乌焉帝虎,讹舛滋多,而江西板为尤劣,广东板虽稍

---

① 佚名《上海石印书业之发展》,见张静庐辑注《中国出版史料补编》,中华书局,1957年,第88—89页。
② 《申报》光绪六年二月初二日,1880年3月12日。
③ 《申报》光绪七年九月二十五日,1881年11月16日。

胜一筹,然现在坊间出售,每部价洋尚须五十余元,寒素之儒,奚能家置一编,晨夕观玩?且卷帙太繁,凡舟车携带,以及芸窗披阅,亦觉费事。本斋因于前年夏间愿出重价,特在都中购得殿板初印者一部,带归斋中,用石印照相法照成缩本,初拟寒暑一周,当可工竣,岂意原书内墨之浓淡,尚有参差,字之笔画,容有断缺,盖就书平视,原属浑成,一经缩小,便难爽目。因又出资延友,不限工程,务须逐字详加润色,甫于今正印就。披览一过,觉本斋所印,各省当以此最为清晰工致,区区之心,似可谓毫发无遗憾矣。至于纸张之光洁,装潢之精雅,固当有目共赏,无待赘言。现准于二月十六日出书,每部订成十本,贮以巧式木箱,并附外洋大显微镜一面,以便检查时持以照阅。①(1882年3月24日,《缩本〈佩文韵府〉出售》)

石印缩本《佩文韵府》创自本斋……上年已悉数售罄,刻今第二次开印,字较初次为大,价视初次为廉。②(1886年5月13日,《〈佩文韵府〉第二次石印成书预告》)

本斋曩有《佩文韵府》一书,久经见赏……惟当时初次举行,未臻尽善,行数既横,字迹过小……兹特为重印,行数改横为直,字迹放小为大……现拟本月即日为始,集股印成,每股计洋十六元正,愿搭股份者先惠洋四元,本斋既付股票一纸,样本一张,定于明年正月底出书,凭股票找付洋十二元,向本斋取书一部。……明年出书后购求,每部拟价洋三十元正,刻下本斋代晋记集股起见,分外克己,愿海内文人幸毋错却一时翰墨因缘。③(1886年8月19日,《招集股份石印〈佩文韵府〉告白》)

---

① 《申报》光绪八年二月初六日,1882年3月24日。
② 《申报》光绪十二年四月初十日,1886年5月13日。
③ 《申报》光绪十二年七月二十日,1886年8月19日。

第十章 石印出版与晚清的科举、文化

　　本斋代晋记招股石印《佩文韵府》并附《拾遗》一书,原拟正月底即印成,嗣因天寒墨冱,机器未能迅速,而修字校对诸君又以腊尾年头,各有事故,纷纷告假回籍……俟二月底印竣,当再登报布闻。①(1887年2月10日,《〈佩文韵府〉展期出书告白》)

　　本斋代晋记股印《佩文韵府》一书,前曾有人谓为非殿板,而自称曰真殿板。本斋绝不与之置辨者,以有目者自有真赏也。兹已全数印竣……准于初十日出书。②(1887年4月23日,《石印殿板〈佩文韵府〉并拾遗出书告白》)

　　是书缩印三层本,向为本斋所特创,当时颇有以式不雅观者为言,然而购者纷如……今本斋率由旧章,仍印三层本,取原书整页发裱,不经割裂,何从舛误……分装廿四本,分四套,定码洋廿元,准六月初一出书。③(1889年7月28日,《精印三层本〈佩文韵府〉准六月初一日出书告白》)

《申报》所反映的《佩文韵府》石印过程,包括访求初印本、初印本的修润、出售、再次石印推出新版、代上海晋记书庄招股、出版因故延期、澄清所用底本、续出三层本的新版本,《申报》的及时报道,使得整个过程已具备现代出版与营销的模式。

二、石印与书籍的再生

　　上文引述光绪十五年上海石印业的发展情况,称当时已"有石印局四五家","每一家印刷局都雇佣着一百或二百工人,每一架印刷机须要

---

① 《申报》光绪十三年正月十八日,1887年2月10日。
② 《申报》光绪十三年四月初一日,1887年4月23日。
③ 《申报》光绪十五年七月初一日,1889年7月28日。

三个印工,一个人在上面往滚机上安放纸张,两个人在下面接取印成的纸张。整理印石,抄写书稿,摄影缩小,以及其他种种手续,都需要不少的人手"。① 石印局虽有一定规模,然积累尚不丰厚,况为私营企业,在印刷卷帙较大的图书时,包括工资、设备、纸张等在内的花费当是一笔较大的数目,故招集股份是当时石印图书局通常采用的集资方式,如何招股,上引《招集股份石印〈佩文韵府〉告白》中有当时惯用的方式,点石斋于光绪九年拟招一千五百股缩印《古今集成》,每股一百五十两银,分三年三次收取,②是较早的招股集资用于石印出版的案例。其他在《申报》刊登招股告白的石印图书有如下数种:

> 同文书局石印《古今图书集成》,一千五百股,袖珍本小字者每股银一百二十两,放大版较阔者每股银一百七十两,又大又阔者每股银一百七十两。③
> 点石斋石印《佩文韵府》,每股洋十六元。④
> 诚德堂石印《资治通鉴》,每股二十四元。⑤
> 点石斋石印《阮刻十三经注疏并校勘记》,每股十二元。⑥
> 点石斋石印《硃批谕旨》,每股二十八元。⑦
> 蜚英馆石印《大清一统志》,一千股,每股二十八元。⑧
> 鸿文书局石印《东华录》,一千股,每股十六元。⑨
> 大同书局石印《经训堂丛书》,每股十六元。⑩

---

① 佚名《上海石印书业之发展》,见张静庐辑注《中国出版史料补编》,第89页。
② 点石斋石印《古今图书集成》的计划后改为铅字排印,见下文。
③ 《申报》光绪九年六月二十三日,1883年7月16日。
④ 《申报》光绪十二年七月二十七日,1886年8月19日。
⑤ 《申报》光绪十二年十月二十日,1886年11月15日。
⑥ 《申报》光绪十二年十一月初七日,1886年12月2日。
⑦ 《申报》光绪十三年正月十八日,1887年2月10日。
⑧ 《申报》光绪十三年三月二十二日,1887年4月15日。
⑨ 《申报》光绪十三年闰四月十三日,1887年6月4日。
⑩ 《申报》光绪十三年闰四月初十日,1887年6月1日。

第十章　石印出版与晚清的科举、文化

申报馆石印《正续资治通鉴》，一千股，每股十六元。①

蜚英馆与慎记书庄石印二十四史，一千五百股，每股八十四元。②

慎记书庄石印《士礼居丛书》，每股三十元。③

点石斋石印《雍正硃批谕旨》，每股二十八元。④

晋记书庄石印《五经文海》"转限招股"，每股洋四元。⑤

鸿宝斋书局石印《说文解字汇纂》，每股二十四元。⑥

蜚英馆石印《古经解汇函》《小学汇函》，每股五元。⑦

鸿文书局石印《守山阁丛书》招股，每股实洋三十八元，印五百部。⑧

鸿文书局石印《西清古鉴》，每股十八元。⑨

点石斋石印皇经室《续经解》，每股二十六元。⑩

上海史学会社石印殿版直行二十四史，发行股票。⑪

中西书局石印武林竹简斋二十四史，每股英洋三十六元。⑫

图书集成局印《皇朝政典类纂》五百卷，开印招股。⑬

招股石印图书集中在 1883—1903 年间，其中 1886 年到 1888 年即光绪

---

① 《申报》光绪十三年闰四月二十四，1887 年 6 月 15 日。
② 《申报》光绪十四年二月二十六日，1888 年 4 月 7 日。
③ 《申报》光绪十三年七月初六日，1887 年 8 月 24 日。
④ 《申报》光绪十三年七月十五日，1887 年 9 月 2 日。
⑤ 《申报》光绪十四年二月二十四，1888 年 4 月 5 日。
⑥ 《申报》光绪十四年二月二十四，1888 年 4 月 5 日。
⑦ 《申报》光绪十三年十二月十一日，1888 年 1 月 23 日。
⑧ 《申报》光绪十四年四月十三日，1888 年 5 月 23 日。
⑨ 《申报》光绪十四年七月初一日，1888 年 8 月 8 日。
⑩ 《申报》光绪十四年五月二十五日，1888 年 7 月 4 日。
⑪ 《申报》光绪二十八年八月二十六日，1902 年 9 月 27 日。
⑫ 《申报》光绪二十九年三月十五日，1903 年 4 月 12 日。
⑬ 《申报》光绪二十九年三月二十九日，1903 年 4 月 26 日。

十二年至十四年最为密集。这一系列的密集型大规模石印,正好与附录十一所列"《申报》重要石印科举用书广告提要表"所显示的密集石印时段相吻合。有学者据江海关贸易中经上海向国内市场的转口和出口土货书籍统计数据,以为1888年(光绪十四年)是上海书籍贸易的新起点,"几乎可以断定,清末上海书籍出口的主要市场无疑就是科举考场,而上海书业在相当大程度上就是一种'考试经济'"①。从招股石印图书广告中,确实可见1888年作为"新起点"的潮头如何涌起;然从招股广告所示拟投资书目来看,过多地将石印书业视为"考试经济"似乎有商榷余地,尤其是在光绪十四年以前,应注意石印出版物的丰富性。经典或史料系列与科举用书系列的齐头并进,正是石印在书籍出版中大展身手的时段。将两个系列进一步比照,或细审招股石印图书的性质,可见招股集资全用在经典或史料系列,众多石印书局不约而同地筹划,说明出版商对两类图书的性质、读者范围以及相关的销售数量有一番深思熟虑。②招股集资石印是为求得稳定的至少不赔本的销售数量,而对于那些卷帙

---

① 徐世博《清末科举停罢前的上海"书局"考论》,见《文史》,2019年第2期,第236页。相较而言,芮哲非(Christopher A. Reed)在这一问题上的论说更合实情:"尽管石印是19世纪世界范围内的一种产业现象,上海石印业的发展与繁荣的环境却显得十分独特。它的繁荣与中国商业出版大量再版翻印的传统密切相关。晚清时期,中国文人对举业用书的无尽需求是刺激中国石印业翻印图书的重要因素。除此之外,张之洞(1837—1909)于19世纪80年代呼吁刊布古书,这一倡导引起了很大的反响。"[美]芮哲非著,张志强等译《谷腾堡在上海:中国印刷资本业的发展(1876—1937)》,商务印书馆,2014年,第112页。

② 以招股集资的方式来印大部头书籍,似乎有不错的效果。俞樾在光绪九年六月注意到《古今图书集成》的招股广告,他在致吴金澜的信中说:"然每股只一百五十,又可三年交清,在吾辈无力者颇觉相宜。弟亦拟附一股,但沪上无熟识可托之人。……尊处必有熟人可托,可否为弟附一股,并望先垫付规银五十两,其银八月中必可归赵,决不有误。"七月底,俞樾就缴还垫付钱款。见张燕婴整理《俞樾函札辑证》,凤凰出版社,2014年,第116—117页。俞樾购置《古今图书集成》之后,自然会翻检利用。光绪十五年潘祖同致函俞樾请教苏诗"新郎君去马如飞"之句纸本与石刻本之间的差异问题,俞樾即检《古今图书集成·山川典》回复;后回复潘祖同关于地名"汉寿"的信件,检《古今图书集成·荆州府古迹考》。见张燕婴整理《俞樾函札辑证》,第255—257页。则此不易获见的大书,已经进入晚清学人的阅读视野。对于博学的俞樾而言,这本书的价值可能有更充分体现。

第十章　石印出版与晚清的科举、文化

繁多的图书而言,无较为充裕的资金流动,新形式的复制生产也难以得到保障。

石印术大显身手,对于作为文献渊薮的江南而言有特别的意义。咸同之际太平天国战争对江南地区收藏的文献损毁十分严重,在一些石印图书的告示或广告中,会提及在兵燹之后难求精良的初印本或善本作为照相石印的底本,如同文书局求乾隆初印本二十四史(1883,指《申报》告示年代,下同)、同文书局求武英殿活字本《古今图书集成》(1883)、点石斋求桐城方氏藏《历代赋汇》(1886)以及《硃批谕旨》(1887),慎记书庄求《士礼居丛书》(1887)、蜚英馆求鲍刻《太平御览》(1887)、《草字字汇》(1887),鸿文书局求乾隆间胡氏覆刻宋本《文选》(1887)、点石斋求初印本《四书图考》(1888),皆有此类文字,如此强调,不能视为广告宣传,而应更多地当作咸同兵燹损毁文献后的实况。而对于一些印数很少,流传极为有限的大书而言,石印复制尤有必要,且能发挥照相石印的技术特长。

石印术使古籍再生的壮举,当推《古今图书集成》。此书由陈梦雷辑,至雍正朝由蒋廷锡等重编,正文1万卷,目录40卷,是现存最大的古代类书。在原稿本外,《古今图书集成》最佳版本是雍正六年(1728)武英殿铜活字本,印64部及样书1部,每部5020册。《古今图书集成》被石印书局选中,固然因为其出自官修、物以稀为贵等原因,还因为该书所拥有的荣光。该书刊印后,赐送给五大臣及总裁各一部,余皆藏内府,乾隆中叶,扬州、镇江、杭州南三阁各得一部,又赐送给四库馆开馆时献书较多的范氏、鲍氏、汪氏、马氏四家各一部。《古今图书集成》是一部有社会声誉、有品味等级的类书。光绪九年至十三年《申报》陆续刊出点石斋的《古今图书集成》印刷出版的告示,据光绪九年在《申报》刊出的《招股缩印〈古今图书集成〉启》,点石斋最初有用照相石印之法将此书缩小照印的计划。[1]但至光绪十一年二月刊出的《请缴第二批〈古今图书集成〉股银》启示中,则有"延名手浇铸字模,然后开印""铅字业经铸齐,人手日臻

---

[1] 《申报》光绪九年四月二十七日,1883年6月2日。

娴熟"之语,①则知点石斋已经改变原有石印计划。总之,这次刊印,是用铅字排印,但在图画的处理方面,采用石印,光绪十一年《〈古今图书集成〉出书》云:"本斋开印《古今图书集成》,工程迅速,拟分六期出书,其第一本可早出,兹因石印事繁,图画不能迅速印,故迟至丙戌年四月内始可出书。"②至光绪十三年闰四月,《申报》刊出"今年八月底可以印竣,所印共一千五百十部,非同板可比"之类的告白。③ 排印所用字是申报馆所镌,这一版本就是所谓的扁字排印本,错字较多;总体而言,此次刊印,石印术只是以配角参与。

  光绪十七年石印书局中的重要出版商同文书局承接宫廷石印《古今图书集成》的大事。徐润的自叙年谱中对此事有数语记载:"光绪十七年辛卯,内廷传办石印《图书集成》一百部,即由同文书局承印,壬辰年开办,甲午年全集告竣进呈,从此声誉益隆。"④同文书局能承印此卷帙浩繁的类书的原因及过程,有一种解说:"时西后欲翻印《图书集成》百部,为颁赏文臣之用,徐(鸿甫)侦得之,乃倩女士(徐之姊妹)为介,得引进内务部承办此差,初领内帑三十八万两,订造一百〇一部,其板圈字样,按照原式放大十分之一,用上等桃花纸石印,原有脱笔,均须描补,内一部用黄绫团龙订备宸览外,其余百部仅普通道地而已。此书历三年始竣,工料浩大,亏蚀不赀,几中辍,徐托有力者向府关说加津贴十万,始得毕事。"⑤但实际上,《古今图书集成》石印的过程比徐润或后人的记载要复杂,譬如,重新刷印,就需要全面检查与处理新增避讳字。在清军机处奏折中有多件涉及其石印过程:

    奕劻等跪奏:为遵旨石印书籍酌拟办法,恭折仰祈圣鉴事。本

---

① 《申报》光绪十一年二月十八日,1888年4月5日。
② 《申报》光绪十一年十一月十七日,1886年1月1日。
③ 《申报》光绪十三年四月十四日,1887年6月5日。
④ 徐润《徐愚斋自叙年谱》,光绪八年条,《北京图书馆藏珍本年谱丛刊》第175册,第67—68页。
⑤ 陈伯熙《老上海工商编》,见王汉章《刊印总述》,原刊于1943年华北编译馆《馆刊》二之十,后收入张静庐辑注《中国近代出版史料二编》,第373页。

第十章 石印出版与晚清的科举、文化

年六月间臣等面奉谕旨：着照殿版式样石印《图书集成》。

臣等查，石印书籍，以上海商人办理最为熟悉，当即电知上海道聂缉椝，就近饬商估计，详细声复，以凭办理。叠据电复，价值之增减，以印书之多寡、纸张之大小为断。现与同文书局核实估计，议用料半开三纸，照殿版原式刷印一百部，每部计价规平银三千五百余两。惟料半纸出于安徽，常年制造数无多。此书卷帙浩繁，必须添造，约计须以三年为期，方能供用。议即立限三年，令其印齐。先行购买殿版原书一部，以为描润照印底本，另给价银一万三千两，事竣仍将原书呈缴。并于一百部之外报效黄绫本一部，不给价值。

臣等公同商酌，所议尚属妥协。拟请旨饬下两江总督饬该道照议办理。并由该督遴派正途出身、精细勤慎之员前往驻局，逐篇详校，以臻完善。所需印书百部价银规平银三十五万一千余两，暂由出使费内提用。书成之后由臣等奏明，请旨留用若干部，令其运京；此外若干部，令该道暂行存储，由两江总督臣知照京外各衙门，如有学官书院拟购此书者，即由该处按照每部三千五百余两备价承领，其官绅中有愿备价承领者，亦听其便。此项承领价银，即解缴江海关道库，归还原款；并随时报知臣衙门存案。如此办理或成书不致过迟，用款亦不致多费，校之木刻、摆印，实属事半功倍。

所有臣等遵旨筹备书籍缘由，理合缮折具陈，恭候命下，敬谨遵行。伏乞皇上圣览。谨奏。

朱批：依议。

再，臣等屡次电饬上海道将石印《图书集成》价值核算议定。叠据声复："印书工本须将式样之大小，刷印之多少牵匀核算。若用料半开三纸，照原式样刷印六十部，每部计规平银五千一百六十九两零。刷印一百部，每部规平银三千五百十三两零。"臣等公同商酌，如刷印六十部，价值较贵，恐将来备价呈领者无多。是以拟请刷印一百部较为合宜。理合附片陈明。谨奏。朱批：览。

再，准两江督臣刘坤一咨称，光绪二十七年十一月初六日准军机大臣字寄：面奉上谕：刘坤一等奏，石印《图书集成》存储尚多，请

旨办理等语。着即进呈二十部，派员解京；并赏给各省一部，发交学堂，以资观览等因。钦此。咨行到臣，遵即派员赴沪祗领。于二十八年正月初七日敬谨运送至江。

臣惟是书广罗群籍，集册府之大成。上自观天察地，下逮虫鱼草木之微，靡所不究。大之可为治平之助，小之亦足收格致之功。江西现在开设学堂，得是书以教育群才，而扩其学识，以佐盛世右文之治。祗领之余，臣不胜欢欣鼓舞之至。

所有派员敬领运《图书集成》至江缘由，理合附片具陈。伏乞圣鉴。谨奏。

朱批：知道了。①

奕劻上奏折的时间在光绪十六年，从此奏折及其后附片的内容来看，官方对上海石印业已经多少有调查，调查内容甚至包括石印用纸的产地，并对石印《古今图书集成》的费用作出预算，"附片"所示石印六十部与一百部费用的差额，可推出内廷原有印刷 60 部的设想；而差额不大，印刷一百部较为合宜，自是印刷业中总成本印数与书价之间的关系。同文书局能承接石印《古今图书集成》，自与其在当时石印出版中的地位有关，光绪十二年《申报》刊发的《上海同文书局石印各种书贴发兑价目》所示各种图书和书画碑帖，已十分可观，其势当可敌点石斋。用新兴的石印术印官修大型类书，而不采用铜活字或还未衰落的雕版，主要还是经费与时间的因素，故奏折中有"用款亦不致多费，校之木刻、摆印，亦属事半功倍"。据研究者对相关奏折、奏片的梳理，石印《古今图书集成》100 部，除进行朝廷需用或臣民备款购买者外，有一部分存放在上海海关。光绪二十七年两江总督请示如何办理，光绪命颁发各省，上引奏折已示处理办法，其后各省陆续有谢恩折片，现在至少可见 12 份。② 借石印术

---

① 子冶《清廷石印〈古今图书集成〉旧档》，《出版史料》，2003 年第 1 期，第 61—63 页。按此处所引史料皆引自此文，标点略有调整，特此说明。关于奏折与附片的编年时间，以及《古今图书集成》赠送美国材料，亦采用作者论点。

② 子冶《清廷石印〈古今图书集成〉旧档》，《出版史料》，2003 年第 1 期，第 63 页。

之力,《古今图书集成》这部大书在其成书一百七十年后以接近原貌的形式重生,并传到晚清帝国多个省份,"以佐盛世右文之治"。

藉照相石印术重生的《古今图书集成》还作为文化交流的礼物传到大洋彼岸。当然,照相石印本的飘洋过海,仍是承接其前身武英殿铜活字本的传播轨迹。1878 年,毕业于耶鲁大学的容闳重回美国,担任清国驻美公使,出于对母校的感谢之情,容闳携带一套殿版《古今图书集成》捐赠给母校。除耶鲁外,哈佛大学和普林斯顿大学也藏有殿版铜活字本《古今图书集成》。1902 年罗塞斯(Seth Low,1869—1960)就任哥伦比亚大学校长,出于对中国文化的热爱,在学校建立一座汉籍图书馆,遂写信给美国驻美公使康格(E. H. Conger,1843—1907),希望通过他请求政府给予帮助。是年,慈禧太后慨然赠送一套同文书局石印本《古今图书集成》。出于对华政策调整的需要,美国先后于 1908 年和 1924 年退还部分"庚子赔款",以用在中国的教育、文化和医疗卫生等事业上,为"答谢"美国政府的"善举",1908 年清政府向美政府赠送一套同文书局石印本《古今图书集成》,这部大书现藏于美国国会图书馆。① 据《纽约时报》1908 年 12 月 23 日刊载的题为《清国特使向美国赠送 5000 册中华图书》的电讯中说:"由驻这里的大清帝国公使馆主持向美国政府赠送图书的仪式将持续数天。唐绍仪是这所公使馆的负责人……大清政府的这个特使团今天在清国公使馆发表声明,称他们已经把图书赠予美国总统西奥多·罗斯福先生。当美国总统将图书存放在美国国会图书馆时,将举行正式的赠书仪式。仪式将由美国国务卿主持。"②

三、石印的技术优势与科举用书的扩张

从现存的几家石印书局"发兑石印书籍"目录来看,直接面向科举考

---

① 张翔《〈古今图书集成〉在美国的收藏》,见《图书馆杂志》,1997 年第 4 期,第 55—56 页。

② 郑曦原编,李方惠、郑曦原、胡书源译《帝国的回忆:〈纽约时报〉晚清观察记》,三联书店,2001 年,第 119 页。此条材料亦由子冶文提示,并查检原书。

试的应试书籍主要是指科举文选、应试指南之类的书（未将十三经、《清经解》之类的书籍列入）所占比重较大，现略作梳理如下：①

《上海扫叶山房发兑石印书籍价目》，收书342种，其中科举用书137种，表示为342/137，下同。

《上海同文书局石印书画图帖》，122/49。

《上海飞鸿阁发兑西学各种石印书籍》，478/101。

《上海十万卷楼发兑石印经史子集价目》，327/113。

《上海鸿宝斋分局发兑各种石印书籍》，303/136。

《上海申昌书局发兑石印铅板各种书籍》，609/116。②

从"发兑书籍"名目而言，这几种书目所收书画具有营业性质，即是销售目录；而扫叶山房、同文书局、飞鸿阁、鸿宝斋、申昌书局等又是当时知名的石印书局，故"发兑书籍"中有相当一部分是自己所石印的图书，故在一定程度上，又可视为出版目录。除上海申昌书局印行书籍目录石印书、铅印书无法区分外，其他各书局石印书籍中科举用书所占比重从四分之一到三分之一不等。科举用书作为关系众多士子前途的敲门利器，有较高和较稳定的销量。书局为推销，在《申报》上刊行的广告性文字或刊载的发兑书籍目录也层出不穷，可见文末附录十一"《申报》重要石印科举用书广告提要表"。

"提要表"所列颇有代表性的科举用书，主要为时文选、诗选、策论和赋选。无论从书名还是从各书所收录的内容（主要是篇数或首数）来看，皆显示在雕板印刷即将衰落之际，一种新兴印刷技术登场时的生猛撼人气势，似乎有牢笼天下的涵量。对于读书人而言，这种出版，确实是奇观。书名中以"汇"命名者五种，以"海"命名者九种，以"数"命名者两种，以"大成"命名者两种，以"府"命名者两种，其他以"大全""萃""观止""林""多宝船""珍珠船""嫏嬛"等命名者亦有多种，皆以"文字景观"的方

---

① 丛书作为一种，一种书有多个石印版本，作为一种计算。

② 《申报》馆除发行日报外，同时亦刊印书籍，有铅印，有石印，至光绪二十一年由申昌书局继承此业。见张静庐辑注《中国近代出版史料初编》，第285页。

式表现所收内容的美富,此种题名上的比赛与用尽心思,可与晚明商业出版的手法相呼应。然"海""薮""珍珠船""嫏嬛"皆为泛指之语。云山雾海的比赛之后,最终"返朴归真",自光绪十五年以后,开始出现以数字命名的举业书名,而这数字已经从"三百""千家"变为"三万""十万",譬如《新选石印小题三万选》诸书,就是直接用数字标示各自容量的代表性选本。三万篇(首)的编辑印刷工程,在雕板时代,即使是编三万首诗,应耗三至五年的时间,而在石印技术面前,整个工程的难度已经降低,至少在《申报》的出书预告与广告中没有表现出来。以《五经三万选》的两则广告为例:

  新印经艺三万选启　　点石斋告白
  经艺向无巨集,自本斋《经艺渊海》《文准》出,踵而起者,有《夏造》《宏括》《文府》等书,然其文皆不及万篇,且多大同小异,求其如四书文之大小题,皆有以"三万选"名编者,盖戛戛乎难之。本斋不惜重资,延聘名手主持选政,搜采务求宏富,去取尤必精严,古淡肤庸,概从割爱,不独集石印经艺诸刻之菁华,即各省书院社课,及近时名人窗作,亦几已网罗殆尽,自无沧海遗珠之憾。洵乎无美不臻,无题不备,尽经生之能事,极艺苑之大观,现已书底告成,即日开印,计装四十本,准明年二月初出书。合先布闻。①

  新印五经三万选出书启　　点石斋告白
  迩来四书大小题文及试帖等书,皆有三万选名编者,而经艺独缺如焉,文苑中每以为憾。本斋特请名士主持撰政,既集石印各种经艺之菁华,复得各省书院社课,及近时名人窗作,共文三万篇,分钉四十本,皆清华朗润、出色当行之作,盖是书出,而始集经艺之大成焉。自去冬开印以来,原拟春间竣事,只以校对详慎,至再至三,以致稍稽时日,现已将次告成,不日出书。业经三马路同文分局经

---

① 《申报》光绪十六年十二月十二日,1891年1月21日。

记,悉数购归,另自定价发售,如蒙赐顾,请即移玉往购。谨此布闻。①

《申报》在光绪五年开始刊载石印书画广告,而该年书籍广告中,就有科举用书,此即表中所列《尊闻阁诗选》,该诗选先是在征稿所得的四万首试帖诗中选出万首,再在万首中选出 1595 首。至《增选多宝船时文》,选文数量有 7296 篇。自此以后,科举用选本动辄数千篇(首),逾万者亦多有,仅"提要表"所列就有 23 种。石印技术已悄然赋予这类书籍以特殊的内涵与外在的形式,而为这种技术提供用武之地的是中华帝国的科举考试以及考试相关联的大规模知识生产。《申报》"新印经艺三万选"预告中所说"经艺向无巨集",此前所出数种,"皆不及万篇",可见点石斋的志向;而"出书启"则云"迩来四书大小题文及试帖等书,皆有'三万选'名编者",则显示点石斋的同道已经共同以"三万选"为目标,将宏大的科举选本事业推演成为一种编辑出版风气。而此风气的极致,应是《十万军声》,其广告云:

> 有诵芬阁主人者,夙有文癖,家构楼数十楹,于藏书之外,兼及时文,自有明以及国初,与夫乾嘉诸名家,凡有专集全稿,无不搜采殆尽,计其所藏名稿凡千八百余种,下至历科墨选、各省课艺,并先后时髦选本,珍秘抄本,亦几多如恒河沙数。兼修备蓄,无美不搜,大观哉,亦奇观也。岁庚寅,主人厘共所藏各文,逐分二类,曰大题,曰小题,每类不下数十万首。于是细抉择,删其拙者,汰其重者,计大小题各得文十万首。昔赵翚有句云"十万军声夜半潮",因取诗意,与文数合,遂并颜曰《十万军声》。盖主人意拟出而问世,不欲使无数佳构,长此湮埋也。然而得同人曾无一二,不如意事常居八九,虽早登于《申报》,实终类于子虚。今诵芬阁主移居,与余比邻,晨夕过从,情甚相得,因出向所集文以授余。余略为展诵,直觉琳琅满

---

① 《申报》光绪十七年五月十一日,1891 年 6 月 17 日。

目,无题不备,无美不臻,遂请于主人,力任斯役。虽然千里之程,非跬步所能至;百钧之鼎,非只手所能胜。爰将大小题分而为二,而又各析为初续二集,明循序也,易蒇事也。今者小题初集得文五万首,业已开印,准于榴月成书,分订八十本,码洋四十元。其续集文五万首,即行嗣出,想欲鏖战于童子军中者,定当先睹为快矣。①

广告语关于诵芬阁主人收藏积累以及编选经过的铺垫,虚虚实实,皆为"十万"的来历作说明,或许"诵芬阁主人"亦属虚构。但以"十万军声夜半潮"的编纂印刷造举业选本的"大观""奇观",或许只能在石印技术成熟之际方能实现。

石印技术进入科举用书的出版市场,一直在强调其与众不同的能力,最为突出的就是其缩印能力,能将卷帙、篇章繁多之书,压缩为册数有限,可以"舟车携带"的图书。如《照相石印精致本广治平略出售》广告:

原本字迹不甚工致,且卷帙太大,舟车携带殊不便易。今本逾三寸,而每行多至三十五字,所谓细于牛毛,密于茧丝者,亦不是过,然字迹仍一一分明,毫无模糊。②

广东所刻之《多宝船时文》,向已风行海内,为业举子家朝夕揣摩,然其中虚题颇多,间有文不对题者。至字之讹误模糊,犹其余事,是以阅者病焉。本斋不惜工本,于今春广延名手校勘,凡有题无文,以及破体字,悉为勘落校正。又博搜乡会时墨及名人课作,挨次增入,另请善书者八十人,照样誊清,然后用石印照相法印成缩本,统计实数文七千二百九十六篇,每篇俱加圈点勾股。其字之大小,

---

① 《申报》光绪十八年三月二十七日,1892年7月23日。
② 《申报》光绪五年七月初十日,1879年8月27日。

与本斋所印之《康熙字典》仿佛,妙在黑色浓淡相宜,字字清晰,实堪珍爱。①

除强调请善书者小楷书写,延名手校勘外,特别突出缩印后仍然字字清晰,有"细于牛毛,密于茧丝"的优势。《申报》所刊载石印图书广告,一直在显示石印技术的特色,如此强调,是以其印刷的清晰度引人注目,并与其他形式的印刷区隔,甚至保持一种距离。这一做法在光绪五年之后几年的广告中有意显示,如《临文便览》一书,"于乡会场及科岁试大有裨益","惜是书从前只有大本,舟车携带嫌累赘,本斋今用石印照相法,缩为中版,每部订作二册,字则仍然清晰,而置之中箱,亦觉便易"②。《四书味根录》则称该书"向无善本,本斋特倩名手抄写校雠,遵照相石印法,原书十六册,缩成两本,易繁就简,既便舟车,而字划清楚,又复逐句加圈,虽龙钟短视,一目瞭如,较诸行稠字密,注目熟视,而难分行句者,有霄壤之别"③。而愈往后,着意渲染石印缩印书籍清晰的广告文字日渐减少,石印技术关于清晰度的"新颖性"在日渐兴盛的石印出版业中逐渐褪色,成为寻常现象;但是该技术的另一特性,即因缩印而增加信息容量减少卷帙则一直在广告中宣扬。从"《申报》重要石印科举用书广告提要表"中"收录篇(首)数及册数"中可约略推知每一册书的惊人涵量,这一新技术在文本压缩方面的特长,也导致石印科举用书愈往后愈向容纳体量方面发展,此即上文所论及的由"汇""海"走向"三万选""五万选"。

《申报》石印图书广告为显现石印技术的不同寻常之处,还有意地表明它与雕板印刷的不同,以差异的强调,确立自己的特色。上引《广治平略》与《增选多宝船时文》的广告中已略见端倪,以下再引数则文字,以示石印术的优越感:

---

① 《申报》光绪八年四月二十七日,1882年6月12日。
② 《申报》光绪八年八月二十八日,1882年10月9日。
③ 《申报》光绪九年四月初九日,1883年5月15日。

第十章　石印出版与晚清的科举、文化

粤东向有《小题真珠船》之刻，久已风行海内，惜字迹漫漶，舛误甚多，加以抉择未尽精纯，殊不足供有志者揣摩。①（《增选石印小题真珠船初续两集》）

《赋学鸡跖》正续两集，群分类聚，片美靡遗，摘句解题，寸圭悉拾，搜罗既富，选择尤精，早为士林所脍炙。原本已漶漫，翻刻错误更多，且从未有合二编而汇刻之者。兹觅得善本，聘请名人详校精抄，付诸石印，仿照古香袖珍版式，以便舟车。体例一如原书，编次毫无差谬。②（《赋学鸡跖》正续集）

第原版久患模糊，嗣是排印者，舛误既多，脱漏亦夥，识者憾焉。卷石山房文社购觅善本，再四校刊，其原本之固陋者窜易之，简略者润色之，益加圈点以醒眉目。③（《增广四书小题镜》）

石印本的优越感，正是雕版印书的局限，印刷次数多则字迹漫漶，翻刻则错误增多，在《增广四书小题镜》中，除批评原版模糊外，又顺便指责同属新起技术的铅字排版印刷。在保持石印的快速、大容量、清晰度诸优势时，自然会涉及到所用书的原本或原稿。原本，自然要搜求清晰的初版，故在《申报》石印书的广告中，屡屡出现不惜重金从某某处购得善本并加以照相缩印的说法；此外，若是原本质量稍欠，或者是新编之书，则要对原本修饰，或重新抄写，在面对容量繁富的科举用书或其他卷帙较大的图书时，则抄写任务相当繁重。新型印刷技术，产生新的需求，在《申报》上可见征求善本书籍、招聘文人抄书、修饰书籍的广告。

---

① 《申报》光绪十二年十月十六日，1886 年 11 月 11 日。
② 《申报》光绪十三年正月十八日，1887 年 2 月 10 日。
③ 《申报》光绪十四年九月二十五日，1888 年 10 月 29 日。

觅书　申报馆主人启

《人镜阳秋》廿四卷，取古来之忠臣孝子与夫节义之士，各绘一图，后附小传。向曾在友人处披阅，觉是书钩勒精细，字迹亦娟秀可爱。本馆现拟用西国石印法照成，以公同好。海内藏书家，如有此善本，乞即见示，或俟印成后酬以新书，或欲价售，均可酌议也。①

访购《渊鉴类函》暨《经籍籑诂》　申报馆主启

启者本馆现欲购《渊鉴类函》《经籍籑诂》各一部，务须原片初印，更须洁白棉纸。如藏书家有此书可让，祈先将样本寄示，或托友交来，面与议价均可，此布。②

招请文人抄书启　点石斋主人启

启者本斋现有大部书籍，须人抄写，工楷法者即请写就字样来斋领件，但须有熟人引进，润笔从丰，酬送诸君子，当不吝教也。此启。③

招请修润书籍友人启　点石斋主人启

本斋现有各种书籍发修，需人甚夥，如有从前熟手，愿承是乏者，祈即移玉至老闸保康里对面点石斋领取。申报馆概不承接，其润资格外丰送。惟恐远近诸君子不及周知，用特登报奉闻。此布。④

石印术在印刷中因其能使版式篇幅伸缩自如，故能改变原有书籍形态，或能将数种书编排在一起。《申报》上有《诗韵合璧》的出售广告，称"《诗

---

① 《申报》光绪五年十月初五日，1879年12月17日。
② 《申报》光绪八年九月初九日，1882年10月25日。
③ 《申报》光绪十年十二月初二日，1885年1月17日。此外，又有《招请文人抄书告白》，见《申报》1887年7月22日。
④ 《申报》光绪十一年十一月二十七日，1886年1月1日。

第十章 石印出版与晚清的科举、文化

韵》一书陆续增辑,至《合璧》出,而始臻美备。……向之服膺集成、渔古轩各本者,无不舍而从事于《合璧》焉。顾咸丰间其书初出,号称铜板,颇为明晰,嗣后展转翻刻,总不如前,学者病之。今挽上海同文书局付诸石印,其字迹虽细如散发,而点画仍朗若列眉"①,而书籍内容以"合璧"形式呈现。

  上幅所列《诗腋》,中幅所列《词林典腋》,篇末所载《虚字韵薮》,可备诗赋之取材。中幅所列《选句韵脚》,所采经史子集典故,并杂句苏诗,可资题解之考证。上幅补载《赋汇录要》,并编作者姓名,则两事更兼而有之,其数韵兼收之字,辨别异同,俾免误用,尤为考试时得失所关。他若倒顺韵脚,搜罗宏富,非独萤窗雪案运用较多,即率尔操觚者,亦或贫于一字,借以触发。而韵目所注古韵通转,更属有志绩学者所不废,此诚必不可少书,岂徒家置一编,并当人置一册矣。犹恐澄心渺虑之时,韵字偶然难检,特将《检韵》一书,相附而行。②

考试或日用的某种需求的推动,石印在技术上的可能,促成石印书的"三层版"的产生,这一版式在雕版时代的小说戏曲或日用类书中曾出现,新技术的便利,使得这种在同一版面上内容的区分与联系得到更为充分的揭示。《诗韵合璧》通过上中下三幅版式整合多种已问世之书,将作诗过程中所面临的问题或可供取用的资源汇合到具体版面。前文提及石印技术在进入出版市场时的气势,亦波及到科举用书的"三层版",而其极致当为光绪十四年出版的《三场一统大成》。

  故近来石印诗文等书之盛行于乡会场者,以其取携最便,而选择至备者也。如头场四书文之备题,莫如《大题文府》;八韵诗之备

---

① 《申报》光绪十一年七月十七日,1885年8月26日。
② 《申报》光绪十一年七月二十三日,1885年9月1日。

题,莫如《增广试帖玉芙蓉》;二场五经文之备题,莫如《经艺宏括》;三场策问之备题,莫如于《新增策学总纂大成》《群策汇源》。凡此五部,三场选本中所最精最备之要书也。无如书分五部,岂能通用三场?是以头场之书不能连之二场,二场之书不能贯之三场,遂至逐场更换,部部检点,未免有烦琐累坠之失。兹特新裁独出,拟统汇于一部之中,用是精益求精,分上中下三层为式,下层《大题文府》,中层《经艺宏括》,上层前半《增广试帖玉芙蓉》,后半《新增策学总纂大成》《群策汇源》。以五部而纂合一部,却是匠心独运,既覆校,而逐加细校,端资见助同人,文则一篇不少;诗则合用《增广帷策总纂大成》,内之《十三经策案》《廿四史策案》,向用摘本,今更用足本,可谓至精至备,尽善尽美,足以盖乡会场之面,而为一网打尽之巨书也,允矣。三场鏖战机器,从使收拾而成,堪称无所不备,故名之曰《三场一统大成》。①

《三场一统大战》所汇集的五种书,就单种而言,涵量已经很大,现汇合成一书,以"一统大战"命名,似有空前绝后之意,这是新技术制造出的"一网打尽之巨书"。石印术彻底改变了科举社会中关于科举用书的编纂出版观念,明代及清代早期、中期应付考试用的选本讲求的是精要、典范,而不在乎数量之多寡,甚至主张少用选本,多读经史。选本收录内容的博与约问题,在《申报》石印图书广告中也略有反应,如《云程必备》开印广告就谈及:"自石印之法行,各家选印大小题文,往往博采广搜,以多为贵,诚益举焉。然博而杂,如何约而精?蕉绿轩主人藏有名辈窗稿及近时试艺千篇,同人慕而读之,果皆词意轻灵,理法缜密,而题之纤巧偏全截搭,凡足以穷手法者,则又无不备,诚小试穿杨绝技,岂可听其湮没?"②就与《三场一统大战》相应有《三场备要》在广告语中亦有"选文如

---

① 《申报》光绪十四年四月十三日,1888年5月23日。自1888年5月11日至1888年9月5日,此书刊载44次广告。
② 《申报》光绪十二年九月初二日,1886年9月29日。

第十章　石印出版与晚清的科举、文化

用兵,在精而不在多"①之语,但此类自称约而精的科举选本或其他科举用书,在石印图书中只是微弱的存在,编造、博采广搜的巨书是主流。编纂者、出版商被石印技术带来的快捷利润裹挟而行,最终也成为导致石印图书迅速衰落的一个重要原因。

作为商业和科举图书的编纂出版,在利益的驱动下,牟利的竞争者愈来愈多,而图书也在向"巨书"方向发展,这两种力量刺激书籍内容的"博采广搜",对原料的需求也快速提升。前文提及的光绪五年出版的《尊闻阁诗选》,就代表一种图书生产模式,该书是"征文"的结果,在《申报》上有两则广告。

> 搜印试帖诗启　本馆谨布
> 本朝以文学取士,制艺而外,兼重试帖。数百年来选家林立,然或取法太古,眉样未必崭新,或择言太苛,眼界仍难广远。至《试律大观》诸选,则又以多为贵,无所取裁。今岁当三年大比之期,摩厉以须者,尤宜预为揣摹,以奏抗雅扬风之效。本馆不揣冒昧,拟裒聚试帖诗五六千首,印行问世。奈见闻孤陋,集腋綦难,用敢布告诸君子:如有平生佳什,或友朋之作,从未经坊间刊刻者,即请饬人交下本馆,随付收条,无论远近,总以四月二十八日为限,过期不收,选成后,统计每人送来之诗,入选二十首,酬书一部,入选四十首,酬书两部。以下照此递增。但须核对收条,然后奉赠,如选不满二十首者,姑付恝情。其入选之原稿概不奉缴,以免周折。若一人之诗,而为两人同抄交下者,只能尽先次交到之人,核算酬书,未能两赠,尚希原鉴。此书排印装钉工程浩繁,诸君大著务祈从速交来,俾得早日蒇事,尤所感盼。此布,顺颂吟安。②

征稿截止日期是农历四月廿八日,但稍后报纸上刊载的《搜印试帖限期

---
① 《申报》光绪十八年八月初八日,1885年9月16日。
② 《申报》光绪五年三月二十一日,1879年4月12日。

截止告白》,其时已经收诗二万余首,为即时编选出版,将截止日期提前到四月十五日。① 至光绪五年六月七日,《申报》上刊载该书出售广告。从征文到出书,时间间隔颇短,将书籍生产流程完整呈现。至光绪十二年,石印科举用书出版进入旺盛时期,此年六月八日《申报》上同时刊出两则征文广告。即《搜印大题文告白》《搜印五经文告白》,录后文如下:

> 搜印五经文告白　点石斋主人启
> 经义之文,始于有明,而盛于我朝。近科乡会试,于五经文尤重,坊间刻本虽夥,惜皆陈陈相因,此窜彼窃,篇帙纵极宏富,抉择容有未精,购者憾之。庐州汪逸如先生,老宿学也,文名卓著,经学湛深,现为本斋敦请,精选经文若干篇,以便操觚家揣摩。除深微远淡、了无意味者,以及坊间已印之文,概不搁入一篇外,本斋另请翰苑名才,儒林绩学,择五经中可以命题,而向无程文者,添作四五千篇,期于无题不备,无美不臻。他若名家稿本、书院课艺、先辈房行,一切鸿篇巨制,倘蒙海内士林不吝投赠,邮寄来申,本斋擎给收条为凭,或选入后从丰酬赉,或印成后酌量送书,均无不可。惟名人杰作,间有辗转传抄,一文而彼此皆有,本斋总以先寄到者选用。至原稿之选与不选,一概未能寄还。特此预启。②

科举用书的原料,或用抄撮旧文,反复编纂汇集,陈陈相因;也有创新一途,征求新作,以区分坊间流行选本,此法亦为石印科举选本普遍采用。

> 皆系搜罗先辈文稿、名家窗作,及各省书院会课杰构,复延请文坛巨手,将应出之题,尽行撰补,他如坊本中之《鸿裁》《五美》《选胂》

---

① 《申报》光绪五年四月初七日,1879年5月27日。
② 《申报》光绪十二年六月初八日,1886年7月9日。

第十章　石印出版与晚清的科举、文化

《文鹄》等集,亦皆采撷精华,挽入一二。①(《精选经艺渊海》)

其文从各省书院课艺,或名人窗稿内选出,凡坊间刻本已见者,概不挽入,务取典丽乔皇,及时花样,以便习举业者晨夕揣摹,斯真极文苑之大观也。②(《缩印大题文汇》)

石印大题文始于《多宝船》,而《文汇》《文府》《抡元》等继之,然皆陈陈相因处,同者什之九,甚有将原书重印,改换名目,藉以渔利。本斋心窃鄙焉,用是不惜重资,购求家藏旧文于东越吴氏,得国初以来乡会墨朱卷房稿选本文二万七千余篇,延请名宿详加选择,始自国初,讫于乾嘉,得文二万篇,是为《观海初集》。自《大学》至《孟子》,题惟备道咸而后,专取绝时眉样,利于场屋者,亦得文二万篇,乡会墨什之二,窗稿什之五,试牍课艺选本专稿什之三,其已见《文汇》等书者,概从删薙,是为《观海二集》。③(《大题观海初二集》)

这三则广告,连同前引《搜印五经文告白》,显示石印科举选本在有意识地不断自我更新,尽量保持与坊间选本的距离,或者干脆划清界线,故有"概不挽入"之语。为更新,自然要求新源,各省书院课艺是以上几则广告中共同搜集的文献。清代书院除少数几所书院以古学为重要讲习内容外,绝大多数书院面向科举考试。书院是清代养士之所,而山长多为进士出身的文人学者,课艺作为书院生徒定期考核的作品,其数量十分可观。如屠倬掌教杭州紫阳书院时,除课制艺、试帖诗外,还课词赋,"书院旧例,一月两课,课以制艺一,试帖诗一。余为馆阁储材起见,月复课以词赋,择其尤者付之剞劂"④。笔者搜检图书馆现存浙江、江苏、安徽

---

① 《申报》光绪十年十月二十三日,1884年12月10日。
② 《申报》光绪十年十一月初二日,1884年12月18日。
③ 《申报》光绪十三年闰四月十八日,1887年6月9日。
④ 屠倬编《紫阳书院课余选》卷首,道光四年刻本。

三省书院课艺,共见八十六种,①这些课艺大多有书院的评点,故成为出版商编纂科举选本的合适材料。书院生徒的课艺,经由编选进入选本,最终又成为包括新一轮书院生徒在内的诸多应考者的考试参考,关于四书五经的知识生产完成了一个循环,就此过程而言,商业性动作的科举选本,尤其是"巨书"式的选本也有保存文献之功,因为课艺毕竟不如个人著述,大多不受人重视,旋生旋灭,而选本的海量保存,为其提供了暂时的容身之处。至于看重包括书院课艺在内的新近应试诗文,以及前面广告所提及的"添作四五千篇""延请文坛巨手,将应出之题,尽行补撰",皆在求"及时花样""及时眉样",跟从新近科举考试风气,便于晨夕揣摩。

四、石印书籍与晚清社会文化

因为石印术有伸缩的技术特性,一般能将单边缩成原书的五分之一,面积为二十五分之一,故其在版式大小方面多有运作空间。如光绪十三年石印的《五经典林》原书卷帙繁多,楷书精心抄写后,缩成九开六本或十二开六本,九开本每部计洋一元八角,十二本每部计洋一元二角。② 开本的大小,在石印图书的广告语中一般以缩印成多少本一语带过,"《申报》重要石印科举用书广告提要表"(见附录十一)所列诸书,应多是所谓的"字迹虽细如散发,而点画仍朗若列眉"的缩印本或袖珍本。至于《文治平略》,应试士子若"能将是书融会于中,于三场条对时自能原原本本,洞晰无遗",点石斋将此书石印成缩本,"计书长不逾三寸,而每行多至三十五字","诚天下第一善本也"③。缩印本《四库全书简明目录》亦刻意表白该书对乡会试三场条对之助,"长仅三寸许,阔不逾二寸,蝇头细字,于掌上螺纹墨色,亦浓淡得中,毫无模糊漫漶"④。长不逾三

---

① 徐雁平《清代东南书院与学术及文学》,安徽教育出版社,2007年,第485—523页。
② 《申报》光绪十三年闰四月初七日,1887年5月29日。
③ 《申报》光绪五年七月十一日,1879年8月28日。
④ 《申报》光绪五年四月初六日,1879年5月26日。

寸的科举用书,自然为考试作弊提供了方便,这就加剧了考试中的"怀挟之风",就连《申报》光绪十三年的《制艺声调谱附格局一新告白》也公开承认这一弊端:

近来石印之文,怀挟居多,讲揣摩者绝少。①

昔日干禄之具,其所最要者,不过如《四书味根录》《四书类典》《诗韵合璧》等书,费一二洋银,即可握管从事。或又竞购石印大小题文,藏之箧衍,以为枕中鸿秘,獭祭所得,亦多有破壁飞去者。以故石印庸滥时文,几于家置一编,无人不备,所费亦甚无几,不必有力者始能办之也。②

应试士子入场夹带,清代科举考试中一直留意查检,但至晚清,查检指示中有专指石印书籍的禁令,光绪十九年有"饬禁应试士子携带石印书籍等语"③。石印科举用书对考试怀挟风气的影响,在书院及府、州、县学考试中较普遍存在,只是校阅者不如乡试会试细致,故相关文献记载较少。石印书的廉价与携带方便,似渐演变成致祸的原因。"迩者书估多以嗜利为心,收拾陈文,藉石印以为怀挟,以致江南首艺,陈作甚多,主司刻意讲求,悉心校阅,如首艺有一二句录旧者,虽经璞献,概付珠遗。嘻,印售陈文,原欲使人则效也,乃因则效之,故而偶焉窃取一二句,即遭刖足之伤,在窃取者固无怨尤,而印售者因此而误人功名,反之于心安乎,否乎?仆虽不致窃人之文以为文,亦断不能窠臼全除,戛戛独造,而谓敢谬思入彀乎?"④此段文字中所云即使不抄袭,"亦断不能窠臼全除",正揭示了科举文章陈陈相因的特点以及内在的清规戒律,但石印科举用书

---

① 《申报》光绪十三年十一月十九日,1888年1月2日。
② 《时文既废寒士宜亟兴书会以务实学说》,见《申报》光绪二十四年八月二十五日,1898年10月10日。
③ 朱寿朋编《东华续录(光绪朝)》,《续修四库全书》第383册。
④ 《续望榜说》,见《申报》光绪十七年九月十七日,1891年10月19日。

中压缩的海量内容,会波及近时考试文风,这也是上文所论及的为何选本中要部分收录作为"及时花样"近作以求顺合时风的原因。清代考试,无论岁科小试,还是春秋二闱,应试士子入场要过搜检之关。但此种搜检有时流于形式,而石印缩本小书,能怀挟而入,此风延至科举改制后的光绪二十四年,其时时务策论地位上升,出版商迅即制作出相应的袖珍本,"新章尚未举行,而坊间已杂取时务诸书,缩成细字若牛毛,以便士子带入闱中剿袭。士子见有剿袭之具,于是转瞬科场伊迩,亦不思伏案揣摩,惟图杂摭成文,为弋获科名之计"①。

  自泰西石印之法行于中国,书贾牟利,取历代之典章制度、礼乐刑政,荟萃成书,缩印一册,怀夹便易,獭祭匪难,好奇之士,取以朦试官。试官欲自掩其谫陋,虽明知由剽窃而来,而不得不以一第予之。于是风气为之一变。三场皆须实策,而第一场之四书文,亦且矜奇吊诡,相率而趋于怪异之为。用典则不取之经史,而必取之于《路史》《纪年》诸秘籍;用字则多诡于今,而必取之于《说文》《苍》《雅》诸古体;至于造句,则尤不必自出心裁,连篇累牍,直抄老、庄、荀、列诸子之寓言,诘屈謷牙,云谲波诡,盖不如是不足以言渊通,且于衡文者,亦不足为腐鼠之相吓。其实皆从故纸堆中抄撮而得,不过费半年一年之功,已足以掇巍科,登上第,其平日之未尝学问如故也。以彼不学之人,而欲更问以声光化电,以及欧西诸凡有用之学,当必诧为闻所未闻,见所未见,有拚舌不能下一语者,则亦惟就翻译之书抄撮之而已。观近日书肆中时务之书,汗牛充栋,期间有从西书中译出者,有民间私著由耳食而得者,纯驳不一,但取其备,各士子之入肆争购,睨而视之者,不啻蚁之附膻,蝇之逐臭,盖非此不足以为枕中鸿秘也。噫吁嘻!今科之孝廉将尽出于此,而中国之所谓人才者亦尽在于此,是真可为长太息已。②

---

  ① 佚名《书林五戒》,见《申报》光绪二十八年六月初十日,1902年7月14日。
  ② 《论考试之弊》,见《申报》光绪二十三年八月初九日,1897年9月5日。

第十章 石印出版与晚清的科举、文化

制艺的文风、用典、用字,有"云谲波诡"之变,此皆应试士子揣摩少,怀挟居多而造成的变化;应试者因科举用书而取材,而编纂者或出版商为求全求备造巨书,取材标准也较宽泛,故有"不合规范"的书也被引用参照,"光绪二十年六月十五日内阁奉上谕,邵松年奏请尊崇正学一折,称毛奇龄所著《四书改错》,自逞才辩,诋毁先贤。近来石印高明之士,惑于其说,以程朱为不足法,请饬严禁等语。《四书改错》一书有违正解,于士习人心颇有关系,现在河南既有此书,他省恐亦不免流播"①。据《申报》光绪十四年刊《石印四书古注君义汇解出书启》所示,"汇解"所收书九种,毛奇龄《四书改错》就在其中。②

石印书籍的影响,有诸如点石斋之类的出版商在各地设立分销点的推销之功,更有"赶考"的书贾的兜售之力。光绪十八年扬州府试,考试人数较上届增多,闻风而至的贩书者亦多。"府署外各项赶考者亦胜于上届,贩卖石印书籍者,共有五家。"③而同时台湾府院试,亦有赶考书贾的身影,"院试伊迩,各属生徒相与提囊挈榼而来,齐集郡城,准备一场鏖战。而作赶考生涯者,贩运石印籍以及各色杂货从上海、厦门而来者,蚁聚蜂屯,无不利市三倍。考棚左近一带,屋价腾贵"④。赶考一举,可见商人闻风而动的商业意识,石印书籍在此时已经成为普遍认可的廉价商品,它们被贩书者从上海、厦门运至台湾售卖,将其影响力从江苏、浙江扩展到更广的区域。

石印科举用书如何渗透科举考试考场?谭献光绪十四年八月十二日日记记录了这些书籍"逼近"考场的情形:

---

① 《禁绝伪书》,见《申报》光绪二十年十月十一日,1894年11月8日。
② 《申报》光绪十四年四月二十二日,1888年6月1日。
③ 《扬郡试事》,见《申报》光绪十八年六月初三日,1892年6月26日。
④ 《鲲身白浪》,见《申报》光绪十八年六月初三日,1892年6月26日。"赶考"与书籍市场,值得注意,陆费逵《六十年来中国之出版业与印刷业》所述应是晚清现象:"平时生意不多,大家都注意赶考,即某省乡试,某府院考时,各书贾赶去做临时书店,做两三个月生意。应考的人不必说了,当然多少要买点书;就是不应考的人,因为平时买书不易,也趁此时买点书。"见张静庐辑注《中国出版史料补编》,第275—276页。

过考市,偶翻近日石印《经策通纂》。采辑不可谓不富,往往全部编入,亦一奇也。(《周易集解》《古易音训姚氏学》《尚书今古文注疏》《诗毛氏传笺通释》《礼记训纂》《仪礼经传集解》《公羊通义》《仪礼正义》《尔雅义疏》《四书考异》《说文通训定声》,凡经类皆全书。策学内《四库提要》《乾隆府厅州县志》《寰宇访碑录》等亦皆全入。)①

光绪十三年七月,姚永概到金陵参加乡试。此月十二日,"往市买石印书,备三场用。"②二十三日购书更多:

诵制艺。买得石印本《通鉴辑览》《康熙字典》《古事比》《经学纂要》《策学备纂》。③

八月初八入场考试,这些书应该是来不及仔细阅读,但它们在考场中发挥了作用。十四日、十五日的日记似可见上月所购石印书籍的影子:

五更遣人接卷,午刻进场,拟对实策,因静潭坐"往"字号,因五人同移入其中。下午来本号一二人,与之商对号,竟允而去,始铺设焉。

早策题下,首题问《春秋》地理,次题问《辽史》,三题问诸子,四题问海战,五题问金石篆隶。五人搜罗各书,得其大半,又集诸友之力始全,实所不竟知者三四条耳。④

---

① 范旭仑、牟晓朋整理《谭献日记》,中华书局,2013年,第274页。
② 姚永概《慎宜轩日记》,第356页。
③ 姚永概《慎宜轩日记》,第357页。
④ 姚永概《慎宜轩日记》,第359页。

第十章　石印出版与晚清的科举、文化

姚氏这两天的日记,可见当时科举考试的"原生态"。考场内,至少可见策问这一场考试,彼此熟悉的考生群是可以"集体讨论",还可以翻书查检。这些书籍,毫无疑问,有来自考场外面书市上的石印科举用书。"五人搜罗各书",则都有可能购买了同类考试用书。

科举考试"挟带"成风,受此风影响,姚永概买石印科举考试用书还在继续。光绪十五年,姚氏入都参加会试。二月二十九日,借石印《十三经注疏》,三月初四日,"往琉璃厂买石印《御纂七经》《皇清经解》《诗赋题解》",初七日,又在琉璃厂买《说文通检》。① 三月初八入场考试,十五日日记云:"丑刻策问下,因遍检诸书,得之十六。惟《管子》中一条,记是王念孙《读书杂志》中有之,今已不忆,但以《说文》等书并己意断之。"②光绪二十年三月,姚永概参加科举考试,初三日到琉璃厂买石印书,但未记录书名,十五日日记也记得简略:"子刻策问下,三更条对毕,十得六七,惟金石一条只得四五事耳,乃以骈体空衍之。"③石印书,当同前所记一样,是考试用书;如何发挥作用,自然如出一辙。石印科举用书,成为考场利器,自然不是石印技术的错误;石印技术只是极大地刺激了书籍的"复制",以及考场中试卷(至少是策问卷)的"复制"。日记中的姚永概,还有在社会公众中的姚永概,受理学浸润颇深,平日行事,多有准则,并时常反省。然在此滔滔浊流中,因为追求科举的名分,也不得不利用这类石印应试秘笈了。

石印书籍不仅对科举考试风气有影响,还波及到社会文化的其他层面。敬惜字纸的传统,在石印技术面前遭受挑战,此种力量更早地源于报纸,石印书籍只是加剧而已。"自石印书盛行以来,每日亵弃字纸亦属不少。盖印书工匠,遇有纸张破碎、墨色不清者,即任意弃去,或践踏脚底,或携出送人,随意包物,漫不经心,岂知每纸约有数万余字,统计各书局,每日亵弃字纸何可胜数耶? 敬劝各书局主事人多置大号字篓,令工

---

① 姚永概《慎宜轩日记》,第386页。
② 姚永概《慎宜轩日记》,第387页。
③ 姚永概《慎宜轩日记》,第569页。

匠人等将无用字纸随手投入,惟挂字篓处须劳主事人相度地势,并砌一字炉于隙地,约数日收各篓字纸焚化,炉中炉口须有铁门可锁者,至年终将灰取出,重重包裹,托轮船帐房,出口时投入海中。此事亦甚便,各局主事诸公子弟读书者想不乏人,必加栽培,倘能于此中留意,在主事诸公不过一启口间,工匠人等当能从命。"①石印书籍还加剧了此前就一直存在的淫书传播问题。石印书籍,泥沙俱下,但在这一问题上,它似成为洪水猛兽。"石印风行,成书尤易,手民坊贾,遂不恤阴取先时悬为厉禁者,别取新名,一一石印,或仿袖珍铅板,阴图射利。租界数里间,上而书肆,虽不敢概以淫书出售,而售者固已十居八九;下至书摊暨夫沿街叫卖之徒,大抵淫书为夥。败俗伤风,曷其有极,不又贻人心之蠹、肇世道之忧乎?幸松郡陈太尊深悉其端,因特商之英界谳员,请其设法示禁文。宜书局主人遂将所有小说数百部运至仁济善堂悉行焚燬。不意尚有利令智昏者,私刊著名之《灯草和尚》一书,害将伊于何底?宜太尊之饬令谳员,乘其未及成书之先,派差密访,务令焚书劈板,盖非此不足遏患于无形也。"②洪水猛兽,开始直指石印图书;待石印渐衰落,铅印兴盛之后,指责与批评则兼有两者:"淫书淫画,久悬厉禁,乃自铅板石印盛行,流播更广……近尤明目张胆,敢于热闹之区沿途设摊挝卖……推原祸始,良由石印铅板各坊局争相贪利,刷印广售,致奸徒得以辗转贩卖,流毒日甚,造孽无穷。"③为遏止流毒,官方多次查禁,并在《申报》刊载查禁淫书告示;另一种手段是印行善书,以正抑邪,《申报》上曾以点石斋主人名义刊《征印各种善书启》,首声明"自石印盛行,凡素所难觅之书,今得之以贱值购之。……窃思欲挽狂澜,非广印善书不可。如好善之士,欲广种福田,以救其弊,本斋意取工本以副诸君。好善之心,倘有新辑本欲绘图

---

① 《劝石印各书局留心惜字说》,见《申报》光绪十四年四月十二日,1888年5月22日。后数年又有《惜字至要说》,其中亦及石印印坏之纸被任意践踏之现象。见《申报》光绪十八年三月二十六日,1892年4月22日。

② 《闻初九日本报载有饬毁淫书事喜而书此》,见《申报》光绪二十二年九月十一日,1896年10月17日。

③ 《示禁淫书》,见《申报》光绪二十六年二月二十五日,1900年3月25日。

者,亦可代为任办"①。

五、技术、制度转变与石印书籍的衰落

前所引《上海扫叶山房发兑石印书籍价目》《上海同文书局石印书画图帖》《上海飞鸿阁发兑西学各种石印书籍》《上海鸿宝斋分局发兑各种石印书籍》等目录兼具销售目录和出版目录性质,因其著录信息简单,尤其是具体各条书目记录无出版时间标识,故各书局目录只能视为累积性的目录,如何将这些混杂或按类编排的书目建立时间系列,刊发大量石印书籍信息的《申报》可作为谱系建立的有力参照。《申报》已有全文检索数据库,此处截取的时段是1872年(《申报》创立)至1911年,逐年查看"石印"一词在各年报纸中出现的次数。点石斋光绪二年(1876)创办,但直至光绪五年(1879)《申报》上才开始出现"石印"一词,此前1872—1878年该词未出现。故此下对1879—1911年共33年间《申报》上"石印"一词出现次数列表如下(见表6):

表6　1879—1911年《申报》上"石印"一词出现次数表

年份	次数	年份	次数
光绪五年(1879)	231	光绪二十二年(1896)	87
光绪六年(1880)	181	光绪二十三年(1897)	153
光绪七年(1881)	100	光绪二十四年(1898)	125
光绪八年(1882)	139	光绪二十五年(1899)	94
光绪九年(1883)	693	光绪二十六年(1900)	48
光绪十年(1884)	226	光绪二十七年(1901)	45
光绪十一年(1885)	311	光绪二十八年(1902)	75
光绪十二年(1886)	906	光绪二十九年(1903)	172
光绪十三年(1887)	1313	光绪三十年(1904)	153

---

① 《申报》光绪二十二年四月初七日,1896年5月19日。

续　表

年份	次数	年份	次数
光绪十四年(1888)	483	光绪三十一年(1905)	12
光绪十五年(1889)	425	光绪三十二年(1906)	40
光绪十六年(1890)	335	光绪三十三年(1907)	42
光绪十七年(1891)	140	光绪三十四年(1908)	23
光绪十八年(1892)	123	宣统元年(1909)	26
光绪十九年(1893)	89	宣统二年(1910)	31
光绪二十年(1894)	200	宣统三年(1911)	21
光绪二十一年(1895)	63		

上表中"石印"出现的次数，大致包括石印图书的相关广告次数，这是最主要的部分；还包括石印技术、石印设备，石印证券以及时人对石印图书的看法，这一部分数量不大，如时人对石印图书的看法，主要集中在后半段。总之，这一部分出现的次数有限，约占十分之一。既然是广告，就必然会重复出现，故石印图书的广告次数中要特别注意这一因素，如光绪九年，《申报》关于招股缩印《古今图书集成》的广告就出现114次，光绪十一年关于《皇清经解》的石印广告出现22次。考量以上诸因素，逐年观察"石印"一词的出现次数，其作用有三：可大致看出当年石印图书的数量与以及短时段的发展趋势；从次数或重复的频率中可见出版商或书商牟利欲望的程度以及市场的容量；可看出时人对这种新型图书的看法。这一系列数字，如同温度变化的记录，由此可探寻照相石印传入中国后三十三年的起落变化。

表中"石印"次数随年代有几次重要变化，光绪五年到光绪八年是起点较高的平稳，光绪九年至光绪十六年是高峰时段，光绪十七年开始回落，但还未完全衰退，而从光绪三十一年开始至宣统三年，每年出现次数未超过50次，同石印在起初的朝气蓬勃相比，这一曾经新鲜的印刷技术已经完全衰败。看"石印"次数的升降，还是要回到最主要的石印图书上面来。石印进入图书出版的前几年，完全是点石斋的时代，开拓与推广

第十章 石印出版与晚清的科举、文化

的重点在图画、碑帖、楹联以及销路有保障的工具书(前文已述及),至光绪七年,未见一种科举用书广告。但从《康熙字典》的销路以及《四库全书简明目录》的广告语所指,点石斋已知科举的市场,故光绪八年在重印《康熙字典》《英华字典》,访购《渊鉴类函》《经籍籑诂》等的同时,开始涉足科举用书,有石印本《增选多宝船时文》《临文便览》《水流云在轩试帖》三种书。至光绪九年点石斋石印书籍47种,其中又增加《四书味根录》和《小题文薮》两部主要的科举用书。自此,科举用书在每年石印书总数中的比重增大,而见诸《申报》的推销广告也增加。以石印次数处于高峰的光绪十二年、十三年的石印科举用书为例:

  光绪十二年:《五经文海》《小题宗海》《大题文海》《小题娜嬛》《己酉科十八省闱墨》《五经备旨》《巧搭小试文荃》《大门成塾课》《小题文薮二集》《小题文府》《分类馆阁诗》《诗文料触机》《玉堂楷则》《四书备注备旨》《丙戌科会墨》《新增小题真珠船》《小搭珠华》《经艺渊海》《五经合策》《四书串珠》《艺林三场合编》《四书疑题解》《小题味新》《小题万选钱》《艺林拱璧》《巧搭网珊》《无情巧搭》《增广串珠》《云程必备》《大题文汇》《国朝元魁墨萃》《泮林撷秀》《增选小题真珠船初续两集》《历科状元殿试全策》《经艺宏括》《分类典搭新样》《新科甲策墨迹》《藜青图典汇》。

  光绪十三年:《芸窗宝笈》《长搭小典文汇》《鼎甲殿试策》《四书典林》《楚中草时文》《试律大观》《典制分类文稿》《文腋类编》《多宝船二集》《增广小搭珠华》《搭截精华》《四书汇讲》《小搭径寸珠时文》《巧搭清新》《新选大题文富》《增选四书小题题镜》《大题观海初二集》《五车楼五订四书》《经余必读全集》《四书诗韵合璧》《小搭香艳时文》《四书古注群义汇解》《经艺文准》《小搭文林》《小题正鹄》《搭截精华》《试律时宜》《巧搭一新》《四书本义汇考》《经策通策》《制义声调谱附格律一新》。

光绪十二年在《申报》上出现过的科举用书,在光绪十三年仍重复广告,此类书未列入光绪十三年的书目中。合观两年石印科举用书，无论从主题、类别、角度，还是从此前已论及收录内容的涵量而言，这两年或其前后几年，可谓是石印科举书的极盛时期。仅以此两年所列书目而言，在雕版时代，不可能出现如此密集的刊印，它是印刷新技术的过度运用与科举用书选题的过度开发。此外，石印的规模似在不断扩大，在光绪十二年的《申报》上有麦利举行的"石印书画机器出售"广告，称"英国名厂许士耿博专制各种石印书画机器，工精料坚，灵巧无匹，向托小行在中国经理专门，历承同文书局定购，俱各合式无误。现在该厂制造益精，新出机器印架可装置煤气火力，一日能印七千余张，较之旧式，不啻事半功倍。所有印书油墨、照相药水，一切应需之物，均可随时定寄，限期到货"①。

光绪十二年、十三年对石印科举用书过度的开发与出版，在随后的光绪十四年、十五年就开始有下落反应，从《申报》广告来看，这两年每年新出科举用书皆未过15种，主要是重复刊登前几年所出书的广告，而光绪十六年，新出科举用书3种，点石斋主人在《申报》上刊载回顾性的《重印乡会试应备各种书籍启》，其中有语云："石印昉自泰西，而创行于中国者，则自本斋始。二十年来所出书籍不下数千百种，早蒙海内士林同声称赏，今届庆榜宏开，查历年售缺各书，数已不少，理宜重为补印，以便诸君采购。"②此语近似对辉煌历史的总结，查看点石斋光绪十五年在各省的"分庄售书告白"，已经在京城及十七省设立二十个分庄，③包括贵州、云南、山西、陕西在内，辐射面颇广；科举用书印数，就《经艺渊海》而言，初版五千部售完，④《小题文薮初集》印数千部，不及一年售罄，拟重印。⑤然利益的激烈争夺、自我的过度膨胀，终导致石印图书业的"疲敝"。"试观上海石印书局，其先创始者不过一家，迨闻获利，可操左券，相继起者

---

① 《申报》光绪十二年七月十二日，1886年8月11日。
② 《申报》光绪十九年二月二十二日，1896年4月8日。
③ 《申报》光绪十五年六月二十四日，1889年7月21日。
④ 《申报》光绪十三年七月初五日，1887年8月23日。
⑤ 《申报》光绪十一年二月二十日，1885年4月5日。

第十章 石印出版与晚清的科举、文化

何止数十处。"① 无序的竞争,已经导致书市的混乱甚至留下导致危机的种子,光绪十四年《申报》所刊《拟为变通沪上石印书籍以平市价而免讼累章程》,可见作为业内人士已觉察到石印出版销售中的诸种问题:

> 石印书籍,自点石斋创始以来,至今日增月盛,此固华人之故智,从古如斯,然识者早知其久必有变。利之所在,人争趋之,而趋之者愈多,则获利也愈少。谚云:僧多粥薄。此必然之势,亦自然之理。顾趋之者卒不之顾,苟非至于水穷山尽,孰则肯急流勇退者,非特不退而已,且更有进而不止者。前科乡试,场后计算售卖石印书籍之家,获利者不过十之一二,丧资者竟有十之八九,以为业此者,将知难而退矣。孰意今年书局愈开愈多,其中情弊,至近日而尤甚,久欲思一善法,以为挽回之计,辄以不能详知其情,不敢轻发。今有管可寿斋主人呈县管君秋初拟就变通章程四条,虽不知其坐而言者可以起而行否,而言出于本业中人,当必有切而不浮者。亟取而录之,其言曰:窃吾书籍一业,自行石印以来,今年最为旺盛,亦最为拥塞,若不早为变通,则年关在迩,不特贱等泥沙,不成市面,并恐更多讼累。鄙人恭店董末,每切杞忧,惟是力薄心雄,无能为役。是以不揣鄙陋,谬拟变通章程纲领四则。……
>
> 拟开设押书公局,以便周转成本也。查今年石印书籍,统计各局店铺积书何至值百万元。今拟请大有力者,或独出资本,或纠集股资一百万元或五十万元,开设押书公局,专押石印书籍,无论书局、书铺,以石印书押款者,不论何项书籍,每种以一百部值成本洋十元者起码,统以纸价、印订工为准,估见准以五折或年为期,一分起息,四折作抵,以半年为期,一分起息,并准于掣票外另立零□订数,手折一扣,俾可另赎发售,以便周转。……
>
> 拟疏通销路,必须止印积书也。今年所印各书,重复居多,如张

---

① 佚名《推广机器纺织议〈续前程〉》,《申报》光绪二十年二月二十七日,1894 年 4 月 2 日。

姓定印此书，李姓闻有销路，亦以是书赶印，或稍改式样，以期抢夺生意，竟有贬价累人者，价既不一，几令欲购者无从下手。而坊间有鉴于此，亦不敢以款亟贩。今拟无论何项书籍，凡押书公局，已有押下者，以二百部起码，即令该公局向各石印局报明，除分别书样大小悬殊外，不准发印与押下仿佛之书，如有私印，即以该公局押下。不论千部万部，罚交该私印之家，照押本加认利息，悉数交卖，如不遵照，禀官议罚。……拟约略书价，庶可平稳市面也。近年石印书籍，本轻利重，码折悬殊，以致卖者、买者皆无把握，大有早晚时价之况。查吾业向仅木板，除竹纸、官堆、赛连、连四四项纸张，价有分别贵贱外，即迟至十年百年之久，市价无甚高低，今石印行，仅数年价已如此低昂，亦须亟为约定，以归正道，今拟订各种价目式样，约以四开、六开、九开、十二开为则，每本约以六七十页为则，核定大略价目，不得十分参差，俾购者售者各有方寸，以平市面。①

"变通章程"涉及新出现的问题与对策，这都是雕板印刷时代未曾出现过的，文中提及过去书价十年百年之中，"无甚高低"，即是典型问题。"押书公局"兼具集资、管理功能，也是新型书籍生产模式中期待出现的机构。"变通章程"提及"前冬乡试"售卖石印书籍获利甚少之事，所指应是光绪十一年乡试，则当时石印科举用书滞销现象就已存在。光绪十六年《申报》刊出《经商论》，将石印书籍滞销作为负面案例分析，其中论及沪上石印法吸引人"次第集股东，购机器租房设局，采烈兴高，一二年中开至十有余处，卒以无人购取，书积如山，贬价求沽，资本亏折，先后闭歇，大抵皆耗损多金焉"②。石印书籍的无序出版以及种数、印数的迅猛增张，导致一系列问题：

  今以后人之削竹编蒲，研黄点漆，视始制文字之初，其难易已大

---

① 《申报》光绪十四年七月二十三日，1888年8月30日。
② 《申报》光绪十六年十月二十五日，1890年12月6日。

第十章 石印出版与晚清的科举、文化

相径庭矣。不料更有造纸者、剞木者出乎其间,由是镌字于板,积页成书,一日而可印千百张,一束而可行千百里,一卷而可传千百年,牙轴盈仓,巾箱满架,披览者莫不叹述者之明,远过乎作者之圣,斯已备矣。讵今日而又有石印法出,夫石印之滥觞不十年,而如今科石印书之疲敝,则实非创行石印者可逆料。近阅报载各省石印书之折阅,正不独金陵一隅之书肆,不顾成本之积压,但期门市之畅销,为将本求利者之江河日下也。因念岩栖谷处之士,负行箧来就试于有司,不过赖宾兴之侪助,以壮行色,在寓菲衣恶食,平时即过五都之市,犹且掉头不顾,今忽见纸白于绵、字细于发者之可亲可爱,则未有不节省朝夕,以求一快,其所欲为,是减价求售,彼握算以筹者之心计,不可谓不工绝矣。无如取精则用宏,博收则恃久。积之案头者可十年,即付之云礽者,可十世。自是而后,虽有嫏嬛之奇,龙威之秘,吾恐希有急于问者,以足故也。是则减价求售者犹是,宁为鸡口,毋为牛后之故智,未可骤谓之非。现闻以书乔金陵者,皆上海人也,往岁江西舳舻相接,而今岁独不来。①

从抄写、雕板印刷再到眼前的石印,技术已经改变了文献生产的程序和规模,也改变了读者对书籍的感受,敬爱珍惜之心慢慢消减,时人甚至有偏激之语:"古患书少今患多,安利秦坑一荡磨,祖龙不出其奈何!"②同时,因为书价的下降,个人拥有文献的数量也在变化。"石印书之疲敝,则实非创行石印者可逆料",石印书的"疲敝",导致书积如山,一些稍小的石印书局关闭,而一些稍大或资本稍丰的石印书局也因此损耗元气。执石印图书牛耳的点石斋在光绪十三年与图书集成局、申昌书局、开明书店(夏松莱主持)合并改组为集成图书公司,此举在石印业的极盛时期完成,似有对石印图书通盘情况及未来发展的考虑。此外,如同文书局,

---

① 佚名《书市减色》,见《申报》光绪十五年九月十八日,1889年10月12日。
② 此语源自凌泗《咏石印书》,见《莘庐遗诗》。诗前句有:"兰亭玉枕灯影描,缩本作俑始帖妖,变而机器穷秋毫。烂断朝报藩溷纸,五车充斥五都市,长恩愕避蠹饱死。"转引自张静庐辑注《中国出版史料补编》,第90页。

在石印《古今图书集成》后声誉益隆,"惟十余年后印书既多,压本愈重,知难而退,遂于光绪二十四年停办"①。陈伯熙《上海轶事大观》"鸿文书局之失败"条云:"开设鸿文书局者,为江苏震泽人凌陆卿孝廉,家世丝商,资本雄厚,与点石、同文等局并驾前驱。惟所出者多科举时代考场所用之书,如《五经戞造》《五经汇解》《大题文府》《小题十万选》等类,当时非不风行,士子辄手一编;迨科举既废,遂不值一钱矣。"又指出鸿文书局失败之命运,正与李木斋之蜚英馆相同。② 后来诸家论说,晚清石印术,亦有将其衰落归咎于科举废除,而石印图书业实际的败落时期,据前引《变通章程》《经商论》及《书市减色》,应在光绪十六年之后,此后只是在退守的情况下勉力维持,并步入其衰退时期。从科举用书这一领域来看,是石印术自己的一套运行方式和技术特点导致石印出版迅速上升又迅速败落。

科举废止,对石印出版业有重要影响;然此影响,应从科举改革到科举废止这一过程来考察,它是一种过程性而不是瞬间性的影响。影响的追溯至少应从光绪二十四年的科举改革之议开始。在军机处上谕档有四份上谕关涉这次重要的改革,此年六月初一的上谕中有以下重要内容:

> 着照所拟,乡会试仍定为三场。第一场试中国史事、国朝政治论五道;第二场试时务策五道,考问五洲各国之政,专门之艺;第三场试四书义两篇,五经义一篇。……其学政岁科两考生童……先试经古一场,专以史论、时务策命题。正场试以四书义、经义各一篇。礼部即通行各省,一体遵照。③

照理应自光绪二十四年始,科举考试用书应有明显调整变化;但查看《申

---

① 张静庐辑注《中国出版史料补编》,第95页。
② 陈伯熙《上海轶事大观》,上海书店出版社,2000年,第180页。
③ 杨学为主编《中国考试史文献集成》第6卷,高等教育出版社,2003年,第568—569页。

报》光绪二十二年所刊"考试时务场中必备书翻刻必究",书商已经敏锐地捕捉到科举考试的细微变化,并将此变化转为编辑图书的新方向:

> 今年以来,各省岁科考场、各处书院兼考时务策论,视制艺诗赋为尤重。广学会新著《中东战纪本末》八卷,凡泰西新政之可作掌故者,精心考订,言皆有物,实与去年所译之《泰西新史揽要》同属投时利器,应试诸君奉为蓝本,大可名利双收,而其价只一圆五角,廉莫甚焉。
>
> 广学会新译《文学兴国策》两卷,凡泰西学校中之良法美意,胪列无遗,场中如考新学,舍此无以运典。每部两角,廉之又廉。①

在光绪二十四年前,关于废除科举考试中的八股文考试,已经有不少议论,但实际上未能变动其地位,在基本格局不变情况下,在考试中酌西学东渐之实情增添新内容是可行之举,故有"兼考时务策论"之举,而出版商已经做出反应,将《中东战纪本末》《文学兴国策》包装成"投时利器"、应试蓝本,并称"考新学舍此无以运典",意图十分显豁。《申报》上所刊载的石印图书广告中,可列入"时务策论"考试用书范围的书,1896年有《中俄交涉纪》《增删算法统宗》《中西算学丛书初编》《化学指南》,1897年有《续西学大成》《海国大政记》《翠薇山房算学十书》《官商律例通览》《中西新学大全》《新泽西国律例》《中外时务策学大成》《时务策论总纂初集》。一种细小的变动已然演变为一种潮流和风气,出版商又开始用"大全""大成"来命名所编刊之书。

1898年石印科举用书,在六月科举改制上谕前后皆有不同寻常之处,在一月份有《古今算学丛书》五月份出书的预告,二月份有梁启超辑《西政丛书》以及梁启超撰序的《皇朝经世文编》的广告,称是书共分通

---

① 《申报》光绪二十二年五月二十日,1896年6月30日。广学会的这类促销广告,也在同年《万国公报》上刊载,用语近似,所提书籍包括《泰西新史揽要》《中东战纪本末》《时事新论》《文学兴国策》。

论、君德、官制、法律、学校、国内、农政、矿政等二十一类,"皆从翻译中辑出,余为通人伟论,新理新法无不搜括,与正续各编迥然不同,诚讲求维新之要书也"①。同时,又有重印江标辑《西学通考》的出书广告。六月,有更具时代气息的《洋务时事汇编》广告,其中有语云:"近今风气日开,朝野上下,咸以洋务为急,然求诸洋务各书,类多丛杂不齐,反淆阅者心目。今本斋主人不惜重资,敦请名宿,专辑是书,其所载提要发凡,既不苦其浩瀚,亦无缺略之憾,可谓约而且赅矣。"②八月至十一月,先后有《时务策学统宗》《国朝政治辑要》《西政辑要》《历代史学中外时务论》《新辑精校兵书七种》等书广告。时务策论类应试书日渐流行,并不表明此前科举用书全退出市场,因为四书义、五经义仍为重要考试内容,故《申报》石印书广告中能略见其身影,受重创的只是与八股文相关的文选。彼落此起,其中还有利益的波动:"向之石印大小题文已皆无用,几几乎视同隔年之时宪书矣。市肆书贾知石印八股文之全无销售也,于是争刊古今人之策论,以及新出之时务洋务等书,昂其价值,以为失之东隅、收之桑榆地步。牟利之道,固应如是,而寒士则不免废然。"③

科举改制给处于低潮时期的石印图书出版带来最后一次机遇,二十四史、九通、《大清一通志》《明通鉴》《李氏五种》《历代舆地沿革险要图说》等针对时务策论的图书皆在石印之列,当然,它也引发了问题。时人总结当时图书出版的五种问题书:狂悖犯上之书、支离驳杂之书、转相采撼书、恶俗可鄙之书、科场怀挟之书。这五种问题书,就名目而言,此前已经存在,而在科举改制之后,其内涵有新变化,如转相采撼成书问题,专指时务、洋务:

> 今者西学、西政诸书,人争购致。书贾乃倩文人之稍有一知半解者,克期编纂,以为网利之资。夫编纂非通儒所易言,安有仅得一

---

① 《申报》光绪二十四年二月初五日,1898年2月25日。
② 《申报》光绪二十四年四月十三日,1898年6月11日。
③ 《申报》光绪二十四年八月二十五日,1898年10月10日。

第十章 石印出版与晚清的科举、文化

知半解之人而可轻于从事者？于是据撮京师同文馆、上海广方言馆，以及西人所设各书院各教堂公私译述之书，鳞次编排，以欺书贾，而书贾得之若秘宝，穷日夜之力刊印以行。数月以来，坊间所出之书，陈陈相因，比比皆是，求免抄校无甚大谬已幸甚，安望其足以励实学而迪新机乎？①

最重要的问题是在西学译介的起步阶段，这类转相采撮的著述真伪混杂、泥沙俱下，其时没有一种学术或学理上评判的标准，难得有其渊源断定其价值的学人，就连考官，能真正通晓西学洋务者亦寥寥无几。而此前科举用书，无论八股、四书义、五经义、策问，皆源自四书五经及诸史中，而且有此前大量应试文选比照参考，故考官、士人皆有不同程度的判断。转相采撮成书是传入中国的西学尚无根基、尚无评判标准的乱象表征之一，如何在科举考试中确定重要用书以便全国应试士子有所依循，已引起不少讨论。如《论策问时务宜先厘定书籍以便诵习征引》一文云：

> 三场对策，除钦定诸书外，向不准用国朝人所著书籍，更何论同时见存之人？而前朝书籍，则大都列于《四库》，即非家弦户诵，亦可考其人名、书名，士子既有所据依，考官亦易于核证，至于策问时务则异是。夫既曰时务，则皆于古无征，而时务必及西学，又须取资翻译西书。近日沪上翻译诸书，固已略备，其大宗有三：一为中国制造局中历年翻译之书，一为西儒广学会中历年述译之书，一为迩日时务报暨京都官书局中汇译之书。此外，则为中国使臣随员数十年来记录之作，与夫各家撰述，及格致书院课艺等，皆为时务之津梁，西学之嚆矢，士子苟有志于此，则平时之所诵习，临文之所征引，固欲舍诸书而末由。然江浙近省以至通商各口相近之处，此等书籍流传尚易，若边省远僻州郡各士子，向未曾见此等书籍，一旦入场对策，

---

① 《申报》光绪二十八年六月初十日，1902年7月14日。

将何以敷衍成篇？今朝廷即可言官之请,将于今科乡试为始策问时务西学,则于时务西学之所本,必当早为计及,岂尚执廿二史中外国诸传及《海国闻见录》《海国图志》《经世文编》诸书,而以陈言剿袭乎？抑徒挟兔园册子而以空言塞责乎？窃谓宜由礼臣词臣请旨开馆,搜采翻译诸书,或并及中国臣僚士子撰述之书,厘定著录,颁行天下,令各省士子诵习有得,而后来应试可以征引。此必取效于数年以后,而非可猝期之于今科者。否则若不颁行,将僻远省分士子何以发聋振聩？若颁行而不经厘定,即令人有其书,恐临文尚有所未便。①

此文旨趣在于在策问时务的考试中建立如同四书五经的权威考试用书,其中涉及策问时务考试的新书院课艺作为一个要点被提及。此文从书籍出版或知识生产的地域不平衡状态中看到边省及远僻州郡资源的匮乏,进而更强调厘定书籍的必要性,而这一预期的权威用书,不是廿二史中外国诸传至《经世文编》诸书所能涵盖。厘定,还针对翻译中人名、地名、器物等名称的规范。总之,讲求时务西学,"先厘定书籍,以正其源本,而后可以徐收其效"②。

石印科举用书,至1905年科举废止前,仍有其市场,从上海宝善斋书庄发售的"石印各省学堂应用各种大本时务新书"来看,20种书中的大部分是面向科举考试的,③叶九如论及石印与铅印在出书内容上的分别:"业石印者多竞印八股时文,场屋用书;业铅印者多竞印小说及卧星

---

① 《申报》光绪二十三年四月一日,1897年5月1日。
② 《申报》光绪二十三年四月一日,1897年5月1日。
③ 这20种书是:二十四史、《御批通鉴纲目》《御批通鉴辑览》《大清一统志》《康熙字典》《皇朝经世文统编》《皇朝三通识要类编》《最新经世文编》《中西政艺策府统宗》《中国武备兵书》《五大洲政艺全书》《时务宏括》《西学通考》《各国政治艺学分类全书》《西国新政辑览》《西学富强丛书》《纲鉴易知录》《衷了凡纲鉴》《九朝纪事本末》《辽金纪事本末》。见《申报》1903年4月12日。这20种书虽古今中外皆有,但主要针对策问考试。

第十章　石印出版与晚清的科举、文化

相之类。"①由宝善书庄的发售书目以及石印图书的重点所在来看，1905年科举废止，当对石印图书出版业有十分重要的影响。但这不是唯一使石印图书走下坡路的因素，后起的铅印技术日渐成熟，有起而代之之势。《申报》同治十二年就开始使用铅字排版印刷。铅活字排版后，用石膏制型再铸铅版印刷。版可以保存再印，王锡祺自光绪六年到二十三年用此法先后辑印《小方壶斋丛书》《小方壶斋舆地丛抄》及《补编》《再补编》；至1895年则更为便捷，印刷速度更快的纸制型版浇铸铅版技术（即"纸型"）传入中国，这对中国近代出版产生巨大的推动作用，报纸期刊的出版方式发生改变，书籍体积减少，成本降低，出书速度加快，②曾经独步一时的石印技术，此时亦相形见绌。值得注意的一个细节是光绪二十九年图书集成局出版《双璞斋四书五经义大全》，此书收文三千篇共五十六卷，在前十年很适合石印，但这次采用新铸造铅字排印，③这至少说明铅字印刷的成本与效率已经超过石印，而此时一些印书局和书店同时经营铅印和石印图书，雕板印刷图书，已经进入尾声，看似三种印刷技术及其印刷品并存的时代，实际上就个体的盛衰强弱而言，已各自不同。雕板印刷因为生存土壤广大，故总有袅袅余音；石印技术迅速兴起又迅速衰落，其声华主要局限在东南或沿海一带；铅印技术则如同朝阳，与之伴随而来的是现代文明。

总之，以后见之明评说石印出版在社会文化史上的贡献，尤其是所产生的"短时期繁盛"，可以找到多种理由，然所有这些，都应该回到当时的社会情境中，应放置于历史的脉络中考察，如有不少学者注意到石印出版作为一种过渡时期的技术与传统雕版印刷技艺及运作方

---

① 张静庐辑注《中国近代出版史料二编》，第374页。
② 关于石膏型版、纸型及活版印刷技术对近代出版的影响，参见汪家熔《中国出版通史·清代卷（下）》，中国书籍出版社，2008年，第110—111页。
③ 《申报》光绪二十九年五月二十日，1903年6月15日。

式的关联;①又要考量这种技术的利弊以及无序竞争带来的巨大耗损;同时更要重视铅印技术的改进,以及新时代所产生的新需求对出版方式的选择。印刷出版或传播技术的每一次更替都与社会文化的重要变革同步,石印出版对中国文化的影响,谈不上重要,然若以百年为衡量时段,其突出价值和意义在于承前启后、新旧转换之际的多重过渡。

---

① 芮哲非指出中国印刷商和出版商对石印术主动选择的原因主要有三个:"原始投资相对较少;石印更加接近传统的书籍审美标准;这时印刷商与出版商的出版观念仍与传统较为接近。"其中第二个原因能揭示印刷出版在新旧过渡时期石印术的过渡性质。见[美]芮哲非著,张志强等译《谷腾堡在上海:中国印刷资本业的发展(1876—1937)》,第111页。杨丽莹也有近似论说:石印本与传统雕版印刷出版物多有相似之处,对中国人的阅读习惯没有产生大的影响;石印技术适合小规模生产,与雕版印刷业这一手工业近似。新旧之间容易转型,故并未使原有的民间书业有本质上的改变。大量石印本的内容,并未对社会传统文化产生强烈的冲击,相反使之传播更加广泛,通俗文学有借势蓬勃发展之势。见杨丽莹《清末民初的石印术与石印本研究:以上海地区为中心》,上海古籍出版社,2018年,第158—159页。

第十一章
新学书籍的涌入与"脑界不能复闭"

光绪二十七年,孙宝瑄(1874—1924)二十八岁,对西学近似痴迷,他在日记中用较大篇幅的文字,记录自己在上海购买、阅读、摘录新学书籍以及与友朋讨论西学之事。此年三月二十七日的一则日记较为特别:

> 晴。欲往习东文,会三六桥来访,不果。……晡,至广学会购得《天文图说》《地理全志》《万国史记》《佐治刍言》,持赠金月梅。月梅,晋产名女优也,聪慧爽闿,解文义,欲舍所业,从事西国语言文字。余谓曰:汝欲通他国方言,宜先明公理,知宇宙大势乃有用。遂购四种书使观之。且为摘示大略曰:熟此能换凡骨。月梅欣然。①

金月梅欲选择新路,"从事西国语言文字",或是因其身在上海,受时代风气影响;或是因与孙宝瑄略有往来,故受到孙氏鼓动。引人注目的是,孙宝瑄专为金月梅设计出了一套"先明公理、知宇宙大势"的"换凡骨"方

---

① 孙宝瑄《忘山庐日记》,第329页。金月梅在郑孝胥光绪二十八年日记中多次出现。郑氏对金月梅演戏极力夸赞,四月十日日记云:"月梅演《翠屏山》,殆为绝技。"(第832页),十月十五日日记云:"月梅演《富春楼》,妖冶绝伦,真奇艺也。"(第850页)郑氏为金月梅书联语、匾额、送诗集、送银洋,又索金氏照片,四月初四日日记有评语云:"月梅锐敏非常,巧于言笑。"(第831页)至少在孙宝瑄这则日记一年以后,金月梅并未"换凡骨",她"欲舍所业,从事西国语言文字",或正是她"锐敏""巧于言笑"的逢场作戏。郑孝胥日记中金月梅的记载,由北京大学历史系韩策提示。劳祖德整理《郑孝胥日记》,中华书局,1993年。

案,而新学书在这一方案中被视为灵丹妙药。在此不妨进一步追问,孙宝瑄此前看过这些书吗?

孙宝瑄的日记,始于光绪十九年,之后每年一册。然因战乱,日记多有散佚,今存光绪十九年至光绪二十年、光绪二十三年至光绪二十四年、光绪二十七年至光绪二十九年、光绪三十二年至光绪三十四年共十年日记。① 查检这些劫后存留的日记,孙氏三月二十七日所购四书有两种留下阅读记录:

《万国史记》,(日)冈本监辅著,光绪二十年十一月读。
《天文图说》,(美)柯雅各著,光绪二十三年三月读。

虽然日记残缺,但结合孙宝瑄对西学的关注及以上二书的阅读情况,可推断这四种书在他赠金月梅之前已经阅读。孙宝瑄以自己的阅读视野及体会,为来自另一社会阶层的女性设计出一条新路,"换凡骨"的目标中包涵孙氏对新学的信任以及急切期待。孙宝瑄是浙江钱塘人,其父孙诒经曾任户部左侍郎;其兄孙宝琦曾任驻法、德公使等职;其岳父是李鸿章之兄李瀚章。② 孙宝瑄欲以新学"换凡骨"之事,应是西潮涌起之际,精英知识阶层设计方案试图再造底层社会的一个缩影。

一、生殖医学、卫生学的阅读与"强种"之路

光绪二十七年五月初六,《申报》刊载了位于上海四马路的理文轩中外书会的售书目录,在大批新学书籍后有如下一列,虽未用细目区分,然自有类聚之意:

……《生植器新书》一元五角,《普通妊娠论》附《小儿养育法》一

---

① 孙宝瑄《忘山庐日记》卷首"出版说明",第1页。
② 孙宝瑄《忘山庐日记》卷首"出版说明",第1页。

元三,《通俗造化机论》六角,《男女交合机论》五角,《无上之快乐》四角,《男女交合新论》五角,《男女造化机论》七角,《男女造化机新论》七角,《男女交合秘诀》五角。①

以上所列书籍,在今日学科体系中可入生殖医学或性科学之类,然在晚清,这些书籍可谓耸人听闻、相当敏感。单是从《申报》所刊这类书籍广告之间的"战斗",便可看出其背后波澜:

> 新译东洋原本,戒淫、养身、种子考验秘法,莫当淫词误观。读者不但益于胎产,且能延寿长生,附收胎图十四种,译成华文,半为劝世。②(《男女交合新论》)

> 现今坊间所售之《交合论》《妊娠论》《生殖器论》诸书,不为诱惑淫奔之媒者,殆鲜矣。本社有慨于此,特依嘱精通华情之日本良医数名,合力编撰,有一定之宗旨与特色焉。欲延寿、得子者及为医生者请一读,判其言之真伪。③(《男女卫生新论》,一名《延寿得子法》)

两则广告的共同点是与淫书划清界线、保持距离,这说明在当时风气下,这些书的正当性还未得到较普遍的认可;而两则广告又是以"淫书"为引线,相互展开攻击。如此可知,从事编译出版者亦不能完全明察此类书

---

① 《申报》光绪二十七年五月初六,1901 年 6 月 21 日。
② 见《申报》光绪二十七年五月十八日,1901 年 7 月 3 日。
③ 见《申报》光绪二十九年闰五月初六,1903 年 6 月 30 日。据武田雅哉考证,"《男女卫生交欢论》是一位叫忧亚子的中国人把美国法乌罗的著作译成中文,再由上海的王立才增修而成,这本书曾以数种不同的书名出版,如《男女情合欢新论》《绘图房中术》《男女交合秘要新论》《男女秘密种子奇方》《生育指南房中术》等。"[日]见武田雅哉著,任钧华译《构造另一个宇宙:中国人传统时空思维》,中华书局,2017 年,第 198 页。徐惟则《东西学书录》(1899 年)有此书提要:"美法乌罗著,日本神田彦太郎、王立才编辑,忧亚子译。首论精神之爱,中论交合之要,终论妊娠之源,其阐发制造儿女之法可谓透辟。读此书于强种改良之道深为有益,世人每作淫书视之则大谬也。"熊月之主编《晚清新学书目提要》,上海书店出版社,2014 年,第 124 页。

的真正特质,他们似懂非懂,处于一种以科学为名、以牟利为实的模糊状态。

而对于一些知识精英而言,这些书或有从"支那病夫""支那劣种"中走出的"强种关怀",故在新的知识框架中已有一席之地。徐惟则《增版东西学书录》分四卷三十类,其中有"全体学""医学","全体学"收书14种。顾燮光《译书经眼录》收录1902—1904年知见新学书、译书共七卷二十五类,其中有"全体学""卫生学"。"全体学"内"首全体,次心理,次生理",所录书中有《造化机新论》《妊娠论》《胎内教育》《生殖器新书前后新论》等,后三书的提要结尾有同一种声音:

> 盖传种为改良国民之基础,东西学者列为专门,固未可以诲淫之书例之也。

> 本书无纤毫猥亵之谈,而有教育进步之效,诚姆教中之善本也。

> ……诚卫生强种之秘笈也。……所论卵珠精虫各理,足与《交合新论》参观,或以导淫书目之,误矣。①

三种书分别以"改良国民""教育进步""强种"等具有时代性的语词界定,将其与宏大目标建立关联。这或是一种普遍的声音。"严复、康有为、谭嗣同、梁启超、唐才常等人利用舶来的西方种族知识,杂以传统知识资源中的相关见解,提倡尚武精神,来强化人们关于身体衰弱、种族衰败的现实刺激和想象","在形塑近代中国人的'强种'认知和将之付诸实践的过程中,有一部分医学卫生书籍及其所打造的阅读文化在其中扮演了至关重要的角色"。张仲民指出,这些"生殖医学书籍对于时人的身体观、种

---

① 顾燮光《译书经眼录》,见熊月之主编《晚清新学书目提要》,第316页。

第十一章　新学书籍的涌入与"脑界不能复闭"

族观和生育观之建构具有重要的影响"①。

新观念如何对具体个人产生影响？孙宝瑄的日记记录了他购买阅读《男女交合新论》《普通妊娠法》《男女造化机新论》《生殖器》《男女交合无上快乐》等生殖医学书，这些书籍在前引《申报》书籍广告中出现。孙宝瑄之所以关注生殖医学书籍，不只因为他缺乏相关知识，最根本的原因在于心理落差，即认为黄种是劣种——这是当时一种较为普遍的心态。如何强种，有不同设想，孙宝瑄在光绪二十九年的日记中设想出黄种白种通婚以改良人种之法。② 孙宝瑄如何读，有何反响，可依循日记找到相应文字。然这几种书籍，又是孙氏所读新学书的一部分，故不能忽略它们作为部分与整体阅读书目之间的关联，如此考察，才不会将孙氏列入"猎奇者"的队伍中。

在生殖医学外，孙宝瑄还阅读了一些与卫生学相关的书籍，如光绪二十三年读傅兰雅译《全体须知》，此书介绍全身骨骼、肌肉、消化、血液循环、脑髓、感觉等。孙氏的读后感是：

> 言肠胃消化、食物运行之状极精详，西人可谓推阐无间矣。惟言脑为总知觉之主，不知脑亦蠢然百体中之一物，何有知觉？然则所谓知觉者，盖神妙不可思。③

在此后，孙氏持续关注饮食与身体健康；至于脑主感觉还是心主感觉，这一次阅读对他有较大触动，从后来的日记来看，孙氏的观念发生十分明

---

① 张仲民《种瓜得豆：清末民初的阅读文化与接受政治》第二章"'淫书'的社会史"，社会科学文献出版社，2016年，第79—80页。

② 光绪二十九年六月二十五日日记："吾始也谓黄种虽不能自立，亦不必灭亡。或与白种人媾合，另化出一种人在黄白之间者，亦未可知。今乃知其难。盖读观云《中国兴亡一问题》内有云：'优种人与劣种人结婚，往往能失优种人之性质。'吾恐西人入我国后，有鉴于此，遂悬为厉禁，使黄白人不许为婚，则化种一说亦无望矣。虽然，我国人究不得全谓劣种，其聪智能力有突过西人者，或冀西人之不之禁也。"孙宝瑄《忘山庐日记》，第701页。

③ 孙宝瑄《忘山庐日记》，第83页。

显的变化。就卫生学而言，以下记录可见西学对孙氏日常生活及其观念的影响：

> 西人谓植物能吸炭气，吐清气以养人，实有至理。故徘徊花木间者，觉动息为之怡然。①

> （西人）又云：饮食过多生病。纵口腹之欲者，贱视其身如禽兽……身体筋肉为运动，设人代以器具，创汽车、马车，天生四肢为何用耶？②

> 览《植物图说》终卷。……西人谓，果实与鸡卵，食之最能养人。今观果实皆花心合花子房长足而成者，与鸡卵同为胚胎之始，取其元气所凝，能益人也。③

> 观《（居宅）卫生论》终。西人造屋，虽严寒必通风，欲易新气也。④

> 夫保卫民生，而防病之传染，诚国家之职也。西人亦严此法，故凡通商埠岸，遇外船进口，辄有专人搜查，患疾病者悉送医院，不许随众登岸，盖与顺治二年所行者同一意也。然送之医院，较诸驱之城外，则仁暴判焉矣。⑤

前四条记录是在孙宝瑄光绪二十七年五月看《男女交合新论》之前，后一条则是在同年六月，在此语境中看孙氏对生殖医学书籍的阅读，应无突

---

① 孙宝瑄《忘山庐日记》，第89页。
② 孙宝瑄《忘山庐日记》，第119页。
③ 孙宝瑄《忘山庐日记》，第130页。
④ 孙宝瑄《忘山庐日记》，第141页。
⑤ 孙宝瑄《忘山庐日记》，第364页。

第十一章 新学书籍的涌入与"脑界不能复闭"

兀之感。而后一则日记中借西方卫生政策批"顺治二年敕旨",则有"仁暴判焉"之语。

孙宝瑄日记中对诸多史事或当下之事有自己的判断,判断中常见的思维方法是比较与联想。他对生殖医学书籍的兴趣或理解,可能有《植物图说》的助推之功,光绪二十三年八月二十四日日记:

> 览《植物图说》论结子法。花子房口有松小珠间有黏性者,花须头所放花精粉,与此小珠相遇,则感而生子云云。忽记过津时游医学堂观假人体,医师指示:女人子宫旁有膑贮小珠,云交媾时此珠出,与男精遇,则成孕。观此,可知动物、植物有同理也,特植物自为雌雄耳。①

孙宝瑄所记,已明生殖原理,而至光绪二十七年读《男女交合新论》②,则又升一台阶。此年五月二十二日日记:

> 昨夕观《男女交合新论》……论制造子女之法,极奇。云:凡交媾结胎时,其父母偶怀一不善之念,则所生必凶恶之子。……故欲子女之聪明醇善者,必其父母之脑思心术,有过于人而后可,屡验而不爽矣。③

同年七月二日日记从上述"优生"又发展出"精神之爱""自择配偶":

---

① 孙宝瑄《忘山庐日记》,第129页。
② 孙氏光绪二十七年五月十八日日记:"昨午于雅叙园见黄益斋,持新译书一册,曰《男女交合新论》,美人法乌罗著。询以售此书处,曰在第一楼后理文轩。"见孙宝瑄《忘山庐日记》,第351页。孙氏日记所记购书处理文轩,正是此年五月初六《申报》所刊广告中的售书处。又,光绪二十八年十月三十日孙氏所购《吾妻镜》《男女交合无上之快乐》,很可能是在理文轩购买,因购买前他先至第一楼品茶。见孙宝瑄《忘山庐日记》,第580页。
③ 孙宝瑄《忘山庐日记》,第352页。

> 男女交合，有肉体之爱，有精神之爱。以肉体之爱而交合者，生子必愚；以精神之爱而交合者，生子必慧。而人自择配偶，有男女为友数年而婚配者，有为友十余年而始婚配者，皆精神之爱也。①

七月十三日，孙宝瑄又购三种相关书。七月二十九日读佛经，有记录："《长阿含经》云：男女交媾，必两人皆有意，乃能生子。"②光绪二十八年三月十三日日记又记佛经《大论》中论男女和合媾精之事。③ 他的生理常识得以不断地拓展和提升，逐渐形成一种评判的标准或者理解历史与现实的观念。如男女交媾一念之差，生子有贤愚之别，孙宝瑄就用来解释历史上父子兄弟品性不同的现象，鲧与禹、司马牛与司马桓、柳下惠与盗跖、王安石与王安国、李泌与李繁、王毅与王导等。"由是观之，父子兄弟虽同一血统也，而性质绝无相关之处。（惟《交合新论》中所谓：当媾合时，善良之父，一念之私，遂生恶子；凶暴之父，一念慈祥，遂生善儿。可解此理。）"④而"自择配偶""精神之爱""学问"等观念也因为新的阅读与思考，渗透到他的生育观念中，形成新想法：

> 我国人口繁殖，甲于地球之故，由男女配偶不能自择，皆为父母所强定，故男子无妻者盖少。……虽然，余又闻之西儒云：种类进化，用脑筋多者，生育亦自然能寡。生育虽寡，而所生人其质性必皆聪明强健；反是而生育虽多，其人性质必粗浊癡钝。⑤

孙氏所论，常是中西比较，其中已有进化论与优生学观念。在读《吾妻镜》之后，孙宝瑄认为作者所论与己说相合："我国男女禁自择配偶，其交

---

① 孙宝瑄《忘山庐日记》，第370—371页。
② 孙宝瑄《忘山庐日记》，第379页。
③ 孙宝瑄《忘山庐日记》，第488页。
④ 孙宝瑄《忘山庐日记》，第614页。
⑤ 孙宝瑄《忘山庐日记》，第484页。

合皆属勉强,故种性不精良,而人才罕觏。国之不振,非一原因也。"①光绪二十八年十二月一日看日人所著《传种改良问答》,进一步论说"自择配偶":"世界文明之极则,男女自择配偶,以学问为媒妁,并以学问为防限。何也? 无论男女,苟有学问,必不与无学问之人忽然相爱也。"②"自择配偶"已成为"极则",以此"极则"可考量本国婚姻制度之弊,以及由此造成的人种不精、人才罕觏乃至国运不振等问题。

孙宝瑄同时又看《胎内教育》,对近亲结婚之害有一定了解,故对《传种改良问答》中的婚姻生育观念有所调整:

> 夫妇配合,宜由自择,欧人之风也。然与苟合有别,何也? 盖当未结为夫妇之先,彼此先为朋友,必待二三年之久,互相察知性情之如何,品行之如何,以及身体之强弱,学问之优劣,无不体验周备,然后两情认许,再以父母老成之敏眼认可之,方能订盟结缡,至不易也。……是故婚姻之事,由父母压制而成者,固不可也;由两人一时之血气热情而成者,亦不可也。必半自择,半由父母,庶得中道。③

孙宝瑄最终认可"半自择、半父母"的"中道",这是对西式婚姻利弊反思之后的选择,或是对本土根深蒂固传统的调适,总之,是一种合乎情理的"让步"。整体回顾孙宝瑄关于卫生、生死、婚姻、人种、人才、国运的认识历程,有一条近似完整的向上延展的线索,这也是孙氏知识接受和观念形成的过程。孙氏倾心于西学,尤其是在生殖医学方面,在走向世界的阅读之旅中,他没有沦为猎奇者,而是以"点""线""片段"式的西学形成一种思考的利器。

孙宝瑄的日记较细致地呈现了他如何接受西方生育学及医学的过程,仅就日记记录来看,孙宝瑄还有一位趣味相投的伙伴——蒋维乔。

---

① 孙宝瑄《忘山庐日记》,第 580 页。
② 孙宝瑄《忘山庐日记》,第 593 页。
③ 孙宝瑄《忘山庐日记》,第 594 页。

蒋维乔在光绪二十八年六月初八的日记中记载阅读《婚姻卫生学》，初十读完；八月三十阅《无上之快乐》，九月初二读完。① 快读中蒋氏或有对新知的渴求，只是他未将所思所想写出。

二、颜李之学的复苏

或因时势的激发，或因新学的映照，从孙宝瑄的日记中可以看到，有一批书发出异样的光彩，如吕坤、王夫之、颜元、李塨、黄宗羲、全祖望、章学诚、包世臣等人著述，其中所蕴含的"异质"资源得以被采掘。在这些先贤之中，黄宗羲地位的上升，尤能凸显时代性：

> 立于亚洲，发明公理，洞见本原，切中世弊者，前有我国黄梨洲之《明夷待访录》，后有日本深山虎太郎之《草茅危言》。梨洲之《原君篇》《原臣篇》《原法篇》，深山之《民权篇》《共治篇》《君权篇》，体例亦相近。②

在新学的背景下，黄宗羲可以立足亚洲，具有世界性价值。这一批人物进入孙宝瑄等人的阅读视野，并不全是"直接闯入"，其中有一部分是因为有时人的大力推介，如孙宝瑄看《无能子》，是受梁启超文章的影响，"《新民报》报称《无能子》一书，以为可与梨洲《待访录》相颉颃。余读之而无以异也，但拾取老、庄之唾余耳，略无精义"③。

而王夫之《黄书》的复现，略有偶然性。光绪十九年六月初五，宋恕（1862—1910）寄所著《六斋卑议》请老师俞樾指正，宋恕在信中自许其作与黄宗羲《明夷待访录》、冯桂芬《校邠庐抗议》不相上下。俞樾同年六月十六日回复，顺水推舟，称："《卑议》一册，议论卓然，文气尤极朴茂，可与

---

① 蒋维乔《蒋维乔日记》第 1 册，中华书局，2014 年，第 187 页，第 204 页。
② 光绪二十八年（1902）七月十七日日记，见孙宝瑄《忘山庐日记》，第 540 页。
③ 光绪二十九年四月有二日日记，见孙宝瑄《忘山庐日记》，第 652 页。

《昌言》《潜夫论》抗衡,非王氏《黄书》、黄氏《明夷》所能比也。"①其中提及《黄书》,宋恕此前没有读过甚或未听说过,因宋恕光绪二十三年二月初二日日记中有"始见《黄书》《噩梦》"的记录。② 同年八月十八日,《黄书》出现在孙宝瑄的日记中:

> 夜归,览船山先生《黄书》。先生悲封建之亡,以为衣冠之国沦为异域,自秦开之,而成于宋,无藩蔽也。与余意略相似。而吾重在君民之隔,船山重在夷夏之失防。③

俞樾回函中略具客套性的类比,引起敏感的宋恕近四年后的进一步阅读。孙宝瑄读此书,从其日记所录友朋讨论学问的记载来看,很可能是因宋恕介绍;当然,孙氏的阅读有其侧重。一个并不紧密的阅读接力,多少揭示了作为精神资源的书籍在传播过程中生成意义的多种可能性。

相较王夫之《黄书》而言,《颜李学记》被"再次确认"则有更多的时代必然性。颜元的复苏,与其"异端"或"偏激"的思想有密切关系,当然,若无晚清的变局,其声光势必如从前一样黯淡。颜氏《四存编》中以《存性编》与《存学编》最有代表性,是颜元三十五岁时的著作,而颜氏学术思想转变的时间在其三十四岁。如以《四存编》考察颜元学术思想体系的建立方式,稍早写成的《存治编》与后面三编明显不同。后面三编是以批判的方式表达自己的观点,《存人编》是排斥佛道,《存性编》与《存学编》是与程、朱、陆、王辩驳。

颜元称自己与宋儒辩驳乃不得已之事。检两编中批评宋儒的文字,有136处,可见颜元真是不遗余力。颜元批评以程、朱为代表的宋代理学,所采取的论说策略是正本清源,即对核心概念重新解释,试图回到孔、孟的原初涵义。这些概念包括性、文、格物致知、学、敬等。颜元对

---

① 胡珠生编《宋恕集》,中华书局,1993年,第933页。
② 胡珠生编《宋恕集》,第938页。
③ 孙宝瑄《忘山庐日记》,第128页。

"性""文""格物致知""学""敬"等进行辨析界定,有意将其涵义"实化",避免玄虚,使之具有切实之感。

对颜元其人其学予以全面系统的梳理,清儒之中,当以戴望功劳最大。戴望编撰《颜氏学记》,建立颜学传承谱系。查检清人著述,对颜元学行的评说,主要集中在清代前期与晚期。乾隆、嘉庆两朝,颜学不入主流,声光黯淡,其中真能识颜学价值者,似乎只有姚鼐的弟子刘开。他列举经、史、天学、地学、考明典章、笃行学道各领域代表人物,在笃行学道方面标举颜元;此外,还着意强调颜学"有裨实用"。此后,要到同治十年戴望《颜氏学记》十卷的刊刻,颜学才开始复苏,议论渐多。

颜学在晚清得以复苏,进入士人的视野,正缘于"经世致用"思潮内在的推动。过往的精神资源总在适当的时机被激活并被转化,成为当下思想文化建设的重要砖石。在道咸学术的新变过程中,与颜学复苏相关联的是,顾祠祭的成立与顾炎武成为清代第一儒者的讨论的展开。① 颜元与顾炎武学问中的经世致用部分契合了当下的需要,他们也成为仪型人物。在这种境况下,也确实有人将两人并置论说,如朱一新云:"颜习斋之学,大旨与亭林略同,皆矫枉过正者。"② 所谓矫枉过正,大约是指两人的复古思想。文廷式云:"(颜习斋)深见明末国乱民穷,而士大夫高谈性命,无补世变,循至灭亡,深推其弊,归咎宋儒,与王船山、顾亭林大概有相合处。"③

世变与社会思潮的衍化,使颜学的特质得以不断显现,自晚清到民国,这一脉络最为清晰。

孙宝瑄对颜李之学的关注,在其《忘山庐日记》中有几次具体的阅读记录,时间在光绪二十三年至三十三年之间,在现存日记中有三处记录:其一,光绪二十三年正月至二月,读《颜氏学记》《颜李弟子记》;其二,光绪三十二年七月至八月读《畿辅丛书》中所收李塨《阅史郄视》及王源《平

---

① 王汎森《清代儒者的全神堂:〈国史儒林传〉与道光年间顾祠祭的成立》,见《"中央研究院"历史语言研究所集刊》第79本第1分(2008年3月),第64页。
② 朱一新《无邪堂答问》卷三,《续修四库全书》第1164册,第534页。
③ 文廷式《纯常子枝语》卷十四,《续修四库全书》第1165册,第191页。

书》;其三,光绪三十三年九月读《四存编》。光绪三十三年九月十九日日记云:"盥漱毕,坐窗下,观颜习斋先生《四存编》。是书余十年前读一过,今将复观之。"①

孙宝瑄接触颜学,是由宋恕的推介。光绪二十三年,是中国学术思想有明显变化的一年,几乎可成为学术思想史层面上近代时期的起始年代。此年正月二十日,孙氏因宋恕"累称颜习斋为国初通儒",借《颜氏学记》读,读数页,即得此书宗旨:"盖先生以崇实为本,恶汉、宋以来专执书本为学问,即程、朱主静,亦谓无裨于民物政教,皆虚学也。旨哉,其洞知本原乎!"②至二月初四读毕。

与孙宝瑄相应的是宋恕,宋恕在光绪二十三年或更早便读过《颜氏学记》,至光绪二十八年三月十八日日记有"细读《颜氏学记》一过"③。因宋恕在戊戌变法之后,为避难计,自焚数年日记,故不可知他此前是否阅读过。宋恕对颜氏学说的关注,还可进一步追溯其源流,如刘绍宽在光绪十四年的日记中就记录老师浙江瑞安金鸣昌向他推荐《颜氏学记》,④可初步推断,光绪年间孙宝瑄、宋恕重读《颜氏学记》,表明他们在积极吸收新学的同时,也从传统的"异端"中寻找精神资源。

就目前所见,在颜李学派之外,清代对颜李之学最有兴趣且引起思想波动的应是孙宝瑄,他的阅读记录也被视为晚清学术思想史研究的重要资料。推断孙氏阅读记录之所以重要,首先是考虑到晚清这一大背景的映衬,其次是重视此前孙氏对西学已有一段时间的阅读与求索。有这种映衬与激发,故有前面日记所记读数页即得其宗旨的"一见如故",又

---

① 孙宝瑄《忘山庐日记》,第1051页。
② 孙宝瑄《忘山庐日记》,第71页。
③ 胡珠生编《宋恕集》,第952页。
④ 刘氏光绪十四年五月二十三日日记:"自鳌江归。阅《颜氏学记》。金先生谓国初三大儒顾亭林、黄梨洲、颜习斋,而推习斋之学最切实有用,余于是始知有习斋之学。"见温州市图书馆编,方浦仁、陈盛奖整理《刘绍宽日记》,中华书局,2018年,第7页。光绪十九年(1893)三月十七日,刘氏重阅《颜氏学记》。光绪二十六年正月初三,刘日记云:"申后至复庄,晤湘舟、志凯,于案头见《颜氏学记》,谈少顷。"此次晤谈,涉及颜氏是否攻讦程朱太过。见温州市图书馆编,方浦仁、陈盛奖整理《刘绍宽日记》,第273页。

有次日(正月二十一日)日记的赞叹：

> 早晴。录西史，览《颜氏学记》，痛诋后儒仅以讲解诵读为学之极则，犹学琴者专习琴谱不知操琴，真善喻也。……余尝论之于前矣，习斋之意与余正合。习斋以为，世间真学问，不外天文、律历、兵农、水火、礼乐诸有实用济民事，盖已窥见今日泰西学校之本。吾不意国初时竟有此种人物。①

光绪二十年十一月十二日，孙宝瑄所读有《海国图志》《经世文编》《经世文续编》《万国史记》《中西纪事》等书。十一月二十五日读汤寿潜《危言》一书，称此书专论时务，洋洋洒洒，于日记中录出该书所分四十类目名称，以为所言"皆洞悉中外利弊，当兴当革，牛毛茧丝，剖晰无遗……足以辟中朝士大夫数百年之蒙蔽，惜不令当局者见耳"②。

"当兴当革"的期待，使得颜元在孙宝瑄的日记中未成为过客，而是延续十多年，且再次被阅读，并从颜元拓展到李塨及王源。似乎时间愈晚近，孙宝瑄对颜学的理解愈深透。光绪三十三年九月二十二日，孙宝瑄日记有《四存编》的长篇读感，除批评颜氏诋朱子"间有偏执"外，皆为正面的推扬：

> 泊明末国初，亭林、百诗诸先生出，力矫其非，变宋为汉，而训诂考订之风开本朝一大蹊径。然其流弊所及，又不免专事读书，明古而昧今，求其获实效于国家，则又蔑如也。独颜先生所发明之宗旨学派，虽在当时界域尚狭，然推而广之，正与处今日时势，谋社会之进化者，有不俟而合者焉。盖先生当日所知之实学，不过礼、乐、射、御、书、数，以及兵农、水火、六府三事而已，使生今日，则又将知宇宙间更增无穷之科学，岂不大快乎哉？然而各专一门，精益求精，期获

---

① 孙宝瑄《忘山庐日记》，第71—72页。
② 孙宝瑄《忘山庐日记》，第54页。

实功,有益家国,先生固已先言之矣。起欧美巨儒而问之,彼能易先生之言乎?……

吾于国初,最心折者两先生:一黄梨洲,一颜习斋。二公皆能破旧时障碍,而创新知,以先觉觉斯民者也。盖梨洲能揭数千年专制之毒,于政界中放一曙光;习斋则悟孔孟真谛,为三代下儒生所蔽,专研求空虚无用之学,今欲一一返求诸实,以期有用,又于学界中放一曙光。至今日,二先生之言皆验矣。①

这则日记中的"谋社会之进化""起欧美巨儒而问之""揭数千年专制之毒",以及前引正月二十一日日记中"窥见今日泰西学校之本"等语句,表明孙氏是在借西学框架对中国的积弊进行批判。而这一类批评与对话在日记中多针对具体问题而发:

(颜元)先生尝云:以七字富天下:垦荒、均田、兴水利。以六字强天下:人皆兵,官皆将。以九字安天下:举人材,正六经,兴礼乐。想见习斋先生胸中气象,惜乎其未知民主之义。②

王昆绳以为,商税宜尽变从前之法,而别为制举,榷关税卡,种种困惫商旅者,悉扫而空之,别给印票,分坐商、行商,书其姓名、里籍、年貌与所业,注其本若干,但计其所得,一分之息而取其一,注于票中,钤印以还之。……忘山曰:是即西洲所谓所得税也。欧人近数百年财政进步,皆因整理所得税而然。③

观颜氏《存治篇》,彼竟尚欲复井田封建,大抵不观今日欧美之治者,皆持论如此也。④

---

① 孙宝瑄《忘山庐日记》,第 1053 页。
② 孙宝瑄《忘山庐日记》,第 72 页。
③ 孙宝瑄《忘山庐日记》,第 896 页。
④ 孙宝瑄《忘山庐日记》,第 1056 页。

孙宝瑄在摘录颜李学派论说时,绝大多数持肯定态度,然亦有比照评说,指出不足之处,如上所引"未知民主之义"以及批评颜氏恢复井田、封建之制不合时宜。诸如此类,是因为西学在中国影响渐深、孙氏对西学理解渐广,而产生一种思考、批评能力。如对王源(昆绳)税收之论有评说,是因为孙宝瑄在此前的光绪二十三年五月读过《交涉公法论》,其中有讨论税收一节,孙氏摘其要云:"收税之本意,所以为保护全国百姓之费。……公取公用,特代之管理耳。"①

在此之前,对颜李学说感兴趣的文人似皆没有这种"跨文化"的批评能力,如早孙宝瑄十余年关注颜氏之学的袁昶,从其日记中的相关文字看,他对颜氏之学的留意,很可能是受到亡友戴望及黄绍箕的影响,据其光绪十年五月日记:"仲弢(黄绍箕)甚服博野颜氏之学,为切于世用。予感其言,惜历年求《存性》《存学》《存志》《存人》四篇未可得耳。"②又有:"前命觅《颜氏学记》,昨已由江宁书局购到,此书甚有益于世用,且为北学开风气。(习斋先生议论亦有过激处,然志在复古者,文武不分,士知实用之旧,足以深砭今世浮文妨要之痼病也。)"③"阅《颜氏学记》,其言与日本人盐谷世宏所著《六艺论》相发明,学术之敝,盖已久矣。"④袁氏所论,就视野与深度而言,皆较孙宝瑄逊色。

孙宝瑄经好友宋恕推荐而读颜元之书,宋恕可能还对蔡元培有影响。蔡元培光绪二十三年六月十六日阅《颜氏学记》。他此时阅读,或因宋恕推荐。宋恕其时为求是书院总教习,蔡元培在日记中记录与宋恕的交往,并有"燕生月旦人物,推论事理,不愧明通"⑤之语。蔡元培称颜氏之学,以躬行用世为目的,对颜氏"四教三事六府"颇为看重,以为"即今所谓普通学者","由是而推暨之于兵农礼乐为专门学,则偏重政治学,于

---

① 孙宝瑄《忘山庐日记》,第 109 页。《交涉公法论》,未见《近代汉译西学书目提要》著录,疑为译著。
② 袁昶著,孙之梅整理《袁昶日记》,凤凰出版社,2018 年,第 589 页。
③ 袁昶著,孙之梅整理《袁昶日记》,第 585 页。
④ 袁昶著,孙之梅整理《袁昶日记》,第 589 页。
⑤ 中国蔡元培研究会编《蔡元培全集》第十五卷,浙江教育出版社,1998 年,第 347 页。

哲学则未遑及也"。蔡元培以西方教育学科体系为参照,指出颜氏的"六德"近似心理学,"六行"近似伦理学,"六艺"中包括法学、美术、体操、名学、算术。① 追溯蔡元培教育思想中的本土资源,颜氏之学或不能排除,域外资源当然更多的是来自他德国访学所得。他以哲学为参照,评判颜氏之说,与孙宝瑄的某些思路相近。

孙氏、宋氏与章太炎常谈论学问,三人皆热衷西学。章太炎对颜元的评价,前后变化较大。他在《訄书》中专列"颜学",其中有语云:"颜氏徒见中国久淹于文敝,故一切以《地官》为事守,而使人无窈窕旷闲之地。非有他也,亦不知概念抽象则然也。虽然,自荀卿而后,颜氏则可谓大儒矣。"② 章太炎依然是以西方学术概念作为标准,但他对"颜学"批评之余,终为肯定。《訄书》1900 年于苏州刊印,1904 年于东京铅印发行重订本。1914 年章太炎囚居北京,感事既多,增删《訄书》,更名为《检论》。关于《訄书》与《检论》的比较研究,姜义华《章炳麟评传》中有全面提示。③《检论》中标目为"正颜",已有贬抑之语。④ 而在此后的《诸子略说》中,章太炎的态度有较大改变,但不是回到《訄书》所立之论,其中表彰,重点在"个人体育"与"反抗清室":

> 习斋之意,以为程、朱、陆、王者无甚用处,于是首举《周礼》"乡三物"以为教,谓《大学》"格物"之物,即"乡三物"之物,其学颇见切实。盖亭林、船山但论社会政治,却未及个人体育。不讲体育,不能自理其身,虽有经世之学,亦无可施。习斋有见于此,于礼、乐、射、

---

① 中国蔡元培研究会编《蔡元培全集》第十五卷,第 348 页。宋恕可能还向蔡元培推荐其他书籍,光绪二十三年八月十八日日记:"于谢洪赍许假得唐甄(铸万)《潜书》四册,闻章枚叔在苏州东吴大学堂为教习,以此书及《明夷待访录》为课本。前在杭州时,宋燕生曾为我言,此书甚发平等之义。《经世文编》所选者,皆其中下之驷也。"中国蔡元培研究会编《蔡元培全集》第十五卷,第 357 页。
② 章炳麟著,徐复注《訄书详注》,上海古籍出版社,2000 年,第 130 页。
③ 姜义华《章炳麟评传》,南京大学出版社,2002 年,第 510—547 页。
④ 章炳麟《检论》,见上海人民出版社编《章太炎全集》第三册,第 478 页。

御、书、数中,特重射、御,身能盘马弯弓,抽矢命中,虽无反抗清室之语,而微意则可见也。①

以上所引章氏之论,已超出晚清时段,然若将孙、宋、章视为一个小的文人群体,则可见颜氏这样一个边缘人物或长时间被忽略的学派,在晚清的世变中如何复苏,并在嘈杂的背景中被赋予新义,如此,则章氏所论,可视为孙氏日记所论的再拓展了。

或许是一时学术风气所致,或许是师徒之间的授受传承,章太炎弟子钱玄同1909年11月至12月的日记中也有关于颜李学派的阅读记录,其中十一月初四(12月16日)的日记记载相关内容较多,其中有:

> 夏(钱玄同)思明季诸儒,最可师法者,惟顾宁人、颜易直两先生耳。顾氏之书今已行世;惟夫颜先生躬习正学,以身率教,尧、舜、周、孔三事、六府、六德、六行、六艺之道,炳然大明,刚主、崑绳承之,圣道益著。诚使当日及门者众,其学由此而南,渐乃普遍全国,凡礼、乐、兵、农、水、火、工、贾诸科,一一见诸实行,则唐虞、三代之隆,不难得睹于今日。②

钱玄同此时对颜元的理解,与其师或稍后的胡适相比,并无新奇之处,他将颜元与顾炎武并举,又设想颜学传播全国,不难看出其中的复明、复古思想倾向。

可以略作补充的是,颜元思想在晚清受到重视,在孙宝瑄等人之前,在浙江省之外,还有先例。江标光绪二十年十一月提及胡洛才(智俦)在湖南龙山政声卓著,深得民心,"刻《颜氏学记》以贻邑中读书者,亦救当

---

① 章太炎著,傅杰校订《国学讲演录》,华东师范大学出版社,1995年,第192—193页。据姚奠中、董国炎《章太炎学术年谱》(山西古籍出版社,1996年),《诸子略说》成稿于1935年,见该书第475页。
② 杨天石主编《钱玄同日记》第1册,北京大学出版社,2014年,第199页。

第十一章 新学书籍的涌入与"脑界不能复闭"

代之文人亟弊也"①。湖南在晚清变革的浪潮中是思想颇为活跃的地区,《颜氏学记》的印行自然不是偶然孤立之事。

三、"脑界不能复闭"与学问被不断分类

孙宝瑄所读的新学书主要从京城琉璃厂与上海的书店中购买,购买之后很快就有阅读记录,因此他买书不全是随波逐流,或者为装点门面。光绪二十七年三月十六日,孙氏游张园之后,"晡还,至谢家小坐,衣中怀《译书汇编》三卷,取出,卧而观之"②;光绪二十九年十月三日,孙宝瑄至北京东陵工所监督工场,路上车中所读是《泰西学案》,因此次督工时间较长,未出发之前,已定好读书计划:

> 余自谓往驻东陵一月,大可专心读书,因携地理书及各种新书甚夥,检入行笥中。③

督工东陵与阅读泰西新学,所处环境与所读书之间的不协调,产生一种"貌合神离"的反差,这一反差不经意地在孙宝瑄身上显现。孙宝瑄购书,时有感叹,如"都中之有厂肆,犹欧西各国之藏书楼也"④,同是清朝读书人流连忘返的厂肆,在孙宝瑄眼中已有不同的观感。通过光绪二十九年八月十四日日记所记,可知其眼界又有不同:

> 出街购各种新书。自东国游学途辟,东学之输入我国者不少,新书新报年出无穷,几于目不暇给,支那人脑界于是不能复闭矣。⑤

---

① 江标著,黄政整理《江标日记》,凤凰出版社,2019年,第588页。
② 孙宝瑄《忘山庐日记》,第321页。
③ 孙宝瑄《忘山庐日记》,第737—738页。
④ 孙宝瑄《忘山庐日记》,第650页。
⑤ 孙宝瑄《忘山庐日记》,第718页。

这则日记有两点值得注意：其一，"新书新报年出无穷"，其二，"脑界于是不能复闭"。对于日本新书新报的惊叹，在孙宝瑄好友宋恕光绪二十五年十二月的一通信札中已有"先声"：

> 日本去年一年新出之书有二万五千种。（英、法诸国每年出书亦皆数百种，但远不如日本之多。乾嘉时修《四库全书》，合中国古今书不过万余种，尚不及今日本一年所出之数，可骇！）①

先不论宋恕对日本一年出书数目以及《四库全书》收书数量的统计是否准确，单就他将日本一年出书之数与作为清代"文治高峰"的《四库全书》进行比较这一行为，在当日已是"可骇"。"脑界于是不能复闭"，书籍在此过程中有培育、刺激、催发之功。

孙宝瑄用略显生硬的"脑界"②，而未用已经熟悉的"心胸"之类词汇，自是其进步的迹象。在前引光绪二十三年的日记中，他对西人"言脑为总知觉之主"的说法还不以为然，而现在已悄然"进化"，用这一新概念表述。

> 余大脑极丰强，小脑最瘠弱，故短于记，长于悟。虽然，所短者亦以不练习之故，苟勤加练习，则弱可为强，瘠可为丰矣。自今伊始，日日练习小脑。③

西方医学较系统地传入中国，应自合信（Benjamin Hobson，1816—1873）的中文著作《合信氏医书五种》始。五种书先后刊于咸丰元年至咸丰八年之间，其中，《全体新知》初版与具有反叛精神的中医王清任（生活

---

① 宋恕《与孙仲恺书》，见胡珠生编《宋恕集》，第 694 页。
② "脑界"一词，孙宝瑄光绪二十八年八月初四日日记已使用："世界虽紊乱，我脑界中不可无条理；世界虽野蛮，我脑界中不可不文明。（此世界二字，专指支那言之。）"见孙宝瑄《忘山庐日记》，第 547 页。
③ 孙宝瑄《忘山庐日记》，第 785 页。

第十一章 新学书籍的涌入与"脑界不能复闭"

于1768年至1831年)的《医林改错》同年刊印。① 在这一时段,西医书或与西医解剖学暗合的《医林改错》,更重视脏腑、经脉血气,而不关注大脑。董少新指出中国道家医学虽比较关注人脑,然尚不知脑乃感知、记忆、思考之所。西方传统医学和文化对脑比较重视,相关认识在明末经传教士介绍,已进入中国,②惜影响十分有限。若以《申报》相关数据检索作为参照,孙宝瑄藉助西学对大脑功能的认识,可能领先于时代。"脑界"一词,孙宝瑄在日记中使用5次,《申报》至1911年3月才有用例,脑的主导功能,仅在光绪十三年(1887)有一次报道,③此后至1905年4月16日有大脑、小脑的介绍,左脑、右脑功能则未见介绍。"头脑冬烘"一语在1874至1891年间陆续有用例,然每年也仅一两次,这是较早出现的惯用语,与脑的思考功能无太大关联。直到1906年,医药广告中才提到:"夫头脑者,为精神之首府,万机所自出也。"④

新知识或者新学,尤其是新学中的卫生学,已进入孙宝瑄的知识世界,改变或强化了他对自我的认知,其中就包括对大脑分区及功能的认识。孙氏对自我的认知,还不仅仅止步于了解层面,还有更深入的探究:

> 余生平自负三绝:一作擘窠字,一唱诗,一说理。⑤

---

① 赵洪钧《近代中西医论争史》,学苑出版社,2012年,第42—47页。关于中医的内境图、经络和穴位图与西方解剖图的比较及各自重点所在,参见董少新《形神之间:早期西洋医学入华史稿》第七章"西洋解剖图的传入、传播与演变",上海古籍出版社,2012年,第442—450页,第457—459页。

② 董少新《形神之间:早期西洋医学入华史稿》,第381—382页。

③ 《申报》光绪十三年八月初八日(1887年9月24日)有报道:"今夫西医之议论,除辨五脏六腑之外,独重于脑,以为脑有大脑、小脑之分,并云人之知觉、运动皆脑之所为也。"钱玄同光绪三十四年闰二月二十三日日记用"脑力"一词:"脑力大减,脑筋昏甚,竟有不知如何是好之现象。"其时钱氏在日本,或此时先进文人已知脑的思想功能。杨天石主编《钱玄同日记》第1册,第156页。

④ 《申报》光绪三十二年五月二十四日,1906年7月15日。

⑤ 孙宝瑄《忘山庐日记》,第423页。

> 余最长于穷理之学,探赜之学次之,独习法之学茫乎未能也。①

> 人之性质各有所近,余平素亦无书不读,无学不研究,然必以义理为归,是余性质之所近也。盖余之学问,以明理、修身、救世为宗旨,故于名理之书,每酷嗜之,不厌不倦也。②

孙宝瑄通过各类新学书的阅读,最终为自己长于"说理"寻找到一种解释。然从上引日记来看,他未被"小脑最瘠弱"围困限定,已形成的格局还可由"练习"来改变。

孙宝瑄所谓的"说理"或"名理""穷理",就是指辨析、批判能力。

> 居今日而欲谈名理,以多读新译书为要。盖新书言理善于剖析,剖析愈精,条理愈密。若旧书,非不能说理,但能包含,不能剖析,故常病其粗。③

因"多读新译书",孙宝瑄对中国故书的"条理"也产生看法。他虽然推崇顾炎武《日知录》,然在读新书之初,就批评其有不足之处,光绪二十三年九月初四日日记云:

> 览顾先生《日知录》。我国人自古著书多无条理,往往零杂续成,无有首尾一线到底者。试观释家之书,以及西人书,则节目条贯,无丝毫紊杂为可贵也。粹卿云:中国书惟《周易》及《春秋》二部,颇与他书迥别。④

---

① 孙宝瑄《忘山庐日记》,第673页。这三种学问是孙宝瑄的分类:"人之闻见,以探赜而日广;人之智慧,以穷理而日辟;人之能力,以习法而日充。"见孙宝瑄《忘山庐日记》,第672页。
② 孙宝瑄《忘山庐日记》,第722页。
③ 孙宝瑄《忘山庐日记》,第733页。
④ 孙宝瑄《忘山庐日记》,第131页。

第十一章　新学书籍的涌入与"脑界不能复闭"

这完全是以逻辑关联来讨论书的体系结构，若无新学的参照，当不会有如此议论。"自古著书多无条理"的论断，未及二十年，就有王国维、蔡元培、胡适、傅斯年、沈兼士等学者提出中国古代学术"无一贯之系统""没有编成系统的记载"等诸多论说相呼应，①整理国故思潮于是兴起。科学赋予人一种自信，"产生疑问探求答案，都应以客观地追求通则为目的；每一门知识都是可以系统化条理性的"②。从孙宝瑄的判断到此后王国维、胡适等人回响，大约有一条脉络存在，而此脉络及其他诸多事实表明，科学主义(scientism)在中国的兴起，"五四"不是真正的起点，或许可提前至光绪戊戌前后。

新学给孙宝瑄带来的不仅是知识的增加，更重要的是观念的更新与知识结构的更替。他在光绪二十三年日记中提出三代以下学人可分为二类，一为俳优，一为市贾。他看《交涉公法论》，作出一总结："大地之人所日讲治者有三：曰教，曰政，曰学。"③可以看出，他试图从救世的角度将三种学问建立起内在关联。自光绪二十四年起，孙宝瑄日记中多次出现关于学问的分类，其中主要有：

> 世有三学：曰闻见学，曰知学，曰行学。读书而博记诵，闻见学也，而非知学。读书而多心得，知学也，而非行学。读书而励诸己有法，施诸人有用，斯为行学，学乃全。（光绪二十四年十二月二十二日）④

> 余前分别宇宙间学问为三大纲：曰观已然之迹，曰习当然之法，曰察未然之理。今又细别其子目，观迹之学有二：曰因耳目所得之迹，曰因文字所得之迹。习法之学有三：曰致用之法，曰因应之法，

---

① 徐雁平《胡适与整理国故考论》，安徽教育出版社，2003 年，第 21—22 页。
② ［美］乔伊斯·阿普尔比(Joyce Apleby)等著，刘北成、薛绚译《历史的真相》，中央编译出版社，1999 年，第 22 页。
③ 孙宝瑄《忘山庐日记》，第 123 页。
④ 孙宝瑄《忘山庐日记》，第 287 页。

曰怡情之法。察理之学有三：曰分别之理，曰原因之理，曰适宜之理。（光绪二十七年七月十日）①

《周易》，哲学也；《尚书》《三礼》《春秋》，史学也；《论语》《孝经》，修身伦理学也；《毛诗》，美术学也；《尔雅》，博物学也。故我国十三经，可称三代以前普通学。

经学为三代以前普通学，声音训诂为三代以前语言文字学。

余数年来，专以新理新法治旧学，故能破除旧时一切科白障碍。（光绪二十八年五月五日）②

以上所列，以及日记中所录其他关于学问或书籍的分类，大致有两个趋向：其一，对记诵、寻绎（近似穷理）、致用之学有前后一致的区分，主张学问在致用，而不在记诵之博。这一主张，与孙氏对西学的吸收以及对颜李之学的推扬有密切联系。其二，对"说理"之学，包括与此概念有交叠的哲学有持续的兴趣，这有明显的孙氏个人特点，即"余最长于穷理之学"，亦即孙氏的知识或学问分类中有其个人印迹。而他用哲学、史学、修身伦理学、美术学（即文学）、博物学来重新界定十三经，既是"六经皆史"的拓展，又借用西方学术的框架。经学被孙氏还原为"三代以前普通学"。所谓"普通学"，或近似素质教育或基本教育，此概念在光绪二十七

---

① 孙宝瑄《忘山庐日记》，第 371 页。
② 孙宝瑄《忘山庐日记》，第 513 页。经学如何分类，孙氏在光绪三十三年十月二十三日日记中有进一步的思考："余前以史当并列四种体例：一曰年史，一曰事史，一曰政史，一曰人史。具论于数年前日记矣。今于经，又别二类：一曰哲学类，一曰史学类。《尚书》载言，《春秋》（三传附）载事，《周礼》载制度，《仪礼》载典礼，《毛诗》载乐章，皆史学也。《周易》发明阴阳消息，刚柔进退存亡原理，为哲学正宗。《论》《孟》《孝经》乃圣贤语录，其于人伦道德及治国平天下之术，三致意焉，故亦为哲学。《礼记》，丛书也，半哲半史，析而分之，各有附丽，若《大学》《中庸》《礼运》及《内则》、《曲礼》等篇，皆哲学也；其他《王制》《玉藻》《丧大记》之类，乃史学中典制一门，宜附于《周礼》《仪礼》。此外尚有《尔雅》一书，古训诂也，学者通是，乃可以读群经；顾其释语言，释名称，释规制、器物，皆三代以前者，考古家有所取资，当附于史学焉。"见孙宝瑄《忘山庐日记》，第 1073 页。

年十一月二十三日日记中出现:

> 东西文明政界内,几人人通普通学,虽下至妇竖,莫不识字,能阅报纸,故人人知爱国,明公理。以我国平常人较之,相去几霄壤焉。然而国家之兴,苟但恃一二异常人,无益也;必平常人皆治普通学,皆明白浅近政理,而后可以号称文明。①

将十三经"还原"成"普通学",是孙宝瑄所说的"以新眼读旧书,旧书皆新书也"②。脑界渐开,眼光不断更新调整,传统学问的框架被拆解重构。在调整与重估之中,新文明的轮廓渐渐显现。

四、新学、中学的交汇与富强民主国家的想象

孙宝瑄于光绪二十八年八月三十日的日记中总结出"十六字读书秘诀":"有书必读,逢人必问,学不厌博,问不厌精。"③从现存日记来看,孙氏十六字诀基本落实;他之所以如此投入,是因其有高远的志向:

> 余平生热心注目于世界国家久矣,能变全球各国皆为立宪政体,君皆公举,民能参政,有商战而无兵战,凡居世界之人,得以余暇讲治各种学问,使慧力能力日增,而长保和平之富,是谓大同。不知何日得见此世界也。④

孙宝瑄光绪二十七年日记中的片断,构想出他心中的大同世界,这也正是其日记中读书论学的旨趣所在。当然,这是特别浓缩的文字,孙氏日记中所涉及的问题、学说、概念、著作、人物可谓琳琅满目,文字间回荡着

---

① 孙宝瑄《忘山庐日记》,第 433 页。
② 孙宝瑄《忘山庐日记》,第 510 页。
③ 孙宝瑄《忘山庐日记》,第 559 页。
④ 光绪二十七年十月十五日日记,见孙宝瑄《忘山庐日记》,第 414 页。

它们彼此交汇碰撞所发出的声响。

在清人日记中,孙宝瑄的记录属于认真详细的一类,不仅内容丰富,还具有条理,他几乎将日记当作著述来经营。孙氏留下的文字,除其后人编印的《忘山庐诗存前后集》之外,很可能就只有《忘山庐日记》。他在自己的日记中多次提及写日记这一行为:

> 自立每日课程迹学,曰报,曰史,曰事,曰书法,学曰文,曰字理学,曰论日记。①（光绪二十七年八月初八）

> 星期,终日在家作日记。②（光绪二十八年五月初十）

> 过厂肆,购得《政教进化论》及《土耳其史》。归与仲华谈。仲华观余日记。余日记又间断十余日矣。乃取笔补记,至夜深始眠。③（光绪二十九年四月初六）

> 余日记不能每日笔录,必隔三五日或七八日、十余日然后补记一次,所记皆实,无虚词也。余立日记规则三条:一、每日所作事,无论邪正善恶,皆直书,不得稍有讳饰。一、日记中不许訾议人,亦不许无端赞美人。惟已没世者不在此例。一、凡用他人之论说,精粹者亦可笔诸日记,但不得攘已有,须冠以某某人曰字样。以上三者,为作日记之金科玉律,不可不严守。④（光绪二十九年六月二十日）

孙宝瑄对史事、学问的持续关注,对评说分寸的把握,以及对他人、自己见解的严格区分,使得《忘山庐日记》成为研究孙氏学思历程的切实史

---

① 孙宝瑄《忘山庐日记》,第 383 页。"学曰文",原文如此,似有问题。
② 孙宝瑄《忘山庐日记》,第 515 页。
③ 孙宝瑄《忘山庐日记》,第 654—655 页。
④ 孙宝瑄《忘山庐日记》,第 698—699 页。

第十一章 新学书籍的涌入与"脑界不能复闭"

料。他在记录时,不将他人见解攘为己有,使得日记保留了众多"对话式"的思想交流场景。所谓对话,一种是孙氏与中外前贤的对话;另一种是探究某一问题,孙氏摘录众说,并略加断语。

以马尔萨斯人口论为例,孙宝瑄在光绪二十八年八月廿四日的日记中对此说提出异议:"自玛儿梭发明人满之患,于是世界上人皆窃窃然忧之。不知人满之所以为患者,因土地所产货物,恐不足供人之食用也。然今日化学与机器日兴月盛,凡耕与织,皆用新法,使所收获所制造者,皆什倍于既往,何惧不能赡给耶?"①此说颇有见地,②这得益于对新学的认识,譬如前此数年,他已知氮对植物的重要作用。③孙氏借助此前所得新学知识及自己的理解与马尔萨斯"对话"。在孙氏日记中,光绪二十九年十月十日所记篇幅或是最大,讨论问题众多,参读新学书亦多,以人列举,有斯宾塞、柏拉图、亚里斯多德、霍布斯、陆克、孟德斯鸠、卢梭、亚当·斯密、理查,也涉及法家、孟子、王阳明诸学说,在诸多话题的"对话"中,仍有此前留意的人口论:

> 马尔达创人口增加之说,谓地员上人口之繁殖,每二十五年辄增其倍,而产物之增加不能与之比例。谓人品之增加为乘数,食物增加为加数。故谓社会今日虽甚治,迨人口既增,食物不足以养之,未有不乱者。忘山曰:据斯宾塞所推生灭相抵之说,则人口以物竞天择,亦无过庶之虑也。④

孙宝瑄引斯宾塞之说与马尔萨斯讨论。严复译斯宾塞《群学肄言》,光绪

---

① 孙宝瑄《忘山庐日记》,第555—556页。
② 史蒂芬·平克(Steven Pink)《白板》,亦有类似观点:"马尔萨斯式预言最直接的问题是,它们低估了技术变革在增加舒适生活所需要的资源供给方面的作用。"[美]史蒂芬·平克著,袁冬华译《白板》,浙江人民出版社,2016年,第281页。
③ 光绪二十四年闰三月十一日日记:"化学家肥田之物曰壁他利亚,以其能吸留淡气也。植物最喜淡气,故能滋茂。"见孙宝瑄《忘山庐日记》,第188页。
④ 孙宝瑄《忘山庐日记》,第751页。

二十八年刊于上海,其中论及社会学的意义、方法,指出社会发展依循物竞天择的进化原则。孙氏在光绪二十九年八九月间已细读此书,他引其说"参与"人口论的讨论。此外,他可能还借助了《天演论》的思想资源,如光绪二十四年十一月初四日日记、光绪二十九年七月二十八日日记中记载:

> 夜,观严又陵译《天演论》上卷。赫胥黎以为牝牡媾合,人类孳生,祖孙再传,食指三倍,传衍无穷,地力有限,养生之资,将不足以赡之,势不能不出于争。争焉而胜者存,败者亡,于是资生之物,常与生类相配,此物竞天择之说也。余谓赫胥黎氏此说,仍野蛮之见也。世界文明人知公理,共享平权,安有争。若虑滋生之繁,则民智大进之际,必有公法以限制之,使男女生育不至过多,以耗地力也。且哲学日精,嗜欲必淡,媾合一事,必无妄行,岂如蛮野之以是为乐耶?限生育以与地力相配,二千年后不患无此良法也。①

> 同一救人也,救善人则有功,救恶人则有罪。同一杀人也,杀善人则有罪,杀恶人则有功。卜式对汉武帝曰:治天下如牧羊,去其害种者而已矣。《天演论》云:治天下如园丁之治园,其于园中植物也,择种留良。故扶善锄恶,宙合之公例也。②

以上引录,首先看出孙氏已将马尔萨斯、达尔文、赫胥黎、斯宾塞诸家学说在一个具体的节点上建立起内在联系,并作出自己的思考与判断;其次是孙氏对人口增长始终持乐观态度,或是受到科学、法制的浸染;再次,如当时众多读书人一样,进化、竞争之说已渐成为孙宝瑄的"思想工具",然也有一渐变过程,他在光绪二十四年日记中尚不赞同将"物竞天择,优胜劣汰"之说用于人类社会,至光绪二十九年则有转变。

---

① 孙宝瑄《忘山庐日记》,第271页。
② 孙宝瑄《忘山庐日记》,第714页。

第十一章 新学书籍的涌入与"脑界不能复闭"

前文提及,西学书进入中国时,孙宝瑄曾发出"脑界不能复闭"的感叹;亦略及孙宝瑄在上海时,曾与宋恕、章太炎等友朋讨论学问,并从中得益。然孙氏对西方学说并非固守,或将之奉为信条,如其对《天演论》的看法,就在不断地变化调整;而他的见解,又与宋恕不同。宋恕对《天演论》颇不以为然。① 章太炎则是进化论的较早译介者,光绪二十四年《昌方报》开始连载曾广铨口译、章炳麟笔述的《斯宾塞文集》,包含《论进境之理》《论礼仪》两文。② 这一小群体平日对学问的争论以及对《天演论》的不同认识,正是"脑界不能复闭"的生动体现。

新学书的阅读,赋予孙宝瑄评说前贤的自信。他批评在当时有较高声誉的近人著作,或多或少都有"隔阂"或"未得要领"之弊。如孙氏读包世臣《齐民四术》等,有论云:"此君实据乱世之经济才,惟于西国交涉之事,则风气未开,不能得要领也。"③"默深喜谈兵,然其言御外夷战守法,若《海国图志》及是书(《圣武记》)所载者,尚多隔膜也。"④"舆中观《无邪堂答问》,终卷。蓉生先生于汉、宋两学皆有心得,颇能窥其本原。惜其于西国事,隔阂而已。"⑤此皆属于"评点式"的表述。孙氏在日记中,对国家的上层建筑和经济结构有不少探索性的思考,当然,这些思考还是停留在书本层面。光绪二十四年,孙宝瑄较系统地阅读诸史"食货志""刑志""兵志"。光绪二十七年,他留意盐法,阅读《经世文编》中道光以来关于盐法的论奏,以为"盐、河、漕为我国三大政,实则何名为政,直弊

---

① 光绪二十五年十二月宋恕在《与孙仲恺书》中指出:"《天演论》奉上两部,严幼陵译文,墨卷气甚重,且原书亦无大好处。盖赫胥黎不过英国一生理学家,小名士,非大名士,其中议论可笑者甚多。虽然,此等书在我国译书中亦可称彼善于此者,不可不作平心之论也。弟前年曾作《驳赫胥黎此诣》数篇,皆东西洋政理家之深谊,使赫胥黎见之,决无词以反驳;惜未通英文,不能译寄英国耳。"见胡珠生编《宋恕集》,第 694—695 页。
② 彭春凌《章太炎译〈斯宾塞尔文集〉原作底本问题研究》,见《安徽大学学报》,2017 年第 3 期,第 67 页。
③ 光绪二十三年二月二十七日日记,见孙宝瑄《忘山庐日记》,第 81 页。
④ 光绪二十三年九月初七日日记,见孙宝瑄《忘山庐日记》,第 132 页。
⑤ 光绪二十三年九月二十九日日记,见孙宝瑄《忘山庐日记》,第 137 页。

云耳"①。面对此弊,孙宝瑄更多地从税收角度思考,在光绪二十七年四月的日记中,他对严复译《原富》一书中的税重与民富问题有所评说,录有与严复的商榷之论。光绪二十八年八月,孙宝瑄在厂肆购书六种,其中有《欧洲财政史》《中国最新度支》《财政四纲》,对课税之法以及欧洲二百年来财赋社会形态三变作较多记录②。对税收作用的较全面了解,促进孙宝瑄对盐法的认识:

> 自来论盐法者,莫不谓天下皆私盐。天下无公盐矣,故盐宜听民之自煮、自取、自为卖买,公家但收其税而不必专其利。此论盐之最高等者也。船山之意,独不然之,彼谓弃盐利以予百姓,名至美也,实则为豪民富户所擅夺垄断而已。贫者之沾其利,亦仅矣。利归私室,反不如在公家也。公家取其利,尚可以佐军旅、教育及一切行政之需,稍稍有益于众百姓,非一人一家之私利也。使为豪富所垄断,则反是。忘山曰:所见不为无识。③

孙宝瑄所论所引,交汇诸家学说,其眼界(或他所谓的"脑界")较为阔大,能在国富、民富、垄断、自由及税收与军事、教育关联的大框架中思考盐法问题。

有研究者指出:"无论是现实生活中铁轨的无限延伸与长驱直入,还是文学艺术创作中主人公们与铁路之间发生的各种故事,'铁路'都是19世纪的关键词和一个极为耀眼的意象。19世纪因此可被誉为'铁路的时代'。"④在探寻富强之路的过程中,铁路也是孙宝瑄持续关注的问题。光绪三十二年之后,众多热门话题骤然从他的日记中消退,惟有铁路仍留下较多记录,如光绪三十三年十月十一日日记记录数千言,自名

---

① 孙宝瑄《忘山庐日记》,第302页。
② 孙宝瑄《忘山庐日记》,第557页。
③ 孙宝瑄《忘山庐日记》,第638—639页。
④ 张杰《火车的文化政治学》,中国社会科学出版社,2018年,第4页。

第十一章 新学书籍的涌入与"脑界不能复闭"

为《铁道臆说》,光绪三十四年九月十五日日记云:

> 富强之道,以铁路四通为无上妙药。刘省三、李文忠一流,当光绪初年,早献是策。惜哉朝廷当日为群盲所阻,迟至十余年后方主持实行,殆亦运会所趋,各有时也。①

孙宝瑄对铁路的重视,始于读《宋史·食货志》中关于和籴、漕运诸政的记载,并与"荫亭"、宋恕先后讨论,以为东南虽有地利,然所获销售阻滞,宜广开铁路,获流通之益。光绪二十四年四月二十五日,"作书致慕韩,陈变法所宜先者三端",即"开矿造铁路""设专科取士""置议事所",②而前此五日的日记,更引严复译《原富》,阐明铁路的综合功用:

> 乃今读严译《原富》一书,始知富国之道,在流通物产,欲物产之流通,无铁路其奚望耶?于是乃叹铁路之有益如此。夫铁路之益,人人知之。今举其大有功于国民者,有数端焉。一曰便商贩,货产易销,无粟红贯朽之弊。一曰通声气,消息灵捷,无闻见僿陋之虞。一曰利转输,有无相通,无水旱饥馑之忧。一曰便征调,援救既易,无供亿滋扰之苦。盖货产销,则农利兴矣;闻见捷,则民智开矣;有无通,则救灾易矣;援救速,则寇乱不起矣。由是观之,便国利民,莫大于铁路者也。固当与学堂、报馆、议院并重,而不可轻视也。③

清人对铁路的认识,大约自 1840 年始。郭士立《贸易通志》、林则徐《四洲志》、魏源《海国图志》,以及徐继畬《瀛环志略》,都曾论及火轮车和铁路,④然对于铁路与国富、民智等方面的关联,皆不及孙宝瑄有较深入、较长时间的思考。铁道不止能增加财富,还有开启民智等功用。此后如

---

① 孙宝瑄《忘山庐日记》,第 1212—1213 页。
② 孙宝瑄《忘山庐日记》,第 341 页。
③ 孙宝瑄《忘山庐日记》,第 340 页。
④ 《中国铁路建设史》编委会编《中国铁路建设史》,中国铁道出版社,2003 年,第 15 页。

光绪二十七年六月日记中,孙氏仍结合中国东南与西北的贫富差距及其与水道的关系,以及史书中的漕运问题等,呼吁"筹国者"重视较水道更为便捷的铁道。光绪三十三年三月的日记录有《日本维新三十年史》等书中关于英国、日本铁路总长度以及铁路的分类等内容,并有铁路为大国血脉之喻。

与铁路等相关的事业,皆以创造财富为重要目标。严译《原富》对孙宝瑄启发颇多,如其中对国富与民富关系的探讨,引发他对作为救贫之本的农桑与田牧的思考:

> 盖农桑,利之本也;矿产,利之末也。如何能使民争趋本利,曰惟有开通铁路,使物产流通,易消售获利,则民自争为之矣。①

故孙宝瑄批评儒家羞言利,以为应像西方一样重视商人。"不知天下未有无利可立国者也。一人自务其利,无数人受其益。人人各务其利,一国之人交受其益。"②勤为富国之本,引导民众勤奋,需以利鼓动,这是孙宝瑄从《原富》中的总结,而能正视利的追求,也可知他推赏戴震学说中各得其情、各遂其欲、勿悖于道义之论的缘由。

孙宝瑄在思考、论说铁路如何"便国利民"时,有一种较为特别的思路,即从人体生理特征着想,光绪三十三年日记有如下记录:

> 国家犹一人之身也,血脉不流通,精神不贯注,其人必病。三代之世,封建相袭,大小侯国累百盈千,各君其国,各子其民,土地狭小,不过方今之州县,血脉易通也,精神易周也。今则大不相侔矣,合数万里而为一国,以一家一人统辖之,皆弗能自治,曰惟上之所以命之,夫岂不可哉!……今者幸赖海外新机关之出,有铁轨焉,有轮舶焉,有邮电焉,可以缩地,地之遥无以限之;可以缩时,时之长无以

---

① 孙宝瑄《忘山庐日记》,第339页。
② 孙宝瑄《忘山庐日记》,第345页。

第十一章　新学书籍的涌入与"脑界不能复闭"

限之。特患谋国者之无其人耳。有人以提其纲，絜其领，则血脉亦易以通，精神亦易以周。①

西学书中关于铁路的译介，较早的有傅兰雅译《开办铁路工程说略》（光绪十六年《格致汇编》本）、刘启彤译述《星轺考辙》（一名《各国铁路考》，光绪十五年同文书局石印本）、傅兰雅译《铁路纪略》附《中国创设铁路利弊论》（光绪二十一年上海醉六堂本）等多种，这些书孙宝瑄或许阅读过，然因日记不全，不能确认；可以确定的是，他关于铁路的认识，为十年前阅读《全体须知》等介绍生理学、解剖学的书籍所得，这些认识为他的思考提供路径：从血脉流通到身体健康，再到铁路、轮船、邮电与国家天下的治理。孙宝瑄在论铁路有助于一国血脉流通时，生理机制与国家体制通过"血脉流通"形成了内在关联，涉及"封建""大小侯国""一家一人统辖"，其中有他对国家体制的探求与构想。光绪二十七年十月十五日有孙氏读美国伯盖司《政治学》的日记，他心目中的理想政体是君主立宪，这一理想整合了历史资源、当时现实与英国模式的成功经验。据附录十二"孙宝瑄所读汉译西学书表"，孙氏集中阅读西方政治学、国家学说与法学等书，当自光绪二十七年起。然在此之前，孙氏已通过其他西学书籍如《时务报》等报刊，对西方政治有所了解，而他后来所说的"血脉流通"也在稍早的日记中有迹可寻：

> 复览《安吴四种》。包慎伯丞欲行钞法，贱银而贵钱……其法未尝不善，顾此亦非君民共主之世，不能行也。中国官民之气隔阂久矣，欲令官与民交涉而无弊，不可得之，势也。②

> 《周礼》官多法密，而民无侵扰之患者，以封建之时，人有分地，君民相亲，上之耳目易周，百弊不作，故能行之。……及今如欲复

---

① 孙宝瑄《忘山庐日记》，第 986 页。
② 光绪二十三年二月十二日日记，见孙宝瑄《忘山庐日记》，第 76 页。

《周礼》法者,虽不能反封建,然必设议院,立君民共主之局,庶乎其可也。①

观恽子居《三代沿革论》。恽子居云:政者,治乱之纪,上与下之统,天子与诸侯、大夫、士、百姓共断之。善哉言乎!得治天下之本矣。泰西上下议院,盖即与百姓共断之意。②

夜,舟中燃烛观吕新吾《呻吟语》。……新吾先生亦主持变法,谈民主……又曰:人君与民,岂可血气不相通,心知不相及。又云:愈上则愈聋,其壅蔽者众;愈下则愈聪,其见闻者真。③

以上五条引文,第一条直接由包世臣书引发,第二条则由批评王安石变法引起,这一观点延续至光绪二十七年十月的一则日记。④ 后三则日记记载所阅读书籍,在日记中皆有其他西学阅读作为参照的"背景",如读王夫之《黄书》前,孙宝瑄在读《公法论》,日记中有记录:"公会之权大于教皇。教皇无道,公会能废之。"⑤读恽敬《三代沿革论》前,孙氏在读《明治新史》,有记录云:"日本自太政复古以来,官制政法日新月异,不惮屡改,是皆变独裁为公议之实效也。"⑥在看《呻吟语》之前,孙氏读过或摘录过《政治学提纲》《物竞论》《佐治刍言》,日记中关于《政治学提纲》的记录有:"凡国家,事之缓者,当从公议,用民权;事之急者,当从专断,用君权。"⑦总之,在特别的情势中,西学的诱发、刺激,促使本土著述的复活,

---

① 光绪二十三年三月初八日日记,见孙宝瑄《忘山庐日记》,第 85 页。
② 光绪二十四年十一月十八日日记,见孙宝瑄《忘山庐日记》,第 275 页。
③ 光绪二十七年十月六日日记,见孙宝瑄《忘山庐日记》,第 410 页。
④ 孙氏云:"王安石变法,尚专制,不取决于公议,病根在此。"见孙宝瑄《忘山庐日记》,第 408 页。
⑤ 孙宝瑄《忘山庐日记》,第 123 页。
⑥ 孙宝瑄《忘山庐日记》,第 272 页。
⑦ 孙宝瑄《忘山庐日记》,第 399 页。

进入中西"对话"状态。孙氏希望回到《周礼》叙说的理想模式,恢复封建是其中的重要环节,进而形成君民相亲、君民共主的国家政治制度。要"群民共主",必须对君权限制,于是孙氏的日记中有公权与私权之论,并引黄宗羲之语,以为"天子亦一职也,特高于公侯而已"①,而保持上下相通,必须用《周礼·秋官》"司寇"设官分职之遗意,特别是用小司寇之职的功能开设议院。议院的重要,在他与章太炎的谈话中上升到"保种"的地步。②

按孙宝瑄的理念,以小司寇功能为核心的议院:其一,是在"立君"方面。"必询诸人民",西方各国有此先例,"《周官·小司寇》篇询立君,则支那三代以上似亦皆然。自立君不询诸民,民与君始疏隔矣。"③其二,是在分权方面。孙氏以为"封建之国多君,君愈多则国愈强。若民权公议之国,几于人人皆君,是以无敌于天下。语云:百足之虫,死而不僵。故多君之国,虽小而能存,如欧洲之丹麦、瑞典诸国是也"④。能分权,则君民共主,如前所引"上之耳目易周"。就此,孙宝瑄在日记中举康熙十八年六月事,进而论说:"专制世界,虽有明圣之君,深知下民之疾苦,而卒不能挽救者,势孤于上也。……爱国者惟一人,无助之者,其何能济耶!"⑤

孙宝瑄的国家政治体制中有一重要的设想,就是如何保持君民"不隔"或君民相亲,其中包涵上下沟通的渠道、从君权转向公权等诸多问题。而君民相亲,实际上就是前文在论述铁路、邮政等功用时,所提到的"血液流通"在另一个层面的表述。从生殖卫生、身体健康,到铁路强国,再到上下意见流通的政治制度,孙宝瑄用"身体感知"尝试了多重论说,其目的在于保种、强种。

---

① 孙宝瑄《忘山庐日记》,第90页。
② 光绪二十四年七月初三日日记:"余谓中国今日如不图富强,但开议院,修内政,或可自保种类。枚叔谓然。"见孙宝瑄《忘山庐日记》,第237页。
③ 光绪二十七年五月二十八日日记,见孙宝瑄《忘山庐日记》,第354页。
④ 光绪二十四年十二月十二日日记,见孙宝瑄《忘山庐日记》,第284页。
⑤ 光绪二十七年七月十三日日记,见孙宝瑄《忘山庐日记》,第372—373页。

五、与孙宝瑄同时代的读者

前文已提及,现只留存光绪十九年至光绪三十四年间的孙宝瑄日记,时断时续的十年记录,就信息的丰富性和完整性而言,孙宝瑄日记是研究清帝国到近代中国过渡时段的难得文献,他对西学书的阅读以及对本国故有文献的取舍与反应,在日记中皆有细致的记录。将之与同时代其他文人的阅读记录进行比照,或更能凸显孙宝瑄读西学书的典型性,以下选择三种日记中的记录,进而考察同一时段不同地区文人对西学书的阅读情况:

其一,《江瀚日记》中江瀚(1857—1935)读西学书记录。江瀚是福建长汀人,然主要在重庆、江苏、北京等地活动,只留存九年日记。[①]

其二,《慎宜轩日记》中姚永概(1866—1923)读西学书记录。姚氏为安徽桐城人,光绪戊子(1888)举人。

其三,《贺葆真日记》中贺葆真(1878—1949)为其失明的父亲贺涛(1849—1912)诵读西学书。[②]贺氏籍贯直隶深州武强县,贺涛是光绪丙戌(1906)进士,桐城派古文家。贺氏父子的阅读选择,是二人共同商量的结果。

江瀚现存日记中有他光绪二十三年、光绪二十七年的日记,即其在蜀中生活的记录,亦保留了蜀中新学发展的印迹。日记中有几处记录,可反映江氏与汪康年的交往:

---

① 江氏日记留存有光绪二十一年,光绪二十三年至二十五年、光绪二十七年至二十九年、光绪三十四年、宣统元年。见郑园整理《江瀚日记》,凤凰出版社,2017年。

② 贺葆真,字性存,直隶深州武强县人,桐城派晚期重要古文家贺涛之子。贺葆真的日记有抄本16册,现藏于国家图书馆,自光绪十六年(1890)至民国八年(1919),日记基本连续。贺氏日记1919年题为"收愚斋日记",列为卷三十,自此至1929年日记缺失,1930年日记仍题为"收愚斋日记",列为第四十一册。总体看来,前三十年的记载是一个相对完整的文本,从日记记录的时代以及贺氏的家庭背景来看,这一日记应有一定的史料价值。

第十一章 新学书籍的涌入与"脑界不能复闭"

> 寄汪穰卿进士书,托购字模。适李老耀来,遂以银四百金交渠汇沪。(光绪二十三年六月初四日)
>
> 寄汪穰卿函。(光绪二十三年六月十九日)
>
> 接罗星潭观察函、汪穰卿进士电。(光绪二十三年七月初七日)
>
> 寄汪穰卿书,并银六百两。(光绪二十三年七月十一日)

仅从日记来看,江瀚似乎在忙一件较重要的事,两人往来过程中,除银钱之外,"购字模"背后当有重要信息,但无法得知详情。至此,只得求诸汪康年。

巧合的是,《汪康年师友书札》保存了八通江瀚的书札,其中前三通与上文摘录日记所示吻合。六月四日信中,江氏除托购字模外,又云:"有新译泰西之书,亦望惠寄,需价若干,当如数奉赵也。"[①]六月十九日信中,再就前信中所及诸事提示催促,又及:"重庆所售《时务报》,均照贵馆定价,划不一二。"[②]七月十一日信,最见江氏用意,故全录如下:

> 穰卿仁兄世大人阁下:
> 巧日接董电,旋即奉复,想已入览。兹由天顺祥票号汇来渝平纹银六百两正,即希察收。所有事宜详列于左:
> 一、前蒙开示铅字价目,三号字每磅一百个,约一千六百磅,每磅价洋三角;五号字每磅一百八十个,约一千二百磅,每磅价洋四角,合计两副共需洋九百六十元。但五号字系备夹注之用,未审宜否,或六号字方合,务祈代为酌定,迅速装妥,克期交天顺祥带渝。
> 一、印机必不可少,其价几何?即望议定,并字模寄渝。总之,

---

① 顾廷龙编《汪康年师友书札》,上海古籍出版社,1986年,第259页。
② 顾廷龙编《汪康年师友书札》,第260页。

既以此事托左右,则当有全权也。

一、蜀中向无排印,必须觅一熟手前来。其工价、路资并乞费心议妥,促其速行,至要至要。

一、澳门《万国公报》《知新报》暨广、汉、津、湘、苏、杭等报,并乞代为各购一分,自八月初一日始,按期同贵馆《时务报》汇寄,共需洋若干,照算不误。

一、重庆拟设《渝报》,系宋芸子太史、潘季约孝廉等主张其意。鄙意必须延一翻译西文之人,请为物色,示知再定。

一、梁卓如所著《西洋书目表》暨贵馆所有书与新译西书,统希购寄一分。

一、农学近颇有意讲求,乞为买《述钾养致丰收书》暨《钾养利用撮要》及《蚕务条陈》等类。又西药房所售肥田各料,其价若何?亦望详示,拟购取试用。

一、前电有"铁已故"三字,岂铁樵竟作古人耶!为之傍皇无似,祈速覆。

一、贵馆《时务报》,敝处只接到第二十七册,两月以来竟成绝响,纷纷来索,愧无以应,宜筹速法。

一、上月寄来纹银四百两,兹又汇来银六百两,共纹银壹千两整,不敷之数,俟字模、印机到渝,即行措缴。

以上各条,恐尚有未周详处;季约兄当另有函。草草此布,祗请著安,鹄候德音,不具。世小弟江瀚顿首。七月十一日自重庆致用书院泐。(八月初一到)①

不经比照,难以知同一事在不同文体中表述差异之大。此种差异,首先表现在内容的详略,其次是语气的缓急。就语气而言,前二信中有如此片段:

---

① 顾廷龙编《汪康年师友书札》,第260—262页。

第十一章 新学书籍的涌入与"脑界不能复闭"

> 右铭(陈宝箴)年丈开府湘中以来,政令一新。湘学会规模何似?本年未得伯严(陈三立)书,铁樵亦无信至,望便中觇缕言之。
>
> 字模务望速购寄渝,至恳至恳。请代购之新译西书及有关时务者,凭尊意酌买可也。价若干,随即补呈,决不致误。盖敝学正以此提倡故也。①

从上海、长沙到重庆一带,是新学浪潮涌动的区域,然步伐之先后,存在地域差异。江瀚信札中语气之急切,正是他求变革心态的流露。从江瀚日记及信札中所提及的人名来看,当时士人中有一重视新学的群体,他们之间的联系方式,由晤谈、书信甚至发展至电报。七月十一日信札中提到的字模、印机的购置与西文翻译的物色,在为拟设的《渝报》或其他出版事务作准备。倡导新学,是士人志同道合的事业。江瀚对西学的关注,在光绪二十三年日记中仅见一处,即六月十五日所记"翻《泰西新史揽要》一过",若仅凭此条材料及日记中其他备忘性质的交往记录,无法看出其内心波澜;而信札则似是几乎完全不同的世界,其中对《时务报》《万国公报》《知新报》等各地报纸和《西学书目表》所录西书、农学书有所描述与列举,更在叙述风格的差异中,显示出江瀚日记所记录自有其选择、自有其体例。信札中提及"敝处"接到二十七册《时务报》,"两月以来竟成绝响,纷纷来索",联系下款中的"自重庆致用书院泐",则可知"敝处"即指"致用书院"。至此再读《致用书院记》中"增置近世有关实用诸书""讨求世务""兴学育才"诸语,方有言行一致、落到实处之感;而蜀学在近代新变的脉络,也就具体可感、顺理成章了。

在贺氏的日记中,也有贺涛关心时务的记录。贺涛指出,对泰西学之认识,不可壮门面;他喜读时务报,以为阅时务书不及时务报。光绪二十四年六月二十八日日记记载贺葆真开始为失明的父亲读书报:"始为

---

① 顾廷龙编《汪康年师友书札》,第260页。

吾父读《时务报》,吾父失明,不能读书,又不能阅报,甚以为苦。虽时时读文,不阅报章,犹苦之。葆真请每日读报数页,不许,久乃得请。"①故贺葆真的日记存有贺涛晚年部分阅读记录,或者说是父子共同阅读的记录。相较传统旧籍而言,他们读时务书或译著的记录较多:

(光绪二十七年正月初三)鞠如为吾父读《生利分利之别》毕。自去岁十月以来,已读《公法总论》《中外交涉类核表》《万国公法》《中国古世公法》《陆地战例新选》五种矣。②

(光绪三十年二月二十三日)葆真为吾父读《西史通释》,盖西国古代史也,于东罗马以后甚略。此书辟疆自东文译出,西史译本此为最佳。③

(光绪三十一年七月十一日)为吾父说《社会通诠》。④

(光绪三十一年八月十三日)读《社会通诠》毕。此书英国政治大家甄克思最近之著也,严幼陵新译。甄氏以哲理阐发人群演进之踪迹,而政治所由以发生,与天演学、群学相发明,其理想既为吾国所创,闻其书实为欧洲所新得,今又获严氏译之,是以其书始出,即风行海内,未一年而再板矣。书凡十余万言,严氏近又译法人孟德斯鸠氏书,曰《法意》,欧洲大家名著,殆非严氏莫克任翻译之责也。⑤

(光绪三十一年十月二十九日)读《法律学教科书》毕。余在都

---

① 贺葆真著,徐雁平整理《贺葆真日记》,第48页。
② 贺葆真著,徐雁平整理《贺葆真日记》,第64页。
③ 贺葆真著,徐雁平整理《贺葆真日记》,第103页。
④ 贺葆真著,徐雁平整理《贺葆真日记》,第120页。
⑤ 贺葆真著,徐雁平整理《贺葆真日记》,第121页。

第十一章 新学书籍的涌入与"脑界不能复闭"

  曾为吾父读《茶花女遗事》。保定来时途中,读《黑奴吁天录》。二书闽县林琴南先生纾译,其文辞古艳,体类汉魏小说,《茶花女》尤胜。林先生所译泰西小说甚多,多可读,第一小说家也。①

贺涛读新译之书,颇留意译著的文辞,如光绪三十四年九月初二日记云:"为吾父读迈尔《通史》毕。同学诸君多代吾读之……迈尔《通史》颇雅驯,山西大学堂译本,译自英文,无不词之语,历史课本之佳者。"②而日记中对严复、林琴南、吴闿生的译笔多有褒奖之意,这自然是古文家之间惺惺相惜的评语。包括林译小说以及《马丁休脱侦探案》在内的阅读,当然可视为消遣性阅读;而时务书报的阅读,当以读书致用为目的。

  (光绪二十五年三月五日)吾父命书院诸君分三班,为诵一切书报。日召五六人,半日即退,三日而复始。今为第一日,读《昌黎集》,明日读时务书,后日读《续古文词类纂》所录《湘军志》。③

  (光绪二十九年七月六日)自吾父都讲信都,以古文义法授学者,而必传之以世务,使稍通中外之故,湘帆(赵衡)以吾父所以为教者施诸深州,州人士之知新学,湘帆启之也。④

贺涛及赵衡等已经在书院讲学时,将新学融入到书院生徒的日常习读内容之中,使之与传统的古文经典在同一系列。课程内容的接纳与变化,也为北方桐城派的发展及其在民国初年的转型,作了积极的铺垫。而从贺涛的阅读范围来看,桐城派晚期发展的复杂程度,并不是单线条所能勾勒的。

---

① 贺葆真著,徐雁平整理《贺葆真日记》,第127—128页。
② 贺葆真著,徐雁平整理《贺葆真日记》,第150页。
③ 贺葆真著,徐雁平整理《贺葆真日记》,第53页。
④ 贺葆真著,徐雁平整理《贺葆真日记》,第95页。

将孙宝瑄日记与江氏、贺氏、姚氏日记并观,更能突出孙氏阅读西书的特点,其阅读量大、范围广,尤其是在光绪二十三年至光绪二十七年之间,读西学书更为密集。

姚永概的西学书阅读变化较小,若将其阅读西学书的记录置于他的日常阅读中,则西学书可视为本土书籍的点缀。将四种日记整合来看,光绪二十三年、二十四年是文人阅读西学书的重要年份。姚永概之外的三种日记所显示诸人读西学书有一渐进过程,他们在这一时段的开始几年,似乎对书都没有兴趣。四人具体的西学书阅读记录也有不少值得留意的细节:

《泰西新史揽要》《万国史记》是阅读西学书的入门书,而《天演论》则是孙宝瑄、贺氏父子、姚永概的重读书。

孙氏于光绪二十三年十二月读《天演论》;贺氏父子光绪二十四年先读到《天演论序》,光绪二十六年读该书,光绪三十二年重读;姚氏光绪二十五年读,光绪二十九年重读。

贺氏父子光绪二十七年读《生利分利之别论》,孙氏则次年八月读。江瀚光绪二十七年读《西学探源》,孙宝瑄则次年十月读。

孙氏与江氏同于光绪二十八年读《宪法精理》《万国宪法志》。

孙宝瑄对黑奴问题有较长时间的关注,他在光绪二十八年三月读《黑奴吁天录》,江瀚也于同年阅读。

孙宝瑄、姚永概同于光绪二十八年读《埃及近世史》。①

四种日记显示四人光绪二十九年阅读《群学肄言》。

贺氏父子与姚氏同于光绪三十二年读《法意》。

阅读是个人行为,然就某特定时段来看,又有群体特征,这一特征至少在上列四人日记中有较明显的迹象。所谓群体特征或趋向,不完全是

---

① 蒋维乔也是同年阅读此书。蒋维乔《蒋维乔日记》第1册,第185页。

第十一章 新学书籍的涌入与"脑界不能复闭"

脉络分明,而是多种因素促发的时代风气或思想潮流。①

在讨论新学书如何为读书人开新天地时,除以孙宝瑄等人的日记为考察对象外,还可以书为单位来考察,邹振环在这一方面已有精细的研究。诸如《百年一觉》《泰西新史揽要》《民约论》《法意》《天演论》《黑奴吁天录》《巴黎茶花女遗事》《原富》等书,其在晚清被阅读的历史都可查考。其中,关于卢梭的《民约论》(又译作《社会契约论》)如何通过译本影响中国读书人,有一部有血有肉、充满激情的"传记"。在阅读者的名单中,有黄遵宪、黄兴、梁启超、邹容以及前文所及孙宝瑄的名字,"一时间卢梭的仰慕者甚众,仅以一些进步报刊作者的署名而言,如卢骚之徒、卢梭魂、平等阁主人、竞平、自由、人权、民友、亚卢、志革、血儿之类"②。《泰西新史揽要》对晚清读书人的影响也具传奇性。罗伯特·麦肯齐(Robert Mackenziz)的《十九世纪史》(*History of Nineteenth Century*)1880年出版,1894年3月至1894年9月在《万国公报》上连续译载,1895年又以《泰西新史揽要》为名,由广学会出版单行本。这部译书的出版,正逢戊戌维新前学校课程改革,在府一级举行的各种考试中都开始强调西学,故其正合士子所好。此外,此书宣传的斯宾塞进化论,早于后来译介进来的《天演论》,这本三流的史学著作遂成为最风行的读物。1896年梁启超在《读西学书法》中称《泰西新史揽要》"述百年以来欧、美各国变法自强之迹,西史中最佳之书也"③。因为孙宝瑄的日记残缺不全,暂不能确考他是否阅读过《泰西新史揽要》。然结合与其同时代人的阅读情

---

① 潘光哲指出,晚清西学书报如同一"知识仓库",然漫步于其中的读书人,"或因为个人的才性差异,或由于生命阅历的鸿沟,具体生活处境的不同,乃至经济条件的限制",个体体验也多样斑斓;"就整体的思想图景而言,'西学'作为'思想资源'得以激发的'概念变迁',也不是脉络分明,传承有序"。潘光哲《晚清士人的西学阅读史(1833—1898)》,"中央研究院"近代史研究所,2014年,第378—380页。

② 邹振环《影响中国近代社会的一百种译作》,中国对外翻译出版公司,1996年,第137页。

③ 此节据邹振环《影响中国近代社会的一百种译作》中《泰西史揽要》:最乏味的残余与最风行的读物"一部分编选,特此说明。见该书第101—103页。

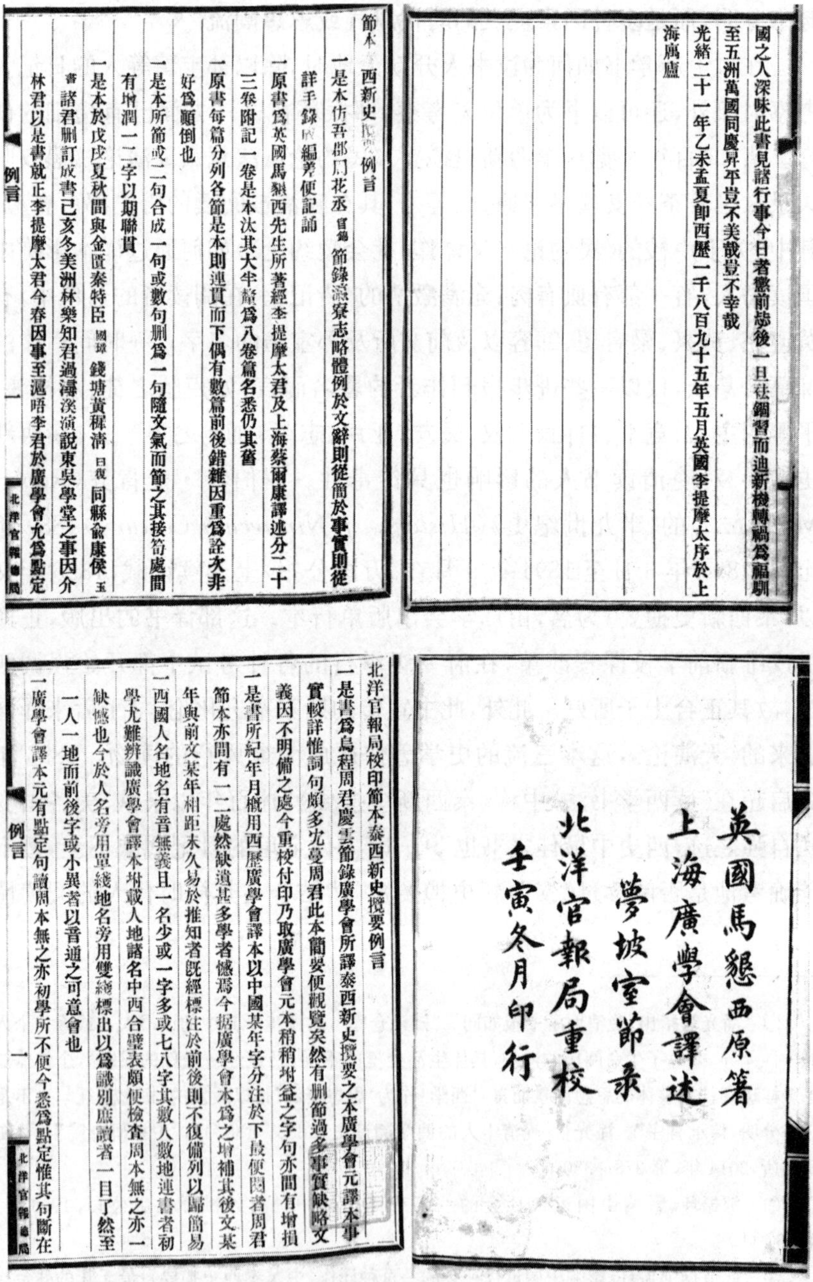

節本 西新史攬要 例言

一、木仿吾郡[門]花丞[曰錄]節錄濮察志略體例於文辭則從簡於事實則從詳手錄[編]菁便記誦

一、原書為英國馬懇西先生所著經李提摩太君及上海蔡爾康譯述分二十三卷附記一卷是本汰其大半輯為八卷篇名悉仍其舊

一、原書每篇分列各節是本則連貫而下偶有數篇前後錯雜因重為詮次非好為顛倒也

一、是本所節或二節合成一句或數句刪為一句隨文氣而節之其接筍處間有增潤一二字以期聯貫

一、是本於戊戌秋間與金匱秦特臣[圖繪]錢塘黃稀清[日復]同縣翁瑞侯[玉書]諸君訂成書已亥冬美洲林樂知君過溥溪演說東吳學堂之事因介林君以是書就正李提摩太君今春因事至滬晤李君於廣學會亦為點定

例言 一 北洋官報總局

國之人深味此書見諸行事今日者懲前夢後一旦往錮習而迪新機轉禍為福矣至五洲萬國同慶昇平豈不美哉豈不幸哉

光緒二十一年乙未孟夏即西曆一千八百九十五年五月英國李提摩太序於上海寓廬

北洋官報局校印節本泰西新史攬要例言

一、是書為烏程周君慶雲節錄廣學會所譯泰西新史攬要之本廣學會元譯本事實較詳惟詞句頗多今重校付印乃取廣學會元本稍稍附益之字句間有增義因不明備之處今重校付印乃取廣學會元本稍稍附益之字句間有增節本亦間有一二處然遺甚多學者既經標注於前後則不復備列以歸簡易

一、西國人名地名有音無義且一少或一字多或七八字其敵人敷地連書本初學尤難辨識廣學會譯本均統人地諸名中西合譯表頗便檢查周本無之亦一缺憾也今於人名旁用㔾綫地名旁用雙㔾綫標出以為識別庶讀者一目了然至一人一地而前後字或小異者以音通之可意會也

一、廣學會譯本元有點定句讀周本無之亦初學所不便今悉為點定惟其句斷在

例言 一 北洋官報總局

英國馬懇西原箸
上海廣學會譯述
夢坡室節錄
北洋官報局重校
壬寅冬月印行

图 16 《节本泰西新史揽要》光绪二十七年（1901）铅印本

第十一章 新学书籍的涌入与"脑界不能复闭"

况(如宋恕在 1895 年就将此书推荐给贵翰香,称是"急宜买读"的"一部极好新书"①),以及此书在晚清的风行等,可知孙氏读过它的概率较高。据邹振环研究,《泰西新史揽要》自 1894 年 3 月翻译刊载,有全本、节本、改编本三个版本系统,每一种版本经多次刊印。邹振环引述柯林伍德《历史的观念》评论此书,称进步的观念已变成一种信条,在《泰西新史揽要》中被推进到极致,因此它只算一部观点狭隘的三流历史著作;然此书在晚清中国影响极大,仅就销售而言,齐思和指出该书初版几千即刻售罄,三年内卖了 20000 本,1898 年出的三版,两星期里卖了 4000 本,前后售出了 30000 本,还不算翻版私印者。张星烺则指出此书卖出一百万部以上,翻版及节本尚不计算在内。②

结合孙宝瑄的西学书阅读记录以及西学书的翻译出版时间,可知孙氏基本紧跟翻译出版的步伐。因其较长时间在上海,故常有近水楼台之便;然目光不能仅局限于孙氏一人的阅读,若看表中所列其他三种日记(附录十三),则知并非孙氏各种书都能领先他人一步阅读,还有数例几人同年阅读同一书的记录。这种不同地区的同步阅读,或相差一两年的先后阅读,尤其是对《群学肄言》这类书的共同留意,可大致看出西学书的传播范围与速度,以及这种传播所处的时代氛围。如果说孙宝瑄日记中存在一个由他与宋恕、章太炎等人组成的讨论西学、阅读西学书的较

---

① 胡珠生编《宋恕集》,第 539 页。

② 关于此书的全面研究,见邹振环《西方传教士与晚清西史东渐》第十章"李提摩太与《泰西新史揽要》:'世纪史'的新内容与新形式",上海古籍出版社,2007 年,第 267—307 页。以上文字及数据皆从邹书中摘出,特此说明。熊月之在《西学东渐与晚清社会》中谈及《泰西新史揽要》正式出版后的社会反响:"1895 年正式出版以后,立即成为热门书,印了 3 万部,这在当时是一个巨大的数目,结果还是供不应求,只得一版再版。1898 年增出普通版,初印 5000 本,一出来,两星期里就卖出 4000 本。一书风行,洛阳纸贵。坊间书商见有利可图,纷起翻刻、盗印。经李提摩太请求,上海道台出示谕禁,公共租界会审公廨以罚款 100 洋元相威胁,但效果不大,尤其是上海以外地区,更是鞭长莫及。据称,在杭州,就有 6 种翻版,在四川,至 1898 年就有 19 种翻版。"并有评说:"其实这部书在史学上的地位如何,并不重要,最关键是这部书在当时向中国人传递了什么样的信息,这些信息对于中国有无现实意义。"熊月之《西学东渐与晚清社会》,上海人民出版社,1994 年,第 601—602 页。

为紧密的小群体；则在此之外，还存在一个更大的文人群体，或者建立在共同阅读基础上，他们有相通的阅读体验或期待。就孙宝瑄而言，一定时段的西学书阅读，赋予其生活一种意义，接近于构建其自我意识。他在光绪二十七年十月五日日记中写道："余数年来，胸中所铸成之条理甚多，故与人辨论时，用之如坚甲利兵，无往不战胜；而平日组织于脑筋内，有如铜墙铁壁，不可动摇。"①西学书籍的阅读，建立了孙宝瑄这一代人的书籍集体体验。②

孙宝瑄的日记记录了他对西学书的阅读以及由此引发的对本土书籍的反应，虽然有典型意义，但也要注意阐发的分寸：其一，同时代不少文人或者绝大多数文人没有受到西学书的影响，以恽毓鼎为例，他是光绪十五年进士，长期在国史馆任职，在他光绪二十一年至光绪三十四年的日记（缺光绪二十六年至二十八年）中，有很多买书、读书记录，然除在光绪二十四年买过西学书《海国大政纪》《英法俄德四国志略》以及三次阅读外国侦探小说外，再无西学书的踪影。光绪三十年七月廿二日日记道出他对译书的态度："质钦、燮尹议设调查新书公所，酌定版权。近来人夸译著，邪说横行，大为学术人心之害。此举不可缓也。"③其二，读过西学的文人，各自受影响情况不同，同一人各时段所受影响亦有不同。只要比对其他三种日记的记录，就可看出一般文人不会如孙宝瑄一般痴迷西学书；就孙氏而言，他的阅读似是从光绪二十三年才进入"状态"，光绪三十二年之后"热潮"突然退落，光绪三十四年三月二十二日日记云：

> 余近年于新学术几屏置不讲，每日自读报外，惟浏览古书，胸中

---

① 孙宝瑄《忘山庐日记》，第410页。
② 格林布拉特（Stephen Greenblatt）认为一部作品孕育于文化观念和社会实践，并参与其中，因此蕴含社会能量。社会能量是在文化协商和交流的过程中聚集的。主要表现为作品中的某些语词，它们能够开创、塑造、组织对于书籍的集体体验、身体的和精神的体验。见戴联斌《从书籍史到阅读史：阅读史研究理论和方法》，新星出版社，2017年，第47—48页。
③ 恽毓鼎著，史晓风整理《恽毓鼎澄斋日记》，浙江古籍出版社，2004年，第253页。

第十一章　新学书籍的涌入与"脑界不能复闭"

旨趣略分为三：一曰义理，一曰掌故，一曰词章。①

此时孙宝瑄阅读的又是古书，他好像是从狂热的青年坠入暮气沉沉的老年，关于书籍或学问分类的见解，又回到光绪二十三年前的老格局。其突变原因，未得其解，或是因左右少了昔日在上海论学的友朋如宋恕、章太炎等？或只是过渡一代的局限？

本章开始时引孙宝瑄于光绪二十七年送女优金月梅四种西学书，希望有"换凡骨"之用；后来孙宝瑄在上海交际场所远远地看到过金月梅，她还混迹在"此界"之中，依旧是"凡骨"。在历经光绪二十三年至光绪三十二年间对西学书狂热后，孙宝瑄已经"脑界大开"，然不知是否脱换"凡骨"？

王汎森曾探讨戊戌变法前后读书人的思想及知识变化，引入"概念工具"(conceptual apparatus)一说，以为当时大规模的新词汇引进，不但相当微妙地改变了中文的文法，也改变了当时读书人的思想："假如没有这些词汇作为'概念工具'，许多文章就不会以那样的方式思考，也不会以那种方式写出来。……新的词汇、新的概念工具，使得人们在理解及诠释他们的经验世界时，产生了深刻的变化。……这些新名词与新概念，成为人们日常语言中的一部分，逐渐改变了旧的思考范畴，而在许许多多方面造成了深微的变化。譬如'国家''国民''社会'等概念，在经过日本人之手而后反馈中国之后，几乎重新规范了中国人对于社会、政治的看法，也广泛影响学术研究。"②近有学者指出："严复《天演论》形塑了

---

① 孙宝瑄《忘山庐日记》，第1135页。
② 王汎森《中国近代思想与学术的系谱》，河北教育出版社，2001年，第158页。章清《晚清中国"阅读世界"之一瞥：略论晚清士人对"万国公法"知识的接纳》将视角从"知识复制"转移到阅读层面，考察晚清士人对"万国公法"知识的理解与评估，并以较多日记展示研究与公开阅读相关联的私下阅读。章清文见张寿安主编《晚清民初的知识转型与知识传播》，北京师范大学出版社，2018年，第254—296页。章清另有一文，亦可参看：《晚清中国西学书籍的流通：略论〈万国公法〉及"公法"的"知识复制"》，见《中华文史论丛》，2013年第3期。

那一时期线性的时间意识、竞争的政治意识、新的德行与传统文化之关系、'圣王'与'民约'的辩证关系及文明阶段与决定论之超越等一系列问题。"①这一结论似乎还局限在《天演论》文本本身,而未及这一文本如何走向社会、影响社会。孙宝瑄的日记中有《天演论》发生作用的记录,他是在新学涌入、新词汇引进的大潮中学会如何使用新词汇、新概念思考的代表人物。无论是从生理卫生、伦理道德还是国计民生,对于孙氏而言,不是点缀性的火花一闪,而是在他日记中留下了过程性的思考印迹。

孙宝瑄只是新学涌入、大变革时代中的一分子。每一分子面对巨变所引起的内心波澜也有差别,不一定都是进步的喜悦,还可能有其他滋味。浙江平阳人刘绍宽在光绪二十八年日记岁尾总结,有如下感言:

> 本年多阅新书,于旧学稍杂,虽未敢显叛宗趋,而道德渐觉退堕。圣人云"三十而立,四十而不惑",年逾三十,尚有变迁,甚矣贞运之难!究之所得新学,尽是皮毛,久之皆脱落,而不能附着,徒使旧学日荒。非所谓邯郸学步、失其故步者欤?②

这段总结,是刘氏1930年的补记,是回首与从前的我对话:新书无疑对自己产生影响,但自己似乎是被时代大潮裹挟前进,身不由己。若拓宽考察视野,从较长时段、较大背景看孙宝瑄,或如刘绍宽,看他们如何通过阅读新学书汲取新知、转化本土思想资源,则更可由个案跃升到时代的洪流层面,观察社会文化的转型。谭汝谦将1660年至1978年三百年中日之间的译书事业分为五个时期,即萌芽期(1660—1895)、第一过渡期(1896—1911)、发展前期(1912—1937)、第二过渡期(1938—1945)、发展后期(1946—1978),并将中译日文书分时段统计如下:

---

① 萧高彦"中国近代思想中的'严复时刻':比较政治思想史的考察"(2018年11月1日"北大文研讲座"第103期),引文据陆敏秋编写报告纪要。2018年11月24日查检。
② 温州市图书馆编,方浦仁、陈盛奖整理《刘绍宽日记》,第337页。

第十一章 新学书籍的涌入与"脑界不能复闭"

表7 中译日文书统计表（1660—1978）①

	0 总类	1 哲学	2 宗教	3 自然科学	4 应用科学	5 社会科学	6 中国史地	7 世界史地	8 语文	9 美术	合计	每年平均书数
1660—1867	0	0	0	0	2	0	0	0	2	0	4	0
1868—1895	1	0	1	0	2	1	0	2	1	0	8	0.29
1896—1911	8	32	6	83	89	366	63	175	133	3	958	63.86
1912—1937	20	62	19	249	243	660	86	75	312	33	1759	70.36
1938—1945	2	3	1	23	18	42	8	9	32	2	140	20.00
1946—1978	34	159	95	227	1051	459	51	122	535	163	2896	90.50
合计	65	256	122	582	1405	1528	208	383	1015	201	5765	
占总数(%)	1.13	4.44	2.12	10.09	24.37	26.50	3.61	6.64	17.61	3.49	100.00	

谭汝谦指出，甲午战争前三百余年间，日译中书有129种，中译日书有12种；在1896年至1911年的15年间，中译日书跃增至958种，而日译中书降至16种。其间译书种数的失衡以及戏剧性的起落变化，可凸显甲午战争对中国人的巨大刺激以及其时读书人的急切心态。报纸、出版社、译书局纷纷创立，同时，中国人学日文的相对便利，也使得中译日文书事业蓬勃兴起。② 日本对西学的译介转换，也为中国人的学习作一过渡。梁启超逃亡日本时，广读日文书报，"若行山阴道上，应接不暇，脑质为之改易，思想言论，与前者若出两人"③。梁启超此处所用的"脑质"可与孙宝瑄的"脑界"呼应。关于"头脑"的两个相近的新词，是时代大潮中极微小的事情，然中国近代的变化，已经从头脑中开始。

---

① 见谭汝谦主编《中国译日本书综合目录》"代序"，香港中文大学出版社，1980年，第41页。
② 梁启超《论学日本文之益》："学英文者经五六年始成，其初学成也尚多窒碍，犹未必能读其政治学、资生学、智学、群学等之书也。而学日本文者，数日而小成，数月而大成，日本之学，已尽为我所有矣，天下之事，孰有快于此者。"转引自谭汝谦主编《中国译日本综合目录》"代序"，第59页。
③ 梁启超《饮冰室合集》专集第五册，第186页。转引自谭汝谦主编《中国译日本综合目录》"代序"，第59页。

结　语

从《密斋读书图轴》说起

　　展现在眼前的是《密斋读书图轴》局部,所绘乃江苏丹徒左兰成与其妻王玉燕在家中读书情景。王氏乃诗人、书法家王文治孙女,精于诗、书、画。① 这一图轴内涵丰富,装裱部分有王文治嘉庆三年、伊秉绶嘉庆十二年题识,由此题写时间及左、王二人生活年代可知画中所绘乃乾嘉盛世江南诗书之家景象。书斋几案上有卷轴、书册,其中一手卷正展开,描绘的是读书生活的代表性片段。整幅画有竹木、溪流、太湖石,有作为中心的室庐,室庐中书架作为左、王二人的背景。几案上的一册书从形制与颜色来看,应是从书架上靠右那套书中取出。这一册书作为媒介加强背景与人物的联系,而正在展开的卷轴则将左、王二人融入赏画的"正在进行时"中。无论从时代、地域、生活的雅致来看,这一读书图是清代读书人的理想生活写照,特别是"正大"地表现了众多读书人的幻想"红袖添香夜读书"。

　　如同左、王夫妇读书写照在图中有较大的背景一样,《密斋读书图轴》整幅画也有背景与脉络,它是更阔大的社会文化图卷的一部分。读书图中书房的布置或庭院的设计,皆用心讲求,几乎可视为晚明文震亨

---

① 杨新主编《明清肖像画》,上海科学技术出版社,2008年,第202页。

结 语

图 17　佚名《密斋读书图轴》(局部),见杨新主编《明清肖像画》,上海科学技术出版社,2008 年

《长物志》的衍生物。

《长物志》卷六述说"几榻"用途,在于"展经史、阅书画、陈鼎彝",而制作必求"古雅可爱"。书中论榻至脚凳共计二十个物件,其中书桌、橱、架与书或书房相关,如述橱之制作:"藏书橱须可容万卷,愈阔愈古,惟深仅可容一册。即阔至丈余,门必用二扇,不可用四及六";架之规制,亦必求合心目中的古法:"书架有大小二式,大者高七尺余,阔倍之。上设十二格,每格仅可容书十册,以便检取,下格不可置书,以近地卑湿故也。"①文震亨的物质生活世界"有真韵致","几榻有度,器具有式,位置有定"②,他编制出文人舒适生活指南。在诸多设计中,书桌、橱、架只是室庐中的物件,与花木、水石、器具、舟车等组成和谐的一体,然以其对"度""式""定"的讲求,这三样物件已超越寻常之物。因为书画的进入,三种物件的位置与意义在宋代以来的绘画中逐渐得以显现;至明代,无论是绘画还是书籍中的雕版插图,室庐中书架的描绘已不难见,至清代则较为寻常。室庐中的书架或肖像画中手持书卷这一细节,是书籍进入日常生活或精神世界的表征,对于大多数读书人而言,书桌书架的设计制作未必"有度""有式",但已成为家庭生活中不可缺少的部分,或理想精神家园中应有之物,如左王《密斋读书图轴》所示,它们既在家庭中,又似与家庭中琐碎的日常保持距离。书籍或与之相关的器物已经改变了人们的世界,从知识、感觉、想象到周边的空间。"这个时代(明代)的流行印本赋予了读者广览世界的感受,为读者提供在文本、图画和书籍的阅读中栖居的物质条件,使读者在日益广博的视界中反观自我,赋予自己经验以新的意义。"③书籍对于诸如左、王之类的读书人而言,不仅仅是作为"读物"出现,而是整体性地赋予他们一个全新的世界。

《密斋读书图轴》中最值得注意的是女性王玉燕以几乎与左兰成并

---

① 文震亨著,陈剑点校《长物志》,浙江人民美术出版社,2012年,第92—93页。对书的物质形态的讲求,对书房摆设的留意,还可注意屠隆的《考槃余事》卷一,李渔《闲情偶寄》中的"居室部"。

② 沈春泽《长物志序》,见《长物志》,第22页。

③ 何予明著译《家园与天下:明代书文化与寻常阅读》,中华书局,2019年,第24—25页。

置的形象出现,近似的图像还有陈裴之、汪端合像,其中汪端手持书一函,①只是陈、汪合像绘制较晚,也不知是否有底本依据,不如成于嘉庆初年的左王读书图更有纪实性。这类夫妇共同赏画读书的画作,多少有美化或想像的成分,一方面可作为读书人理想生活图景的表现,另一方面可见证女性以"正面形象"进入画作并且是与丈夫并列位置的时代。本书第八章"女性与书籍"中论及古书中女性的印迹,其中多位女性是妾的身份,毕竟略有"艳情"的意味,不如这幅读书图具有时代意义,或者是具有赵明诚李清照读书生活的经典性。无论是左王还是陈汪,两名女性皆出自知名的诗书之家,在代表清代女性方面,有阶层上的局限;然若注意胡文楷《历代妇女著作考》,看到清代有著作女性人数是此前各代(包括明代)的十几倍或几十倍增长时,就可知《密斋读书图轴》中的夫妇读书赏画至少在某一阶层中颇具代表性。王玉燕在画图中几乎被"无差别地"呈现,同时似乎隐涵一种发声的渴望。如何让"沉默的书写"说话?或者说如何"让场景、身姿或表达,重新展现出寓居在纯粹当下的圆满性"②?有可能要调适叙述的角度或体制。清代女性与书籍的关系,或者说书籍为女性开启新世界这一方面,在中国古代文化史上是令人瞩目的现象,此一现象的价值不应局限于性别研究,更有浓厚的文化史、社会生活史研究价值可以发掘,从而再现众多女性的声音。

就女性与书籍而言,或可放宽范围,不以著述为标准,留意那些略能读书的女性,然后推想她们读何书?书从何处来?家庭内书籍如何分享或流动?女性积累的书本知识如何传递给子女或其他晚辈?诸如此类的问题,可促使思考的"越界"。文字记录有特别的力量,能传递、揭示,亦能阻隔、遮掩,特别当书写记录权力掌握在以男性为中心的社会中,文献的"遮掩"更为明显。女性与书籍的关联,可单由性别出发,想象在十分有限的女性阅读记录背后,书籍可能给能读书的女性带来的惊喜与体

---

① 叶衍兰、叶恭绰编《清代学者像传》第4册,民国番禺叶氏编印本。
② [法]雅克·朗西埃(Jacques Ranciere)著,蓝江译《历史的形象》,华东师范大学出版社,2018年,第21页。

验;由性别可延及被忽略的童年与书籍的关系,底层读书人或民众与书籍的关系;由有文献记录下来的"文献文化史"可推想没有被记录下来的更为繁复的"文献文化史"。①"文献文化史"既在物质载体之中,也在物质载体之外。即使是有文献记录的"文献文化史",在不同的文献中记录也有出入,如对小说戏曲阅读的记录、对禁书流传的记录等问题,官方与民间、不同类型文献之间记录也有差别,这也意味"文献文化史"有多种选择的可能。

"整体史"的梦想

近二十年将中国古代文献置入社会文化史视野中所展开的多方面研究,可谓蓬勃兴盛,②这一展开过程,不可避免地得到新文化史、知识社会史潮流的推进和启发,也受到欧美一些书籍史研究名家的影响,③

---

① 本书多利用日记作为研究史料,然日记有其体例,不记录的不等于不存在,流水账式记录看某书不等于没有思考和反应。如第十一章论及晚清读书人看生理卫生书籍,照情理推测,心理应有丰富活动,但大多只是简要记录。江标光绪十二年三月十二日在上海格致书院购得《内科阐微》《卫生要旨》二书。(见江标著,黄政整理《江标日记》,第159页)江标为何买此新学书? 买后是否阅读? 阅读时是否有孙宝瑄式的思考? 诸如此类,只能猜想。

② 就笔者所见,近两年出版的与中国古代书籍史相关的著作有数种:曹南屏《阅读变迁与知识传播:晚清科举考试用书研究》(社会科学文献出版社,2018年)、陈昊《身分叙事与知识表述之间的医者之意:6—8世纪中国的书籍秩序、为医之体与医学身分的浮现》(上海古籍出版社,2019年)、张海英《走向大众的"计然之术":明清时期的商书研究》(中华书局,2019年),何朝晖《晚明士人与商业出版》(上海古籍出版社,2019年),李开升《古籍之为文物》(中华书局,2019年)。此外,还有本书引用过的何予明著译《家园与天下:明代书文化与寻常阅读》(中华书局,2019年);贾晋珠著,邱葵等译《谋利而印:11至17世纪福建建阳的商业出版者》(福建人民出版社,2019年);[德]鲁道夫·瓦格纳(Rudolf G. Wagner)《晚清的媒体图像与文化出版事业》(传记文学出版社,2019年)。

③ 如费夫贺(Lucien Febvre)、马尔坦(Henri-Jean Martin)、伊丽莎白·爱森斯坦(Elizabeth L. Eisenstein)、罗伯特·达恩顿(Robert Darnton)、罗杰·夏蒂埃(Roger Chartier)等。

海外汉学家的研究成果也提供诸多参考。① 近年关于中国古代印刷出版史或书籍史的研究综述,有张仲民、梅尔清、涂丰恩、何朝晖、张炜等学者的文章,其中包涵更为丰富的研究信息。② 诸多研究,皆探讨书籍或其他类型文献的著述、编辑、印刷、出版、流通、销售、阅读、收藏等等问题,且关联历史、文化、文学、日常生活等诸多层面,避免孤立地看待文献,尝试还原文献在社会文化中的多重作用和丰富意涵。有学者在十余年前指出,一些活跃在中国之外的研究者试图"编写出一部中国书籍的整体历史(histoire globale),并将此(至少是部分地)与世界上其他国家这门学科的发展联系起来"③,此举就是将中国书籍史纳入世界书籍史,从而有更宏大的"全球史"。这一设想毫无疑问,有其必要,书籍对于人类文明的贡献确实应全面重估,尤其是对于古代中国书籍而言,这一有系统的学术研究,似乎还是在起步阶段;然一旦入手做具体工作时,就会发现困难超过预想,以本书所在"中国古代文献文化史"撰写工作为例,课题组在面对各时段历史或重大问题如何展开时,虽有大致努力趋向,但各位参与者的想法也无法完全统一,只能追求"方向一致,包容众声"了。

清代文献文化史的撰写,或许可以编年,可以分期,如分三期,从清初到乾隆朝初期,乾隆朝中期到道光朝,咸同以后作为一个时段,每个时

---

① 如何谷理(Robert E. Hegel)、周绍明(Joseph P. Mcdermott)、包筠雅(Cythina J. Brokaw)、周启荣、贾晋珠(Lucille Chia)、芮哲非(Christopher Reed)、何予明、大木康、井上进等。

② 张仲民《从书籍史到阅读史:关于晚清书籍史/阅读史研究的若干思考》,见《史林》,2007年第5期;梅尔清(Tobie Meyer-Fong)《印刷的世界:书籍、出版文化和中华帝国晚期的社会》,见《史林》,2008年第4期,此文原发表于 *The Journal of Asian Studies*,第66卷第3号,2007年8月;涂丰恩《明清书籍史的研究回顾》,见《新史学》,第20卷第1期,2009年3月;何朝晖《对象、问题与方法:中国古代出版史研究的范式转换》,见《中国出版史研究》,2017年第2期;吕士远、何朝晖《近20年我国台湾地区的中国书籍史研究述评》,见《图书馆论坛》,2018年第6期;张炜《西方书籍史理论与21世纪以来中国的书籍史研究》,见《晋阳学刊》,2018年第1期。

③ [意]米盖拉(Michela Bussotti)《中国书籍史及阅读史论略:以徽州为例》,见韩琦、米盖拉编《中国和欧洲印刷术与书籍史》,商务印书馆,2008年,第58页。

段中写大书或与书有关的大事,如《四库全书》和"文字狱"。这种揭示方法或因此展现的问题,确实很重要①;然本书有意避开惊涛骇浪式叙述,有意追求一种较为平稳细致的叙写:搜集那些散落在各处的断片,或者从诸如日记"堆积式"的细碎记录中理出"头绪",寻找一种可能的连贯性。清代文献与社会当然会因为时世变化而有新貌,但总体来说,没有出现阅读革命或大众阅读之类的深刻变化,文献与其依托的社会文化还是稳定、连续地发展,故所呈现的十一章,只是长江中下游的江流或波澜,没有上游的奔涌和落差。参与撰写"中国古代文献文化史"的收获,有这样一种研究体认:"选题的目的是使人们有可能去创造,也就是去(重新)找到在特定的情况下所有必要的论述;它并不能使人发现新东西,而是可以去激活一个累积的知识,不错过合适的解决方案,或者不错过合适的问题,不遗漏任何东西。"②就本书而言,就是找到了"必要的叙述",激活了过去积累的知识,似乎也使用了"合适的解决方案"。

  文献文化史或书籍史一定有共性,然就中西比照而言,中国自有其独特性,这一独特性可能在于中国古代文献数量大、类型多,而且发挥作用广泛、恒久。就明清两代而言,其文献之丰富,蕴涵问题之繁复,足以为理解明清社会文化乃至中国传统文化开辟一条康庄大道;在研究时,可以借鉴似曾相识的书籍史、阅读史以及文本社会学(sociology of texts),然更重要的是利用这些文献,并结合中国人的文献体验,丰富、拓展、修正这些理论,并提出新的问题、创造新的方法、构建新的体系。本书在若干有内在关联的问题上已经尽力做出探索,尝试提出属于清代文献文化史独有或较为明显的问题,并由此大致勾勒文献文化史的轮廓、揭示"清代特色"。但因为本书设计方面的局限,还有众多问题要面对,还有连绵的山丘要翻越。

---

  ① 清代书籍史上的大事,可参看《中国古代文献文化史》第 7 卷《治乱交替中的文献传承》(张宗友著),其中第七章论及《四库全书》,第八章重点是晚清官书局,皆可作为本书有力的补充。
  ② [法]保罗·韦纳著,韩一宇译《人如何书写历史》,第 354 页。

附 录

一、黄丕烈藏书题跋中所见陶氏五柳居事迹辑录①

乾隆四十二年(1777)

归安丁锦鸿(即丁杰)从琉璃厂五柳居购得《尚书全解多方篇》。②

乾隆四十九年(1784)前

丁杰于五柳居见张士俊刻《佩觿》三卷。③

乾隆五十六年(1791)

"五柳居主人陶蕴辉思以《唐六典》易余所藏临陆敕先校本《国语》。"(第30页)

"余初未识是书(《续世说》)也,适邀余友钱丈景开、陶君蕴辉至家,二人皆能识古书者,因为余言是书可为秘本,余由是珍之。"(第310页)

附录:钮非石(五月十八日日记):陶蕴辉见招,具舟虎丘。同坐周香严云有不全宋本李善注《文选》,惠半农校正《大学》。④

乾隆五十七年(1792)

"有五柳居书友携是书(《天下郡国利病书》)来。"(第45页)

---

① 参考黄丕烈《黄丕烈书目题跋》,中华书局,1993年。括号内码即为该书页码。这一辑录以黄丕烈题跋所记为主,间及其他文献所录。
② 陈先行、郭立暄编著《上海图书馆善本题跋辑录》,上海辞书出版社,2017年,第15页。
③ 陈先行、郭立暄编著《上海图书馆善本题跋辑录》,第87页。
④ 钮树玉撰,罗济平校点《钮非石日记》,辽宁教育出版社,1998年,第7页。

乾隆六十年(1795)

"今兹仲冬晦日,偶至郡庙前五柳书居,案头有抄本《巨鹿东观集》。"(第177页)

"冬仲五柳书屋主人陶蕴辉购书于滋兰堂,是书(《扬子法言》)尚在,重复归余。"(第69页)

"(沈姓)一日携示五柳居主人陶蕴辉,思付装池,陶君遂怂恿售去,卒归于余。"(《游宦纪闻》题跋,第114页)

售元刊《诗外传》十卷于五砚楼。①

嘉庆元年(1796)

"余友陶蕴辉为余言向在京师见一抄本(《历代纪年》),是完好者。"

"顷从五柳书屋得一残宋本,只十一卷。"(《唐百家诗选》题跋,第393页)

售何焯手校《玉山名胜集》九卷。②

嘉庆二年(1797)

"今春陶五柳主人又以一本见示。"(《圭斋文集》题跋,第208页)

"今夏六月陶五柳主人觏一旧本于舍前,艳称之……属五柳主人代购,越日,以书来,展卷视之,古色黝然。"(《西湖林和靖先生诗集》,第175页)

嘉庆三年(1798)

"初秋,陶五柳主人复以旧抄本归余。"(《归愚集》题跋,第187页)

"五柳主人所遗。"(《弘秀集》题跋,第227页)

嘉庆四年(1799)

"陶蕴辉识得是赵灵均手迹。"(《唐御览诗》题跋,第226页)

嘉庆五年(1800)

"九月,得之五柳居。"(《赵清献公集》题跋,第318页)

刊钱德苍增辑《缀白裘新集合编》十二集四十八卷。③

嘉庆六年(1801)

"五柳居陶蕴辉思得善本《淮南》付梓,余家居无事,思为校勘,遂借袁本重校于此。"(《淮南子》题跋,第96页)

嘉庆七年(1802)

"五柳主人以书棚本《朱庆余诗集》易余番钱十圆而去,谓是兰陵缪氏物。"又谓

---

① 江澄波《吴门贩书丛谈》,北京联合出版公司,2019年,第426页。
② 江澄波《吴门贩书丛谈》,第426页。
③ 江澄波《吴门贩书丛谈》,第427页。

有《唐女郎鱼玄机诗》。(《唐女郎鱼玄机诗》题跋,第 171 页)

嘉庆八年(1803)

"余友陶君蕴辉雅善识古,……昔余所收者,大半出其手。兹复以宋刻《参寥子诗集》相示,索值白镪三十金,余亦无如之。"(第 182 页)

"今夏自都门归,五柳主人携此本示余。"(《闲闲老人滏水文集》题跋,第 320 页)

嘉庆九年(1804)

"去冬陶五柳携以示余,云是吴枚庵家所散出者……今春始以家刻《国策》十部相易,盖价亦约略可抵也。"(《游志续编》题跋,第 58 页)

"顷五柳主人从都中寄余宋板《洪氏集验方》。"(《伤寒要旨》题跋,第 80 页)

"余友陶蕴辉鬻书于都门,得大宋甲申秋杨忱序本,板宽而口黑,亦小字者,因以寄余。"(《管子》题跋,第 70 页)

"余友陶蕴辉致意,欲余缮一副本,以元刻《虞道园遗稿》相易。"(《道园遗稿》题跋,第 206 页)

"即如此《韩山人诗集》四册,无识者视之直平平无奇耳,惟蕴辉以为去年所寄《陶情集》及此韩集,两人皆是乡人,尤可宝重,不远三千里而寄我。"(《韩山人诗集》题跋,第222 页)

嘉庆十一年(1806)

五月,"顷五柳主人携示《糖霜谱》旧抄本,为清常手抄者,取勘曹刻,遂手校于上"①。(《赵万里文集》,第 350 页)

十月,陶蕴辉以汲古阁景宋抄本《周易集解》示陈鳣,索直十两。②

"五柳主人携示(《魏鹤山集》)。"(《魏鹤山集》题跋,第 319 页)

"适五柳主人应他人之求,遂留此而辍彼。"(《潜夫论》题跋,第 69 页)

"杭州书友介其族人陶蕴辉售宋刻李注《文选》于余,以此《续幽怪录》二册为副。"(《续幽怪录》题跋,第 136 页)

嘉庆十二年(1807)

"五柳主人以残刻本见遗。"(《蜀鉴》题跋,第 28 页)

"五柳主人以特识得之。……后售于五柳,得青蚨一千四百,因入余手,易朱提

---

① 这段文字见赵万里《跋明本糖霜谱》,初刊《图书季刊》新第三卷第一、二期合刊,1941年 6 月,后收入赵万里著,黄淑英、张志清、刘波主编《赵万里文集》,国家图书馆出版社,2012年,第350 页。

② 陈鸿森《陈鳣年谱(下)》,见《中国经学》第 24 辑。

卅金。"(《说苑》题跋,第 66 页)

"五柳主人自都中寄一本示余,楮墨古雅,甚为可爱。"(《寒山拾得诗》题跋,第 147 页)

嘉庆十三年(1808)

"余向闻柳文以吴门郑氏本为最善……今兹五柳主人以此二册赠余。"(《五百家注音辨唐柳先生文集》题跋,第 150 页)

"过五柳书店……(又从主人得)宋椠本王荆公《唐百家诗选》第五卷、第八卷,又第十三卷至第十六卷。"(《唐百家诗选》题跋,第 331 页)

嘉庆十四年(1809)

"余得诸五柳居书肆,昆山孔氏所藏书也。"(《青城山人集》题跋,第 223 页)

"去年(五柳)主人进京师,首以此书为属,今始带回,已为余出百二十金购之。"(《舆地广记》题跋,第 144 页)

"五柳陶君从都中寄示惠定宇先生家藏抄本。"(《圭斋文集》题跋,第 208 页)

嘉庆十五年(1810)

"会吾友五柳主人归自京,其同业必取决于彼,询之,果以六番饼易之,遂从彼取回。"(《东莱先生诗律武库》题跋,第 234 页)

"今岁夏初,五柳主人从都中归,携有全部宋刻本。"(《纂图重言重意互注毛诗》题跋,第 15 页)

嘉庆十六年(1811)

"往五柳居晤语之,主人以新收全部秘笈对,即从之借《武林旧事》归。"(《武林旧事》题跋,第 57 页)

嘉庆十八年(1813)

"中秋后八日偶过五柳居,知新从无锡人买得元刻刘须溪评点《王右丞诗》,即借归,与宋刻对。"(《王右丞集》题跋,第 148 页)

"五柳主人以柳大中手抄贞居先生诗词本见示。"(《句曲外史》题跋,第 213 页)

"五柳书居以抄本宋词四种示余,余以其皆重本,故未留,越日思之……遂复问之,索直三番,余因携归,出此《日湖渔唱》一种以校。"(《日湖渔唱》题跋,第 250 页)

"晤五柳主人,谈及新收是书,遂假归,已大除夕矣。"(《新刊古今岁时杂咏》题跋,第 381 页)

"五柳主人以宋词三册示余,余独留此册……附收《箫台词》,用毛抄本校,颇有胜于此本者。"(《箫台公余词》题跋,第 332 页)

嘉庆十九年(1814)

"去冬五柳主人族弟归(自京师),忽代购获。"(《新编翰林珠玉》题跋,第 206 页)

"五柳陶君来道喜,留之饭,座间谈及新收一旧抄本《砚笺》。"(《砚笺》题跋,第 92 页)

嘉庆二十年(1815)

"五柳主人新收洞庭山人家书一单,中有惠松崖先生藏一旧抄本,向为毛子晋家藏者。"(《唐摭言》题跋,第 120—121 页)

"余友陶蕴辉识是东涧老人书。"(《汪水云诗》题跋,第 196 页)

"校《周礼》,曾借五柳居所收小字宋本校'天官'上下卷于毛刻注疏本上。"(《周礼郑氏注》题跋,第 353 页)

嘉庆二十一年(1816)

"三月二日因祭扫祖墓,自胥门归,道经五柳居书坊分店,小憩焉。店中皆时书,以供码头生意者。惟柜外一二插架稍有旧本,遂从架上获此书"。(《避暑录话》题跋,第 112 页)

嘉庆二十三年(1818)

"因得活字本,遂动抄补之兴,托五柳主人往借艺芸书舍本新对一过。"(《文苑英华纂要》题跋,第 229 页)

嘉庆二十四年(1819)

"五柳主人郎君雅宜,邀余观香严遗书,检得此册。"(《杜东原集》题跋,第 329 页)

嘉庆二十五年(1820)

"七月二十五日,五柳主人招饮白堤,晤邵松岩。"(《须溪先生评点简斋诗集》题跋,第 376 页)

附:年代不明者

"嘉庆癸未六月四日,收于郡庙前五柳居。"①(《王建诗集》题跋,第 158 页)

"兹从武林购归,与明刻本《练川志》并得,索白金八两而去,余友陶蕴辉实玉成之。"(《诸葛忠武侯传》题跋,第 34 页)

"此抄本得诸五柳居,实嘉善人家物也。"(《中兴馆阁录》题跋,第 59 页)

"五柳主人以此本见遗,手写极工雅,知是何仲老抄本。"(《绛云楼书目》题跋,第

---

① 嘉庆年间无癸未年,此一题跋有错误。

62页)

"《刘子》有宋刊本,系小字,向为五柳居物,后以赠阳湖孙伯渊。"(《刘子》题跋,第98页)

"及余得此,余友五柳陶君复于玉峰骨董铺中获一旧抄本。"(《玉峰志》题跋,第51页)

"后于五柳居书肆见一本,印已糊涂,纸多裱托,因未购之。"(《会稽三赋》题跋,第56页)

"五柳居收得扬州蒋西圃家数种,亦有此集。"(《东维子文集》题跋,第217页)

"此册为其(朱文游)甥家藏书也。文翁故后,书籍散亡,此册为其甥所售于五柳书居者。……余重之,故允其请,而书来。其实校语无足重,旧刻差可贵尔。"(《文心雕龙》题跋,第244页)

"相传此书在卖骨董高姓铺中,陶五柳主人与我友孙蔚堂豪夺而归。"(《庶斋老学笔谈》题跋,第367页)

袁廷梼藏旧抄本《天下同文前甲集》后有跋云:"于五柳居书坊见元刻本,借归校勘。"①

---

① 《婴闇题跋》,第111页。

二、湖贾活动辑录①

顺治初年,湖州书贾持宋刻残本《杜工部集》售与毛晋。②

康熙二年(1663)五月,庄氏史案捕杀七十余人,有研究者将其分为三类,其中有负责《明史纪略》刻书、钉书者,卖书者与买书者。卖书者有叶圣基、王云蛟、陆德儒等。③ 这些卖书人很可能就是湖州人。

康熙三十四年二月,朱彝尊于西吴书贾舟中购得《明堂月令》。④

康熙三十四年三月,朱彝尊向西吴书贾访求孔武仲《书说》,未果。⑤

康熙三十八年七月,朱彝尊于湖州书贾手中购得《北堂书抄》。⑥

康熙四十七年,何焯从吴兴鬻书人购得《夏承碑》拓本。⑦

康熙三十八年八月,朱彝尊于杭州西湖书估舟中购得《易十三传》。⑧

康熙四十八年七月,朱彝尊于西吴书估舟中得溪州《桐柱记》。⑨

康熙四十八年秋,何焯从吴兴书估购得《后山先生集》旧抄残本。⑩

康熙五十二年二月,何焯跋蒋子尊从吴兴书贾所得《王半轩先生文集》旧抄本。⑪

康熙五十三年五月,查慎行从西吴书估购得《刑统赋解》旧抄本二卷。⑫

康熙五十九年前,杨宾撰《为书贾邵孔贤醵金引》。⑬

---

① 此处所录,以湖贾为主,兼及少数籍贯不明,但可能是浙贾甚至湖贾的业书者。钱氏事迹,见正文,故此处不重复。
② 陈先行、郭立暄编著《上海图书馆善本题跋辑录》,第517页。
③ 白亚仁《江南一劫:清人笔下的庄氏史案》,浙江古籍出版社,2016年,第88页。
④ 张宗友《朱彝尊年谱》,第409页。
⑤ 张宗友《朱彝尊年谱》,第410页。
⑥ 张宗友《朱彝尊年谱》,第444页。
⑦ 何焯《义门先生集》卷八,道光三十年姑苏刻本。
⑧ 张宗友《朱彝尊年谱》,第444页。
⑨ 张宗友《朱彝尊年谱》,第565页。
⑩ 张金吾《爱日精庐藏书志》,第515页。
⑪ 何焯《义门先生集》卷九。
⑫ 张金吾《爱日精庐藏书志》,第338页。
⑬ 杨宾著,柯愈春主编《杨宾集》,第178页。

乾隆三十八年十一月,孔继涵于琉璃厂五柳居陶氏得《后汉书》一百二十卷。①

乾隆四十年,鲍廷博从苕估购得《千顷堂书目》。②

乾隆四十三年秋,鲍廷博于吴兴书贾购得《闻见录》《甲申录》。③

乾隆四十三年,陈鳣从苕贾购得抄本《啸堂集古录》,乃陈昂涌石山房抄藏者。④

乾隆四十六年十月,陈鳣馆于浙江海盐武原镇倪氏,有吴兴书贾持《读书敏求记》旧抄本相示。⑤

乾隆四十七年孟夏,莫尔昌于织里书估得明校抄本尹洙《河南先生文集》。⑥

乾隆四十八年十月十一日,苕估持《唐音七签》向吴骞求售。⑦

乾隆四十九年,吴骞教馆海盐,有苕贾持陈书巢旧藏《南部新书》抄本相示。⑧

乾隆五十五年,张金吾于苏州陶氏五柳居购得影宋抄本《营造法式》三十六卷。⑨

嘉庆六年十一月廿二日,金芝原从湖贾处购书。"吴兴书贾林姓、高姓以法帖字画来看,了无佳者,以百钱买王元章《竹斋诗集》二本。"廿四日,"书贾高姓包上,买扫叶山房刻《南宋书》一部十本,抄本《唐诗类苑》四本,共番镪三元。"⑩

嘉庆七年八月初五,金芝原"至五柳居,晤陶蕴辉,借《绮楼重梦》一部。""初六日,陶蕴辉以仇实甫画洛神卷轴见示,有文体承小楷《洛神赋》及王友如跋。书画俱精品也。"

嘉庆八年八月初十日,金芝原"至五柳居,还《江湖集》及《四书》、唐诗书价"⑪

嘉庆九年八月初十,金芝原"往五柳居取知不足斋第二十二集。"⑫

---

① 王国维《传书堂藏书志》,第169页。
② 刘尚恒《鲍廷博年谱》,第46页。
③ 鲍廷博撰,周生杰、季秋华辑《鲍廷博题跋集》,第32页。
④ 陈鸿森《陈鳣年谱新编(上)》,见《中国经学》第22辑。
⑤ 陈鸿森《陈鳣年谱新编(上)》。
⑥ 王国维《传书堂藏书志》,第927页。
⑦ 吴骞著,张昊苏、杨洪升整理《吴兔床日记》,第12页。
⑧ 陈鸿森《陈鳣年谱新编(上)》。
⑨ 王国维《传书堂藏书志》,第444页。
⑩ 金芝原《蔬香馆日记》,台北"国家图书馆"藏稿本。
⑪ 金芝原《蔬香馆日记》。
⑫ 金芝原《蔬香馆日记》。

嘉庆十年二月,周锡瓒于湖州书贾得抄本《刘涓子鬼遗方》五卷。①

嘉庆十年,姚觐元"在嘉兴鸳湖书院从书估韦友借抄(《尔雅新义》二十卷),谓系丁学全藏本。"②

嘉庆十一年十一月,苕估携李映碧抄本《姓氏札记》二十余册向吴骞求售。③

嘉庆十五年八月,"苕估携李是庵画佛幡八幅"向吴骞求售。④

嘉庆十六年十二月,吴骞自苕估处买得旧抄《霏雪录》。⑤

嘉庆十六年,汪喜孙于江都见吴兴书贾持售《金石录》。⑥

嘉庆二十年秋,钱大昕跋《楚国文宪公雪楼程先生文集》,称其访此书二十年未获,"归田后,始得之西吴书估舟中"。⑦

道光十年六月,张廷济于湖州书贾陈桂堂处见抄本《金石录》。⑧

道光十五年,海盐马玉堂跋明抄本《东国通鉴》:"书友顾培珍为余言,曾在嘉禾博古堂见旧抄本八册,亦有缺卷,后归王江泾杨成斋广文。"⑨

道光十七年,苕估携写本数种至海宁湻溪,吴昂驹选购搜访多年的《得树楼杂抄》十五卷。⑩

道光十九年正月廿二日,潘道根日记:"湖州书贾郑慰昌来,以钱七百文得郑晓《吾学编》十二本;《藤华亭十种》,顺德梁廷枏、章冉撰;《论语古训》《南汉书》诸种;《周濂溪先生集》四卷;《青云洞遗书》四本,晋绛谢莲仙著。"⑪

道光二十一年,陈鳣"客作武原,遇吴兴书贾,以旧抄本《读书敏求记》相示。"⑫

道光二十三年十一月十五日,龚绺熙日记云:"湖州书贾郑鸿音携来元秘

---

① 严绍璗《日藏汉籍善本书录》,第923页。
② 姚觐元《咫进斋善本书目》,中华书局,2017年,第20页。
③ 吴骞著,张昊苏、杨洪升整理《吴兔床日记》,第194页。
④ 吴骞著,张昊苏、杨洪升整理《吴兔床日记》,第226页。
⑤ 吴骞著,张昊苏、杨洪升整理《吴兔床日记》,第243页。
⑥ 陈先行、郭立暄编著《上海图书馆善本跋辑录》,第300页。
⑦ 苏州图书馆编著《苏州图书馆藏善本题跋》,国家图书馆出版社,2018年,第300页。
⑧ 陈先行、郭立暄编著《上海图书馆善本题跋辑录》,第306页。
⑨ 王国维《传书堂藏书志》,第326页。
⑩ 查慎行纂《得树楼杂抄》卷首,民国刻《适园丛书》本。
⑪ 潘道根著,罗瑛整理《潘道根日记》,第149页。
⑫ 钱曾原著,管庭芬、章钰校证,傅增湘批注《藏园批注读书敏求记校证》,第478页。

□□□(三字残缺),字迹颇可,余以番银一饼易之。"①

道光二十四年六月十三日,潘道根日记:"书贾湖州闵生来,以其触热而至,购《古诗源》一部、《西域闻见录》一部,凡三百六十文。"②

道光二十四年冬,湖州书贾欲向沈阆崑出售《唐余纪传》。③

道光二十六年九月,管庭芬从茗估购得《碧箫词》刻本一册。④

道光二十六年,沈阆崑于湖州书贾书船中购得《唐余纪传》。⑤

道光二十九年,章绶衔从茗贾购得清初抄本《贞居词》。此前,马二楼藏书流入茗贾。⑥

咸丰五年八月,"湖州书友来松,持有《楝亭十二种》不全本,曰《法书考》,曰《琴史》,曰《梅苑》,曰《禁扁》,凡四种"。韩应陛得《法书考》八卷。⑦

咸丰五年秋,湖州书贾邵氏售韩应陛清抄本《雪林删余》。⑧

咸丰七年十一月,韩应陛从"湖州书友顾姓"处获明抄本《水经注》四十卷。⑨

咸丰八年二月,"湖州书友持来汲古本影抄本(《谢宣城诗集》五卷),索价二十四千",韩应陛未购。⑩

咸丰八年七月,韩应陛从嘉禾书估得旧抄本《南隽居士读易或问大旨》。⑪

咸丰八年十二月,蔡孙峰题《周礼》六卷附《考工记》云:"邱书贾以马云屏校本来售。"⑫

咸丰八年十二月,韩应陛得明抄本《周易参义》于苏州书友。⑬

咸丰十年十二月管庭芬日记:"余友人中善藏书者为丰山马氏、硖川蒋氏,各富

---

① 龚缙熙《镜墀轩稿》上册,南京图书馆藏稿本。
② 潘道根著,罗瑛整理《潘道根日记》,第250页。
③ 陈先行、郭立暄编著《上海图书馆善本题跋辑录》,第134页。
④ 管庭芬著,张廷银整理《管庭芬日记》,第1241页。
⑤ 陈先行、郭立暄编著《上海图书馆善本题跋辑录》,第134页。
⑥ 陈先行、郭立暄编著《上海图书馆善本题跋辑录》,第824页。
⑦ 邹百耐纂《云间韩氏藏书题识汇录》,第103页。
⑧ 陈先行、郭立暄编著《上海图书馆善本题跋辑录》,第598页。
⑨ 邹百耐纂《云间韩氏藏书题识汇录》,第32页。
⑩ 邹百耐纂《云间韩氏藏书题识汇录》,第115页。
⑪ 邹百耐纂《云间韩氏藏书题识汇录》,第4页。
⑫ 姚觐元《咫进斋善本书目》,第11页。
⑬ 邹百耐纂《云间韩氏藏书题识汇录》,第2页。

宋元秘异之本。然笏斋(丰山马玉堂)身没未周,尽为苕估赚去。"①

咸丰十年七月,管庭芬从苕估借抄《边镇题名考》一卷,又借抄苕估所持黄易《访碑图》题识。②

同治十年三月,唐翰题得拜经楼手抄本《皇氏论语义疏参订》于湖估书船。③

光绪七年六月,湖州书贾郑氏向赵烈文持售《酌中志略》抄本。④

光绪十一年九月,江标见湖贾侯念椿,"(侯)乃钱听默、陶五柳之流,道咸诸老尚多见及,于古书转辗之源流颇悉"⑤。

光绪十四年前,宗源瀚从湖州书贾购得雍正四年刻本《读书敏求记》。⑥

光绪二十年前后,莫棠从湖州书船购得《文瑞楼书目》稿本。⑦

光绪二十四年秋,莫棠从湖州书船购得钱陆灿批明刻本《礼记》。⑧

光绪二十六年夏,孙铨伯从湖州书船购得明嘉靖十七年刻本《横渠先生易说》。⑨

乙卯十二月,姑余徐葵从吴兴书贾郑甫田借得宋建安余腾夫所刊永嘉先生标注《张文潜先生集》。⑩

---

① 管庭芬著,张廷银整理《管庭芬日记》,第1674页。
② 管庭芬著,张廷银整理《管庭芬日记》,第1659页。
③ 沈津《中国珍稀古籍善本书录》,广西师范大学出版社,2010年,第15页。
④ 陈先行、郭立暄编著《上海图书馆善本题跋辑录》,第167页。
⑤ 江标著,黄政整理《江标日记》,第133页。
⑥ 陈先行、郭立暄编著《上海图书馆善本题跋辑录》,第280页。宗源瀚题识中称在光绪己未年购,然光绪无己未年,咸丰九年为己未年,系于次年,似不妥。故据上下文,暂定为光绪十四年前。
⑦ 陈先行、郭立暄编著《上海图书馆善本题跋辑录》,第282页。
⑧ 陈先行、郭立暄编著《上海图书馆善本题跋辑录》,第35页。
⑨ 陈先行、郭立暄编著《上海图书馆善本题跋辑录》,第5页。
⑩ 傅增湘《藏园群书经眼录》,第1187页。

三、四库馆私家录副史实

乾隆三十七年前后

邹炳泰于四库馆抄录《唐才子传》八卷、《慧山记》二卷、《苏氏演义》十卷、《溪堂集》二卷。

乾隆三十八年

邹玉藻从《永乐大典》中辑出《尚书全解·多方》一卷。丁杰于琉璃厂五柳居见此书,遂抄录。①

钱大昕(非四库馆臣),抄录《易类稽览图》《宝刻类编》《中兴学士院题名》,藏之行箧。②

乾隆三十八年前后

周永年于四库馆抄录《斜川集》。周氏为鲍廷博抄录《金楼子》,又借馆中书属桂馥为《四部考》。

戴震入四库部充校勘《永乐大典》纂修兼分校官,从四库馆抄录《九章算术》九卷、《海岛算经》一卷。

邵晋涵于四库馆抄录《唐律疏议》三十卷、《大隐集》十卷。

乾隆三十八年至四十一年间

程晋芳于四库馆抄录王安石《周官新义》十六卷、程公说《春秋分记》九十卷、刘祁《归潜志》十四卷。

翁方纲此年入翰林院,抄书或自此开始。翁方纲《翁氏家事略记》:"自癸巳春入院修书,时于翰林院署开四库全书馆,以内府所藏书发出到院,及各省所进民间藏书,又院中旧贮《永乐大典》内有摘抄成卷、汇编成部之书。"③

乾隆四十年

孔继涵(非四库馆臣)于四库馆抄录《咸淳临安志》一百卷(存九十三卷)、《元宪集》四十卷(据四库馆臣刘湄抄本)、《石初集》十卷附录二卷、《舆地广记》三十八卷。

---

① 此条据史广超《〈永乐大典〉辑佚述稿》补,见该书第131页。
② 此条据史广超《〈永乐大典〉辑佚述稿》补,见该书第149页。
③ 郑伟章《文献家通考》,第381页。

乾隆四十一年

孔继涵于四库馆抄录《九国志》八卷①、《春秋会义》十二卷、《建炎以来朝野杂记》甲集二十卷乙集二十卷、《李侍郎经进六朝通鉴博议》十卷、《阆风集》十二卷、《丹阳集》二十四卷。

乾隆四十二年

孔继涵于四库馆抄录《归闲述梦》一卷、《金楼子》六卷、《张于湖集》八卷附录一卷、《咸平集》三十卷、《敏求机要》十六卷。② 另抄录《元和郡县志》、《新定九域志》、《宋景文集》六十二卷补遗一卷附录一卷、《日涉园集》五卷，因具体年份不可考，暂系于此。

孔继涵为程晋芳在四库馆抄得《舆地广记》三十八卷，此本乃据鲍士恭家进呈本。

纪昀抄录《宝刻丛编》八卷赠李文藻。是书从《永乐大典》辑出。

乾隆四十三年

陆锡熊假四库馆本，属楷书手抄《玉笥集》。

乾隆四十四年

祝堃于四库馆抄录《芦浦笔记》十卷。

邵晋涵于四库馆抄录张镃《南湖集》十卷，朱文藻传抄携归鲍廷博。

乾隆四十五年

吴长元（非四库馆臣）于四库馆抄录宋项安世《平庵悔稿》十四卷、《丙辰悔稿》一卷、《悔稿后编》六卷。

吴长元于四库分校官处借得《斜川集》并录副。

乾隆四十五年至五十二年

法式善乾隆四十五年中进士第，旋充武英殿分校；四十六年散馆授职检讨，帮办清秘堂事，充提调；五十二年充文渊阁详校官。所撰《宋元人集抄存序》称在此期间所得宋人集四十一家三百二十八卷，多于四库馆录副。

---

① 此书邵晋涵从《永乐大典》中亦抄一部，邵氏为四库馆纂修官。见钱大昕《竹汀先生日记抄》，第18页。

② 张升指出国家图书馆善本部所藏《吕忠穆公年谱》一卷、《勤王记》一卷、《遗事》一卷、《逢辰记》一卷，为乾隆四十二年孔继涵抄本，乃同年周林汲编修抄付者。张升《〈永乐大典〉流传与辑佚研究》，第171页。

乾隆四十五年至五十四年间

沈叔埏入四库馆充武英殿分校，可能从四库馆抄录书籍不下二十种，然除毛滂《东堂集》《都官集》《老圃集》外，多未明言。

丁杰于四库馆抄录《夏文庄公集》三十六卷，赠送孔继涵。

黄钺于四库馆抄录宋李从周《字通》。

乾隆四十六年至四十七年秋

李调元经由翰林院诸友朋借四库馆书，雇抄书人誊写。

乾隆四十六年及其后

赵怀玉于四库馆录《四库全书简明目录》二十卷、《旧五代史》一百五十卷、《蓝山集》六卷。

乾隆四十七年

冯敏昌雇书手抄录《明儒言行录》十卷。

乾隆四十七年前后

翁方纲从四库馆传抄吕大临《考古图》十卷、《续考古图》五卷及《释文》一卷、程公说《春秋分记》九十卷、苏过《斜川集》六卷。

乾隆四十九年

周广业分校续写《四库全书》，抄录《绀珠集》十三卷。

吴长元从翰林院（四库馆场地之一）传抄元耶律铸《双溪醉隐集》。

彭元瑞于四库馆抄校从《永乐大典》辑出的《庆元党禁》。

乾隆朝（年代不明）

纪昀于四库馆录《燕丹子》副本赠孙星衍。

彭元瑞抄录《东家杂记》二卷。此书乃四库馆中的进呈副本，彭氏据以录副。①

---

① 四库馆私家抄书录副史实，杨洪升搜辑用力甚勤；然可略补"次一等"的史料一则。周震荣，乾隆十七年举人，官永清知县。章学诚《周筤谷别传》云："……暇日辄读书。永清去京一舍，购书都市，兼车累篋，或借抄馆阁。县吏无事，多役使缮书。"张升对《"四库"大典本录副本》有专门研究，见张升《〈永乐大典〉流传与辑佚研究》，第167—179页。张升在此研究上，又有修订本《四库馆的私家录副现象》，收入张升《四库全书馆研究》第八章，北京师范大学出版社，2012年。

四、阅读、抄写文澜阁《四库全书》史实

乾隆六十年，谢启昆任浙江按察使，"得观文澜阁中秘之书，经始采辑为《小学考》"。①

乾隆六十年七月二十八日，鲍廷博偕赵魏至文澜阁取《四库全书》本校《彝斋文编》。②

乾隆六十年八月初四日，鲍廷博至文澜阁校《老圃集》《洪龟父集》《泠然斋诗集》《金陵杂咏》《蒙隐集》。③

乾隆六十年八月初五日，鲍廷博偕赵魏至文澜阁校《溪堂集》。④

乾隆六十年，阮元任浙江学政，焦循协助阮元抄得文澜阁《四库全书》中的《测圆海镜》《益古演段》。⑤

嘉庆四年，谢启昆至文澜阁。"毕宫保《史籍考》之稿将次零散，仆为重加整理，更益以文澜阁《四库全书》，取材颇富，视旧稿不啻四倍之。"⑥

嘉庆十二年，刘凤诰至文澜阁取书多种校《五代史记注》。⑦

嘉庆九年至十三年间，鲍廷博至文澜阁补抄《竹谱详录》序一篇。⑧

嘉庆十八年，江苏清河苏秉国旅杭州，得读文澜阁书，改定所著《周易本义》。⑨

道光十年，福建修方志，设志局，"因博搜前代载籍，近者假之士大夫，远者借抄于越中文澜阁及天一阁，于是桑梓遗文雅记，往往颇出"⑩。《苏魏公文集》大约于此前后从文澜阁录出，是集先后录三副本。

---

① 谢启昆《小学考》卷首，《续修四库全书》第 922 册，第 4 页。
② 鲍廷博撰，周生杰、季秋华辑《鲍廷博题跋集》，第 215 页。
③ 鲍廷博撰，周生杰、季秋华辑《鲍廷博题跋集》，第 213 页，253 页，255 页，149 页。
④ 鲍廷博撰，周生杰、季秋华辑《鲍廷博题跋集》，第 145 页。
⑤ 王章涛《阮元年谱》，黄山书社，2003 年，第 82 页。
⑥ 谢启昆《复孙渊如观察(乙未)》，见《树经堂文集》卷四，《清代诗文集汇编》第 392 册，第 499 页。
⑦ 刘凤诰《五代史记注识语》，见《存悔斋集》卷十二，《清代诗文集汇编》第 467 册，第 257 页。
⑧ 鲍廷博撰，周生杰、季秋华辑《鲍廷博题跋集》，第 111 页。
⑨ 张慧剑《明清江苏文人年表》，第 1362 页。
⑩ 陈寿祺《闽都记序》，见《左海文集》卷六，《清代诗文集汇编》第 499 册，第 303 页。

  道光十五年,钱熙祚带人至文澜阁校书八十余种,抄书四百三十二卷。①
  道光十七年夏,屠筱园为钱泰吉在文澜阁抄得《西汉年纪》。②
  约道光十七年,朱绪曾得文澜阁传抄本《金陵百咏》。③
  道光十九年、道光二十年,钱熙泰等至文澜阁校书。④
  道光二十二年六月,劳权传抄文澜阁本《李相国论事》六卷。⑤
  道光二十年七月,钱泰吉从文澜阁借出《史记正义》校正。⑥
  咸丰五年九月,许瀚至文澜阁抄借、阅读书数十种。"重阳后抵杭,腊初北旋。在学使子苾阁学署居八十日,日与讨论金石文字,兼抄借文澜书校订私本,计校过《广川题跋》《研北杂志》《潜邱札记》……又假阅阁中未见书数十种。"⑦
  同治年间,董沛至文澜阁阅书,辑《甬上宋元诗略》。"(董沛)遍读家藏书,复求之同县烟屿楼徐氏,抱经楼卢氏、天一阁范氏,继至杭州,借文澜阁书阅之,辑《甬上宋元诗略》十六卷……凡二百八十余人,较杲堂《耆旧集》宋元两代多至八倍。"⑧
  光绪十年,陆心源以文澜阁本校抄本《圣宋文选》三十二卷。⑨
  光绪十九年,王棻致丁丙函云:"近年以来搜集吾台文献,而四库所有敝庐所无者,尚有数种,如《周易爻变义蕴》《阆风集》《桧亭集》,其最要者也。今阅访目,知此三种阁中皆有藏本。欲恳阁下为雇写官逸书副本,交原友夏子英茂才带归。所需纸墨薪资,当交妥友寄奉。"(见《柔桥文抄》卷十一)⑩

---

① 张文虎《孤麓校书图记》,见《舒艺室杂著》乙编卷下,《续修四库全书》第1535册,第264页。
② 钱泰吉《甘泉乡人稿》卷七,《清代诗文集汇编》第572册,第87页。
③ 朱绪曾《开有益斋读书志》卷五,中华书局,1993年,第84页。
④ 张文虎《孤麓校书图记》,见《舒艺室杂著》乙编卷下,第264页。
⑤ 缪荃孙《艺风藏书记》卷四,中华书局,1993年,第196页。
⑥ 钱泰吉《甘泉乡人稿》卷五,《清代诗文集汇编》本,第53页。
⑦ 汤蔓媛编《傅斯年图书馆善本古籍题跋辑录》,"中央研究院"历史语言研究所,1998年,第218页。
⑧ 杨钟羲《雪桥诗话续集》卷二,见《雪桥诗话全编》,人民文学出版社,2011年,第853页。
⑨ 王国维撰《传书堂藏书志》,第1298页。
⑩ 石祥《杭州丁氏八千卷楼书事新考》,上海古籍出版社,2011年,第105页。

五、《竹汀先生日记抄》卷一所见钱大昕借读、经眼古书情况表

	从黄丕烈处借	从其他藏书家处借
1	黄荛圃以江少虞《事实类苑》送阅。	卢抱经(卢文弨)以校定熊方《后汉书年表》样本见示。
2	晤黄荛圃,见其所得《三历撮要》一卷。	借读陈季立(第)《毛诗古音考》四卷、《屈宋古音义》三卷。
3	黄荛圃过谈,言《史记》有宋乾道蔡梦弼本及耿氏本。	海宁吴槎客(吴骞),以元中统二年(1261)刻《史记索隐》本见示。
4	黄荛圃出示《政和五礼新仪》、《大金集礼》、段昌武《毛诗集解》、宋咸注《孔丛子》、《大唐西域记》、郑世子《瑟谱》十卷。	陈云涛舍人,招同汪竹香、张秋涛,观宋抄《司马温公集注扬子太玄》。
5	黄荛圃来,以唐秘书省正字徐寅《钓矶文集》见借。	镜涛(瞿中溶)以《明万历八年大统历》残本见示。
6	晤黄荛圃,见宋淳熙三年抚州公使库本《礼记音义》,又惠松厓《山海经补注》一本。	晤袁又恺(袁廷梼),借得李仁甫《续通鉴长编》第一函,即《永乐大典》内抄出之本也。
7	黄荛圃示宋刻《后汉书》。	借严豹人(严蔚)抄本《龙龛手鉴》四卷。
8	答黄荛圃,观其所藏宋刻《周益公集》不全本,《李梁溪集》亦不全。借《唐大诏令》八本。	张冲之来谈,借得《咸淳临安志》十六本,乃从卢学士校本借抄者。
9	黄荛圃斋中,见宋刻《旧唐书》不全本。	晤袁又恺(袁廷梼)、臧在东,见宋板《尔雅疏》。
10	借黄荛圃所藏元刻《金华黄先生潜文集》不全本。	顾安道过谈,送龚璛《存悔斋诗》一本。又借得淳熙耿氏刊本《史记》。
11	晤黄荛圃,观《揭文安公文粹》。	借王氏宋板《说文》。
12	黄荛圃出示宋小字《说文》,与述庵家藏本无异。	晤顾安道,见宋椠《经典释文》一本。又《春秋左传释文》《礼记释文》两种,亦宋刻。并见《史记》一部。

续　表

	从黄丕烈处借	从其他藏书家处借
13	黄荛圃过谈，云新得北宋本《仪礼疏》五十卷。	周漪塘（周锡瓒）过谈，借《后村居士集》五十卷。
14	黄荛圃过谈，借得《秘书监志》抄本四册。	晤顾抱冲（顾之逵），观所藏《五经文字》《九经字样》。
15	晤黄荛圃，见元板《困学纪闻》。	晤袁又恺，见宋刻朱文公《诗集传》。又《地理指掌图》三册。
16	晤黄荛圃，见《史记》南宋大字板不全本，又有《后汉书》南宋板，亦不全。	晤江叔沄（江声），见柯本《史记》，明嘉靖四年金台汪谅刻。
17	黄荛圃示宋板不全《左传》二部。	借袁又恺所得《玉峰志》上中下三卷。
18	晤黄荛圃、周漪塘，观宋板《仪礼注》小字本。	晤周漪堂，见其所藏南宋大字本《两汉书》不全本。
19	黄荛圃过谈，言所观《汉书》宋板湖北庾司本。	借李心传《建炎以来系年要录》二百卷。
20	读黄荛圃所藏元统元年《进士录》。	借袁氏《三朝北盟会编》抄本。
21	借黄荛圃《平水新刊韵略》五卷。	借戈氏（戈宙襄）所藏《永乐实录》百三十卷。
22	荛圃过谈，云有宋人所刊《国朝二百家名贤文粹》。又见宋刻《龙龛手鉴》三本。	借《明宣德实录》凡百廿十卷。
23	读黄荛圃所藏宋刻《列子》小字本。	晤周漪塘，见《论语注疏》本。
24	观黄荛圃所藏元板《石田先生文集》十五卷，又宋板《荀子》。	晤袁又恺，见徐锴《篆韵》不全本。
25	晤黄荛圃，见抄本《翰林珠玉》六卷	晤周漪塘，见旧椠本《广韵》。
26	黄荛圃云得宋板《历代纪年》。	晤周漪塘，见《大金集礼》四十卷。
27	借黄荛圃所藏宋刻《魏鹤山集》。	严久能（严元照）以宋刻陆宣公《翰苑集》见示。
28	黄荛圃以《新定续志》见示。	晤顾千里（广圻），见元赋《青云梯抄》三册。

续　表

	从黄丕烈处借	从其他藏书家处借
29	黄荛圃以《运使复斋郭公言行录》及《编类运使复斋郭公敏行录》共二册见示。	严久能以宋板《夷坚志》四册见示。
30	观黄荛圃所藏宋椠棋谱,李逸民撰,名曰《忘忧清乐集》。	李尚之来谈,借得《测圆海镜》十二卷。
31	晤黄荛圃,观宋本《史记》。	顾抱冲过谈,云有李焘《长编》《宋二百家〈文粹〉》及宋椠《李壁注王介甫诗》《施元之注苏诗》不全本。
32	读黄荛圃新刻宋剡川姚氏《战国策》本。	晤周漪塘,见毛氏影金刻抄本成无己《伤寒论》十卷,又《伤寒明理论》二册。(皆黄荛圃所藏)
33	晤黄荛圃过谈,云见《司马温公集》南宋刻本八十卷。	借戈小莲(戈宙襄)《江湖小集》。
34		读叶石君《金石文随录》手稿,六大册,何梦华(何元锡)家藏。
35		晤何梦华,借读王象之《舆地纪胜》二百卷。
36		观刘疏雨所藏徐天麟《两汉会要》、岳珂《愧郯录》。
37		借周漪塘宋板《汉书》残本三种。
38		借周漪塘牟𪩘《陵阳先生集》廿四卷,又宋板大字《汉书》残本。
39		晤周漪塘,见宋本《白氏六帖》。
40		观吴门陶文学松如所藏竹垞手书《明诗综》残稿卷子。

六、《黄丕烈先生年谱》和《年谱补编》所见黄丕烈交游、雅集唱和、作诗情况表

a代表姓名及活动；b代表交往次数；c代表年份

a\b\c	钱大昕	顾广圻	顾之逵	吴翌凤	袁廷梼	钮树玉	潘奕隽	石韫玉	瞿中溶	尤兴诗	周锡瓒	陈鳣	张绍仁	何梦华	汪滢云	鲍廷博	李福	吴骞	蒋寅	顾莼	沈钦韩	彭希郑	张吉安	张金吾	段玉裁	夏文焘	陈鸿寿	孙星衍	黄氏雅集唱和	黄氏诗作
乾隆五十七年	1	1																												
乾隆五十八年		1		1			1									1														
乾隆五十九年	2		1		9		2									2														1
乾隆六十年	2	3	3		5		2																							2
嘉庆一年		1	2		1	2					4									1										
嘉庆二年	3	2	2		1			1			1																			
嘉庆三年		1		1	2		1		2	1			1			1				1	1								2	1
嘉庆四年	2	4		2	4	1		1			1				1	1										2	2	1	5	7
嘉庆五年	2	2			2	1	2	1		2			2	1										2			1	3	2
嘉庆六年		6			3			4		2		1	2			3						1	1	1			3		
嘉庆七年	1	4					2			3	2		2										1				2		
嘉庆八年	2	4			1				2										1									3	
嘉庆九年		3		3	1				5	2		2				1	2	1										2	1
嘉庆十年		3			1		1		1	5	2																	4	5
嘉庆十一年							1		1	1			1	1														3	
嘉庆十二年		5			1	2	1		1	2	5	1			1	1												1	1
嘉庆十三年		1																										1	4
嘉庆十四年										3	1	2			1					1									8
嘉庆十五年						1					2			1	1										1			2	4

续　表

a\b\c	钱大昕	顾广圻	顾之逵	吴翌凤	袁廷梼	钮树玉	潘奕隽	石韫玉	瞿中溶	尤兴诗	周锡瓒	陈鳣	张绍仁	何梦华	汪瀚云	鲍廷博	李福	吴骞	蒋寅	顾莼	沈钦韩	彭希郑	张吉安	张金吾	段玉裁	夏文焘	陈鸿寿	孙星衍	黄氏雅集唱和	黄氏诗作
嘉庆十六年					3	2	3		1	1													1		1				7	11
嘉庆十七年							2																				1		1	2
嘉庆十八年				5		1	2									1													1	10
嘉庆十九年				3		1			1	2	7																		2	3
嘉庆二十年				5		2			1		4					1							2						1	1
嘉庆二十一年					1	1	2		1							1							2	1					3	3
嘉庆二十二年					4	4	1																1				1		11	13
嘉庆二十三年						1			1																				1	
嘉庆二十四年					1	1			3			3	1										1	1					3	15
嘉庆二十五年					2	2						1	1												4					2
道光一年					2	1	1		1									2		1	1	2							8	13
道光二年					3	3						1								2	2	2								14
道光三年					8	5	6		7	1	6							1	2	3	6	2							12	18
道光四年							1		2	2											1	4							4	20
道光五年							3		1	2											2								9	32
总计	19	35	8	19	12	28	29	31	21	12	37	28	26	10	6	5	11	6	8	7	6	10	20	5	6	7	5	6	88	198

七、为黄丕烈绘图的文士或画家①

1. 改琦(1774—1829)，字伯蕴，号七芗，家松江。诗画皆天授，工人物、佛像、仕女，笔姿秀逸，山水、花草、兰竹小品，亦皆本之前人，而运思迥别。尝取蒋捷句绘《少年听雨图》，题者甚众。嘉庆二十一年作《红楼梦图咏》。著《玉壶山人集》。(第335页)

2. 陶赓，字筠椒，吴县诸生。善鉴别，精隶楷。画兰宗文征明，与李子仙(福)友善。向来吴郡画兰多俗派，赓独悉师古而又参之书法，洒然落笔，便觉尘土一清。(第965页)

3. 陆鼎，字玉调，号铁箫，元和布衣。性无俗好，嗜酒健谈。善山水，宗董、巨及元四家，花鸟似沈周、陈道复，人物、佛像、仕女，不为绳墨所拘。其白描大士，一笔萦拂，缕缕若春蚕之吐丝。擅篆书，精篆刻，工诗，有《梅叶山房集》。(第980页)

4. 王学浩(1754—1832)，字孟养，号椒畦，江苏昆山人，乾隆五十一年举人。为人恬淡旷适，山水得王原祁正传，结体精微，笔力苍古。中年兼涉写生，赋色极淡，自言略得元人苍古之趣。晚年专用破笔，雄浑苍老，脱尽窠臼，画格为之一变。工诗书。(第132页)

5. 陈鸿寿(1768—1822)，字子恭，号曼生，钱塘人。诗文书画皆以资胜，篆刻继西泠四家。画山水多不著意，翛然意远，在姚云东(公绶)、程孟阳(嘉燧)间。亦工花卉、兰竹。宰溧阳时，与钱叔美(杜)、改七芗(琦)合作《桑连理馆主客图》，郭麐为文纪之。著有《桑连理馆诗集》《种榆仙馆印谱》。(第1047页)

6. 汪潮生(1777—1832)，字汝信，号余泉，江都诸生。工花卉，精填词，有《昉溪渔隐词》《秋隐庵集》。(第459页)

7. 徐云路，字起万，号懒云，昆山诸生。工诗文，尤长于词，画梅师法王冕，客吴门董琢卿家，年六旬。著《酿花居集》。(第718页)

8. 吴翌凤(1742—1819)，字伊仲，号枚庵，长洲人。善楷书，尤工丹青，所写山水、花卉，靡不入古，与王宸交善，山水法倪瓒，萧疏淡远。乾隆四十九年尝自画借书

---

① 诸家小传，均辑自俞剑华《中国美术家人名辞典》(修订本)，上海人民美术出版社，1981年。括号内页码即为该书页码，所辑文字较原文有删减。据苏州博物馆李军先生指出，16位画家之外，还有胡骏声、翁雒、陶怀玉。

图,写枯树四五株,矮屋一间,一童负书归,绝似倪瓒。著《与稽斋丛稿》。

9. 汪梅鼎,字映雪,号瀚云。安徽休宁人。乾隆五十八年进士。诗、书、画无一不工。以时人画山水多规模娄东,乃独开生面,高简得宋、元人神髓。有《瀚云诗抄》。(第455页)

10. 吴增,字益之,号竹虚。钱塘人,家苏州。善画山水,兼得沈周、董其昌两家神味,间作花卉兰竹,悉有致。陈文述在常熟为柳如是修墓,属其写《蘼芜香影图》以纪之。(第309页)

11. 瞿中溶(1769—1842),字镜涛,号木夫。嘉定人,嘉庆十九年进士。博综群籍,尤邃金石之学。行楷学六朝,篆、隶有法度,刻印得汉人神髓。善画花卉,师陈率祖而参以己意,脱略简老,在沈周、徐渭之间。著作有多种。(第1488页)

12. 李慧生,吴县人,李福女,同郡黄美镐妻,工花卉。(第402页)

13. 周笠,吴县人,能诗画,初工写真,后专门花卉、山水,均摹沈周。山水淡远秀韵,花卉赋色妍雅。其自写《韵兰草堂图》,题者数百人,尤为时所称。(第491页)

14. 顾莼(1765—1832),字希翰,号南雅,长洲人。嘉庆七年进士,书工楷法,师欧阳询。少好诗古文,晚岁画宗杨补之,水仙似赵孟坚,墨梅古趣洋溢,墨兰雅润,不专一家。著《南雅诗抄》。(第1546页)

15. 万承纪(1766—1826),字廉三,南昌人。乾隆五十七年举人,官江苏知府。工诗文,篆书、行草精妙,少与罗聘交,深悟画法,凡山水、人物、仕女、花鸟、兰竹,兴到命笔,率能摆脱时习,力追高古。山水专师宋人。能为界画楼台,而士气盎然。(第1209—1210页)

16. 钱东塾,字学仲,号曙田,钱大昕次子,官吴县教谕。精篆刻,工写山水,古雅秀郁,兼师宋元,晚更化去形迹,但作疏柯竹石,萧寥荒冷,意趣在笔墨蹊径外。(第1428页)

八、《管庭芬日记》中所见浙江文献借阅表[①]

嘉庆二十五年(1820)
　　[管氏借书]向胡蕉窗借《浙江遗书录》《诂经精舍文集》。
　　[他人借管氏书]毕面山借《钱塘遗事》。

道光元年(1821)
　　[管氏借书]向沈白山借《吴越所见书画录》,向周竹泉夫子借《海昌诗系》《宁志余闻》,向胡蕉窗借《武林旧事》《西湖赋》,向小筠侄借《澉水志》《续澉水志》。
　　[他人借管氏书]胡蕉窗借《硖川续志》。

道光二年(1822)
　　[管氏借书]向胡蕉窗借《浙江诗课》《浙江通志·经籍志》《海宁州志》《南宋群贤小集》别本。
　　[他人借管氏书]祝梦岩、胡蕉窗先后借《海昌经籍志》。

道光四年(1824)
　　[管氏借书]向省三借《石门县志》《禾郡典故续编》。
　　[他人借管氏书]省三借《桐溪诗述》,周竹泉借《西湖逸史》,祝梦岩借《钱塘遗事》《湖山便览》《海宁县志》。

道光五年(1825)
　　[管氏借书]向凝一表兄借《浙江通志》。
　　[他人借管氏书]钱爱斋借《西湖逸史》。

道光六年(1826)
　　[管氏借书]向周竹泉借《海昌诗系》。
　　[他人借管氏书]陈听江借《硖川续志》《武林旧事》,兰森侄借《海宁县志》。

道光七年(1827)
　　[管氏借书]向徐二农借《海宁县全志》,向卓峰兄借《浙西六家诗抄》。
　　[他人借管氏书]竹泉借《杭郡诗辑》。

道光八年(1828)
　　[管氏借书]向意山借《西湖志》,向幼苹借《武林旧事》。

----

　　① 此表暂不列浙人别集,地方文献录列地方特色明显者。文献依据:管庭芬撰,张廷银整理《管庭芬日记》,中华书局,2013年。

[他人借管氏书]钱泰吉借《南宋群贤小集》旧抄本。

道光九年(1829)

[管氏借书]向周竹泉借《两浙輶轩录》。

[他人借管氏书]苞塘借《硖川续志》,钱爱斋借《西泠课艺》,砚州借《海塘通志》,许介亭借《国朝杭郡诗辑》。

道光十年(1830)

[管氏借书]向许砚洲借《武林旧事》。

[他人借管氏书]朱宾南借《硖川续志》,潘稻孙借《湖山便览》,竹泉借《海昌诗人杂稿》。

道光十二年(1832)

[管氏借书]向小槎借《海昌经籍备考》。

[他人借管氏书]醒园借《海昌经籍志略》《海昌诗人集抄》《钱塘遗事》,笠湖借《西湖逸史》,周竹泉借《海宁县志》《海塘通志》。

道光十三年(1833)

[管氏借书]向钱泰吉借《檇李诗系》。

[他人借管氏书]钱泰吉借《海宁县志》。

道光十四年(1834)

[管氏借书]向葛泽南借《宁志备考》《海昌胜览》,向钱泰吉借《至元嘉禾志》。

道光十五年(1835)

[管氏借书]向葛泽南借《宁志余闻》。

[他人借管氏书]徐笔珊借《西湖逸史》。

道光十六年(1836)

[管氏借书]向葛泽南借《海昌诗淑》《两浙輶轩录》《乡贤碎金册》,向钱泰吉借《梅里志》。

[他人借管氏书]钱泰吉借《海昌经籍志》。

道光十九年(1839)

[管氏借书]向钱泰吉借《国朝杭郡诗辑》。

道光二十年(1840)

[管氏借书]向仲卿借《吴兴诗话》。

[他人借管氏书]仲卿借《海昌丛载》,恂甫借《海昌经籍志》。

道光二十六年(1846)

[管氏借书]向六舟上人借《两浙金石志补遗》,向蒋光煦借《淳祐临安志》。

[他人借管氏书]醒园借《杭州府志》《临平志》,杨文荪借《海昌诗系》。
道光二十七年(1847)
[管氏借书]蒋光煦借《海塘志》。
道光三十年(1850)
[管氏借书]杨文荪借《海昌经籍志略稿》。①

---

① 此外,在以上所列借读书目之外,管庭芬还见到(没有记录借阅)数种地方文献:道光四年于曹桐石处见《硖川诗抄》十六卷;道光十年于竹泉处见《续辑海昌诗系》,于钱泰吉处见钱氏家族文献3种;道光十二年于醒园处见查慎行著述3种;道光十四年于徐笔珊处见周春辑《乡贤岁锦册》等。

九、《清代闺秀集丛刊》《清代闺秀集丛刊续编》等丛书所见女性阅读群体[①]

陈素素,江苏江都人,莱阳姜学在妾,有《二分明月集》,清初刻本,该集前有女性龚静照、王端淑评,卷首题"松陵女史"评,后附"名媛题咏",共十九人:庞蕙纕、钱凤纶、张学典、龚静照、姜倩、徐昭华、商彩、冯娴、顾姒、朱玉树、林以宁、卓燕祥、王端淑、邵斯贞、吴文柔、柳人月、张蘋、张縈、苏蕙卿。[②]

潘素心(1764—?),浙江会稽人,有《不栉吟》,嘉庆五年刻本,该集女性题词者有仁和金蓉(采江)、钱塘陈长生、武进钱孟钿。(《闺续》13册)

屈秉筠(1767—1810),江苏常熟人,适同邑赵同钰子赵子梁,有《韫玉楼诗》四卷《词抄》一卷,该集女性题词者有席佩兰、赵贵娥(茗香)、徐恭(蓉仙)、赵秉清(若韫)、归懋仪、季瑞贞(静玉)、鲍印(尊古)。(《闺》第20册)

顾翎(1778—1832),江苏金匮人,适无锡杨毓勋,有《绿梅影楼诗词存》二卷,该集女性题词者有吴藻(蘋香)、吕季安、陆篯(惠尊)、杨芸、归懋仪、杨琬、秦椴(绮仙)。(《闺》第23册)

董国容(1787—1803),江苏吴县人,有《绣墨轩遗稿》,嘉庆刻本,该集女性题词者有朱宗淑、张绚霄、高鸾征、长洲□佩仙、高梅仙、王倩(梅卿)、曹贞秀、陇西周澧兰、宏农杨素芳、浣江张莲芳。(《闺续》第17册)

潘焕荣(1804—?),湖北罗田人,适同邑廖琴舟,有《韵芳阁诗抄》,该集女性题词者有滠池席慧文、归安杨清材、浠川范征兰、侄孙女潘佛宝、媳万珍、黎川王季桢。(《闺》第26册)。

胡缘(1785—1808),浙江平湖人,适许景钟,有《琴韵楼诗抄》,该集女性题词者有嘉善朱澄、青浦廖云锦、海宁查昌鹢、嘉兴蒋清、海盐张步萱、吴江陈宝钿、海盐吴恒、吴江宋贞琇、宋贞珮、宋贞球、宋贞琬、平湖孙梦月、金山姚汭、金山姚雯华、平湖孙湘畹。(《闺》第27册)

张绹英(1792—?),江苏阳湖人,有《淡菊轩初稿》,该集女性题词者有常熟季兰

[①] 若所引材料出自《清代闺秀集丛刊》,则简称为"《闺》第×册";出自《清代闺秀集丛刊续编》,则简称"《闺续》第×册"。

[②] 胡文楷著,张宏生等增订《历代妇女著作考》,第588页。

韵、同里吕稠福、同里吕采芝、吴趋蒋茜卿、同里吕采芙、吴县徐比玉、曲阜孔韫辉、海盐朱玓、同里赵纫珠。(《江南女性别集》四编上册)

汪端(1793—1838),浙江钱塘人,适陈裴之,有《自然好学斋诗抄》,该集女性题词者有吴门曹贞秀、浧池席慧文、吴门顾蕙。(《闺》第30册)

朱庚(约1799—?),江苏上海人,适蔡钢,有《养浩楼诗抄》,该集女性题词者有归懋仪、赵棻、冯兰因。(《闺续》第23册)

沈文庄(约1800—?),浙江金华人,有《宝琴阁诗抄》,该集女性题词者有会稽孔映玉、古越王绮琴、古歙洪秀(玉山)、锡山徐淑贞(葆卿)。(《闺续》第20册)

刘甫(1806—1831),江苏武进人,适江苏江阴缪征甲,有《梦蟾楼遗稿》,该集女性题词者有长沙杨静之、武进薛清芬、宝应殷悫、涪州张琬、桂林司马楚香、阳湖龚荫。(《江南女性别集初编》下册)

朱玓(1811—1845),浙江海盐人,有《小莲花室遗稿》,该集由钱塘施绮题辞,江夏叶俊杰(柏芳)选订,"受业钱塘施掌珠录,受业女侄娴箴、庆贞同校"。挽诗女性作者中,除叶俊杰、施掌珠、朱庆贞外,另有钱塘郑兰(娱清)、镇洋毕景桓(少英)、长洲张绚霄(霞城)。(《闺》第23册)

劳容君(1816—1847),浙江山阴人,适陈锦,有《绿云山房诗草》,该集卷首女性撰序者有奉贤袁镜蓉(时年七十九,在京城)、仁和陈嘉,卷末女性题词者有山阴劳莲君、会稽陶兰卿、桐乡陆费湘于、山阴何佩兰、长白萨克达友兰、长白蒋梦仙、泾川吴麟珠、潜川章德芝、嘉兴沈蕊。(《闺》第41册)

左白玉(1820—1856),江苏阳湖人,适常熟言良钤,有《餐霞楼轶稿》,该集女性题词者有常熟宗婉("萧室")、常熟宗粲("陆室")、龙眠姚若蘅("夏室")。(《闺》第43册)

阮恩滦(1831—1854),阮元孙女,江苏仪征人,适浙江钱塘沈霖元,有《慈晖馆诗词草》二卷,该集女性题词者有吴藻、鲍靓、关锳、沈允慎、高茹、许乃礽。(《闺》第49册)

凌祉媛(1831—1852),浙江钱塘人,适钱塘丁丙,有《翠螺阁诗词稿》,该集女性题词者有钱塘鲍靓、仁和高茹、仁和施贞、钱塘孙佩兰、钱塘张佩珍、吴县陆蒨、钱塘韩瑛、仁和夏蒨雯、汉阳燕翼、燕贻、仁和赵我佩、仁和汪静娟。(《江南女性别集初编》下册)

俞庆曾(1865—1897),浙江德清人,适江苏上元宗舜年,有《绣墨轩诗稿》,该集

女性题词者有俞氏表妹许之雯、表妹许之引、弟妇许之仙、表妹王多庆、侄女王进宝、侄女王珉宝。(《闺》第61册)

汪清(1865—1902),江苏东台人,适同邑夏寅官,有《求福居诗抄》,该集女性题词者有海丰吴山文、南皮张奉、善化许月芝、太仓顾思姜、丹徒吴璧、仁和蔡济芳、太谷温湘珠、如皋冒文蘅、德清许德蕴。(《闺》第61册)

梁霭(1866?—1891),广东南海人,适番禺潘飞声,有《飞素阁遗稿》,该集女性题词者有德清程懋娴、钱塘叶花云、山阴史福贞、山阴史天秋。(《闺》第61册)

包兰瑛(1873—?),江苏丹徒人,光绪十八年适朱兆蓉,有《锦霞阁诗词集》,该集女性题词者湘阴左孝澂、桐城胡德彝、嘉兴金掌珠。(《江南女性别集初编》下册)

陆蒨(?—1860),江苏阳湖人,适同邑谢士俊,有《倩影楼遗稿》,该集女词者有仁和吴藻、仁和赵我佩、仁和徐德惠。(《闺》第45册)

郑兰孙(?—1861),生活在咸同间,浙江钱塘人,适徐鸿谟,有《莲因室诗词集》,该集女性题词者有如皋顾琇莹、常州钟维则、德清俞绣孙、仁和许之莹、仁和张炜。郑兰孙《都梁香阁诗词集》女性题词者有钱塘许延礽、钱塘胡怀玉、钱塘许禧身。(《闺》第42册)

汪韵梅(?—1899),浙江钱塘人,适常熟言家驹,有《梅花馆诗集》,该集女性题词者有沈蕊("劳室")、姚若蘅("夏室")、宗粲("陆室")(《闺》第55册)

丁蕴琛,江苏吴县人,道咸间人,适颍川陈氏,有《菕余吟稿》,该集女性题词者有吴县徐婉卿、长洲汪蕴玉、元和吴文媛、山阴朱福琛、通州王磐。(《闺》第43册)

缪宝娟,江苏常熟人,适苏州李振鹏,有《倦绣吟草》,该集女性题词者有吴门韩翠云、姊缪玉娟、妹缪壬林。(《闺》第55册)

刘月娟,广东番禺人,有《倚云楼诗抄》,该集女性题词者有南海黄妙云、番禺何妙兰、南海李秀珠。(《闺》第65册)

钱守璞,江苏常熟人,适丹徒张骐,有《绣佛楼诗稿》,该集女性题词者有何祎、钱塘袁绶、毗陵沈凤。(《闺续》第20册)

钱衡吟,浙江丹徒人,住善化,适武进刘廷冕,有《霜月吟》,该集女性题词者有黎采蘋、陈凤梧、长沙范兰仙、范蓉仙、善化罗金淑(丽笙)、黄婉琳、黄秉淑(品兰)。(《闺续》第22册)

能为某一诗集题词,题词者可基本视为该诗集的读者,以上所列女性题词者,则是闺秀集较早、较亲密的读者。与题词方式接近,还有一批可能的闺秀集女性读者,是以唱和、赠、挽等方式呈现。

张因(1741—1807),湖北江夏人,适江苏甘泉黄文旸,有《绿秋书屋遗稿》,乃其晚年之作,收录"闺秀挽章",女性作者有孔璐华、刘文如、华亭王燕生、丹徒鲍之蕙、如皋熊琏、新安江秀琼、长白卢元素、扬州谢素珍、丹徒王琼、丹徒王迺德、王迺容、丹徒李芳、季淑文。(《闺》第13册)

骆绮兰(1756—?),江苏句容人,有《听秋轩闺中同人集》,收录江珠、毕汾、毕慧、鲍之兰、鲍之慧、鲍之芬、周澧兰、卢元素、张少蕴、潘耀贞、侯如芝、王琼、王倩、王怀古、许德馨、王倩、秦淑荣、叶毓珍诸人之作。(《江南女性别集》二编上册)

吴琼仙(1768—1803),江苏震泽人,适吴江徐达源,有《写韵楼诗集》,该集卷一《次韵凝香王夫人自题小影》和诗者有元和宋筼、吴江袁叔芳、上元柳线、山阴范玉、常熟席佩兰。(《闺》第21册)

汪嫈(1781—1842),安徽歙县人,适程调鼎,有《雅安书屋文集》,所附"赠言录"中有歙县鲍蕊珠、皖江江月娥、江都汪云鹤、真州方彦珍、皖江徐淑。(《闺》第25册)

周曰蕙(1813—1851),江苏吴县人,适同里朱和羲,有《绿凤仙花馆唱和诗》,收录唱和者有:

改权明,江苏华亭人,适都阃沈清瑞。

陈筠湘,江苏长洲人,适施沄。

陆惠,江苏吴江人,适张澹。

韦孟端,江苏长洲人,韦光黻长女。

韦仲雅,江苏长洲人,韦光黻次女。

丁佩,江苏娄县人,适兰溪陈毓槲。

李慧生,江苏长洲人,适黄美镐。

袁萼仙,江苏元和人,适戈宙襄。

金婉,江苏吴县人,适戈载。

董世蓉,江苏吴县人,适戈昌颐。

戈陞华,江苏吴县人,戈载女,适王恩霈。

吴蕙,江苏吴县人,适翁蕃。

张道恒,江苏华亭人,适王某。

江淑则,江苏昭文人。

叶琼,江苏娄县人,叶兰女。

沈昭美,江苏娄县人,适冯颐昌。(《闺续》第23册)

许琼思,江苏吴江人,适邱壑,有《宛怀韵语》,胡文楷藏手写稿本,附录七位女性诗词:王淑英、吴德馨、许昭华、欧阳达颖、赵蕙珠、周兰、周宝生。该集有邱壑嘉庆元年序。①

江淑则(1828—1852),江苏昭文人,适同里俞钟纶,有《独清阁诗抄》。该集撰序者有张绾英、翁端恩;女性题词者有嘉善谢湘、鸳湖谢朱珏、昭文方珍、昭文殷恩奎。(《闺续》第26册)

章士珠(1855—1880),江苏娄县人,适华亭张声驰,有《塔影楼诗存》,该集女性题词者有南汇张其庆、当湖金兰贞、娄县张礽绂、娄县张茂惠、娄县沈征蕙、"夫妹"张椒馨、"娣妇"李长瑛、"娣妇"陈樾、华亭耿兆珠、姊章士璧、妹章士璇。(《闺续》第29册)

---

① 胡文楷《历代妇女著作考》,第568页。

十、梁德绳《古春轩诗抄》可能被阅读的网络

许氏（浙江德清）

1. 许宗彦【娶】梁诗正孙女、梁敦书女梁德绳（浙江钱塘，有《古春轩诗抄》《再生缘》）。①（《清代科举人物家传资料汇编》第 82 册，《历代妇女著作考》，《中国文学家大辞典·清代卷》）

2. 许宗彦姊/妹【适】严元照（浙江归安）。（《浙江藏书史》上册）

3. 许宗彦子许延敬【娶】庄肇奎孙女、庄仲方女（江苏武进）。（《碧声吟馆谈麈》卷四，《毘陵庄氏增修族谱》卷八）

4. 许宗彦子许延凯【娶】吴世俣女（浙江钱塘）。（《清代科举人物家传资料汇编》第 79 册）

5. 许宗彦女许延礽（有《福连室集》）【适】孙承勋（安徽休宁）。②（《清代闺阁诗人征略》卷八，《清闺秀艺文略》卷一）

6. 许宗彦女【适】胡敬子胡琮（浙江仁和）。（《论再生缘》）

7. 许延礽妹许延锦（有《鱼听轩诗抄》）【适】阮福（江苏仪征）。（《历代妇女著作考》）

8. 许念祖子许延毅【娶】方传穆女（安徽桐城）。（《桐城桂林方氏家谱》卷三十）

9. 许延毅子许善章【娶】张应济女（浙江钱塘）。（《清代科举人物家传资料汇编》第 86 册）

10. 许延榖子许善登【娶】邵懿辰女（浙江仁和）。（《清代硃卷集成》第 300 册）

11. 许翼宗子许兆奎【娶】韩文绮女（浙江仁和）。（《清代科举人物家传资料汇编》第 82 册）

12. 许兆奎女【适】蔡念慈（浙江仁和）。（《清代科举人物家传资料汇编》第 82 册）

---

① 《古春轩诗抄》有道光二十七年刻本、咸丰元年潮州刻本、咸丰二年刻本、咸丰八年刻本、同治二年刻本，见胡文楷著，张宏生等增订《历代妇女著作考》，第 544 页。

② 单士厘称许延礽是俞德秀姑，见单士厘编《清闺秀艺文略》卷一，见陈红彦主编《国家图书馆藏稀见书目志丛刊》第 27 册，国家图书馆出版社，2017 年，第 411 页。

13. 许兆奎孙女、许善衍女【适】俊保(浙江仁和)。(《清代科举人物家传资料汇编》第82册)

14. 许宗彦曾孙女、许善登女许德蕴(有《学画斋诗》《绣余自好吟》)【适】徐文选子徐乃昌(安徽南陵)。(《清代硃卷集成》第189册,《历代妇女著作考》,《清闺秀艺文略》卷一,《积学斋藏书记》史部)

15. 许延敬孙女、许善长女【适】蔡念慈子蔡世杰(浙江仁和)。(《清代科举人物家传资料汇编》第28册)

16. 许善登女【适】罗振玉(浙江上虞)。(《文献家通考》)

17. 许延敬孙女、许善长女【适】张兴仁子张宗瀚(浙江归安)。(《明清戏曲家考略全编》)

梁氏(浙江钱塘)

1. 梁文濂【娶】凌绍焻女(浙江钱塘)。(《中国文学家大辞典·清代卷》)

2. 梁文濂子梁诗正【娶】徐本女(浙江仁和)。(《清代硃卷集成》第263册)

3. 梁诗正妹【适】张映辰(浙江钱塘)。(《道光庚子恩科浙江乡试同年齿录》)

4. 梁诗正子梁同书【娶】汪维宪女(浙江仁和)。(《频罗庵遗集》卷首)

5. 梁诗正女【适】范同治(浙江仁和)。(《频罗庵遗集》卷十三)

6. 梁敦书子梁履绳【娶】孔继汾女(山东曲阜)。(《抱经堂文集》卷二)

7. 梁敦书女梁德绳(有《古春轩诗抄》)【适】许宗彦(浙江德清)。(《中国文学家大辞典·清代卷》)

8. 梁敦书女梁端绳(有《列女传校注读本》)【适】汪远孙(浙江钱塘)。①(《历代妇女著作考》)

9. 梁履绳女梁柔吉【适】汪璐子汪诚(浙江钱塘)。(《平阳汪氏迁杭支谱》卷二)

10. 梁履绳孙女梁绍壬【娶】黄超女黄巽(浙江仁和,有《听月楼诗》)。(《清代闺阁诗人征略》卷八,《两浙輶轩续录》卷五十四)

11. 梁敦书曾孙女、梁宝绳孙女、梁祖勋女【适】许乃济子许桂身(浙江钱塘)。(《浙江乡试同年齿录(道光乙酉科)》)

---

① 《列女传校注读本》有道光十一年钱塘汪氏振绮堂刻本,见胡文楷著,张宏生等增订《历代妇女著作考》,第544页。

汪氏(浙江钱塘)

1. 汪润之【娶】潘汝炯女潘素心(浙江山阴,有《虚白堂集》《不栉吟》《不栉吟续刻》)。(《两浙輶轩续录》卷五十三,《明清戏曲文学与文献探考》,《杭州府志艺文志》卷九)

2. 汪进之女、汪润之侄女汪愃(有《竹韵轩诗拾遗》《竹斐遗墨》《研香室诗抄》)【适】邹在衡(浙江钱塘)。(《清闺秀正始再续集初编》三,《历代妇女著作考》)

3. 汪润之孙、汪陛恩子【娶】梁敬事女(浙江钱塘)。(《清代科举人物家传资料汇编》第 9 册)

十一、《申报》重要石印科举用书广告提要表

科举用书书名	收录篇（首）数及册数	广告初刊年代
《尊闻阁诗选初集》	1595首,10册	1879
《增选多宝船时文》	7296篇,8册	1882
《小题文薮》四集	16000篇,6册	1883
《精选经艺渊薮》	7000篇	1884
《大题文汇》	12000篇,12册	1884
《缩印精选大题文汇》	15000篇,12册	1885
《制义大成》	数千篇	1885
《小题宗海》初编	8000篇,16册	1885
《小题珍珠船》	2000篇	1885
《经艺渊海》	10000篇,10册	1885
《诗句解题韵编总汇》	50000余首,8册	1885
《梦华庐赋海》	2500篇	1886
《五经文海》	10000篇	1886
《大题文海》（又名《大题群玉府》）	10000余篇,12册	1886
《大题抢元文》	14000篇,10册	1886
《试帖诗海》	14000首,8册	1886
《小题娜嬛》	8000篇	1886
《小题文薮》二集	4000篇	1886
《小题文府》	14000篇,20册	1886
《小题味新》	4000篇,8册	1886
《小题万选钱》	1200篇	1886
《小题宗海》	8000篇,16册	1886

续 表

科举用书书名	收录篇(首)数及册数	广告初刊年代
《艺林拱璧》	文 5000 篇,诗 40000 首,13 册	1886
《巧搭网珊》	4000 篇,8 册	1886
《无情巧搭》	千余篇	1886
《云程必备》	千篇时艺,馆阁赋百余,试帖四百首	1886
《国朝元魁墨萃》	2200 篇,12 册	1886
《增选小题真珠船初续两集》	14000 篇,20 册	1886
《赋学鸡跖》	4000 余题,6 本	1886
《长搭小典文汇》	1500 篇,6 本	1887
《典制分类文稿》	2000 篇,10 册	1887
《多宝船》二集	6000 篇,8 本	1887
《增广小搭珠华》	1400 篇	1887
《搭截精华》	1000 余篇	1887
《小搭径寸珍时文》	2000 篇,袖珍 6 本	1887
《新选大题文富》	15000 篇	1887
《大题观海》初二集	20000 篇	1887
《经艺文准》	5000 篇	1887
《小搭文林》	1200 篇,6 本	1887
《试律时宜》	4000 首,5 本	1887
《娄眉赋萃》	1300 篇,6 本	1888
《巧搭联络金丹》	2000 篇,6 本	1888
《四书大题分类文抄》	11000 篇,24 本	1888
《元魁捷诀大全书》	3500 篇,8 本	1888
《经策通策》前后集	1500 篇,48 本	1888
《新选石印小题三万选时文》	30000 篇,32 本	1888

续　表

科举用书书名	收录篇(首)数及册数	广告初刊年代
《五经文鹄》	4000篇,10本	1888
《历代名稿汇选》	2000篇,16本	1889
《试帖三万选》	30000篇,12本	1889
《五经三万选》	30000篇,40本	1891
《增广玉芙蓉初二三集》	40000首	1892
《广广小题文府》	6000篇,14本	1892
《十万军声初集》(小题初集)	50000篇,80本	1892
《精选小题四万选》	40000篇,60本	1892
《历科乡会元魁大成》	10000篇,20本	1892

十二、孙宝瑄所读汉译西学书表①

阅读时间	书名	类别	国籍/作者	有可能阅读的版本
光绪二十年(1894)十一月	《万国史记》	历史	[日]冈本监辅	光绪六年上海申报馆印本
光绪二十三年(1897)三月	《全体须知》	生理学、解剖学	[英]傅兰雅	光绪二十年
光绪二十三年三月	《谈天》	天文学	[英]侯夫勒	光绪二十二年
光绪二十三年三月	《几何原本》②	数学	[希腊]欧几里德	光绪二十二年
光绪二十三年三月	《天文图说》	天文学	[美]柯雅各	光绪八年或光绪九年
光绪二十三年四月	《八星之一总论》	天文学	[英]李提摩太	光绪十九年或光绪二十三年(?)
光绪二十三年四月	《百年一觉》	文学	[美]毕拉宓	光绪二十年
光绪二十三年四月	《心灵学》	心理学	[美]海文	光绪十五年或光绪二十年(?)
光绪二十三年四月	《太平洋岛受道记》	不详	不详	不详
光绪二十三年四月	《重学须知》	力学	[英]傅兰雅	光绪十五年(?)
光绪二十三年四月	《电学须知》	物理学	[英]傅兰雅	光绪十三年(?)

---

① 此表据孙宝瑄日记制作,各书出版时间参考相关新学书目、译书目录。"有可能阅读的版本"是据相关书籍现有版本记录所作推测,其中未带"?"者,则可能性更大;带"?"者,则推测的成分较多。

② 此书蔡元培光绪二十三年二月二十八日读,见中国蔡元培研究会编《蔡元培全集》第15卷,第118页。

续 表

阅读时间	书名	类别	国籍/作者	有可能阅读的版本
光绪二十三年四月	《各国交涉公法论》①	法律	[英]费利摩·罗巴德 著,傅兰雅译	光绪二十年
光绪二十三年六月	《列国岁计政要》	历史	[英]麦丁富得力	光绪(?)
光绪二十三年六月	《银矿指南》	矿业	[英]傅兰雅	光绪十七年(?)
光绪二十三年八月	《植物图说》	植物学	[英]巴尔弗	光绪二十一年
光绪二十三年十月	《西国名菜嘉花论》	园艺	[英]傅兰雅	光绪十九年
光绪二十三年十月	《虫学论略》	昆虫学	[英]毕约翰	光绪六年(?)
光绪二十三年十月	《居宅卫生论》	卫生学	[英]傅兰雅	光绪六年
光绪二十三年十二月	《天演论》	社会学	[英]赫胥黎	光绪二十二年
光绪二十三年十二月	《中国度支考》②	财政	[英]哲美森	光绪二十三年
光绪二十三年十二月	《地学稽古论》	地质学	[英]傅兰雅	《格致汇编》本(?)
光绪二十三年十二月	《延年益寿论》	卫生学	[英]爱凡司	光绪十八年,《格致汇编》本(?)
光绪二十三年十二月	《兽有百种论》	动物学	[英]傅兰雅	光绪八年(?)

---

① 此书蔡元培光绪二十四年十一月读,见中国蔡元培研究会编《蔡元培全集》第15卷,第197页。

② 此书蔡元培光绪二十四年正月十一日读,见中国蔡元培研究会编《蔡元培全集》第15卷,第169页。

续　表

阅读时间	书名	类别	国籍/作者	有可能阅读的版本
光绪二十三年十二月	《禽鸟简要编》	动物学	[英]傅兰雅	《格致汇编》本(?)
光绪二十四年(1898)一月	《西学略述》	历史	[英]艾约瑟	光绪十年或光绪十一年(?)
光绪二十四年一月	《劝学篇》	文化	[英]斯宾塞	始收录于《国闻汇编》，后有单行本(?)
光绪二十四年三月	《日本外史》	历史	[日]赖襄	光绪元年或光绪五年
光绪二十四年六月	《日本维新三十年史》①	历史	[日]东京博文馆编辑	光绪二十三年
光绪二十七年(1901)一月	《自助论》《西国立志编》②	伦理学	[英]斯迈尔斯	目前所见最早版本为光绪二十九年本(?)
光绪二十七年一月	《哲学论纲》	哲学	[法]不详③	目前所见最早版本为光绪二十九年上海广知书局本(?)
光绪二十七年三月	《政治学》	政治	[美]柏盖司	目前所见最早版本为光绪二十九年本(?)
光绪二十七年三月	《国法泛论》	法律	[德]伯伦知理	《译书汇编》本(?)

---

① 此书在孙氏日记中称为《日本新史》《明治新史》，结合翻译出版时间，疑即《日本维新三十年史》。

② 此书亦名《西国立志编》，日本中村正直译，羊杰重译。

③ 此书熊月之编《晚清新学书目提要》未著录。

续　表

阅读时间	书名	类别	国籍/作者	有可能阅读的版本
光绪二十七年三月	《万法精理》	法律	[法]孟德斯鸠	目前所见最早版本为光绪二十九年本。此书严复译本题作《法意》(?)
光绪二十七年三月	《民约论》	政治	[法]路索	目前所见最早版本为光绪二十九年本(?)
光绪二十七年三月	《政治哲学》	哲学	[英]斯宾塞	《译书汇编》本(?)
光绪二十七年三月	《原富》	经济	[英]亚丹斯密	光绪二十七年
光绪二十七年三月	《地理全志》	地理	[英]慕维廉	光绪九年(?)
光绪二十七年三月	《佐治刍言》①	政治	[英]傅兰雅译	光绪十一年
光绪二十七年五月	《国家学》	国家理论	[德]伯伦知理	光绪二十五年东京善邻译书馆日译本
光绪二十七年五月	《男女交合新论》②	医学	[美]O. S. Fowler	上海日清书馆印本，至少在1902年之前
光绪二十七年五月	《物竞论》	生物科学	[加]加藤弘之	目前所见最早版本为光绪二十八年作新译书局本

---

① 邹振环指出，此书名为 Homely Words to Aid Governance，为英国人钱伯斯兄弟主编的《教育丛书》中的一种，1885年由傅兰雅口译、应祖锡笔述，江南制造局刊行。蔡元培光绪二十四年十一月读，见中国蔡元培研究会编《蔡元培全集》第15卷，第194页。

② 此书未见张晓编著《近代汉译西学书目提要》(北京大学出版社，2012年)著录。

续　表

阅读时间	书名	类别	国籍/作者	有可能阅读的版本
光绪二十七年五月	《理财学》	经济	[德] 李士德	目前所见最早版本为《译书汇编》本
光绪二十七年七月	《日本新地图》	地理	[日] 丘藤坚三	目前所见最早版本1901年日本刊本
光绪二十七年七月	《万国新地图》	地理	[日] 岛田丰	目前所见最早版本1901年日本刊本
光绪二十七年七月	《普通妊娠法》	医学	[日] 渡边光次	日文书
光绪二十七年七月	《男女造化机新论》	医学	[日] 武藤忠夫	日文书
光绪二十七年七月	《生植器》	医学	[美] 佛栗智国	日文书
光绪二十七年九月	《政治学提纲》	政治	[日] 鸟谷部铣郎	《译书汇编》本
光绪二十八年(1902)二月	《日本维新儿女英雄奇遇记》	文学	[日] 长田偶得	光绪二十七年
光绪二十八年二月	《古教汇参》	宗教	[英] 韦廉臣	光绪七年或光绪二十五年
光绪二十八年二月	《日本制度提要》	政治	[日] 相泽富藏	译书汇编社光绪二十八年
光绪二十八年三月	《支那文明史论》	文化史	[日] 中西牛郎	光绪二十八年
光绪二十八年三月	《黑奴吁天录》	文学	[美] 斯土活	光绪二十七年
光绪二十八年六月	《埃及近世史》	历史	[日] 柴四郎	光绪二十八年

续 表

阅读时间	书名	类别	国籍/作者	有可能阅读的版本
光绪二十八年八月	《生利分利之别论》	经济	[英]李提摩太	光绪二十年或光绪二十八年(?)
光绪二十八年八月	《欧洲财政史》	经济	[日]小林丑三郎	光绪二十八年
光绪二十八年八月	《宪法精理》	法律	周逵编译	光绪二十八年
光绪二十八年八月	《万国宪法志》	法律	周逵译	光绪二十八年
光绪二十八年八月	《政治学》	政治	[德]那特硁	光绪末年(?)
光绪二十八年八月	《名学》	逻辑学	杨荫杭译	光绪二十八年东京日新丛编社印本
光绪二十八年十月	《西学探源》	历史	[日]冈本监辅	光绪二十七年
光绪二十八年十月	《男女交合无上之快乐》	医学	疑为译书,作者译者不详	不详
光绪二十八年十二月	《传种改良问答》	医学	[日]森田峻太郎	光绪二十七年
光绪二十八年十二月	《露漱格兰小传》	文学	不详	光绪二十八年
光绪二十八年十二月	《胎内教育》	医学	[日]伊东琴次郎	光绪二十八年
光绪二十八年十二月	《修学篇》	教育	[日]饭田规矩三	广智书局清末印本
光绪二十八年十二月	《读书法》	教育	[日]泽柳政太郎	教育世界社光绪印本

续 表

阅读时间	书名	类别	国籍/作者	有可能阅读的版本
光绪二十八年十二月	《经国美谈》①	文学	[日]矢野文雄	光绪二十八年
光绪二十八年十二月	《社会学系》	社会学	[日]岸本能武太	光绪十八年
光绪二十八年十二月	《俄罗斯大风潮》	历史	[英]克喀伯	光绪二十八年
光绪二十八年十二月	《族制进化论》	人口学	[日]有贺长雄	光绪二十八年
光绪二十八年十二月	《原人婚姻论》	不详	[不详]马克勒兰	不详
光绪二十八年十二月	《开明原始论》	不详	[不详]罗博氏	不详
光绪二十八年十二月	《道德进化论》	不详	[日]户水宽人	上海广智书局，"新出书"
光绪二十八年十二月	《二百年后之吾人》	不详	[日]不详	不详，"新出书"②
光绪二十八年十二月	《地球之过去未来》	地质学	[日]加藤弘之	光绪二十八年
光绪二十九年二月	《二十世纪之怪物帝国主义》	政治	[日]幸德秋水	光绪二十八年
光绪二十九年二月	《外交通义》	政治	[日]长冈春一	光绪二十八年
光绪二十九年二月	《精神之教育》	教育	[日]隅谷己三郎	光绪二十八年
光绪二十九年四月	《政教进化论》	哲学	[日]加藤弘之	光绪末

① 此书皮锡瑞光绪二十八年九月初六读，见《皮锡瑞日记》，吴仰湘编《皮锡瑞全集》，中华书局，2015年，第1557页。

② 此书见《申报》光绪三十三年六月十六日广告。

续 表

阅读时间	书名	类别	国籍/作者	有可能阅读的版本
光绪二十九年四月	《土耳机史》	历史	[日]北村三郎	光绪二十八年
光绪二十九年闰五月	《海底旅行》	文学	[法]迦尔威尼	光绪二十八年
光绪二十九年六月	《迦因小传》①	文学	[英]哈葛德	目前所见最早版本为光绪三十一年本
光绪二十九年六月	《英国工商业发达史》	经济	不详,疑为译叶建柏编	不详
光绪二十九年七月	《理财学纲要》	经济	[日]天野为之	光绪二十九年
光绪二十九年八月	《续包探案》②	文学	[英]柯南道尔	光绪二十八年
光绪二十九年八月	《哲学要领》	哲学	[日]井上圆了	光绪二十八年
光绪二十九年九月	《群学肄言》	社会学	[英]斯宾塞	光绪二十八年
光绪二十九年九月	《爱国精神谈》	伦理学	[法]爱米尔拉	光绪二十八年
光绪二十九年九月	《家政学》	教育	[日]下田歌子	光绪二十八年
光绪二十九年九月	《心理教育学》	心理学	[日]久保田贞则	光绪末
光绪二十九年十一月	《哲学原理》	哲学	[日]井上圆了	光绪二十九年

① 此书钱玄同光绪三十年十二月五日读,见杨天石主编《钱玄同日记》第1册,第11页。据此则日记,钱氏此前已读《巴黎茶花女遗事》。

② 此书可能是《续译华生包探案》,见张晓编著《近代汉译西学书目提要》;而《续包探案》未见著录。

续　表

阅读时间	书名	类别	国籍/作者	有可能阅读的版本
光绪二十九年十一月	《万国商业志》	经济	陈子祥编译	光绪二十九年
光绪二十九年十二月	《宪法比较论》	法律	不详,疑为译著	不详
光绪三十二年三月	《血史》	文学	[美]佛兰斯士专逊	光绪三十一年
光绪三十二年四月	《泰西礼俗新编》	地理	[日]司达福	光绪三十二年
光绪三十二年四月	《撒克逊劫后英雄略》	文学	[英]司各德	光绪三十一年或三十二年
光绪三十二年闰四月	《法国司法组织》	法律	不详,疑为译作	不详
光绪三十二年闰四月	《政教考》	哲学	不详,疑为译作	不详
光绪三十二年五月	《朝鲜近世史》	历史	[日]森泰辅	光绪二十九年
光绪三十二年十一月	《电术奇谈》①	文学	[日]菊池幽芳	光绪三十一年
光绪三十三年正月	《包探案》②	小说	[英]歇克洛斯	不详
光绪三十三年三月	《日本交通史》	交通	不详,疑为译著	不详
光绪三十四年十一月	《滑铁庐战血余腥》	文学	[法]阿猛查顿	光绪三十年

---

① 此书钱玄同光绪三十二年二月在日本读,见杨天石主编《钱玄同日记》第1册,第27页。

② 歇克洛斯《包探案》,未见相关书目著录。此书或是《补译华生包探案》,顾燮光《译书经眼录》有提要云:"英华生笔记,商务印书馆译。最先译包探案者为上海时务报馆,即所谓《歇克洛斯笔记》是也。呵尔晤斯即福而摩斯,滑震即华生,盖译写殊耳。"见熊月之主编《晚清新学书目提要》,第349页。

十三、贺氏父子、姚永概、江瀚西学书阅读表(1893—1908)

	贺涛(贺葆真读)	姚永概	江瀚
光绪十九年		《万国史记》	
光绪二十年			
光绪二十一年		《泰西新史揽要》①	有日记,无阅读西书记录
光绪二十二年		《中东战纪》②	
光绪二十三年			《泰西新史揽要》
光绪二十四年	《泰西新史揽要》	《卫生要旨》《妇科精蕴》	《西政丛书》
光绪二十五年	《瀛环志略》《万国公法》《中东战纪》	《天演论》③	有日记,无阅读西书记录
光绪二十六年	《天演论》《公法总论》《中外交涉类核表》《陆地战例新选》		

---

① 吕思勉回忆光绪二十年(1894)十一岁时,"始得邹沅帆的《五洲列国图》,读日本冈本监辅的《万国史记》、蔡尔康所译《泰西新史揽要》及王韬的《普法战纪》,黄公度的《日本国志》则读而未完,是我略知世界史之始"。见张耕华、李永圻编撰《吕思勉先生年谱长编》,第37页。江苏东台吉城光绪二十六年六月看《泰西新史揽要》,光绪二十八年四月、八月阅读《天演论》。见吉城著,吉家林整理《吉城日记》,凤凰出版社,2018年。浙江平阳刘绍宽光绪二十八年五月读节本《泰西新史揽要》,见温州市图书馆编,方浦仁、陈盛奖整理《刘绍宽日记》,第327页。

② 此书蒋维乔光绪二十三年七月十六日阅读,见蒋维乔《蒋维乔日记》第1册,第43页。

③ 此书蔡元培光绪二十五年二月读,见中国蔡元培研究会编《蔡元培全集》第15卷日记,第211页。皮锡瑞光绪二十五年十一月读,见《皮锡瑞日记》,吴仰湘编《皮锡瑞全集》,第1151页。李超琼光绪二十七年九月读,见李超琼《李超琼日记》,古吴轩出版社,2017年,第207页。李氏九月二十七日记有阅读记录:"是日,读侯官严复(几道)所译英人赫胥黎氏之《天演论》十数篇,其言天运善变,而有不变者行乎其中,是为天演。然天演为体,而其用有二,则曰'物竞',曰'天择'。推论生理甚为精到,多吾儒所未发之言,良可味也。"

续　表

	贺涛（贺葆真读）	姚永概	江瀚
光绪二十七年	《生利分利之别》《英政概》《法政概》《英藩政概》《中事》		《巴黎茶花女遗事》①《铁鞭》《西学探源》
光绪二十八年		《泰西新史揽要》《西史纲目》《天演论》②《埃及近世史》《原强》《世界地理》	《欧罗巴通史》《黑奴吁天录》《保全生命论》《女子教育论》《万国宪法》《宪法精理》《法律学纲要》《加藤弘之讲演集》《政治学》《政教进化论》《支那教育问题》
光绪二十九年	《世界地理学》《群学肄言》	《欧洲四家政治说》《群学肄言》《天演论》	《伦理学》《澳洲风土记》《群学肄言》《国民教育爱国心》《民种学》
光绪三十年	《西史通释》《东瀛战士策》《伦理学》	《女子教育论》《环游月球》	
光绪三十一年	《社会通诠》《法律学教科书》《茶花女遗事》《英国史》《占血余腥记》	《埃及金字塔剖尸记》《迦因小传》《鬼山狼侠传》	
光绪三十二年	《法意》《宪法大意》《马丁休脱探案》《天演论》	《人己权界》《法意》	
光绪三十三年	《政治讲议》《日本政党史》	《群学肄言》《天方夜谭》《鲁滨孙记》《自治之模范》	
光绪三十四年	《通史》		有日记,无阅读西书记录

---

① 此书蔡元培光绪二十五年六月读,见中国蔡元培研究会编《蔡元培全集》第15卷,第225页。

② 吉城光绪二十八年五月看《原富》。见吉城著,吉家林整理《吉城日记》。蒋维乔光绪二十八年六月初五看《原富》,见蒋维乔《蒋维乔日记》第1册,第185页。

引用文献

(说明：以下文献按题名音序排列。)

A

《爱日精庐藏书志》，张金吾著，柳向春整理，吴格审定，上海古籍出版社，2014年。

《爱日精庐文稿》，张金吾著，《清代诗文集汇编》本。

B

《白板》，[美]史蒂芬·平克著，浙江人民出版社，2016年。

《白鹿书院志》，毛德琦原订、周兆三重修，宣统二年刻本(《中国历代书院志》影印本)。

《白鹭洲书院志》，刘绎编，同治十年白鹭洲书院刻本(《中国历代书院志》影印本)。

《柏枧山房文集》，梅曾亮著，彭国忠、胡晓明校点，上海古籍出版社，2005年。

《拜经楼藏书题跋记》，吴寿旸编，上海古籍出版社，2007年。

《抱冲斋诗集》，斌良著，《续修四库全书》本。

《鲍廷博年谱》，刘尚恒著，黄山书社，2010年。

《鲍廷博题跋集》，鲍廷博著，周生杰、季秋华辑，浙江古籍出版社，2012年。

《北江诗话》，洪亮吉著，陈迩冬校点，人民文学出版社，1983年。

《病榻梦痕录》，汪辉祖著，《北京图书馆藏珍本年谱丛刊》本。

《补读书斋遗稿》，沈维钅乔著，光绪元年刻本。

C

《采铜于山:马泰来文史论集》,[美]马泰来著,国家图书馆出版社,2017年。
《蔡元培全集》,中国蔡元培研究会编,浙江教育出版社,1997年。
《藏书纪事诗附补正》,叶昌炽著,上海古籍出版社,1999年。
《藏书纪要》,孙从添著,上海古籍出版社,2005年。
《藏书题识》,汪璐辑,上海古籍出版社,2009年。
《藏园批注读书敏求记校证》,钱曾原著,管庭芬、章钰校证,傅增湘批注,中华书局,2012年。
《藏园群书经眼录》,傅增湘著,中华书局,1983年。
《藏园群书题记》,傅增湘著,上海古籍出版社,1989年。
《常熟翁氏藏书图录》,中国嘉德国际拍卖有限公司编,上海科学技术文献出版社,2000年。
《朝鲜使臣与北京琉璃厂》,朴现圭著,见《文献》,2003年第1期。
《朝鲜燕行录所记的北京琉璃厂》,杨文为著,见《中国典籍与文化》,2004年第4期。
《陈奂交游研究》,柳向春著,华东师范大学出版社,2010年。
《陈澧集》,陈澧著,上海古籍出版社,2008年。
《陈氏联珠集》,王肇奎辑,清华南书屋刻本。
《桂华馆杂录》,路德著,光绪七年刻本。
《城市知识分子的社会形态:袁枚及其交游网络的研究》,王标著,上海三联书店,2008年。
《程氏家塾读书分年日程》,程端礼著,《丛书集成初编》本。
《程朱理学与晚清"同治中兴"》,史革新著,见《近代史研究》,2003年第6期。
《澄怀园文存》,张廷玉著,《四库全书存目丛书》本。
《传书堂藏书志》,王国维著,上海古籍出版社,2014年。
《春秋左传注》,杨伯峻著,中华书局,2012年。
《春融堂集》,王昶著,《续修四库全书》本。
《春在堂诗编》,俞樾著,《续修四库全书》本。
《杶庐所闻录·养和室随笔》,瞿兑之著,辽宁教育出版社,1997年。
《纯常子枝语》,文廷式著,《续修四库全书》本。

《赐书楼九世诗文录》,张经畲编,国家图书馆藏抄本。

《从e考据看避讳学的新机遇:以己卯本〈石头记〉为例》,黄一农著,见《文史》,2019年第2期。

《从理学到朴学——中华帝国晚期思想与社会变化面面观》,[美]艾尔曼著,赵刚译,江苏人民出版社,1997年。

《从书籍史到阅读史:关于晚清书籍史/阅读史研究的若干思考》,张仲民著,见《史林》,2007年第5期。

《从书籍史到阅读史》,戴联斌著,新星出版社,2017年。

《丛睦汪氏遗书稿》,汪汝谦等著,光绪十二年刻本。

《翠岩杂稿》,鲁九皋著,《四库未收书辑刊》本。

D

《大涤山房诗录》,张吉安著,道光十四年刻本。

《大理张氏诗文存遗》,张耀曾著,民国印本。

《大清会典事例》,昆冈等修,刘启瑞纂,《续修四库全书》本。

《戴名世集》,戴名世撰,王树民编校,中华书局,1986年。

《戴氏辑略家稿》,戴仁宇辑,光绪二十三年望麓山馆刊本。

《戴氏宗谱》,戴锡康等纂修,民国六年二礼堂铅印本。

《戴震集》,戴震著,上海古籍出版社,2009年。

《戴震学的形成:知识论述在近代中国的诞生》,丘为君著,台北联经出版公司,2004年。

《帝京岁时记胜》,潘荣陛著,《续修四库全书》本。

《第六弦溪文抄》,黄廷鉴著,《清代诗文集汇编》本。

《棣华馆诗课》,张晋礼辑,道光庚戌刻本。

《雕菰集》,焦循著,《清代诗文集汇编》本。

《丁丑寓保日记》,宗婉著,清稿本。

《订顽日程》,杨葆光著,严文儒等校点,上海古籍出版社,2010年。

《东北师范大学图书馆藏〈说文解字〉批校本三种初考》,章琦、赵成杰著,见《文献》,2014年第3期。

《东华续录》,王先谦编,《续修四库全书》本。

《东莱赵氏楹书丛刊》,赵琪编,民国二十四年东莱赵氏永厚堂刊本。

《冬青馆集》甲集,张鉴著,《清代诗文集汇编》本。
《董其昌书画船:水上行旅与鉴赏、创作关系研究》,傅申著,见台湾大学《美术史研究集刊》,第15期(2003年)。
《独学庐初稿》,石韫玉著,《续修四库全书》本。
《独学庐四稿》,石韫玉著,《续修四库全书》本。
《赌棋山庄词话续编》,谢章铤著,见陈庆元主编《谢章铤集》,吉林文史出版社,2009年。
《杜隐园日记》,张棡著,《温州图书馆藏日记稿本丛刊》第13册。
《对象、问题与方法:中国古代出版史研究的范式转换》,何朝晖著,见《中国出版史研究》,2017年第2期。
《敦夙好斋诗全集》,叶名澧著,《续修四库全书》本。

E

《恩余堂辑稿》,彭元瑞著,《清代诗文集汇编》本。
《二林居集》,彭绍升著,《续修四库全书》本。
《二十五史补编》,二十五史刊行委员会原编,中华书局,1956年。
《二谈女史诗词合刊》,孙锡祉辑,光绪二十六年归安孙氏刊本。
《二叶书录》,叶启勋、叶启发著,李军整理,上海古籍出版社,2014年。

F

《法式善藏大典本宋元人集的流传》,张升著,见《文献》,2014年第5期。
《法式善诗文集》,法式善著,人民文学出版社,2015年。
《番禺潘氏诗略》,潘仪增编,光绪二十年刻本。
《方苞集》,方苞著,刘季高校点,上海古籍出版社,2008年。
《方氏一家言》,方世敬辑,中山大学图书馆藏抄本。
《复初斋诗集》,翁方纲著,《续修四库全书》本。
《傅斯年图书馆善本古籍题跋辑录》,汤蔓媛编,"中央研究院"历史语言研究所,1998年。

G

《甘泉乡人类稿》,钱泰吉著,《清代诗文集汇编》本。

《高都陈氏传家集》,陈秉焯辑,乾隆刻本。
《缟纻集》,朴齐家著,见《楚亭全书》下册,韩国亚细亚文化社,1990年。
《躬耻斋文抄》,宗稷辰著,咸丰元年刻本。
《工具书的诞生》,[美]安·布莱尔著,徐波译,商务印书馆,2014年。
《共同体》,[英]齐格蒙特·鲍曼著,欧阳景根译,江苏人民出版社,2003年。
《构造另一个宇宙:中国人传统时空思维》,[日]武田雅哉著,任钧华译,中华书局,2017年。
《古代小说文献丛考》,潘建国著,中华书局,2006年。
《古典文学研究资料汇编·红楼梦卷》,一粟编,中华书局,1980年。
《古夫于亭杂录》,王士禛著,《景印文渊阁四库全书》本。
《古籍版本学概论》,严佐之著,华东师范大学出版社,1989年。
《古籍之为文物》,李开升著,中华书局,2019年。
《古今典籍聚散考》,陈登原著,上海书店,1983年影印本。
《〈古今图书集成〉在美国的收藏》,张翔著,见《图书馆杂志》,1997年第4期。
《古泉山馆诗集》,瞿中溶著,清刻本。
《古书读法略例》,孙德谦著,广西师范大学出版社,2006年。
《古书经眼录》,雷梦水著,齐鲁书社,1984年。
《谷腾堡在上海:中国印刷资本业的发展(1876—1973)》,[美]芮哲非著,张志强等译,商务印书馆,2014年。
《顾炎武全集》,顾炎武著,上海古籍出版社,2011年。
《观妙居日记》,李锐著,尧育飞整理,上海图书馆藏稿本,未刊稿。
《管庭芬日记》,管庭芬著,张廷银整理,中华书局,2013年。
《(光绪)平湖县志》,彭润章修,叶廉锷纂,台北成文出版社,1975年。
《光州吴氏家墨》,吴镜沆编,光绪戊子苏州重刻本。
《广济杨氏一家诗》,杨材达辑,民国五年刊本。
《归盦文稿》,叶裕仁著,光绪壬午刻本。
《闺秀诗话》,雷瑨、雷瑊著,见王英志主编《清代闺秀诗话丛刊》,凤凰出版社,2010年。
《桂门自订初稿》,陈鹤著,清刻本。
《国朝骈体正声》,黄金台编,浙江图书馆藏稿本。
《国朝七律诗抄》,黄金台编,浙江图书馆藏清抄本。
《国朝山左诗抄》,卢见曾编,乾隆戊寅雅雨堂刻本。

《国学讲演录》,章炳麟著,傅杰编校,华东师范大学出版社,1995年。
《过去的钱值多少钱》,邵义著,上海人民出版社,2010年。

H

《海丰吴氏诗存》,吴重熹辑,光绪甲申刻本。
《海宁州志稿》,许傅霈等原纂,朱锡恩等续纂,《中国方志丛书》本。
《海盐徐氏诗》,徐骅辑,咸丰刻本。
《汉书》,班固撰,颜师古注,中华书局,1962年。
《汉学师承记笺释》,江藩纂,漆永祥笺释,上海古籍出版社,2006年。
《杭州丁氏八千卷楼书事新考》,石祥著,上海古籍出版社,2011年。
《蒿庵类稿》,冯煦著,民国二年刻本。
《郝懿行集》,郝懿行著,安作璋主编,齐鲁书社,2010年。
《何绍基年谱长编及书法研究》,钱松著,南京艺术学院博士学位论文,2008年。
《河庄诗抄》,陈鳣著,《续修四库全书》本。
《贺葆真日记》,贺葆真著,徐雁平整理,凤凰出版社,2014年。
《红蕙山房吟稿》,袁廷梼著,《丛书集成初编》本。
《红楼梦书录》,一粟编,上海古籍出版社,1981年。
《〈红楼梦〉戏剧研究》,刘衍青著,中国社会科学出版社,2018年。
《红楼梦新证》(增订本),周汝昌著,中华书局,2012年。
《〈红楼梦〉杂评派的文献价值及"桥梁"意义》,赵建忠著,见《红楼梦学刊》,2014年第3辑。
《红楼梦杂咏》,黄金台著,光绪三年申报馆排印本。
《红学史》,李广柏著,广东教育出版社,2010年。
《红学史谫论》,王人恩著,高等教育出版社,2017年。
《红学现状及红学流派批评史的新建构》,赵建忠著,见《中国矿业大学学报》,2015年第6期。
《洪北江先生年谱》,吕培等编,《北京图书馆藏珍本年谱丛刊》本。
《洪亮吉集》,洪亮吉著,刘德权点校,中华书局,2001年。
《鸿雪因缘图记》,完颜麟庆著,汪春泉等绘,浙江人民美术出版社,2011年。
《胡适与整理国故考论》,徐雁平著,安徽教育出版社,2003年。
《壶中日记》,叶钧撰,肖刚整理,见《国际汉学研究通讯》第13/14期合刊,北京大学出版社,2017年。

《湖墅钱氏家集》,钱锡宾、钱锡珪辑,光绪二十二年刻本。

《湖州府志》,杨荣绪等纂,周学濬等修,《中国地方志集成》本。

《花屿读书堂诗抄》,李福著,道光丙午刻本。

《槐厅载笔》,法式善著,《续修四库全书》本。

《黄见三与〈红楼梦〉广义》,黄可鼎著,见《江夏心声》,2012年第61期。

《黄金台〈听鹂馆日识〉中小说戏曲资料探释》,郑志良著,见《越界与融合:清代文学国际学术研讨会论文集》,南京,2014年。

《黄丕烈评传》,姚伯岳著,南京大学出版社,1998年。

《黄丕烈书目题跋》,黄丕烈撰,中华书局,1993年。

《黄丕烈题跋所反映的清中期古书价格诸问题探微》,陈东辉著,见《文献》,2013年第5期。

《黄氏词翰录》,黄春林编,道光刻本。

《悔过斋文集》,顾广誉著,清刻本。

《〈惠氏读说文记〉研究》,方达著,华东师范大学硕士学位论文,2013年。

《火车的文化政治学》,张杰著,中国社会科学出版社,2018年。

J

《积学斋藏书记》,徐乃昌著,上海古籍出版社,2014年。

《吉城日记》,吉城著,吉家林整理,凤凰出版社,2018年。

《汲古阁书跋》,毛晋撰,上海古籍出版社,2005年。

《汲雅山馆诗抄》,彭希郑著,清刻本。

《己丑曝书杂记》,邹存淦著,台北"国家图书馆"藏稿本。

《纪文达公遗集》,纪昀著,《续修四库全书》本。

《家园与天下:明代书文化与寻常阅读》,[美]何予明著译,中华书局,2019年。

《(嘉庆)直隶太仓州志》,王昶等纂修,《续修四库全书》本。

《嘉树山房外集》,张士元著,嘉庆己卯刻本。

《涧于集》,张佩纶著,《续修四库全书》本。

《江标日记》,江标著,黄政整理,凤凰出版社,2019年。

《江瀚日记》,江瀚著,郑园整理,凤凰出版社,2017年。

《江南女性别集初编》,胡晓明、彭国忠主编,黄山书社,2009年。

《江南女性别集二编》,胡晓明、彭国忠主编,黄山书社,2010年。
《江南女性别集三编》,胡晓明、彭国忠主编,黄山书社,2012年。
《江南女性别集四编》,胡晓明、彭国忠主编,黄山书社,2014年。
《江南一劫:清人笔下的庄氏史案》,[英]白亚仁著,浙江古籍出版社,2016年。
《江苏省立国学图书馆图书总目补编》,江苏省立国学图书馆编,民国二十五年铅印本。
《江苏艺文志·常州卷》,南京师范大学古典文献整理研究所编,江苏人民出版社,1994年。
《江苏艺文志·苏州卷》,南京师范大学古文献整理研究所编,江苏人民出版社,1996年。
《江田梁氏诗存》,梁章钜编,清刻本。
《蒋维乔日记》,蒋维乔著,中华书局,2014年。
《焦循诗文集》,焦循著,刘建臻点校,广陵书社,2009年。
《焦循著述新证》,刘建臻著,社会科学文献出版社,2005年。
《觉生自订年谱》,鲍桂星编,《北京图书馆藏珍本年谱丛刊》本。
《教化与惩戒:中国古代小说禁毁问题研究》,赵维国著,上海古籍出版社,2014年。
《教士迩言》,胡培系著,光绪七年世泽楼刻本。
《校邠庐抗议》,冯桂芬著,《续修四库全书》本。
《校经庼文稿》,李富孙著,《清代诗文集汇编》本。
《校礼堂文集》,凌廷堪著,中华书局,1998年。
《金陵蔡氏五世诗存》,蔡为雄、蔡景淇辑,同治癸酉刊本。
《金陵生小言》,蒋寅著,广西师范大学出版社,2004年。
《金陵文征小传》,陈作霖著,见《冶麓山房丛书》第一册,联经出版公司,1976年影印《明清未刊稿汇编初辑》。
《金陵朱氏家集》,朱绪曾编,道光二十年金陵朱氏刊本。
《近20年我国台湾地区的中国书籍史研究述评》,吕士远、何朝晖著,见《图书馆论坛》,2018年第6期。
《近代中西医论争史》,赵洪钧著,学苑出版社,2012年。
《经德堂文集》,龙启瑞著,《续修四库全书》本。
《儆季文抄》,黄以周著,《清代诗文集汇编》本。
《静寄轩书目》,闲闲主人编,《国家图书馆稀见书目书志丛刊》第6册。
《浚仪世集》,赵希文编,光绪二十四年常熟赵氏承启堂刊本。

K

《衍石斋记事稿》,钱仪吉著,《清代诗文集汇编》本。
《柯家山馆遗诗》,严元照著,《清代诗文集汇编》本。
《科学革命的结构》,[美]托马斯·库恩著,金吾伦、胡新和译,北京大学出版社,2012年。
《科学史新论:范式更新与视角转换》,[德]薛凤、[美]柯安哲主编,吴秀杰译,浙江大学出版社,2019年。
《孔尚任全集辑校注评》,徐振贵主编,齐鲁书社,2004年。
《孔尚任艺术鉴藏与文学创作之关系考论》,潘建国著,见《文学遗产》,2011年第6期。
《孔乙己》,鲁迅著,见《鲁迅全集》第一册,人民文学出版社,1981年。

L

《拉莫莱特之吻:有关文化史的思考》,[美]罗伯特·达恩顿著,肖知纬译,华东师范大学出版社,2011年。
《榄溪何氏诗征》,何天衢辑,道光三十一年大小山房刊本。
《郎潜纪闻初笔》,陈康祺著,中华书局,1984年。
《老残游记》,刘鹗著,上海古籍出版社,1991年。
《雷塘庵主弟子记》,张鉴等著,中华书局,1995年。
《冷庐杂识》,陆以湉著,上海古籍出版社,2007年。
《礼记正义》,郑玄注,孔颖达疏,北京大学出版社,1999年。
《礼物:当代法国思想史的一段谱系》,张旭著,北京大学出版社,2013年。
《礼物之谜》,[法]莫里斯·古德利尔著,王毅译,上海人民出版社,2007年。
《李超琼日记》,李超琼著,古吴轩出版社,2017年。
《李慈铭年谱》,张桂丽著,上海古籍出版社,2016年。
《李南涧文集》,李文藻著,《续修四库全书》本。
《李文清公日记》,李棠阶著,岳麓书社,2010年。
《李文藻编年事辑》,李国宣著,《中国典籍与文化论丛》第18辑,凤凰出版社,2017年。
《历代文话》第四册,王水照主编,复旦大学出版社,2007年。

《历史的形象》,[法]雅克·朗西埃著,蓝江译,华东师范大学出版社,2018年。

《历史的真相》,[美]乔伊斯·阿普尔比等著,刘北成、薛绚译,中央编译出版社,1999年。

《梁章钜日记》,梁章钜著,《上海图书馆藏稿抄本日记丛刊》本。

《两浙𫐉轩录补遗》,阮元、杨秉初辑,《续修四库全书》本。

《两浙𫐉轩续录》,潘衍桐辑,《续修四库全书》本。

《聊城刻书出版业简史》,吴云涛著,中共聊城县委员会办公室档案组编印,1977年。

《林则徐"咏红"诗评析》,邹自振著,见《闽江学报》,2008年第4期。

《刘孟涂文集》,刘开著,《清代诗文集汇编》本。

《刘绍宽日记》,温州市图书馆编,方浦仁、陈盛奖整理,中华书局,2018年。

《刘熙载文集》,刘熙载著,薛正兴点校,江苏古籍出版社,2001年。

《流通古书约》,曹溶撰,上海古籍出版社,2005年。

《琉璃厂史话》,王冶秋著,三联书店,1963年。

《龙壁山房诗草》,王拯著,《续修四库全书》本。

《陆陇其集》,陆陇其著,王群粟点校,浙江古籍出版社,2019年。

《论传统》,[美]希尔斯著,傅铿、吕乐译,上海人民出版社,2009年。

《洛阳曹氏丛书》,曹曾矩编,同治光绪间刻本。

《闾邱先生自订年谱》,顾嗣立著,《北京图书馆藏珍本年谱丛刊》本。

《吕思勉先生年谱长编》,李永圻、张耕华编撰,上海古籍出版社,2012年。

《吕晚村文集》,吕留良著,《续修四库全书》本。

《履园丛话》,钱泳著,中华书局,1979年。

M

《麻溪姚氏诗荟约选》,沈德潜编订,民国二十六年印本。

《漫长的革命》,[英]雷蒙德·威廉斯著,倪伟译,上海人民出版社,2013年。

《缦雅堂日记》,王诒寿著,《上海图书馆藏稿抄本日记丛刊》本。

《茂林诗抄》,吴文炳辑,道光刻本。

《梅氏诗略》,梅清等辑,道光乙酉敦睦堂刻本。

《〈梅氏诗略〉王士禛佚序及其他》,朱则杰著,见《国学茶座》,2014年第3期。

《梅叶阁诗抄》,陆鼎著,民国年间《吴中两布衣集》本。

《勉行堂文集》,程晋芳著,《续修四库全书》本。
《(民国)续历城县志》,毛承霖纂修,《中国地方志集成》本。
《明代江南士人的抄书生活》,陈冠至著,见《国家图书馆馆刊》,2009年第1期。
《明代小说四大奇书》,[美]浦安迪著,沈亨寿译,三联书店,2006年。
《明清插图本小说阅读》,[美]何谷理著,刘诗秋译,生活·读书·新知三联书店,2019年。
《明清传奇综录》,郭英德著,河北教育出版社,1997年。
《明清江苏文人年表》,张慧剑著,上海古籍出版社,1986年。
《明清科举取士"重首场"现象的探讨》,侯美珍著,见《台大中文学报》第23期,2005年12月。
《明清两代嘉兴的望族》,潘光旦著,商务印书馆,1947年。
《明清女性阅读活动探析》,韩淑举著,见《图书馆工作与研究》,2009年第1期。
《明清社会经济史论稿》,秦佩珩著,中州古籍出版社,1984年。
《明清时期的小说传播》,宋莉华著,中国社会科学出版社,2004年。
《明清书籍史的研究回顾》,涂丰恩著,见《新史学》第20卷第1期,2009年3月。
《明清肖像画》,杨新主编,上海科学技术出版社,2008年。
《明清小说资料选编》,朱一玄编,南开大学出版社,2012年。
《明清印刷书籍成本、价格及其商品价值的研究》,周启荣著,见《浙江大学学报》,2010年第1期,又见《印刷与市场国际学术研讨会论文集》。
《莫如楼诗抄合刻》,蒋益澧辑,同治刻本。
《莫友芝年谱长编》,张剑著,中华书局,2008年。
《谋利而印:11至17世纪福建建阳的商业出版者》,[美]贾晋珠著,邱葵等译,福建人民出版社,2019年。
《牡丹亭:案头与场上》,叶长海主编,上海三联书店,2008年。
《牡丹亭还魂记汇校》,[日]根山徹著,山东大学出版社,2015年。
《〈牡丹亭〉接受史研究》,刘淑丽著,齐鲁书社,2013年。
《牡丹亭研究资料考释》,徐扶明编著,上海古籍出版社,2016年。
《〈牡丹亭〉与明清女性情感教育》,谢雍君著,北京时代华文书局,2015年。
《木鸡书屋文三集》,黄金台著,《清代诗文集汇编》本。
《木犀轩藏书题记及书录》,李盛铎著,张玉范整理,北京大学出版社,1985年。
《目录学发微》,余嘉锡著,巴蜀书社,1991年。
《穆堂初稿》,李绂著,《续修四库全书》本。

N

《南北朝"抄撰学士"考》,蔡丹君著,见《中国典籍与文化论丛》第 16 辑,2014 年。

《南陈北崔》,故宫博物院、上海博物院编,上海书画出版社,2008 年。

《南史》,李延寿著,中华书局,1975 年。

《南韬日记》,文廷式著,见《〈青鹤〉笔记九种》,中华书局,2007 年。

《南张三代合集》,张廷桂辑,嘉庆十九年卷葹草庐重刊本。

《能静居日记》,赵烈文著,岳麓书社,2013 年。

《凝香阁合集》,冯兰贞等撰,道光癸巳刻本。

O

《瓯北集》,赵翼著,《续修四库全书》本。

P

《潘道根日记》,潘道根著,罗瑛整理,凤凰出版社,2016 年。

《滂喜斋藏书记》,潘祖荫著,上海古籍出版社,2007 年。

《皮锡瑞日记》,皮锡瑞著,见吴仰湘编《皮锡瑞全集》,中华书局,2015 年。

《毗陵周氏五世诗集》,周述祖编,民国印本。

《蘋花阁藏书目录》,佚名编,《国家图书馆稀见书目书志丛刊》第 6 册。

《平湖屈氏文拾》,屈学洙等著,上海图书馆藏稿本。

《平津馆鉴藏记书籍序》,孙星衍著,上海古籍出版社,2008 年。

《破铁网》,胡尔荥著,辽宁教育出版社,1998 年。

《曝书亭集》,朱彝尊著,《四部丛刊》本。

《曝书杂记》,钱泰吉著,辽宁教育出版社,1998 年。

Q

《奇觚庼诗集》,叶昌炽著,《续修四库全书》本。

《起凤书院答问》,姚永朴著,华夏出版社,2013 年。

《谦牧堂藏书总目》,佚名编,东武刘燕庭抄本,《国家图书馆藏稀见书目书志丛刊》第 3 册。

《前尘梦影录》,徐康著,窦水勇校点,辽宁教育出版社,1998年。
《钱塘郭氏经纬书库藏书目录》,佚名编,浙江图书馆藏稿本。
《钱玄同日记》,杨天石主编,北京大学出版社,2014年。
《乾嘉学术编年》,陈祖武、朱彤窗编,河北人民出版社,2005年。
《钦定学政全书》,素尔讷等撰,《续修四库全书》本。
《钦定重修两浙盐法志》,延丰等纂,《续修四库全书》本。
《勤斯堂诗汇编》,顾森书、顾玉书编,光绪二十二年刊本。
《青庄馆全书》,李德懋著,见《燕行录》第57册。
《清稗类抄》,徐珂编,中华书局,1984年。
《清朝进士题名录》,江庆柏编著,中华书局,2007年。
《清初山左诗人谢重辉及其家族诗歌研究》,耿锐著,山东大学硕士学位论文,2014年。
《清代版本学史》,江曦著,中国社会科学出版社,2013年。
《清代北京竹枝词》,杨米人等著,北京古籍出版社,2018年。
《清代传禁〈红楼梦〉之人际网络:从赵烈文日记谈起》,黄一农著,见《红楼梦学刊》,2013年第4期。
《清代东南书院与学术及文学》,徐雁平著,安徽教育出版社,2007年。
《清代闺阁诗人征略》,施淑仪著,凤凰出版社,2010年。
《清代闺秀集丛刊》,肖亚男主编,国家图书馆出版社,2014年。
《清代闺秀集丛刊续编》,肖亚男主编,国家图书馆出版社,2018年。
《清代闺秀诗话丛刊》,王英志主编,凤凰出版社,2010年。
《清代绘画史》,薛永年、杜娟著,人民美术出版社,2000年。
《清代价值尺度:货币比价研究》,王宏斌著,三联书店,2015年。
《清代江南乡村塾师与地方社会》,蒋威著,中国社会科学出版社,2019年。
《清代科举的策问:以在乾嘉期重视策问的现象为考察中心》,[日]水上雅晴著,见《第四届科举制与科举学学术研讨会英辞集》,天津,2008年10月。
《清代科举考试述录》,商衍鎏著,三联书店,1958年。
《清代科举制度研究》,王德昭著,香港中文大学出版社,1982年。
《清代科举制度之研究》,黄光亮,台湾嘉新水泥文化基金会,1976年。
《清代内河水运史研究》,[日]松浦章著,江苏人民出版社,2010年。
《清代女性文章研究》,唐新梅著,南京大学博士学位论文,2010年。
《清代女性阅读途径考》,凌冬梅著,见《四川图书馆学报》,2017年第1期。

《清代儒者的全神堂:〈国史儒林传〉与道光年间顾祠祭的成立》,王汎森著,见《"中央研究院"历史语言研究所集刊》第79本第1分,2008年3月。

《清代诗学与地域文学传统的建构》,蒋寅著,见《中国社会科学》,2003年第5期。

《清代世家与文学传承》,徐雁平著,三联书店,2012年。

《清代松江府文学世家述考》,徐侠撰,上海三联书店,2013年。

《清代图书市场》,孙文杰著,武汉大学博士学位论文,2010年。

《清代文学跨域研究》,王力坚著,文津出版社,2013年。

《清代文学世家姻亲谱系》,徐雁平著,凤凰出版社,2010年。

《清代学术概论》,梁启超著,上海古籍出版社,1998年。

《清代学者像传》,叶衍兰、叶恭绰编,民国番禺叶氏编印本。

《清代中晚期制艺中汉宋之别:以刘显曾硃卷为例》,陈致著,见《传统中国研究集刊》第2辑,上海人民出版社,2006年。

《清代硃卷集成》,顾廷龙主编,台北成文出版社,1992年。

《清芬集》,冯劭峻辑,民国十年铅印本。

《清河六先生诗选》,朱为弼等编选,平湖张氏刊本。

《清经世文编》,贺长龄、魏源等编,中华书局,1992年。

《清末科举停罢前的上海"书局"考论》,徐世博著,见《文史》,2019年第2期。

《清末民初的石印术与石印本研究:以上海地区为中心》,杨丽莹著,上海古籍出版社,2018年。

《清末中国研究日本的先驱者沈筠事迹考》,石晓军著,见《浙江工商大学学报》,2014年第2期。

《清人笔记条辨》,张舜徽著,辽宁教育出版社,2001年。

《清人别集总目》,李灵年、杨忠主编,安徽教育出版社,2000年。

《清人日记与〈红楼梦〉》,李根亮著,见《红楼梦学刊》,2017年第1辑。

《清人诗集叙录》,袁行云著,人民文学出版社,2016年。

《清人文集别录》,张舜徽著,中华书局,1963年。

《清诗话考》,蒋寅著,中华书局,2005年。

《清史稿》,赵尔巽等著,中华书局,1977年。

《清水茂汉学论集》,[日]清水茂著,蔡毅译,中华书局,2003年。

《清廷石印〈古今图书集成〉旧档》,子冶著,见《出版史料》,2003年第1期。

《清献堂集》,赵佑著,乾隆刻本。

《清诒堂文集》,王筠撰,郑时、屈万里辑校,齐鲁书社,1987年。

《秋蝉吟草》，朱颖著，《四库未收书辑刊》本。
《秋泉居士集》，汪士铉著，《四库未收书辑刊》本。
《秋室学古录》，余集著，《续修四库全书》本。
《求是堂文集》，胡承珙著，《清代诗文集汇编》本。
《訄书详注》，章炳麟著，徐复注，上海古籍出版社，2000年。
《瞿中木先生自订年谱》，瞿中溶著，《北京图书馆藏珍本年谱丛刊》本。
《全祖望集汇校集注》，全祖望著，上海古籍出版社，2000年。
《阙里孔氏诗抄》，孔宪彝辑，道光刻本。
《确庵文稿》，陈瑚著，《四库禁毁书丛刊》本。

R

《荛言》，黄丕烈著，《士礼居黄氏丛书》本。
《热河日记》，朴趾源著，上海书店出版社，1997年。
《人物风俗制度丛谈》，瞿兑之著，山西古籍出版社，1997年。
《日藏汉籍善本书录》，严绍璗著，中华书局，2007年。
《日知录集释》，顾炎武著，黄汝成集释，岳麓书社，1994年。
《榕村集》，李光地著，《景印文渊阁四库全书》本。
《如皋冒氏诗略》，冒广生辑，宣统三年刻本。
《儒行述》，彭绍升著，《丛书集成续编》本。
《儒林外史汇校汇评》，吴敬梓著，李汉秋辑校，上海古籍出版社，2010年。
《儒学与评点之学》，吴承学著，见《华学》第1辑，中山大学出版社，1995年。
《入燕记》，李德懋著，见《燕行录》第57册。
《阮元年谱》，王章涛著，黄山书社，2003年。
《阮元与小学》，陈东辉著，中国文联出版社，1999年。

S

《三松堂集》，潘奕隽著，《续修四库全书》本。
《三位清代女剧作家生平资料新证》，邓丹著，见《中国戏曲学报学报》，2007年第3期。
《山东藏书家史略》，王绍曾、沙嘉孙著，山东大学出版社，1992年。
《山阳丁氏家书》，丁珩等著，南京图书馆藏稿本。

《山阳丁氏两先生遗稿》,丁寿祺、丁寿恒著,南京图书馆藏民国铅印本。
《山阳丁氏著作》,丁晏、丁寿恒、丁寿祺著,南京图书馆藏稿抄本。
《珊瑚林》,袁宏道著,《续修四库全书》本。
《善本书室藏书志》,丁丙著,中华书局,1990年。
《上海李氏易园三代清芬集》,李林松等撰,民国印本。
《上海图书馆善本题跋辑录》,陈先行、郭立暄编著,上海辞书出版社,2017年。
《上海轶事大观》,陈伯熙著,上海书店出版社,2000年。
《邵氏联珠集》,邵震亨辑,光绪刻本。
《邵子湘全集》,邵长蘅著,《四库全书存目丛书》本。
《奢俭·本末·出处:明清社会的秩序心态》,林丽月著,台北新文丰出版公司,2014年。
《社会文化人类学的关键概念》,[英]奈杰尔·拉波特,[英]乔安娜·奥费林著,鲍雯妍、张亚辉译,华夏出版社,2005年。
《涉园序跋集录》,张元济著,上海古典文学出版社,1957年。
《身分叙事与知识表述之间的医者之意:6—8世纪中国的书籍秩序、为医之体与医学身分的浮现》,陈昊著,上海古籍出版社,2019年。
《沈氏诗录》,沈祖禹辑,乾隆刻本。
《沈信卿先生文集》,沈恩孚著,民国印本。
《慎宜轩日记》,姚永概著,黄山书社,2010年。
《诗人视野中的明清戏曲》,江巨荣著,复旦大学出版社,2018年。
《〈诗毛氏传疏〉版本源流考》,魏博芳著,见《文教资料》第21期,2016年。
《十驾斋养新录》,钱大昕著,见陈文和主编《嘉定钱大昕全集》第7册,江苏古籍出版社,1997年。
《十七史商榷》,王鸣盛著,《续修四库全书》本。
《18世纪的广东才女》,[美]魏爱莲著,见《中山大学学报》,2009年第3期。
《石版印刷术的发明》,申洪伟编译,见《印刷杂志》,1996年第4期。
《石仓世纂》,曹锡黼辑,乾隆十四年刻本。
《石印术道光时即已传入我国说》,张秀民著,见《文献》,1983年第4期。
《石印术的传入与兴衰》,韩琦、王扬宗著,见宋原放主编《中国出版史料·近代部分》第三卷,湖北教育出版社,2004年。
《食旧德堂家集》,钱宝琛编,民国五年重刊本。
《士林彝训》,关槐辑,《四库未收书辑刊》本。

《世载堂杂忆》,刘成禺著,钱实甫校点,中华书局,1960年。

《试论中国传统雕版书籍的印数及相关问题》,何朝晖著,见《浙江大学学报》,2010年第1期,后收入周生春、何朝晖编《印刷与市场国际会议论文集》,浙江大学出版社,2012年。

《试谈另一个中世纪》,[法]雅克·勒高夫著,周莽译,商务印书馆,2014年。

《适园藏书志》,张钧衡著,民国五年刻本。

《守经堂诗集》,沈筠著,光绪刻本。

《书籍的社会史:中华帝国晚期的书籍与士人文化》,[英]周绍明著,何朝晖译,北京大学出版社,2009年。

《书籍的秩序》,[法]夏蒂埃著,吴泓缈、张璐译,商务印书馆,2013年。

《书林丛考》(增补本),郑伟章著,岳麓书社,2008年。

《书林清话》,叶德辉著,李庆西标校,复旦大学出版社,2008年。

《书目答问》,张之洞著,上海古籍出版社,1983年。

《书目答问补正》,张之洞编,范希曾补正,上海古籍出版社,2001年。

《书韵悠悠一脉香:沈津书目文献论集》,沈津著,广西师范大学出版社,2006年。

《舒艺室杂著》,张文虎著,《续修四库全书》本。

《蔬香馆日记》,金芝原著,台北"国家图书馆"藏稿本。

《述本堂诗集》,方观承著,乾隆刻本。

《树经堂文集》,谢启昆著,《清代诗文集汇编》本。

《水曹清暇录》,汪启淑著,《续修四库全书》本。

《〈水浒传〉接受史》,高日晖、洪雁著,齐鲁书社,2006年。

《说文部首歌》,冯桂芬著,光绪十一年上海点石斋石印本。

《说文古籀补》,吴大澂著,中华书局,1988年。

《说文解字诂林》,丁福保著,中华书局,1988年。

《说苑珍闻》,陈汝衡著,上海古籍出版社,1981年。

《思辨录辑要》,陆世仪著,《景印文渊阁四库全书》本。

《思复堂集》,邵廷采著,《续修四库全书》本。

《思适斋集》,顾广圻著,《续修四库全书》本。

《思适斋书跋》,顾广圻著,上海古籍出版社,2007年。

《四库全书总目》,永瑢等撰,中华书局,1965年。

《四六丛话》,孙梅著,《续修四库全书》本。

《四史疑年录》，刘文如著，南京图书馆藏稿本。
《松陵陆氏丛著》，陆明桓编，民国苏斋刊本。
《松泉集》，汪由敦著，《景印文渊阁四库全书》本。
《宋集序跋汇编》，祝尚书辑，中华书局，2010年。
《宋恕集》，胡珠生编，中华书局，1993年。
《宋元善本书经眼录》，莫友芝撰，张剑整理，中华书局，2008年。
《宋元学案》，黄宗羲著，《续修四库全书》本。
《苏州藏书史》，叶瑞宝著，江苏古籍出版社，2001年。
《苏州府志》，宋如林、罗琦修，石韫玉纂，道光四年刻本。
《孙渊如先生全集》，孙星衍著，《续修四库全书》本。

T

《太乙舟文集》，陈用光著，《续修四库全书》本。
《谭献日记》，谭献著，范旭仑、牟晓朋整理，中华书局，2013年。
《坦园日记》，杨恩寿著，上海古籍出版社，1983年。
《唐代进士行卷与文学》，程千帆著，见《程千帆全集》第8卷，河北教育出版社，2000年。
《唐代书手研究》，周侃著，首都师范大学博士学位论文，2007年。
《唐确慎公集》，唐鉴著，光绪元年刻本。
《陶庐杂录》，法式善著，中华书局，1959年。
《陶文毅公全集》，陶澍著，《续修四库全书》本。
《〈桃花扇〉题辞的文本生成与诗学特质》，张莉、徐雁平著，见《厦门广播电视大学学报》，2013年第3期。
《天伦乐事》，陶元藻编，嘉庆刻本。
《天真阁集》，孙原湘著，《清代诗文集汇编》本。
《天咫偶闻》，震钧著，《续修四库全书》本。
《苕溪渔隐和他的〈痴人说梦〉》，邓庆佑著，见《纪念曹雪芹逝世240周年》，文化艺术出版社，2004年。
《铁桥漫稿》，严可均著，《清代诗文集汇编》本。
《铁琴铜剑楼藏书题跋集录》，瞿良士辑，上海古籍出版社，1985年。
《铁如意馆手抄书目》，张宗祥著，见《张宗祥文集》第一册，上海古籍出版社，

2015年。

《听鹂馆日识》,黄金台著,上海图书馆藏稿本。

《通义堂文集》,刘毓崧著,《清代诗文集汇编》本。

《同人唱和诗集》,黄丕烈编,《士礼居黄氏丛书》本,道光甲申刻本。

《(同治)上江两县志》,莫祥芝等修,同治十三年刻本。

《(同治)苏州府志》,李铭皖、谭钧培修,冯桂芬纂,《中国地方志集成》本。

《桐城方氏七代遗书》,方昌翰编,光绪十四年刻本。

《桐城马氏诗抄》,马树华编,道光十六年刻本。

《桐城姚氏诗抄》,姚永概辑,安徽省图书馆藏抄本。

《桐旧集》,徐璈编,咸丰丁巳刻本。

《童年忆往:中国孩子的历史》,熊秉真著,台北麦田出版股份有限公司,2000年。

《嵞山集》《嵞山续集》,方文著,《清代诗文集汇编》本。

《箨石斋诗集》,钱载著,《续修四库全书》本。

《箨石斋文集》,钱载著,《续修四库全书》本。

W

《外国银圆在中国的流通》,黄寿成著,见《中国典籍与文化》,1994年第4期。

《外家纪闻》,洪亮吉著,光绪三年重刊本。

《晚明士人与商业出版》,何朝晖著,上海古籍出版社,2019年。

《晚清常州名贤日记四种》,叶舟点校,凤凰出版社,2013年。

《晚清的媒体图像与文化出版事业》,[德]鲁道夫·瓦格纳著,传记文学出版社,2019年。

《晚清官员日常生活中的书法》,白谦慎著,见《浙江大学艺术与考古研究》第1辑,浙江大学出版社,2014年。

《晚清山左许瀚与江南汪喜孙之交恶始末——兼述照邑学者与扬州学者之互动》,丁原基著,见《中国文哲研究通讯》第3期,2012年。

《晚清士人的西学阅读史(1833—1898)》,潘光哲著,"中央研究院"近代史研究所,2014年。

《晚清新学书目提要》,熊月之主编,上海书店出版社,2014年。

《晚清营业书目》,周振鹤编,上海书店出版社,2005年。

《晚清中国"阅读世界"之一瞥：略论晚清士人对"万国公法"知识的接纳》，章清著，见张寿安主编《晚清民初的知识转型与知识传播》，北京师范大学出版社，2018年。

《晚清中国西学书籍的流通：略论〈万国公法〉及"公法"的"知识复制"》，章清著，见《中华文史论丛》，2013年第3期。

《晚学集》，桂馥著，《续修四库全书》本。

《万清轩先生年谱》，张鼎元编，光绪三十二年刻本（《北京图书馆藏珍本年谱丛刊》本）。

《汪康年师友书札》，上海图书馆编，上海古籍出版社，1986年。

《汪喜孙著作集》，汪喜孙著，台北"中央研究院"中国文哲研究所，2003年。

《王伯申先生年谱》，闵尔昌著，《北京图书馆藏珍本年谱丛刊》本。

《王韬日记》，中华书局编辑部编，汤志钧、陈正青校订，中华书局，2015年。

《王同愈集》，顾廷龙编，上海古籍出版社，1998年。

《王文简公文集》，王引之著，《续修四库全书》本。

《王渔洋事迹征略》，蒋寅著，人民文学出版社，2001年。

《忘山庐日记》，孙宝瑄著，上海人民出版社，2015年。

《望云馆诗文稿》，章鋆著，光绪十四年刻本。

《味经山馆文抄》，戴钧衡著，《续修四库全书》本。

《味水轩日记校注》，李日华著，屠友祥校注，上海远东出版社，2011年。

《畏斋集》，程端礼著，《景印文渊阁四库全书》本。

《尉山堂稿》，万斛泉著，光绪丙午秋叠山书院刻本。

《温州经籍志》，孙诒让著，上海社会科学院出版社，2005年。

《文禄堂访书记》，王文进著，上海古籍出版社，2007年。

《文明及其内涵》，[美]布鲁斯·马兹利什著，汪辉译，商务印书馆，2017年。

《文瑞楼藏书志》，金檀著，南京图书馆藏抄本。

《文献家通考》，郑伟章著，中华书局，1996年。

《文献学辞典》，赵国璋、潘树广主编，江西教育出版社，1991年。

《文选》，萧统编，李善注，上海古籍出版社，1986年。

《翁方纲题跋手札集录》，翁方纲著，沈津辑，广西师范大学出版社，2002年。

《翁同龢集》，翁同龢著，谢俊美编，中华书局，2005年。

《翁同龢日记》，翁同龢著，陈义杰整理，中华书局，1989年。

《翁心存日记》，翁心存著，张剑整理，中华书局，2011年。

《无邪堂答问》，朱一新著，《续修四库全书》本。

《无止境续存稿》，王相著，道光八年刻本。

《吴江赵氏诗存》，赵作舟编，道光四年刻本。

《吴门贩书丛谈》，江澄波著，北京联合出版公司，2019年。

《吴兔床日记》，吴骞著，张昊苏、杨洪升整理，凤凰出版社，2015年。

《午亭文编》，陈廷敬著，《景印文渊阁四库全书》本。

X

《西陂类稿》，宋荦著，《清代诗文集汇编》本。

《西方传教士与晚清西史东渐》，邹振环著，上海古籍出版社，2007年。

《西方书籍史理论与21世纪以来中国的书籍史研究》，张炜著，见《晋阳学刊》，2018年第1期。

《西学东渐与晚清社会》，熊月之著，上海人民出版社，1994年。

《西庄始存稿》，王鸣盛著，《续修四库全书》本。

《惜抱轩诗文集》，姚鼐著，上海古籍出版社，1992年。

《〈惜抱轩书录〉与〈四库全书总目〉之比较》，徐雁平著，见《文献》，2006年第1期。

《锡山秦氏文抄》，秦毓钧编，民国十九年印本。

《锡山荣氏绳武楼丛刊》，荣棣辉辑，民国二十二年铅印本。

《溪山老农日记》，王祖畲著，南京图书馆藏稿本。

《郋园读书志》，叶德辉撰，杨洪升注解，上海古籍出版社，2010年。

《戏曲小说丛考》，叶德均著，中华书局，1979年。

《先伯石州公年谱》，张继文编，民国石印本。

《闲存堂文集》，张永铨著，《四库未收书辑刊》本。

《香山黄氏诗略》，黄映奎编，《清代稿抄本》第38册。

《香树斋文集》，钱陈群著，《四库未收书辑刊》本。

《香亭文稿》，吴玉纶著，《续修四库全书》本。

《香祖笔记》，王士禛著，《景印文渊阁四库全书》本。

《湘绮府君年谱》，王代功编，《北京图书馆藏珍本年谱丛刊》本。

《湘乡曾氏藏书目录》，佚名编，湖南图书馆藏。

《小畜集》，王禹偁著，《四部丛刊》本。

《小倦游阁集》，包世臣著，《续修四库全书》本。

《小说二谈》,阿英著,上海古籍出版社,1985年。
《小说考证》,蒋瑞藻著,上海古籍出版社,1984年。
《小岘山人集》,秦瀛著,《续修四库全书》本。
《小学考》,谢启昆著,《续修四库全书》本。
《啸亭杂录》,昭梿著,中华书局,1980年。
《新坂土风》,陈鳣著,光绪壬辰羊复礼刻本。
《新发现〈红楼梦分咏〉初探》,王若著,见《红楼梦学刊》,1998年第1辑。
《新发现的吴兰征12首咏红诗》,邓丹著,见《红楼梦学刊》,2008年第1辑。
《新发现清代福州进士咏红诗述录》,毛晓阳著,见《南都学坛》,2007年第3期。
《"信任"让人活得放心》,徐贲著,见《南方周末》,2014年1月30日。
《星烈日记》,方玉润著,《国家图书馆藏抄稿本日记选编》第23册。
《形神之间:早期西洋医学入华史稿》,董少新著,上海古籍出版社,2012年。
《熊文端公年谱》,孔继涵著,《北京图书馆藏珍本年谱丛刊》本。
《绣水王氏家藏集》,王相辑,咸丰四年刻本。
《胥溪朱氏文会堂诗抄》,朱美镠编,咸丰元年刻本。
《徐复语言文字学丛稿》,徐复著,江苏古籍出版社,1990年。
《徐霞客游记》,徐霞客著,上海古籍出版社,1993年。
《许瀚日记》,许瀚著,崔巍整理,河北教育出版社,2001年。
《续修四库全书总目提要·丛书部》,谢国桢等撰,吴格、眭骏整理,国家图书馆出版社,2010年。
《雪桥诗话全编》,杨钟羲著,雷恩海、姜朝晖校点,人民文学出版社,2011年。

Y

《鸭言小室偶抄》,黄金台辑,浙江图书馆藏稿本。
《雅债:文徵明的社交性艺术》,[英]柯律格著,刘宇珍等译,三联书店,2012年。
《严可均集》,严可均著,孙宝点校,浙江古籍出版社,2013年。
《严太仆先生集》,严虞惇著,《四库未收书辑刊》本。
《揅经室集续集》,阮元著,《续修四库全书》本。
《燕行杂著》,朴思浩著,见《燕行录》第85册。
《燕台再游录》,柳得恭著,见《燕行录》第60册。
《燕辕直指》,金景善著,见《燕行录》第71册。

《扬州画舫录》,李斗著,中华书局,1960年。
《阳湖张氏四女集》,张曜孙编,道光宛邻书屋刻本。
《杨宾集》,杨宾著,柯愈春主编,浙江古籍出版社,2012年。
《养吉斋丛录》,吴振棫著,中华书局,2005年。
《养一斋文集续编》,李兆洛著,《续修四库全书》本。
《叶德辉诗文集》,叶德辉著,岳麓书社,2010年。
《宜兴任氏传家集》,任光斗辑,同治甲戌刻本。
《颐綵堂文集》,沈叔埏著,《清代诗文集汇编》本。
《颐道堂诗选》,陈文述著,《清代诗文集汇编》本。
《义陵竹坳舒氏一家集》,舒自志等撰,同治刻本。
《义门先生集》,何焯著,道光三十年刻本。
《艺风藏书记》,缪荃孙著,中华书局,1993年。
《艺风老人日记》,缪荃孙著,见《缪荃孙全集》,凤凰出版社,2014年。
《亦有生斋集》,赵怀玉著,《清代诗文集汇编》本。
《奕世传芳集》,胡承琛等辑,乾隆乙未刻本。
《蛾术轩箧存善本书录》,王欣夫著,鲍正鹄、徐鹏标点整理,上海古籍出版社,2002年。
《饮冰室专集》之六十九,梁启超著,中华书局,1936年。
《印刷的世界:书籍、出版文化和中华帝国晚期的社会》,[美]梅尔清著,见《史林》,2008年第4期。
《印刷对于书籍成本的影响》,翁同文著,见《清华学报》第6卷第1—2期,1967年。
《婴闇题跋》,秦更年著,秦蓁整理,中华书局,2019年。
《影响中国近代社会的一百种译作》,邹振环著,中国对外翻译出版公司,1996年。
《〈永乐大典〉辑佚述稿》,史广超著,中州古籍出版社,2009年。
《〈永乐大典〉流传与辑佚研究》,张升著,北京师范大学出版社,2010年。
《甬上屠氏家集》,屠继序辑、屠彝增辑,嘉庆己未刻本。
《甬上屠氏遗诗》,屠继序等辑,北京大学图书馆藏抄本。
《悠远的书香:富厚堂藏书楼研究》,刘金元著,岳麓书社,2013年。
《友声集》,王相辑,《续修四库全书》本。
《有竹居集》,任兆麟著,《清代诗文集汇编》本。

《幼学堂诗稿》,沈钦韩著,《续修四库全书》本。
《俞理初先生年谱》,王立中编、蔡元培补订,《北京图书馆藏珍本年谱丛刊》本。
《俞樾函札辑证》,俞樾著,张燕婴整理,凤凰出版社,2014年。
《俞樾诸子学与文学研究》,谢超凡著,华东师范大学博士后研究工作报告,2007年。
《元史》,宋濂等著,中华书局,1976年。
《愚谷文存》,吴骞著,《清代诗文集汇编》本。
《袁枚年谱新编》,郑幸著,上海古籍出版社,2011年。
《袁枚评传》,王英志著,南京大学出版社,2002年。
《袁氏家集》,袁镇嵩辑,光绪庚寅刻本。
《缘督庐日记》,叶昌炽著,吉林文史出版社,2011年。
《阅读变迁与知识传播:晚清科举考试用书研究》,曹南屏著,社会科学文献出版社,2018年。
《阅清楼书目》,衍璜编,道光六年刘氏味屋抄本,《国家图书馆稀见书目书志丛刊》第4册。
《越缦堂读书记》,李慈铭撰,中华书局,2006年。
《云间杜氏诗选》,杜世祺辑,康熙十五年刻本。
《云间韩氏藏书题识汇录》,邹百耐纂,上海古籍出版社,2013年。
《云间王氏诗抄》,王毅存辑,民国印本。
《云自在龛随笔》,缪荃孙著,山西古籍出版社,1996年。
《筼谷诗文抄》,查揆著,《续修四库全书》本。
《恽毓鼎澄斋日记》,恽毓鼎著,史晓风整理,浙江古籍出版社,2004年。

Z

《载书图诗》,王士禛编,《四库全书存目丛书》本。
《曾国藩全集·日记》,曾国藩著,岳麓书社,2011年。
《曾纪泽日记》,曾纪泽著,刘志惠整理,中华书局,2013年。
《增订中国版刻综录》,杨绳信著,陕西人民出版社,2014年。
《湛园集》,姜宸英著,《景印文渊阁四库全书》本。
《张门才女》,[美]曼素恩著,罗晓翔译,北京大学出版社,2015年。
《张佩纶日记》,张佩纶著,谢海林整理,凤凰出版社,2015年。

《张文贞集》,张玉书著,《景印文渊阁四库全书》本。
《章炳麟评传》,姜义华著,南京大学出版社,2002年。
《章回小说发展中涉及到的经济技术因素》,[美]何谷理著,见《汉学研究》第6卷第1期,1988年6月。
《章学诚遗书》,章学诚著,文物出版社,1985年。
《章太炎全集》,上海人民出版社编,上海人民出版社,2014年。
《章太炎书信集》,马勇编,河北人民出版社,2003年。
《章太炎学术年谱》,姚奠中、董国炎著,山西古籍出版社,1996年。
《章太炎译〈斯宾塞尔文集〉原作底本问题研究》,彭春凌著,见《安徽大学学报》,2017年第3期。
《长物志》,文震亨著,陈剑点校,浙江人民美术出版社,2012年。
《赵钧日记》,赵钧著,中华书局,2018年。
《赵万里文集》,赵万里著,黄淑英、张志清、刘波主编,国家图书馆出版社,2012年。
《浙西张氏合集》卷首,张宗儒编,民国十年铅印本。
《〈震川集〉的清代未刊评点五种》,杨峰著,见《文献》,2011年第2期。
《震川先生集》,归有光著,上海古籍出版社,2007年。
《正谊堂文集》,张伯行著,乾隆三年刻本。
《郑孝胥日记》,劳祖德整理,中华书局,1993年。
《知府须知》,延昌著,《四库未收书辑刊》第4辑第19册。
《知识社会史(上卷):从古登堡到狄德罗》,[英]彼得·伯克著,浙江大学出版社,2016年。
《知止斋诗集》,翁心存著,《续修四库全书》本。
《芷兰斋书跋初集》,韦力著,国家图书馆出版社,2012年。
《制义丛话》,梁章钜著,上海书店,2001年。
《致远堂金氏家集诗略》,金际泰编,同治九年刻本。
《中国藏书通史》,傅璇琮、谢灼华主编,宁波出版社,2003年。
《中国出版通史·明代卷》,缪咏禾著,中国书籍出版社,2008年。
《中国出版通史·清代卷》(上),朱赛虹等著,中国书籍出版社,2008年。
《中国出版通史·清代卷》(下),汪家熔著,中国书籍出版社,2008年。
《中国古代抄书研究》,董火民著,山东大学博士学位论文,2011年。
《中国古代艺术与建筑中的"纪念碑性"》,巫鸿著,上海人民出版社,2009年。

《中国古籍辑佚学论稿》，曹书杰著，东北师范大学出版社，1998年。
《中国古籍印刷史》，魏隐儒著，印刷工业出版社，1988年。
《中国家谱通论》，王鹤鸣著，上海古籍出版社，2010年。
《中国家谱综合目录》，朱振华主编，中华书局，1997年。
《中国家谱总目》，王鹤鸣主编，上海古籍出版社，2008年。
《中国近代出版史稿》，王建明、王晓霞等著，南开大学出版社，2011年。
《中国近代出版史料二编》，张静庐辑注，中华书局，1957年。
《中国近代史资料丛刊·第二次鸦片战争》(四)，中国史学会主编，齐思和、林树惠、田汝康、金重远等，故宫博物院明清档案部编，上海人民出版社，1978年。
《中国近代思想与学术的系谱》，王汎森著，河北教育出版社，2001年。
《中国近代现代出版通史》第一卷，叶再生著，华文出版社，2002年。
《中国近三百年学术史》，梁启超著，东方出版社，1996年。
《中国经济史论丛》，全汉昇著，香港新亚研究所，1972年。
《中国旧书业百年》，徐雁著，科学出版社，2005年。
《中国考试史文献集成》，杨学为主编，高等教育出版社，2003年。
《中国历代物价问题考试》，黄冕堂著，齐鲁书社，2008年。
《中国美术家人名辞典》(修订本)，俞剑华著，上海人民美术出版社，1981年。
《中国善本书提要》，王重民著，上海古籍出版社，1983年。
《中国绅士》，张仲礼著，上海社会科学院出版社，1991年。
《中国书籍史及阅读史论略：以徽州为例》，[意]米盖拉著，见韩琦、米盖拉编《中国和欧洲印刷术与书籍史》，商务印书馆，2008年。
《中国书院学规》，邓洪波编，湖南大学出版社2000年。
《中国私家藏书史》(修订本)，范凤书著，大象出版社，2009年。
《中国铁路建设史》，《中国铁路建设史》编委会，中国铁道出版社，2003年。
《中国译日本书综合目录》，谭汝谦著，香港中文大学出版社，1980年。
《中国语言学史》，王力著，山西人民出版社，1981年。
《中国中古社会史论》，毛汉光著，联经出版事业公司，1988年。
《中华帝国晚期的欲望与小说叙述》，[美]黄卫总著，张蕴爽译，江苏人民出版社，2012年。
《中湘谭氏续修族谱》，谭木芳等纂修，民国十三年济美堂木活字本。
《中学国文书目》，章炳麟著，见《华国月刊》第二期第二册，1924年12月。
《钟山书院志》，汤椿年纂辑，雍正年间刻本(《中国历代书院志》影印本)。

《种瓜得豆:清末民初的阅读文化与接受政治》,张仲民著,社会科学文献出版社,2016年。
《舟船交通:明清太湖平原的环境与人生》,冯贤亮著,见《传统中国研究集刊》第5辑,上海人民出版社,2008年。
《周氏清芬文集诗集》,周琴风等辑,光绪十九年木活字本。
《周作人散文全集》,周作人著,钟叔河编订,广西师范大学出版社,2009年。
《籀经堂类稿》,陈庆镛著,《清代诗文集汇编》本。
《朱氏传芳集》,朱次琦、朱宗琦辑,清刻本。
《朱文藻年谱》,陈鸿森著,见《古典文献研究》第19辑下卷,2017年。
《朱熹文学研究》,莫砺锋著,南京大学出版社,2000年。
《朱彝尊年谱》,张宗友著,凤凰出版社,2014年。
《朱止泉先生年谱》,朱辂著,郑晓霞、吴平标点,《扬州学派年谱合刊》本,广陵书社,2008年。
《朱子新学案》,钱穆著,台北三民书局,1982年。
《朱子语类》,朱熹著,中华书局,1994年。
《铢庵文存》,瞿兑园著,辽宁教育出版社,2001年。
《竹汀先生日记抄》,钱大昕著,辽宁教育出版社,1998年。
《竹叶庵文集》,张埙著,《续修四库全书》本。
《著砚楼书跋》,潘景郑著,上海古籍出版社,2006年。
《紫阳家塾诗抄》,朱琦著,光绪十八年重刊本。
《紫阳书院课余选》,屠倬编,道光四年刻本。
《走向大众的"计然之术":明清时期的商书研究》,张海英著,中华书局,2019年。
《族谱所见文学批评资料整理研究》,张廷银著,人民文学出版社,2012年。
《族群身份与作品解读:论清代八旗人士的〈红楼梦〉评论》,詹松著,见《曹雪芹研究》,2016年第1期。
《纂修四库全书档案》,中国第一历史档案馆编,上海古籍出版社,1997年。
《左海文集》,陈寿祺著,《续修四库全书》本。
《作为变革动因的印刷机:早期近代欧洲的传播与文化变革》,[美]伊丽莎白·爱森斯坦著,何道宽译,北京大学出版社,2010年。

后　记

我读书好奇,兴趣时有变化,或是觉得这样读书研究更有意思、更有乐趣,至于成败得失,不太在意。回想起来,在变来变去中,对于文献与文化或者说书籍史的喜爱,自跟从徐有富老师读硕士以来,倒是一直没变;但是这些关注点中也缺少一个整合性质的设想或动力,直到几年前程章灿老师主持大项目召集,才促使我有新思考,并进一步使用新文献,探究新的问题。参与集体项目的好处,就是常有聚会讨论,可以听到不同的声音。课题组这种商量讨论的风气,直到今年11月初在南京大学出版社集中看校样时还在延续。每次这样的研究进展交流会,建设性批评的力度都不小。会后,各自当然就是再思考,再改进。我最近的增订,也得益于几次研讨会的"刺激",所增补的内容有些融入正文,有些信息或想法实在没法在正文中展示,就加入脚注。

书稿已定型,当然,还有不少问题要留意。目前所呈现的,仍是一个探索过程,肯定不完备、不完美,但我自认为还有些心得;更好的一种感觉,是写各个专题时颇有兴致。这些文字,大部分已经发表,现按学术界惯例将论文名称及首发杂志列出,以示谢意;同时,也作一提示,若日后有参考或引用相关研究者,请选用本书。发表的记录如下:

《三教之外又多一教:清代的小说戏曲阅读》,见《古典文献研究》第22辑下卷,2019年。

《新学书籍的涌入与"脑界不能复闭":孙宝瑄〈忘山庐日记〉研究》,见《清华大学学报》,2019年第4期。

《家集的编刊与文化传承》,见《清代家集叙录》"前言",安徽教育出版社,2017年。

《清代的抄书与书籍生产及流动》,见《古典文献研究》第20辑下卷,2017年。

《用书籍编织世界:黄金台日记研究》,见《学术研究》,2015年第12期。

《〈管庭芬日记〉与道咸两朝江南书籍社会》,见《文献》,2014年第6期。

《石印出版与晚清的科举、文化》,见《古典文献研究》第17辑上卷,2014年11月。

《书估与清帝国的书籍流转》,见《古典文献研究》第16辑,2013年。

《清代环太湖地区的书估、书船与书籍的流动》,见《学术研究》,2013年第10期。

《〈读书分年日程〉与救"科举时文之弊"》,见《南京师大学报》,2012年第3期。

《"荛圃藏书题识"与嘉道时期吴中文士活动图景》,见《周勋初先生八十寿辰纪念文集》,中华书局,2008年。

《从程端礼〈读书分年日程〉到章太炎〈中学读经分年日程〉》,见《古典文献研究》,2004年第2期。

本书第六章是约请现任教于湖南大学的吴钦根博士撰写,第四章第二节中大部分文字请南开大学杨洪升副教授撰写。书中的大部分篇章在我的博士生、硕士生读书会中讨论过,他们都提出过很好的建议,或者补充过一些材料,其中吴钦根、张知强、尧育飞贡献较多。吴钦根、张知强、张何斌、刘文龙、尧育飞、曹天晓、潘振方、杨珂、顾一凡等都参与过,特别是现在北大中文系读博的许佩铃,建议更为细致,出力更多。南江涛、苗怀明、张燕婴等学友为第八章、第九章撰写提供文献方面的帮助。加州大学戴维斯分校何予明老师今年11月在南大讲学期间,也对书稿的前几章提出建议。一校样请吴钦根校读一遍,二校样诸位博士生以及硕士生肖瑶也分工校读。所有未能发现的错漏,皆由我负责。

这本书在材料或者视角的选择方面，与日记的使用有较大关联。2011年夏，张剑兄整理的《翁心存日记》出版，我应邀为这部价值非同一般的日记写一书评，自此开启一扇研究的窗户，得以看到更丰富的清代社会文化。如果没有这一窗户的开启以及启发，可以肯定地说在这本书中不会看到众多有意思的问题。

2019年12月27日，南大和园家中

感谢南京大学出版社胡豪老师好意，本书在2020年8月中旬印出30册预印本，于是分送同道，征求建议。在进一步的修订过程中，先后吸收张燕婴、谢海林、吴钦根、张知强、郑闯辉、刘仁、李军、韦胤宗、徐世博、尧育飞以及赵益老师的校读成果；责任编辑李晨远在本书的反复修订中，尽心尽力，在此表示诚挚的谢意。2020年10月12日补记。

本书特邀校对为谢海林、吴钦根，一并致以谢意。